U0509438

中国社会科学院
社会学研究所
40周年庆
Institute of Sociology
CASS 40th Anniversary

迈向人民的社会学

TOWARDS PEOPLE'S SOCIOLOGY

4

中国社会科学院社会学研究所四十年学术集萃

Collected Works of the Institute of Sociology CASS

中国社会科学院社会学研究所 / 编

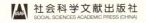

社会科学文献出版社
SOCIAL SCIENCES ACADEMIC PRESS (CHINA)

前　言

1979 年 3 月，邓小平同志在中央理论工作务虚会议上郑重指出，“实现四个现代化是一项复杂繁重的任务，思想理论工作者当然不能限于讨论它的一些基本原则。……政治学、法学、社会学以及世界政治的研究，我们过去多年忽视了，现在也需要赶快补课。”1952 年社会学因为种种原因在中国被取消，到此时已经过去 27 个年头，终于，社会学重新获得在中国生存发展的机遇，这是改革开放后中国社会学的第一个春天。世界知名社会学家、中国社会学界德高望重的费孝通先生，扛起恢复重建中国社会学的重担，南北奔走，国内外穿梭，联系相关学者，思考恢复重建社会学的当务之急，提出了“五脏六腑”方略，其中之一就是组建改革开放后第一个社会学研究所。1980 年 1 月 18 日，中国社会科学院社会学研究所正式挂牌成立。从此，中国社会科学院社会学研究所的整体发展与中国改革开放发展同步，社会学研究所的科研工作见证了改革开放以来中国社会发生的快速转型和巨大变迁，社会学研究所的科研成果努力反映着中国改革开放发展稳定的伟大实践、伟大经验和精彩故事。

在这 40 年里，社会学研究所从建所之初仅有的两个研究组，发展到今日有了 11 个研究室，2 个期刊编辑部，2 个职能部门，成为中国社会学界学科门类比较齐全、人员规模最大的社会学科研教学机构，发挥着新型智库的重要作用，在国内外社会学界具有重要的影响力。在这 40 年里，在党和国家以及中国社会科学院的关心、指导和支持下，费孝通等老一辈社会学家披肝沥胆，社会学研究所全体职工共同努力，牢记初心，不忘使命，以富民强国为职志，以构建人民的社会学为方向，致力于深入研究中国社会改革开放发展稳定的重大理论和现实问题，形成了一系列重大学术议题，产出了大量具有学术和社会价值的科研成果，积累了丰富的社会调研资料。

四十载砥砺奋进，四十载春华秋实。建所以来，社会学研究所秉承第一任所长费孝通先生制定的“从实求知，美美与共”的所训，弘扬“高尚的学术信誉，深厚的学术修养，端正的学术作风，高雅的学术品质”的学术理念，开风气，育人才。几代学人在理论和实践的结合上孜孜探索，在学科建设、人才培养、组织建设、思想建设等方面均取得了长足的发展和进步，特别是在社会学理论、历史与方法研究，社会分层与流动研究，社会组织与群体研究，文化、家庭与性别研究，青少年问题研究，社会心理学研究，社会保障、社会福利和社会政策研究，城乡社会变迁研究，社会发展与社会问题研究，廉政建设与社会评价等领域取得了丰硕的成果。

值此 40 年所庆之际，我们从众多成果中选取了 1980 年至 2018 年期间，社会学研究所几十位学者发表在《中国社会科学》《社会学研究》《社会》《民族研究》等四大期刊上的 400 余篇学术文章，按成果发表年份编排，集成此套《迈向人民的社会学——中国社会科学院社会学研究所四十年学术集萃》（十卷本）。此套文集是对社会学研究所 40 岁生日的献礼，是对 40 年发展历程的回顾与总结，我们希冀以此促进学科发展和学术进步，为中国的社会现代化建设提供更多的学术思想和智慧。

当前，进入“不惑之年”的中国社会科学院社会学研究所，同整个中国社会学一样，站在了新的历史起点，开始新的征程，迈向人民的社会学是新时代中国社会学的使命与方向。展望未来，中国社会科学院社会学研究所将坚持“推动社会学研究中国化，实现社会学所建设国际化”的办所理念，继续秉承历史责任和学者使命，为实现把我国建设成为富强民主文明和谐的社会主义现代化国家，为努力构建中国特色社会学的学科体系、学术体系和话语体系，不懈努力，继续开拓创新，再创新的辉煌！

编者

2020 年 1 月

凡　例

一　文集以时间为序编排，同一时间发表的文章顺序不分先后。

二　文集以学术性论文为主，保留著名学者的专题性学术讲话稿，学者的考察报告、出访报告、书的序言、参访记录不再编入文集。

三　参考文献原则上遵照《社会学研究》的体例，早年论文中文献标注项目有缺失的，遵原文。经典著作无法确认版本的，引文遵原文。

四　原则上正文中的数据应与图表中的数据对应，图表中的数据疑似有误但不能确认者，遵原文。

五　专业术语、人名、地名等不统一之处，遵原文。

目录

1994 年

1995 年

1996 年

1997 年

1994 年

关于人类学在中国*

费孝通

20 世纪初，首先是以民族学（最早被称为人种学），稍后是以人类学作为西方的 Anthropology 和 Ethnology 这些学科的译名。1930 年代，当时的中央研究院设有人类学的专科，但在各大学中并没有独立的系科。清华大学引进了人类学，但依附在社会学系，称社会学及人类学系，实际上自始至终专修人类学的只有我一个研究生。

抗日战争时代，很多大学的社会学系迁到西南内地各省，如云南、四川和贵州，大多注意对当地少数民族进行研究，称边疆社区研究或民族社区研究。解放后，1952 年高等教育院系调整，取消了社会学系的设置。但是原在社会学系内进行的中国少数民族的研究工作并没有中断，而且因少数民族取得了平等地位，民族工作受到重视。对少数民族的研究工作，这时普遍采用民族学的名称。至于人类学的名称只有在古人类的研究中偶尔使用。直到 1970 年代末期社会学学科恢复和重建后，个别的高等院校中才设立了民族学、人类学系或专业。如，中央民族学院设立了民族学系；中山大学成立了人类学系，设有考古学和民族学两个专业；厦门大学成立了人类学系，系内设人类学专业和考古学专业。由于名称上的混乱，又缺乏统一的理解，引起了国外的朋友们许多猜测和误会。

学科的划分和研究的范围的规定在世界各国都是按照各自的情况，在历史上逐步形成的。据我所知，在 1930 年代欧美学术界对人类学的理解也很不一致。我在清华研究院上学时导师是沙俄时代培养出来的俄国人类学家史禄国（S. M . Shirokogoroff）。他依据欧洲大陆的传统认为人类学所包括

---

* 此文据作者 1993 年 9 月 6 日在日本九州大学的讲演整理。原文发表于《社会学研究》1994 年第 2 期。

的范围很广，主要有人类体质、语言、考古、社会和文化。可说是人体和人文的总体研究。学习研究人类体质，要有生物学的基础，还要有考古学的基础。人体研究涉及人体解剖学及生理学的知识。研究人类的由来和人种的变异，牵连到古猿的演进和分化，涉及考古学的知识。人类社会形成了分工合作的群体生活，这种群体生活建立在会意的传媒体系上，即语言和文字，那就需要研究语言的形成、分布和变化。最后社会和文化研究群体分工合作秩序的建立和维持，以及争夺剥削的矛盾和冲突，形成人和人的利害关系和道义关系，需要进行社会结构的分析。人不仅生活于自然的环境之中，而且已世世代代不断创造、累积以及淘汰、破坏、形成了一个人为的环境，就是文化，而文化的研究更需要自然演进和人文流动积淀的历史知识。这样看来人类学不仅内容包罗万象，而且所学的基础知识多门多类，实在是一门最广泛的综合学科。

我刚入学，史禄国导师根据我原有的底子，为我定了一个人类学简化的基础学习计划：包括体质、语言和社会人类学三个部分，规定以两年为一期，三期完成，一共六年。由于实际原因，我并没有按这个计划进行，只在史禄国指导下完成了第一期的体质人类学，学习了人体测量和体质类型分析。第二期根本取消了，第三期是在伦敦跟马林诺斯基（B. Malinowski）学习的。

在 1930 年代，英美各大学所授的人类学，已经不像大陆派那样具有综合性，而走上了分科专修的方向。体质人类学、考古学、语言学、社会文化人类学各成为一科，分别进行专门研究。我在英国伦敦大学里学习时，所属的伦敦政治经济学院（L. S. E.）的人类学系专讲社会人类学，主要研究社会制度的功能和结构，当时同属伦大的皇家学院（King's College），主攻方向是体质人类学。两校的人类学系各自为政，互不通气。

美国的情况我不太熟悉。但依我所接触到的大学说，很少提到体质人类学的研究。人类学系主要研究文化人类学。英国称社会人类学而美国称文化人类学，研究对象其实相同。英国学者到各殖民地去研究当地的土著，而美国学者则主要研究分布在北美的印第安人，后来扩大到拉丁美洲的土著。在初期英美人类学在研究方法及理论上都各有特点，直到 1940 年代才有交叉的影响。

值得一提的是人类学和社会学的关系。在英国和美国两者各守门户，分灶吃饭。但在美国芝加哥大学里却发生了交互影响。主要是 1930 年代派克教授（R. Park）参加了芝加哥大学社会系。他主张理论应密切联系实际，而且提倡实地调查的方法，就是研究者必须亲自深入社会生活，详细观察、悉心体会和了解被研究者的行为和心态，然后通过分析、比较，总结事实，提高到理论水平。这种实地调查方法他公开承认是从社会人类学里移植过来的。社会人类学用之于土著民族，社会学用之于城市居民。芝加哥大学社会学系就是以这种方法研究芝加哥城市各种居民区而著名的。芝加哥大学的人类学系一度由派克的女婿雷德斐尔特（R. Redfield）主持。他的理论见解接近于派克，主张小社区的整体研究，和派克在社会学系里所提倡的芝加哥城市社区研究基本上是一致的。所以社会学和人类学在美国，至少在芝加哥大学里是基本相通的。

美国芝加哥大学的社会学和人类学，影响了中国燕京大学的社会学。1933 年派克教授到燕京大学讲学，那时我是社会学系四年级学生，正是他给我们指出了到群体生活中去直接观察人们的社会活动，这样才能使我们当时主张的“社会学中国化”得到了具体的入门方法。

1933 年英国拉德克利夫·布朗教授（Radcliffe. Brown）来华讲学。他是英国人类学功能学派的创始人。他和派克同调认为社会人类学实在就是比较社会学。派克是从社会学这方面攀近社会人类学，布朗是从人类学这方面去靠拢社会学，一推一拉就在中国实现了这两门学科的通家之好，名虽不同，实则无异。在中国，人类学和社会学这两门学科合而为一可以追溯到这一段历史。

中国早期的人类学也并没有按欧洲传统照办的。可是欧洲传统中所包括的考古学、语言学在中国则是悠久的古老学科，虽则并不用这些新名称。清代有名的经学家提倡以训诂和考据的方法来整理历史，有一部已注意到金石的遗留，可说是属于考古学的范围。在民国时期大量商代甲骨文的发现更促进了古文字的研究，也可以列入语言学的范围。接着北京古猿人头骨的发现将中国的古人类学推向高潮。随后石器时代遗址大量发掘，这些方面学术的成绩虽不是以人类学的名义做出的，实际上能归入欧洲式的综合性人类学的范围里。

体质人类学在中国作为个人研究与兴趣而做出一定成绩的也不乏人。早期有李济，稍后有陶云建和吴定良。近来医学界有人注意到人体结构和生理差别的事实，用血型分析等方法进行分类，或是注意到民族的体制差别而进行遗传因子研究，这些都可以归于体质人类学的范围。

至于对少数民族进行历史和社会的研究，中国古代学者实已开始，民国时期中央研究院所设立的人类学研究所，即做这项工作。在这方面著名的有凌纯声、芮逸夫等人。这些工作都可说是社会或文化人类学。

总的来说，广义的人类学所包括的各部门，在中国和在英美一样已经分别成为独立的学科，如考古学、语言学等，不再和人类学挂钩了。但是社会或文化人类学则由于在解放前曾在一些大学里和社会学结合在一起，后来又因社会学被取消，而把其中研究少数民族的部分独立成为民族学，而且因为民族工作的需要而得到发展。中国现在所称的民族学实际上取代了社会或文化人类学的名称。

民族学在中国是一门研究少数民族历史、语言和社会的学科。后来这三个部分又在民族学内部分别立为专业，有的自称民族史专业或民族语言专业，于是民族学又成了研究民族社会和文化内容的“民族学”。我原来主张学术工作主要是认定研究对象而不必在学科名称上发生无谓的争执。但是名称和内容的变化也是一种学术史的现象，不能不按其发展的实际情形予以说明，以免望名生义，混淆了研究的内容。

如果严格地按逻辑来讲，民族学这个名称和它现有的内容并不是十分相切合的。现在中国的民族学事实上主要是以研究少数民族的社会为其内容的。而中国的民族不仅有55个少数民族，还有人口占90%以上的汉族。而且从历史和社会关系上看，汉族和所有各少数民族都有不容分割的联系，而现在汉族历史和社会的研究却并不包括在民族学范围之内。这实在是没有充分理论根据的。我自己的情况就很有趣：我取得伦敦大学的Ph. D学位标明是社会人类学，因为我学习的单位是伦敦政治经济学院。我的论文是《江村经济》（一个中国农村的农民经济生活的调查），而我所调查的这个中国农村是在我的本乡，完完全全是汉族。我回国后在各大学社会学系教书被称为社会学教授。我又曾经参与过主持中央民族学院和中国社会科学院的民族研究所，也可被称为民族学教授或研究员。在我身上人类学、社会学、民族学一直分不清，而这种身份不明并没有影响我的工作。这一点很重要，我并没有因为学科名称的改变，而改变我研究的对象、方法和理论。我的研究工作也明显地具有它的一贯性。也许这个具体例子可以说明学科名称是次要的，对一个人的学术成就关键是认清对象、改进方法、发展理论。别人称我作什么学家是并没有多大关系的。

当然，我说我并不关心别人称我什么学家，人类学家也好，社会学家也好，民族学家也好，那是因为我认为这三个不同名称的学科，实际上是有共同的领域。我专攻的这一部分对象正是这三个不同名称的学科的共同领域，简单地说是“社区研究”。社区研究是指研究一个一定地域、具有一定社会组织、一定文化传统和人文环境的人类群体。在当前的历史阶段里，这种群体中的人们总是认同于一个或多个民族。对于这个对象进行研究既可以认为属于欧洲大陆派人类学范围，也可认为属于英国的社会人类学范围，也可以认为属于美国文化人类学范围，在当前中国来说可以认为属于社会学或民族学的范围。我并不妄想我的研究能包罗这三门学科的全部领域，除了我研究的这一小部分之外，各门学科自可以还有其他的更广阔的领域，那是我力所不及的地方，尽可由其他人去耕耘。

或者有人可以认为我在上面所说的并没有回答究竟什么是人类学，它和社会学和民族学究竟有什么区别。我必须老实地说我并不能答复这些问题。我们只能在前人划定的学科中看他们研究些什么。然后自己问问自己，从这些学科中可以学些什么。要决定学些什么就要先有个前提，就是我学这些是为什么。我在上大学时，先是想当个医生，好为人治病，免除人们的痛苦，于是我进了医预科。后来我觉得人们最痛苦的不是来自身体上的疾病，而是来自社会所造成的贫穷。于是我改学社会学。学一门学科总得有个目的。我是想通过学社会学来认识社会，然后改革社会，免除人们的痛苦。在学社会学的过程中，我明白了必须联系实际，到社会实际生活中去观察、分析、思考。可巧我在大学遇到从芝加哥大学到中国来讲学的派克教授，他带我们这些学生到北京的各种居民区去参观访问，最后他说这种实地调查的方法是从人类学里学来的。我才认真地去找人类学家学习，进了清华大学研究院，师从史禄国教授。由于他的指导我到瑶山、到家乡进行实地调查。一直到现在，我这一生的经历中根本的目的并没有动摇，就是“认识中国，改造中国”。我曾经把这段意思在 1980 年到美国应用人类学会上去领马林诺斯基奖时，发表成“迈向人民的人类学”那篇讲话。我就是想从人类学里吸取“认识中国，改造中国”的科学知识。我这样说，也这样做。一生中虽则遇到过种种困难，我都克服了。年到七十时，我还是本着这个“志在富民”的目标，应用人类学的方法，到实地去认识中国农村、中国的少数民族，凡是贫困的地方我都愿意去了解他们的情况，出主意想办法，帮助他们富起来。我是用由人类学、社会学、民族学里得到的方法和知识去做我一生认为值得做的有意义的事。我在学习、研究的过程中，也写下了一些文章和书，人家称它们作人类学也好，社会学也好，我从不在乎。这是我一生的经过。我是用人类已有的知识去设法为人民服务的人，说我是个学者，我也不反对，因为我认为一个学者就应当是个用科学知识来为人民服务的人。

我不知道我这篇文章能否答复你们的问题。如果答非所问，还请多多原谅。谢谢各位。

“防人”：国人人际交往的误区*

——汉语谚语的人际交往研究

李庆善

本文通过对汉语谚语的分析，揭示了中国人人际交往的基本策略：“防人”，即防“人说”和防“人心”。从这种封闭的设防立场出发，中国人由防“人论”变成防止“失言”，则自己尽量“不言”“少言”，勿“直言”“传言”“大言”“谎言”，并努力做到“会言”；由防“人心”变成修身、养性、正己心，做到有正义心、公理心、公道心和公心。文章指出，中国人人际交往的误区概出于这个“防”字，它与现代人所倡导的坦诚、自若、轻松的交往风格是相冲突的。

谚语是人们生产和生活经验的总结。有关谚语的谚语指出：“十句谚语九句真”；“泉水最清，谚语最精”。谚语真实而精练地表达着人们的经验，表述着人们的情绪和意图，因而，通过对谚语的研究可以比较真切地了解人们的社会心理与行为。

汉语谚语十分丰富，有关社会生活和人际交往部分简直可以说是博大精深、瑰丽多彩，令人玩味无穷！这些谚语大多经过世代相传，历史悠久，具有很强的生命力。因此，今天我们认真研究它们，可以窥测到中国人人际交往心理与行为的历史原型，从而更好地理解正在走向现代化的国人在人际交往、为人处世方面所经验的种种困惑、迷惘和焦虑。

谚语研究结果表明，国人人际交往的基本策略是一个“防”字。所谓“害人之心不可有，防人之心不可无”，这里对人们最迫切的忠告就是“防

---

* 本文所引谚语均取自《汉语谚语词典》，北京大学出版社，1990 年版；《汉语谚语小辞典》，广东人民出版社，1982 年版。原文发表于《社会学研究》1994 年第 3 期。

人”。正是这个“防”字，使国人在人际交往过程中走进误区而至今不能解脱。国人在社交中有那么多困惑、迷惘和焦虑，有那么多劳累和疲惫的感受，又是那样的缺乏坦诚、自若和轻松，以致难以提高交往沟通效率，难以达成共识和合作，难以实现人际真正的亲和，恐怕概出于一个“防”字。应当指出，中国人“防人之心不可无”的信念之形成，有其深刻的社会历史根源。在许多时候，“防人”是出于无奈，不得不设防的。

本研究以国人“防”什么，为什么要“防”以及怎样“防”为问题，通过对大量谚语的分析，力图对国人人际交往的误区有个粗略的描述和解释，以为进一步的实证研究提供思路。

一

谚语云：“谁人背后无人说，哪个人前不说人。”既然人人都在“说人”，人人都被“人说”，是否就没有必要去防范“人说”了呢？不，“人言可畏”，“防人”首要的是防范“人说”。谚语从不同视角揭示了“人说”的危险性，描述了“人说”对当事人身心的摧残和伤害。它把“冷言”比着“冷饭”，“恶语”比着“六月寒”，“谗言”比着“冷箭”，把其对当事人的摧残和伤害比着“刀劈”“斧砍”“箭伤”，足可以置人于死地，把人“压死”“射死”，从而使人对“人说”或“人言”听而生畏，不寒而栗。谚语这样描述：

> 冷汤冷饭好吃，冷言冷语难受。好语一句三冬暖，恶语伤人六月寒。伤人以言，重于剑戟。青竹蛇儿口，黄蜂尾上针。树难禁利斧，人难禁谗言。利刀伤体疮犹合，恶语伤人恨不消。刀伤易治，口伤难医。鞭只伤肉，恶语入骨。长舌底下压死人。舌头板子压死人。谗言败坏君子，冷箭射死英雄。

所谓防“人说”，主要不是防范个别人说三道四，说长道短。个别人并不可怕，最可怕的是众“人说”，谚语对众“人说”的恐怖作了生动的刻画：

> 纵有千只手，难捂万人口。人经不起千言，树经不起千斧。人怕众嫌，肉怕众钳。众口铄金，积毁销骨。众人的舌头能把高山说倒。聚舌成刀，聚舌成雷。千口唾沫淹死人。千夫所指，无病而死。是非传入凡人耳，万丈江河洗不清。众口一言，浑身是口难分辩。

众“人说”之所以令人恐怖畏惧，还在于众人之口难“堵”、难“捂”、难“封”、“扎不住”、“拴不住”；还在于众人传言如风快，不胫而走千里，并且很容易将虚的传成实的，谣言传成事实，令当事人有口难辩，有理难争，“跳进黄河洗不清”。谚语对众“人说”的这些特点有如下描述：

> 一只手难堵众人口。挡不住千人手，捂不住众人口。坛口好封，人嘴难封。瓶嘴扎得住，人嘴扎不住。拴得住驴嘴马嘴，拴不住人嘴。人口快如风。一传十，十传百。好事不出门，坏事传千里。话传三人，能变本意。三里地内没准信。十里无真言。一人传虚，百人传实。谣言传过多人嘴，不是事实也成真。

“人说”，不管它是说三道四，评头论足，也不管它是冷言冷语，讥讽嘲笑，抑或是造谣诽谤，谗言诬陷，都是他人对当事人的一种评价、一种态度。作为他人，由于处在“背后”，没有关系距离、人情困境和面子障碍，又加之凭借人多势众，当然可以不负责任地随便说人。但这种负面的社会评价和社会态度的出现，对当事人来说，都有严重的社会及心理意义。它意味着：

（1）表演的失败，没有给社会留下个预期的好印象。并且，这种印象会在“背后”议论过程中经“捕风捉影”“添油加醋”“插枝粘叶”“移花接木”，给搞得面目皆非。这对重于表演并关注其效果的社会成员来说，不能不感到失败惨重而痛心疾首！

（2）关系、人情和面子等社会资源掉价贬值。凡身陷“千目视”“千口言”困境的人，都会体验到明显的世态炎凉。原有的关系疏离了，人情淡泊了，面子丢光了，似乎原有的地位、身份和角色也动摇起来，靠不住了，大有“墙倒众人推，鼓破乱人捶”的态势。这对极其重视关系、人情和面子，并关心其增值的社会成员来说，不能不感到大祸临头，殃及人生而心惊肉跳！

（3）当事人与其所依赖的集体撕离，处于被人“忌”“恼”“嫌”“憎”“弃”的境地。中国人对家及家族、街坊邻里、乡土社区和组织的依赖，是其生存和发展的条件。个人依赖于集体，犹如蜗牛的软体对其硬壳的依赖一样，软体一旦从硬壳里剥离出来，就意味着蜗牛死亡。大凡成为“众矢之的”的人，不管其原来如何强大，他都会感受到特殊的孤独，并时刻处于一种不安全感、危机感和恐惧感的袭击之中，惶惶不可终日。这是多么可怕的情境啊！

二

“口为心苗”，“言为心声”，语言用以表情达意，能透射人心。防“人说”，归根结底是防人心。谚语从“人心难测”与心口及言行相悖两个方面揭示了防范人心的必要性。

首先，谚语向人们提出“人心难测”的一系列命题：

> 人藏其心，不可测度。人心难测，海水难量。十丈深水易测，一人心思难量。万丈深水终见底，只有人心难忖量。天可度，地可量，唯有人心难度量。海枯终见底，人死不知心。人心难摸，泥鳅难捉。画虎画皮难画骨，知人知面不知心。外貌容易认，内心最难猜。人心隔肚皮，树心隔木皮。隔皮猜瓜，难知好坏。人面咫尺，心隔千里。野兽皮毛好辨别，坏人心肠难捉摸。花枝叶下犹藏刺，人心怎保不歹毒。

一般的“人心难测”，并没有必要令人们忧虑，并做出防范反应。令人们深感不安和忧虑的是，忠奸难识，信诈难别，贤佞难分，是非曲直难辩。因此，防人，尤其要防范“阳奉阴违”“口蜜腹剑”“两面三刀”之徒，以避免上其当，受其骗，中其阴谋诡计。为此，谚语专有揭露这类人嘴脸的名句：

> 大奸似忠，大诈似信。白石似玉，奸佞似贤。呆里奸，直里弯。口里甜如蜜，心里黑如漆。口上仁义礼智，心里男盗女娼。嘴甜心苦，两面三刀。小人口如蜜，转眼是仇人。佛口蛇心，口蜜腹剑。凶在心上，笑在脸上。明是一把火，暗是一把刀。人前一朵花，背后刺一根。墙缝的蝎子，蜇人不显身。猫哭老鼠假慈悲。

针对一般人容易上当受骗的情况，谚语苦口婆心地忠告人们：

> 信言不美，美言不信。人听甜言易上当，马踏软地易失蹄。药苦治好病，言甜会误人。刀上蜜糖不能尝。明枪易躲，暗箭难防。不怕黑李逵，只怕笑刘备。不怕虎狼面前生，只怕人前两面刀。英雄不怕战，只怕中暗箭。宁交双脚跳，不交眯眯笑。

“知人者智”“知人者哲”。对于一般非智非哲的人们，若要对面前陌生人或不甚亲密的人，透过其言行和外貌而窥测到内心的真实，从而分清善恶、良莠，的确不是件容易的事。知解他人之心，需要经历“日久见人心，路遥知马力”的长时期考验；需要经历“疾风知劲草，困难显英雄”的危难考验；需要经历“人用财试，金用火试”的利益考验；还需要经历“邻居眼睛两面镜，街坊心头一杆秤”的公众考验。在考验所需条件不具备的情况下，人们若要对其不知不解的他人之心做出防范，以免陷于人际冲突，遭受祸殃，那只好把控制方面转移到自己身上，对自己的言行和衣帽服饰进行管理。自己毕竟是好办的。所谓控制、管理自己，实际上只不过是压抑、封闭自己罢了。

三

封闭自己最简单的办法是封住自己的嘴巴，以防止失言。嘴能“伤”人、“恼”人、“罪”人；嘴能惹人“责怪”“嫌”“忌”“跳”“憎”“骂”；嘴还会招来“是非”“风雨”和“祸殃”。因此，对其不能等闲视之，不能不严加管理。谚语对嘴的危害性有充分的估计：

病从口入，祸从口出。舌为利害本，口是祸福门。蚊子遭扇打，只为嘴伤人。千言好个人，一言恼个人。宁失骏马，勿失己言。

管好嘴巴，防止其失言，应当做到不言、少言、勿直言、勿传言、勿大言和勿谎言。

教人“不言”的谚语有：

不干己事不张口，一问摇头三不知。只要不开口，神仙难下手。宁口如瓶，防意如城。事非干己休多管，话不投机莫强言。不对知音不可弹。出笼的鸟难回，出口的话难收。天不言而自高，地不言而自厚。

教人“少言”的谚语有：

出口万言，必有一失。言多失语，食多伤身。是非只为多开口，烦恼皆因强出头。力贱得人敬，口贱得人憎。话多易错，线长易断。逢人且说三分话，未可全抛一片心。不如意事常八九，可与人言无二三。说话说给知人，送饭送给饥人。交浅不可言深。

教人勿“直言”的谚语有：

心直口快，招人责怪。人直无财，树直无桠。爽口食多偏作病，快心事多恐生殃。顺情说好话，干直惹人嫌。手稳口也稳，到处好藏身。

教人勿“传言”的谚语有：

传言过话，自讨挨骂。舌长事多。腿长沾露水，嘴长惹是非。闲言闲语，不可尽听。字不可重笔，话不可乱传。

教人勿“大言”的谚语有：

过头饭别吃，过头话别说。宁可说得不透，不可过分夸口。空布袋立不起，说空话心里虚。人若不夸口，羞耻不临头。一言既出，驷马难追。

教人勿“谎言”的谚语有：

庄稼荒不得，谎言讲不得。茄子不开虚花，真人不说假话。渔网遮不住太阳，谎言盖不住真理。实话好说，瞎话难编。真的说不假，假的说不真。泥人经不起雨打，谎言经不起调查。实话验不倒，谎言怕追考。是真难灭，是假易除。

人生在世，要做人做事做学问，要同人打交道，总是要说话的。一味教人不言、少言，既不可能，也不算是妙计善策，因而，谚语更大的篇幅是教人们“会言”：

不会抽烟废烟草，不会说话惹人恼。不会烧香得罪神，不会说话得罪人。会说的惹人笑，不会说的惹人跳。见着先生说书，见着屠夫说猪。吃什么斋，念什么经。好话一句软人心。多栽花，少栽刺，留着人情好办事。

必须指出，谚语在此所展现的会言善处，乖巧圆滑，精于人情世故，乃是国人在艰难人生岁月里为自保所采取的一种处世策略。其中蕴含着人们自我压抑的苦涩，无力抗争的屈辱，以及种种无可奈何的哀叹，因而，它具有浓厚的悲剧色彩。同时，它又是人们对一种特定的生存环境的适应，蕴含着适者生存的灵活、机智、精明和计谋。或许在这种处世策略的背后，还蕴藏着一种更为深刻的价值，那就是人们对“世事洞明”的自得，对“关系、人情和面子”的嬉戏玩弄，因而，它又具有一定的喜剧色彩！

四

自己不“说人”和不失言，并不能完全杜绝“人说”。看来，防范

“人说”和人心，还应有更彻底的举措律己。谚语向人们提出三条举措：

（1）豁达。既然人间冲突、纠葛不可避免，每个人都有可能随时随地被扯进是是非非，卷进风风雨雨中去，那就要求自己适应这样的世事，对其持一种豁然达观的态度，把世事看透、看开，看得平常、淡泊、自然一些，从而以平静、自若、自信、开朗，甚至超然于世的心态去对待之。谚语告诉人们：

> 世事茫茫如大海，人生何处无风波。天上无云不下雨，地上无鬼不成灾。人情是纸张张薄，世事如棋局局新。世上有，戏上有；戏上有，世上有。世事洞明皆学问，人情练达即文章。是非终日有，不听自然无。天下本无事，庸人自扰之。君子坦荡荡，小人长戚戚。心底无私天地宽。

（2）无畏。豁达要求人们有超然于世的态度，但不是逃避矛盾和问题。相反，它要求人们，一旦遭遇是非曲直，舆论风波，或诽谤诬陷，就应以无畏的姿态去对待。无畏来自对自己的信心，相信自己没做“亏心事”“坏事”“皱眉事”，自己“心正”“身正”“脚正”“心里没病”，还有什么可怕的呢！谚语云：

> 好花不怕人谈讲，经风经雨分外香。好茶不怕细品，好事不怕细论。好花不常开，好人说不坏。日间不做亏心事，半夜敲门心不惊。不吃鱼嘴不腥，不做贼心不惊。船正不怕浪大，脚正不怕鞋歪。任凭风浪起，稳坐钓鱼船。没有秃疮，不怕别人说癞。肚里没邪气，不怕冷风吹。平生不做皱眉事，世上应无切齿人。二脚站得牢，不怕大风摇。身正不怕影子斜。犬吠不碍行人路。

（3）心正。无畏来自心正。心正才能不怕歪的邪的。心正则身正；身正则言之在理，不失言，不偏行。因此，要防范“人说”和人心，最根本的还是要做到心正。谚语对心正的防卫作用做了精辟的表述：

> 一正压千邪。正气高，邪气消。邪不压正，正不压疯。心中无邪

硬如铁。宁可正而不足，不可邪而有余。心正不怕人说，脚稳不怕路滑。

但是，何谓心正？谚语没有明确界定。可是，并未为此而引起人们在日常运用“心正”这个概念时的困惑。一般认为，心正是指所思所想符合伦理道德标准，心邪是指所思所想偏离伦理道德标准。心正则合乎公理（“公理自在人心”）或公道（“公道好比对面镜，人人都能看分明”）。而最终又都归终为无私即公心（“人不为己，顶天立地”；“人不为己，遇事不迷”）。因此，心正实际上要求人们有正义心、公理心、公道心、公心，又叫良心（“天凭日月，人凭良心”）。它与“亏心”（“日间不做亏心事”）、“欺心”（“事不欺心睡自安”）、“负心”（“心不负人无愧色”）和“私心”（“糖弹专打私心人”）是水火不容、格格不入的。

至此，我们会明白，国人所倡导的“防人”，即防“人说”和人心，在他人周围转了一遭，折腾了半天，最后还得落实到防止自身私心杂念作怪上面来。正如谚语所指出的那样：“救寒莫如重裘，止谤莫如自修。”自我修养，即修身、养性、正心也，“存天理，去人欲”也！这样，“防人”变成了防己；防“人说”变成了堵自己的嘴；防人心变成了正己心。为了“防人”而把自己死死地包围起来，用力雕、用功磨，使之既不敢想，也不敢言，又不敢动。难道说这不是一个大大的误区吗？

社会的发展与道德的衰退*

邵道生

一

在有关当前社会是不是存在道德衰退的问题上，在我们的学术界有两种截然相反的观点：一种观点认为，道德衰退不仅是一个现实，而且是相当严重的，已经到了不得不认真地解决的时候了；另一种观点则否定道德衰退现象。

我是赞同第一种观点的。为什么？

因为社会发展与道德状况这两个概念不完全相同，尽管二者存在某种“相关”的联系。

所谓社会发展，指的是社会向前推进的现象和过程，是社会从一种社会形态向另一种更高级的社会形态的过渡，它是一个社会的政治、经济、社会、文化、思想等综合协调的产物。当然，其中最最重要的标准就是“生产力标准”，即社会的生产力、国家的综合国力和人民的生活水平是否得到了提高。

而社会的道德状况呢，则指的是社会意识形态的一种，是社会的统治者用善和恶、正义和非正义、公正和偏私、诚实和虚伪、高尚与卑劣、荣誉与耻辱等道德概念，去调整人与人之间、人与群体之间、人与社会之间的关系和行为规范。

显然，社会的发展与社会的道德状况之间的关系不是机械的、划一的，在社会发展的某个阶段的确会出现这样的现象：生产力发展了，然而

* 原文发表于《社会学研究》1994 年第 3 期。

道德却后退了。

恩格斯在《家庭、私有制和国家的起源》一文中曾有过这样一段话："部落始终是人们的界限，无论对别一部落的人来说或者对他们自己来说都是如此：部落、氏族及其制度，都是神圣而不可侵犯的，都是自然所赋予的最高权力，个人在感情、思想和行动上始终是无条件服从的。这个时代的人们，不管在我们看来多么值得赞叹，他们彼此并没有什么差别，用马克思的话来说，他们还没有脱掉自然发生的共同体的脐带。这种自然发生的共同体的权力一定要被打破，而且也确实被打破了。不过它是被那种在我们看来简直是一种……堕落的势力所打破的。最卑下的利益—— 庸俗的贪欲、粗暴的情欲、卑下的物欲、对公共财产的自私自利的掠夺—— 揭开了新的、文明的阶级社会；最卑鄙的手段—— 偷窃、暴力、欺诈、背信—— 毁坏了古老的没有阶级的氏族制度，把它引向崩溃。而这一新社会自身，在其整整两千五百余年的存在期间，只不过是一幅区区少数人靠牺牲被剥削和被压迫的绝大多数人的利益而求得发展的图画罢了，而这种情形，现在比从前更加厉害了。"①

无须用恩格斯的话去论证，现在甚至连三岁的孩子都懂得，尽管原始共产主义社会（氏族社会）的道德状况可以说是"神圣"的，是值得人们"赞叹"的，然而如果以"生产力标准"来衡量，奴隶制社会的确是一种无可置辩的进步，然而奴隶制社会的道德状况呢？恩格斯用了极其尖锐的语言去"诅咒"它：是"堕落的"，充满了"庸俗的贪欲、粗暴的情欲、卑下的物欲、对公共财产的自私自利"，充满了"偷窃、暴力、欺诈、背信"，等等。

那么，当今的社会又是如何呢？

从社会的形态来说，"社会主义市场经济的体制"相对于过去的"计划经济体制"，无疑是"更高一级的社会形态"，而且，如果以"生产力标准"来衡量的话，那么，现在改革开放的社会发展的确是过去闭关锁国时代无法相比的。

然而就社会的道德状况来说，却有点"类似"恩格斯所说的那种情况（请注意，我在类似这个词上面是打上了引号的）。

① 《马克思恩格斯选集》第 4 卷，第 94 页。

当今社会道德衰退的严重性首先反映在它已经广泛地渗透到社会的各级权力结构之中。从执政党自己所用的“不断升级”的语言描述中很能反映出问题的严重性：“不正之风→严重不正之风→腐败行为→严重腐败行为”。的确，这个已经成为社会发展最大障碍的腐败问题如果不解决，那么可能就要亡党、亡国、亡社会主义，而腐败行为的发展是与道德的衰退联系在一起的。

当今社会道德衰退的严重性还反映在影响公民的社会生活和经济生活之中。近几年，犯罪案件尤其大案、要案的不断上升，不仅直接威胁到公民的人身安全，而且直接威胁到社会现代化的发展进程；而假冒伪劣的商品、坑蒙拐骗的欺诈行为，则是肆无忌惮地出现在社会的各个角落，资本主义早期所出现的丑恶行为已经达到了使人见怪不怪的程度了。

当今社会道德衰退的严重性还反映在支配人们行为的价值观从一个极端跳到了另一个极端：从过去的那种过于定位于群体利益的价值观向现在的那种过于定位于个人利益的价值观发展。为此，金钱成为人们疯狂追求的对象，物欲横流、拜金主义泛滥，使不少人的语言和行为散发着贪婪的气味。

当今社会道德衰退的严重性还表现于人与人之间的关系处于较为严重的失调之中。尽管社会越来越发展，然而大众媒介却越来越多地向人们发出这样的一种信息：社会冷漠、见死不救的现象越来越多。这一切都说明：“旁观者冷漠”现象的增加是与整个社会的道德衰退密切联系在一起的。

总之，严重的道德衰退是我们必须面对的客观现实。

二

为什么说当今社会的道德状况是一种“道德的衰退”？

任何的评价总有一个“标准”，总有一个“比较的参照点”。道德的评价也离不开它的“比较的参照点”：这就是我们经常所说的五六十年代（准确地说是整个1950年代和1960年代前半期）社会的那种“神圣”。应该说这个“比较的参照点”是客观存在的，并不因为社会主义社会从一种形态（“计划经济”）向另一种形态（“社会主义市场经济”）的发展而自行消失掉。

为什么？这是因为道德本身有一个“历史的继承性”，有些道德情感、道德认识和道德行为是不管哪个社会形态都需要的，对有些道德的评价是不管什么主义、什么制度都需要的。还有，无论是“计划经济体制下的社会主义”或是“市场经济体制下的社会主义”，其前提都是“社会主义”，因此，对许多现象的道德评价是“共通的”，即五六十年代被认为是“神圣”的，到了1990年代的今天，应该说也同样是“神圣”的。

邓小平同志1978年《在全国教育工作会议上的讲话》中指出：“革命的理想，共产主义的品德，要从小开始培养。我们党的教育事业历来有这样的优良传统。革命战争年代，儿童团员、共青团员创造了可歌可泣的英雄业绩。全国解放以后，我们的教育工作，我们的青年团、少先队的工作，发扬光大了过去的优良传统。在很长的一段时间里，广大青少年好好学习，天天向上，爱祖国，爱人民，爱劳动，爱科学，爱护公共财物，英勇机智地同敌人、坏分子做斗争，树立了一代新风。学校风气的革命化促进了社会风气的革命化。这种风气不仅是中国历史上从来没有过的，而且受到了世界人民的赞誉。”①

总之，与五六十年代社会的那种“神圣”相比，当今社会的道德状况的确不令人如意，应该说是一种“道德的倒退”或“道德的衰退”。

我们同时应该看到，这种道德衰退比较彻底地“暴露”了与过去“计划经济体制”相适应的精神文明形态的许多弱点。譬如说，它将人们的价值观念过于定位于群体的价值观念之中，要求人们绝对地牺牲个人利益而服从群体的利益，因而作为个人来说就缺乏活力，缺乏竞争精神，缺乏积极的、创造的进取精神，而所有这一切，都是要以“打破”现有程序、打破已有的“条条”“框框”为基础的。

这种道德衰退比较深刻地“暴露”了过去社会热衷于政治运动、政治批判所潜伏着的危机。道德观念、道德行为、道德习惯的形成是与社会的“文化形态”密切联系在一起的。应该指出的是，由于执政者试图用“以阶级斗争为纲”而不是以“发展生产力”的指导思想去发展政权，因而使“文化大革命”以前（包括“文化大革命”本身）的社会频频出现政治运

---

① 《邓小平文选》，第102页。

动，从而使一个本来是属于社会的社会，变成了一个政治社会，整个社会的“文化氛围”烙上了“高强度的政治社会化”的“烙印”，人们的道德观念、道德行为和道德习惯也深深地烙上了“政治的痕迹”。一旦社会恢复了它“本来应该有的形态”，原有支配人们行为的带有“浓厚政治化色彩的道德观念”便处于一种“失衡、失调状态”，于是，人们变得无章可循，无矩可蹈。

这种道德衰退比较全面地“暴露”了过去社会在道德教育中的脱离社会主义初级阶段现实的虚无主义的弱点。通过无数次的意识形态的批判，我们将中国传统的道德全都作为封建主义的糟粕批判掉了；通过“史无前例”的“文化大革命”，我们将共产党几十年来行之有效的优良传统作为修正主义批判掉了；我们甚至还“理直气壮”地拒绝接受西方文化中的优秀的精神文明。在过去的道德教育中，我们太有点虚无主义了。

这种道德衰退比较清楚地“暴露”了人本身（包括极少数领导干部）的“虚弱性”——甚至抵挡不住“从窗外飞进来的苍蝇”的袭击。

“道德衰退”的确是一个现实，然而它却是社会发展过程中要付出的一种“代价”；它向许许多多处于“有时是‘绝对的理念’、有时是‘绝对的混沌’的状态中的人”敲响了警钟：现在是到了该“清醒”的时候了。

因此，承认道德衰退的现实并不是要否定社会的发展，更不是要去否定改革开放的现实。它清楚地向我们发出这样一个信号：仅有经济领域的改革是不行的，因为道德衰退本身暴露了过去精神文明形态建设中的许多弱点和不足之处，因此这场轰轰烈烈的改革运动必然要向精神文明建设的“深层”发展。它还清楚地向我们发出另一个信号：我们不能停留在对过去道德的“简单怀旧”之中，我们的任务并不是对过去道德的简单的恢复，而是需要更高、更新层次的“道德重建”，而这个任务是异常艰难的，需要几代人的努力！

我国青年贡献意愿的变化轨迹*

石秀印

本文用文献分析法研究了 1979 ~ 1992 年间我国青年贡献意愿的特点及变化轨迹。分析认为：贡献意愿作为一种终极价值和工具价值的混合在青年中占有主导地位；对于不同的贡献对象，青年的贡献意愿存在差异；不同青年群体的贡献意愿强度和对不同对象的贡献意愿强度有所不同；在 1979 ~ 1992 年，贡献意愿在总体上略有减弱趋势，但是对不同对象的贡献意愿却是有的增强，有的减弱，不能一概而论；大学青年似乎是贡献意愿某些方面变化的先导。

一　问题的提出与研究方法

贡献是人们处理与社会环境关系的基本取向之一。在处理自我与社会环境中的他人的关系时，贡献是一种他人取向；在处理个我与集体的关系时，贡献是一种集体取向；在处理个我与社会的关系时，贡献是一种社会取向。

杨国枢（1992）将重视并且努力与社会环境保持和谐关系的取向统称为“社会取向”，认为社会取向与个我取向是世界各国社会中最常出现的两种主要运作形态，而在中国人的传统社会中，人们的运作形态是社会取向的。杨中芳（1991）则对中国人以社会取向为主这一多年流行的判断提出了怀疑。

对这一分歧的一个可以接受的调和，就是“嬗变”说，即人们的行为取向原来是亲社会的，现在则转变为“亲”个我的。社会上流传的“50 年代人爱人，60 年代人帮人，70 年代人整人，80 年代个人顾个人”，以及

---

* 原文发表于《社会学研究》1994 年第 3 期。

“60年代人人学雷锋，80年代雷锋不见了”，都为“嬗变”说提供了支持。但是，这些流传本身却缺乏实证材料特别是统计数据的支持。

中国人的行为取向是否发生了“嬗变”，其轨迹与走向如何？本文拟从实证的角度进行探讨。所采用的方法是，收集有关社会调查的统计资料，对众多的同类数据进行分析，据此做出判断。之所以采用这一文献收集法，是因为要说明变化就需要取得纵向研究资料，而我国缺乏对此问题的长期的纵向研究，只能以内容相近但样本不同、时间不同的资料替代。

为突出重点，所收集的资料内容选择的是在我国历来大力提倡、人们经常表露，并且能作为社会取向的核心内容的“贡献意愿”。具体又可以分为9个贡献对象，即为“他人”贡献、为“人民”贡献、为“集体”贡献、为“社会”贡献、为“国家”贡献、为“四个现代化”贡献、为“共产主义”贡献、为“中国共产党”贡献、为“人类”贡献。

所收集资料的测查样本选择为青年群体，包括农村青年、城镇青年、大学青年和中学青年。之所以将观察焦点集中于青年，原因在于青年的观念是社会的“先驱”，青年是社会脉搏的最敏感体现者。他们贡献意愿的状况和变化趋势在很大程度上代表了我们社会的走向。

所收集的资料的调查时间为1978～1993年（实际所收集到的数据中1978年、1980年和1993年空缺）。这样的选择是出于两个方面的考虑。第一，1978年中共十一届三中全会引发了中国社会的全面变革，也引起了人们观念和行为的转变；第二，此前的问卷调查资料奇少。

资料入选的其他条件是：正式发表的文章中所列问卷的题目完整，题目下备选项数量和可选项数量明确，列出了精确的百分比统计结果；抽样范围较大，样本量大于200。

为便于不同问题、不同备选项、不同可选项的测查数据的对比，本文制定和采用了强度值这一概念，并且对每一测查结果计算其强度值，强度值的计算公式是：

强度值＝（该选项实得％÷可选项数－100％÷备选项数）×备选项数÷10

二　结果与分析

通过以上方法，所取得的结果列入表1。

表 1　对不同对象的贡献意愿

年份	群体	他人		人民		集体		社会		国家		四化		共产主义		党		人类	
		%	强度	%	强度	%	强度	%	强度	%	强度	%	强度	%	强度	%	强度	%	强度
1982	湖南农村青年①			32.6	+0.128					44.9	+0.214								
1982	湖南农村青年①			64.8	+0.159					44.9	+0.214								
1983	农村青年②	50.9	+0.205					64.7	+0.159	64.7	+0.159								
1983	农村青年②	8.2	-0.026							21.1	+0.090								
1987	武汉农村青年③			75.6	+0.413			56.8	+0.241			56.8	+0.241						
1988	农村青年④	31.3	-0.006			35.0	+0.040	10.9	+0.009	39.4	+0.058								
1990	湖南农村青年⑤					9.3	-0.063												
1990	广西农村青年⑥					41.8	+0.067					28.2	+0.013	28.7	+0.015				
1991	如皋农村青年⑦	56.8	+0.011			57.8	+0.16			59.7	+0.019								
1979	城镇青年⑧			19.3	+0.016					29.7	1.078	33.4	+0.100	13.5	-0.019				
1981	城镇青年⑧			6.6	-0.067					14.7	-0.026	30.7	+0.054	30.7	-0.054				
1981	西安城镇青年⑨			11.5	+0.062							8.7	+0.013	6.5	+0.035				
1982	兰州城镇青年⑩			5.0	-0.050					9.0	-0.010	11.0	+0.010	8.0	-0.020				
1982	城镇青年⑪			32.6	+0.030					44.9	-0.080								

注：①王康乐等：《湖南农村青年思想情况调查》，《青年研究》1982 年第 18 期，第 21 页。

②中国社会科学院青少年研究所：《一九八三年中国青年农民调查资料》，内部印行，第 23 页。

③吴灿华：《现在与未来：中国青年人生观现状》，北京师范学院出版社 1989 年版，第 157 页。

④陆建华：《来自青年的报告——当代中国青年价值观及其取向的演变》，辽宁人民出版社 1992 年版，第 397 页。

⑤杨铭华：《湘西民族青年道德观念的考察》，《青年研究》1991 年第 5 期，第 16 页。

⑥蓝日基：《可喜的变化与不可忽视的问题》，《青少年探讨》1991 年第 4 期，第 32 页。

⑦吴旭：《农村青年社会主义思想认识的调查》，《青年研究》1992 年第 3 期，第 19 页。

⑧樊新民：《从三次调查看青年的思想变化》，《青年研究》1984 年第 5 期，第 60 页。
⑨共青团西安市委宣传部：《一个工厂青工人生观的调查》，《青年研究》1982 年第 17 期，第 9 页。
⑩张泉涛：《试论当代青年工人的阶级先进性》，《青年研究》1983 年第 5 期，第 3 页。
⑪文献良：《学习马克思主义的青年观》，《青年研究》1983 年第 5 期，第 12 页。

续表

年份	群体	他人		人民		集体		社会		国家		四化		共产主义		党		人类	
		%	强度	%	强度	%	强度	%	强度	%	强度	%	强度	%	强度	%	强度	%	强度
1982	城镇青年[①]			64.8	+0.95														
1982	城镇青年[②]			80	+0.140					80	+0.140								
1983	城镇青年[③]									11.5	-0.043			17.1	-0.015				
1983	北京城镇青年[④]	13.7	-0.045	25.5	+0.002									13.7	-0.045	13.7	-0.045		
1983	各地城镇青年[⑤]	51.8	+0.107			7.7	-0.054			20.3	+0.022	48.1	+0.044					20.3	+0.022
1983	各地城镇青年[⑤]	39.0	+0.056							22.6	+0.058								
1983	各地城镇青年[⑤]	39.0	+0.056							59.9	+0.140								
1984	成都城镇青年[⑥]	42.6	+0.113	41.9	+0.151			30.3	+0.051			41.9	+0.151						
1984	各界青年[⑦]	77	+0.005																
1984	武汉城镇青年[⑧]									19.3	+0.112	17.2	+0.089					12.8	+0.041
1985	沈阳城镇青年[⑨]			36.0	+0.044	36.0	+0.044												
1986	北京城镇青年[⑩]			3.2	-0.074					13.3	-0.034								
1986	各地城镇青年[⑪]					2.8	-0.059			20.4	+0.124	8.7	-0.004	13.8	+0.052				
1986	各地城镇青年[⑪]	30.9	+0.024					30.9	+0.024	30.9	+0.024								
1987	城镇青年[⑫]	16.6	-0.017																
1987	宜昌各界青年[⑬]												20.7	0.38					

续表

年份	群体	他人		人民		集体		社会		国家		四化		共产主义		党		人类	
		%	强度	%	强度	%	强度	%	强度	%	强度	%	强度	%	强度	%	强度	%	强度
1987	武汉城镇青年⑭	71.6	+0.043	70.6	+0.112	79.2	+0.058	40.9		70.6	+0.112							67.8	+0.104
1987	各地城镇青年⑫	12.5	-0.038			27.3	+0.037	36.9	+0.085	47.5	+0.138								
1987	各地城镇青年⑫					13.9	-0.031			29.6	+0.048								
1987	各地城镇青年⑫					8.5	-0.058												
1987	各地城镇青年⑫					7.3	-0.064												
1987	各地城镇青年⑮							23.3	-0.030										
1988	云南城镇青年⑯	24.2	+0.021																
1988	各地城镇青年⑰							6.1	-0.039										
1988	上海城镇青年⑱									9.5	-0.058	9.5	-0.058						

注：①②文献良：《学习马克思主义的青年观》，《青年研究》1983 年第 5 期，第 12 页。

③樊新民：《从三次调查看青年的思想变化》，《青年研究》1984 年第 5 期，第 60 页。

④“张海迪事迹社会反响”调查组：《北京城市青年对张海迪事迹的反响与分析》，《青年研究》1984 年第 1 期，第 30 页。

⑤中国社会科学院青少年研究所当代中国青年职工状况调查组：《当代中国青年工人状况》，工人出版社 1985 年版，第 61 页。

⑥吴本雪：《青年文化生活与价值取向》，《青年研究》1985 年第 7 期，第 20 页。

⑦冰毅等：《百名青年理想状况的调查与思考》，《青年研究》1985 年第 10 期，第 19 页。

⑧毛汉斌等：《变化中的青工思想观念》，《青年研究》1985 年第 5 期，第 25 页。

⑨沈阳团市委宣传部：《女青年心理特征浅析》，《青年研究》1986 年第 12 期，第 25 页。

⑩徐艳春：《体制改革中的青年价值观》，北京大学《社会研究》1987 年，第 100 页。

⑪中华全国总工会：《中国职工队伍状况调查》，工人出版社 1987 年版，第 54 页。

⑫中国社会科学院社会学研究所课题组：《国营大中型企业职工工作积极性调查》，未发表。

⑬吴灿华：《现在与未来：中国青年人生观现状》。

⑭同上，第 127 页。

⑮中国社会科学院社会学研究所课题组：《中日青年劳动意识调查》，未发表。

⑯高翔等：《云南省青年工人现状调查》，《青年研究》1989 年第 10 期，第 21 页。
⑰陆建华：《来自青年的报告——当代中国青年价值观及其取向的演变》，第 394 页。
⑱俞建萌等：《值得关注的“主人翁意识”变异》，《青年研究》1989 年第 5 期，第 14 页。

续表

年份	群体	他人		人民		集体		社会		国家		四化		共产主义		党		人类	
		%	强度	%	强度	%	强度	%	强度	%	强度	%	强度	%	强度	%	强度	%	强度
1988	各地青年①	28.0	-0.015					28.3	+0.042										
1988	各地青年②							12.3	-0.054										
1989	各地青年③							47.9	+0.044	82.7	+0.065								
1989	天津城镇青年④	68.5	+0.174	11.6	+0.016	4.6	-0.054			11.6	+0.016			14.7	+0.047				
1989	天津城镇青年④	77.5	+0.210																
1989	柳州城镇青年⑤					51.3	+0.208												
1989	柳州城镇青年⑥					43.4	+0.160												
1990	长岭机器厂⑦	69.5	+0.109			86.3													
1990	长岭机器厂⑦	89.1	+0.158			16.6													
1990	长岭机器厂⑦	25.2	+0.001			16.6													
1990	哈尔滨市青工⑧					58.4	+0.075												
1990	哈尔滨市青工⑧					65.4	+0.031												
1990	辽宁城镇青年⑨					15.1	-0.055												
1990	四川城镇青年⑩	22.4	-0.033																
1990	广西城镇青年⑪			62.1															
1990	广西城镇青年⑫					8.7	-0.013			14.5	+0.045	5.1	-0.049	13.3	+0.033				

续表

年份	群体	他人		人民		集体		社会		国家		四化		共产主义		党		人类	
		%	强度	%	强度	%	强度	%	强度	%	强度	%	强度	%	强度	%	强度	%	强度
1990	广西城镇青年⑫					43.5	+0.161												
1990	广西城镇青年⑬					2.9	-0.071			14.7	+0.047	10.2	+0.002	18.4	+0.084				
1990	广西城镇青年⑭									19.4	+0.016			16.8	+0.015				
1990	沙市城镇青年⑮													33.8	+0.103				
1990	江苏城镇青年⑯					47.2	+0.089												
1990	江苏城镇青年⑯					71.4	+0.043												
1900	各族青年⑰							14.9	-0.011										
1900	各地城镇青年⑱							7.2	-0.035										
1901	四川城镇青年⑲							19.4	+0.055										
1991	四川城镇青年⑲							30.2	+0.111										
1991	四川城镇青年⑲					16.2	-0.003							19.5	+0.015				
1991	广西城镇青年⑬	38.9	+0.056			54.6	+0.118	38.9	+0.056	38.9	+0.056								
1991	江苏城镇青年⑳							7.8	-0.022										
1991	上海城镇青年⑳	20	-0.020					49	+0.096										

注：①②罗世鹏译：《11 个国家青年人生观调查资料》，《青年研究》1989 年第 12 期，第 41 页。

③倪健译：《十一国青年对国家和社会的态度》，《青年研究》1990 年第 5 期，第 4 页。

④孟宪林等：《对当前青工的认识与透视》，《青年研究》1990 年第 3 期，第 2 页。

⑤顾琼：《青年职工参与企业管理的现状调查》，《青少年探讨》1990 年第 3 期，第 6 页。

⑥陆迪辉：《关于调动企业青工积极性的思考》，《青少年探讨》1991 年第 3 期，第 21 页。

⑦卢山冰：《大中型企业青工思想状况与反思》，《理论导刊》1991 年第 10 期，第 38 页。

⑧宋国力等：《哈尔滨市青工劳动意识调查》，《青年研究》1991 年第 4 期，第 25 页。

⑨辽宁青工劳动态度调查组：《辽宁青工的劳动态度》，《青年研究》1991 年第 5 期，第 2 页。

⑩邓忠志：《青工焦虑心理初探》，《青年研究》1991 年第 8 期，第 40 页。

⑪万绵等：《走出迷惘，求实上进》，《青少年探讨》1991 年第 1 期，第 49 页。

⑫陆迪辉：《关于调动企业青工积极性的思考》，《青少年探讨》1991 年第 3 期，第 27 页。

⑬蓝日基：《国营大中型企业青年思想状况调查》，《青少年研究》1992 年第 2 期，第 1 页。

⑭林志红等：《青年教师、科研人员、机关干部思想现状的调查与分析》，《青少年探讨》1991 年第 4 期，第 22 页。

⑮阎耀军：《大中型国营企业职工调查》，未发表。

⑯朱步楼等：《盐城市万名职工积极性状况的调查报告》，《社会心理研究》1991 年第 4 期，第 25 页。

⑰曾建国：《当代青年的价值取向及生活态度》，《社会心理研究》1991 年第 4 期，第 56 页。

⑱陆建华：《来自青年的报告——当代中国青年价值观及其取向的演变》，第 394 页。

⑲陈军民等：《国营大中型企业深化改革中的青工心态》，《青年潮》1992 年第 4 期，第 22 页。

⑳黄莉：《走出办公楼……》，《青年研究》1992 年第 3 期，第 14 页。

㉑曹薇等：《新生代：集希望与责任于一身》，《当代青年研究》1992 年第 1 期，第 14 页。

㉒广州地区青年社会政治与道德心理现状研究课题组：《广州青年政治与道德心理现状》，《青年研究》1993 年第 1 期，第 12 页。

续表

年份	群体	他人		人民		集体		社会		国家		四化		共产主义		党		人类	
		%	强度	%	强度	%	强度	%	强度	%	强度	%	强度	%	强度	%	强度	%	强度
1991	广州城镇青年①	52.4	+0.005							56.1	+0.012								
1992	天津各界青年②	14.9	-0.040					46.1	+0.104	79.8									
1992	天津未成年人③	55.9	+0.068	40				62.9		52.1									
1992	北京核工业④									34.1	+0.071								
1992	各地城镇青年⑤					33.1	+0.032												
1982	东北大学生⑥	20.4	+0.022	20.4	+0.022	20.4	+0.022												
1982	京津大学生⑥	18.5	+0.011	18.5	+0.011	18.5	+0.011												
1983	北方大学生⑥	20.4	0			27.6	+0.038			34.4	+0.106								
1983	北京大学学生⑦	10.0	-0.050					36.5	+0.155					41.6	+0.108				

续表

年份	群体	他人		人民		集体		社会		国家		四化		共产主义		党		人类	
		%	强度	%	强度	%	强度	%	强度	%	强度	%	强度	%	强度	%	强度	%	强度
1983	北京大学学生⑦							77.5	+0.305										
1984	北京市大学生⑧	5.5	-0.045					47.6	+0.376										
1984	北京市大学生⑧	3.0	-0.076					31.7	+0.177										
1984	武汉市大学生⑨									12.6	-0.012								
1984	武汉市大学生⑨									17.2	+0.020								
1984	武汉市大学生⑨									14.8	+0.004								
1984	各地大学生⑩	3.4	-0.063					8.2	-0.018	18.3	+0.111							26.3	+0.137
1984	各地大学生⑩							7.6	-0.032	13.4	+0.021								
1986	北京市大学生⑪			12.2	-0.039					28.1	+0.041	16.4	-0.018	38.1	+0.091			13.8	-0.180
1987	云南民族学院⑫	7	-0.072									63	+0.083						
1987	湖北中医学院⑬	15				15						64.5	+0.093						
1987	东北师范大学⑭											69.8	+0.109						
1987	华东师范大学⑮	10.3	-0.059											61.0	+0.083	10.5	+0.020		
1987	豫西农业专科⑯													61.0	+0.083	10.5	+0.020		
1987	山西矿业学院⑰							67.5	+0.315	6.5	-0.061	6.5	-0.61	6	-0.064				
1987	渝州大学学生⑱	57.2	+0.072			21.5	-0.035					55.8	+0.048						
1987	渝州大学学生⑱	9.5	-0.071																
1987	渝州大学学生⑱	7.1	-0.072																
1987	中国公安大学⑲	50.0	+0.015	28.8	+0.015														
1987	北京市大学生⑳			6.4	-0.074			13.5	-0.046	55.0	+0.120	13.5	-0.046	7.2	-0.071				
1987	中山大学学生⑳									28.5	+0.071			14.0	-0.016				

续表

年份	群体	他人		人民		集体		社会		国家		四化		共产主义		党		人类	
		%	强度	%	强度	%	强度	%	强度	%	强度	%	强度	%	强度	%	强度	%	强度
1987	中山大学学生⑳									14.0	+0.002	3.2	-0.084						
1988	各地大学生㉒							33.1	-0.001										
1990	昆明冶金专科㉓			43.0	+0.072					33.7	+0.002	47.5	+0.058	9.9	-0.060				

注：①②王世涛：《加快改革形势下青年思想状况调查》，《青少年研究》1992 年第 4 期，第 1 页。

③杨玉存等：《天津未成年人情况的调查与分析》，《青年研究》1993 年第 3 期，第 2 页。

④核工业总公司直属机关团委：《对京区核工业直属单位青年思想状况的调查》，《青年研究》1993 年第 1 期，第 12 页。

⑤中华全国总工会：1992 年职工状况调查，未发表。

⑧赵子祥等：《十七所大学 1762 名学生人生观的调查》，《育年研究》1983 年第 9 期，第 22 页。

⑦曹建民：《他们将从这里起步》，《青年研究》1984 年第 6 期，第 39 页。

⑧陈科文：《当代大学生人生价值观调查》，《青年研究》1985 年第 4 期，第 24 页。

⑨湖北省高等学校思想教育研究会等：《大学生纵向研究》，武汉大学出版社 1986 年版，第 149 页。

⑩石秀印：《对十二所大学学生需要动机的研究》，《社会学研究》1988 年第 4 期，第 23 页。

⑪⑫⑬⑭⑮⑯⑰⑱⑲⑳㉑吴灿华：《现在与未来：中国青年人生观现状》，第 114、54、215、225、275、100、85、319、296、114、40 页。

㉒王勃侠：《在校大学生厌学现象评析》，《青年研究》1989 年第 3 期，第 23 页。

㉓《齐抓共管，加强学生人生观教育》，《思想理论教育》1992 年第 2 期，第 33 页。

续表

年份	群体	他人		人民		集体		社会		国家		四化		共产主义		党		人类	
		%	强度	%	强度	%	强度	%	强度	%	强度	%	强度	%	强度	%	强度	%	强度
1990	广西民院女生①	13.3	-0.007					25.2	+0.076	13.4	-0.005								
1990	广西区大学生②							4.9	-0.051	39.4	+0.135	31.1	+0.086	15.1	+0.005				

续表

年份	群体	他人		人民		集体		社会		国家		四化		共产主义		党		人类	
		%	强度	%	强度	%	强度	%	强度	%	强度	%	强度	%	强度	%	强度	%	强度
1990	广西区大学生[2]									8.1	-0.052								
1991	西南政法学院[3]									31.5	+0.058								
1991	吉林省大学生[4]	24.2	-0.052	86.6	+0.073	83.0	+0.149	88.2	+0.165	49.7	+0.049								
1991	吉林省大学生[4]	72.3	+0.118			60.0													
1991	江西某校一年级[5]					79	+0.058												
1991	江西某校三年级[5]					75	+0.050												
1991	江西某校二年级[5]					59	+0.018												
1987	汉中初中生[6]			64.6	+0.158					54.6	+0.158	54.6	+0.158						
1987	汉中高中生[6]			55.4	+0.122					55.4	+0.122	55.4	+0.122						
1987	汉中高三生[6]			45.0	+0.080					45.0	+0.080	45.0	+0.080						
1987	合肥市中学生[7]									12.0	-0.015			13.8	-0.003				
1988	天津市中学生[8]	88.0	+0.076																
1988	天津市中学生[8]	49.0	-0.002																
1988	天津市中学生[8]	10.9	-0.056																
1989	广州市中学生[9]							47.4	+0.099										
1989	广州市中学生[9]							12.4	+0.036										
1990	太原师范学生[10]							69.1	+0.038					9.9	-0.029				
1991	江西省中学生[11]	22.6	+0.010	68.3	+0.105	90.7	+0.172	21.2	-0.036	62.4	+0.150								
1991	江西省中学生[11]	9.8	+0.016	9.8	+0.016	24.7	+0.147							11.7	+0.043				
1991	浙江省中学生[12]	17.1	+0.002					46.1	+0.038	49.8									
1991	浙江省中学生[12]	53.1	+0.114					47.7	+0.139										

续表

年份	群体	他人		人民		集体		社会		国家		四化		共产主义		党		人类	
		%	强度	%	强度	%	强度	%	强度	%	强度	%	强度	%	强度	%	强度	%	强度
1991	广州市中学生⑬											44.9	+0.080						
1991	珠海市中学生⑭					89.8	+0.168	8.8	-0.074			19.4		19.4					

注：①邓艳菱：《少数民族女大学生现实思想倾向调查》，《青少年探讨》1991 年第 1 期，第 2 页。

②罗国安：《现状与分析》，《青少年探讨》1991 年第 3 期，第 10 页。

③陈志等：《当代大学生心灵轨迹探微》，《青年潮》1992 年第 4 期，第 19 页。

④王丽影等：《次开放地区大学生道德观调查》，《青年研究》1992 年第 10 期，第 4 页。

⑤万绵等：《走出“自我”的小天地》，《青年研究学刊》1992 年第 3 期，第 6 页。

⑥吴灿华：《现在与未来：中国青年人生观现状》，第 285 页。

⑦操建华：《中学生现代意识举要》，《青年研究》1988 年第 6 期，第 26 页。

⑧王小章：《中国人助人心理初探），《社会学研究》1989 年第 6 期，第 86 页。

⑨刘小刚等：《穗港中学生人生价值观之比较研究》，《青年研究》1990 年第 4 期，第 16 页。

⑩李红亚：《对中师生思想状况的调查》，《教育科学研究》1991 年第 3 期，第 33 页。

⑪胡定南等：《老区中学生人生价值取向的调查》，《江西教育科研》1992 年第 3 期，第 15 页。

⑫张宪尧：《中学生社会成熟水平的调查》，《教育研究》1992 年第 5 期，第 28 页。

⑬李鸿灿：《“成功教育”模式的构思和实施》，《广州教育》1992 年第 10 期，第 9 页。

⑭谢绛先：《当前中学生的道德水平探讨》，《南方青少年研究》1992 年第 4 期，第 25 页。

对表 1 的数据按照贡献对象和年代归纳，计算各青年群体的强度值的平均数和各年的强度值平均数，得到表 2 和表 3。

表 2　各群体贡献意向的强度值平均数

	总体	他人	人民	集体	社会	国家	四化	共产主义	党	人类
总体		+0.022	+0.069	+0.039	+0.061	+0.060	+0.050	+0.012	-0.045	+0.057
农村青年	+0.103	+0.047	+0.233	+0.015	+0.136	+0.126	+0.127	+0.015	-0.045	
城镇青年	+0.035	+0.043	+0.037	+0.027	+0.030	+0.049	+0.032	+0.019		+0.056
大学生	+0.034	-0.021	+0.045	+0.039	+0.118	+0.036	+0.032	+0.002		+0.060
中学生	+0.068	+0.023	+0.096	+0.162	+0.034	+0.099	+0.110	+0.004		

表 3　贡献意愿年平均强度值随时间变化情况

群体	年份	总体	他人	人民	集体	社会	国家	四化	共产主义	党	人类
农村青年	1982	+0.179		+0.144			+0.214				
	1983	+0.105	+0.090			+0.159	+0.125				
	1987	+0.298		+0.413		+0.241		+0.241			
	1988	+0.025	-0.006		+0.040	+0.009	+0.058				
	1990	+0.008			+0.002			+0.013	+0.015		
	1991	+0.016	+0.014		+0.016		+0.019				
城镇青年	1979	+0.044		+0.016			+0.078	+0.100	-0.019		
	1981	-0.002		-0.003			-0.026	+0.034	-0.010		
	1982	+0.046		+0.054			+0.070	+0.010	-0.020		
	1983	+0.017	+0.044	+0.002	-0.054		+0.044	+0.044	-0.030	-0.045	+0.022
	1984	+0.089	+0.059	+0.151		+0.051	+0.112	+0.120			+0.041
	1985	+0.044		+0.044	+0.044						
	1986	+0.007	+0.024	-0.074	-0.069	+0.024	+0.038	-0.004	+0.052		
	1987	+0.037	-0.004	+0.112	-0.012	+0.028	+0.099		+0.038		+0.104
	1988	-0.023	+0.003			-0.016	-0.058	-0.058			
	1989	+0.089	+0.192	+0.016	+0.104	+0.044	+0.042		+0.047		
	1990	+0.032	+0.059		+0.033	-0.023	+0.036	-0.024	+0.059		
	1991	+0.041	+0.014		+0.058	+0.059	+0.034		+0.015		
	1992	+0.047	+0.014		+0.032	+0.104	+0.071				

续表

群体	年份	总体	他人	人民	集体	社会	国家	四化	共产主义	党	人类
大学青年	1982	+0.024	+0.011	+0.011	+0.024		+0.106				
	1983	+0.132	-0.050			+0.230			+0.108		
	1984	+0.046	-0.061			+0.126	+0.029				+0.137
	1986	+0.011		-0.039			+0.041	-0.018	+0.091		-0.018
	1987	+0.018	-0.033	+0.066	-0.035	+0.135	+0.033	+0.028	-0.033		
	1988	-0.011				-0.011					
	1990	+0.022	-0.007	+0.072		+0.013	+0.020	+0.072	-0.028		
	1991	+0.069	+0.033	+0.073	+0.069	+0.165	+0.054				
中学青年	1988	+0.006	+0.006								
	1989	+0.068				+0.068					
	1990	+0.004				+0.038			-0.029		
	1991	+0.068	+0.036	+0.061	+0.162	+0.0017	+0.150	+0.080	+0.043		

根据以上数据，可以做出如下分析。

（一）我国青年的贡献意愿比较强烈，社会取向占有主要地位

根据所收集到的267个测查数据计算，强度值为正数的有186个，负数的有79个，0值的为2个，其中正值占69.7%。表明在2/3以上的测查中，贡献意愿（与其他意愿相比）占有支配地位的人数比例超过理论概率，即在多数测查中多数青年表露出了贡献意愿。当然，这一表露可能是两种不同价值取向的表达：一是较强的真实倾向，与其实际的贡献行为相一致；二是为了适应测查的社会情境而做出口头迎合，并不一定表现为实际的贡献行为。前者属于一种终极性价值取向，后者属于工具性价值取向。但是，根据社会取向的定义，我们可以均将其视为社会取向，因为它们都带有与社会保持和谐关系的特点。

（二）青年对不同对象的贡献意愿存在差异

青年更愿意为谁做贡献？综合分析表明，在9种对象中，占第一位的是“人民”，第二位是“社会”和“国家”，第三位是“人类”和“四化”（含经济建设），其余依次是“集体”、“他人”、“共产主义”和“党”。

“社会”“国家”“人类”实际上是由“集体”组成的，而“集体”是由“他人”和个我组成的。两个方面相比，前者带有宏观性、抽象性和非切近性，后者则带有微观性、具体性和切近性。青年更倾向于选择前者，似乎表现出他们贡献意愿的一定程度的空泛色彩。

共产主义、党与社会、国家、人类相比，前者的政治含义较浓，而且其中的“共产主义”指向未来，社会、国家、人类则更多地带有普遍性和现实性。青年更倾向于为后者贡献，似乎表现出他们贡献意愿的超政治色彩和现实倾向。

（三）不同青年群体的贡献意愿强度存在差异

表2中第一纵列的数字表明，农村青年的贡献意愿的强度值最高，中学青年第二，城镇青年和大学青年并列第三。

究其原因，农村青年生活于传统性较强的农村环境，生存的需要和空间的限制使他们更强烈地依附于所处的社会群体，有必要与其保持和谐的关系；中学青年的心理尚不够成熟，正在接受代表社会利益的教育者的思想教育，因而，他们的生活意愿更多地受到社会期望的影响；而城镇青年处于现代性较高的城镇，受到较多的独立性、差异性和竞争性训练，由此影响的生活意愿也带有较强的现代性和个我性（杨国枢，1989）；大学青年不但生活于大中城市，而且与中学青年相比心理基本成熟，对社会教育、媒体宣传进行独立判断的能力较强，对社会现代化的反应比较敏感，接触和接受国外个我主义思潮影响的机会较多，因而他们的贡献意愿较弱。

如果说，社会的经济建设必将推动城市化和现代化的进程，青年的文化素质必将随这一进程逐步提高，那么根据上述四个青年群体的意愿强度排序可以推断，青年的贡献意愿在未来还有可能减弱。

（四）不同青年群体在贡献对象方面存在差异

在本群体内，9种对象相互比较，农村青年更倾向于贡献的是“人民”和“社会”，城镇青年是“人类”和“国家”，大学生是“社会”和“人类”，中学生是“集体”和“四化”。这一结果表明了不同职业群体青年对不同对象的崇尚程度。

在各群体间，4个组的青年相互比较，农村青年更倾向于贡献的对象是“人民”、“社会”、“国家”、“四化”和“他人”，城镇青年更倾向于贡献的对象是“共产主义”，大学青年更倾向于贡献的对象是“人类”，中学青年更倾向于贡献的对象是“国家”和“集体”。

这些差异似乎与各群体青年的活动领域、所从事职业的社会职能和本领域的宣传教育内容有关。如，城镇青年主要从事生产、管理等建设性活动，他们更希望贡献于“共产主义”和“国家”建设；大学生正在学习带有世界性和无国界性的知识，他们更愿意为“人类”做出贡献。

（五）青年的贡献意愿在总体上似乎有减弱趋势

分析青年贡献意愿的变化轨迹可以发现，从 1982 年到 1992 年，他们的贡献意愿大致经历了三个发展阶段：第一个阶段是 1982 ~ 1984 年，意愿的强度较高；第二个阶段是 1985 ~ 1988 年，意愿的强度逐渐降低，到 1988 年跌入低谷（其间有 1987 年的小的高峰）；第三阶段是 1989 年以后，意愿强度在 1989 年有较大的提高，以后逐渐回落，处于弱于第一阶段、强于第二阶段的水平。总体上，略表现出波动性减弱趋势。

不同群体比较，大学青年的减弱趋势发生时间较早（1984 年开始），减弱的波谷较深，减弱的持续时间较长（1984 ~ 1990 年），但 1991 年出现增强并且增强的幅度和达到的强度值较高。城镇青年的减弱趋势发生时间次于大学青年（1985 年开始），减弱期间的波动性较大，减弱的持续时间短于大学青年（1985 ~ 1988 年），但在经历了 1989 年的大幅度增强之后，1991 年的强度值低于大学青年。农村青年的减弱趋势发生时间最晚（大幅度减弱发生在 1988 年以后），但是这一趋势没有发生逆转，而持续在低谷水平，弱于大学青年和城镇青年。概括起来说，在减弱的发生时间上，大学青年在前，城镇青年居中，农村青年断后；在 1990 年代初达到的水平上，大学青年最高，城镇青年居中，农村青年最弱；在减弱的特点上，大学青年是柔和的、弹性的，城镇青年是波动性的，农村青年则是断然性的。

（六）对不同对象贡献意愿的变化轨迹不同

1. 为他人贡献

分析青年总体的强度值年平均数可以发现，为他人贡献的意愿在 1982 年、1992 年的两个时间端点上变化不大，基本持平。但是，在这一期间出现了3次大的起伏，波谷分别是1982年、1984年、1987年；波峰分别是1983年、1986年、1989～1991年；1982～1985年呈现波动减弱的趋势，1989年出现大幅度增强，以后进入与1982年相近的水平。

大学青年既是减弱趋势的先导，也是增加趋势的先导。他们的贡献意愿在1983～1984年间进入低谷，此后逐渐增强，到1991年超过1982年的水平。城镇青年的意愿强度在大学青年进入低谷时处于较高水平，到1987年进入低谷（而此时大学青年的意愿强度已在回升），1989年出现较大幅度的增强，1991年时弱于大学青年。农村青年的意愿强度在1983年时高于前两个群体，以后逐渐减弱，1988年进入低谷，1991年有所回升，但仍弱于前两个群体。换句话说，大学青年的起点较低，减弱与增强的时间较早，1991年的回升点较高；农村青年的起点较高，减弱与增强的时间较晚，1991年的回升点较低；城镇青年处于这二者之间。

其间的差异，似乎反映出所处社会环境的基础不同，所处社会环境变化的速度不同，以及不同群体青年适应社会环境变化的能力和速度不同。

2. 为人民贡献

分析青年总体强度值的年平均数可以发现，为人民贡献的意愿在1977年到1991年似乎有增强的趋势。其中在1983～1989年有两次大的起伏，1984年达到高峰，1986年进入谷底，1987年又达到高峰，表明了“人民”在青年价值系统中的大幅度动荡。这一动荡在1990年代初的结局不是“人民”的价值量的降低，而是比较微弱的提高。

大学青年为人民贡献意愿增强的幅度较大。在1982年时，他们的意愿弱于城镇青年，更弱于农村青年。到1986年城镇青年的意愿进入谷底时，大学青年的意愿尽管同样出现减弱，但是强度值高于城镇青年。1987年城镇青年的意愿大幅度增强，大学青年的意愿尽管也有增强，但是达到的强度值弱于城镇青年。此后，大学青年的强度值向高于城镇青年的趋势发展。换句话说，大学青年的起点较低，变化比较柔和，在较小的波动中表现出增强，至1990年代初期达到的水平较高。

农村青年、中学青年的数据较少，难以做出变化趋势的判断。

3. 为集体贡献

从青年总体强度值的平均数可以看出，为集体贡献的意愿在1982年到1991年间似乎有增强的趋势。其间1982～1985年的强度值围绕“0”值上下波动，1983年、1986年跌入波谷，1985年、1988年出现高锋。1989年以后基本保持在1988年的水平，强度值平均数均为正值，表现出波动中的增强。

各群体比较，在可比年（在同一年里收集到了二个以上群体的数据）内，城镇青年、大学青年以及农村青年的变化特点和趋势比较接近，表现出较强的同步性。这表明，为集体贡献的意愿及其转变受具体职业环境的影响较小，受宏观环境的影响较大。

4. 为社会贡献

总体而言，为社会贡献的意愿在1983年到1992年间表现出减弱趋势。从1983年到1990年，强度值年平均数出现3次大的起伏：3个波峰分别为1983～1984年、1987年、1989年，3个波谷分别是1986年、1988年、1990年；3次波峰的强度依次降低，后2次波谷的强度弱于前一次，总体上呈现出波动性减弱趋势。1991年和1992年虽出现增强，但只达到1989年的小波峰水平。

各群体比较，农村青年、城镇青年、大学青年三者的走向基本一致。所不同的是，第一，1983～1987年强度值的组平均数相差较大，农村青年的强度值高于大学青年，大学青年又高于城镇青年，1988年以后则趋于接近。这似乎表现出不同职业群体为社会贡献的意愿随时间发展的趋同性。第二，大学青年时间曲线波动的幅度较大，城镇青年的波动幅度较小。这似乎表现出知识阶层与社会关系的不稳定性，和他们对与社会关系变化的敏感性。

5. 为国家贡献

总体上看，为国家贡献的意愿从1979年特别是1982年后到1990年代初期呈现减弱趋势。在所收集到的数据中，1982年是强度值最高年，1983年出现下滑，1984～1986年进入第一个低谷，1987年回升到1983年的水平，1988～1990年进入第二个低谷，1991年又有所回升。第二个低谷的强度弱于第一个低谷，第二次回升的强度接近第一次回升，总体上呈现波动性减弱。

各群体相比，农村青年为国家贡献意愿的强度值随时间发展表现出直线下降趋势，在所涉及的测查结果中不存在中途的回升。城镇青年则呈现出大幅度而且急剧性的降低和回升：1981年和1988年出现两次大的低谷，

强度值达到 -0.20 以下，在 1982 ~ 1986 年的正值范围内也有较大幅度的波动；在这些降低和回升的波动中，其强度值表现出下降的总趋势。大学青年的强度值在 1982 年到 1984 年间出现大幅度的减弱，以后一直处于低谷之中，起伏不大；到 1991 年出现一定的回升，但仍低于 1982 年的水平。

以上青年群体的差异，反映出农村青年与国家关系的疏离及其急剧程度，城镇青年与国家关系的切近性及其反应的敏感性，大学青年与国家关系的更大程度的疏离及其相对稳定性。

比较强度值减弱的时间，可以发现大学青年最早，城镇青年居中，农村青年较晚。这同样表明了社会工业化、城市化和社会对外开放、青年外来知识增加对贡献意愿的影响。

在为四化、为共产主义、为党贡献和为人类贡献方面所得数据较少，这里不做趋势分析。

三 小结

（1）本文收集 1979 ~ 1992 年有关贡献意愿的 267 个测查数据，发现在 2/3 以上的测查中，贡献意愿占有支配地位的人数比例超过理论概率，表明青年中社会取向（包括终极性与工具性两种价值取向）仍是其价值观的主导取向。

（2）青年的贡献意愿在对象方面存在差异。在 9 种对象中，他们更倾向于为“人民”做贡献，其余由强到弱依次是：“社会”“国家”“人类”“四个现代化”“集体”“他人”“共产主义”“党”。这似乎表现出青年贡献意愿的空泛性与超政治色彩。

（3）不同青年群体的贡献意愿强度存在差异。其中，农村青年的贡献意愿最强，其他依次是中学青年、城镇青年，大学青年最弱。

（4）不同青年群体在最倾向于贡献的对象方面存在差异。农村青年为“人民”“社会”贡献的意愿较强，城镇青年为“人类”“国家”贡献的意愿较强，大学青年为“社会”“人类”贡献的意愿较强，中学青年为“集体”“四化”贡献的意愿较强。

（5）在 1982 ~ 1992 年间，青年的贡献意愿似乎有减弱趋势。大学青年的减弱趋势发生时间较早，但减弱的幅度较小；农村青年的减弱趋势发生时间较晚，但减弱的幅度较大；城镇青年的发生时间与减弱幅度均居中。

（六）对不同对象的贡献意愿的变化轨迹存在差异。1982～1992年，为“人民”“集体”贡献的意愿有增强趋势，为“社会”“国家”贡献的意愿有减弱的趋势，为“他人”贡献的意愿虽有波动但基本持平。

参考文献

杨国枢，1989，《台湾民众之性格与行为的变迁》，载《中国人的蜕变》，台北桂冠图书公司。

杨国枢，1992，《中国人的社会取向》，在“中国人的心理与行为”国际学术研讨会上宣读之论文。

杨中芳，1991，《中国人真的具有“集体主义”倾向吗？》，在汉学研究中心主办的“中国人的价值观国际研讨会”上宣读之论文。

当代中国妇女状况的分析与预测*

谭　深

一　中国妇女的基本状况

根据1990年第四次人口普查，在全国11.3亿人口中，女性人口有5.5亿人，占总人口的48.5%。其中15~64岁劳动年龄内人口女性为3.6亿人，15~49岁的育龄妇女为3.06亿人。

下面分别描述中国妇女的生存（出生、健康、安全）和发展（教育、就业、社会参与、闲暇）状况。在描述中将尽可能注意到男女、城乡和地区间的差别。

出生　婴幼儿性别比和死亡率反映出人们对子女的性别选择和两性成长环境与条件的异同。其中出生婴儿性别比国际上规定103~107为正常范围（以女性为100），目前世界平均比例为106。而我国自1985年以来性别比呈现升高的趋势，1990年为111.8（其中城市为108.9，农村为112.2），1991年为118.3（其中城市为109.3，农村为119.8）。如果按地区分类，106或低于106的，有京、沪二市和黔、藏、青、新等省区；而112及高于112的，是内地及一些发达地区，如河北、山东、河南、四川、广西及广东、海南、浙江、江苏等。是什么原因造成了出生婴儿性别比的失衡？除了有漏报女婴的因素外，其他原因人口学界看法不一，有的认为与溺弃女婴有关，有的认为由B超检测胎儿性别所致。总之可以看出，目前相当多的人在子女性别选择上是重男轻女的。

---

* 文中凡未标明出处的，均为笔者根据1990年第四次人口普查有关数据计算。原文发表于《社会学研究》1994年第3期。

从儿童死亡率（1～4岁或5岁）来说，近几十年已有大幅度下降。按世界银行测算，中国1～5岁儿童死亡率，1960年为210%，1975年为85%，1990年降至45%。说明医疗条件的普遍改善。但如果分性别看，则存在一定问题。按照正常情况，女性幼儿死亡率应低于男性，然而根据1982年和1990年两次人口普查，1～4岁死亡幼儿中，女性比例却高于男性，这意味着女性幼儿没有得到与男性幼儿同等的生存环境和条件。

表1　儿童死亡率的性别比较

单位：%

年龄（岁）	1982年		1990年	
	男	女	男	女
1	6.69	7.34	5.44	6.02
2	4.26	4.95	3.46	6.67
3	2.98	3.36	2.19	2.15
4	2.15	2.23	1.74	1.57

健康　鉴于生育与妇女健康的关系，通常将孕产妇死亡率作为妇女保健水平的重要指标。1949年以来，我国孕产妇死亡率已由15/万人下降到5/万人（1984年），这个数字远低于一般发展中国家，比发达国家又高得多。如进行国内比较，则城乡差距和地区差距相当大。据全国孕产妇死亡调研协作组对21省/自治区/直辖市调查，农村孕产妇死亡率为6.1/万人，远高于城市的2/万人，其中甘肃、宁夏、河南、山东等一些农村则在10/万人以上。据调查，当前至少有半数孕产妇死亡是可以避免的，最重要的是提高农村地区医疗和保健的水平。目前，农村孕产妇孕期保健不够，死亡的孕产妇中有30%未经产前检查或平均仅接受检查2次；有半数以上的农村产妇是在家中分娩的。据全国第二期深入生育力调查，贵州和甘肃农村1980年代出生的婴儿只有8%和13%出生在医院或诊所；此外，计划外超生也间接影响到孕妇的妊娠保健，据对21省份调查，38.4%的死亡孕产妇为计划外生育者。①

安全　这里所指的是妇女由于性别所特别容易受到的侵害，主要是家庭内外暴力和性骚扰，如殴打、伤害、猥亵、强奸、拐卖、强迫卖淫以及

① 以上数据转引自蔡文眉、蒋未文《计划生育对妇女生殖健康的影响》，北大中外妇女问题研究中心编《北京大学妇女问题首届国际研讨会论文集》（1992）。

针对女性的抢劫等。目前国际上极为关注这类问题，而国内专门的统计和研究还不多见。根据历年的《中国法律年鉴》，强奸案总数1980年代中期猛然上升（1984年4.5万起），随后在“严打”中下降（1988年3.4万起），从1990年代又开始大幅度上升（1990年、1991年分别为4.8万起、5.0万起）。特别是近两年，恶性案件增多，如公众场合轮奸、轮奸致死、强奸加伤害等。公众场所侮辱妇女及其他流氓活动（1990年之前称为“流氓滋扰”）从1980年代中期到1990年代初，基本升降幅度不大（1986年为7.2万起，其中“调戏侮辱妇女”4.8万起；1991年为7.2万起，无针对妇女专门统计）。拐卖妇女和卖淫问题下文专述。

值得注意的是，近年提出了婚内强奸和家庭内暴力的问题，前者见于1991~1992年《妇女生活》杂志长达一年的讨论，后者见于1993年上海市妇女学会等召开的“保护妇女权益、制止家庭暴力研讨会”上。两者将掩藏在“家务事”背后实则是妇女权益受到侵害的事实揭示于世，在社会观念上是一大突破。性骚扰也是近一两年才在中国出现的概念，它主要发生在行政力量弱，社会监督差的不平等的权力关系中。“性骚扰”与“流氓行为”不同之处在于，它强调被侵犯的对象是女性的性权利而不是社会秩序和风化。

关于女性自身的安全感尚缺乏系统的指标和专门的调查。1988年和1991年，公安部曾就公共安全感进行了两次全国抽样调查，其中“敢否单独走夜路”及“女工上下班是否需要接送”两项结果可窥见女性自身安全感的一个侧面。对于前一问，有72%的女性被调查者回答“不敢走”，超出被调查男性的1.5倍；上下夜班不用接送的女性也只有43%。可见女性的安全感程度并不高。

教育 新中国成立以来，政府为消除教育中男女不平等状况做了很大努力。首先，从法律和制度上为女性提供了与男性均等的受教育的机会；同时，一方面大抓了适龄儿童包括女童的入学率，另一方面开展了成人识字运动并特别注意了成年妇女的扫盲。解放前，我国女童入学率不足15%，而1980年代末，已达95%。[①] 从1990年全国妇联“中国妇女社会地位调查”中得知，被调查妇女随年龄的降低，文化程度在提高。40岁以下妇女与其母亲一代比较，前者“不识字或很少识字”的占21%，而其母

① 《中国妇女统计资料》，中国统计出版社1991年版，第128~129页。

亲一代则占 72% 。① 在校女大学生占在校学生总数的比例，1941 年（新中国成立前最高年）为 17.8% ,② 1990 年人口普查时达 45.1% 。

但对比男性，女性受教育状况却不容乐观。根据 1990 年人口普查，15 岁以上人口文化程度如表 2 所示。

表 2

单位：%

文化程度	占 15 岁以上人口	男	女
大专以上	1.9	69.7	30.3
高中	11.0	61.0	39.1
初中	30.3	61.0	39.0
小学	34.6	52.3	47.7
文盲半文盲	22.2	29.9	70.1

从表 2 可以看出，文化程度越高，女性所占比例越小。受过高等教育的人中女性仅占 1/3，而文盲半文盲中却有 2/3 是女性。在这 70% 的女性文盲中，有 90% 以上是农村妇女。因此也可以说，中国的文盲问题，突出体现为农村妇女中的文盲问题。

近年我国学龄儿童失学问题已引起社会的忧虑，其中女童失学比男童更为严重。根据 1983 年、1987 年两次全国儿童抽样调查及 1990 年人口普查，我国 7～14 岁（1990 年统计为 6～14 岁）儿童在校率分别为 75.7%、76.7% 和 72.8%，也就是说三次调查中发现由于各种原因分别有 24.3%、23.3% 和 27.2% 应在校儿童没有在校学习，而女童在校率又低于男童（见表 3）。

表 3

单位：%

年份	在校女生占同龄女童比例	在校男生占同龄男童比例
1983（仅小学）	54.6	62.0
1987	73.0	80.1
1990	70.1	75.9

① 《中国妇女社会地位概观》，中国妇女出版社 1993 年版，第 50 页。

② 转引自梁军《80 年代妇女教育与教学活动综述》，《妇女研究在中国》，河南人民出版社 1991 年版。

不在校的儿童中有相当一部分是从未上过学或未上完小学即退学的儿童，这部分儿童很可能成为新生代文盲。

就业 我国15~64岁劳动年龄人口的在业系数在世界上是很高的，根据1982年、1990年人口普查，分别为0.84[①]、0.79，[②] 高于除美国和瑞典外的多数发达国家（如加拿大1981年为0.73，澳大利亚1984年为0.69，日本1983年为0.64，法国1983年为0.59等）。[③] 而妇女在业程度在世界上也名列前茅：1982年女性在业人口占总在业人口的43.7%，1990年占45%。比起解放前，这个数字是惊人地提高了，据统计，1940年10岁以上女性人口中，有正当职业的在不同地区只占1%~9%。[④]

中国劳动人口就业程度和女性就业程度如此之高，主要的是由于解放以后，党和政府对劳动就业的高度重视，特别是出于妇女解放的政治目标和当时对人力资源的需要，城乡妇女被广泛动员出来参加社会劳动，以后形成了普遍就业的格局。改革以后的巨大变化主要体现在就业结构上，还没有影响到数量上的根本性变化。

另一个重要因素是，我国劳动力年龄构成偏低，而低年龄组就业程度又较高，也相应地提高了总就业程度。比如1982年我国15~19岁年龄组在劳动年龄人口中占17.8%，高于发达国家同龄组比例（发达国家一般占10%~13%，加拿大是最高的，也只占14.6%）；而这一年龄组的在业系数与发达国家比，甚至远远超过他们在业人口与失业人口的总和在同龄组的系数。如中国1982年15~19岁在业人口占同龄人口的74.1%，而法国1983年同龄组在业人口与失业人口相加的比率仅为18%，澳大利亚最高，1984年也仅有60.3%。[⑤] 年轻人口大量就业，必然影响这部分人的受教育，事实上这种状况与我国劳动力素质偏低是正相关的。

而在低年龄就业人口中，女性的比例更高于男性，女性有77.8%的人在15~19岁便就业了。从而扩大了妇女的就业队伍，同时与女性受教育程

① 又作0.71，两者均出自冯立天《中国人口的在业状况》，《中国人口年鉴》1992年，第294页。

② 笔者根据1990年人口普查资料计算。

③ 见冯立天文。

④ 原国民政府主计处统计局：《中国人口问题之统计分析》，正中书局，1944年。转引自孙竞新《中国在业人口状况的国际对比》，中国1982年人口普查国际讨论会论文。

⑤ 转引自冯立天文。

度更低是相辅相成的。总的来说，中国女性的就业曲线是，15～19岁就业程度很高，到20～24岁达到峰顶，以后逐渐下降。如果按女性就业人口占同年龄段总就业人口的比例看，15～19岁所占比例要高于其他年龄段。

从职业结构角度进行男女比较，一个基本情况是，在七大职业门类中，除了“服务性工作人员”外，女性比例均低于男性，但是具体的职业则差别很大。下面我尝试将女性职业分布的特点列表（如表4所示）。

表4

职业门类	男女比例	年龄特点
国家机关，党群组织、企事业负责人	男性占88.5%，女性占11.5%；级别越高，女性越少；如中央一级男性为女性的11倍	年轻人总体少，但越是年轻女性所占比例越大，如15～19岁女性占一半，20～24岁女性占1/3，年龄越大，女性越少
各类专业技术人员	男性占54.8%，女性占45.2%。其中护士、药剂师、幼儿教师、图书资料管理员、档案管理员等女性多	15～21岁女性多，尤其15岁和18岁两年龄段，女性占绝对优势（主要是护士）；23岁以上女性减少，40岁以上大幅度减少
办事人员	男性占74.3%，女性占25.6%	各年龄层女性均少
商业工作人员	男性占53.4%，女性占46.7%。其中售货员、营业员女性最多，为男性一倍；其余均低于男性	15～19岁女性多；20～24岁男女相差无几；年龄增高女性比例随之缓慢下降
生产运输工人	男性占64.3%，女性占35.7%。其中女性最多的工种为裁剪缝纫工（占82.7%），纺织印染工（79.4%）。较多的有：橡胶、塑料、皮革、印刷、食品、烟草等工种；女性最少的为工段长（1.1%）、金属冶炼工（2.8%）、建筑工（8.7%），以及机器装配、精密仪器制造、木竹制品等女性占不到20%；其余也均少于男性	15～16岁女性多，17岁以上女性渐少
服务性工作人员	唯一女性多的门类，女性占51.6%，除浴室服务员、理发员、殡葬人员、园林工、修理工男性略多于女性外，其余均女性略多于男性	50岁以下各年龄层均为女性多，50岁以上女性少
农林牧渔业劳动者	男性占52.1，女性占47.9%	

以上描述的状况再次证实了许多研究者指出的，女性就业年纪轻，就业结构层次低的特点。

1990年人口普查时，全国共有约4226.48万不在业人口，其中男性占40%，女性占60%。不在业的原因中，“在校学生、待学、待业、离退休”均以男性为多，而“料理家务”的女性占绝对多数（94.5%）；其次是“丧失工作能力”的，可能由于老年女性人口多的缘故。

在上述职业结构的描述中，包含了城市和乡村的全部在业人口。如果将乡村人口职业结构单列出来，可以看到，全国5.2亿农村在业人口中，男性有2.8亿人，女性有2.4亿人，到1990年，已有6902万人从事非农职业（近两年发展更快，仅乡镇企业工人已逾1亿人），其中转业的男性占全部农村在业男性的16.2%，转业的女性占全部农村在业女性的9.7%。转移出来的男女职业分布与全国在业人口职业分布状况是一致的。

社会参与　中国妇女的社会参与，可以从以下几个层面进行分析：第一个层面，大多数妇女对社区公共事物的参与；第二个层面，职业妇女对本单位事物的参与；第三个层面，少数妇女的参政活动。①

不可否认，中国妇女在政治上获得了公民权、选举权，促使妇女从无参与或很少参与过渡到一定程度的参与。但沿袭传统社会妇女几乎不参与公共事物的习俗，现在农村妇女对社会事务的参与程度还不是很深。究其原因主要有二：一是家务劳动和生产劳动极其繁重；二是村落是一种地域上的集合，社区事务多由家庭某一成员代为上传下达，而这一成员往往是男性家长。城市妇女的社会参与较农村要强一些，但主要是离退休后在居委会工作的老年妇女。

职业妇女（主要是城市职业妇女）对本单位事物的参与（如提合理化建议），目前没有获得相应的资料，但根据一些转工意愿及态度调查可初步认为，女职工对单位的依赖程度比男性更甚，但是参与的愿望和机会却不如男性。

作为社会参与的高级形式——参政，历来只是少数妇女参与的活动，目前还不能构成衡量妇女社会参与的主要指标。长期以来，党对妇女的参政一向十分重视，鼓励发展女党员，强调组织部门提拔女干部，并且在人大代表、政协委员中规定了女性的比例，但是妇女的参政水平仍然偏低。

① 以上认识主要参考了黄西谊的观点。见1991年11月中国社会科学院社会学所“社会转型期妇女的分化与发展”会上发言。第二个层面为笔者所加。

执政党中国共产党5100万党员中，女性党员仅占14%；十四大党代表女性占15.7%；党中央委员会女性委员占6.3%，政治局委员及以上0；全国人大代表女性约占21%；省、自治区、直辖市负责人中，有13名女性副省长、副市长，占7%；国务院各部有13名女性正副部长，占7.1%；国务委员1名，副总理人数为零。参政问题是1980年代妇女三大问题之一，它的提出主要是缘于1987年县乡级差额选举中，各地女性候选人落选颇多，有些女性自己也“不加掩饰地退却”，造成妇女参政比例明显下降。1950年代，全国曾有70%的乡有女乡长，而到1990年代，仅余10%。[①]在妇联的强烈呼吁下，党的组织部门和政府的人事部门再次要求各地、各部门重视这一问题，使女性参政比例有所回升。但是，在向市场经济和民主化的过渡中，妇女参政水平在一定时期内不会有大幅度提高。

闲暇时间 闲暇时间的增加，是个人充分发展的必要条件。对于中国人来说，家务劳动的繁重已构成对家庭成员闲暇时间的剥夺，中国城市家庭夫妇双方均有工作的占85%，青年夫妇家庭则高达98%，[②]工作时间和上下班时间，82%以上夫妻大致相同，[③]1980年代后期平均每家每天家务劳动时间为7小时左右，其中男女比例约为2∶3。[④]农村家务劳动的主要承担者仍为女性，[⑤]在大田劳动的妇女往往同时肩负种植、饲养、加工、家务多重工作，疲惫不堪。[⑥]总之，从对家务的参与程度看，中国男性要比多数国家男性高得多，但是仍以女性为主。由于总体上家务时间过长，所以中国城乡妇女角色紧张问题十分突出，留给闲暇的时间自然有限。

减轻妇女家务负担，成为一个时期（1980年代中）呼声很高的问题。近年经济发展，家庭内“工业革命”及服务业发展，使家务负担的沉重有

① 转引自黄启《必须重视妇女参政》，《妇女工作》1992年第1期。

② 1982年中国社会科学院等单位对全国五城市调查，见潘允康主编《中国城市婚姻家庭》，山东人民出版社1987年版，第119页。

③ 中国社会科学院和日本青少年研究所1987年对三城市调查，见刘英主编《妇女就业与家庭》，社会科学文献出版社1992年版，第13页。

④ 参见国家统计局《中国社会统计资料》，1987年；陶春芳、高小贤主编《中国妇女统计资料》；王雅林《城镇居民家务劳动动态考察》，《社会学研究》1991年第3期。以下有关数据同出于此。

⑤ 中国社会科学院等单位对全国十四省份农村家庭调查，见戴可景《中国十四省市农村妇女基本状况及其生活简析》，《社会学研究》1993年第4期。

⑥ 河北省妇联对本省农妇调查，见《中国妇女报》1987年1月9日。

所缓解。但许多家庭尤其注重自我发展的知识分子家庭仍显不堪重负，为此1980年代曾出现女性回家去“二保一”的主张，遭到妇女界强烈反感。近两年又出现一批“家务服务公司”，曾被认为是一“突破口”，但实践之后终因与消费者承受能力脱节而步履维艰。因此，妇女怎样摆脱沉重家务，获得个人发展机会，仍有待社会发展水平的提高。

在对有限的闲暇时间的利用上，调查显示质量不高，据京、津、沪及黑龙江的几项调查，①城市居民（没有性别指标）闲暇时间主要在家中度过，内容以看电视为主，用于创造性活动和社会公益活动的极少或为零。同调查显示，对工作的创造意义和重视以天津最高，其他城市则普遍不太在乎。

二　妇女问题及提出背景

问题

女职工“下岗”问题　所谓“下岗”，是指一部分工人在企业为提高效益、优化内部组织过程中不得不离开原来的工作岗位。从“优化组合”举措开始，女职工下岗比例高于男职工的问题便开始了。该问题刚出现时，曾引起妇女组织和社会的巨大震惊，认为妇女稳定就业这一妇女解放的成果正在得而复失。几年过去，改革不可避免地要带来就业结构的变化及相应的人员流动和待业的现实已为多数人接受，妇女组织的注意力也从下岗的男女不平等转向下岗女工的出路上。目前，下岗女工的出路主要有：由企业安排其他工作，厂内待业，怀孕、生育期放长假；提前内部退休，少量流入社会。而对女工影响最大的是生育期放长假能否返岗和女职工退休年龄提前到45岁以至40岁等问题，使这部分女工精神和生存的压力十分沉重。

乡镇企业和外资企业女工的劳动保护问题　《女职工劳动保护规定》（以下简称《规定》）颁布已有5年，但1993年，劳动部和全总女职工部对《规定》的实施情况进行了全国性调查，调查结果表明，“体制内”企

---

① 几项调查分别发表于《北京财贸学院学报》1988年第1期，《中国社会科学》1987年第1期、1991年第2期，《社会学研究》1990年第1期。

业能够全面落实《规定》的在80%以上。而后全总女职工部又调查的114家乡镇企业能全面落实《规定》的仅40%，比前述全国性调查低40个百分点；914家外资企业全面落实的50%，比全国性调查低30个百分点。这两次调查的企业基本上管理比较规范，被调查的乡镇企业95%有工会，被调查的外资企业有近80%建立了工会。事实上全国范围内乡镇企业建立了工会的不足2%，外资企业也仅10%。那些管理较好，监督组织起作用的企业尚且如此，那么其他企业状况更是可想而知。

当前乡镇企业、三资企业女职工劳动保护存在的主要问题是：劳动条件没有通过国家的卫生检测，女工在有毒有害的环境中作业，且无定期身体检查制度；超时劳动严重；孕产期女工仍干重体力劳动，产假不满90天，有的企业女工一怀孕就被辞退，或者产假期间一分钱不给。最严重的是有的私营企业主为防工人偷东西，将窗户用铁栅栏钉死，大门紧锁，致使工厂发生火灾等严重事故时工人无处逃生。如1991年广东东莞一场大火烧死72名女工；1993年11月19日深圳一场大火死亡81人，其中79名女工。为什么会出现这些问题？关键是部分企业有法不依，现有制度间不协调导致执法机构不明确，女工自身也缺乏权利意识等。

拐卖妇女问题 拐卖妇女问题是1980年代后期以来日益突出的问题，它是人口社会流动的大背景下的一种犯罪活动。根据第四次人口普查，1985~1990年，全国3400万迁移人口中有475万婚迁人口，其中411万为农村人口，在婚迁的农村人口中，绝大多数（376万）是女性。借婚姻迁移改变自身的地位和境况，历来是妇女流动的主要动因。改革以来，迁移途径大大拓宽，加上婚姻市场的需求，婚姻迁移以仅次于职业迁移的“民工潮”的规模在全国各省（除西藏、青海、新疆、宁夏外）发生。其中主要的流入大省是江苏、广东、河北、山东等。主要的流出大省是四川、湖南、云南、广西、贵州等。这一迁移浪潮的特点是在农村与农村之间进行，其中需要大量媒介的牵线，从而给一些不法分子以可乘之机。而拐卖妇女就是混在婚姻媒介中的一股浊流。这股浊流近年来有职业化趋势，“人贩子”往往是有组织的犯罪团伙，使查获十分困难。鉴于这一犯罪活动死灰复燃并日益猖獗，1991年七届人大常委会通过了《关于严惩拐卖、绑架妇女儿童犯罪分子的决议》，中央社会治安综合治理委员会和公安部将打击拐卖人口作为公安部门的“专项斗争”之一，1993年国务院妇女儿童工作委员会也将打击拐卖妇女儿童当作一项重点。经过1991年和1993年连续打击，破获多起类似案件，但今后打击拐卖人口的犯罪活动的任务仍是十分艰巨的。

卖淫与色情服务 从1970年代末开始，卖淫嫖娼在中国重又出现，而且发展迅速。据估算，全国每年从事卖淫嫖娼人员至少有100万~130万人。[①] 对这种绝迹了30年重又出现的现象，政府一开始就制定法律予以坚决打击和取缔。此外，1984年上海首办卖淫妇女收容教育所后，各地纷纷学习，到1992年6月时，全国已有类似收容教育所111所，收容量2.8万多人。

打击加收容教育两种主要手段进行多年，但卖淫嫖娼者却越打越多。[②] 对于上述状况，社会上存在着不同的看法。主导的意见认为应当在人员、经费、装备等各方面加大投入，严厉打击，因为卖淫嫖娼活动与社会主义意识形态相抵牾，且传播性病，易于形成黑社会组织及吸毒等犯罪形式。另一种是来自理论界很微弱的意见，仍然从控制的角度，认为禁娼的结果只能使卖淫嫖娼活动转入地下，危害更大，不如开放“红灯区”以利管理；1992年第二轮改革开放后，还有些地方政府领导为了发展地方经济，认为娼妓与色情业对投资环境有利，因而对来自中央的禁娼行动不积极，不配合。而对于从事卖淫的女性来说，高收入无疑是最主要的动因，我们从中明显看出它的社会背景，是传统价值观、道德观的崩溃，物欲、私欲的张扬，以及社会流动的加大。

从女性的角度，更值得重视的是“逼良为娼”，即诱骗、强迫妇女卖淫和从事色情服务。这类犯罪多是以劳务输出为名，送内地女青年到外地城市，甚至拐卖女青年出境为娼的活动。这与拐卖妇女是同类问题，对妇女身心健康的损害是非常严重的。

背景

1949~1978年，这是社会主义的开创和成熟的时期，也是中央权力逐渐集中和高度有效的时代。党和政府对待妇女，基本延续了解放区的目标和工作方式，即将男女平等的理想作为政治目标，在组织上妇女被作为革

① 徐沪：《中国卖淫嫖娼的现状与对策》，《社会学研究》1993年第3期；《中国妇女报》1993年8月2日。

② 《中国妇女报》1993年8月2日。

命队伍的组成部分。体现在：一是在宪法和一系列宪法性文件中都明文规定了男女平等。婚姻法在离婚等方面一般倾向于照顾妇女利益。劳动保险条例等法规也对女性的特殊需要做了保护性规定。二是各级妇联归口于党的组织系统。作为联系党和妇女的纽带，妇联对下要组织妇女，贯彻党在各时期的方针和任务；对上要汇报妇女的情况和问题，在党和政府的支持下，维护妇女的利益。三是意识形态上大力宣传男女平等，男女都一样，使之深入人心，并成为主导意识形态的一部分。

正是在这一时期，在中国奠定了男女平等的社会基础，并导致性别间的社会性差异不断缩小：如城市妇女普遍就业，使夫妻同样承担了养家的责任；历次政治运动，清除了传统性别分工、性别歧视存在的政治和经济土壤等。妇女组织纳入党的系统也使得妇女问题总是作为工作问题提出，而不是以自发形式作为“社会问题”提出。

应当指出，这种性别社会性差异缩小所具有的三个前提。其一，是公有制下社会成员间差异的普遍缩小，但城乡壁垒的形成却造成城乡间差距的扩大。因此，尽管两性间差异在缩小，但城乡妇女间却有天壤之别。其二，这种缩小是靠着强行政力量实现并维系的，因此，传统的强弱要视与行政权力的远近而定。其三，整齐划一的“一样”，事实上排除了多样化选择的可能性，为日后向传统性别“复归”的表象打下伏笔。

1979～1991年，这一时期中国社会经历了巨大的社会变迁，分化成为变迁的主旋律。在中国社会的阶级分化、地区分化、组织分化等过程中，也出现了性别分化。性别角色在家庭和社会上重新被强调。它的最初表现是，一方面妇女问题接二连三地被提出；另一方面多样化的趋势取代了“一元化”，妇女自身也在向选择传统和选择现代两个极端发展。

在行政干预弱化之后，妇女组织作为妇女代言人的作用得以突出。特别是各级妇联，利用妇女报刊向社会揭示妇女问题，抨击性别歧视；同时开始运用法制手段，积极联系人民代表大会和政协的女代表、女委员及政府各部门，推动关于妇女立法和政策的制定。1984年起开展“维护妇女儿童合法权益”的法制宣传月，至今全国已有28省、自治区、直辖市和3城市制定了保护妇女儿童的地方性法规。先后颁布了关于女职工劳动保护、禁娼、严惩拐卖绑架妇女儿童等全国性规定。针对生育费用由女职工所在企业负担的不合理状况，全总女职工部和全国妇联发动各级工会和妇联，与政府、企业配合，1988 年从南通市试点，到 1993 年 9 月，全国已有 16 省份的 150 多个市县实行了生育费用的社会统筹；为将妇女工作纳入政府的工作程序，全国妇联 1988 年向党中央打报告，经国务院同意于 1990 年成立了国务院妇女儿童工作协调委员会。

1992 ~ 1993 年社会主义市场经济目标的确立，使中国加快了全面加入世界市场体系的进程。这一时期明显地呈现出在经济、政治、社会诸方面与国际社会“接轨”的趋势。这种趋势反映在妇女问题上，可以从两个方面来表述：第一，国际社会对妇女以及环境、人口、教育、贫困等社会发展问题的日益关注，敦促中国将其提到日程上来；第二，中国在发展中出现的与许多“后发展”国家相似的问题，也使得国际间和地区内的合作显得更加必要。

对中国妇女来讲，一个带有历史意义的契机是：经过中国政府的要求，1992 年召开的联合国妇女地位委员会第 36 届会议决定，1995 年的第四届世界妇女大会将在中国北京举行。在这次大会的准备期间，国内一系列改善妇女权益地位的举措相继出台。1992 年 4 月，七届人大五次会议通过了历时三载七易其稿的《妇女权益保障法》。这部法以基本法的形式，强调了国家对妇女权益的保护，显示了中国政府对妇女问题重视，为地方废除在法规、政策和习俗中对妇女的歧视提供了法律依据。1993 年 8 月，原“国务院妇女儿童协调委员会”更名为“国务院妇女儿童工作委员会”。这个委员会由国务院 20 多个部委负责人组成，并作为《妇女权益保障法》的监督机构，为妇女问题进入政府工作又推进一步。

三　预测与建议

综合分析近年妇女问题态势，我们可以从不同角度描述它们的发展趋势。

（1）在十几年的改革和发展中，中国妇女和男性，都得到了前所未有的选择机会和生活的改善，但作两性间比较，就可发现女性机会不如男性多，遇到的麻烦却多于男性。其主要的原因不在于生育，而在于家庭内性别分工（如男外女内）的复归和强化，进而引发社会性别分工（如性别职业）的出现，以及与此相关联的性别歧视。由此导致，在多样化的趋势中，女性的选择和发展难以避免地受到性别、婚姻的制约。目前这种趋势仍在继续。

（2）在市场经济使一些人把一切都当作商品的情况下，女性被当作廉价劳动力和性消费对象的现象仍难禁绝，女性作为主体人的尊严和权利往往被忽视。各级政府在解决与妇女有关的社会问题时，强调的重点也往往是社会秩序（如禁娼、打拐中）。可见生产力的发展、现代化的进程并不一定自然而然地带来妇女地位的提高。

（3）目前妇女问题大致可以分为两种类型，一类是改革中的问题，主要是城市妇女在原有体制下拥有的保障在改革中正在失去，从而出现新的问题。这类问题的出现已有六七年，妇女的状况从深深失落到自谋出路，正在慢慢形成新的格局。另一类是发展中的问题，主要是农村妇女和城市中的“体制”外女性，她们有的在发展中付出巨大的代价，如雇工中“血汗工资制”、娼妓和拐卖妇女、女性非农转移滞后等；有的难以改变境况，如贫困地区妇女的健康和营养问题，等等。这些问题已经引起多方关注，但目前尚无解决良方。

有鉴于此，本报告提出如下建议。

第一，妇女问题的实质是“人”的问题，妇女发展从根本上是人的发展。应利用一切宣传手段教育全社会，从单纯追求经济发展转向以人为中心的社会的全面发展上来。从认识上解决关于发展的代价问题，从而促使最大限度地减少这种代价，并由社会成员公平地分担代价。

第二，继续逐步地改变妇女工作交由妇女组织（主要指妇联和工会）主要承担的做法，各级政府在行政管理中应有意识地加强有关妇女问题及反性别歧视的内容。

第三，重视非政府妇女组织在帮助妇女，监测妇女地位，树立正确舆论导向等方面的作用，适时地直接听取她们的意见，利用某种形式鼓励她们的工作。

从苏南的一个村庄看社会全面发展问题*

张雨林

本文通过苏南一个村庄的实例，说明社会是一个有机的整体，经济的发展和社会的全面进步是互相依存、互相促进的。这个村庄经济持续、快速、协调发展，人民生活水平相应提高，社会生活的各个方面全面进步，生活环境有极大改善，社会主义精神文明建设落到实处，全村呈现一派社会主义新农村的动人景象。其所以能够这样，关键是有一个好的党支部，支部领导有坚定的群众观点，凡是对群众有利的事，他们都尽力去办；在处理经济和社会生活的各种问题时，有全局观点和长远观点，肯于量力而行地为长远利益投入资金和各种生产要素。他们的经验具有普遍的意义。

以经济建设为中心，通过市场和政府的调控，推动社会全面进步，这是我国社会主义建设的一个重要特征。社会是各个环节相互联系、相互制约的有机整体，经济是基础。经济发展好，社会的进步才有物质保障。因此，必须始终坚持以经济为中心，各项工作都要围绕着经济这个中心进行。但是，社会不全面进步，又制约着经济的发展。两者是互相依存、互相促进的。有中国特色的社会主义制度为经济和社会的协调发展提供了现实的可能性，问题在于怎样才能使这种可能性变为现实性。本文从一个村庄谈起，意在从中引出一些带普遍意义的结论来。

一

这里所要谈的村庄是江苏省太仓市的王秀村——苏南滨江沿海地区的

* 原文发表于《社会学研究》1994 年第 5 期。

一个内陆村庄，位于太仓市的西北部。全村有1285亩耕地，人口为1341人（1991年数据），是个中等规模的村庄。近年来，这个村庄在苏州市所属6个市（县）中被公认为以工业的发展带动农业现代化的典型。本文作者对这个村庄进行过四次、为期共一个月的调查，认为它不只是在工业和农业方面，在经济和社会的各个方面，都是积极、快速、协调地向着有中国特色的社会主义现代化的方向前进的。他们的经验很值得人们加以研究。

先请通过表1看一看这个村庄经济基础的变化。其中包括国民生产总值、产业分化、经济效益、集体固定资产积累、人均净收入等。

表1是按当年价格计算的，扣除物价上涨因素，从1980年到1992年，工农业总产值增长11倍（到1991年），在增长额中，工业占90%以上。人均国民生产总值增长6.8倍。村集体年利润增长1272倍，村集体固定资产原值增长48倍（以上两项因基数太低，所以增长倍数特别高），人均年净收入增长5.6倍。

表1

年份	总人口（人）	工农业总产值（万元）	人均国民生产总值（元）	工业占工农业总产值的比重（%）	务工人员（人）	全村利润（万元）	固定资产原值（万元）	人均净收入（元）
1980	1343	111	261	62	299	0.2	19.44	24.52
1981	1357	95	296	70	394	14	29.57	245.29
1982	1367	107	263	64	445	19	40.33	299.29
1983	1372	117	270	66	519	19	61.11	278.52
1984	1354	174	155	37	512	16	63.06	650.04
1985	1333	353	488	77	547	29	91.62	860
1986	1343	371	417	51	623	29	136.90	875
1987	1360	925	434	68	527	61	883.68	1138
1988	1349	1129	1097	73	609	126	1055.23	1372
1989	1350	1136	956	72	653	180	1216.84	1311
1990	1341	1703	1499	79	653	147	1257.02	1381
1991	1342	2663	2541	75	704	275	1463.76	1931
1992			4236		704	530.5	2003.65	3360

在工业高速增长的同时，农业现代化已具雏形。全村已建成一个有一定规模的多种经营基地，它包括：果园 128 亩，其中 28 亩已经成林；精养水面 80 亩；猪、鸡饲养场各一个，年出栏生猪 1000 头、鸡 12000 只。整个基地已经成为名副其实的农业企业，其产品全部外销。如果将几个生产项目合并计算，已经略有盈利。果园还从邻村租进土地 100 亩，打开了土地使用权跨社区有偿流动的门路。此外，粮食生产方面，已经组建了两个小型农场，向粮食的适度规模经营迈出了第一步。

在经济发展的基础上，社会发生了什么变化呢？概括起来有以下几点。

第一，从传统的封闭、半封闭的农村变为开放的社区。王秀村办起 9 个工业企业，加上商品化的农业多种经营，这就打破了传统农村自给自足的封闭壁垒，使资源、资金、科技、人才在辽阔的范围内有序地流动、合理地配置。这是社会现代化的重要标志，王秀村村办电器厂是个很好的例子。这个厂生产配电盘，图纸和生产技术是天津科研院所提供的，部分零部件来自上海的厂家，人员在天津培训，产品销往太仓市内外，由于产品质量可靠，建厂不久就被市电业部门选为定点厂家。即使是农业多种经营项目，也经过了各种资源优化配置的过程。品种有的来自浙江、江苏苏州，技术由市有关部门提供，人员到外地培训，有的人员流动还涉及大半个中国，甚至远涉重洋。产品全部销往大、中城市。

第二，传统农民正在消亡，阶级、阶层结构发生了根本性的变化。这个村 1991 年社会劳动力为 756 人。其中从事第一产业的 52 人，仅占社会劳动力总数的 6.88%；从事第二产业的 657 人，占 86.9%，其中有些人仍利用业余时间务农，另一些人则已经彻底脱离了土地，后者人数日益增多；从事第三产业的 69 人，占 9.1%。这就说明，已有相当一批劳动者从传统农民转变为工人。工人阶级本来就是从农民中产生的，这一发展过程完全符合历史发展趋势，是社会现代化的重要标志。仍在务农的劳动者已有一些人使用农业机械操作，从事商品性生产，和传统农民已有根本区别。

第三，农村居民的生活水平有了很大提高。这不仅表现在人均收入 3000 多元这个水平较高的数字上，而且表现在居民生活的质量上。以住房为例，除两户人家以外，全村住宅基本都是两层楼房，个别的还是三层楼房。1991 年，全村人均住房面积达 66 平方米。由此也可以看出，不但整体水平高，而且大体上实现了共同富裕。

第四，和人们的富裕程度紧密相连的，是人口素质有了较大提高。计划生育已经成为这里育龄夫妇共同的自觉行为。自 1980 年以来，全村人口实现了零增长。1991 年，5 岁以上的人口中，初中以上文化程度的占 42%；高中文化程度的约占 15%；大专文化程度的，全村共 8 人。虽然大学生仍然偏少，但在现阶段达到这个水平已经是难得的了。

第五，社区结构发生了深刻变化。这里说的社区，是指一定范围的社会区域，如乡、镇、村等。王秀村名义上仍叫作“村”，但它已非传统意义上的村庄，而是一个城镇化了的基层社区。与王秀村相毗邻的还有一个王秀镇，现在，王秀村的经济结构和社会结构已经与王秀镇没有什么区别，村、镇合为一体不过是早晚的事了！王秀村本身早已不是一袋聚集在一起的“马铃薯”（马克思用语，意指农户），而是一个有机地凝聚在一起的经济实体—— 王秀农工商实业总公司。“村”，这个农村基层社区现在仍然存在，管理着社区服务的一些工作。王秀这个经济实体现在正在向股份合作制和股份制转化，社会化程度将进一步提高。社区组织将逐步与经济组织分离，成为镇的一个街道。这可能是农村城市化的必然趋势。

第六，村庄环境日臻整齐、清洁和优美。这里的田园、工厂和生活区安排得井井有条。村中有绿荫掩映的果树林；有供人游湖泛舟的环境和设施；有 150 米深的水井，供给居民清洁的自来水；还有其他各种社区服务设施，如供应无公害蔬菜等。他们还修建了一个小型的“度假村”，并实行对外开放。

如此等等，说王秀村是一个经济、社会全面发展的典型，是不过分的。

二

综上所述，王秀村是一个以经济高速发展为基础，推动社会全面进步的社区。它已经超过了小康水平，正在向社会主义现代化迈进。王秀做到这一点的经验是什么？它的经验有什么普遍意义呢？

这里有必要对以经济为中心推动社会全面进步这一命题做进一步的阐述。

社会主义的根本任务是解放生产力，发展生产力。贫穷不是社会主义，发展慢了也不是社会主义。社会主义有条件比资本主义更快地发展生产力。但经济不是孤立的，社会的全面进步是经济发展必不可少的条件，也是经济发展的目的和归宿。邓小平确立的建设有中国特色的社会主义理论十分强调解放和发展生产力，但同时也指出："现代化建设的任务是多方面的，各方面需要综合平衡，不能单打一。"[①] 1980 年在确立这一理论的初期，邓小平就曾明确论述："为了建设现代化的社会主义强国，任务很多，需要做的事情很多，种种任务之间又是互相依存的关系，如像经济与教育、科学，经济与政治、法律等，都有互相依存的关系，不能顾此失彼。"[②] 他在列举了经济领域的各种重要关系之外，还以"骨头"和"肉"的关系做比喻论述了经济发展与教育、科学、文化、卫生等领域的关系，即经济发展与社会全面进步的关系。邓小平反复强调社会的安定团结、生动活泼，强调社会稳定的重要性压倒一切，同时强调要"两手抓，两手都要硬"，……所有这些都要求社会全面发展给经济的快速增长创造必要的条件。现在，我国的改革开放和社会主义建设工业进入了新的历史阶段，经济的高速发展呼唤高精尖的科学技术，呼唤完善的社会服务体系，……没有大量的人才和人口素质的提高，经济的发展必然受阻；没有完善的社会服务体系，不迅速建立社会保障体系，企业特别是大中型企业的深化改革将难以顺利进行。这就是说，经济的高速发展更加依靠社会的全面进步，两者的关系将越来越密切。

有中国特色的社会主义是可以使经济和社会更好地协调发展的，这也是社会主义优越性的体现。这一点，从衡量社会发育程度的指标体系的研究上可以看出来。中国社会科学院社会学所"社会指标"课题组从我国国情出发，参考了国外社会指标体系的理论框架，建立了由 16 个有代表性的指标组成的指标体系，用以衡量社会发育的程度。这个指标体系已被各地广泛采用，在社会上有较大影响。体系共分 4 个部分：第一部分是经济指标，以人均国民生产总值为代表；第二部分是社会结构，包括城市人口占总人口的比重、非农业人口占总人口的比重等 6 项指标；第三部分是人口

---

① 《邓小平文选》第 2 卷，第 214 页。

② 《邓小平文选》第 2 卷，第 213 ~214 页。

素质，包括大、中学学生人数占适龄人口比重等5项指标；第四部分是人们的生活质量，包括人均每日摄取的热量、人均能源消费量、多少人有一个医生等4项指标。按照该课题组的计算，1990年我国人均国民生产总值居世界第96位（因受汇率影响，评价偏低，但仍可做参考），社会结构居世界第98位，人口素质居世界第56位，生活质量居世界第46位。这就是说，经济（按人均计算）和社会结构居世界后列，而人口素质和生活质量则居世界中等偏上水平。这说明我国社会的全面发展优于资本主义，而社会全面发展的优势又必然反过来促进经济更快、更好地发展。这是我们理解有中国特色的社会主义的一个重要角度，是我国社会学学者需要努力研究的重要课题。

现在，让我们具体研究一下王秀村是怎样做到突出经济中心、推动社会全面进步的，王秀的经验有哪些对全局有借鉴意义。

王秀村的经验可以概括为以下五点。

第一，要在经济增长的基础上促使社会全面发展，必须首先着力发展一种或数种有较高效益的产业，以便积累资金，为社会的全面进步提供物质保障。选择什么产业，要从各地的条件出发，不可照搬外地的经验。王秀村则是主要抓了村办工业，王秀村办工业始于1973年，大发展于1984年。1984年以后，王秀村抓住改革开放的大好时机，利用包产到户以后解放出来的剩余劳动力，并积极吸引城市的人才和技术，加强与城市企业及科研院所的联系，使村办工厂的数量进一步增加，规模更加扩大，出现了产值和利润大幅度上升的局面。在1980年和1982年，全村的工业利润还不过是2000元和19万元，但到了1991年，利润迅速上升到275万元。1992年利润又再翻番，达到530.5万元。村办工业积累起来的雄厚财力，使王秀村扎扎实实地拥有了推动社会全面发展的实力。如果没有这一条，后面的许多条经验也就无从谈起，许多事情就不好办了。

第二，为了促使社会全面发展，首先要做到经济的全面发展。在农村，除了着力发展一项或数项有较高效益的产业以外，还必须重视农业与工业的协调发展。这不但在经济上是必要的，而且对社会生活的健康发展有重要意义。要做到这点，一要靠一定的物质基础，二要有明确的指导思想。王秀村的村办工业发展得好，使他们的农业剩余劳动力能顺利地大批转入第二、第三产业，并使他们有一定的资金积累，从而使农业有可能扩大经营规模。这就是他们的物质基础。王秀村同时又有较明确的指导思想，那就是他们具有全面观点和长远观点，认识到农业是一种弱质产业，它本身的积累率很低，甚至没有积累，要实现农业的社会化、企业化、现代化，就要肯于向农业注入资金，而这些资金只能来自非农产业。王秀村从 1982 年全村利润实现 19 万元时开始向农业投资，以后的资金投入逐年增多。投资的方向，一是农业机械，二是多种经营基地以及粮食种植业。农业机械方面，到 1991 年全村拥有农业机械固定资产（原值）56.3 万元，按 10 年计算，平均每年投入 5.6 万元。多种经营基地方面，他们将资金连续投入果园建设、水产养殖和发展养殖场、养鸡场等项目。太仓市从整体来说是典型的水乡，富有水面而少有果园。北果来自山东，南果来自浙江，从来如此。王秀村看准了这个缺口，从 1984 年开始辟出 28 亩果园栽种苹果、葡萄，连续 5 年投入资金和劳力，1989 年开始有收益，到 1991 年，果园就可以自负盈亏。王秀村看清了发展果园的大好前景，又从想转让土地使用权的邻村——常熟市舍滨村（该村有大批劳力在王秀村的工厂做工，希望转让土地以便于专业务工）租进土地 10 亩，全部建成了果园。王秀村又利用本村的大量水面发展水产养殖，其中精养面积已发展到 80 亩，其中还饲养了引进的价格很高的特种水产，如河蟹、淡水白鲳、罗氏沼虾、鳜鱼等，销售给大城市的宾馆、酒楼。还建了一个年出栏 1 万头生猪的养猪场和一个年出笼 1.2 万只鸡的养鸡场。鸡场和猪场还引进饲养了乌骨鸡、鹌鸽、野鸡和乳猪等新品种。现在多种经营基地内，果园、猪场都自负盈亏，水产和鸡场都实现盈利，整体呈现一派生机盎然的兴旺景象。粮食种植业也注入了资金，已经组建了两个小型农场，正在摸索经验向着适度规模经营的方向发展。多种经营基地和小型农场均是双层经营，集体的服务体系是它们的重要依托。

从王秀村的经验看，农业向社会化和现代化的方向发展，要利用工业收入向农业投资，而主要的投资时间需有 5~6 年。从长远的和全面的观点看问题，第二、第三产业增加对农业的投入也不是单向的，它是要产生总体的经济效益和社会效益的。王秀村人常喜欢说的一句话是：“在我们这里，18 岁到 40 岁进工厂，40 岁到 45 岁搞农业，55 岁到 60 岁种菜、养羊、抓治安，更老的人就‘白相相’（当地土话，闲耍之意）。”所以第一条好处就是能做到人尽其才，合理安排劳力，人人都有事做。第二条好处是，能提高村民的整体收入水平。特别是对那些缺乏精壮劳力无法进工厂的农户，他们从兴旺发达的农业经营中也能得到可观的收入，有利于实现共同富裕。第三条好处是，人人有事做、大家皆收入的结果自然是社会稳定，社会稳定又是各项事业发展的基石。第四条好处是，最终有利于工业和农业相继实现现代化，这对于我国实现现代化的重要性是不言自明的。

这里所说的只是王秀一个村，但其中的道理对于一市、一县乃至更大的地区也是适用的。如果一个市、县，肯于用适当的财力连续数年支持一两项农业基本建设，就可以建成较大规模的农业现代化基地，为整个农业现代化做出榜样。肯不肯这样做，就要看当地的领导者是否也同样具备全局观点和长远观点了。

第三，正确处理积累和消费的关系，使人民生活质量不断有所提高。人民生活质量的提高，是社会全面进步的重要标志，也只有使绝大多数人（而不是少数人）的生活水平不断有所提高，党和政府才有凝聚力，生产的发展也才有动力。积累是社会进步所必需的，它使得继续发展生产、不断提高生活有了活的源头。但积累又要适当，要在经济发展的基础上使人民的生活逐步有所提高。邓小平同志说得好："发展生产，不改善生活，是不对的；同样，不发展生产，要改善生活，也是不对的，而且是不可能的。"① 王秀村从 1980 年到 1992 年按可比价格计算，国民生产总值增长 6.8 倍，积累在原来过低的基数的基础上增长 48 倍，人均收入增长了 5.6 倍，达到了人均年收入 3360 元的较高水平。全村除两户残疾人家庭以外，人均收入水平大体上可分为 4 等，最高和最低收入相差约 4 倍。这就既承认了差别，又实现了共同富裕。当然，经济的发展如邓小平同志所说："总要在某一阶段，抓住时机，加速搞几年，发现问题及时加以治理，尔后继续前进。"② 经济是波浪式前进的，积累和消费也必然有起有伏。在经济发展需要较大投入以便高速增长时，消费增长的比例就要低一些，不能和经济的增长同比例上升；但在经济进行治理、发展速度较低时，也应该注意使人民的收入水平有一定的提高。王秀村所在的苏南地区就重视了这个问题。那里的有些企业，在承包合同中就规定了承包人要保证付给职工

---

① 《邓小平文选》第 2 卷，第 222 页。

② 《邓小平文选》第 3 卷，第 377 页。

的最低工资，如果生产增长，工资也要相应提高。

就全国来说，在研究提高人民生活水平的时候，要具体分析沿海和中西部地区居民收入的情况，要分析城市和农村的收入水平，要具体分析城乡居民分组的收入状况，防止在全国或某一地区人均收入的平均数下面掩盖着收入不合理或两极分化的状况。通过宏观以及各层次的调控，使全国绝大多数居民的收入都有所增长。

第四，发展和完善各项社会服务事业。这里讲的“服务”是个大概念，它包括了生产经营以外的多种服务性行业。但王秀村是个基层小社区，为了研究王秀经验，这里就从社区服务讲起。人都是生活在基层社区的，社区服务搞得好，对于提高居民的生活质量、促进经济的发展、增强社区领导对群众的凝聚力都有着重要意义。顺带说一句，王秀村的一些服务事业都是由村这个社区搞的，企业不承担“办社会”的任务。例如，村里办了旅馆、饭店，到企业来办事的人员就不必由企业接待了。村里办了免费托儿所，使女职工进厂做工免除了后顾之忧。以往，由于各户储存粮食的条件不好，分户储粮，每年全村要浪费掉约 2 万斤粮食。于是由村里建设了存粮点，收取少量费用，代村民储粮，人人都称方便。村里又成立了老年协会，协会集资在村里办了个日用百货商店，年盈利可达几万元。协会又用这笔钱为老人举办一些福利事业。村里设有诊所，每年还设法为全体村民免费检查一次身体。又设了个“安息堂”，作存放谢世村民骨灰之用；“安息堂”修得很好，青松翠柏环绕，简直像个小公园。此外，村里还建了综合服务楼，内设舞厅、卡拉 OK 厅和健身房。村里还办有两层楼的职工食堂，既为职工服务，又实行对外营业。

王秀村将上述这些社区服务称为替村民“办实事”。

服务工作是重要的。人民生活离不开服务工作，经济工作也必须发展和完善各项中介服务才能实现生产的商品化、社会化。但这已不是一个村庄范围内的事。村庄毕竟范围有限，有许多事情不能办。例如，办中高等教育就不是村庄这样的小社区力所能及的。但王秀村这种尽力为村民“办实事”的精神在服务工作中则是十分可取的。以此推而广之，更大范围的社区自然应该做更多的事情。例如城市社区，对市内交通、居民住宅和公共厕所的修缮以及方便食品店、某些文化教育事宜等的兴办，就应当管起来。例如，王秀村民受教育的程度比较高，这固然得益于村民比较富裕，但更与太仓市的教育工作抓得好、职业学校和各种培训班办得多有直接的关系。当然，办好各种服务都与经济发展的水平密切相关。在实施过程中，要分别轻重缓急，量力而行，既要积极，又不可过分。“生产长一寸，福利长一分”，这个精神仍然是适用的。

第五，把社会主义精神文明建设落到实处。不搞精神文明建设，就谈不上社会全面进步，也不能真正发展社会主义经济。为了把精神文明建设落到实处，王秀主要抓住了以下四个环节。

首先，有一个正确的指导思想。我们到王秀村，一眼就看到了悬挂在村办公楼顶层的硕大横幅，上面的标语是：“协调农副工，三业一齐上，精神文明开路，集体致富向前闯。”文字虽欠准确，但意思明白：物质是第一性的，经济建设处于中心地位，精神文明给物质文明指引方向，引导着全村实现共同富裕。从这条不太准确的标语中可以看出，它既不是抄来的，也不是由“秀才”拟就挂上去的，而是村领导核心多年经验的总结。王秀村的领导始终重视社会主义精神文明建设，坚持多年，引导着该村的各项事业走上康庄大道。

其次，细心体察农民的物质和精神需求，在满足农民的各种需求的过程中，及时引导他们提高思想境界，使精神文明建设落到实处。例如，当农民盖新房的时候，他们及时宣讲新农民要有良好的卫生习惯，引导农民修建抽水马桶和化粪池，改掉了在河流、池塘中刷洗马桶的千年陋习（被农民称为“厕所革命”）。又如，宣传土葬的弊端，每当有村民谢世，引导他们将亲人骨灰安放到“安息堂”去（被称为“丧葬革命”）。修建职工食堂以后，又动员农民在这里办婚丧喜庆，改变过去大操大办的陋习，红白喜事办得节俭、庄重。他们还十分重视为青年人添置文娱设施，引导新一代农民在健康、愉悦的活动中培养高尚情操，提高文化素质。

再次，因势利导，将遵纪守法、尊老爱幼、邻里和睦、不搞迷信、禁止赌博等道德规范制定成村规民约，动员村民互相监督，共同遵守。平时的教育再好，也离不开有人监督和提醒。工作抓得好，村规民约就不是一纸空文，它能够起到提醒和监督的作用。

最后，加强社会主义教育，把农民的觉悟提高到爱国、爱党、爱集体的水平上来。特别是对于党员和各级骨干更要加强这个教育，目标是培养有理想、有道德、有文化、有纪律的“四有”新人和各方面的骨干力量。

要搞好集体，需要贯彻物质利益原则。但只讲物质利益而无政治觉悟，就会流于拜金主义，集体也是搞不好的。王秀村定期在职工中开展评比活动，把“政治思想好”纳入评比内容之中。各级骨干在制定责任制时，也将教育好职工作为他们的一项重要职责。企业如此，其他方面也是这样。

社会主义精神文明是一项基础性的建设。它是社会全面进步不可缺少的一项内容，也是顺利开展各项工作的保障。对于经济工作来说，这是发展经济的巨大动力；对于社会来说，它是社会凝聚力的灵魂，是安定团结的保证。以经济建设为中心，促进社会的全面发展，不可须臾离开社会主义精神文明建设。

王秀村之所以能做到这样，关键是有一个好的党支部（1992 年建为党总支）。这个支部 1980 年以后换了三届支部书记，但都是老的被上级调动，新的自然接替上来，支部成员仍然团结得像一个人，在指导思想上十分一致。尤其值得一提的是，他们处处想到村民的利益，努力干实事满足群众的正当要求。他们经常检查自己，问自己：支部的向心力、凝聚力如何，战斗力如何？他们的结论是：为群众干实事，增加群众的福利，这是支部凝聚力的灵魂所在。他们是真正领悟了社会全面进步的真谛。从根本上讲，社会全面进步就是从各方面满足群众眼前的和长远的利益。王秀村在村经济不很发达时，支部成员的收入与群众的平均收入差距不到 1 倍。随着经济的发展和整体生活水平提高，这个差距逐渐拉大了一些，但也不超过 3 倍。1992 年，按照责任制的规定，差距拉大了。这时支部成员就感到不安，他们拿出钱来，给每个职工发了 80 元“额外奖金”，另外还给每户买了个热水器，亲自送到各家。春节前夕村里邀请每户来一人开会，由支部和村委向他们报告全村一年的工作，提出来年的打算，会后会餐。这时，支委、村委成员分头给各桌上菜，向大家敬酒。等到大家吃完以后，他们才和厨师一块吃。平时，支部和村委接待来客，只指定一人陪餐。非指定的人，包括支书都不许陪客。被指定陪餐的人，每餐必须交 5 角钱。这些规定，一些年来他们都是严格执行。不要小看这些“小事”，群众往往从这些“小事”上看他们的领导人。群众对干部感到满意，各项工作自然就能干好。

一个村庄的经验对于全局有什么意义呢？本文作者认为，不要小看一个村庄、一个企业或任何一个单位的经验，我们的经验就是从一个个小单位来的。我们知道，毛泽东调查研究工作的一个重要特色是“解剖麻雀”，他曾说：“拼着精力把一个地方研究透彻，于明了一般情况便都很容易了。倘若走马看花，如某同志所谓到处只问一下子’，那便是一辈子也不能了解问题的深处。这种研究方法是显然不对的。”① 当然，宏观和微观有质的差别，但不是对立的。在处理宏观问题时，要按照宏观的情况办事，但要吸收微观的合理内核；在处理微观的经验时，要善于从微观的特殊性中抽取出带有普遍意义的东西。本文在研究王秀村的经验时已经努力这样做了。总之，把宏观和微观结合起来，“胸中有全局，手中有典型”，我们的领导工作才能是正确的和比较具体的。对于王秀村，本文是把它作为一个典型对待的。

① 《毛泽东调查研究文集》，第 56 页。

私营企业主阶层在我国社会结构中的地位*

张厚义

本文就私营企业主是由哪些社会角色演化而成的、这一阶层的发展现状和基本特征以及是否是新生的资产阶级等问题表明了自己的见解。作者认为，我国现阶段出现的私营企业主与50年代私营工商业者之间没有任何的渊源与继承关系；私营经济是我国社会主义经济结构的组成部分；私营企业主阶层是当代中国社会结构的组成部分，是社会主义的帮手而不是新生的资产阶级。

1980年代以来，在我国社会变迁的过程中，逐步形成和发展起一个新的社会阶层——私营企业主阶层。本文拟就私营企业主阶层在我国社会结构中所处的地位做一些探讨。

一

（一）私营企业主是由哪些社会角色演化而成的

众所周知，经过社会主义改造，中国大陆上的资产阶级在80年代以前已不复存在。现阶段的私营企业主与50年代私营工商业者之间没有任何渊源与继承关系。他们是在我国实行改革政策以后重新出现的。从1981年9月《人民日报》报道广东省一位农民雇工承包鱼塘到现在，私营企业主的人数由少到多，队伍日益扩大。截至1993年底，在国家工商行政管理部门登记、注册的私营企业主（私营企业投资者）人数已达51.4万人。此外，

* 原文发表于《中国社会科学》1994年第6期。

戴着“红帽子”（公有企业）、“洋帽子”（三资企业）与“小帽子”（个体工商户）隐形于其他社会阶层中的私营企业主为数也不少。

那么，这个数十万人的社会群体是由哪些社会角色演化而成的呢？

1988 年初国务院原农村发展研究中心会同广东、福建、浙江、江西、湖南、湖北、云南、河北、山西、陕西、辽宁等11 个省的有关部门，对所在地区 26 个村庄的 97 家私营企业的调查表明，这些企业的创办者大多具有从事非农经营和参加较多社会活动的经历，有技术，懂管理，见识广。他们在创办企业前的职业构成是：16.5% 的人在乡镇集体企业工作，12.4% 的人在他人或联户办的企业工作，8.2% 的人外出经商、跑运输、干劳务，8.2% 的人从事家庭作坊劳动，3.1% 的人在国营企事业单位或国家机关工作，37.1% 的人在村务农，从事其他职业的人占 13.4%。从他们的社会经历看，10.3% 的人曾属国营企事业单位职工或国家机关干部，11.3% 的人当过军人，7.2% 的人当过教师，18.6% 的人当过乡镇集体企业供销或管理人员，17.5% 的人当过村干部①。

1991 年底，国家经济体制改革委员会分配司与国家工商行政管理局个体私营经济司联合组织了对 13 个省市和 6 个计划单列市私营企业的抽样调查，其中，1187 位农村私营企业主的年龄以 35 ~ 45 岁者居多，占 46.42%。文化程度为：文盲、小学 25.8%，中学 73.45%，大学 0.75%。其中 1071 人的社会经历是：41.5% 的人当过村干部，19.3% 的人当过乡镇企业负责人，12.9% 的人当过乡镇企业工人，17.0% 的人外出当过临时工、合同工，9.2% 的人当过军人。分析报告认为，从事私营企业对个人素质要求较高。他们年富力强，最希望改变贫困生活，具有相当的社会经验，较易接受新观念，并已通过各种途径积累了一定数量的资金②。

1983 年，一份关于陕西关中地区 13 个县、市私营企业的调查，曾对 103 位私营企业主在开办企业前的职业构成进行统计分析。

担任过农村基层干部和社队企业厂长、采购员的，占 46.6%。其中，担任过大队长、生产队长、支部书记的，占 15.5%。他们都是农村中的

① 中国私营经济研究课题组编《中国的私营经济》，中国社会科学出版社 1989 年 12 月版，第 17 ~ 18 页。

② 国家经济体制改革委员会、国家工商行政管理局编《中国个体私营经济调查》，军事谊文出版社 1993 年 5 月版，第 61 页。

“能人”，有经营管理的本领。由于长期从事集体经济的领导工作和经营活动，同上下左右各方面都有联系，熟悉情况，信息灵通。在社区内权力较大，声望较高。少数人还有以权谋私的行为。

能工巧匠、回乡知识青年和复员退伍军人，占20.4%。他们有一定的文化知识，见多识广，接受新事物快，有自己独特的优势。

退休、退职与在职职工，占10.7%。这些人一般有技术，有广泛的社会联系和较深的社会阅历。

属于其他情况者，占2.3%。这些人情况比较复杂，包括刑满释放人员，“文革”中的造反派头头，还有少数原小业主和工商业者。他们中不少人神通广大，关系多，路子熟，敢于冒险①。

同一个时期，天津市郊区的一份调研报告也得出了上述结论。这份报告指出：“雇主多系农村基层干部、业务员，即‘路子宽，有能耐’的人。农村工副业的产、供、销，没有纳入国家计划，原材料、燃料、设备等要靠自己筹办，产品要靠自己推销，来料加工自找门路，运输业也要自己承揽业务。具有这样本领的一般群众寥寥无几，而多系上述几种人。”②

与农村相比，城镇私营企业主有自己的特点。

据国家体改委分配司与国家工商行政管理局个体私营经济司1991年的抽样调查，在1952个城镇企业主中，1853人在创办企业前的职业构成，主要为进城的农民、个体工商户、停薪留职与辞职人员。在此之前，北京市政府研究室与劳动局1987年7月对市区271位企业主职业构成的调查数据，则与上述全国调查的结果有较大差别（见表1）。

表1　私营企业主原职业构成

单位：%

	待业	农民	无业	离退休	停薪留职	辞职	个体户	其他
北京市（217人）	24.00	7.40	18.80	23.30	1.10	23.20	—	2.20
全国（1853人）	8.69	30.92	3.40	7.66	15.38	14.63	16.08	3.24

① 参见中国社会科学院农村发展研究所编印《农村雇工经营调查研究》（1983年），第10～12、166页。

② 参见中国社会科学院农村发展研究所编印《农村雇工经营调查研究》（1983年），第10～12、166页。

从表 1 可以看出，随着时间的推移，城镇私营企业主的原职业结构发生了变化。

（1）农民人数增加。与农村比较，城镇的投资环境、社会环境较好，工作效率较高，加之自理口粮方便，农村企业主或来自农村的私营企业创办者，都愿意落户城镇务工经商办企业。这导致近年来企业主的城乡分布发生变化。

（2）《私营企业暂行条例》公布前，规模较小的私营企业一般都以个体户登记注册。现在的私营企业中有许多即由个体户扩大规模后演变而成的。

（3）随着政府机关和科研部门的职能转变与人们价值观念的变化，越来越多的机关干部、经营管理人员和科技人员分流出来，其中有的已开始创办私营企业。据国家人事部门估计，1992～1993 年两年，全国仅行政人员转入“经商”的即达 60 万人。这是辞职和停薪留职人员增加的主要原因。

（4）随着就业渠道的拓宽，私营企业主的原职业构成中，待业人员、无业人员与离退休人员大大减少。

私营企业主原职业结构的变化，特别是一批具有高学历的科技人员、经营管理人员和机关干部加入企业主队伍，预示着企业主群体的整体素质将有较大提高。

（二）私营企业主阶层的发展现状

1. 发展速度

截至 1993 年底，全国登记的私营企业为 23.8 万户，比上年底增长 70.4%，一年净增的户数相当于 1991 年前户数的总和；从业人员 372.6 万人，比上年底增长 60.7%，相当于 1991 年的 2 倍；注册资金 680.3 亿元，比上年底增长 207.7%，相当于 1991 年的 6 倍；工业产值 421.7 亿元，比上年底增长 105.6%，相当于 1991 年的 3 倍；营业收入 309.2 亿元，比上年底增长 172.2%，相当于 1991 年的近 5 倍；商品零售额 196.5 亿元，比上年底增长 109.9%，相当于 1991 年的 3.5 倍；出口创汇额 15.8 亿元，比上年底增长 65.1%。1993 年，私营企业的上述指标均创历史最高水平。

2. 经济实力

1993 年，私营企业户均从业人数为 15.66 人（其中雇工 13.5 人）；户均注册资金28.6万元，比上年增长80.06%；户均工业产值30.29万元，比上年增长39.3%；户均营业额3.62万元，比上年增长27.98%。随着经营规模的扩大和资本有机构成的提高，一部分私营企业已完成了原始积累阶段。据国务院原农村发展研究中心1988年初对全国农村百家私营企业的调查，企业资产的年均递增率达56%。全国首次私营企业抽样调查数据则表明，1992年底，私营企业的户均资金比企业开办时的初始资金增加了5倍，资金年均增长率为31%，其中注册资金在百万元以上的占23.8%，实际使用资金在百万元以上的则占3.7%。1993年底，私营企业注册资金达百万元以上的全国有8784家，比1991年底增长近5倍。有些地区还出现了企业资产达千万元、亿元，甚至几十亿元的大户。

3. 地区分布

私营企业的户数、从业人数和注册资金数，分布在城镇的分别占其总数的55.54%、50.0%和71.96%；分布在农村的分别占其总数的44.46%、50.0%和28.04%。从而改变了私营企业分布以农村为主的布局。但是，地区发展的不平衡态势依然存在（见表2）。

表2　1993年私营企业的地区分布

单位：%

	户数	从业人数	注册资金
东部地区	68.47	65.0	76.88
中部地区	20.17	22.0	14.63
西部地区	11.36	13.0	8.49

4. 投资形式与产业结构

按投资形式分，独资企业占48.31%，合伙企业占23.84%，有限责任公司占27.85%。但在城乡分布上差异很大，独资企业与合伙企业在农村居多，分别占总数的51.82%和58.51%。有限责任公司则集中在城镇（占总数的80.33%），特别是东部地区的城镇较多（占总数的59.25%）。产业结构继续变化。第二产业虽然仍为私营企业的主要产业，但其优势已不明显。从事第二、第三产业的私营企业户数分别占其总户数的55.56%和44.44%，注册资金数所占比例分别为41.53%和58.47%。城乡私营企业产业分布差异明显，城镇私营企业主要从事第三产业（占总数的62.5%），农村则主要从事第二产业（占总数的78.1%）。

5. 社会影响

从总体上看，私营经济在国民经济中所占份额很小。私营企业的户数、注册资金数与从业人数，只分别相当于公有制企业的3.27%、1.61%和1.48%。但其社会影响较大。私营企业主都与地方政府有各种各样的关系，并有一定的社会地位。据统计，私营企业主当选为或被推荐为县以上人大代表的有5400多人，政协委员8600多人，共青团委委员1400多人；其中，第八届全国人大代表8名，政协第八届全国委员会委员23名，共青团十三大代表8名。另据全国首次私营企业抽样调查，私营企业主中的中共党员占13.1%，共青团员占7.3%，其他民主党派成员占6.5%。参加私营企业协会的占39.5%，参加个体劳动者协会的占39.9%，参加同业公会组织的占9.0%。

二

（一）我国私营企业主形成了一个新的社会阶层

每一个社会都有一种基本的生产方式，在它的基础上产生的则是基本的阶级，如资本主义社会中的资产阶级与工人阶级。但是，每个社会除了基本的生产方式外，还存在非基本的生产方式。与这些非基本生产方式联系在一起的，既有非基本阶级，也有处于中间状态和过渡阶段的社会阶层。马克思在研究资本主义社会时，曾运用过这个分析方法。在《资本论》第3卷最后一章的结尾处，马克思写道："在英国，现代社会的经济结构无疑已经有了最高度的、最典型的发展。但甚至在这里，这种阶级结构也还没有以纯粹的形式表现出来。在这里，也还有若干中间的和过渡的阶段到处使界限规定模糊起来。"①

在我国现阶段，基本的生产方式是生产资料的国家所有制和集体所有制，在它的基础上产生的是工人、农民两大基本阶级。建立在雇佣劳动基础上的私营经济，是非基本的生产方式。与这种生产方式联系在一起的，

---

① 马克思：《资本论》第3卷，人民出版社1975年6月版，第1000页。

是非基本的阶级或阶层。因此，我们可以把作为私营经济人格化的私营企业主阶层定义为：企业资产私人所有，以雇佣劳动为基础、经营管理为职业的，在工人、农民两大基本阶级之外，处于中间状态、过渡阶段的社会集团①。

那么，私营企业主阶层有哪些质的规定性呢？讨论这个问题，首先要分析私营经济的内部经济关系，即生产关系。在肯定内部经济关系决定私营经济性质的前提下，还要研究外部因素，即公有制经济对它的影响。如果只考察其内部经济关系，而不考察公有制经济对它的制约和影响，就可能看不到我国现阶段私营企业与资本主义社会私营企业的区别，而把两者完全等同起来；相反，如果只考察外部因素对它的制约和影响，而不考察其内部关系，就可能看不到它与社会主义公有制企业的区别，甚至得出它也是社会主义性质的结论。

从这样的方法论原则出发考察私营企业主阶层，可以看出它在我国现阶段具有如下一些质的规定性。

就资产所有制而言，私营企业的资产属于企业主私人所有，企业主对企业资产享有占有、使用、受益与处置的权利，并受到国家法律的保护。整个生产、交换、分配过程，由企业主调节、控制、指挥，为追求最大限度利润的经营目的服务。在私营企业内部，产权关系明晰，企业主是生产资料的主人，雇佣工人是“一无所有者”，无权占有、支配这些生产资料。

就劳动力与生产资料的结合方式而言，企业主的生产资料同劳动力的结合，在企业内部是通过劳动力的买卖而间接实现的。企业主以生产资料的占有者与支配者的身份出现，雇佣工人则以劳动力所有者的身份出现。企业主支配全部经营管理活动，也支配雇佣工人的劳动力。在这里，企业主是主人，他付给雇佣工人以工资，其工资水平取决于劳动力的价值并受制于劳动力的供求状况。两者是雇佣关系、劳资关系。

就剩余产品的来源与归属而言，私营企业的剩余产品由雇佣工人与企业主共同创造，而却归企业主独自占有。企业主凭借私有的生产资料无偿地占有雇佣工人创造的、超过劳动力价格的那部分剩余价值。这是企业主的所有权收入，即资产所有权在分配上的体现。雇佣工人得到的工资只是

① 参见贾铤等主编《现阶段中国私营企业主阶层研究》（内部资料），1994年1月，第175页。

劳动力再生产的费用，劳动力的价格，他们无权参与企业利润的分配。

上述诸多质的规定性说明，我国现阶段的私营经济仍然具有资本主义经济的一般特征，作为私营经济人格化的私营企业主阶层，也具有同资本人格化的资产阶级的相似之处。这是我国现阶段社会结构中，私营企业主阶层同其他社会阶级、社会阶层的本质区别。

（二）我国私营企业主阶层的基本特征

列宁指出："在分析任何一个社会问题时，马克思主义理论的绝对要求，就是要把问题提到一定的历史范围之内。"①研究私营企业主阶层的基本特征，也必须把它提到社会主义制度这个"一定的历史范围之内"，研究它在公有制经济占主导地位及其对私营经济的制约和影响下，在社会主义国家的监督、管理和引导下，私营企业主阶层所发生的某些"变异"及其新特点。

马克思指出："在一切社会形式中都有一种一定的生产支配着其他一切生产的地位和影响……，这是一种普照的光，一切其他色彩都隐没其中，它使它们的特点变了样。"②在我国现阶段，社会主义公有制占主体的经济结构，工人、农民等劳动者占主体的社会结构，"是一种普照的光"，私营经济、私营企业主阶层的"色彩都隐没在其中"，并使它们的"特点变了样"。从这个角度来看，我国现阶段的私营企业主阶层，具有不同于资本主义制度下资产阶级的一些基本特征。

1. 产生条件不充分

脱胎于封建社会母腹的资产阶级，其产生有两个基本前提：一是存在大批丧失了生产资料，一无所有，但却有人身自由的雇佣劳动者，这是通过以各种方式剥夺农民土地，并使之流入城市完成的；二是在一些人手里，积累了一定数量的为组织较大规模生产而必需的货币财富，这是通过对殖民地和本国劳动者的残酷剥削完成的。

再生于社会主义制度中的私营企业主阶层，其产生条件显然是不充分的。第一，我国现阶段不存在"一无所有"的雇佣劳动者，只存在占有生

① 《列宁选集》第2卷，人民出版社1972年10月版，第512页。

② 《马克思恩格斯选集》第2卷，人民出版社1972年5月版，第109页。

产资料相对不够、“有也不足”的剩余劳动者。形成剩余劳动者的原因，不是农民被剥夺了土地，而是由于我国人口众多，工业化、城市化进程缓慢，城市和农村都存在着大量待业或隐性失业人口。第二，实行改革政策以后，一部分先富起来的人主要通过劳动积累掌握了较多的货币财富，但从总体上看，并不足以开办私营企业。许多私营企业创办时的初始资金不足，需要通过银行贷款、民间借贷等形式筹措。如百家农村私营企业的初始资金，就是以举债为主、自有资金为辅的。在平均3.2万元的最初投资中，借入资金2万元，占62.5%；自有资金1.2万元，占37.5%。在借入资金中，银行、信用社贷款所占份额最大，为1.3万元，占65%，其他35%的份额，分别来自亲友借款（占24%）、工人带资（占3%）和其他途径（占8%）[①]。

在人员构成上，我国新出现的私营企业主阶层与西方资产阶级也有根本的区别。西方资产阶级最初是从中世纪初期的市民等级中发展起来的。在封建行会和手工业作坊组织的分化过程中，一些手工业者与大商人逐步发展成为工业资本家；在自然经济解体过程中，小生产者发生了两极分化，一些富裕的农民变成租地农场主，进行大规模的雇工经营，逐步成为农业资本家。这说明，现代资产阶级本身是一个长期发展过程的产物。而我国现阶段的私营企业主，似乎是在一夜之间完成社会角色演化的。他们昨天都是普通的劳动者。当他们筹集到一定数量的资金，雇工经营企业时，当他们的私有资产积累到一定规模时，他们就完成了社会身份的转变。

2. *雇佣劳动不典型*

雇佣劳动是资本主义生产方式赖以存在的基础。正如恩格斯指出的：“雇佣劳动以前是一种例外和救急办法，现在成了整个生产的通例和基本形式；以前是一种副业，现在成了工人的唯一职业。暂时的雇佣劳动者变成了终身的雇佣劳动者。”[②]马克思在阐述雇佣劳动的本质时则指出：“我们应该把严格的经济学意义上的雇佣劳动同（自由的）短工等等其他劳动形式区别开来。雇佣劳动是设定资本即生产资本的劳动，也就是说，是这样

① 《中国的私营经济》，第19页。

② 《马克思恩格斯选集》第3卷，第429、428页注释。

的活劳动，它不但把它作为活动来实现时所需要的那些物的条件，而且还把它作为劳动能力而存在时所需要的那些客观要素，都作为同它自己相对立的异己的权力生产出来，作为自为存在的、不以它为转移的价值生产出来。”①很显然，雇佣劳动是资本主义生产关系的典型特征。

我国现阶段的雇佣劳动，只是一种在一定范围内存在的残留形态，而不是一种普遍形式。如果说，雇佣劳动的萌芽形态，只是“个别地和分散地同奴隶制度并存了几百年”②，那么，它的残留形态也将会“个别地和分散地”同社会主义制度并存一段相当长的历史时期。只是由于历史前提不同，残留形态同萌芽形态一样，不具有典型性而已。在资本主义社会，雇佣劳动是占据统治地位的生产方式。而在社会主义社会，它已不是严格的经济学意义上的雇佣劳动，而是社会主义公有制经济占据统治地位情况下出现的一种特殊形态。

在我国现阶段，生产资料公有制占主导地位，雇佣劳动关系只能少量地分散在广阔的城镇和乡村，有限地存在于第二、三产业中，作为一种辅助的经济形式，处于被支配的从属地位，而不会发展成为雇佣劳动制度。

诚然，在我国现阶段的经济生活中有发展资本主义的某些条件，而且事实上也出现了带有资本主义因素的私营经济；还由于国家允许属于个人的资本等生产要素参与收益分配，这将会产生收入不合理及差距过大的现象，其中有些人也有可能转化为新的剥削者。同时，随着市场经济体制的确立，单一的所有制形式变成了以公有制为基础的多种经济形式并存。但是，毕竟还是公有制经济占据主体地位，国家和集体所有的资产在社会总资产中占据优势，国有经济控制着整个国民经济的命脉，并对全社会经济的发展发挥着主导作用。建立在雇佣劳动基础上的私营经济，只能在国家法律和政策允许的范围内存在和发展，同时受到国家信贷、税收、价格等经济杠杆的制约和政府有关部门的管理、监督。通过宏观调控的职能，可以调节其收入的分配与再分配。邓小平同志明确说过：“我们允许一部分人先好起来，一部分地区先好起来，目的是更快地实现共同富裕。正因为如此，所以我们的政策是不使社会导致两极分化，就是说，不会导致富的

---

① 《马克思恩格斯全集》第46卷（上册），人民出版社1979年版，第461页。

② 《马克思恩格斯选集》第3卷，第429、428页注释。

越富，贫的越贫。坦率地说，我们不会容许产生新的资产阶级。”①

3. 劳资矛盾不尖锐

在不同的社会制度下，劳资矛盾的性质是不同的。其原因表现为以下几方面。

第一，出雇目的不同。资本主义社会的雇工因为丧失了生产资料，只有在市场上卖掉自己的劳动能力，才能换取维持生存的生活资料。因此，他们出雇的唯一目的就是养家糊口。所以，受雇佣对他们来说，是极其痛苦的事情。我国现阶段的雇佣工人绝大多数是农村劳动者。他们的出雇，很像恩格斯描述早期雇佣工人那样，只是“一种例外，一种副业，一种救急办法，一种暂时措施。不时出去打短工的农业劳动者，都有自己的只能借以糊口的几亩土地”②。有些帮工和学徒则与其说是为了吃饭挣钱，不如说是为了自己学成手艺以后当师傅。今天的农村劳动者受雇于人，就劳动强度与收入而言，同到公有企业打工没有多少差别。他们只是暂时离开土地，获得一份高于农业劳动的收入。所以，他们，特别是其中不当家理事的年轻人，总是怀着对新生活的渴望。因为，他们受雇的主要目的并不是维持劳动能力的生产与再生产，而是为了收入高一些，或为了学技术、见世面，还有一些人是由于在家闲着没事干。

第二，双方关系不同。我国现阶段的企业主与雇工之间，既有剥削与被剥削的关系，又有某种程度的互利关系，是一种合作下的冲突。如有些人受雇是为了获得较高的收入或学习技术与经营管理经验；同时，劳资双方的社会角色是可以互换的，今天的帮工成了明天的企业主，是常有的事。在社会上，他们都是国家的主人，二者之间不存在统治与被统治、压迫与被压迫的关系。正像恩格斯描述早期雇佣关系那样，“在农村和城市，雇主和工人在社会上是接近的。劳动对资本的从属只是形式上的，就是说，生产方式本身还不具有特殊的资本主义性质”③。据对百家农村私营企业中346名雇工的问卷调查，他们认为到私营企业工作后，生活“提高很多”的占9.2%，认为“提高了一些”的占78.6%，认为“没有什么变化”的占11.3%，认为“下降了”的仅占0.3%。由此可见，大多数雇工

① 《邓小平文选》第3卷，人民出版社1993年版，第172页。

② 《马克思恩格斯选集》第3卷，第428页。

③ 《资本论》第1卷，第806页。

对在本企业工作还是比较满意的，74.3%的雇工打算继续在所在企业干下去①。

第三，矛盾性质不同。众所周知，资产阶级和无产阶级的矛盾，是你死我活的敌我矛盾。解决的办法只有采用各种形式的阶级斗争。而在我国现阶段，劳资矛盾的性质发生了根本变化：（1）劳资矛盾集中表现为利益分割，如工资报酬、工作条件、劳动保险等。从雇工方面说，由于待雇的人数太多，非农就业岗位不易找到，故他们对自身利益要求的期望值不是很高，一般都是事先约定。从企业主方面说，在一般情况下，也想让从业人员“过得去”而不致受到社会舆论的责难，此外，还有一个平均工资水平在制约着他们；（2）我国现阶段的劳资关系与资本主义早期的劳资关系有某些相似之处，如表现为一个一个独立的雇佣者与一个一个独立的被雇佣者的关系。由于剩余劳动力过多，被雇者处于极其不利的地位。他们不仅分散，而且互相竞争。他们在合法要求得不到满足时，采取的反抗形式，往往只是怠工、离职等个人的非组织形式；（3）从劳资双方关系看，如果说他们之间是个“锁链”关系，那么，在前资本主义社会，这是超经济强制的“铁锁链”；在资本主义社会，这是用饥饿维系着的“金锁链”；而在我国现阶段，这是仅凭一纸合同联结着的“纸锁链”。正如有些企业主说的：“如今多的是劳动力，哪一个工人与我合不来，可以将他辞退，没有必要伤感情。”许多雇工也认为，“干得好就干下去，干不好就走人”，“此处不留我，自有留我处。”“炒”与“被炒”的现象随处可见。

上述可见，企业主与雇工都希望把企业办好。他们之间是在根本利益一致基础上的矛盾，是人民内部矛盾。一般情况下，只要及时、妥善地处理，这个矛盾可以解决，不会导致大规模的、尖锐激烈的阶级斗争。

4. 阶层意识不成熟

所谓阶层意识，指一个社会阶层的成员所分享的、对于他们的共同利益和共同处境的认识。简言之，即是阶层成员之间的一种认同感、身份感。私营企业主的阶层意识同这个阶层的自身一样，目前仍在发展过程中，处于幼稚的、自在的、不成熟的阶段与朦胧状态，但在某些方面已有所显露。如企业主阶层的某些共同特征、共同感受决定了他们在身份确认

① 参见《中国的私营经济》第29页。

上的“我们感”。在访谈中经常听到他们说：“咱们这号人!”“我们是一伙的。”他们对文字表述中把“个体私营经济”放在一起，很是反感：“个体户，小打小闹。我们是实业家，怎么能相提并论呢?”他们也看不起戴着“红帽子”的“假集体”经营者，认为“他们是靠国家优惠政策发财的，没有真本事。不是我们一伙的”。同时，作为一个利益群体与社会群体，企业主阶层有共同的经济地位与社会处境。因此，他们在维护合法的经济利益与政治权利方面，表示出强烈的认同感。他们希望合法的私有财产能受到法律的长期保护，反对苛捐杂费滥摊派；希望与大家平等相处，一视同仁，既不被歧视，也不需要受到特别重视。

私营企业主的阶层意识，就其发育程度而言，还处于低级的、原始的阶段。而且，由于下述原因，他们内部的自组织程度还相当低，甚至尚处在“自然的”状态中。譬如：(1) 私营企业主阶层的边缘不清晰，还有许多是交叉身份，因而阶层地位不太稳定；(2) 阶层内部同质性程度低；(3) 垂直流动程度低，很少有子承父业的；(4) 有意识的倡导少。私营企业主阶层是改革政策的直接受益者，收入较高，但他们与其他社会阶层之间在根本利益上是一致的。其与雇工之间的对立程度不仅取决于剥削程度，也取决于被剥削者的绝对生活水平。另外，私营企业主阶层的代表人士不仅自身不太成熟，且他们除了经营企业外，几乎没有更多的时间和精力从事社会活动。因此，尽管私营企业主作为一个阶层受到的外部压力很大，内部却并没有形成必要的压力集团。这将不利于他们个体行为的自我约束和完善，从而也有碍于私营企业主阶层本身的发育和成熟。

5. 发展形态不完备

我国私营企业主阶层不仅产生时先天不足，而且后天发育不良，具体表现为以下几点。

(1) 不完整性。私营企业的资产虽然归企业主私人所有，但企业注册开业后，它就不能将其随意分割和转为消费。私营企业中的劳资关系，也不是完整意义上的、典型的雇佣劳动关系。国家对私营经济的政策，很大程度上体现在分配政策上，而税收政策正是国家参与私营企业营利分配以对其加强引导、监督和管理的有效形式。国家通过税收杠杆将私营企业剩余价值的一部分转化为国家财政收入，用于全社会，从而使雇工以国家税收的形式间接占有了一部分剩余产品。这样，就在一定程度上限制了企业主对雇工的剥削程度，也限制了企业主可以用于消费的那部分过高的非劳动收入，鼓励并引导把更多的利润转化为积累，投入扩大再生产。

（2）可塑性。在扩大再生产的过程中，私营企业投入再生产的部分只要不停顿地运转，就会一方面给企业主带来更多的利润与收入，另一方面又为国家提供更多的税金。如此周而复始，规模逐渐扩大，可以对促进生产、活跃市场、扩大就业发挥积极作用。私营企业主阶层的历史进步性，正是表现在他们发展私营经济，组合生产要素为新的社会生产力，在一定程度上缓解着人民日益增长的物质文化需要同落后的社会生产力之间的矛盾。

（3）从属性。我国现阶段的私营经济是社会主义经济汪洋大海中的“孤岛”。它既没有可能像在资本主义社会那样发展成为一支独立的经济力量，建立自己的信贷系统和流通渠道，又断绝了同国际资本的直接联系。因此，它的发展只能依赖于公有制经济的扶助和支持，并与其建立密切的互补、联合、协作关系。这就决定了它依附于公有制经济，受其制约和影响，且规模越大，依附性就越强。因此，在资本主义制度下，私营企业的发展就是资本主义的发展；而在社会主义条件下，私营企业的发展一般不是走向完全的资本主义，而是走向类似国家资本主义的经济类型，即受社会主义国家严格控制、管理和制约的经济形式。

同这种经济结构相适应，在我国现阶段的社会结构中，工人阶级是社会主义现代化建设的领导阶级和主导力量；农民阶级是工人阶级可靠的同盟军和现代化建设的主力军；知识分子是工人阶级的组成部分，是最有知识和文化素质的智力部队；私营企业主阶层和个体工商户主阶层是社会主义现代化建设不可缺少的一支重要力量，但它不可能成为社会主义社会的领导阶级与统治阶级，它接受工人阶级及其政党——中国共产党的领导，在现阶段我国的社会结构中处于从属地位。

三

（一）我国私营企业主阶层内部的层次划分

在私营企业主阶层内部，我们可以根据具体标准再划分成若干层次，如按投资形式，可以划分成独资、合伙、有限责任公司等企业；按资产规模，可以划分成大型的、中型的、小型的企业，或是注册资金多少万元以上的企业；按行业，则可以划分成工业、建筑业、交通运输业、商业、饮食业、修理业、服务业、科技咨询业等。

从阶层与阶级及阶层之间的横向关系看，一个阶层与另一个阶层（或阶级），也会呈现出复杂的、相对的交叉关系、并存关系，从而形成交叉阶层、边缘阶层。交叉阶层指在经济地位上具有双重身份、跨越不同社会集团的阶层。边缘阶层是指由一个社会集团向另一个社会集团转化过程中的过渡阶层，它具有变动性与过渡性。如在乡镇企业就业的农民，他们中的多数人还没有同农业完全脱离，然而已获得新的特征，正处于转化中，可称之为农民工人。

从经济方面看，私营企业多是小企业，经营者多是小业主。由于自身积累有限，科学技术水平与资本有机构成都不很高。多数属于粗放型、劳动密集型企业，而且许多工序都是靠手工操作、简单劳动，机械化、自动化程度低。与公有制经济比较，私营企业在资金、技术、经营管理、产品质量等方面远没有形成明显的优势。目前，私营经济发展中出现了一些新情况，如有些私营企业实行跨地区、跨所有制，通过参股、租赁等形式，与公有经济相互渗透，发挥“杂交”优势。随着产权的流动和重组，私营企业的所有制“血统”将不再是纯粹、单一的。这种趋势已见端倪。

从政治方面看，私营企业主作为一个正在形成与发展的社会阶层，还不成熟、不完善。在我国的社会舞台上，既没有出现具有较大政治影响的代表人物，也没有形成能代表其阶层利益和政治要求的全国性的统一的政治组织。所以，它还没有成为一支独立的政治力量。多数企业主是爱国、敬业、守法的，发展趋势是健康的。但在社会急剧变革的过程中，作为一个正在形成与发展的新的社会阶层，难免泥沙俱下，鱼龙混杂。这就需要具体分析，区别对待。

（二）我国私营企业主阶层的社会属性

前文已述，私营企业主阶层是在工人、农民两大基本阶级之外，处于中间状态、过渡阶段的社会集团。正是这个“中间状态、过渡阶段”决定了它的双重属性：既是资产私有者，又是劳动者。

就资产私有者而言，不论企业主通过个人收入资本化或是公有企业私营化的途径，也不论企业主拥有的资产规模有多大，都归企业主私人所有与支配，并受到法律的保护。企业主私人占有的生产资料只是手段，他们的目的和动机，是通过这个手段雇工经营，占有更多的剩余价值，积累私人更大规模的资产。所以说，建立在雇佣劳动基础上的私营企业主阶层，拥有的私有资产主要是通过雇佣劳动、占有工人创造的剩余产品逐步积累起来的。

但是，企业主拥有的私人资产又是不完全的。诚然，私有资产属于私人所有、私人支配。但是，对于任何一个人来说，它都是"身外之物"，"生不带来，死不带去"。个人及其家庭成员消费的部分总是有限的。也就是说，企业主的主观动机，他们占有的剩余价值，是不会也不可能完全消费掉的。对此，马克思做过透彻的分析，他说："收入一词有双重用法，第一是指剩余价值，即从资本周期地产生的果实；第二是指这一果实中被资本家周期地消费掉或加入它的消费基金的部分。"① 在实证研究中我们发现，私营企业的规模愈大，企业主占有的剩余价值就愈多，而他们的消费基金所占的份额则愈小。有关条例、法规规定：私营企业一旦注册开业后，投入的资金就不能随便抽回用于生活消费；企业的税后利润用于生产发展基金的部分，不得低于50%；用于个人生活消费的部分，要按40%的比例税率征收个人收入调节税；还将开征财产转移税、继承税。就是说，国家通过税收杠杆调节，对企业主拥有的私人资产进行多次的再分配，以使其进入生活消费的部分，所占比重很小；同时，使其子孙继承的部分，也不会很多，即所谓鼓励"一代富翁"，限制"二代富翁"。

私营企业主的私有资产，也具有社会资本的功能。马克思把资本主义国有企业与股份公司的资本，称为社会资本。他说："那种本身建立在社会生产方式的基础上并以生产资料和劳动力的社会集中为前提的资本，在这里直接取得了社会资本的形式，而与私人资本相对立，并且它的企业也表现为社会企业，而与私人企业相对立。"② 社会资本的运动，反映着个别资本的相互联系、相互制约的关系。个别资本在价值增值中互相争夺、彼

① 《资本论》第1卷，第649页注释。

② 《资本论》第3卷，第493页。

此对立，但在运动中又相互依存、互为条件。也就是说，私营企业主的私有资产，包括传给子孙的私有资产，只要在社会再生产过程中不停顿地运行，而不进入生活消费领域消耗掉，法律意义上的所有权就显得无关紧要。从功能上看，私有资产和公有资产将发挥同样的作用，同样有利于发展社会生产力。总之，私有财产作为人类劳动创造的物质财富，将和公有财产一样，都在为社会主义国家创造物质文明，共同构成社会主义社会的物质基础。

就劳动者而言，作为私营企业主主要是指他们投入的智力劳动。一家私营企业经营得是否成功，不在于企业主参加体力劳动时间的多少，而在于他们的决策是否正确及经营、管理水平的高低。一般情况下，私营企业规模越大，企业主参加体力劳动的时间就越少。在私营企业的发展过程中，企业主作为劳动者的社会属性，主要表现在：具备较高的决策能力，较强的经营能力，较高的管理水平；同时，掌握着较多或较高的技术。

（三）我国私营企业主阶层不是新生的资产阶级

在我国现阶段的社会结构中，私营企业主还没有形成为一个独立的阶级，当然也不是新生的资产阶级。

首先，他们还没有形成一个稳定的经济基础。由于形成的时间较短，从总体上看，他们的经营规模还比较小，多数企业还是建立在技术不太发达的手工生产或半机械化生产的基础上，且尚不稳定。在历史上，俄国资产阶级的产生、形成，如果从 1861 年的改革开始，那么，到了 30 年以后即 19 世纪 90 年代，列宁和民粹派还在争论俄国是不是走上了资本主义道路、俄国是不是形成了资产阶级的问题。我国现阶段私营经济的产生与发展只有十多年的历史，而且同当年俄国资产阶级产生与发展的历史背景迥然不同。退一步说，在我国的社会主义条件下，私营企业主阶层即使成为新生的资产阶级，也应比俄国资产阶级产生与形成的时间更长远。

其次，他们还没有彻底割断同原有社会身份联系的“脐带”。他们的前身都是城市与农村的社会劳动者。他们同原来的社会身份仍有不同程度的联系，如许多农民企业主家中还有承包的土地。一旦歇业（每年的歇业率约在 10% 以上），他们便可以顺其自然地恢复原来的职业，或从事其他类似的工作。也就是说，他们的社会角色地位还不太稳定，资产阶级的主要特征在他们身上还没有充分显露出来。即使有少数人是50年代的资本家或资本家代理人，在对私有制改造的二十多年里，也变成了社会劳动者。况且，他们的人数很少（当时真正是资本家及其代理人的，全国仅为16万人），现在健在的更少。他们即使兴办私营企业，也不大可能直接从事经营管理了。

再次，他们虽然有了大致相同的生产方式和生活方式，但还没有形成区域性的和全国性的联系，还没有组成任何一种政治组织，更没有联合起来形成有组织的阶级力量。在这个问题上，我国现阶段的私营企业主阶层同当年马克思笔下的法国小农极为相似。在《路易·波拿巴的雾月十八日》一文中，马克思对法国小农的阶级属性有过一段精彩的论述。他说："既然数百万家庭的经济条件使他们的生活方式、利益和教育程度与其他阶级的生活方式、利益和教育程度各不相同并互相敌对，所以他们就形成一个阶级。由于各个小农彼此间只存在有地域的联系，由于他们利益的同一性并不使他们彼此间形成任何的共同关系，形成任何的全国性的联系，形成任何一种政治组织，所以他们就没有形成一个阶级。"[①] 法国的小农尚且如此，我国现阶段的私营企业主阶层就更没有形成为独立的阶级了。

还有，他们没有形成自己独立的阶级意识，即使是阶层意识也不太成熟。他们既有拥护中国共产党的领导、拥护社会主义制度与改革开放政策的政治意识，又有资本主义的价值观念。另外，他们与工人、农民两大基本阶级，与雇佣工人阶层的矛盾，远远没有达到激烈、对抗的程度。总之，他们虽然已经形成为一个具有雇佣劳动关系的新的社会阶层，但还未发展成为一个独立的新的阶级。在社会主义制度下，私营经济与私营企业主阶层虽然作为我国现阶段经济结构与社会结构的组成部分，但在全国范围内，在总体上，他们不可能"喧宾夺主"，成为占主导地位的经济成分与完全独立的新生的资产阶级。

（四）私营企业主阶层是当代中国社会结构的组成部分

私营企业主阶层的形成与发展是我国现阶段社会变迁的重要内容。在改革、开放的经济社会舞台上，私营企业主是最活跃、最忙碌的一个阶

---

① 《马克思恩格斯选集》第1卷，第693页。

层。那么，我国的社会结构是否接纳了这个社会阶层呢？要回答这个问题，需要搞清楚私营企业主阶层在我国社会结构中的地位和作用。

第一，私营企业主阶层是发展社会生产力的帮手，而不是敌手。这个命题是列宁根据当年苏维埃的实践，创造性地提出来的："私人资本主义能成为社会主义的帮手吗？"列宁回答道：这"是经济上完全无可争辩的事实"，因为小农国家"在政治上是由掌握运输业和大工业的无产阶级领导"的，是"有可能经过私人资本主义来促进社会主义"的[①]。在我国现阶段，这个命题也是正确的："私营企业主阶层能成为社会主义的帮手。"

那么，这个命题是否也适用于50年代初期的民族资产阶级呢？不适用。当年的具体国情是：资本主义工业企业职工和产值分别占全国总数的53.7%和63.3%，私营商业的销售额分别占全国商业机构批发额的76.1%和零售额的85.0%。可见，资本主义工商业在当时的社会经济结构中占有相当重要的地位，正如毛泽东所说："是一个不可忽视的力量。"同时，与私人资本主义相联系的民族资产阶级在其漫长而曲折的发展过程中，不仅本身形成了一个具有一定经济实力、经营管理和政治斗争经验的社会力量，而且形成了代表其阶级利益和政治要求的政治团体，及在政治舞台上崭露头角且有重大社会影响的代表人物。因此，对这个阶级力量的估计，就不能仅限于它本身，还要从它所联系和影响的阶层（如知识分子、小业主、个体工商业者）来进行分析。也就是说，在我国当年的社会结构中，民族资产阶级虽不占据主导地位，但也不处于辅助地位。在地主阶级和官僚资产阶级被消灭以后，民族资产阶级则由原来的中间阶级转变为在经济上、政治上以至意识形态上，同工人阶级既有联合又有斗争的一个重要的社会集团和政治力量。在由新民主主义向社会主义的过渡时期，工人阶级同资产阶级的矛盾是我国社会的主要矛盾，资产阶级是社会主义的敌手。因此，不能将我国现阶段的私营企业主同50年代的工商业者进行简单的类比和等同。

第二，私营经济是我国现阶段经济结构的组成部分之一。众所周知，社会主义社会的经济结构，主要是由公有制经济和非公有制经济两大部分组成的。作为非公有制经济的私营经济与作为公有制经济的国有经济一

① 《列宁选集》第4卷，第529页。

样，都是社会主义经济结构的组成部分。它们犹如一部机器上的不同零件，在各自的部位上，发挥着各自的作用。它们既缺一不可，又不能分离。否则，机器就不能正常运转，或者运转效率不高。比较改革前后（1978 年）和现阶段不同地区的经济结构，可以看出：发展公有制为主体的多种经济成分，整个经济运转的效率就会提高，经济增长速度就会加快，人民得到的实惠就比较多。可见，私营经济是社会主义经济结构的组成部分，而不能把它们仅仅看作公有制经济可有可无的“陪衬”，可多可少的“补充”。

当然，社会主义经济结构中各个组成部分的地位和作用是不完全等同的。社会主义的本质特征之一是公有制为主体。但公有制经济本身包含着多种经济形式。它除了国家所有制以外，还有合作所有制、集体所有制、社会所有制等。因此，作为主体的公有制，应是多种形式的公有制经济之和。不过，在社会主义的经济结构中，国家所有制经济应居于主导地位，发挥着领导或导向作用。即便如此，也不一定要求国家所有制在国民经济的各个部门都占绝对优势。笔者同意一种观点，即所有制结构的“飞机头”理论。这种观点认为，飞机头居于主导地位，发挥着领导作用或导向作用，但其体制和重量在整个飞机中所占的比重很小。因此，我们理解的“公有制为主体”是，基础工业部门以国有经济为主，国有经济中以大中型企业为主，大中型企业又集中在关系国计民生的主要行业。就是说，国有经济的资产存量及其所提供的国民生产总值和国民收入，在关系国计民生的主要行业的社会总量中，占有明显的优势，并且保持较强的增长势头。在公有制为主体的前提下，作为国民经济结构组成部分的私营经济，应在市场上同其他经济成分一视同仁，平等竞争。

第三，私营企业主阶层将在相当长的历史时期内存在和发展。这是由私营经济的作用和发展趋势决定的。众所周知，社会主义的根本任务是发展生产力。因此，在整个社会主义历史时期都要调动一切积极因素，利用一切经济形式，吸纳、安排剩余劳动力，组合各种生产要素，发展社会生产力。私营经济在社会主义时期的历史进步性，首先表现为它是发展市场经济的有效形式和先导力量，它对于促进生产，搞活流通，扩大市场，繁荣经济，满足人民群众物质文化生活的多方面需要，起到了积极的作用。所以，在社会主义时期，私营经济不仅会长期存在，而且还要大力发展。

随着产权的流动和重组，财产混合所有的经济单位越来越多，将会形成新的财产所有结构。这种趋势在私营经济的发展中已表现得较为明显。据调查，全国资产在百万元以上的私营企业中，与国有企业已经或准备建立联营关系的分别占30%和23.1%。私营企业随着经营规模的扩大，生产上、经营上遇到的困难也会增加，促使其同其他经济形式，首先是同居于主导地位的经济形式联合；且规模越大，困难越多，这种联合的愿望就越强烈。因此，同公有制经济的联合是私营经济发展的内在矛盾的必然结果。

世界近代经济史表明，美国的洛克菲勒、中国香港的李嘉诚等人，早期的企业资产基本上是属于个人的，“血统”纯而又纯。但随着市场竞争的加剧，企业经营规模的扩大，其在通过股份制吸收外来资金的同时，原先企业资产的“血统”也开始复杂化，演变为一个“混血儿”。

私营经济与其他经济形式融为一体后，资产普遍股份化。随着生产的社会化，必将出现资本社会化，私营企业与公有企业的资产都将成为“社会资本”。那么，在这种经济结构中，谁将居于主导地位、发挥领导作用呢？如前所述，不一定是谁占绝对优势，谁就能“主沉浮”。而是谁能操纵社会资本，谁就会居于主导地位。具体到我国，从微观上说，国有企业的资本最集中，最容易在企业中占据可控制企业的股票份额；从宏观上说，国有企业将主要占据基础工业部门，而私营经济将主要分布在加工工业和第三产业的有关部门。因此，国有经济将始终操纵国民经济命脉和整个社会资本。从长远来看，多种经济形式融为一体后，其功能互补，都可以在市场竞争中无限地增长，从而在总体上促进社会生产力的发展。

农村现代化过程中的传统亲缘关系*

郭于华

传统亲缘关系在现代化过程中的演变及其角色是研究社会结构性变迁的重要视角。早期的基于西方社会的现代化研究时常把获致性的次级关系和先赋性的初级关系视为相互对立、排斥和取代与被取代的关系；注意到社会变迁多样性与特殊性的研究，则试图寻找传统与现代化的融合及传统持续存在的理由。从权利关系与象征体系的相互依存、互为因果的观点出发，着眼于中国农村社会变迁的实际状况，我们可以看到，亲缘关系与业缘关系、正式组织与非正式组织的交融是一种现实的必然存在；而且亲缘关系作为富有生命力的文化传统和象征体系，其形式在整个社会范围内得到复制和放大；这预示了中国特有的社会发展与文化变革的方式和道路。

一

人类社会的亲属制度、亲缘关系一直是人类学、社会学、历史学等学科关注的重要课题。对于以宗族、亲缘关系为基本结构形式和社会生活重心的传统中国社会来说，这方面研究更是不可或缺的。亲缘关系是人类社会原初的和基本的构成关系，在中国，人们依循数千年传统农业社会的基本结构形式进行各种社会活动；而在中国目前正在发生的社会与文化的变迁中，以亲缘群体为主的传统人际关系呈现与西方社会相当不同的形态、特征、功能及变异；具体、深入地认识它们将有助于揭示中国式的社会变革与发展道路，从而为人类社会与文化及其现代化过程的认知与解释提供

* 本课题为中华青年科学基金资助项目。本文为该课题研究成果的导论部分。原文发表于《社会学研究》1994 年第 6 期。

丰富的内容。

近代以来，中外学者在中国亲属制度研究领域中的开辟、探索，产生了一批有价值的研究成果。他们就中国家庭与宗族的结构、规模、功能，宗族制度史，宗族的经济基础和辨识体系，族内、族际关系，宗族与国家之关系等诸多层面的问题，做出了卓有成效的建树。虽然学者们在许多问题上各执一端，看法难以一致，例如人们熟知的莫里斯·弗雷德曼（Maurice Freedman）与莫顿·弗莱德（Morton Fired）关于宗族的依据是共有财产还是系谱的分歧（Freedman，1970），关于家庭与宗族内部冲突、分化根源的不同分析，等等。然而尽管存在种种分歧和争议，但已有的关于亲属制度、亲缘关系的研究共识，为探索中国社会与文化的特性及变迁提供了最重要的途径。在关于中国的亲属制度、亲缘关系研究领域中，学者们侧重的角度和所使用的概念多有不同。有些偏重家庭（family）、家户（household）类型及内部结构关系的研究，有的则以宗族（lineage group）、家庭（kindred group）制度及其分化为主要对象；在使用的概念上诸如宗族、家族、氏族、亲族、家庭的延长物、扩大的家庭等也不尽相同和时有模糊，我们在这一研究领域中拟使用亲缘关系作为基本的概念。

使用亲缘关系这一概念主要有如下考虑。首先，亲缘关系是人类社会关系中相对于地缘关系、业缘关系而存在的亲属关系，它包括由生育带来的血亲群体和由婚配带来的姻亲群体，在社会结构中属于传统的先赋关系范畴。亲缘与宗族相比有着更大的覆盖面，在人们目前十分关注的传统社会向现代社会转变过程中，亲缘关系这一传统的社会关系范畴相对于获致性的现代社会关系，如契约关系、正式组织关系等是更为相应和匹配的。它既涵盖了按照父系继嗣形成的宗族群体，也容纳了由婚配构成的姻亲群体；而后者在我国农村社区的经济、社会生活中也有重要功能。已有不少研究农村亲属关系的学者注意到近年来姻亲群体的地位、重要性不断上升的事实，人们在日常生活和社会交往中十分倚重这一亲缘群体。当然，我们很难从姻亲关系重要性的增加来断定传统人际关系发生了根本变化或形成了新的格局。姻亲关系依然是一种特殊性的、带有一定先赋性的关系，它依然属于亲缘范畴。总之，在研究社会从传统向现代的转变过程时，亲缘关系是一个比较适合的概念。其次，以亲缘关系作为观察社会变迁的对象更适合中国农村的实际状况。20 世纪 40 年代以来，宗族作为一种势力和文化呈现明显衰落趋势，在许多地区已相当薄弱；特别是1949年以来，行政力量和政治运动给这一传统社会群体以致命打击。宗族作为一种势力和组织日渐式微，而亲缘作为一种生物性并更是社会性的关系，作为一种结构形式或象征体系却是无所不在的，它在人们生活的各个方面直接地或潜在地发生作用。亲缘关系作为社会基本结构的顽强存在，正是当前许多地区宗族势力东山再起的原因，同时它亦是整个社会人情关系网的基础和模本。

探讨传统的亲缘关系在社会现代化进程中的角色、功能及自身变异，是一个渐进积累的过程；对这方面的有关研究进行梳理、综述是必要的，我们的着眼点将主要落在社会人类学及相关学科的研究。

二*

传统人际关系的变迁是研究社会、文化演变的一个重要课题。在人类学学术史上，文化变迁的研究有着深厚、久远的历史，从其诞生时的古典进化论学派，到近期的新进化论，无一例外地与文化变迁的探讨难解难分。人类学家视变迁为人类文化的基本属性和一切文化的永恒现象。作为基本社会结构的亲缘关系是描述和证明社会、文化变迁的最重要指标之一，对社会发展过程中传统人际关系的研究可大致从以下两个方面进行综述。

一类研究趋势可以概括为从宏观上建构社会关系变迁的进化模式的努力。一些人类学、社会学的研究者经过长期以来对初民社会、农民社会和现代工业社会的研究，将传统的初级关系诸如家庭、宗族、亲属网络的变化视为逐渐弱化、淡化的过程，即它们的功能和重要性逐渐为正式组织所代表的次级关系取代的过程。

在初民社会（primitive society）中，亲属关系超越于个人和家庭之上，保障了生活之流的延续性。在那些很少存在内部分工、地位区分和正式组织的社会中，许多群体只是由年龄、性别和亲属关系安排和划分的。亲属关系虽然包含婚配生育的生物学事实，也是用生物学语言表述的，但它绝

* 本文的研究综述部分得益于沈原、刘小京提供的大量有价值的资料，在此表示诚挚的感谢。

不仅是生物学的，它的主旨在于婚姻的法则和分辨内外亲疏，因而更是制度的与文化的。对个体来说，来自亲缘群体的保护和约束是持续其终身的；而更重要的还在于，它构成一个社会最亲密纽带的主要来源。正如墨菲（Robert F. Murphy）所指出的：在过去更简单的集团和现存的初民中，亲属关系提供的远远不止于对个人的爱和供养，因为它形成了整个社会的真正结构（墨菲，1991）。

在农民社会（peasant society）或有时所称的民俗社会（folk society）中，一些原始的社会结构基本特性延续下来。民俗社会通常是小型的、封闭的社会，人口不会超过彼此认识的范围。从非血缘关系发生的群体非常少见，其成员具有强烈的群体同聚意识（Robert Red field，1967，1986）。中国传统社会常被引为例证用以说明农民社会的特性。这种由父系制度构成的、以宗族群体为主的社会中，人们按照内外有别的方式理解和对待事物，因情境不同而存在判然有别的真理。而且，在家庭和宗族内在的连带和相互扶助是永久性的（许烺光，1900）。

在传统的乡村社会向现代工业社会转变的过程中，一些重要因素的变化直接冲击了乡村社会的结构，其中很重要的一项就是乡村社会组织的变迁，即初级关系（如血缘的或地缘的群体）的重要性在不断降低，而次级关系（如具有共同利益的正式组织、政府机构和商业公司）的重要性在逐渐提高。人们的社会关系变得更加正式、更加非人化和科层化（罗吉斯·伯德格，1988）。现代工业社会中的核心家庭当然也有亲戚，但相互之间并不扮演重要角色，与过去广泛而有力的亲属关系连带相比，今天的亲属链更加缩短和削弱了。对这种变化趋势的归纳多来自西方社会。例如人类学家注意到，亲属关系网最大的压缩发生在美国的中产阶级中。他们并非完全摆脱自己的亲戚，而是联系越来越淡漠。带来这种变化的主要因素在于，中产阶级多由奋斗者和攀登者组成，他们有较强的流动性；过去由家庭和亲属群体承担的责任重负，许多已转而由社会服务与保障机构承担（墨菲，1991）；此种社会中的亲缘关系是暂时性纽带，因而个人的基本生活和环境取向便是自我依赖（许烺光，1900）。

对社会与文化变迁所做的从简单到复杂、从传统到现代的概括，带有明显的进化论印迹。这种社会演进观点在现代化理论或发展理论中得到最突出的表现。一些经典社会学家将传统社会与现代社会的基本特性比照概括出来，认为传统社会主要有以下三方面特征。

（1）传统主义的价值观占居统治地位，即人人向往过去，缺乏文化能力去适应新环境。

（2）世系门第制度是决定一切社会实践的依据，是实行经济、政治和法律控制的主要工具。个人在门第系统中的地位即在社会中的地位，是被赐予的，而不是凭能力和业绩获致的。

（3）传统社会成员用一种带有感情色彩的、迷信的和宿命论的眼光来看待世界，认为一切都听天由命，事物的发展注定如此。

现代社会的特征恰恰与此相反。

（1）人们可以保留传统的东西，但却不做传统的奴隶，并且敢于摒弃一切不必要的或阻碍文明继续进步的东西。

（2）门第关系在社会生活的一切领域中都是无足轻重的，因为人们在地理上的流动已使家庭纽带松弛了。一个人在经济、政治上的地位是凭借他努力工作和高度的进取心而获得的，而不取决于他们的出身门第。

（3）现代社会的成员不听天由命，而是勇往直前和富有革新精神。他们随时准备克服障碍，表现出强烈的企业家精神和对世界的理性与科学态度（安德鲁·韦伯斯特，1987）。

也有人从社会规范和行为标准角度对比、概括传统与现代的特征，指出现代社会规范的最主要特征是其成员一定会赞同变迁，而传统社会规范则恰好相反（埃弗里特·M. 弗·罗吉斯，拉伯尔·J. 伯德格，1988）。

所谓传统性与现代性的对比特征，还可列出无数，诸如血族性与社团性，聚居性与流动性，等级性与平等性，礼俗性与法制性，农耕性与工业性，自给性与交易性，封闭性与开放性，稳定性与创新性（王沪宁，1991）；此外还有先赋性与获致性，群体主义与个人主义，归属关系与契约关系，特殊主义与普遍主义。然而问题在于，这种二元对立的归纳是完全理想型的，恐怕没有哪一个社会恰好对应于这两个极端，它们只可能位于两点之间。这种理想型归纳或许提供了某种思维逻辑和框架，但对于实际社会关系变迁研究的意义，却是相当有限的。

基于人类社会从传统向现代转型的进化思想，作为中国文化传统的宗族、亲缘关系的变迁日益受到研究者的重视。有学者认为，当代整个社会的巨大进步使传统的村落家族文化存在的理由发生了变化，它表现为生产水平前所未有地增长了，资源总量前所未有地扩大了，自然屏障前所未有地突破了，社会调控前所未有地强化了，文化因子前所未有地更新了，生育制度前所未有地变化了。这些前所未有的变化导致家族文化在十个方面发生转变（王沪宁，1991：221），呈现出消解的总体趋势。尽管作者充分地看到这一消解过程有不断的往复、停滞，而传统的村落家族文化也包含有调适机制和起正面作用的潜能，但毕竟大江东去，难以逆转。而这种变化亦是“世界历史发展的共同指向，它也没有脱离人类进步的轨道”（王沪宁，1911：231）。

对于人类社会与文化普遍进化过程的概括，即把传统亲缘关系的日益松懈、淡化视为社会发展的普遍过程和趋势的观点，主要是在观察分析西方社会的基础上得出的。然而这一概括却追求更一般的、具有相当抽象层次的结果，即社会发展变迁的普遍法则。早期人类学、社会学的理论概括常有这种过于一般的倾向，以致在缺少对不同社会的历史文化特点深入研究的情况下，把具有特殊性的变迁过程推向普遍化时走得太远。从传统到现代的过于一般的概括，在面临非西方的各种类型的社会及复杂多样的变迁形式时，其解释力就显然不够了。传统社会关系的瓦解是否为现代化过程的必然趋势？如果宗族、亲属纽带与现代生产与交换关系注定是相互排斥的，那么如何解释中国香港、台湾地区以及东南亚一些国家的企业家族主义和家族企业的快速发展与高度竞争能力？又如何解释依仗终身雇佣制、隶属关系和高度忠诚感等传统制度和心态而令西方瞠目的日本企业的强盛和发展（陈其南，1987）？如果亲属群体的解体和亲缘关系的疏淡主要源于其成员的流动和社会关系的重组，由此导致业缘取代亲缘而占主导地位，那么在改革后的中国，如雨后春笋般出现的、以“离土不离乡”为模式的乡镇企业，则展示了既无空间位置上的移动，又无人员的整体性重组的独特的乡村工业化道路。在此过程中，亲缘与业缘交织融混，又成为何种社会关系类型？传统的先赋关系是否依然无可救药地衰落？此外，前面提及的传统家族文化赖以存在的条件所发生的改变，诸如生产水平的增长、资源总量的扩大、自然屏障的突破、社会调控的强化、文化因子的更新、生育制度的变化等的确是传统关系改变的必要条件，但并非其充分条件。毋宁说这些重要的改变只是为社会关系的类型提供了更多的选择机会，至于不同的社会为何选此或选彼，就须从其存在的环境和历史与文化中寻找解释了。

总而言之，面对上述这些复杂的新问题，基于简单进化观点的一般性概括已经是力不从心了。

第二种研究趋势可以表述为探讨社会关系变迁的特殊性与多样性，寻求传统的调适、创新，与现代化同步的努力。

在人类学与社会学的视野中，人类生存于其中的世界是一个不断展现的世界。起初人们只知道自己的社会，并视之为整个人类的生活，随着资本主义的海外扩张，一些初民社会，或称之为原始社会、不发达社会、后进社会（我们至今仍很难找到不带进化论色彩的词语来指称这类社会）陆续被西方人发现。以这些社会为研究对象的人类学应运而生。西方人始知世界上有着与自己生活方式完全不同的人存在，但是这种不同的社会与文化通常被进化论视作人类早期生活的活化石或“残留物”。随着世界的不断展现，特别是第二次世界大战后第三世界国家的崛起，以及他们各不相同的发展道路，以西方社会文化变迁为蓝本的古典进化论和现代化理论受到越来越多的质疑。在对社会变迁的研究中，20 世纪 70 年代晚期出现的新现代化理论以对经典现代化研究的扬弃和引人注目的区别而独树一帜。新现代化研究避免将传统与现代性作为一组互为排斥的概念，认为传统和现代性不仅可能共存，而且还可以是相互渗透与融合的。因而它不再称传统为发展的阻碍，而试图表明传统的有利作用，对传统的特质给予更多的强调。在方法论上，新现代化研究不是采用类型学方法将讨论置放于高水准的抽象之上，而是趋于以具体案例为焦点，注重研究特定国家中的专门发展模式。由于对历史和具体个案给予更多的注意，新现代化研究并不假设朝向西方模式的单一方向的发展道路，而认为第三世界国家可能追求它们自己的发展道路，乃是理所当然的（Alvine So，1911）。基于这种新现代化思想的对于社会关系变迁转型的研究，展示了与传统的日薄西山完全不同的图景。

首先，这类研究表明，宗族、亲缘等传统先赋关系未必在工业化、城市化过程中愈来愈松弛、衰落，它们不但依然强固，而且常常有效地施展功能。古德（William J. Goode）指出：许多调查表明，在技术最发达的国家，亲戚关系网非常活跃，毫无消失的迹象。这类行为模式并非仅仅是农村旧习俗的残余，它们的存在是有原因的，有些亲戚的帮助甚至胜过称职的官僚机构（古德，1986：174）。N. 龙格（N. Long）则看到，某些大家庭系统不仅在现代经济条件下仍然存在，而且往往发挥着积极的作用，它使个人能够为现代资本主义筹集资金和提供其他动力（安德鲁·韦伯斯德，1987：36）。迈隆·科恩（Myrom Cohen）认为，中国家庭不仅不是现代化的阻力，而且对促进经济发展具有积极作用。例如家庭成员分住在不同的地方，从事不同的经营活动，可使家庭经营多样化，并减少共同居住的摩擦和充分发挥分支家庭的积极性与能力，还可在有困难时相互支持（科恩，1970）。Wong 的研究则通过追踪家庭对香港的中国企业内部组织的影响，论证家庭在促进经济发展中的能动作用。他具体说明了家族企业中的父权制管理、裙带关系和家庭所有制模式等特质造成中国家庭公司极为可观的竞争能力，从而特别适应于在高水准风险的情境中持续生存和发展（Alvine So，1991）。其次，许多研究者也注意到亲属制度、亲缘关系在社会变迁过程中所具有的弹性，即在变化了的经济、社会关系中所表现出来的适应性。前面提及的迈隆·科恩对于家庭成员分住在不同地方、从事多种经营活动的分析，既指出这对促进经济发展的积极作用，也说明这就是家庭适应经济社会变迁的一种表现。

对于中国传统的亲缘群体——宗族与现代化过程的调适关系的研究，钱杭的论述最为系统。他认为，宗族与社会的现代化要求在原则上很难相容这一判断并非必然，在一些地方，重建的宗族在组织上正努力寻找其合适的形式，以便同现实社会生活秩序有一定衔接。他通过对一些地区农村宗族的实证调查指出，宗族组织谋求与基层政权的合作与相互协调，使其活动合乎法制的轨道；宗族可以有完善的自我约束机制和观念，显示较高的成熟性与合理性，因而可以将宗族传统纳入按社会主义准则要求的整个生活方式中，达到协调整合村民关系的积极结果（钱杭，1993a）。他进而提出宗族本身现代化的命题，认为宗族可以具有内在的创新机制，即社会主义的意识形态内容完全可以用一种恰当的方式介入对宗族观念的更新与改造过程中，并实现意义深远的文化规范的创新。他通过观察当代汉人宗族的实际修复和运作过程，力图说明当代农村宗族活动在一定条件下可不具破坏性并被纳入与社会公共生活准则相适应的轨道中，与现代化进程相契合，乃是完全可能的（钱杭，1993b）。

最后，传统亲缘群体的持续存在及其功能的实现还归因于中国人，尤其是中国农民对于这种传统关系的“本体性”需求。钱杭在其研究中指出这种“本体性”需求是对历史感、归属感、道德感、责任感的需求，本质上是一种心理满足。它可以是超时代、跨地域的，只要它没有在起码的层次上得到满足，人们必然要寻求能够最大限度地满足这些需求的组织形式。随着社会现代化的进程，个体的孤独感日益深化。当标志个人身份的许多传统尺度被无可奈何地抹去的同时，如何尽量保持每一个人的确定价值和他的历史性及归属性，是无比重要的。所以汉人宗族关注的主题，正是这个时代所失落的关于人类的本体意义：我是谁？我从哪里来？我的根（钱杭，1993b）？郑也夫在论及特殊主义与普遍主义时，也提到产生前者的首属群体（primary group）是人性的摇篮，全面的深层的信任是人生的需求（郑也夫，1993）这样的本体论命题。

将传统亲缘关系的持续与恢复归结为人的本体需求，还必然导致研究立场和方法的改变。一些研究者认为，如果给当代中国农民一个机会，让他们选择一种适合自己需要的自治性组织，恐怕有相当多的人会选择他们最熟悉的传统形式——宗族。这已并非预言，而是得到人们承认的事实。以往无论从行政方面还是从研究方面多对此持批评态度。但如果我们从“本体”出发，尊重农民根据自己的生活现实做出的选择，并理解他们赖以思考和行动的环境与规范，就将导致被研究者地位的提高和研究的“客位方式”向“主体方式”的转变（钱杭，1993a）。

综上所述，关于现代化过程中亲缘关系变迁的研究和争论的核心问题，一方面在于这种传统社会关系未来的前途和命运：是否日渐其衰？或被其他形式的关系所取代？被什么形式所取代？另一方面在于传统的先赋关系在社会的现代化过程中扮演什么角色，是积极的或是消极的？它是否可能成为有利于社会发展的资源？在文化哲学层次上，这是对传统性与现代性或曰传统与创造之间共生共存关系及其张力的探讨；而在社会实践层次上，若要回答上述问题，就不能仅停留于思考人的“本体性”“本体需求”的抽象的哲学层面。我们需意识到，第一，人是文化传统的创造者，又是其产物，如果让他有机会选择适合于自己的文化形式，那么这种选择也不可能是完全自由的，而是必定受制于具体的历史与传统的；第二，人们选定某一社会组织形式，不仅出于历史感、归属感等“本体性”需求，具体的实际的利益要求和该组织形式的功能实现才是更直接近切的考虑。

因而，关注社会变迁与传统亲缘关系的问题，必须考察和分析特定的具体的社会、文化、历史，即实证性的、个案性的研究才能使我们比较接近核心问题，并可能对其做出有意义的解释。

三

强有力的宗族群体和亲缘网络是存在于中国社会数千年的历史现象与文化传统。这样一个以血缘为基本纽带、以等级（辈分、长幼、男女）为构成秩序、以婚姻为连接其他同类群体的环节所构成的人际关系结构，与每一个体生命攸关、生死与共。它在生活中承担了生产经营、生育繁衍、维系保护、教育濡化等功能；同时也模塑了人们的心态性格和价值取向。

亲缘网络作为传统社会中一套适应性的文化制度，与自给自足的经济结构和物质生产水平相适应；与“家天下”的政治体系和礼治秩序相适应；也以一套完整的文化符号体系或象征体系为其内在的精神架构，这一象征体系包含仪式、习俗等世代传承的行为，包含以祖先崇拜为核心的信仰，也包括“孝”“敬”“报”等内在的观念和规范。上述三个方面构成亲缘关系重要特性持久存在的经济、政治与文化依托。

传统的亲缘关系在近代以来的社会变革中经历了来自外部力量的冲击和自身变异的过程。此变异最主要的动因来自以阶级划分为基础的共产党乡村政权的建立，以及土地改革、合作化、人民公社、“大跃进”和“文化大革命”等历次运动。这些历史事件和变动从组织结构上取代了传统关系的社会调控、管理功能；在经济上削弱了家庭、宗族的生产经营职能；同时以强大的舆论宣传动摇人们的观念意识，从而使这些世代沿承的传统处于表面的断裂状态。改革开放以来，由于家庭再度承担主要的生产经营职能，也由于政治控制的放松和正式组织在基层功能的弱化，当然也由于与亲缘认同的文化心理结构的根深蒂固，对先赋关系的依赖再度增强，从而导致这些关系的复苏及其功能的重建。简言之，乡村社会中亲缘网络的重要性及相应的观念意识，作为文化传统，经历了持续、消歇和复归的历史过程。

我们面临的就是这样一个延续了数千年又历经风雨变故的复杂的对象。无论就亲缘关系在现代社会中的地位有多少纷争，其在中国农村社会中的回归和继续发生作用则是有目共睹的现象。对于这样一个既涉及传统性与现代性关系的抽象思考，又是十分具体实在的社会文化现象，我们有如下基本认识。

（1）对于一个社会中的个体或群体来说，正式与非正式、制度与象征、现代与传统的共同存在乃是一个恒常现象。

在这方面，政治人类学的研究提供了有益的借鉴。大体说来，人类学家通常关注四项社会制度：经济、政治、亲属和宗教。从更高的抽象层次上来看，这四个项目又可以归并成两大类：前两者的共同特点是权力关系，即政治行为（the political），后两者的共同特点则是象征符号（the symbolic）。按照进化论的观点，社会变迁常常被视为朝一个既定的方向迈进，从以身份地位为主导的原始社会进步到以契约为主导的现代工业社会，从不理性的习惯制度演进到理性的官僚制度。由此政治行为被视为现代社会的属性，而象征行为则被归属于传统社会。此种观点往往夸大了传统社会与现代工业社会的本质差异，强调现代社会结构的理性和契约方面，而压抑了象征符号的重要性。政治人类学的研究表明，现代工业社会亦有无穷无尽的象征行为存在，所谓非理性的荒诞怪异，并不是非工业社会所独有。象征符号既是表达性的（expressive），同时也是工具性的（instrumental），可表达权威，也可以创造和再创造权威。因而对于传统象征行为的需求，是权力结构性的需求，并非只是文化滞后和观念守旧的原因。一些以制度化的种种现象为中心旨趣的社会学研究，时常视现代工业社会为“世俗的”“巧妙运作的”“理性的”社会，但是制度化过程在缺乏对象征符号与行为的分析的情况下，是无法进行研究的（Abner Cohen，1986）。

基于把分析象征行为（symbolic action）和权力关系（power relationship）作为政治人类学核心问题的认识，艾布纳·科恩（Abner Cohen）提出人的两个维度（Two Dimensional Man）的概念。他认为具有政治策略的人（Political Man）同时也就是运用象征办法的人（Symbolist Man），因此人就是处在两度空间之中。同样，各种利益群体（interest groups），从最正式的组织到最不正式的组织排列在两极之间。而正式与非正式的差别只是程度而已，几乎所有正式组成的群体，在某些特定的点上或特定的期间，都需要象征的行为模式。所以一个群体的组织情形亦有两度空间，那就是

“契约的”（the contractual）和“规范的”或“俗成的”（the normative），正式的和非正式的。利益群体依靠象征行为实现组织的各种功能，诸如鉴别人我、实现制度化、联姻、确立权威与领袖资格、沟通、决策、整合意识形态等，总之经由一套象征策略以解决大部分有关组织方面的问题，或者说是通过群体共同拥有的象征符号，非正式地达成如组织般的合作关系（Abner Cohen，1986）。

如上所述，在现代社会中，行为的象征模式和任何理性秩序表现出同样的活跃和重要，象征行为与权力关系是相互依存、互为因果的。我们通常不会意识到其普遍存在，因为我们身在其中，它构成我们生活的一部分，成为“视作当然”（taken-for-granted）的东西。社会人类学的研究，只有就这两个变项之间的关系进行分析，才能对社会变迁做出有意义的解释。

（2）从当代中国农村的实际状况来看，传统的亲缘关系与现代社会、经济关系的交织、融混更是一种现实的存在。

改革开放以来迅速崛起和发展的乡村工业建立于血缘—地缘共同体的基础之上。与西方的工业化过程相比，这一经济组织的构成既没有发生空间位置上的移动，也没有基本成员的重新组合，也就是说，乡镇企业所引动的乡村工业化过程，有着不同于西方的完全中国式的社会流动模式。这一过程的结果就是传统的先赋关系非但没有疏离、弱化，反而与获致性的业缘关系和正式组织关系掺混交织在一起。所以我们可以说中国的乡村工业带有先天的血缘或亲缘特性。

在农村新的经济结构启动和发育过程中，亲缘关系是信任结构建立的基础，也是实际获得资源的重要途径。对许多乡镇企业和企业家的调查表明，企业经营的直接动因以及资金、信息、技术、人才、原料和销售市场的获得常常是直接或间接的亲缘连带关系所造成的。

在现阶段农村的社会管理与社会整合中，亲缘关系亦扮演重要角色，亲缘与基层行政管理的交融是历史的延承，也是在当今正式行政力量弱化的情形下增加信任感和凝聚力的需要。

（3）亲缘关系，作为富有生命力的文化传统和象征体系，其更有意义的存在还在于它的形式在整个社会范围内的复制和放大。

若要理解这一观点，需分别从亲缘网格的结构主体和运作形式两个方面观照和分析问题。我们不难观察到，在许多正式组织如单位、企业、机构的人际关系中，作为内容而存在的主体之间已不具有任何事实上的血缘或亲缘连带，然而主体之间的互动方式和整个网络的运作形式却相当完整地或部分地复制（copy）了传统亲缘群体的运作形式。这主要表现为以下几点。

①在称谓上沿用类似亲属称呼的符号体系，在农村这一点是显而易见的。叔叔、大爷、兄弟显然比直呼其名或职务称呼亲近自然得多。即使在城市人们常使用的如老张、小李、大姐，乃至先生、晚辈等无不是按照辈分长幼的秩序确定的。称谓只是一套符号，但它却表现了人们的心理定式。直到现在，不是还能时常听到“父母官”这样的沿自封建时代的称呼吗?！而“爱民如子”不也依然是为官的信条与准则吗?！②在一些正式的经济组织如乡镇企业中，人事安排和劳动分工的差序格局，要职、美差、一般工作、苦累活计按照内外亲疏的差别在人群中分布；同样在管理方式上亦遵循特殊主义的差序规则和权威家长的领导；③ 在处理矛盾纠纷的方式上，人们通常尽量避免诉诸法律手段或正式契约去对簿公堂，而宁愿通过面对面的商议、调解或某种极端手段等类似于宗教内部关系的处理方式而私了；与此相关联的公平观念亦缺少普遍主义和一般性原则，人们默认和接受由身份地位带来的不公平，只要它不超过一定的限度；④ 在尚无“老关系”有待开辟的领域中，可以找出关系、拉出关系，“找”和“拉”的具体方式常常是拟亲缘的，如认干亲、拜把子、称兄道弟等结缘方式，一旦成为“自己人”“熟人”“圈内人”，便亲近起来，各种事情的解决就可以循人情而定了，各种利益的获得也就不难了。

这类具体表现还可继续列举，它们说明亲缘这一文化传统在整个社会结构中的存在与渗透状况。情境中心主义的文化是人人谙熟的，传统的伦理观念和普遍道德意识及与之相关联的信仰仍然具有约制力。

由此可见，简单地宣称作为一种文化的亲缘关系依然强大或业已衰落都难以对现实做出有说服力的解释。同样，也很难论断中国的亲缘文化传统发生了真正的断裂或嬗变，或断言中国农村中的宗族不再是“传统的”宗族了，因为我们看到，无论是农村宗族和亲缘群体本身，还是其文化形式的复制都未能脱离传统。传统包容着我们，社会中的所有人都挣脱不开人情的关系网。提起这张网，似乎人人都会扼腕顿足，深恶痛绝，有满腹苦衷要倾诉，而一旦要求自己的利益实现，人人又似乎千方百计削尖脑袋钻进去，把可以利用的关系找出来，拉出来。无怪有人提出“关系就是生产力”的命题，我们身在其中的就是这样一张有魔力的网。

中国农村社会变迁的现实显示了传统亲缘关系与现代社会关系的并存，权力关系与象征体系的并存，它预示了传统先赋关系的衰颓在中国社会将是一个相当长的历史过程，而且亲缘关系并非没有可能成为一定阶段内具有正面意义的可利用资源。然而，尽管现代化过程并不意味着与传统关系的决裂，诚如郑也夫所指出的“现代化毕竟需要比中国传统社会更多一些普遍主义”，“更多一点的普遍主义是任何一种伟大文明所不可缺少的”（郑也夫，1993）。对中国社会的结构变革做出解释和预示，需要对社会现实的清醒认识和理解，这要求对本体性问题的理性思辨，更要求对具体现象的观察和体验，这是我们所能做出的选择。路，在我们自己脚下。

参考文献

〔美〕埃弗里特·M. 罗吉斯、拉伯尔·J. 伯德格，1988，《乡村社会变迁》，浙江人民出版社。

〔英〕安德鲁·韦伯斯特，1987，《发展社会学》，华夏出版社。

曹锦清、张乐天，1992，《传统乡村的社会文化特征：人情与关系网》，《探索与争鸣》第 2 期。

陈介玄、高承恕，1991，《台湾企业运作的社会秩序——人情关系与法律》，见台湾《东海学报》第三十二卷抽印本。

陈其南，1987，《文化的轨迹》，春风文艺出版社。

〔美〕克莱德·M. 伍兹，1989，《文化变迁》，河北人民出版社。

李亦园，1989，《近代中国家庭的变迁—— 一个人类学的探讨》，《中央研究院民族学研究所集刊》第 54 期。

〔美〕罗伯特·F. 墨菲，1991，《文化与社会人类学引论》，商务印书馆。

〔美〕罗伯特·雷德菲尔德，1986，《民俗社会》，见《社会学与社会组织》，浙江人民出版社。

罗丽达，1990，《中国的亲属制度研究》，见《当代欧美史学评析》，人民出版社。

钱杭，1990，《当代农村宗族的发展现状和前途选择》，《战略与管理》第 1 期。

钱杭，1993a，《关于当代中国农村宗教研究的几个问题》，《学术月刊》第 4 期。

钱杭，1993b，《现代化与汉人宗族问题》，《上海社会科学院学术季刊》第3期。
〔美〕W. 古德，1986，《家庭》，社会科学文献出版社。
王沪宁，1991，《当代中国村落家族文化—— 对中国社会现代化的一项探索》，上海人民出版社。
王玉波，1993，《启动 · 中断 · 复兴—— 中国家庭、家族史研究述评》，《历史研究》第2期。
吴怀连，1991，《农村社会学》，安徽人民出版社。
谢继昌，1982，《中国家族研究的检讨》，见杨国枢、文崇一主编《社会及行为科学研究的中国化》，台北：中研院民族学研究所。
〔美〕许烺光，1990，《宗族 · 种姓 · 俱乐部》，华夏出版社。
〔以色列〕亚伯纳 · 柯恩，1986，《人心深处——从人类学的观点谈现代社会中的权力结构与符号象征》（Two Dimonsional），台湾业强出版社。
赵喜顺，1991，《英美社会人类学家对中国家庭的研究》，《社会学研究》第4期。
郑伯壎，1992，《权威家长的领导行为》，见杨国枢、余安邦主编《中国人的心理与行为——理念方法篇》，台湾桂冠图书公司。
郑也夫，1993，《特殊主义与普遍主义》，《社会学研究》第4期。
庄英章、陈其南，1982，《现阶段中国社会结构研究的检讨：台湾研究的一些启示》，见杨国枢、文崇一主编《社会及行为科学研究的中国化》，台北：中研院民族学研究所。
Cohen, Myron (1976) *House United, House Divided*, New York: Columbia University press.
Fired, Morton (1970) Clans and Lineages: How to Tell Them Apart and Why—With Special Reference to Chinese Society, *Bulletin of the Institute of Ethnology, Academia Simca*, 29.
Freedman, Maurice (1966) *Chinese Lineage and Society: Fukien and Kuangtung*, New York: Humanities press.
Freedman, Maurice (1970) *Family and Kinship in Chinese Society*. Stanford: *Stan ford University Press.*
Hsu, Francis L. K. (1967) *Under the Ancestors' Shadow*. Carden City: Doubleday.
Levy, Marion (1968) *The Family Revolution in Modern China*. New YOrk: Atheneum.
Pasternak, Barton (1972) *Kinship and Community in Two Chinese Villages*. Stanford: Stunford University press.
Redfield, Robert (1967) *The Social Organization of Tradition. Peasant Society A Reader.* Little. Brown and Conpany INC.
So, Alvin (1991) *Theories of Social Change and Development*. Suge Press.

再答刘崇顺同志*

张　琢

刘崇顺同志新赐大作《在理性和非理性之间——关于张琢同志〈答刘崇顺同志〉的答辩〈九死一生〉理论再探》已拜读（见前文，以下简称《再探》）。

我认同崇顺同志所说我们是“多年的朋友”，并感谢崇顺同志的盛情和厚爱。

同时，既然《再探》说，我们在对历史唯心论和机械决定论的态度上“并没有什么不同”，我更赞成不再在这些“历史唯物论的常识”问题上“饶舌”。

《再探》把我的观点“浓缩”为这样一个“命题”：“把中国资本主义萌芽的时限界定在宋元之际未必不可以。”我觉得还须再说明两句才更准确。《九死一生》第二章第三节关于这个问题的内容主要是两点：一是宋代资本主义因素的萌芽；二是宋元之际（尤其元初北方）资本主义因素的被摧折（第65～75页）。如果以“未必不可以”来概括我对“宋代资本主义因素萌芽”说或“宋代资本主义萌芽”说的看法，我都认同。不过，我要重申，“资本主义因素”“资本主义因素萌芽”这些概念和宋代资本主义萌芽说，首先都不是我提出来的，发明权都不在我，不能掠人之美。它们已有了少则十多年，多则半个世纪以上的历史，早都是用惯了的学术术语了。但《再探》说我“是先做结论，再寻求论证”，则不能接受。前人对这些问题历久的探索研究成果，已可谓卷帙浩繁，我虽未能穷尽，但主要的代表性人物的代表性著作我是先学习了的。拙著《九死一生》第二章也专门梳理了关于中国传统社会中的各个时期的几种资本主义萌芽说。其中

* 原文发表于《社会学研究》1994年第6期。

包括比宋代萌芽说更早的战国时代中国已进入商业资本主义说和汉代萌芽说的代表性观点，并从事实上和方法论上，对这两种观点做了否定（见第41～60页），亦可见，并非如《再探》所指责的那样“一味沉溺于对中国现代化发展机遇丧失的痛失之情，……总是希望中国资本主义的萌芽或中国现代化的肇始时间上溯得更早一些”。关于中国资本主义的萌芽问题的讨论，就我自己的认识过程而言，最初是在50年代上大学时开始注意到的，直到80年代中期，我接受的还是看得最多的明代萌芽说，不过，只存在脑子里，并未形诸笔墨。自80年代中期，在研究中国现代化的历史时，回溯前现代化时期的社会发展历史时，有机会看了更多的著作，其中最多的还是持明清萌芽说。同时，国内外关于宋史的研究有了深广的开拓，很受启发，才渐渐使我在深化对明清资本主义萌芽的认识的基础上，进而感到说宋代已出现了新的经济因素（漆侠）或资本主义萌芽（傅筑夫等）也不无道理。并在《九死一生》辟专节（第65～73页）介绍了宋代经济史专家漆侠教授等有关的研究成果。因此，《再探》说我是“先做结论，再寻论证”是不符合事实的。

《再探》说“傅筑夫先生断言‘战国时期社会经济的结构已经有了资本主义因素’，我们并不感到什么不妥。但是，‘资本主义萌芽’就不同了，它是指资本主义生产方式开始出现、开始形成，或者初具雏形，它标志着一个新的社会形态即将出现。正因为如此，‘资本主义萌芽’只可能出现在封建社会末期，而不可能出现在它的早期。正因为如此，我们不同意轻易上溯我国资本主义萌芽的时限”。并认为“傅筑夫先生的概念界定是很清楚的，也是严谨的”。这里我们且不去扩大到又一个需要更多篇幅讨论的关于社会形态划分的理论和中国封建社会的具体分期问题。幸而，至少到现在，我们还未看到有人把宋代划到中国封建社会的早期。我们即以《再探》所称道的治学“严谨的”傅筑夫先生的研究看，正是他根据其掌握的资料，运用他的“资本主义因素”、“资本主义因素萌芽”和“资本主义萌芽”等概念体系，“很清楚”地得出了“宋代是中国资本主义萌芽的主要产生时期”的结论，他的《有关资本主义萌芽的几个问题》第二节的标题就是‘中国商品经济的发展与资本主义因素的萌芽’。该文还认为唐代“经济结构的胎内孕育着资本主义因素的最初萌芽”。而宋代的资本主义萌芽“所达到的水平，超过十四、十五世纪地中海沿岸城市”[1]。为什么我一沿用“资本主义因素”，“那就很别扭了”，我一赞同宋代萌芽说，就是“非理性因素”的“影响”了呢？

说到这里，我还想顺便交代一下《九死一生》这个书名的由来。该书为我们“发展理论与中国现代化研究”课题组完成的三本成果之一，另两本是《国外发展理论研究》（人民出版社 1992 年 7 月出版）和《非西方社会发展理论与马克思》（浙江人民出版社 1992 年 6 月出版），三本书在学术结构上互相补充。三本书都是在 1991 年完成，1992 年先后出版的。《九死一生》书稿原名为《中国现代化研究》（见《国外发展理论研究·序》），但拿到出版社出版时，责任编辑希望能改一个更吸引读者的题目，以提高发行量。我自己也感到，原题目与既有的一些关于中国现代化史的书名有些雷同，才与责任编辑商量改成了现在这个书名。所以也并非先定下《九死一生》这么个题目，再按这个“立论要求”，去“制约”具体的“命题”。相反，我是从收集前人积累的资料和研究成果入手，再加以梳理、归纳和分析，一个一个专题研究发表后再串起来成书的。这本书从总体上看，主要是描述性的，而且相对于所描述的对象的时间和空间跨度看，是极其简单的，理论分析和概括还谈不上——这是我现在正在努力进行探索的课题，希望有生之年能写出来就教于方家。所以，就我自己对已出版的这本来看，还谈不上什么“理论”，崇顺名之为《九死一生》理论，我实在还不敢当，现在只好权且作为友人对我的一种鞭策暂留一个空名，待来日再逐步去填补吧。这也算是对崇顺同志的一个答复，同时顺便借此敬告还在寻问着那本《中国现代化研究》的热心读者：《九死一生》就是它。

末了，我还是诚恳希望我们冷静地坐下来，先认真地多读点书，再作道理，以免贻笑大方，同时可省出宝贵的篇幅于识者。否则，我们真要“沉溺”于非理性的泥坑里爬不出来了，就此打住吧。

---

① 傅筑夫：《中国经济史论丛》（下册），生活·读书·新知三联书店 1980 年版，第 669～708 页。

“女人回家”问题之我见*

李银河

近来，又有人重提“女人回家”问题。《社会学研究》编辑部要求我就这个问题发表点意见，我本不想说什么，但几经考虑，还是决定谈三个问题。

第一，我认为，所谓“女人回家”问题根本就是一个不容讨论的问题——这也是我不想参加这个讨论的原因。女人回家不回家（或说就业不就业）应当由她们自己决定，这是女性的基本人权之一。宪法规定，公民有工作的权利，女人是公民，女人就有工作的权利。如果“女人回家”是对政府决策者发出的关于制定新政策的呼吁，那么，这就等于在呼吁决策人去做违反宪法的事，只要这些决策者还有一点点理性，他们就不会理睬这一呼吁，因此这一呼吁显得荒唐；如果“女人回家”是对女人本身的呼吁，事情还比较靠谱，但是呼吁归呼吁，被呼吁者有响应的权利，也有不响应的权利，所以结果和没有呼吁差不了很多。

第二，要求“女人回家”的主要理由是，女人没有效率（或者说，比男人效率低）；要效率，女人就该回家；这几十年就是因为只要公平，所以丧失了效率。我认为，“女人没有效率”的说法证据不足。一个人群中，有些人有效率，有些人没效率；有些人效率高，有些人效率低。这种情况在各个社会中都存在。但是，没有证据表明，女人的工作效率低于男人。倒有一些相反的证据。

说女人效率低，大概首先是指女人的体力平均不如男性，因此在一些重体力劳动中，男人的效率往往高于女人，比如采矿业、建筑业、渔业等。我并不否认这一点。但是，女人在另一些行业中的工作效率会高于男

* 原文发表于《社会学研究》1994 年第 6 期。

性，如纺织业、手工业和电子行业，这也是不争的事实。珠江三角洲的大量生产线操作工都是女工（在外来打工者中，女工占到60% ~70%），这一事实仅仅用女工工资低于男工是绝不能完全加以解释的。事实上，在我们近期所做的一项关于珠江三角洲打工妹的调查中，不少人提到，有些工种女工比男工干得好。这就是女人不仅可以工作得有效率，而且有时可以比男人效率高的证据。如果我们的社会劳动仍处于纯粹靠体力的阶段，那么或许女人的效率会差一些，可是现阶段的社会劳动中已经不仅拥有大量不单纯靠体力的生产线式的工作，而且还有了许多完全不凭体力只凭智力的工作。要想证明女人在白领工作行业和主要靠智力的创造性工作中效率一定不如男人，比证明她们在蓝领行业中不如男人更为困难。

说女人效率低还有一个主要的论据，就是女人要生孩子养孩子。女人在生孩子期间当然没有工作效率，但是某人在某个时期没有效率和某人没有效率是两个概念。不必说在女人生孩子这件事上男人难以脱其干系，现在一个中国女人生孩子的时间已经降到了很低的程度（一般地说，在城市是一个，在农村是两个），不会造成太长时间的“没效率”。而且，我们还可以采用阶段性就业一类的办法从技术上解决这个问题。

妇女尤其青年妇女，容易成为性犯罪的受害者，因此担任保卫、侦讯或者单独出差等工作会有一些困难，这大概也被视为女人没效率的一个证据。但是，这绝不能成为在就业方面歧视妇女的理由。严厉打击各种犯罪活动、保护妇女人身不受侵犯，才是正确的结论。

总的来说，在科技发达的现代，在一个平静、祥和、人与人互相尊敬的社会中，妇女绝不是弱者。相反，在一个野蛮、落后、弱肉强食的社会里，妇女才会是弱者。妇女参与社会生活的各个方面，并且享有充分的权利，正是一个社会文明开化的象征。因此，即使一定要有一些人回家，那我们只能说请效率低的人回家，而不是请女人回家。效率的高与低应当通过公平竞争来决定。说到公平竞争，倒令我想起一件最具讽刺意味的事实——在一些高校甚至中学的入学考试中都发生过提高女生录取分数线的事情。即使考试分数不能完全代表一个人的能力，即使为此要换上一些男生分数容易超过女生的考题，至少表面上的公平还是要有的吧。不然男人倒成了因为考试“效率低”而需要给予照顾的对象了。为什么女人效率低要回家，男人效率低却要照顾呢？

第三，必须指出，效率只是力量，它不是一切。有一点我想大家都能同意，那就是我们要的是为善的力量——邪恶的效率只是一种祸害。一个社会要有效率，也要有公平。效率并不是唯一的价值，它只是我们社会应当追求的诸项价值中的一种。希特勒德国也有效率——为了效率，他们把精神病人都送进了毒气室——但这是一种邪恶的效率。我们绝不能为效率而失去公平，这会让我们沦入邪恶。如果一个社会把就业的大门对妇女关闭，它能否因此得到效率尚须存疑，而它将因此丧失公平却是必定无疑的了。

1995 年

中国社会结构转型对资源配置方式的影响*

李培林

本文用一种不同于西方个体主义方法论解释模式的新的理论框架，论述了我国经济体制改革和经济成长的过程。作者认为，由家庭经营体系重建、企业组织创新、社会网络变动所形成的结构力量，显著地发挥了资源配置的替代作用，成为促进资源合理配置和影响我国社会发展实际进程的“另一只看不见的手”。

我在 1992 年《中国社会科学》第 5 期发表的《社会结构转型：另一只看不见的手》一文中提出，社会结构转型是既不同于市场调节也不同于国家干预的“另一只看不见的手”，它所形成的变革和创新力量会在很大程度上影响资源的配置状况和社会发展的方向。1994 年初，我又在《社会学研究》第 1 期发表了《再论“另一只看不见的手”》，对前文的命题在理论上做了进一步的阐述，并努力从规范性理论体系的框架出发为这一命题建立逻辑基础，认为社会结构的一些最基本的实体要素（如家庭组织、企业组织以及社会潜网等非正规制度）是一种特殊的资源配置形式，它们的形成受各种历史的、文化和其他非经济因素的影响，而不是仅仅受“个人利己心”或“利润最大化”法则的支配，这只“手”的存在意味着要对经济学某些既定的暗含假设和前提做出新的修订。在本文中，当我们试图对中国经济体制改革的分析进行理论上的总结时，我们毫不掩饰自己的理论企图，即跳出目前在西方十分盛行的个体主义方法论解释模式的束缚，建立一种新的解释框架，来说明中国经济体制改革和中国经济成长的过程。

---

* 原文发表于《中国社会科学》1995 年第 1 期。

一　个体主义方法论的局限

现代经济学中的市场自由竞争理论有一个重要的逻辑推论基础，它出自英国古典经济学家亚当·斯密的一个重要思想：在“自然秩序”下，受“一只看不见的手”的驱动，每个人从“利己心”出发追求自己的利益，会达到并非他本意要达到的目的，即更有效地促进社会的利益，“他对自身利益的研究自然会或者毋宁说必然会引导他选定最有利于社会的用途”①。这个思想蕴含的逻辑是，经济人从自身利益出发展开的竞争，会使生产成本降到可能的下限，并使产出最大化。这个以“个人本位”作为逻辑起点建立起来的经济法则被称为“利润最大化”假定。这显然是一个从个体主义方法论出发强调经济领域中个人“利己心”的合理性的法则。

与此同时，自卢梭以来的政治学传统和自迪尔凯姆以来的社会学传统都强调“社会契约”和“社会秩序”的主题。卢梭认为“社会契约”是人类追求社会平等的产物，通过社会契约限制个人“嗜欲的冲动”，使个人“服从人们为自己所规定的法律”，才是“更高级的自由”②。迪尔凯姆则认为，“社会秩序”是不能还原为个人行为并且独立于个人而存在的“社会事实”，无论它是以法律或是习俗的形式出现，这种强制的约束力总是在社会利益受到侵犯时发挥作用，它凌驾于个人之上，引导着个人需求，所以，“应当从先于它产生的社会事实中，而不是在个人意识的状态中去寻找影响社会事实的决定性因素”③。在方法论上发展了迪尔凯姆这一思想的美国著名社会学家默顿进一步指出：“社会结构对违反规范的人比对顺从规范的人施以更确切的压力。”④ 这些理论显然是对“私利即公益”假设的否定，它提出的重要命题是，社会的协调运转（姑且作为社会学意义上的“福利最大化”假设）需要建立在强制性私欲约束基础上的“社会秩序”，而这种社会秩序是现实中群体利益协调的结果。

① 亚当·斯密：《国民财富的性质和原因的研究》，商务印书馆1981年版，第25、27页。

② 卢梭：《社会契约论》，商务印书馆1982年版，第30页。

③ Durkheim，E.，*Les Regles de la Methode Sociologique*，Paris：P. U. F.，2956，pp. 3 - 13，110.

④ Merton，R. K.，*Sooial Theory and Sooial Structure*，New York：Free Pres s. 1968，p. 186.

以上作为不同学科逻辑基础的这两个几乎相反的命题，存在明显的“理论上的矛盾”，在解释这种矛盾时简单地否定其中的任何一个都是十分轻率的。

为了避免使这种理论争论伦理化，有必要把方法论上的个体主义（Idnividualism）与伦理学所说的利己主义（Egiosm）相区别，前者的假设是“私利即公益”，后者则直接意味着损人利己或“拔一毛而利天下，不为也”。按照法国社会学家布东的界定，与方法论上的个体主义相对立的概念是整体主义（Holism），在经济学派上与方法论的个体主义相联系的往往是强调自由放任主义的主张[①]。但是，这种争论又不能完全回避伦理学问题，因为任何经济秩序都必须具有道义上的合理性，与一定社会的价值观相衔接。

个体主义作为一种现代社会科学的方法论原则首先是由德国社会学家韦伯（M. Weber）提出的，经过奥地利籍英国哲学家波普尔（K. R. Popper）的论证，特别是奥地利籍美国经济学家哈耶克（F. V. Hayek）极具争辩性的论述，现在已经成为社会科学中影响广泛的一种方法论原则。波普尔提出有名的“自由主义剃刀”原则：即“国家是一种必要的罪恶，如无必要，它的权力不应增加”[②]。哈耶克则认为，“我们在理解社会现象时没有任何其他方法，只有通过对那些作用于其他人并且由其预期行为所引导的个人活动的理解来理解社会现象”，而那种把社会理解为独立于个人的整体的理论是一种“理性主义的假个人主义”，它一方面假定个人以正式契约的形式将自己的特定愿望与他人达成一致，另一方面假定社会过程受人类理性的控制，“真正的个人主义”在这两个关键点上与“理性主义的假个人主义”形成鲜明对照[③]。哈耶克由于与缪尔达尔（C. Myrdal）一起获得1974年诺贝尔经济学奖而使他的方法论观点广为流行，但是，他的论述中也存在明显的个人偏见：一是把问题政治化，认为理性主义的假个人主义是社会主义或集体主义的思想源泉；二是把问题不恰当地与哲学本体论上的复杂争论进行简单的联系，认为真正的个人主义是哲学上“唯名论”的

---

① Boudon, R., “L’ individualisme methodologique”, Cf: Encylopaedia Uiversalis-Symposium: Les Enieux, Paris: Eneyelo. Uni. Franee S. A., 1985, P. 644.

② 波普尔：《猜想与反驳》，上海译文出版社 1986 年版，第 49 页。

③ 哈耶克：《个人主义与经济秩序》，北京经济学院出版社 1989 年版，第 4 ~ 11 页。

必然结果，而集体主义的理论根源是“唯实论”，属于“本质先于存在”的理论传统；三是把问题民族化，他强烈抨击了以法国为代表的欧洲大陆国家的理性传统，特别是笛卡儿的理性主义、“百科全书派”代表卢梭和重农主义者，却高度赞赏了富有经济学传统的“英国个人主义”①。

我们在这里要提出的问题是，个体主义方法论在解释中国这样一个“家庭本位”或“集体本位”社会的社会结构变迁和经济成长过程时，是否存在着理论上的局限？换句话说，当西方学者从个体主义方法论出发，面对中国经济高速增长中出现的“家庭利他主义扩展”、乡镇企业“无私有化的进步”、“地方政府与企业的合作”等问题时，的确感到了困惑。

现在看来，个体主义方法论在解释改革以来中国的社会结构变迁和经济成长过程时，至少在以下几个方面忽略了一些变量。

——个体主义方法论往往把“自然秩序”当作既定的东西，或者认为经济秩序是市场选择的“自然结果”，忽略了在经济秩序的形成中，个人以及群体利益的冲突和协调、道德的自律性利他主义和法律的强制性利他主义都起着重要的作用。

——经济生活中不存在“唯一的上帝”，组织结构是一种既不同于市场调节也不同于政府干预的资源配置力量，组织内部不是市场交易的天下，也不是执行政府指令的场所。

——利他主义同样是各种市场条件下的一种资源配置方式，正如另一位经济学诺贝尔奖得主贝克尔（G . S. Becker）所说的，利他主义不仅可能在利己主义者失败的地方引导出有效率的行为，而且可以在利他主义者处于劣势的条件下有意义地改变行为，“即使利他主义只限于家庭，它仍将是全部资源中直接配置的那很大一部分”②。而在中国，家庭的资源配置比发达的市场经济国家占据更大的份额。

——个体主义者并没有说明无数的目的各异的个体行动是如何整合成一种共同的结构变动趋势，他们只是假定个人追求私利冲动的自由发挥会在客观上起到有利于社会整体的作用，主观地假定局部的失败会从整体的成功中得到补偿，没有看到作为连接个体行动和社会结构的中介的家庭、

① 哈耶克：《个人主义与经济秩序》，北京经济学院出版社 1989 年版，第 4 ~ 11 页。
② 贝克尔：《家庭经济分析》（1981），华夏出版社 1987 年版，第 217、227 页。

组织、非正规制度等等，不可能是个人私利冲动“自由发挥”的结果。

——个体主义者声称他们找到了一种从“私利”出发可以自由、自发地过渡到“公益”的机制和制度，主观地排除了现实中的利益冲突也会破坏社会协调运行机制、从而使整体福利下降的可能性，这样他们在极力批判“必然规律”的信念时，又提供了另一种虚假的“必然性”。

——社会发展观的转变使社会发展具有了与经济增长不尽相同的内含，而当个体主义者把经济学的“福利最大化”原理推广到对其他社会领域（群体生活、政治运作、法律诉讼等）的分析时，他们对“福利”的理解并没有包括保证人类长期生存和持续发展的诸多条件。

当然，个体主义方法论也有许多十分宝贵的、不能忽视的思想，在这里我想指出两点：一是对个人的发展冲动的力量的创造性给予了充分的重视，强调了个人作为独立利益主体的合理性，使利益驱动法则走出一般的道德评价的局限；二是主张市场秩序只能在个人自愿交易的过程中出现，正像布坎南（J. M. Buchanan）所说的，“秩序”是产生秩序的“过程”的结果，不是也不可能独立于“过程”[①]，从而克服了整体主义方法论脱离个体的社会互动来考察“秩序”和“结构”的缺陷。但它所克服的整体主义的缺陷并不能掩盖或抵消它本身存在的缺陷。

二　群体意识和群体生活规范

群体是人类生存和生活的最基本形式，从家庭、部落、组织、社区一直到社会，不管人类是在原始的、野蛮的还是文明的状态下生活，某种群体形式总是人们实现“福利最大化”的必要条件。某些个人离群索居、过隐士般的生活或许是可能的，但人类却不可能离开任何群体形式而生存和发展。文化孤岛上的鲁宾逊经济作为一种虚构的抽象模型不能说没有理论的价值，但如果认为离开群体生活也会有经济关系，那就如同把真空里的羽毛放到空气里，会失望地发现它竟飘不起来。

在某些情况下，个人利益和群体利益是一致的，这时个人对私利的追求也可以表现为一种“客观利他主义”，即对群体和社会有益的对个人也

① 布坎南：《自由、市场和国家》（1988），北京经济学院出版社 1989 年版，第 74 页。

有益。例如，大家一起推着一辆重载的车子爬坡，其中每个人都想比其他人更省一些力气，但每个人又都清楚地意识到，如果谁一缓手，车子滑下来会把大家都碾死，所以在死亡和卖力之间，每个人都会选择卖力，这样，群体的利益也就成了他个人的利益。这个例子虽然十分简单，但却是在群体和自然之间的对抗以及群体和群体之间的对抗中常常会有的情况。

然而，在更多的情况下，群体的利益是不可能与所有群体成员的利益一致的，最大的可能性是，群体利益作为广而言之的社会利益，只与部分社会群体成员的利益一致。对于这种情况，经典经济学给予了乐观主义的回答，认为通过市场的“自然法则”，每个社会成员对个人利益的专一追求会转为对整体社会利益的贡献。这很类似社会达尔文主义的自然选择理论：自然竞争、适者生存。只不过前者为了与群体道德价值观的衔接，还假定部分成员在竞争中的利益丧失会从整体利益的获得中得到补偿，这样就又把群体利益和个人利益归根结底没有任何冲突当作了前提。

实际上，在群体生活的运转中，总是以这样或那样的形式存在着某种保护弱者的机制，这是群体生活之所以可能的必要条件，也是群体道德规范的基础。道德是一种内在的法，一种非正规制度，它要求“自律性的利他主义”，或者说“个人利益的让渡”。在群体生活中，“自律性利他主义”是一种节约成本的机制，因为监督和强制都是有成本和代价的。已经有很多的研究结果表明，在家庭的生产、分配和消费中，利他主义往往比利己主义更有“效率。”① 家庭制的小企业作为资本积累的起点获得的广泛成功似乎也说明了这一点。当然这并不是说自律性利他主义在经济生活中是普遍有效的，在市场交易中，利己主义或者扩大了的利己主义是更为普遍的。在家庭的演变中，家庭结构从传统社会的大家庭到现代社会的核心家庭的变迁，意味着家庭的许多功能已经被一些更有效率的现代组织取代，如银行、学校、社会保险公司等，而这些组织的效率并不依赖家庭式的自律性利他主义。但这并不能证明，自律性利他主义一旦走出家庭就完全失去了“效率”功能，中国的很多乡镇企业在发展的初期采取了家族式的管理，尽管这种管理方式存在许多弊病，但它在企业发展的一定阶段，的确在节约监督和强制的成本方面呈现出明显的“效率”。

---

① 贝克尔：《家庭经济分析》，第196~221页。

然而，在市场竞争中，道德自律毕竟是非常脆弱的。在现代社会的群体生活中，强制性的利他主义是必不可少的，经济生活也概莫能外。因为我们的群体生活面对的一个重要的生存状况，就是资源的稀缺性，对资源的占有，是经济生活和市场竞争的核心内容。在没有强制性利他主义或者强制性利他主义失效的情况下，竞争的无度和无法必然会导致个人以及群体之间的激烈对抗，在特殊的情况下甚至会导致民族之间的仇杀和国家之间的战争。在过去的历史上，通过仇杀和战争来获得对资源占有的妥协成为经济生活中通过市场竞争占有资源的一种经常性的补充。其实，任何市场秩序，包括在个人利益驱动机制下形成的那些“自然秩序”，都是以强制性利他主义为基础的，只不过人们在进行“纯粹的经济分析”时，往往把这种秩序作为一种给定的不变量，而不是经济过程的函数。所谓“强制性利他主义”，并不是道德提倡中的“理想的利他主义”，不是要求人们在市场竞争中“无私忘我”、“先人后己”或“主观为他人，客观也为自己”，而是要求人们在追求个人利益时不损害公众利益。方法论的个体主义曾假定在市场机制下这二者是完全一致的，但实际上并非如此。制造假冒伪劣产品的企业行为是一个典型的例子。从个人或企业来说，制造假冒伪劣产品显然是受“利润最大化”机制的驱动，是出自“正常的”市场竞争条件下“降低成本、增加收益”的考虑，在企业没有真正的产权收益刺激和经济核算约束的情况下，是不会有这种冲动的。只不过制造假冒伪劣产品者在降低自己生产成本时采取了“内部成本外部化”的形式，即把自己的一部分生产成本转嫁到消费者或其他企业身上。即便是从总体上计算，其他人的损失可能会低于制造假冒伪劣产品者获得的高利润收入，也就是说并不影响总体经济上的“利润最大化”，这种行为对经济生活也是极为有害的，因为它的示范效应成为市场公平竞争的巨大障碍，从而大大增加了建立公平竞争秩序的成本。从这种意义上说，强制性利他主义也是一种节约成本的机制。当我们说市场经济是法律经济时，这是题中应有之义。另一个典型的例子是生产经营中个人或企业的偷漏税行为，在任何市场经济制度下，遵循“利润最大化”原则的真正市场主体都会有自发的偷漏税倾向，因为这是增加利润的一种十分明显的甚至十分有效的手段。对于任何政府来说，杜绝偷漏税行为都是一件非常困难甚至从理论上说也是不可能的事，因为用于检查、调查取证以及庞大税检人员的费用，可能会大大超过通过检查偷漏税而增加的税收，况且付出高成本增加的税收能否更有效地提供福利增量同样是不确定的；换句话说，按照个体主义方法论者的计算逻辑，从总体经济的“利润最大化”来说，偷漏税行为并非就一定是有害的。然而，任何市场经济的国家都不惜在建立严密的税收体系上的花费（这里并不涉及什么样的税率合理的问题），西方最流行的谚语之一就是，“人生只有两件事无法逃脱：死和税”。建立高成本的税检体系之所以可能，是因为这种强制性利他主义的成本可以从税罚惩戒效应和对竞争秩序的维护中得到足够的补偿。

经济生活也是一种群体生活，而群体生活的协调运行有赖于群体意识和群体生活规范的存在，如果说“群体意识”主要以“自律性利他主义”为基础，那么“群体生活规范”则主要是以“强制性利他主义”为基础，这种强制性在某些情况下可能会表现为暴力强制，但在现代社会则主要是法律强制。

三　社会互动与社会网络变动

社会互动有许多种形式，譬如摩擦、冲突、妥协、合作等。对于经济生活来说，最基本的社会互动形式是交换。在资源稀缺的情况下，每一个市场上的竞争者都利用自己手中的资源通过交换来达到他的获益目标。这种交换过程是形成交易规则的基础动力，有些经济学家往往把市场交易视为按既定规则进行的活动，其实在“日常经济生活领域”，不按一定成规进行的交易活动是大量的，而且这一类的活动往往能够有意义地改变交易规则。交易规则实际上类似于一种“游戏规则”，它是在游戏的过程中形成的，并常常伴随着游戏的发展而调整规则，并不完全是出自人们的理性设计。对于亿万人求生存、求发展的内在冲动，无论多么精确完善的理性计算也难以说明他们真正合理的变动曲线。中国经济加速发展的生动过程有力地说明，无论是政治家还是学者，对这种发展冲动的创造力所能产生的“意想不到”的结果常常是估计不足。但是，如果因此而认为无数个人的寻利行为会在完全“自发地自由发挥”中产生经济秩序，那就过于理想化了。

经济生活只是人类社会生活的一部分，人们的寻利动机或寻利行为也并不都表现为对利润和金钱的追求。现代心理学的研究表明，人类的需要从生存、安全、自尊、荣誉一直到自我实现和自我发展，可以画出一条上升的曲线。为了满足这些需要，人们可能会利用自己的一切初始资源（知识、体力、技术、人际关系甚至美貌等）去获得工具性的报酬，如金钱、财富、权力、地位等，而这些又反过来被作为资源去获得更大的利益和满足。金钱和财富之所以会成为更富有刺激的寻利目标，除了它与现时生活状况的改善具有更紧密的联系外，还因为在资源的社会交换中它往往成为更具有通用交换价值的东西，但这种情况并不是一种普遍法则。换句话说，社会网络（社会博弈规则）是在诸多社会资源的交换过程中形成的，而很多社会资源的价值是不能够用货币单位来计算的，所以就会出现一些特殊的交换形式，如依附与支持、赠予与赞赏等。

在体制转轨时期，“体制外”是一块广阔的领域，也是社会“日常生活”最为活跃的区域，然而并不因为是“体制外”就没有活动规则，恰恰相反，这里是新的规则产生的源泉，只不过这些规则往往是以“非正式”的形式出现和存在，即我们所称之的“社会潜网”。“社会潜网”又经过无数次的重复、试错和社会选择才形成较为稳定的社会网络，这是创立一切新体制的必然中介过程。

社会网络是在个人和群体的社会互动中形成和定型的，但社会互动并不总是通过“互惠”的社会交换完成，而且“交换”这种经济生活中最通用的关系远远不能概括社会生活中互动关系的全部内容。群体之间的利益摩擦和利益冲突是社会网络变动，从而也是社会的结构变动和体制变动的重要影响力量，在“日常生活”领域，这种互动形式甚至比互惠的交换更为普遍。尽管群体利益的摩擦和冲突往往起始于个人利益的摩擦和冲突，但个人层面的社会互动很难直接对社会结构发生作用，相对于体制来说，个人的影响力在大多数情况下是微不足道的，但个人行为一旦转化为群体的、阶层的或组织的行为，情况就完全不一样了。“民工潮”所反映的就是一种利益的摩擦和冲突形式：农民离开土地进城，是为了得到他们在农村得不到的资源，即以等量但不等质的劳动获得更高的报酬以及城市里的机会和生活待遇，他们以体制外的创业活动在现有城市体制薄弱的边缘营造了“都市里的村落生活”，但随之也带来了一些城市舆论的抱怨，如交通更加拥挤、卫生状况下降、社会秩序恶化、管理出现混乱等。城市人并不把这些视为伴随服务项目的增多和商品供应的丰富而付出的代价，而是视为一种“单方面的利益受损”，这种舆论的增强会导致摩擦和冲突的加剧，从而根据力量的对比和冲突的强度而产生三种可能的结果：一是在冲击下，现有城市体制扩展对摩擦和冲突的容纳能力，把进城的农民无差别地纳入城市管理体系；二是强化现有城市管理体制，尽量压缩和限制农民进城渠道以及活动的规模和范围；三是“民工潮”成为一种堵不住的“洪流”，远远超越了现有城市体制的容纳能力，这时就不得不进行根本性的体制创新。所以说，任何体制创新都不是理论研究人员在工作室里进行理性设计的结果，他们只不过是在为解决利益的摩擦和冲突选择一种具有现实可能性的“妥协结果”。

“地方保护主义”是另一种摩擦和冲突的互动形式。A 地区的银行根据当地行政指令扣押了 B 地区一家企业的货款，作为他们长期拖欠债务的偿付，于是 B 地区的检察院同样根据当地行政指令拘留了 A 地区一家相关企业的经理，因为他们也同样存在没有根据合同偿付债务的问题。发达地区的人们认为，区域发展差距和收入差距是正常的，资金、技术、劳力和其他社会资源向发达地区流动符合市场竞争规则，因为那里可以实现更高的增长率和利润率，从而使整体福利增长得更快；而欠发达地区的人们则认为，发展和收入差距的拉大主要根源于不平等的竞争起点，即政策待遇和国家初始资金支持上的差别，发达地区的高收入中有一块是转移了的欠发达地区的利润，从而使欠发达地区为发达地区和整体的经济增长付出自己利益受损的代价。这种摩擦和冲突由于成为组织的行动而变得对社会结构的变动更具影响力，也因此而变得更难以通过一种强制性力量获得解决。但是，不管这种摩擦和冲突强化到什么程度，出现了什么样的激化状态以及这种状态持续多长时间，在社会“群体生活规范”的约束下，最后的结果总是出现一种具有现实可能性的妥协形式，而且必然是以双方的“利益让渡”为基础，并经过一种社会网络的中介状态才可能走向制度化。

无论在怎样一种现实的“公平分配”社会，社会的整体福利都不可能与所有社会成员保持均匀的关系，而一定是与部分占据着更有利的资源位置的成员保持着更紧密的关系。换句话说，伴随着整体福利的增长，一部分人的巨大获益同时也会产生另一部分人的利益受损和相对的利益位置下降，帕累托式的“福利最大化”是一个可以靠近但不可能完全达到的目标。所以说，在社会生活中，特别是在体制转轨时期，个人以及群体之间的利益摩擦和冲突是难以避免的，因此，首先必须考虑到这些摩擦和冲突可能会有意义地改变社会运行规则，包括经济运行规则；其次必须在社会核算中把摩擦和冲突的激化可能产生的社会成本考虑进去，从社会核算而不仅仅是经济核算的角度考虑“福利最大化”问题。

通过妥协实现利益让渡只是“强制性利他主义”的一种形式，而通过暴力实现利益让渡在现实社会中也不是不存在的。总之，在群体生活中，包括经济秩序在内的社会秩序是不可能从个人寻利冲动的自由发挥中自发地生长出来的，而且也不可能建立一种理想的机制，使所有人的这种冲动都对整体福利具有积极的意义，因为这种冲动尽管在很多人那里是福利的源泉，但在另一部分人那里则可能是利益冲突的因由或只是廉价的激情。

四　法人结构对资源的配置

亚当·斯密在阐述由“一只看不见的手”所引导的“利润最大化”原则时，曾强调是在“自然秩序”下。可惜以后对这一理论的发展都没有展开对“自然秩序”的研究，而是把关注点放在如何有效地刺激个人寻利的冲动，从而有意无意地把“自然秩序”作为预先给定的东西或固定不变的东西，而不是作为伴随着交易关系成长而形成的历史产物和经济增长以及社会发展的函数。而且，在很多关于“利润最大化”或经济“最优状态”的纯粹经济分析中，都为个人的寻利行为假定了一种不具有任何“外部性”的封闭系统。在这种封闭系统中，这些经济学家又假定了两种可能出现的结果：一是在自愿的互惠交易中，大家都能获益，而且没有任何一方的利益受损，这就是所谓的“帕累托最优”；二是在激烈的市场交易的竞争中，一些人获益，但也有另一些人的利益受损，而且，如果没有至少一方的损益，其他人也不可能获益，不过局部的损益可以从整体的增益中得到更多的补偿，这就是所谓的市场竞争均衡，也是一种假定的市场竞争的最优状态，这里虽然部分地承认了个人寻利行为的“外部性”，却又假定它可以列入系统内部的成本收益核算并引导出有利的结果。

把经济行为从理论上抽象出来作为一种纯粹的状态进行分析是可能的也是必要的，但在现实当中，没有脱离整体的社会生活和群体生活的经济行为。大部分社会行为都是处在一种开放的系统中，具有明显的“外部效应”。砖瓦厂利用钢厂废渣制造建筑材料，这是一种“正外部效应”，因为在生产创利的同时也为钢厂处理了垃圾，这就如同养蜂者的蜜蜂到果园主的果园里“无偿地”采蜜，在采蜜的同时也“无偿地”传授了花粉，这样，个人主义的主观寻利行为也引导出客观的“利他”结果。抽烟者的吸烟（在这里我们不考虑吸烟对身体有害的生理学问题，仍作为实现个人追求效用的寻利行为），不付赔偿地损害了周围其他人的健康，这是一种“负外部效应”，就如同工厂的烟筒冒出的二氧化硫污染了环境却不负任何责任一样。这样，个人主义的主观寻利行为就引导出了客观的“损人”结果。这两种“外部性”的成本和收益在市场的经济核算中往往是不考虑或者忽略了的。但是，如果我们不是仅仅地从经济增长而是从更广泛的社会发展来衡量社会进步和人类福利，那么为建立一种“社会最优状态”（如不存在“最优”，至少是“次优”或“合理”状态）而进行的社会核算，则必须把社会行为的“外部效应”带来的成本和收益考虑进去。否则一切社会行为（包括经济行为）的负外部效应所带来的社会成本都交给社会福利去偿付，而社会福利费用又不列入市场的经济核算，税收的税率和税额也没有社会核算的依据，这样，经济核算就失去了它的真实意义。

其实，社会结构并不是完全没有克服社会行为“负外部效应”的自身机制，家庭、企业组织以及由非正规制度构成的“社会潜网”等，他们作为资源的基础配置单位或群体生活规范，都在市场约束失效或约束弱化的地方发挥着遏止社会行为“负外部效应”的作用。作为生产经营单位的家庭中的伦理规范，作为竞争主体的企业中的组织制度，以及构成底层生活秩序的社会潜网中的“游戏规则”等等，从某种意义上说和在一定的前提下都是谋求“协作”的收益、降低交易的摩擦成本、克服竞争的负面外部效应的有效形式。这种结构力量是在长期群体生活的“过程”中磨合而成的，是“另一只看不见的手”，它可以引导个人的寻利行为朝着不损害他人利益的方向转化，并在竞争中出现摩擦和冲突时有意义地将其导向妥协或协作，从而在很大一块日常生活领域中替代市场调节或政府干预的角色。

随着现代社会的发展，法人的成长越来越削弱了自然人对社会结构变动的影响，原来社会缩影在家庭中的那些功能，如生产、分配、消费、教育、储蓄、投资、保障等，已经越来越被公司、学校、银行、福利机构等法人组织所取代，由法人关系构成的法人结构越来越成为社会结构的主要内容。而且，这种变化使传统的“家国一体”的同构性推理以及“治大国”如“烹小鲜”的比较政治学分析都失去了实质性意义。

法人作为独立的行动主体和抽象的法律实体，产生了一些全新的使自然人感到陌生的东西，它把私人关系与法人关系分离开来，法人的资源和利益可不等同于组成法人的自然人所拥有的资源和利益，法人行动也不是自然人行动的简单集合，法人的行动目标可以完全不同于其成员的个人行动目标。“个人的寻利冲动可以自发地促进整体利益”这种假设已越来越不适于对法人内部关系的分析。伴随着法人的成长而完善起来的，是一整套关于刺激、奖励、控制、监督、制衡、惩戒的现代微观权力系统。在现代社会里，法人占据和掌握着社会资源的绝大部分，成为资源配置的一种独立形式，在法人组织内部，既没有市场，也没有政府，而且，这“另一只看不见的手”越来越表现为一种制度化的力量，对社会结构的变动发挥着至关重要的影响。

中国正处在社会结构转型和经济体制转轨的两个转变时期，一方面是从农业社会向工业社会的转型中，旧的伦理人情关系和新的法律契约关系在交叉地发挥作用，同时又由于没有首尾一贯的逻辑而相互抵消着“有效性”，从而出现了一些规范的“断裂点”和“真空地带”；另一方面是从高度集中的计划经济体制向新型的市场经济体制的转轨中，两种运行机制的并存导致经常发生短兵相接，形成体制摩擦和冲突，从而使市场调节犹如失去支点的杠杆和困在笼子里的鸟，而政府干预又不得不受到“上有政策，下有对策”的压力而最后“软着陆”。在这种情况下，由家庭经营体系的重建、企业组织的创新、社会网络的变动所形成的结构力量更为显著地发挥了资源配置的替代作用，成为促进资源合理配置和影响社会发展实际进程的“另一只看不见的手”。

关于市场竞争和政府干预，人们已经设计了无数的理论模型和解释框架，但是对于这“另一只看不见的手”的运行机制，迄今为止我们还知之甚少，特别是对于它在经济体制转轨中的特殊作用的考虑，还被淹没在那些关于传统主题的思考中。

五　中国经济高速成长的体制要素

西方学者在分析中国近十几年经济的高速成长时，有两种倾向。一种倾向是采用东亚经济分析模型，因为在东亚国家发展过程中，很容易找到一些有共性的东西：如高储蓄率、高投资率，外向型经济政策，丰富的人力资源，政治上的稳定，注重教育，共同的文化背景和历史渊源等等。但是，这种分析模型也存在着一些脆弱点：第一，当这种分析走向去寻找诸如儒家传统、储蓄偏好、经营能力，甚至使用汉字、用筷子吃饭等文化特征时，就陷入了一片茫茫迷雾之中，一切结论似乎都难以找到现代科学所要求的确切依据，至多也不过是在重复韦伯（M. Weber）从新教伦理中探求资本主义根源的老路。而自从布罗代尔（F. Braudal）从“日常生活”入手揭示15～18世纪的生活世界、市场经济和资本主义以来，人们对那种同构比较方法产生了越来越多的疑虑；第二，把自由主义的经济模型导入这种分析后，产生了一系列的困难，除中国香港之外，东亚的其他国家和地区都存在不同于西方的政府角色，企业的组织结构也存在明显的差异，特别令人棘手的是，如何解释东亚国家和拉美国家在经济成长中形成的鲜明对照；第三，这种分析往往不能充分地考虑体制变量，而中国近十几年的经济高速成长与经济体制的改革密切相关，这是在东亚其他国家和地区的发展过程中不曾有过的一种特殊性。

所以，西方更加注重制度分析的学者更倾向于把中国与东欧和前苏联国家进行比较，将其放在“体制变革”的模型里进行分析，因为他们有一个共同的体制起点，即过去都是实行社会主义的计划经济体制，近十几年中体制变革又都是社会生活的主题，因而体制变革结果的不同可以合乎逻辑地从变革方式的差异中得到解释。这些学者似乎并不注重体制变革中政治体制的明显差异，在他们当中的一些学者看来，这说明不了实质性问题，他们甚至认为中国实际的底层经济生活是比东欧和前苏联国家更加“资本主义化”和“自由化”的，因为中国从来就没有建立起像苏联那样坚固的高度集权的“统制经济”。他们的关注点更集中在体制变革的程序差异上：一方是从政治体制变动入手，另一方是从经济体制改革开始；一方是矛盾的中心一开始就集中在大城市，另一方是改革从最广大的农村起步；一方是首先解决所有权问题，另一方是首先放权让利；一方是突变式体制易帜，另一方是渐进式的体制调整；一方是动外科手术的“休克疗法”，另一方是舒筋活血、退热祛寒的“中医疗法”；等等。但是，这种分析方法也有一些脆弱点：一是容易忽略那些最一般的经济增长因素，如投资、技术、产业结构、对外贸易等；二是把体制变革的“程序”单纯地作为理性设计的结果，而实际上这种“程序”是社会结构条件和各种社会力量互动的必然产物，并不是一种历史的偶然选择；最后是不可避免地暂时舍弃被比较双方在发展程度和文化背景上的差别。

那么，除了那些对所有的经济成长都适用的最一般增长要素以外，在中国近十几年的经济高速成长中，究竟有哪些起着特殊作用的要素呢？经济体制改革究竟通过什么样的形式推动了社会的发展？又在哪些方面可能会对已有的现代化理论提供新鲜的经验呢？笔者认为，经济成长最富有启发性的体制要素可以大致概括如下几点。

——体制的适度弹性是非常重要的，一方面它可以使蕴藏在无数人内心深处的生存发展冲动释放出巨大的能量，从而产生我们在正常情况下往往低估了的创造性；另一方面它给体制的适时调整留下了充分的余地，可以让时间和实践去修订和弥补理性设计的欠缺。

——农业由于它的自然生长周期和季节属性，可能是最不适宜用工业的方式“组织起来”的生产部门，机械化操作的发展也很难从根本上改变这种特征。今后以农业中介组织为中枢构成的农业供销和服务系统仍然会是以家庭经营为基础的，在相当长的一个发展阶段，家庭仍然是农业资源配置中的一种节约成本的经济形式，在人多地少的情况下，农民提高收入的主渠道可能是兼业而不是规模经营。

——充分利用发展中国家结构变动弹性大、收益高的特点，使体制转轨与社会结构的转型相配合，不断从产业结构、就业结构和城乡结构的转变中获得较高的收益，从而形成促进体制转轨的自发性压力，使体制转轨成为一种不可逆转的趋势。

——在体制改革的双轨并存的过程中，迅速成长起来的家庭经营、各类企业和各种非正规制度有力地发挥了资源配置的替代作用，成为活跃经济生活和推动经济持续增长的“另一只看不见的手”，展示了一个历史悠久的社会所可能具有的强大“自组织”能力。

——改革的放权让利实现了“藏富于民”，个人所得在国民收入中所占的比重从 70 年代末的 60% 左右上升到目前的 80% 左右，资本增值获得了更强有力的和更广泛的民众推动。

——体制变革的成本采取了分期支付的方式，改革和发展先易后难，从农村到城市，从体制外到体制内，虽然成本的分期支付要付出额外的利息，但这可以从很快就不断取得的成效中得到充分补偿。

——不为改革确立固定不变的模式，重视民间、企业和地方自发性的创新，同时辅之以有计划的“试点”和引进国外先进的管理技术，通过示范效应大大降低体制变革和重复创新的成本。

——政府和企业采取了合作态度，特别是地方政府和当地企业的利益拴在了一起，这使政府在采取各种宏观调控措施时，能够充分地考虑企业的利益，并在必要的时候做出让步。

——改革过程中始终把握住了物质利益原则，使大多数人从改革中得到“实惠”，使各项改革措施的出台与各阶层利益的协调相契合，而不是强制地贯彻一种理性设计的理想方案。

——最后，至关重要的是在改革过程中保持了基本政策的连续性，在体制转轨的过程中，政策变动的大起大落会比体制的低效率付出更大的代价。

中国经济的崛起必然会在全世界引起各种不同的反响。对于一部分人来说，如果中国的经济能够保持持续的高速增长，那么生活在新工业化国家的人口就会比50年代增加十几亿人，世界生活就会发生巨变：即从大多数人（占世界总人口3/4）生活在贫穷的农业社会转变到1/2左右的人生活在相对繁荣的工业社会。对于另一部分人来说，如果占世界1/5以上劳力的中国实现工业化，世界经济的领先国家就必须考虑这样的中心问题：要么通过产业结构的升级为后实现工业化的国家准备足够的世界工业品市场，要么准备好进行更加残酷的国际市场竞争，并在必要的时候实行贸易保护主义。还有的人已经发出更加“惊世骇俗”的预言：世界格局将从传统的资源争夺、宗教对立、民族仇杀、国家战争、意识形态阵营的对峙走向文明的冲突（The Clash of Civilizations）。不管怎么样，人类历史还会持续下去，而且不会总是围绕着一个轴心旋转。

住宅社会学的兴起及在中国的发展*

张仙桥

住宅社会学的兴起与住宅问题研究紧密相连，其正式命名是在1978年印度新德里召开的国际建筑研究与文献委员会上。我国学者在20世纪20年代初对住宅问题已开始研究，80年代以来对住宅社会学的研究有长足进展。当前着重研究的问题是：学科建设、住宅建设预测、住宅社会消费、住房政策上体现社会公正。作者认为，住宅社会学是用社会学的理论和方法，研究住宅的历史、作用、地位以及人与住宅、住宅与社会的相互关系的科学。它属于应用社会学的分支，是介于建筑学、规划学、经济学、消费学、人类学、生态学等的边缘科学。

一　住宅问题产生的由来与现象

住宅是人类生存和发展条件的基本要素之一。随着社会的发展，住宅的功能越来越广泛，在现代社会，它已不仅仅是人们避风遮雨、繁衍后代的栖身之处，还是学习、娱乐、交往的重要基地，并将进而发展成为工作、科研、生产辅助场所。因此，研究现代住宅问题，已不能仅限于住宅建造的技术领域，而要扩大到经济和社会范畴来综合考察。不言而喻，住宅问题也是和人类、人类社会同时产生的。尽管它历史悠久，但它被人们当作一个城市社会问题来研究，却是近代资本主义社会的事情。对社会主义国家来说，关于这一问题的研究刚刚起步。

当前世界面临着四大社会问题，即人口爆炸、生态破坏、资源匮乏、住宅短缺。其中住宅问题表现为住宅与社会经济、政治、文化诸方面关系

* 原文发表于《社会学研究》1995年第1期。

的失调。它不仅困扰着各国政府并制约各国经济和社会计划的协调发展，而且居民有后顾之忧，“不安居焉能乐业”，严重影响着他们的生产和生活活动。当然，如果处理得当，就可以提高居民对生活质量的满足度，调动他们的积极性，以充沛精力与旺盛干劲从事他们的工作。据联合国人类居住中心统计，全世界约有1/4，即10亿多人口处于不同程度的住房紧缺和居住条件恶劣的状态。其中大约有1亿人实际上无家可归，不得不露宿街头，以涵洞、窝棚或屋檐下作为栖身场所。美国《时代》周刊于1990年12月发表《美国的无家可归者》一文估计有30万人之多。英国当局于1989年宣布估计有100万人无家可归，占总人口约1.7%。前联邦德国，1978年虽然人均居住面积为世界之首，达25平方米，全国实有住宅套数已经超过了全国居民总户数，却有60多万户没有住宅。80年代初，汉堡、法兰克福、纽伦堡、杜伊斯堡等20多个城市，曾经相继发生抢房事件和游行示威。西柏林前市长福格尔认为，抢房事件是“目前地区范围内最严重的问题”。据德国援助无家可归者协会在1990年12月公布的材料，这一年由于移民、长期失业等原因，无家可归者达百万人。德国政府的“收容能力达到了尽头”，而情况正向着“灾难化”的方向发展。

我国正处在改革开放和社会主义现代化建设的一个关键时期，在生产发展的基础上，人民的温饱问题已基本解决，住房问题相对来说就突出起来。据“零点市场调查与分析公司”于1993年9月对京津沪三市具有热点效应的22项社会问题的随机抽样调查表明，住房改革都占第一位，其中北京15.99%；上海14.13%，天津14.39%。由此可见，住房问题成为我们面临的一个重大而重要的社会问题。第一，居住水平低，虽然我国城镇人均居住面积已达到1992年的7.2平方米，大部分城市已没有人均居住面积在2平方米以下的住房困难户，但全国仅设市城市就有440万户的困难户，其中特别困难户为28万户。与发达国家比，仍有很大差距。第二，住宅质量低、功能差，成套率仅为35%。第三，不仅住宅建设速度与城市人口增长趋势不协调，而且投资体制基本上按系统分散建设，形成苦乐不均，钱少的少建少分，没钱的不建不分，正如居民所反映的：“锦上添花多，雪里送炭少。”第四，分配住房缺乏完整统一的标准和强有力的监督机构。部分干部越分越多，越住越好，有的以权谋私，脱离群众，甚至三岁幼童当了户主，助长了不正之风，影响了廉政建设。第五，管理水平低，不能适应住宅社会化生产、分配和管理的需要。第六，设计与住户的需求脱节。住户迁入后二次装修很普遍。现在我国的装饰行业有了三万多家，从业人员150多万人，北京市建委为此而决定今年本市新建住宅工程和住宅小区一律实行户门以内只做粗装修，以方便城镇居民自己进行家庭装修和装饰，减少浪费。第七，村镇房地产开发更是薄弱环节，各自为政、盲目攀比，大量占用良田。

二　住宅社会学在国际上应运而生

为研究住宅紧张这个严重的社会问题，住宅社会学应运而生。

住宅社会学的研究，20世纪70年代前，多作为社会问题来研究，马克思在他的巨著《资本论》中指出："就住宅过分拥挤和绝对不适于人居住而言，伦敦首屈一指"，"说成是地狱，也不算过分"[①]，"工人常住的房子都在偏街陋巷和大院里。从光线、空气、空间、清洁各方面来说，简直是不完善和不卫生的真正典型，是任何一个文明国家的耻辱"。[②] 恩格斯为了批判蒲鲁东主义关于城市住宅问题的错误观点。撰写了著名的专著《论住宅问题》。恩格斯指出："当资本主义生产方式还存在的时候，企图单独解决住宅问题或其他任何同工人命运有关的社会问题都是愚蠢的。真正的解决办法在于消灭资本主义生产方式，由工人阶级自己占有全部生产资料和劳动资料"[③]。这就从社会学角度精辟地分析了住宅问题产生的根源及解决手段。目的在于说明资本主义不可能解决住宅问题，只有社会主义才有可能解决。

20世纪70年代后，人们开始从社会学角度对住宅社会问题的视野拓展到对住宅建设和居住区环境进行综合研究。1978年在印度新德里召开的国际建筑研究与文献委员会上正式以住宅社会学命名，成立了住宅社会学工作小组，以加强国际间有关住宅社会学的合作与研究。它的研究范围大致可归纳为四个方面：（1）早期侧重从规划方面进行研究；（2）从宏观社会经济角度，探讨住宅建设同重大社会经济因素的相互关系；（3）住宅建

① 《马克思恩格斯全集》第23卷，第723页。

② 《马克思恩格斯全集》第23卷，第726页。

③ 《马克思恩格斯全集》第2卷，第525页。

设预测；（4）住宅区良好的社会环境。据1980年世界银行对住宅进行的预测，20世纪末，全世界城市居民每户有一套住宅，共需投资1600亿～1700亿美元。由于各国的社会制度不同和经济水平的差异，这显然是不可能实现的。1981年4月在伦敦召开了国际住宅和城市问题研究会议，提出了《住宅人权宣言》。宣言指出："有良好环境适宜于人的住处，是所有居民的基本人权"，宣言批评一些政府不公平合理的对待土地和住宅的反社会的行为，衷心期望把供应关心人类尊严的良好住宅作为国家的责任，宣言进一步明确地把住宅问题的研究从经济学、建筑学扩大到社会学领域进行综合研究。

1982年联合国第37届大会根据斯里兰卡总理普里马达萨的倡议通过决议，正式确定1987年为"国际住房年"。从1983年起联合国人类住区委员会和人类居住中心就积极筹备国际住房年的活动，这对住宅社会学的研究起到了推动作用。目前各国研究的侧重不同。对于住宅问题，法、美、日、苏联、捷克、墨西哥都已开展了研究，并设置了社会学研究机构；发展中国家如印度、新加坡、斯里兰卡、乌干达等不少国家，也都有社会学家研究住宅问题。当前，法国建筑科学研究中心的社会学和心理学家小组着重研究度假房屋问题；美国侧重种族隔离在住宅方面所反映的问题及居民对住宅满意程度的调查；日本在生活质量上着重研究舒适度（即满意程度）提出了相关的七种因素：（1）住宅建筑物；（2）设备；（3）室内环境；（4）室内装饰、意境；（5）服务系统；（6）自然环境；（7）社会环境如商店、交通、通信等。苏联中央住宅研究设计院住宅社会学研究室研究青工与学生的公寓问题，其研究成果《住宅发达远景》和《1976—1990年住宅建设计划计算资料》已被政府采纳为制订社会与经济发展规划的依据；民主德国结合本国情况，确立和发展了社会居住模式，对旧建筑物在城市环境和文化风貌的景观，强调文化的协调性；波兰研究了邻里间的接触问题；印度是发展中国家开展住宅社会学研究比较早、研究领域比较广泛的国家，迄今已完成几十项有关住宅社会经济的调查研究，为制定和完善国家住房政策及发展目标做出了贡献；新加坡李光耀总理自1959年以来，历次竞选获胜的主要原因就是把公共住宅建设放在国家建设的首要地位。

我国在20年代初就对住宅问题有了研究。1929年著名社会学家吴景超著《都市社会学》和1934年邱致中著《实用都市社会学》中，分别对城市规划、住宅区域规划进行了研究。新中国成立初期，研究也比较活跃，出版和翻译了《天津市住宅问题》《住宅生活问题》《论苏联的住宅建设》等著作。以后在国民经济发展中由于极“左”思潮的干扰，长期对住宅问题有所忽视。关于这一问题的社会学研究也随着1952年高等院校调整中取消社会学学科而取消了。1957年以后，有关这方面的研究更被视为禁区，因而也就不可能从社会学角度来研究城市住宅问题。党的十一届三中全会以来，党中央从指导思想拨乱反正，消除“左”的影响，对解决人民基本需要的住宅问题极为重视，人民的居住条件有了明显改善。从1980年到1992年，城镇人均居住面积由3.9平方米增加到7.2平方米；农村人均居住面积由9.4平方米增加到17.8平方米。农村住宅单纯从数量上看，基本上实现了居者有其屋。

从总体上看，我国对城市住宅的研究，大体上可分为三个阶段。1979年前，主要从住宅的规划、设计及建筑技术等方面研究；第二阶段是70年代以后，着重从住宅经济，尤其是房租等方面进行研究；第三阶段始自1983年，1983年12月中国住宅问题研究会在北京成立，任顾问的有社会学家费孝通、经济学家于光远、建筑学家戴念慈，这标志着对住宅问题的研究和探索出现了经济、科技与社会相结合，自然科学与社会科学相结合进行综合研究的新局面。1984年10月孙金楼等著《住宅社会学》出版。1985年10月，住宅社会学学术委员会正式成立。上海（1987）、广州（1989）、北京（1990）等市相继成立了住宅社会学分会，成都、长春、石家庄也建立了研究组织。与此同时，城乡环境保护部还成立了住宅局（现改为房地产司，政策研究中心建立了住宅研究室），出版《中国房地产》、《住宅科技》和《房地信息》等杂志。北京、广州、重庆等地的房地产管理局与有关房产住宅的研究机构、学术团体也陆续分别出版了《京华房地》《北京房地产》《南方房地产》《房地产开发》等刊物。广州、北京还分别出版了《住宅社会学研究》和《住宅社会学概述》，中国社会科学院社会学研究所城市研究室有专人对此进行研究。

在1987年“国际住房年”活动中，中国派观察员到肯尼亚首都内罗毕参加联合国人类居住委员会第十届大会，1990年又派代表团参加第四届《全球议员人居与发展会议》和《国际住房与住房保障大会》。1991年10

月国务院住房制度改革领导小组在北京召开了第二次全国住房制度改革工作会议，把缓解居民住房困难、改造危旧住宅、提高住房成套率、改变公房分配制度等列为重点。1993 年 1 月 30 日又召开了第三次全国住房制度改革会议，进一步明确了房改的根本目的是，建立与社会主义市场经济体制相适应的新的住房制度，加快住房建设，到 2000 年使城镇居民住房达到小康水平。

三 住宅社会学在我国的发展

住宅社会学学术委员会成立以来，每年组织一次学术年会，迄令召开了七次年会，1990 年出版了《住宅与社会》（共 160 篇论文，分为三集）。1991 年出版了《住宅社会学导论》。历届年会上着重从学科建设、住宅建设预测、住宅社会消费与住房政策及体现社会公正等四个方面进行研究。

第一，关于学科建设。大家认为，首先要明确研究对象。在研究对象上有三种主要观点。

第一种观点：认为住宅社会学以人与住宅的关系为研究对象，是一门揭示人们居住行为发展规律的学科。所谓居住行为是指人们的居住内容，人们对住宅的使用方法及其与社会生活和自然条件的关系。住宅与衣、食、行等一样，都是人们重要的生活资料。这就是说它既是人们的生存资料，又是人们的享受资料和发展资料。但是在由生存资料向享受资料和发展资料发展的过程中，住宅具有自己的特性。因为衣、食、行等资料的丰度（质量、性能、功能、规格、花色及原料来源和其内部结构）无论怎样提高和变换，都只为人们提供单一用途，而住宅丰度的提高不仅意味着居住条件的改善，而且意味着居住内容的扩展，其用途越来越广，除了是人们的栖身之所，还是人们进行文化、教育、科技、娱乐、社交和某种生产活动的场地。在传统社会，人们的生活容量少，需求低、交往少、对住宅的使用方式一般是主要用来满足人们的生理需要。其居住内容狭窄、单一。现代化社会由于人们的生活容量扩大，对住宅的使用方式则需满足人们的多种需要。其中，用以满足人们精神生活需求的部分将越来越占重要的位置。由于居住内容趋向丰富多样，不同的人群也因需要的不同而对住宅有不同的使用方式，信仰宗教的人可在住宅进行宗教活动，中高级脑力劳动者习惯于在住宅进行工作与科研，企业家和事业家要以住宅为社交活动场地。

人们对住宅的使用方式，总是和一定的社会关系和自然环境联系在一起的。如同人们为了生存需要结成生产关系一样，人们为了生活也需要结成一定的社会关系。同样人们对住宅的使用方式也离不开一定的社会关系。阶级、阶层不同，民族及习俗不同，对住宅的使用方式就不同，居住内容也会互有差异。人们对住宅的使用方式，不仅受社会关系的制约，而且受自然环境的制约，如地理位置、气候条件和环境质量不同，人们对住宅的使用方式也迥然各异。因此，人们的居住行为，实质上是人们在互相交往中及自然条件的影响下对住宅的使用方式，住宅社会学正是研究这一方式（包括住宅内容）的演变规律。

为什么住宅社会学要研究揭示人们居住行为的发展规律呢？主要原因有三点。首先，居住行为集中体现了人与住宅的条件关系。人与住宅的关系一般指：住宅与社会生活、社会环境（自然环境）、心理意识以及社会发展的关系，这些关系都交织在人们的居住行为上，集中反映在人们的居住内容及对住宅的使用方式上。由此可见，人们居住行为是人与住宅的关系网中的“结点”，而且是连接人与住宅的“中介”。另外，人的生理与社会活动的结构、功能，同住宅的结构、功能之间的相互作用，都必须通过居住行为来感应、传递、反射和调整。因此，抓住了人们的居住行为，就抓住了人与住宅的关系的轨迹。其次，住宅社会学是以人与住宅的关系为研究客体的。这一客体中的人是主导因素，住宅是被主导的一面，它们是对立统一的两个方面。但是必须明确指出，住宅社会学是围绕人类研究住宅，而不是围绕住宅来研究人。更不是脱离人的因素来研究住宅，也可以说是以人为主研究人与住宅的关系，或者说是从住的方面来研究人的行为。我们对人们居住行为的探索，恰好体现了这一要求。基于这一要求，住宅社会学才得以产生，这是住宅社会学客观的社会性，尽管人们从建造住宅之日起就发生了居住行为，但是只有到现代社会，人们的居住行为有了复杂的结构和内容，才产生对它系统研究的必要。这也就是说，没有现代居住行为中所反映的人与住宅的多方面关系也就不会产生住宅社会学。这是住宅社会学产生的历史必然性。再次，研究人们的居住行为，比较恰当地体现了住宅社会学作为学科交叉的边缘学科性质。如住宅设施、规划布局、生态环境对人的生理的、心理的知、情、意等影响。这正是生理学、心理学、建筑学、规划学、生态学和社会学交叉研究的课题，充分显示了边缘学科的特性。

总之，通过居住行为的研究，微观上揭示人与住宅的个别的、局部的、特殊的关系，如户型与功能等；宏观上揭示了人与住宅的、一般的、整体的联系，如住宅的社会总体水平、发展预测，以及社会与自然之间的错综复杂的联系。这就基本上划清了住宅社会学与其他学科对住宅研究的界限，显示了研究对象的特定性。

第二种观点认为从住宅和社会发展的历史看，住宅建设，必须有充分的社会性，而社会条件又制约着住宅的建设，所以住宅社会学是一门研究住宅与社会的关系的学科。它可以从四个方面来考察住宅问题。第一，从住宅和社会形态相互影响看，在资本主义社会里，工人住宅条件十分恶劣，住宅问题和其他社会瘤疾会加速资本主义的崩溃；在社会主义社会，住宅问题能够由社会自身加以解决，并进而促进社会经济的发展。但是，社会主义社会也有自身的矛盾。在一定条件下住宅问题也会产生，而且可能在一个时期内比较严重，正如社会学家郑杭生所提出的，在住宅与社会生活诸要素之间可以形成一种相互促进的良性循环和协调发展的关系，也可以出现一种相互妨碍的恶性循环和非协调发展的关系。因此，必须积极而审慎地理顺关系，妥善解决矛盾。第二，从社会多种因素的综合角度研究住宅问题，无论从住宅问题产生的原因或造成的后果来看，都是多元的，它绝不是单纯的房屋建造和分配问题，而是和政治、经济、社会、法律等多种因素相关。如果只从一种因素出发考虑问题，不仅不能解决问题，而且还会引起新的社会问题。从社会学角度分析，它还影响着家庭结构的变化，影响着男女青年的婚姻，影响着盗窃和性犯罪，影响着人们的身体健康和精神情绪，影响着人们的闲暇时间的分配和使用，影响着人们的工作干劲和信心等。所以，我们只有妥善考虑到这些多元性的原因和结果，才能使住宅问题得到妥善地解决。第三，从社会关系的角度来研究住宅问题，人生活在各种社会关系之中，社会关系和住宅问题是相互作用、相互影响的，如住宅拥挤相互干扰，可能影响家庭关系，家庭关系的好坏状况又会影响到一个大家庭的合居还是分居，从而影响到住宅的分配和使用。又如一个企业管理得当，经营有方，工人努力生产，工厂欣欣向荣，它就有较多资金来建造工人住宅，而工人住宅的解决好坏，又会反过来直接影响工人生产的情绪和干劲，这种社会存在决定意识的互动作用是需要精心加以研究和解决的。第四，是从社会发展的角度来研究住宅问题。社会处在一个不断发展的过程中，住宅状况将随着社会发展变化而变化，社会生产力的发展。特别是科学技术的发展，会给住宅建设带来日新月异的变化。生产关系的变化，城乡经济的发展，婚姻形式和家庭结构的发展也都会直接影响住宅的变化发展。只有从社会学的角度对社会的整体发展进行预测，才能使住宅发展适应社会需求，适应人们不断增长的物质和文化生活的需要。总之，在社会与住宅的发展上，涉及现行经济体制改革、物价、工资、建筑技术及材料、房地产经营管理等方面。因此，要着重研究住宅与城乡规划，住宅与人口、家庭、社区管理、住宅政策与制度改革等的关系。

第三种观点认为，住宅社会学是研究住宅与社会诸要素间的关系及其规律的科学。社会生活包括社会需求、家庭生活、社会规划、城乡建设、社会分配、人文环境、居住心理、社会制度和文化经济等诸多因素。

上述三种关于住宅社会学研究对象的观点，各有其侧重点与特长，但也有偏颇之处。我们认为，研究对象可综合概括为研究人、住宅和社会三者的相互关系。由此，我们可以说，住宅社会学是用社会学的理论和方法，研究住宅的历史、作用、地位，以及人与住宅、住宅与社会的相互关系的科学。它属于应用社会学的分支，是介于建筑学、规划学、经济学、消费学、人类学、生态学等学科的边缘学科。

在研究方式上，住宅社会学作为社会学的一个分支，必然会运用社会学的研究方法。社会学研究的一般方法有实验法、历史法、比较法、统计法和社会调查。其中社会调查是最基本最主要的方法。从方法论上看，它与社会学理论研究一样，是在历史唯物主义指导下，把住宅放在社会系统中，用发展的观点、群众路线的方法、实事求是的态度，对居住区规划、住宅、发展预测、人与环境的关系等具体问题，进行考察和综合分析。譬如，研究住宅功能质量的发展与变化，可通过个别调查或典型调查，运用历史比较法研究；对住宅的现状与存在问题，可进行抽样调查和全面调查，使调查资料具有科学化、系统化和定量化的特点；对一些主观指标如意愿可用问卷法和访问法，以取得完整的结论。

第二，住宅建设预测是有意识有计划地发展住宅的主要环节，是制定国家经济与社会发展规划的依据。面对住宅这样一个多功能的复杂综合体，不进行科学预测，就很难根据需要与可能自觉地合理地发展住宅事业，居住水平的提高应适应经济发展的不同阶段。国际上将国家已习惯于分成最不发达、发展中和发达三个层次，相对应的生活水平为温饱（或温饱以下）小康和富裕，对应于上述三种发展程度，居住水平也有三个层次。（1）最低标准为一人一张床位，即有最基本的生活空间；（2）文明（合理）标准为每户一套住宅，具备基本的生活设施和起居空间。（3）舒适标准为每人一个房间。

根据我国的住房需求和经济能力所提供的可能。国务院1986年颁布的国家技术政策中，明确了我国到20世纪末住宅发展的小康水平目标："争取基本上实现城镇居民每户有一套经济实惠的住宅。全国居民人均居住面积达到8平方米。乡村居民每户有一所适用、卫生、紧凑的宅院。人均居住面积比城镇居民略大一些，能基本适应生活与生产的需要。"这就表明，我国居民的居住需求正在由"住得下，分得开"的温饱型向小康型目标迈进，它既有争取一户一套经济实惠的住宅的定性描述，又有人均居住面积达到8平方米的量的规定。同时住宅成率也要达到80%。当然，还需要有经济类指标和社会类指标（如主观指标）等共同组成为指标体系，以便对预测进行衡量和评价。当前，我国各地正发起实施以建设中小套型为主的"安居工程"，解决中低收入的住房困难户。即在1996年前解决人均居住面积4平方米以下的住房困难户，2000年前解决人均住房面积6平方米以下的住房困难户。这里还要特别指出，应抓紧研究和建设具有特殊需求的四种住宅，即适合于核心家庭特点并解决婚后无房户的青年公寓，大中城市中随着年龄结构老化而尚未为大家关注的老年公寓，为适应残疾人特点的无障碍住宅，以及尚未引起人们重视的集体宿舍（或称单独居住宿舍）。

第三，住宅社全消费问题，虽然这是经济学中的重要问题，但也是住宅社会学研究的重要内容。因为住宅消费具有长期性，普遍性和多层次性以及住宅环境的固定性，所以要贯彻租、分、建并举和国家、单位、个人三者共同负担的原则。正确引导和优化住房消费，把社会消费逐步引向住房消费，调整社会消费结构，从而有利于住房制度的改革和整个经济体制的配套改革。同时随着我国两个文明建设的加强，我们不仅要重视住宅的物质消费，而且要充分考虑居民的家庭结构、职工构成、社会需求和心理特征等方面的住宅精神要求。

第四，在住房政策上体现社会公正的突出矛盾是供给不足和分配不公平。所以，住房制度改革是一项复杂的系统工程。建设部根据我国经济发展状况和居民物质与文化以及多层次与多方位的不同需求，提出了“住宅城乡小区建设”、2000年城乡小康型住宅综合示范工程和“安居工程”等三项举措，典型引路，以小带大，从整体上缓解住宅建设的供不应求和达到功能质量基本要求，使城乡居民对过好日子有了盼头、奔小康有了劲头、还应积极推行住房商品化，贯彻“多住房多拿钱”的原则，以改革长期以来的，低租金、高补贴的分配制度。逐步变“买房不如租房”为“租房不如买房”，亦即由住宅的实物分配转货币分配，使住房资金实现良性循环，个人住宅消费与其他消费相协调，以形成比较合理的消费结构和产业结构。另外，因为住宅是一种特殊商品，还带有一定的福利性，其分配要比一般消费品复杂得多，难度也大得多，所以，我们既不能搞特殊化的“官本位”，又不要搞平均主义；既要照顾独生子女家庭、高级知识分子、离休老干部、归国华侨、部分领导干部和有影响的民主人士，又要扭转分房中的不正之风；既要调节住宅投资，制约住宅的超量供应与消费，又要考虑全社会的居住水平，对住房困难户给予足够的重视和必要的照顾；既要研究居民互相攀比的社会心理，又要有合理的租售比价来调整实际利益关系，从而摸索并制定一套合法、合理、合情的并与国家政策相适应的住房分配模式和社会化的管理体制。

为了建立其有中国特色的住宅社会学，除继续探索以上四个方面外，针对住宅社会学的多学科研究的特点，既要横向而静态地研究人与住宅、住宅与家庭、居民生活方式、邻里关系、消费结构、城市规划、社区管理、居住区环境以及社会交往的关系等方面的课题；又要纵向而动态地剖析住宅问题的产生、发展、解决途径，并预测科技的进步、居民需求的变化以及明天的住宅模式，以便根据我国的国情、国力、尽可能满足居民物质的、精神的和社会性的要求。通过住宅社会学这门新学科的建设与发展，来满足广大居民的居住行为的需求，为研究人员和房地产实际工作者提供从社会学角度来观察、分析及解决实际问题的视野与方法，以利推行住房制度改革。

苏南模式的改革与创新*

张雨林　吴大声　朱汝鹏

为全国瞩目的苏南经济和社会发展模式，正在适应社会主义市场经济的要求，进行深层次改革。本文概述了苏南深化改革之路，重点阐释了作为苏南模式重要特色之一的集体所有制乡镇企业的改革与创新。苏南在经济持续、快速、健康发展的基础上实现了社会的全面进步；现阶段，在社会发展中遇到许多新情况、新问题，文章就此阐述了作者的观点，提出了若干政策性建议。

十多年来，苏南人民在党的基本路线指引下，在改革开放的大潮中，经济高速发展，人民共同富裕，社会全面进步，取得了很大的成功。苏南人民走过的道路被称为“苏南模式”。现在，我国处在从传统的计划经济向社会主义市场经济过渡的转型时期，苏南模式正在发扬原有优势，深入改革不符合社会主义市场经济要求的部分，除旧布新，增添新的活力。我们的研究报告，就是要概括苏南模式的改革创新之路，展望苏南的发展前景，同时提出我们的看法，供苏南同志参考，与全国的理论工作者和实际工作者共同商榷。

本文说的苏南，指的是江苏省长江以南的苏州、无锡、常州三个地级市及其所辖12个县级市（县）。苏南毗邻上海，在绵延六千公里的长江经济带中，如果把上海比作龙头，苏南以及浙江的杭嘉湖地区则是处在咽喉要害部位的龙颈，它们对长江巨龙的带动作用仅次于上海。长江流域位在我国腹心地带，南接广粤，北连中原，西至巴蜀，辐射全国。如果我国沿海和长江流域发达起来，全国的社会主义现代化目标实现之日也就为期不

---

* 原文发表于《社会学研究》1995年第1期。

远了。从上述全局意义考虑，苏南模式的改革与创新，苏南经济与社会更快、更好地全面发展，不但对苏南本身，而且对全国有重大意义。

一　用发展观点看待苏南模式

在本文开篇以前，先讲一讲对不同类型地区经济社会发展模式的看法。

我国幅员辽阔，地区之间差别很大。我们既要肯定全国是一个有机的整体，不可分割，又要承认各地的差别。从这样的情况出发，不同类型地区之间的具体发展道路就既有统一性又有差别性。所谓发展模式，就是这种统一之中有差别的反映。有人认为，在社会主义市场经济中，不必再讲不同类型地区的发展模式了。我们的看法不是这样。我们认为，全国市场是统一的，发展的方向是一致的，但发展的具体道路则要从自己的实际出发，包含自然条件的实际，区域环境的实际，人文生态和历史的实际。讲模式，就是强调从实际出发，走出一条符合当地实际的发展道路，避免“一刀切”。当然，模式不是僵死的，它的具体内涵既有历史的继承性，又要不断发展变化，模式也不是封闭的，各种模式应该互相借鉴。

苏南模式是苏南人民从苏南实际出发所创造的一种社会经济的发展路子，是建设中国特色社会主义的一种创造。这里要特别提出小平同志对苏南的论述。小平同志虽然没有使用“苏南模式”这个用语，但对苏南的特色做了具体生动的描述和科学的概括。他在1983年视察苏州以后和中央几位负责同志谈话中说：“苏州市工农业总产值人均接近八百美元，我问江苏的同志，达到这样的水平，社会上是一个什么面貌?”他概括了六条：“第一，人民的吃穿用问题解决了，基本生活有了保障；第二，住房问题解决了，人均达到20平方米，因为土地不足，向空中发展，小城镇和农村盖二三层楼房的已经不少；第三，就业问题解决了，城镇基本上没有待业劳动者了；第四，人不再外流了，农村的人总想往大城市跑的情况已经改变；第五，中小学教育普及了。教育、文化、体育和其他公共福利事业有能力自己安排了；第六，人们的精神面貌变化了，犯罪行为大大减少。”小平同志接着提出：“我问江苏的同志，你们的路子是怎么走的?”小平同志听了江苏同志的汇报后概括了四条：一是依靠上海的技术力量；二是发展了集体所有制企业；三是吸收了不少上海的退休老工人；四是比较重视知识，重视知识分子的作用。[①]

学习小平同志讲话，可以得出以下结论：苏南模式的特色，一是在经济高速发展的基础上实现社会全面进步，人们共同富裕；二是注重吸收城市的生产要素注入农村，实现城乡协调发展；三是在发展国有大中型企业的同时注重发展小企业，特别是集体所有制企业；四是注重知识，注重人才，注意提高劳动者素质。理论界和实际工作者对苏南模式有过多种表述，但在大的方面都没有离开小平同志的概括。

小平同志关于苏南的讲话已经过去了11年，他所讲的各个方面都极大地发展了、提高了，但大的框架没有变。这个大框架就是苏南的特色。这11年是我国从计划经济转向社会主义市场经济的时期，经济和社会的旧的运行机制正在让位给新的运行机制。苏南也是这样，也在转型。这就是我们要用发展观点看苏南模式的道理。这里以集体所有制的乡镇企业为例加以说明。

苏南之所以能够在经济高速增长中做到经济和社会协调发展，城市和乡村互相促进，人民共同富裕，最重要的物质基础是集体所有制的乡镇企业。乡镇企业壮大了乡村集体经济，吸纳了农村剩余劳动力，接纳了城市的科学技术、市场信息和人才，培养造就了农民企业家，提高了劳动者的素质；并以其利润的一部分补农、建农，建设各种社会服务设施，建设小城镇。人们说，没有强大的乡镇企业和社区集体经济也就没有苏南模式。这话是很对的。但是，正像一切事物无不带有历史的烙印一样，苏南乡镇企业起步早，是在人民公社“政社合一”“三级所有、队为基础”的体制下起步的。乡镇企业虽然较多地面向市场，但宏观环境仍然以计划经济为主。所以乡镇企业的市场是不完全的。苏南的实践证明，在乡镇企业初起阶段，在当时计划经济为主的条件下，由基层政府直接管理，可以促进企业的发展。但是，随着企业的壮大，市场经济的发展，它的弊端就越来越多地暴露出来了。最大的弊端是政企不分、产权关系不清晰、企业独立自主性不够，企业职工和社区群众对企业的主人翁责任感日渐淡薄。

① 见《邓小平文选》第三卷，第25页。

此外，由于“三级所有、队为基础”的“三级”都是带有封闭性的小社区，因此影响到企业分布过于分散和生产要素流动的迟滞，长期的“离土不离乡”也影响到城市的发展和农业的规模经营。应该看到，只有进行深层次的改革创新，乡镇企业才能进一步高速发展，苏南模式才能更加辉煌，苏南才能加速走上社会主义市场经济轨道，创造社会主义现代化的未来。

二　改革创新把苏南模式推向新阶段

从 80 年代中期开始，特别是进入 90 年代以后，苏南不断进行改革，苏南模式进入了深层次改革的新阶段。主要有以下几个方面。

（1）市场、特别是生产要素市场不断发育，这既是最重要的改革，又是推动其他各项改革深入发展的基础环节。回顾苏南的乡镇企业，最初是“为农服务”，自给自足，谈不上市场经济。以后，多是接受城市大企业的简单零部件加工，再后来和大企业“联营”，产品由大企业收购。这时，就生产要素来说，还是“一对一”的小市场。80 年代中期以后，企业多渠道吸收资金、技术和人才，多方面发展联合，独立生产产品，多方开辟市场。土地（使用权）、房产、劳动力、资本市场逐步发育。这种大市场由国内发展到国际。这就进入了市场经济新阶段。市场的规律是优胜劣汰。市场的“无形之手”与国家“有形之手”相结合，推动各项改革向深层次发展。

（2）大力发展外向型经济，成为苏南改革开放的重要一环。80 年代中期，苏南已经提出外向型经济的问题。至 1988 年，苏南 480 个小城镇全部对外开放，整个苏南成了对外开放区。这时已有一些外资企业进入苏南。昆山市一马当先，1985 年就利用自己的区位优势在老城区附近自费建设经济技术开发区，吸收国内外厂商，主要是外商来开发区办厂。这个开发区由于得天独厚的区位优势，经济奇迹般快速增长，到 1992 年，企业销售额已达 21 亿元，税利 1.05 亿元，出口创汇 1.5 亿美元，还带动了区外几百家企业。这在苏南引起很大振动。就整个苏南来说，外向型经济的全面发展是在 90 年代。进入 90 年代，上海大张旗鼓开发浦东，小平同志在视察南方时反复论述：“发展经济，不开放是很难搞起来的。”“多搞点三资企业，不要怕。只要我们头脑清醒，就不怕。”① 苏南条件已成熟，在这样的大环境下，苏南外向型经济进入全面发展时期。

外商来苏南投资，大体上经历了三个阶段。初期是我外双方互相试探阶段，外方来的是小企业，上的是回收期快的加工产品；我方一方面积极吸引外资，给以较多的优惠条件，另一方面要看实际效果到底好不好。接着是互选阶段，外方来的企业较初期大，想来投资，但要看投资环境是否适宜，条件是否优惠；我方要看对方是否真有诚意，对企业效益是否真正负起责任。这个阶段中，为了让对方对企业效益真正承担起责任，有些市县要求在企业资产中，外方要占大头，或者要外方独资经营。1993 年以后，苏南的“三资”企业第三阶段，即上较大的项目，成片（有大有小）开发，双方具有较强的事业心和成功的信心。一些在国际上颇有名气的大财团、大公司、大商社开始进入苏南；我方把目光瞄向国外的高新技术、高科技人才和较大投资，明确提出吸引外资的“几个不搞”：不是高新技术的不搞，不是现代化设备的不搞，不是高质量产品的不搞，不是百分之九十以上出口的不搞，环境污染的项目不搞。这样，苏南与外资的联合已经达到了较高的水平。

从开始时算起，短短七八年时间，苏南的外向型经济已经有了很大的发展。据苏州市 1993 年底统计，全市已有“三资”企业 6500 多家，平均每个乡镇 12 家，合同利用外资累计达到 92.8 亿美元，同时我方在海外创办企业 273 家。苏南经济与国际市场结合的程度已经相当深了。外向型经济的发展，在国际市场上。吸引了各种生产要素，拓展了产品的市场，掌握了国际信息，吸收了工业发达国家对我国有用的企业管理和宏观调控的经验，促进苏南经济上了一个大台阶。

（3）随着生产要素市场的发育成长，企业局限在“小社区”的状态被逐步打破，资金、技术、人才向骨干企业聚集，一批骨干企业的水平得以提高，规模相应扩大，各种公司或企业集团不断涌现，如全国闻名的无锡红豆制衣集团、太仓雅鹿服装集团。雅鹿集团的核心是雅鹿服装厂。生产服装需要按照产品设计的要求选料、纺织、印染，纽扣、拉链、花边、衣架、包装都要配套。几年来，企业逐步分化、组合，逐步形成以雅鹿服装

① 《邓小平文选》第三卷，第 367、372～373 页。

厂为核心的企业集团。集团内各厂经济上单独核算，业务上相互协作，整个集团的经济效益都有所提高。这种生产要素向着拳头产品聚集的过程和若干厂家组成集团相互协作的过程也是产业结构优化的过程。优势企业发展起来，劣势企业或者被兼并，或者转产（一般转向第三产业），或者被淘汰。苏南工业已经进入优胜劣汰的阶段，这标志着苏南的现代化进程迈出了重要的一步。

（4）个体经济和私营经济的发展给苏南经济增添了新的活力。80 年代初，苏南对个体经济和私营企业是加以限制的。当时在苏南普遍存在一种顾虑，担心个体经济和私营企业会冲击集体经济。很明显，苏南人想坚持公有制经济的主体地位，是一种很好的想法，但用的是行政手段，不是经济手段，而且忽视了个体经济和私营经济的作用。到了 80 年代后期，这种顾虑少了一些，开始看到了个体经济和私营经济对繁荣市场的作用，因此，鼓励个体和私营经济发展商业、饮食业、服务业，但仍然不批准办工厂。进入 90 年代后，情况才进一步发生变化，在继续坚持以公有制为主体的前提下，开始鼓励多种经济成分共同发展。实践出真知。苏南各级领导从实践中体会到，原来怕个体、私营经济冲击集体经济，从而限制个体和私营经济的发展是不妥当的。双方有碰撞，有矛盾，这有积极意义，可以冲刷掉集体经济身上仍然存在的计划经济和“官办”企业的烙印，可以确立市场竞争优胜劣汰的观念，激发集体企业奋发图强、提高效益、在市场竞争中显示自己的优势。经过冲击和碰撞，人们看到，集体企业确有自己的优势，一是比较容易聚集生产要素，吸引人才，向高科技产业和大型企业发展；二是比较容易得到群众的支持；三是有利于共同致富。但是并不是所有领域都适宜集体企业，有些领域，如商业零售业、饮食业、小规模的服务业以及小型加工工业等，个体和私营更灵活，应该让他们发展。而且，集体企业由于长期政企不分，产权不清晰，“官办”之风严重，其优势正在减弱，应该大胆吸收个体和私营企业独立自主、自负盈亏、灵活发展的优点加以改造自己。优势不是自封的，也不是政府可以强加的，更不能用限制其他经济成分的办法以显示自己的优势。只能在市场的公平竞争中创造更高的劳动生产率，才能显示自己确实是优越的。如果不深化改革，不使企业具有较大的活力，那就难免会衰落下去。市场是无情的，集体企业应该有这个认识。

（5）集体企业的深层次改革。苏南集体所有制乡镇企业的迅猛发展，固然有其自身的社会经济背景，有苏南自然生态和人文生态的优越条件，有苏南人的勤奋和聪明才智，有苏南各级领导坚持以公有制为主体的自觉性，有集体经济自身的活力，但是也有客观的机遇。当时，国有企业机制尚未转换，个体、私营企业为数有限，乡镇企业部分地面向市场，机制较为灵活，当时确实是一枝独秀，因此发展得特别快。如今在社会主义市场经济迅速发展、整个社会经济面貌发生深刻变化之后，情况大大改变了。人们说：国有企业在深化改革，个体、私营企业还有为数不少的外资企业都是强劲的竞争对手，集体乡镇企业要想生存和发展，就必须克服自身存在的弱点，大大增强自身的活力。这是苏南改革创新的重头戏，我们将单列一节着重进行讨论。

（6）基础建设空前提高，为经济和社会的改革创新提供了良好的舞台。市场经济的发展需要基础设施与之配套，“三资”企业的引进更需要有良好的投资环境。近年来，苏南基础设施发展很快，进入苏南，处处呈现着现代化城乡的新面貌，他们把基础设施建设看成改革开放题中应有之义，并列在优先发展的地位。

苏南的基础建设是围绕着“三区三通”进行的。“三区”是：① 建设经济技术开发区（还有港区、保税区、旅游度假区）；②发展、改造老城区；③ 培育、建设乡镇的工业小区。昆山市明确提出“三区联动”的说法。“三通”是：①加快交通体系建设；②加快信息通信网络的发展；③加强商品流通市场的培育。现在，苏南各市（县）都在老城或港口附近开辟了经济技术开发区，这些开发区全部都在开发利用，没有圈而不用的情况。苏南现有开发区总面积 50 余平方公里，到 1994 年 5 月，共投入基础设施开发资金 80 亿元，引进外商投资项目近千个，协议利用外资达 20 亿美元。1993 年实现工业产值超过 100 亿元，创汇 2 亿多美元，利税近 8 亿元。经济技术开发区建设还处在初期阶段，效果已经相当显著，今后的发展前景更是不可限量。与此同时，苏南各市（县）的老城区都已有了很大发展。地级市无锡市已被批准为大城市，苏州、常州也在向大城市发展，多数县级市已经形成中等城市的框架。此外，各市（县）都选择了若干条件好的镇建设工业小区，这对于乡镇企业适当集中，对于提高企业的组织程度，改善投资环境都将起积极的作用，有识之士称之为“新的造城运动”与“三区”建设同时，近几年苏南以极大的代价改善“三通”状况。公路国道与沪宁高速公路接轨，水泥沥青路面几乎通到了每个村庄，程控电话通到了乡镇和大部分村庄、企业，一部分村庄正在把电话安装到户，到“八五”末期，苏南85%以上的乡镇可以建成以数字程控交换和光纤传输为骨干的数字通信网。与此同时，商品市场和生产要素市场网络迅速形成。

通过这些改革和建设，苏南的经济和社会发展将插上新的翅膀，快速而又健康地向社会主义现代化的目标前进。

三　乡镇企业的深层次改革和有关的认识问题

本文在第一节中已经提到，没有强大的乡镇企业和集体经济，也就没有苏南今天的繁荣。现在，乡镇企业的经济总量已经占到苏南各县级市（县）经济总量的80%左右。因此，乡镇企业的深层次改革应该成为苏南改革的重点。

深层次改革，就是要改掉原有体制中不符合集体经济性质和不适应市场经济要求的部分，明确所有权，确立“自主经营，自负盈亏，自我发展，自我约束”的现代企业制度。这就不能不涉及乡镇企业在发展中暴露出来的问题，以便有针对性地进行改革。

问题在哪里呢？让我们对此做一些概要的论述。

（1）政企不分、企业产权不清晰，已延续多年，尚未解决。基层政府认为自己是企业产权的所有者和企业经营最终决策者。企业缺乏自主经营、自负盈亏的机制。这样一来，企业的权力就没有保障。当有的企业亏损时，政府理直气壮地用盈利企业的财产来弥补；政府有需要时可以向企业要钱，甚至有的把企业当成“拉毛兔子唐僧肉”，谁都要来啃一口。企业行为往往变成了“政府行为”——不是政府从长远利益和整体利益出发进行的调控和指导，而是“长官”意志。这当然大大影响了企业的活力。

（2）与政企不分、产权不清紧密相连的是：企业的责权利不能紧密结合。权力有人要，却无人对企业负刚性的责任。苏南有一个大镇的党委书记用这样四句话形容企业责权利脱节的情况：“厂长负盈，企业负亏，银行负债，政府负责。”所谓“厂长负盈”，是说企业当年账面盈利厂长可以受重奖；所谓“企业负亏”是说如果企业亏损了，亏损留在企业；所谓

“银行负债”，是说企业的亏损主要是从银行贷款中借来的，贷款还不上，欠的款项由银行背着；所谓“政府负责”，是说这一切后果由政府承担。其实，政府的责任是软的，或者说是名义的。还有两句话在职工群众中十分流行。一句是“富了方丈穷了庙”，一针见血地说明企业管理者致富与企业是否繁荣挂不上钩；另一句是“厂长在时是个大铁筒，厂长调走丢下个大窟窿”，进一步说明了厂长不对企业的实际效益负责，并且揭示了企业管理上存在的问题。

（3）社区集体所有制企业与社区群众以及企业职工的关系发生了变化。这种情况发人深省。村办企业好一些，因为村办企业和村民离得近，对村民的好处大家还能看得见、摸得着。但是即使是村办企业，待到企业办大了，企业负责人和一般职工收入的差距拉得过大了，群众和企业职工感到给予自己的好处微不足道，这时，群众和职工对于企业的主人翁责任感也就淡化了。乡镇办的企业和村办企业比较，情况就差了。乡镇社区群众和企业职工一般不再有企业主人翁的责任感，把企业负责人称作“老板”，连称呼都变了，把在企业做工看作给老板打工，与给私营企业和外资企业打工没有区别。决不可小看这个问题。集体企业是社区群众的，如果否定了这一条，将会产生剥夺群众、企业性质改变的后果。

（4）在企业的内部管理上，由于政企不分，企业不能独立自主，无刚性约束，因此，很容易失去早期的灵活机制，沾染改革以前的国营企业的毛病，机构重叠，人浮于事，制度不严，漏洞多，约束不力。干部能上不能下，职工能进不能出，按劳分配制度不健全，一定程度的死工资、平均主义，等等。

由于以上种种原因，现在的苏南乡镇企业产值高速增长，效益却下降了，有些企业负债过多，而全部资产利润率又低于银行利息，政府也因此背着沉重的包袱。苏南的上上下下都敏锐地感到了这些问题，不论走到哪里，人们都说：非深化改革不可，而且正在实践中不断探索改革之路。我们在这里提出一些看法，供苏南的同志参考，如果其中有一见之得，我们就甚感欣慰了。

第一，我们认为，要进行深层次改革，首先要深化对集体所有制乡镇企业的认识。集体所有制的乡镇企业，说到底，是农村合作经济的一部分。为了说清这个问题，有必要回顾一下历史。党中央在我国互助合作运动的初始阶段，就提倡“在适宜于当地的条件下，发展农业和副业（手工业、加工工业、运输业、畜牧、造林、培养果树、渔业及其他）相结合的互助”①。直到高级社时期，仍然提倡合作社发展副业，而且对于牲畜和大农具入社，也允许入股分红。后来实行“以粮为纲”，才砍掉了工副业。但是，因为发展工副业符合群众致富的要求，所以后来又发展起来了。这一点，苏南人民是体会很深的。在体制上，直到高级社时期，我们仍然称它为合作社，十分强调高级社的财产归社员集体所有，合作社的管理应该是群众的民主管理。我们始终没有搞苏联那样的集体农庄。我国农村体制的问题出在人民公社时期。人民公社一大二公、政社合一、工农商学兵以至人民生活都包容在人民公社之中。当时的指导思想是逐步过渡到全民所有制，否定集体经济，“少则三、四年，多则五、六年或者更长一些时间”就要实行全民所有。其中又特别提到工业，认为公社工业的发展“将在农村中促进全民所有制的实现”②。而全民所有制是长期政企不分的。政企不分产权必然模糊不清。薄一波同志在回顾这段历史时指出：“同政府和企业职能不分是传统的国营经济体制一个根本弊端一样，政企不分，也是人民公社体制存在的各种弊端的渊薮。”“是导致不讲经济效益、不按经济规律办事、不讲因地制宜、单凭行政命令管理经济、什么事情都‘一刀切’的重要根源”。③ 我们从这段历史回顾以及薄一波的话中，是否能找到企业当前存在问题的一些根源，从而对当前的深化改革得到一些启迪呢？

苏南的实践中有这样一种现象：“政企不分”，便于政府加强对企业的领导；在计划经济体制下，政府出面贷款、吸引人才都比较方便。这是人们留恋政企不分的重要原因。在计划经济条件下，这或许有些道理；但在市场经济条件下，这就不行了。政企分开，政府同样可以派员创办和领导企业，当然要经过群众的推荐，受到群众的支持，并要脱离政府系列；政府仍然可以出面为企业筹措贷款、吸引人才，但不得以政府意愿、官员意图代替企业行为，不得强迫企业这样那样，不得向企业乱要钱物，同时也不为企业承担无限的经济责任。我们的目的是要使企业真正成为独立的经济实体，不是政府的附属物；是要清晰产权，由企业承担全部经济责任。

---

① 1953 年中共中央《关于农业生产互助合作的决议》。

② 《关于人民公社若干问题的决议》，1958 年 12 月。

③ 薄一波：《若干重大决策与事件的回顾》下卷，第 948、762 页。

其实，“政企分开”在理论上是早已解决了的问题。改革开放以来，党彻底否定人民公社体制，其中就包含恢复和发展农创合作经济，否定“政企合一”。1983 年中共中央发布的《当前农村经济政策的若干问题》（即 1983 年 1 号文件），肯定农业上实行以家庭承包为主的双层经营体制，指出“社队企业也是合作经济”，同时，要求“实行政企分设”，指出“这是在党的领导下我国农民的伟大创造，是马克思主义农业合作化理论在我国实践中的新发展”。文件在理论上说清了问题，为实践指明了方向，但在执行中则要具体分析。在农业方面，实行家庭承包、双层经营，即便农户有了充分的自主权，又发挥了农户联合起来实行集体服务的优势。在农业领域，政“企”职能分开已经实现，但在集体所有制的乡镇企业领域，则长期没有摆脱政企职能不分的老框框。久而久之，这种情况由习惯变成了人们的扭曲的认识，认为“社区集体企业就是社区政府的企业”，把合作经济的终极主人（社区群众和企业职工）的所有权抹杀了。这种情况也反映到行政体制上。在废除人民公社的时候，曾经组建了乡、村合作经济组织，恢复了乡政府，建立了村民自治委员会。这样，从形式上看，政企似乎已经分设。但在实际上，由于政府职能未变，仍然直接管理企业，经联社没有成为独立的经济实体，不久，人们就感到经联社是多余的，索性撤销了经联社，组建了副业办公室、多种经营办公室，它们不是合作经济组织，而是政府的职业部门。这样，政企不分的旧体制在社区集体所有制乡镇企业这个领域就延续下来了。

政企分设和清晰产权是一件事情的两个方面，解决了这两个问题，才能确立现代企业制度，才能适应社会主义市场经济的要求。

这里还需要讨论什么是集体经济的问题。前面已经说过，集体经济就是合作经济，那么，什么是合作经济呢？合作经济的本质是参加合作经济的成员的经济联合。中共中央 1983 年 1 号文件讲得很明确：“不论哪种联合，只要遵守劳动者自愿互利原则，接受国家计划指导，有民主管理制度，有公共提留，积累归集体所有，实行按劳分配，或者以按劳分配为主，同时有一定比例的股金分红，就都属于社会主义性质的合作经济。”这段话讲得很清楚：第一是劳动者自愿互利的联合；第二有民主管理；第三有公共积累，积累归集体所有，是集体可以支配的财产，是集体的物质基础；第四，以按劳分配为主，同时有一定的股金分红。按照这几条原则形成的经济组织就是合作经济组织，也就是集体经济组织。合作经济有高低之分。为数或多或少的劳动者联合起来形成的经济组织，只要遵循上述原则都是合作经济，也都是集体经济。这是较低级的。社区集体经济则是高一个层次的集体经济。我国农村的土地一般归村集体所有，农村的合作经济，在农业方面，也是以村为单位组织的。这样，农民从事农业生产所得的积累，一部分上交到村集体。村集体使用这些积累办企业，就是村办企业。村以一定的积累上交到乡集体，乡集体使用这部分积累办企业，就是乡办企业。乡、村企业都是合作经济。如果这样理解问题，承认合作经济有高低大小之分，社区集体经济只是其中的一种；同时还应承认劳动者的个体经济和合作经济之间并没有一条不可逾越的鸿沟。劳动者的个体按上述原则联合起来就是合作经济，合作经济的公共积累就是劳动者集体可以支配的财产。当然，劳动者的个体经济也可以走私营经济道路，但是真正能形成私营经济的只能是少数。我们既应鼓励私营经济适当发展，又应引导多数个体经济在它需要发展的时候，走联合起来的合作经济道路。这样理解问题，思路就活了，发展经济的路子就更加宽阔了。

第二，要始终坚持合作经济——集体经济的产权属于劳动者集体。这是一条最基本的原则，是解决体制问题的基础性认识。但是现在还存在一些模糊观念，因此我们单独作一段加以讨论。至于怎样在实际工作中加以落实，将在下一段谈企业体制问题时加以论述。

合作经济集体经济的所有权归参加这个经济组织的劳动者所有，这本来是不言自明的问题。但现在在社会舆论中有人说，集体所有制乡镇企业在它发展初期，说它归劳动者所有，还有道理。现在，企业发展得这样大了，再说归劳动者所有，就不切实际了。还有的说，我们的企业是借贷款办起来的，不是靠农民的积累，不能说归农民所有。这些说法都是似是而非的。企业由小到大，积累由少到多，这是经济发展的自然规律，但它的“根”并没有改变。许多私营企业都是由小到大，但它的所有权并没有变化。企业靠借贷款发展，但这贷款是用集体的名义借的，欠了贷款，不能用政府的财政收入偿还，仍然要农民集体偿还。办企业的土地是农民集体的，劳动力是廉价的，积累主要是农民劳动的积累。在改革开放发展外向型经济中，批租土地给外商，在苏南的一些地方，每亩地的租金10万元左右，租期30或50年，然而付给农民的却很少，土地级差地租的一部分不也是农民集体的吗！总之，集体所有制企业的产权属于农民集体，这个事实是无论如何也不能改变的。

社区集体所有制企业在向现代化发展的过程中，要实行跨社区、跨所有制以至跨国际的联合，有的要发展成企业集团或股份有限公司。这时，就整个企业来说，有的是混合所有制的企业；但是，就参加联合的集体所有制部分来说，仍然属于农民集体。对这样的问题应该妥善处理，不要在发展联合中使这一部分产权流失。

第三，企业管理体制的深层次改革。这是苏南改革创新的关键一环。要使产权清晰，要做到政企分开，要把我们前面的想法落到实处，就要首先进行企业管理体制的改革，转换企业经营机制，使企业能够独立自主、自负盈亏、自我发展、自我约束。如果企业管理体制没有改好，一声喊“政企分开”，企业就会失控，带来更大的问题。

苏南的乡镇企业是一直在进行改革的，例如不少企业实行全员抵押承包，不少企业吸收群众集资，付给一定的利息（面向群众筹集资金，也是一种改革），以及减少基层政府人员等，但这些都还没有触及原有体制的框框，没有触及深的层次，或者只能说是深层次改革的前期准备。苏南选择的深层次改革是以股份合作制作为改革的主要方向，这可能是一种最佳的选择。

根据苏南的特点，我们以为，在推进股份合作制时，似应注意以下问题。

（1）要首先进行合作制的改革，以明确产权，完善民主管理制度。不能抛开合作制改革，只着眼于吸收社会法人和自然人入股，这样，表面看去，似乎也是股份合作制，但企业的运行机制未变，企业归劳动者所有的性质没有落实，仍然不是彻底的改革。

（2）扩大资金来源是改革的一项成果，但不是主要目的。主要目的是明晰产权、转换企业经营机制。如果达不到这个主要目的，那就还没有达到深层次改革的目标，就会像人们说的那样：换汤没有换药。

（3）苏南的重要特色是集体财产实力雄厚。这是苏南在建设有中国特色的社会主义过程中积累起来的宝贵财富，是苏南做到经济和社会协调发展的重要物质基础。因此，在推行股份合作制时不应分散已经积累起来的集体财产。这就只能实行增量股份制，就是说，已经积累起来的集体财产作为集体股，另吸收职工以及社会法人、自然人入股作为企业的增量。这样，集体股的份额必然很大，从苏南已经试点的股份合作制企业来看，集体股占到股金总额的80%左右。这时，如果由政府人员代表集体股，担任董事长，仍然控制企业，而群众感到自己的股份微不足道，不足以激发主人翁的责任感，那就很可能是小修小补，或者换汤不换药。又要保证集体资产不被分散，又要转换机制，确实不易。这是苏南改革的特点，也是难点。要解决好这个问题，现在看，可以抓住以下环节。

一是要逐步增加职工股的比例。只要企业效益较好，职工入股的数额肯定会增加。与此同时，按照苏南的做法，将存量资产中的一部分作为"虚拟股"，(有的称为"享受股"，取其享有存量资产所获利润之意)，按照职务、技术、工龄量化到人，只有按股分红之权，没有所有权。这种做法既没有分散存量资产，又体现了职工享有存量资产所获利润的一部分，有其深刻的意义。

二是要切实搞好民主管理。管理权不是所有权，但它是所有权的一种表现。企业依靠职工搞好民主管理，也体现企业是属于大家的。这样认识问题，可以强化民主管理的意识，增强职工的主人翁责任感。要依靠职工和股东代表订出好的企业章程，依据章程选出董事会和监事会或厂管理人员。财务要向职工和股东公开，接受监事会和职工、股东监督。如果政府官员被选为较大企业的董事长，就应该逐步地脱离政府系列，进入企业系列。

三是要努力在企业中形成一个有权威的、好的管理层。任何一个企业，没有好的管理层都是办不好的。这个管理层要有较高的政治觉悟，真正致力于办好社会主义企业。在经济上，要通过工资和虚拟股金，使他们的收入高出一般职工一定的数量，要鼓励他们多向企业入股，但要有一定的限额，以不让少数人操纵企业为度。

四是要妥善处理好分配问题，以体现企业为社区群众和职工集体所有。企业在税后利润中留多少积累（公积金、公益金），以多大的比例按劳分配，多大比例按股分红，在章程中都要有明确的规定。企业如何体现归社区群众所有呢？村办企业和乡镇办企业是不同的。村的范围小，利益关系直接，按照太仓市王秀村的做法，是在全村以户为单位，每户分配一个"享受股"，同时村以企业收益的一部分为全村举办各种服务性和福利性事业。乡镇范围大，不可能把“享受股”量化到每一户村民，只能由企业缴纳一定的贡献给乡镇，由乡镇进行社区建设，如修筑道路、兴办教育、投入水利工程、治理环境、补贴社会保障事业等，以体现社区群众的利益，同时也为企业提供良好的发展环境。

五是要进行高层次改革。对于乡镇企业来说，所谓“高层次”就是指的乡镇。乡镇集体拥有很大的股份，必须有一个代表终极所有者的机构；乡镇企业发展到这样的程度，也需要有联合的机构（一般称总公司）加以调节。这个机构应该是独立的经济实体，按照企业的原则经营，因此不应该是政府。这个机构应该实行民主管理，有职工和股东代表会，有章程，按照章程选出董事会和监事会，明确规定编制、职能和总公司职工报酬，接受监事会和职工、股东的监督。苏南都建立了总公司，现在提出这个问题，是要总公司进行企业性改造，形成独立的经济实体，而不是政府的职能部门。这是一项十分重大的改革，需要先进行试点，取得经验，规定政策法规，认真培训干部，然后逐步推广。因此，要有一个或长或短的过程。这项改革完成了，政企分开、清晰产权、转换企业机制，才比较彻底，现代企业制度才能真正建立起来。

政企分开，绝不是政府不要管企业，如果那样理解，那就是误解了。政企分开，指的是让企业独立自主经营，不要以政府行为代替企业行为，在财政上更不可随意向企业伸手。在政企分开后，政府要向企业推荐干部和人才，要对企业进行监督，要总结企业的经验教训，要在宏观和中观上对企业进行调控，要用经济和法律手段管理企业，在企业有违法乱纪行为和经营管理混乱时，也要进行行政干预，但在一般情况下不要这样做。在苏南，实行政企分开要有一个过程，不能操之过急。政企分开并不是要削弱党对企业的领导，党的工作中心是经济工作，因此，要认真研究企业问题，要为企业培训和挑选干部，要健全企业中的党组织。企业的领导人中条件好的，可以参加党委。政企分开不包括村一级。村不是政府。苏南的一些村庄已经组建企业总公司。村庄企业化，在经济发达地区可能是一个方向。

在苏南，乡镇企业改为股份合作制以后，一些骨干企业可能发展成股份有限公司。即使到那时，企业的集体所有制部分，仍然归社区群众和职工所有，不应改变。

企业改革也不排斥其他形式，例如一些规模比较小的企业实行公有私营、租赁、拍卖等。拍卖是为了产权向优势产业集中，但要注意，集体所有制企业拍卖后，应把拍卖所得转入其他产业，不得转为消费资金，更不能转为私有。

企业改革的成果必须表现在企业管理上。管理也是生产力，管理加强才能产生效益。同时，加强管理对清晰产权也是一个推动。因此，改善和加强企业的内部管理，应和明晰产权等项改革同步进行。

第四，企业体制的改革必须与宏观的改革相配套。这里提出一个问题：一些同志意识到政企不分、产权不清晰对企业效益的影响已经不只一两年了，为什么问题的解决比较迟滞呢？除了认识上的深度以外，还和宏观环境密切相关。例如，银行贷款以政府担保为条件，税收包干到乡镇，这都使政企难以分开。现在的情况是国家正从传统的计划经济向社会主义市场经济转变，苏南的同志正在积极落实国家的政策，宏观条件正在变化。这就会促使企业的改革向深层次发展。从苏南的情况看，一是要逐步转变政府职能，精简政府机构，使干部学会用经济手段和法律手段领导经济；二是要坚决把金融改革和税收改革落到实处；三是要建立乡镇企业破产的地方法规；四是要完善社会保障制度。这些宏观经济和社会环境的改革与企业改革配套，一定可以使苏南的经济和社会焕发更大的生机，加速向社会主义现代化前进。

四　关于苏南社会全面进步的几点建议

在行将结束本文的时候，我们想仍然回到小平同志的上述讲话上来。小平同志讲话的一个重要精神是城市和乡村、工业和农业协调发展，社会全面进步。那么，在经济持续、快速、健康发展的基础上，如何做到社会全面进步呢？这里只谈几个新情况和新问题。

（1）要探索进一步壮大社区集体经济的新路子。多年来，社区集体经济主要是由乡镇企业上缴的利润积累起来的。当然，国家和地方政府对乡镇企业的税收放得比较宽，乡镇企业向社区集体上缴一些利润，在总体上说，还不影响企业在市场上的竞争能力。现在，随着社会主义市场经济体制的确立，不分何种类型的企业，都要按照统一的税率交税。市场竞争将越来越激烈。如果再要乡镇企业为社区建设支出许多钱，乡镇企业在市场竞争中将处于不利的地位。因此，要继续壮大集体经济，加强社区建设，就要探索新的途径。我们考虑，可否采取以下办法：① 从乡镇集体股金所分红利和集体资产所得租金中提取一部分用于社会性事业。但是，提取的数额不可过多，因为集体还要用这些资金向企业投资，以增强企业的活力；② 在地方税的税收总额中，分出一定的比例留给地方社区，用于社区建设。这样做，经济发展得越快越好的社区，得到的社区建设经费越多，反之就要少一些。这符合经济发展和社区建设的规律；③各类类型的企业，只要是设在本社区的，都要向当地社区交纳一定的环境建设费用。这项费用似可由地方法规规定；④ 广开门路，多方筹集资金，包括外资。这些资金，作为一项投资，用于房地产建设、道路建设、供水供热设施的建设等，建成后，资金可以收回，并有一定的利润。总之，要改变依靠集体所有制乡镇企业单渠道投资建设社区的局面。

（二）全面城市化。城乡协调发展是苏南模式的一个重要特征。现在，城市群体已经有了很大发展，产业结构和劳动力结构有了根本性变化，城乡人民的生活水平以及科技、教育、文化、医疗和各种社会化服务的水平日益接近。这种情况说明，苏南已经进入城乡全面城市化阶段，有人说这是苏南继乡镇企业、小城镇之后的“第三波”。据太仓市、吴江市、吴县三市（县）统计资料，在 1992 年的国民生产总值中，第一产业占 15.65%，第二、三产业占 84.35%。农村劳动力从事第一产业的占 37.3%，从事二、三产业的占 62.7%。如果把城市劳动力和外来劳力计算在内，从事第二、三产业的劳动力占总劳力的比重不低于 80%。城镇人口大幅度增长。以吴江市为例，全市共 23 个乡镇，1992 年只剩下 5 个乡。其余全是建制镇。乡镇政府所在地和市区的总人口 367047 人，比 1985 年增长了 72.69%，占全市总人口的 47.5%。还有不少村庄已经城镇化。城乡人民收入水平已经相当接近。这些都说明苏南城乡城镇化的趋势是很强烈的。

城镇发展到这样的水平，必须要考虑一系列相关的政策性问题。

最大的政策性问题是户籍制度的改革。我国原有的城乡分割的户籍制度，其立足点是城乡差别很大，农村剩余劳力多，又极想进城，城市容量有限，而现在，情况已经发生了根本变化。现在已经不是限制农民进入城镇，而是要吸收农民进入城镇，这既可加快城镇的发展，又可推动农业的规模经营。当然全国的发展是很不平衡的，就全国来说，现在已经放开了小城镇户口，在苏南和类似苏南这样的地区，则应该取消城乡户口界限。在我国这样发展不平衡的大国，户籍制度的改革似可考虑采取“区域推进”的办法。当然，取消城乡户籍界限并不等于不要户籍管理，只是取消了城乡户口的身份差异，人员原则上可以自由流动，可以从农村转到城镇，也可以从城镇转到农村。但在转移中要加强管理，在转移后要纳入当地的居民管理系列，而不是盲目地流动。解决了户籍问题，也就破除了城乡分割的最后一道藩篱，使整个城乡的城市化水平大大提高一步。

城市本身的建设要提高，使城市能容纳较多的人口以发展生产力，又有良好的服务和安定的社会秩序。

城镇发展要有科学的、合理的规则。像苏南这样全面城市化的地区，急需由国家和省从全局着眼自上而下作出城镇发展规则。如果没有规则，每一个市、县、乡、镇都要突出地发展自己的城镇，就必然带来城镇发展的混乱和浪费。例如苏南有的县级市之间只相距十多公里，如果都要成为中等城市，那就显然不合理了。有的地方市县政府聚居一地，各搞一套，人称“一蛋三黄”。在一个县级市（县）的范围内，也易于重点发展几个重点镇或重点工业区，加强这些重点的建设，吸引企业向它们聚集，不要每个乡镇都齐头并进地发展。

要注意吸收外来人口到本地落户。城市的重要特征是人口、科技、经济的密集。苏南进入全面城市化阶段，当然可以吸纳更多的人口。现在苏南已经有二三百万外来人口，应该有选择地逐步接纳他们中的一部分在本地落户，把外来人变成本地人。人口既是消费者又是生产者，现在流到发达地区的人口首先是生产者。吸纳他们落户就是聚集生产力。这对于苏南的发展，对于减轻“民工潮”对交通的压力，对于全社会的稳定都是有利的。

（3）在加快城镇发展的同时，在农村，要积极推行农业规模经营，尽快实现农业现代化。在市场经济发展、企业改革、创新、劳力绝大部分转入第二、三产业、全社会进入全面城市化的阶段，只靠企业在本社区范围内补农、建农这个老办法就不够了。现在的农民只想种一小块地，够自己吃用；发展下去，会连一小块地也不想种了。那样，农业就会萎缩下去。

现在的问题是要加速实现科学种田、生产社会化、适度规模经营，使农业变成一个独立自主的产业。我们建议，在发达地区，除了国家对农业的投资以外，地方财政应该拿出一定的资金，同时吸收各方面的资金包括外资，组建现代农业发展基金，有选择地投向较大规模的农业开发项目，建设现代农业。在广大农村，则应加快发展农业的适度规模经营，发展种田大户和小农场，使农业和第二、三产业的职业分工逐步专业化，使农业成为独立的产业。

（4）在积极吸引外资时，要保持清醒的头脑，使引进的项目确实有较高的技术水平，做到引进对我有利，同时要在大量引进中保持自己独立自主的地位。小平同志在视察南方的重要谈话中说：“多搞点‘三资’企业不要怕。只要我们头脑清醒，就不怕。我们有优势，有国营大中型企业，有乡镇企业，更重要的是政权在我们手里。”① 一个“不要怕”，一个“清醒”，一个“优势”。这三条密切联系，不可分割。所谓“优势”，就是说，越是大量引进外资就越要努力搞好国有大中型企业和乡镇企业，改善和加强党的领导，搞好政权建设。所谓“清醒”应该包含两层意思：一是引进的项目要与我有利。苏南的土地和资金都是十分宝贵的，我们在引进中不可浪费土地和资金。二是要善于分辨引进中的利弊得失，发达国家的技术和与我有益的管理经验，我们要虚心地学，不该学的不能学。外商带来的资金和技术、管理经验，我们热情欢迎。但是，他们中有的人也带来了腐朽的人生观、世界观和生活方式，我们要用自己的好东西感染他们，而不要让他们带来的一些腐朽的东西侵蚀和腐化了我们自己。有的国家公开要求他们的投资者在中国宣传他们那一套所谓“自由民主”。这应该引起我们足够的警惕。

大量吸引外资，就要及时研究对外资的管理。苏南有些县市建立开发区，有的乡镇建设外资区，既可改善外资的投资环境，给外商提供较好的服务，又便于加强对外资的管理。苏南普遍在外资企业建立工会，保护职工的合法权利。这些经验都应该肯定，还应不断创造新的经验。

（5）积极培养跨世纪的人才。苏南人杰地灵，这是不错的，但要往前看。苏南面临的任务是实现社会主义现代化。用“现代化”的标准来衡

---

① 《邓小平文选》第三卷，372～373页。

量，人才就十分缺乏了。应该具有人才的紧迫感，大力培养人才、吸引外来人才，特别是高层次人才，为逐步实现社会主义现代化做好人才准备。

（6）越是对外开放，越要加强社会主义精神文明建设。两个文明一起抓是苏南的好传统，是在社会主义轨道上保障社会全面进步的核心内容。走进苏南，可以看到，苏南的社会主义精神文明建设是好的。但是，事物都是发展变化的。我们不能满足已有的成绩。应该看到，在对内对外开放的过程中，各种思潮的冲击即使在苏南也是相当尖锐的。在经济生活领域，私有化的舆论在少数干部中私下流行；在文化生活领域，相当一部分人认为在开放的条件下，腐朽的东西泛滥不可避免，认识不到它会葬送我们的事业。在党组织内部，一些人对腐败现象姑息迁就。一些党员教育部门，面对各种思潮的冲击，不知道对党员的教育该怎样做才好。在农村，封建迷信思想抬头，有的地方赌博盛行。看相算命的虽然不多，但也是到处可见的。

我国有一句名言："学如逆水行舟，不进则退。"这句话不论对于物质文明还是精神文明建设，都是适用的。我们对于精神文明，只有像物质文明那样，抓得很紧很紧，使它更深入、更丰富、更容易为群众接受，才能防止精神文明滑坡，让苏南的两个文明建设取得更加辉煌的成就。

中国乡村里的都市工业*

李培林

改革开放以来，中国的乡镇企业异军突起，仅用了十几年便创造出与国民经济的产业结构雷同的“第二国民经济体系”，即作者所称的“乡村里的都市工业”。本文探讨了乡镇企业发展如此迅速的原因，在天然的土地社会保障、家庭伦理与组织成本、廉价劳力和创业精神、成本外部化与送礼“艺术”、法人社会等问题的剖析中，以独到的视角阐释了人们普遍关注的诸如“离土不离乡”、血缘关系在乡镇企业中的地位与作用等问题，读来令人耳目一新。

中国目前的乡镇企业，就整体而言，已不是历史上那种以农副产品加工为主的乡村工业，它已完全超越了乡村工业加工农副产品的常规发展模式，在行业分工上与城市工业具有很强的“同构性”。近几年，在乡村工业总产值中，重工业产值占到45%以上，而在轻工业产值中，以非农产品为原料的轻工业又占40%以上。乡村工业内部34个行业的产值结构，与全国城市工业产值结构的相似系数高达0.7以上。由于乡镇企业的发展，从1990年开始，在农村社会总产值中，三次产业各自所占的比重，按先后次序排列，也出现了“二一三”的格局，与国民经济的产业结构雷同，从而创造了一个“第二国民经济体系”。正是在这种意义上，我们称乡镇企业是“乡村里的都市工业”，因为它或多或少地还带有“乡土味”。

一　并非偶然的巧合

在我国近二三十年的经济发展中，我们可以观察到这样一个现象，越

---

* 原文发表于《社会学研究》1995年第1期。

是经济比较发达的地区，越是经济发展快的地区，乡镇企业产值在该地区社会总产值中所占的比重越大。1993 年，广东、江苏、山东、浙江、福建 5 省的国内生产总值增长速度都大大超过全国平均水平，是国民经济增长的中心区域；同时，这些省份也是乡镇企业较为发达的地区，这 5 个省乡镇企业的总产值就占到全国乡镇企业总产值的 50% 左右，乡镇企业总产值在这些省份的社会总产值中占的比重，已经达到 30% ~40%。苏南许多较为发达的县，乡镇企业早已从“半壁江山”发展成“三分天下有其二”。这种现象的出现，绝不是一种偶然的巧合。

首先是增长速度上的差异。1980 ~1992 年，乡镇工业与国有工业的增长速度相比较，有 5 个年份乡镇工业的增长速度比国有工业高出 20 多个百分点，有 4 个年份高出 10 多个百分点。1993 年全国全部工业比上年增长 21.1%，其中国有工业增长 6.4%，乡办工业增长 41.3%，差距是十分明显的。

由于自 1980 年以来，国有工业增长速度一直大大低于全国工业增长的平均水平，因而造成国有工业产值在全国工业增产值中的比重逐年下降。1980 年占 76%，1985 年占 64%，1990 年占 54.5%，1992 年占 48.4%，差不多每隔 5 年所占的比重下降 10 个百分点，1992 年这种下降趋势开始加速，当年下降 4.4 个百分点。与此同时，乡镇工业产值在全国工业总产值中的比重却逐年上升，1980 年占 10%，1985 年占 19%，1990 年占 29.7%，1992 年占 34.4%，差不多每隔 5 年上升 10 个百分点，1992 年当年就上升 3.6 个百分点。国务院研究室根据近 10 年各类经济成分各自的平均增长情况建立时间序列模型预测，如果滤除各种非正常因素和经济不发生大的波动，90 年代国有工业年平均增长 7%，集体工业 15.7%，个体工业 22%，“三资”及其他工业 31.9%。按此速度，到加 2000 年，在工业总产值中，国有工业占 29%，集体工业占 41.3%，个体工业占 10.7%，“三资”及其他工业占 19%。[①] 由于集体工业和个体工业中的绝大部分、“三资”及其他工业中的很大一部分都是乡镇企业，所以到 20 世纪末，单从产值比重上来看，乡镇企业就不仅是国民经济的重要支柱，而且是主要支

① 王梦奎等：《我国所有制结构变革趋势与对策》（下），《管理世界》1994 年第 1 期，第 129 页。

柱。当然，国有企业仍然掌握着能源、铁路、航空、邮电通信等主要的经济命脉，这是政府保持有效的宏观调控能力所必需的。但是，为了吸引多方资金发展“瓶颈”产业，促使形成更充分的竞争局面，这些领域中的高度垄断和进入退出壁垒迟早也会松动。

乡镇企业的发展速度之所以这样快，成为新的“增长中心”，主要是因为乡镇企业的总体经济效益相对来说较好，成为新的“利润中心”，而且乡镇企业的发展和地方政府的利益联系更为直接。因而受到地方政府的大力扶持。

1993年，全国152万个乡村两级企业，亏损的有5.3万个。占3.48%（其中乡办企业17.88万个，亏损的1.77万个，占9.90%），而全国7.16万个独立核算的国有企业中，亏损的2.17万个，占30%。由于从1993年7月1日起，国家开始实行参照国际标准制定的新的《企业财务通则》和《企业会计准则》，要求把长期借款利息、奖金、福利费、坏账损失、亏损挂账以及增加的折旧费、技术开发费等全部计入成本，从而使预算内国有企业原来的潜亏大部分转化为明亏，到1994年年中，国有企业按企业个数计算的亏损面，已经达到50%左右。即便是按企业利润计算，1993年国有亏损企业的亏损额为485.96亿元，相当于国有盈利企业利润1283.51亿元的37.9%，同年乡村两级企业的亏损额为49.3亿元，相当于乡村企业利润976亿元的5%（其中乡办亏损企业的亏损额为25.1亿元，相当于乡办盈利企业利润317.32亿元的7.9%）。1994年，在一些地区，甚至出现了预算内国有企业盈亏相抵，产生净亏损的严重局面，这是前所未有的警号。有的学者认为，国有企业亏损的大多是中小企业，情况并没有那么严重，但这种判断并没有非常充分的根据。1980~1993年，预算内国有大中型企业平均每年增亏47.4%，其亏损额占全部工业亏损额的比重也由1990年的54.1%提高到1993年的61.3%。

此外，乡镇企业产值比重高的地区往往也就是工业经济综合效益较好的地区。1993年，根据对全国乡及乡以下独立核算工业企业的分析，以产品销售率、资金利税率、成本费用利润率、劳动生产率、流动资产周转次数和增价值率等6个参数计算的工业经济效益综合指数，全国平均为91.61，除去上海和北京两个直辖市，超出全国工业经济效益平均水平的省区有：云南（综合指数为163.39）、广东（114.15）、广西（111.80）、福建（105.64）、江苏（99.34）、山东（98.66）。其中，除了云南由于高利润的烟草工业比重大，有很多不可比因素外，其他省区的工业经济效益水平与这些地区乡镇企业和其他非国有企业所占的比重高有非常密切的关系。

乡镇企业和国有企业的差别还可以从生产过程中看到。国有企业往往是先制订生产增长计划，然后是努力完成增长目标和寻找销售市场，而一旦产品滞销，造成亏损，也只能继续经营，维持运转。乡镇企业多半是以销定产的，生产的第一步就是“接单”，即接受产品的购买订单，如果没有足够的订单，就要控制生产规模，把剩余生产能力用于新产品的开发和转产，在市场发生变化出现产品滞销和亏损时，企业的关、停、并、转是必然的。另外，与国有企业相比，乡镇企业可以把更多的利润份额作为企业的自有资金，用于积累和扩大再生产，正是由于利润目标和积累能力这两个重要优势，使乡镇企业的产品和设备的更新能力、对市场的应变能力以及向高利润产业的转移能力都要高得多，因而市场竞争力也更为强劲。尽管人们可以笼统地说，企业的目标应当是满足人们物质生活和文化生活需求，但具体到现实，就立刻看出了差别，自给自足的小农经济是为了自身消费而生产，产品经济是为了完成计划和实现产值目标（政绩）而生产，市场经济是为了获得销售收入和利润而生产。日本著名经济学家，兴业银行顾问小林实先生在考察了中国企业，特别是乡镇企业之后，认为“中国城市中没有经营者，农村中有经营者”①。这虽然有些言过其实，但却反映了一个重要问题。

乡镇企业从一开始就是作为具有独立经济利益的行为主体而存在的，从这一点来说，它更接近于承担一切经营风险的预算约束较硬的市场主体。

二　天然的土地社会保障

乡镇企业是农民兴办的企业，所以从一开始，乡镇企业就与土地和农

① 参见姜波《中国干得非常出色：日本著名中国问题专家小林实访谈录》，《经济日报》1992年1月1日。

业有千丝万缕的关系。费孝通先生曾把处于初期阶段的乡镇企业称为“草根工业”，这一方面说明了乡镇企业所具有的“野火烧不尽，春风吹又生”的顽强生命力，另一方面也说明了这种生命力的最初源泉在于和“土地”的联系。

在中国，农民的职业是天生的、既予的，而不是选择的。在这方面，农民和市民是有巨大差别的。对于市民来说，职业首先是选择的结果，每一位市民从孩提时代就开始了对未来职业的憧憬，即便是在高度集中的计划经济体制下，学生毕业后的工作分配主要表现为一种制度安排，但从这种制度安排原则上直接与学生选择的专业相联系来说，它仍然可以说是一种个人选择的结果，尽管这种选择结果在计划体制下是难以变动的。农民则完全不同，大多数农民的子弟从少年时代就开始介入农业劳动，学习务农的本领，农民子弟通过考取大学和专科学校而选择其他职业的只是极少数，相对于以亿计数的农民来说，只是凤毛麟角。在大多数农民看来，农家子弟继承父业从事农业是一种命运，同时也是社会的既定安排。在所有的关于青年职业选择的社会调查中，还很少有选择农民为职业的，因为农民这种职业是用不着“选择”的。

既然农民的职业并非选择的结果，因而也就用不着有“失业”的担心。所以说，尽管目前中国农村中存在以亿计数的农业剩余劳动力，但并没有严格意义上的“失业”。

那些较早实现经济起飞的西方国家，其必须经历的资本原始积累阶段几乎都无一例外地以对农民的剥夺，特别是对土地的剥夺为起点的。这是一个血与火交织的痛苦过程，付出的代价也是巨大的。西欧各国为完成资本原始积累，都花了100多年的时间，其间充满着动荡和只有那个时代才可能承受的尖锐的阶级对抗。日本在明治维新以后，仅用了30年的时间就完成了资本原始积累阶段，但缩短过渡时间所依赖的是对农民更严厉的剥夺以及东方人在那个时代对压迫的忍耐力。直到目前，仍有一些所谓的现代化理论专家，不顾时代的变化，把这种血与火的资本原始积累过程视为启动农村现代化的铁律。

中国乡镇企业的“异军突起”以及它在农村社会结构转型中扮演的重要角色可能是世界现代化道路中出现的新经验。中国的乡镇企业之所以能够得到顺利发展，中国农村社会结构在急剧的变动过程中，之所以没有出现大的动荡和激烈的社会冲突，在很大程度上得益于乡镇企业巧妙地运用了“农民的职业是既予的、农民没有失业”这一维持乡土社会稳定的“传统规则”，通过与农业和乡村的经济社会交换使农业和土地成为乡镇企业工人的生活就业保障，从而为农村社会结构转型提供了一种稳定机制。

我们在阐述中国国有企业组织创新问题时就指出，中国的国有企业不仅仅是一个经济组织，它同时也是一个生活单位和社会政治组织，是一个单位化的大家庭，它要为维护社会稳定承担重要的责任，并因此而付出高额的代价，因而社会保障的责任完全由企业自己来承担，大大增加了企业运转的成本，从而影响了企业的效率和效益。① 乡镇企业则不然，它的工人绝大多数在农村都有“责任田”或“口粮田”，农业和土地不仅为乡镇企业职工的生活提供了一部分稳定的收入（或者只是口粮），更重要的是成为乡镇企业工人的生活就业保障，使他们在企业倒闭时有了一种退路，一个在重新就业之前的“避风港”，不至于完全“失业”，这样亏损企业的破产倒闭也没有“功能上的障碍”。据中国社会科学院经济研究所在80年代中后期对山西省原平县9个乡镇企业104名职工所进行的问卷调查，80.8%的乡镇企业职工家庭的耕地全部由自家经营；5.8%的户是大部分自家经营，小部分转包他人；而大部分转包他人和全部转包他人的仅占3.9%。② 1992年，当我们在不同经济区域的乡镇企业个案调查中对这一结果进行印证时，竟惊奇地发现，尽管近些年来农业劳动力转移量和土地耕作的集约化程度有了较大提高，但只在少数乡镇企业特别强大的地方，农业耕作已完全由农村企业集团的“农业车间”来承担（如天津大邱庄、浙江萧山航民村、江苏江阴华西村、山东牟平新牟里、广东宝安万丰村等），就总体来说，乡镇企业对土地的依赖程度仍然很高。全国每年都有一批亏损的乡镇企业自生自灭，土地就成为这些企业职工的“失业保险”。

在这方面，乡镇企业与出于一种国防战略而从城市迁入农村的“三线”企业有着本质的不同。“三线”企业对于它所迁入的传统农村区域来说，完全是一种“陌生物”，是“外来的”，它与近在咫尺的农村存在难以

① 李培林等：《转型中的中国企业：国有企业组织创新论》，山东人民出版社，1992年版，第95页。

② 中国社会科学院经济学研究所编《中国乡镇企业的经济发展和经济体制》，中国经济出版社1987年版，第242页。

逾越的制度屏障。50 年代到 70 年代的 30 年中，国家工业建设的重点曾放在中部和西部之间的走廊地带，从内蒙古经陕西、甘肃到四川，投资达 3700 亿元，建成了 9 条铁路和几千个大中型国有企业，但是这些企业却并没有成为这些地区农村经济发展的启动力。它们成为独立于周围社区系统的“小王国”，而且成了一些在社会生活各方面力求自给自足的封闭性单位。这些企业和其所处社区的隔绝状态，费孝通先生称之为“人文生态失调”①。在这种失调的人文生态中，“三线”企业的生存和发展步履维艰，因为要耗费很大的精力、人力和财力来“企业办社会”，从而付出比通常高得多的成本。乡镇企业则不同，对于它所处的社区来说，它不是外部强制注入的，而是内部主动创造的，它与乡村社区生活是融为一体的。

农民是天生的无须选择的职业，这本是乡土社会的“传统规则”（当然从一定意义说，也是现代社会里存在的“传统规则”），但乡镇企业通过经济社会交换使这种“传统规则”变成向新体制结构转变的稳定机制。从这里我们也可以看到，一些持传统—现代二分法的激进的现代化理论家在对“传统”的认识上是何等的偏颇，他们不理解传统在本质上是蕴含着过去、现在和将来的动态积淀过程，某些“传统要素”可以通过经济社会交换而成为向新体制结构过渡的稳定因素，而不像他们所说的那样全都是障碍。

三　家庭伦理与组织成本

乡镇企业是建立在乡村社区中的，对乡村社会关系起重要作用的血缘和地缘关系对乡镇企业的组织也有非常重要的影响。在那些集体经济相对薄弱和历史上以家庭为单位的小工商业较为发展的地区，家族关系在乡镇企业的组织中起着至关重要的作用，特别是在农民的个体、联户和私营企业中，更是这样。企业的领导往往扮演着老板和家长的双重角色，企业中的会计、推销员、司机等关键人员也大多与企业老板有亲缘关系，尤其是会计一职，多半是直系亲属（小企业中往往是妻子或女儿，稍大一些的企业可能是儿媳等）。在企业的人际关系中，人们很难把业缘关系和血缘、

① 费孝通：《从沿海到边区的考察》，上海人民出版社 1990 年版，第 187 页。

地缘关系截然分开，很多企业本身就是一个扩大了的家庭。

在乡村的民间金融活动中，私人借贷成为企业间筹措资金的重要方式，而这种私人借贷又往往经由“钱中”或“银背”来引线搭桥，借贷双方甚至可以互不见面，全凭中介人的人情信誉，对违约起制约作用的是信誉的损毁和以命相争。但在乡土社会中，人情信用就像银行信用一样有效。乡镇企业的这种乡土性特征和企业的启动资金的来源有重要关系，但企业的启动资金重要来源于家庭资产的转移、家庭成员的个人积累或家族、乡亲之间的借贷时，血缘关系和地缘关系就会同财产关系一道移植到企业的组织构造中。

村办集体企业的产权关系是最富有说明意义的。人们通常认为，村办集体企业与城市集体企业、起码与乡办集体企业在产权关系上是一样的，都属于集体所有制，其实不然。村办企业产权的外部边界基本上是清楚的，至少在村民们自己看来是这样，它是属于全体村民的共同财产，从整体财产来说，它是具有排他性的，尽管其产权的内部划分并不像合伙、合股企业那样清楚。典型的例子就是村办企业中的“本村人”与来做工的“外村人”之间的差别。本村人把村办企业视为“自己村里的”，有自己的一份，而且他也的确可以直接或间接地从村办企业增加的利润中获得相应的好处，而外村人只是来打工的，除了工资（可能还有奖金）别无他求。尽管大部分农民还没有现代的产权边界观念，但他们确有反映类似观念的朴素语言。当我们分析调查中的录音资料时，发现农民最经常使用的反映产权归属的术语就是“我们”和“他们”，如“我们村的企业”，“我们创办的”，“我们自己买的设备”，“我们按规定给国家纳税”，“他们是来打工的”，“她们住在我们原来的房子”，等等。说这些话的人可能并未直接参加企业的创办，现在也并未在企业里工作。村办企业中“我们”和“他们”之间的差别比本村人中务农者和务工者之间的差别还要大，因为人们划分“我们”和“他们”，不是以职业，而是以生活圈子和财产权利为边界。

在城市的区和街道中生活的人，他们对区办和街道办的集体企业是没有这种产权归属观念的。就是在这些企业中工作的职工，与企业产权也没有必然的联系，在本街道职工和外来职工之间，也不存在产权归属观念上的“我们”和“他们”的区别。至于乡办镇办的集体企业，在产权关系上已与城市集体企业没有什么重要区别，其产权的外部边界是和社区行政权力的权限边界基本重合的，产权的排他性重要表现为社区“块块经济”的利益独立性，只不过农村社区政府的利益独立性程度要比城市社区政府高得多。但这种“排他性”已与真正的法律意义上的排他性相去甚远。

乡镇企业中仍然是一个“互识社会”，在那里，家庭伦理范畴的人情交换往往同经济交换同样的重要。人情就是一种“信用卡”，人情的信用不是依靠文字契约建立的，而是通过相互默契的行为准则产生的。对于互识社会的人们来说，人情的信用比签字画押更可靠，因为文字是可以变动的，而人情是铭刻在心上的。在乡镇企业中，职工的忠诚往往不是依靠“科层制”的监督系统来保证，而是靠移植的家庭伦理的规则来保证。

乡镇企业中的人情交换取决于信任和承诺。在乡土社会中，这种承诺是无须用文字来规定的，交换者的身份就是承诺的担保。乡镇企业也仍然是一个身份的等级系统，每个人的身份都有固定的位置，所代表的承诺价值也是不一样的。在日常生活领域，承诺的担保是因身份而产生的人情、面子、名誉，在经济领域，承诺的担保是家庭的财产和生活的命运，在政治领域，承诺的担保是因身份而产生的权力。乡镇企业的这种人情关系也扩大到企业外部，人们常常会发现乡镇企业中设有一些“权力股”或“人情股”，是用来无偿地或廉价地送给一些携有“身份”的人的。这种身份本身就代表着一种承诺：他可以弄到贷款，可以减免税收，可以为企业主持“公道”，或者只是可以使企业省去一些日常经营中的“麻烦”。

乡镇企业移植家庭伦理规则作为组织规范，并不是因为乡镇企业的经营者比其他企业经营者更多情善感和富有人情味，也不仅仅是因为他们由于知识背景的限制而缺乏现代的组织观念和经济理性，而是因为在乡镇企业中建立科层制规范的设计、监督成本是很高的，刚脱离土地进入企业的工人对这种规范也需要一个适应的过程，而把现成的家庭、家族伦理规范移植到企业中，就能大大降低组织成本，刚刚转化成工人的农民对这种规范也十分熟悉，有遵从的习惯，不需要各种复杂的科室机构来保证企业的正常运转。这种对组织成本的节约，尽管是一种非常“传统”的办法，但事实上却成为乡镇企业竞争力的来源之一。当然，这种办法也不总是有效的，当乡镇企业（尤其是村办企业）发展到一定阶段，特别是第一代创始人去世或离职以后，往往会出现各种纠纷、摩擦和冲突，组织成本就会成倍增加，这时乡镇企业的组织创新就是不可避免的了。

四 廉价劳力和创业精神

无论是从企业的资本规模、技术设备水平还是企业职工的文化素质来看，乡镇企业都处于劣势，但是乡镇企业的劳动成本低这一优势成为对其劣势的重要补偿。1980 年，国有工业职工年平均工资是 852 元，集体工业职工年平均工资是 622 元，其中乡镇企业职工的年平均工资只有 398 元，与国有工业职工的年平均工资相差 454 元。十几年过去了，乡镇企业的资本已经相当雄厚，自有资金和流动资金相对来说也更为充裕，乡镇企业在分配上的自主权一般来说也比国有企业大得多，但乡镇企业仍然保持着劳动成本低的优势。1993 年，全国职工年平均工资是 3236 元，其中国有单位职工年平均工资是 3441 元，城镇集体单位职工年平均工资是 2436 元，“三资”及其他单位是 5215 元，而乡镇企业职工年平均工资只有 2078 元，与国有单位职工的年平均工资相差 1158 元。此外，乡镇企业职工工资以外的奖金和各种津贴相当于工资的比重也要比国有企业小，当然乡镇企业中的分红另当别论，因为那已不是劳动收益，而是资本收益。

这些也还不是问题的真实所在，因为美国“可口可乐”制造公司能够打入中国市场，“三资”企业能够成为中国市场上的强有力竞争对手，显然并不是因为以工资形式表现的劳动成本低，甚至也不完全是由于技术上的优势。劳动成本还要从另一个方面来考察，这就是企业离退休人员的费用。

乡镇企业是近十几年发展起来的“年轻”企业，企业职工的年龄结构要比国有老企业年轻得名，大多数乡镇企业都几乎没有或只有很少的退休人员，除了在职职工的劳动报酬外，它们退休人员的费用支出要少得多。此外，多数乡镇企业都没有制度化的企业保障，而是依赖于企业职工个人的家庭保障，各种企业职工的保障福利费用支出多半是按一事一议的形式解决，并对数额有严格的限制。国有企业的情况则有很大的不同，1978～1993 年，全国国有企业离退休职工占总职工人数的比重已从 3% 上升到 20%～30%，很多老企业这一比重达到了 50% 甚至更高；同期，全国职工（国有企业占主要部分）保险福利费用总额（包括职工医疗卫生、丧葬抚恤、生活困难补助、文娱体育、集体福利、计划生育、上下班交通、洗理卫生、托儿补助等）相当于工资总额的比例由 13.7% 上升到 33.3%，而离退休职工保险福利费用占全部职工保险福利费用总额的比例也从 22.2% 上升到近 60%。由于在目前的“企业保障”体制下，离退休职工的一切费用都是列入当年成本的，而不是像在“社会保障”体制下那样从职工保险预付金中支出，这就使国有企业的劳动成本无形中大大增加。如果把乡镇企业的平均工资低、保险福利费用少、离退休人员费用．所占比重极少、非生产性人员费用支出少等因素都计算进去，那么乡镇企业的劳动成本大概要比国有企业平均低 2 ~ 3 倍。

现在以在职职工为基数来计算国有企业的劳动生产率是很难说明问题的。从统计数字上看，1993 年以当年价格计算的劳动生产率，国有工业是 50182 元/人・年，乡村集体企业是 35407 元/人・年，其中乡办企业是 46677 元/人・年，似乎企业的劳动生产率是随着企业规模的扩大而增长的；但实际上，如果我们把国有企业的 1000 多万离退休职工列入计算基数的话，国有企业就立刻失去了它在劳动生产率上的优势

乡镇企业劳动成本和组织成本较低的优势不仅在很大程度上补偿了其在技术和设备水平上的不足，更为重要的是使其具有了较高的资本积累能力。1990 ~ 1993 年，在短短的三年中，乡镇企业的固定资产原值从 2857 亿元猛增到 6439 亿元，增长了约 1.3 倍，这在工业资本积累史上是十分罕见的；同期，国有工业固定资产净值从 8088 亿元增加到 11121 亿元，只增加了 37%。现在，乡镇企业资本扩张的触角几乎伸延到除国家高度垄断行业以外的所有经济领域。

但问题在于，乡镇企业为什么能够保持较低的劳动成本而没有与企业职工发生激烈的冲突呢？乡镇企业职工又为何能够容忍低于国有企业老大哥平均工资水平和福利水平的待遇呢？除了企业机制上的差别之外，职工心理是一个重要的因素。我们知道，人们的利益攀比的心理曲线实际上只能以自身社会地位为基线而上下浮动，人们对于与自己的社会地位相差悬殊的阶层，往往只是羡慕、嫉妒、嫉恨或怜悯，而不会去实际地攀比，人们进行利益攀比的只是生活周围的比自己的社会地位稍好一些的阶层，而且还经常以自己过去的情况和生活周围的比自己稍差一些的阶层的情况作为参照。乡镇企业职工的心里都很明白，虽然他们与城市里的工人是同一个职业阶层，但社会身份却不同，有“体制内”和“体制外”的差别，所以他们所能对比的只能是同一体制系统里的人，在农民这个身份系统里，

其收入水平和待遇都要属于上游的了。

另一个重要的心理因素是，乡镇企业的职工（特别是村办企业的职工）大多数都把企业视为自己团体的事业，对企业的发展和自己从中的受益有着明确的预期，从而把他们的利益和命运与“他们的”企业联系在一起，不太考虑他们预期的这种“联系”是否有可靠的制度化保证，因为在他们看来，这是改变不了的“群体意识”。正是这种“群体意识”凝成的集体创业精神使乡镇企业职工能够在一个相当长的时期达成一种默契，共同接受低劳动报酬、低消费、高积累率、高劳动强度的状况。在这方面，乡镇集体企业与部分外资企业以及私营企业的情况有很大不同，后者近年来屡屡发生激烈的劳资纠纷和劳资冲突。

当然，区域性的“小气候”也会造成失常的“攀比心理”和“群体意识”，如个别地区的“造坟运动”“分割资产”一类的群体行为就是表现。

五　成本外部化与送礼“艺术”

当然，我们也必须指出，乡镇企业的“竞争力”在某些情况下“受益于”市场体制的不完善以及“双轨制”的普遍存在，因为资本和技术实力较强的国有企业受到计划经济体制的束缚，而私营企业、“三资企业”的总体实力又相对较小，在政策上也不像乡镇企业那样受到地方政府的强有力支持，这就使乡镇企业在较长的一段转型期中处于竞争的有利地位。

市场的不完善和竞争的不规范使较早以利润作为经营目标的乡镇企业有可能转移内部成本，把内部成本外部化。

成本外部化在生产领域的典型表现就是制造假冒伪劣产品。制造假冒伪劣产品是企业将其内部成本转移给消费者或其他生产者的重要手段，成本的转移量就等于价实货真产品的成本和假冒伪劣产品的成本之间的差额。这个差额的存在以及对这个差额的追求就是部分乡镇企业生产假冒伪劣产品的驱动力。

制造假冒伪劣产品并不仅仅是乡镇企业的行为，只要制造假冒伪劣产品所付出的代价低于这样做的获利，就为这种企业行为提供了“驱动力”，正如只要在“双轨制”下存在大量的“租金”（价差、利差、汇差、配额等），就会产生“寻租”行为一样。但是，在存在这种由体制漏洞造成的“驱动力”时，由于乡镇企业较之国有企业具有更强烈的利润追求倾向，所以在制造假冒伪劣产品上也就更少有顾忌。

然而，通过制造假冒伪劣产品把内部成本外部化的行为与通过“寻租”（如炒房地产）牟取暴利的行为是有所不同的，后者更依赖于权力和权钱的交易。所以，尽管二者都是以不正常的寻利为出发点，但参与炒房地产的多半是有“背景”、有“来头”、有“权力关系”的人，这种人对于制造假冒伪劣产品这种“小儿科”的牟利行为是不屑一顾的，因为他们有条件从事“更为光彩”“更有气魄”、当然也更有利可图的牟利行为。制造假冒伪劣产品这种“低级的”牟利行为，就留给了“没有见过世面”的农民。

内部成本外部化在销售领域的表现就是送礼和给“回扣”。乡镇企业的推销员多半都要是“送礼”的专家，“送礼”对于他们来说是一门“艺术”，但却是一门谈不上高雅而且还要“装孙子”的艺术。第一，要判断准确需要送礼的人选，否则“送礼”会变成“打水漂”；第二，还要“创造”与“受礼”的人选相识的机会；第三，要选择好送礼的时间、地点，使“受礼”者保持“体面”和“尊严”，最好是把礼品说成是“乡亲们的一点心意”；第四，要有对礼品分量的精确计算，太轻了可能会让人不屑一顾，太重了又有“包子打狗”的风险；第五，要“照顾”到方方面面，大大小小的环节都要“意思”一下，防止节外生枝；第六，还要留有“撒手锏”，做好最后“撕破脸皮”的准备。

应当看到，现实中的吃“回扣”与正常的“商业佣金”是有不同的。商业佣金是明确规定的，而且它是以作为经营上体和利益主体的交易双方都获益为前提，而现实中的吃“回扣”则是以交易另一方（通常是国有部门）的损益为条件。换句话说，交易中的大部分获益不是来自销售利润，而是来自转移了的国有或其他企业的资产。

当然，通过“送礼”使内部成本外部化之所以行得通，是因为存在着“受礼”的人以及使国家损益而个人得益的体制漏洞。不幸的是，在国有企业没有真正的“老板”的情况下，这种漏洞是普遍存在的。

这也并不是说，国有企业就不存在使内部成本外部化的行为，国有企业中存在的“跑部钱进”也是一种“送礼艺术”。而且，从对腐化政治领域的空气来说，后者的危害更大，因为它和权力的关系更为密切。

顺便要指出的是，某些乡镇企业对环境的污染也是一种内部成本外部化的现象。由于河流、空气等都属于公共资产，在为了获益而污染环境无须付出成本或付出的成本较之获益微不足道的情况下，企业污染环境的行为就得不到遏制，从而致使乡村中很多清澈的河流都变成鱼虾绝迹的污水沟。当然，地方政府由于求发展心切，采取“先污染后治理”的容忍态度，或者抱有地方出钱发展经济、国家出钱治理环境的心理，也是某些地方严重污染环境的乡镇企业得以存在和发展的政策基础。此外，应当看到，对于欠发展的地区，污染性企业是有“竞争力”的，因为发达地区随着生活水平的提高，会通过调整产业结构退出某些染织、化工等污染性行业的竞争，这样，污染性企业会从发达地区向欠发展地区迁移，污染就成了欠发展地区为摆脱贫困付出的沉重代价，而且以后他们要为治理环境付出更为沉重的成本。但是，正如我们已经说过的那样，求生存的人们与求高消费的人们有不同的经济逻辑。

六　法人社会

正像我们在前面所指出过的，中国老一辈研究农村社会的学者，几乎都注意到一个事实，即中国传统的乡土社会是一个以家庭为基础而没有法人团体的社会，法人团体对于乡土社会来说是一种外在的组织形式。

中国的乡土社会之所以不可能产生法人团体，这要从法人团体存在的前提条件上来考察。现代法人团体是以自然人的天赋权力为基础的，自然人可以自由地加入或退出法人团体，可以将权力和资源授予法人行动者，亦可将其撤回。所以说，法人团体也有诞生、成长和消亡的过程。但是，法人团体并不是自然人的简单集合，正像自然人需要国家法律确认其“公民”身份一样，团体也需要国家法律确认其“法人”身份。不过，这并不意味着法人团体的权利来自国家授权，法人团体的权利从根本上说来自自然人授权和法律确认，这是经过若干世纪血与火的冲突换来的结果。在欧洲封建制度下，或是君权神授，或是权利属于教会。根据罗马法，权利原本属于国家，法人团体事实上只是国家下属机构，它既不是私法中的行动主体，也不是公法中的独立实体。在中世纪的欧洲，甚至“村社”（由亲属组成）被作为权利的最初所有者，个人仅有的权利只是成为“村社”成员，从本质上看，这一时期无任何个人权利可言。所以说，现代法人团体是基于个人权利的契约社会的产物。

在以家庭为基本生产单位的社会中，家庭成员既是生产的一员，也是家庭的一员，父亲既是生产的组织者，同时也是家长。家庭是以血缘关系组成的初级群体，家庭成员是无所谓进入或退出的，礼俗社会中父亲对儿子的权利是一种天赋特权。在家庭和家庭之间，也无所谓业缘关系，即使有简单的分工协作，也主要是靠亲缘和地缘关系维持。人民公社的体制，也不是真正的法人团体，因为它不是以契约关系建立的，也不是以个人权利为基础，个人丧失了进入或退出的权利，其形式上的团体形态是靠高度集中的行政权力来维持的。

只有在实行了家庭联产承包制以后，由于在农村重建的家庭财产所有权，农民具有了经营自主权和一定的择业自由，才有可能在此基础上形成真正的法人团体。乡镇企业无疑是目前农村最普遍的“农民”法人团体形式。

乡镇企业作为法人团体和全新的社会组织形态在农村的产生和发展，极大地改变了农村的行动系统和内部结构。法人团体对于乡上社会来说，是全新的和陌生的。

首先，法人团体的产生，为私人关系和法人关系分离提供了可能性，法人的资源和利益不等同于组成法人的自然入所拥有的资源和利益，当法人要承担某种法律责任（如偿付债务）时，创建法人的自然人可不必承担，法人可以是独立的民法行动主体，而在家庭中，这种分离是不可能的。

其次，在法人团体的形式下，所有权和经营权也可以发生分离，从而产生了一个并不具有财产所有权，但却具有财产经营管理权的经理阶层，这对于在家庭财产所有制下从事家庭经营的农民来说，是带有“神奇”色彩的。因为在他们眼里，把经营权与神圣的财产所有权分离开来，这无异于行走的双脚离开了土地。

再次，法人团体也完全不同于农民们习惯于生活其中的乡村社区。在社区中，具有共同利益的自然人可以互相联合，通过集体行动保护自身的利益，这里的集体行动的目标是和组成集体的自然人的行动目标一致的，但法人作为一种抽象的和虚构的法律实体，它就与它的成员分离了。法人并不仅仅是众人的代言人，法人行动也不是自然人行动的集合，法人的行动目标可以完全不同于构成法人的自然人的行动目标，法人具有独立的资源、利益、权利和义务，这些是不能分解到自然人的。

最后，法人团体是按照科层制建立起来的组织，具有完备的职阶系统，严格的规章制度，明确的职责和权限，其工作领域和私人生活领域有严格界限。企业经理要求女秘书草拟文件，这是作为法人代表的行动，而如果向女秘书调情，则是作为自然人的行动，二者之间的性质是不同，发生纠纷时诉讼的法律性质和适用的法律范围是不一样的。科层制组织和家族制组织的一个根本区别，就是看能不能把公事和私事分开、把业缘关系和亲缘关系截然分开。

乡镇企业虽然还不能说完全符合对于法人的要求，但是它向法人团体的过渡以及它作为法人团体的迅速发展，为乡村社会结构的重组提供了一种新的框架。它表明，自然人或家庭在将来有可能不再是形成农村社会关系的唯一的和主要的社会单位。正像科尔曼所说的，“社会围绕着非个人的法人团体重新组织，为一种全新的社会结构的出现提供了可能。……这种新的社会组织以法人为基本元素，此种法律所承认的人在功能上替代自然人”①。而且，在科尔曼看来，现代法人行动系统的出现，是人工结构取代了自然结构：“20 世纪人们建造的高楼大厦和宽阔街区（俗称建筑环境）取代了 19 世纪人们生存于其中的自然田园。从社会环境上看，原始联系和基于此的旧式法人行动者（家庭、民族、种族集团和社区），正逐渐为新的、有目的创造的法人行动者以及相应的社会关系所取代。”②

总之，在当前农村社会结构的转型中，乡镇企业注定是这次转型的主角。在可以观察到的事实中，乡镇企业在经济上改变了农民的职业身份；在可以预料到的事实中，乡镇企业将从社会体制上改变农民的户籍身份；而在更深层次上，乡镇企业将从法律上完全改变千百年来农民的组织身份。

① J. 科尔曼：《社会理论的基础》（中册）（1990），社会科学文献出版社 1992 年版，第 589、605 页。

② J. 科尔曼：《社会理论的基础》（中册）（1990），社会科学文献出版社 1992 年版，第 589、605 页。

正直与圆滑：国人在做人问题上的冲突*

——汉语谚语的社会心理研究

李庆善

做正直人，还是做圆滑人？历来是中国人很关注的问题。汉语中有关这方面的谚语很多。通过这些谚语的初步分析使我们看到，正直与圆滑是两种相互冲突的做人价值和准则。这种冲突往往使国人在做人问题上理想与现实、目标与手段、应然与实然相互脱节。尽管在理念上国人一直追求做正直人的价值目标而极力贬斥做圆滑人，但在实际上却不得不做圆滑人而放弃做正直人的目标。这与国人赖以生存和发展的关系、人情及面子社会，是密切相关的。我们仅仅倡导正直而反对圆滑是不够的，要使倡导成为人们做人的实际规范，则必须从社会结构层面上触动并改造关系、人情及面子。

一

国人向往的正直人是一种怎样的人？具有哪些人格特征？这是我们应当首先探讨的问题。我们从有关描述正直人的大量谚语中，抽象出正直人以下六种人格特征。

1．正直人：正

正直人最基本的一个特征就是“正”，即“心正”“身正”“脚正”，为人正派、正直、正正经经、正气高扬，不怕邪恶，能“避邪”“压邪”，并能赢得他人尊敬，从而能发挥其“正人”的社会作用。例如谚语云：

---

* 原文发表于《社会学研究》1995 年第 2 期。

人正不怕路滑，脚正不怕鞋歪；
人正不怕影子斜；
心中无邪硬如铁；
正气高，邪气清；
一正压百邪；
不怕人不敬，就怕己不正；
正人先正己；
宁可正而不足，不可邪而有余；
……

2. 正直人：直

正直人的第二个基本特征就是直，即“心直”“理直”“口直”，走直道，说话“开门见山”，办事“摆在眼前”。为人不屈不弯，犹如青松屹立挺拔于山岗。例如谚语云：

人直有人合，路直有人行；
心直不怕天，理直不怕官；
宁可直中取，不可曲中求；
巧言不如直道；
有话说在当面，有事摆在眼前；
要打当面鼓，莫敲背后锣；
好事不瞒人，瞒人没好事；
知无不言，言无不尽；
不学杨柳随风摆，要学青松立山岗；
……

3. 正直人：真实

正直人的第三个基本特征就是真实，即为人真诚老实，实心眼儿，说实话，办实事，不说假话、大话和空话，不弄虚作假，故作姿态、装腔作势、沽名钓誉，不搞形式主义。例如谚语云：

火要空心，人要实心；
帮人要诚心，助人应及时；
真的假不了，假的真不了；
枯树无花果，空话无价值；
渔网遮不住太阳，谎言盖不住真理；
纸乌鸦经不住风吹，泥人经不住雨打；
真金不怕火炼，好货不怕化验；
真货不怕人看，真理不怕人辩；
真菩萨面前，切勿假烧香；
真存菩提之心，何须念佛刊经；
……

4. 正直人：刚坚不阿，不屈不挠

正直人的第四个基本特征是刚坚不阿，不屈不挠，即心高气傲，刚坚自强；高风亮节，坚贞不屈；不怕困难，不畏强暴，不与坏人为伍。描述“心高气傲，刚坚自强”特征的谚语有：

人争气，火争焰；
人有脸，树有皮，不争名誉也要争口气；
佛争一炷香，人争一口气；
人无刚骨，安身不牢；
男人没性，寸铁无钢；女人没性，懦如麻糖；
男人无刚，不如粗糠；
……

描述“高风亮节，坚贞不屈”特征的谚语有：

宁可站着死，决不跪着生；
宁为玉碎，不为瓦全；
男人大丈夫，流血不流泪；
三军可夺帅，匹夫不可夺志；

不为五斗米折腰；
宁可清贫，不可浊富；
网烂筋不烂，人穷志不穷；
富贵不能淫，贫贱不能移，威武不能屈；
……

描述“不与坏人为伍”特征的谚语有：

腐木不可为柱，坏人不可为伍；
冰炭不同炉，善恶不同途；
宁可挨一刀，不和秦桧交；
你是你，我是我，鸭子不跟鹅搭伙；
……

5. 正直人：勇于负责，见义勇为

正直人的第五个基本特征是勇于负责，见义勇为，即对自己，勇于承担责任，不揽功推过；对他人，热诚相助，不袖手旁观；对坏人，勇于斗争，针锋相对，不临阵逃脱。有谚语云：

好汉做事好汉当；
求人需求大丈夫，济人需济急时无；
人到难处拉一把，胜过送佛上西天；
路见不平，拔刀相助；
见蛇见蝎，不打作孽，
打鱼人不怕狂风巨浪，打猎人不怕虎豹豺狼；
任凭风浪起，勇开顶风船；
明知山有虎，偏向虎山行；
欺硬不欺软，怕理不怕刀；
舍得一身剐，敢把皇帝拉下马；
……

6. 正直人：坚持原则，秉公办事，不徇私情

正直人的第六个基本特征是坚持原则，秉公办事，不徇私情。如有谚语云：

真情不悖理，真理不悖情；
认理不认人，帮理不帮亲；
赏不论冤仇，罚不论骨肉；
王子犯法，与庶民同罪；
……

众所周知，谚语所说的“理”，是纲常伦理和法理；所说的“情”，是关系和人情。虽然，国人身处于关系和人情的重重包围之中，但仍然向往着能够面对伦理和法理，超越关系和人情。谚语中处处流露出人们对“理”的崇尚，对“理”的价值之褒扬：

天无二日，人无二理；
理字不多重，万人扛不动；
有理不在声高；
有理不愁没路走；
有理走遍天下，无理寸步难行；
有理不怕势来压；
天下唯理可服人；
以势服人者，口服；以理服人者，心服；
有理讲得君王倒，不怕君王坐得高；
……

“理”固然很重要，但是，人能否讲“理”，持“理”，行“理”，做到公正、公道和公平，关键在于其是否有私心。只要没有私心，凡事出于公心，就会解脱人情困扰，按原则办事，“对事不对人”，成为一个真正的正直人。如谚语云：

人不为己，顶天立地；
人不为己，鬼神都怕；
人不为己，遇事不迷；
万恶皆由私字起，千好都从公字来；
私心重，祸无穷；
……

二

理想不等于现实。国人在现实生活中体察到，他们所期望的正直人并不多见。“山中无直树，世上无直人”。现实是严酷的。追求公平的正直人在现实生活中往往遭到极不公正的对待。

相反，那些说假话、大话和空话的人，那些弄虚作假、装腔作势、故作姿态，沽名钓誉、阳奉阴违、口蜜腹剑、两面三刀的家伙，却往往沾到便宜，得手得逞，甚至青云直上，不可一世。这些邪恶人的行径固然不可效仿，但正反两方面的经验告诉国人，出于自保，为了生存和发展，人们不得不放弃正直价值而学得圆滑、乖巧、世故起来。例如谚语云：前事不忘，后事可师；吃一回亏，学一回乖；洞明世事皆学问，人情练达即文章；识时务者为俊杰；识破人情便是仙；……

那么，圆滑人是怎样的人呢？请看谚语对其人格特征淋漓尽致的刻画和描述：

1. 圆滑人：嘴圆舌滑，会说善道

圆滑人的第一个基本特征是嘴圆舌滑，会说善道，巧言会色，尤其会察言观色，见什么人说什么话，以说话取悦于人。有谚语云：

一句话百样说；
会说的说圆了，不会说的说翻了；
见鬼说鬼话，见人说人话；
见什么人说什么话，见什么菩萨烧什么香；
见着秃子不讲疮，见着瞎子不说光；

出门看天色，说话看脸色；
到什么山唱什么歌；
吃什么斋，念什么经；
……

2. 圆滑人：乖巧伶俐，见风转舵

圆滑人的第二个基本特征是乖巧伶俐，见风转舵，随机应变，很容易放弃自己的立场、观念和意见，以求得自保。有谚语云：

光棍不吃眼前亏；
鸡蛋碰不过石头；
惹不起，躲得起；
人在矮檐下，怎能不低头；
如今只学乌龟法，得缩头时且缩头；
见风使舵，就水弯船；
墙上一棵草，风吹两边倒；
一头人情两面光；
……

3. 圆滑人：顺从权势，溜须拍马

圆滑人的第三个基本特征是顺从权势，阿谀奉承，溜须拍马，吹吹捧捧，以赢得权势的欢心。有谚语云：

到了人家庙里，就得守人家的清规；
吃哪江水，讲哪方话；
拍马有个架，先笑后说话；
……

4. 圆滑人：忍让求和，委曲求全

圆滑人的第四个基本特征是忍让求和，委曲求全，勿争勿斗，勿结冤仇，调和是非，回避矛盾。有谚语云：

忍字家中宝；

忍得一时忿，终身无烦恼；

小不忍则乱大谋；

让人不算低，过后得便宜；

宁与千人好，莫于一人仇；

多个朋友多条路，多个冤家多堵墙；

冤家宜解不宜结；

饶人是福，欺人是祸；

得放手时须放手，可饶人处且饶人；

……

5. 圆滑人：对人不对事，看人下菜碟

圆滑人的第五个基本特征是，对人不对事，认亲不认理，认钱认权不认人，看人下菜碟，为人缺乏公正，处世缺乏原则和公道。有谚语云：

看人下菜碟；

哪样亲戚哪样待，哪样馍馍哪样菜；

世情看冷暖，人面逐高低；

打狗要看主人面；

不看僧面看佛面；

……

三

圆滑人所具有的种种人格特征，集中到一点就是精于人情世故。他们世事洞明，人情练达，懂得关系、人情及面子运作的道理，擅长于种种场合的权力游戏，并且总能比较机智地选择一个适合自己的角色。他们的这种为人处世的道理、知识、方法、策略、技能和技巧，是从何而来的呢？简单的答案是社会给予的，是他们对一种特殊的社会结构及其运作过程的适应。

国人生存于一个复杂的社会关系网络之中，亲属、邻里和友人关系把每个人都毫无例外地拉扯在这个关系网络里。人们依赖于这个关系网络而生存，把它看作人生的基本依托；同时，也就接受了这个关系网络的牵制，思想、情感、态度和言行随关系的变化而变化，依关系的不同性质而抉择不同的言行取向。因此，洞明世事，首先要求人们学会判断和辨析各种关系远近及亲疏。这是为人处世的一项基本功。

重关系就得讲人情。人情是人们借助关系在交往互动中形成和发展起来的。仅有关系而不交往，关系就会由亲变疏，由近变远。“分家三年成邻居”；“三年不上门，当亲也不亲。”因此，要建立、巩固和发展人情，人们就应花极大力气去交往、走亲访友，礼尚往来，并且，不到万不得已，不能选择绝交行为，要“留着人情好办事”，保持交往的长期性。

重关系，讲人情，就得珍惜自己的脸面，也珍惜他人的脸面。脸面是判断一个人与他人关系及人情的重要标志，也是其巩固和发展关系及人情的重要依据。所谓人情练达，无非是要求人们在相处过程中既注意自己的脸面，也顾忌对方的脸面而已。

国人认同并重视关系、人情及脸面，一个巨大的代价就是，不得不放弃正直，放弃伦理和法理的原则，而选择悖理和违理的圆滑世故的为人之道。

关系、人情及脸面的实际价值，在世态炎凉情境中会使国人有更深刻的体味。所谓世态炎凉是由于某些特殊事件出现所引起当事人脸面资源的变化，从而相随引起其关系和人情的急剧变化。当一个人得势发迹时，其脸面资源，如财富、权力等急剧增加，从而招引来更多的社会关系，大家竞相攀亲结友，纷纷前来分享其脸面资源；相反，当一个人处于背时落难，其脸面资源急剧减少，变得既无权势又穷困，人们便纷纷离去，逃避、排斥他，甚至与其绝交，视其为不屑一顾的路人。此时此刻，当事人会感受到平素根本体验不到的“人情如纸”“人生悲凉”

世态炎凉给我们提供了个动态考察关系、人情及面子的机会。通过上述谚语，我们不难看出，重关系，讲人情，好脸面，实际上是重财富、讲权势，好权弄利。这就是中国人权力游戏的本质冲动。在权和利面前，应有人情也无情，应有脸面也不给脸面，爹亲娘亲骨肉亲，一切都不再亲了。

通过上述有关谚语的初步分析使我们看到，正直与圆滑是两种相互冲突的做人的价值和准则，并导致国人在做人问题上理想与现实、目标与手段、应然与实然相互脱节。在理念上，国人追求做正直人的价值目标，而实际上却不得不放弃此目标而去做圆滑人。这与国人赖以生存和发展的关系、人情及面子社会，是密切相关的。由此我们获得一个启示，仅仅倡导正直而反对圆滑是不够的，要使这种倡导成为人们做人的规范，则必须从社会结构层面上触动并改造关系、人际及面子。

21世纪中国的社会结构*

——关于中国的社会结构转型

陆学艺

作者通过对中国社会结构转型过程中的人口结构、就业结构、城乡结构、区域结构诸方面的现状分析与未来发展预测，揭示了中国现代化建设目标得以实现的量化依据。

1840年以后的中国近现代史，实质上是中国人民为实现中国现代化而奋斗的历史。建成现代化社会，跻身于世界先进民族之林，这是中国几代人的理想。1978年以来，我国实现以经济建设为中心的方针，实行改革开放，使这个理想正在逐步变为现实。80年代初，我国制定了实现现代化分三步走的发展战略。第一步，实现国民生产总值比1980年翻一番，解决人民的温饱问题。这个目标在1987年就基本达到了；第二步，到本世纪末，使国民生产总值再增长一倍，人民生活达到小康水平；第三步，再奋斗30~50年，使人均国民生产总值达到中等发达国家的水平，人民生活比较富裕，基本建成现代化社会。现在，我们正在为2000年实现小康社会而建设着。21世纪的上半叶，将是我国全面建成有中国特色的社会主义现代化的历史时期。

1978年以来的改革开放，给中国社会带来了巨大的进步和深刻的变化。中国目前正处在社会转型时期，正在由传统社会向现代化社会转化，由农业社会向工业社会转型，由乡村社会向城镇社会转化，由封闭半封闭社会向开放社会转化。由传统社会向现代化社会转化的社会结构转型并不

---

* 1994年10月，作者应邀参加了日本青山学院大学120周年纪念国际学术研讨会，本文系在此次会议上发表的论文。原文发表于《社会学研究》1995年第2期。

是社会主义社会发展中的特有现象，而是所有经济发达的现代化国家都经历过的现代化过程中的一个过渡性阶段。但是由于中国社会在历史背景、文化背景、经济背景、资源背景等方面的特殊性，使中国社会结构转型表现出若干不同于一般社会转型的特点。具有中国特色的一个重要方面是目前我们在实现向现代化社会转型的时候，同时要实现由计划经济体制向社会主义市场经济体制转变，首先要进行一系列的体制性的改革。

社会结构转型和经济社会体制改革如此密切地联系在一起，这在其他国家的现代化过程中是很少见的。从传统社会向现代化社会转变，从计划经济体制向社会主义市场经济体制转轨，结构转型和体制改革同时进行，使得转型过程中出现的结构冲突、体制摩擦、多重利益矛盾、角色冲突、价值观念冲突交织在一起，使得情况更加复杂，增加了转化的难度，何况，这场变革又是在拥有 12 亿人口、发展很不平衡的大国中进行，所以进行这场变革的困难、复杂、艰巨程度是可以想见的。这也是我们在实现社会结构转型、体制改革的过程中要特别强调稳定机制、协调机制和创新机制的作用的原因所在。1978 年以来，我国实行的改革开放政策，有力地推动了这一伟大的历史性转变的进程。实践证明，改革开放既是社会主义制度的自我完善，又是建设有中国特色的社会主义，实现中国社会现代化的必由之路。

未来 16 年（1995 ~ 2010 年）是中国建设社会主义现代化国家最关键的时期。过去的 16 年（1978 ~ 1994 年），我们经过拨乱反正，把全国的工作重心转到以经济建设为中心的轨道上，确定了改革开放的方针，制定并推行了一系列新的政策，进行了卓有成效的大规模经济和社会事业的建设，为实现社会结构转型和经济体制转轨奠定了坚实的政治、经济、社会的基础。到 2000 年我国的国民生产总值将比 1980 年翻两番，甚至还会超过，但人均国民生产总值还只有 800 ~ 1000 美元。到 2000 年，我国还只是建立社会主义市场经济的基本框架。所以，要到 2010 年，使国民生产总值在 2000 年的基础上再翻一番，那时，我们的综合国力就相当可观了，到 2010 年，社会主义市场经济体制将全面确立，并将逐步完善、成熟、定型，使我国的经济和社会事业的发展建立在更为有效的制度性基础上。不过在这 16 年，两种结构的冲突、两种机制的摩擦、多重利益的矛盾、新旧观念的冲突还将继续，国际和国内的一些难以预料的重大而突然事件的发生，都将对我国的改革和发展的现代化事业产生影响，坦荡跌宕，机会和风险并存。所以说，未来16年是我国建成现代化国家最关键的时期。我们现在已经登上了经济社会全面发展的台阶，正跨在进入现代化国家行列的大门槛上。

有利的条件如下。第一，前16年已经打下了比较良好的基础，邓小平建设中国特色社会主义的理论已经深入人心，通过改革开放，建设社会主义现代化国家已经成为全国各族人民群众的共识，可以说，现在方向已经明确，道路已经打开，驶向现代化的中国巨轮正在前进。第二，国际环境于我有利，二次大战后的美苏对峙冷战格局已经结束，世界新秩序的格局正在形成，世界的发展正处于新旧更替的交汇点上，在世纪之交的不寻常时刻，世界看好亚洲，很多有识之士认为："21世纪将是亚洲太平洋的世纪。"中国正处在亚洲太平洋的重要位置上，天时、地利、人和，地缘政治、地缘经济的优势给予了中国大发展以千载难逢的好机遇。第三，我国的经济发展的势头良好。由于经济体制的改革，社会主义市场经济的导向，我国全面工业化的建设正在展开。有关部门预测，从1991~2010年，将是我国经济增长的黄金时期。在这20年里，我国国内生产总值的年均增长率将为8.25%。到2010年我国的人均收入可望由低收入国家进入中等收入国家的行列，而我们又是一个人口大国，所以国民经济的整体规模将可能跃居世界的前列。国外的专家也有这样的预计，"如果保持目前的发展势头，到2010年，中国将成为仅次于美国、欧洲、日本的第四经济大国"。

不利的因素如下。第一，就改革和发展的总体而言，前16年的发展方面的成绩要比改革为大。虽然改革是发展的先导，改革带动发展。但是毕竟我们实行了近30年的计划经济体制，已经深入经济、社会等各个领域，真可说是盘根错节，根深蒂固。开始我们对农业进行改革，比较顺利，得心应手，旗开得胜，增加了我们进行全面改革的信心，但进行城市改革、工业改革问题就复杂了。原来，预计城市改革有3~5年会见成效，10年过去了，我们的大中型国有企业的改革还没有找到像包产到户那样公认为有效的改革方略。改革还有很多困难的问题要解决。第二，社会发展与经济发展相比较，无论是社会体制还是社会事业的发展都滞后于经济体制的改革和经济的发展。经济结构已经调整改变了，但社会结构却还没有相应的改变（例如城乡结构未相应改变等），国家已经明确要建立社会主义市场经济体制，而在社会主义市场经济体制下，社会事业的发展和体制改革还处在探索试验阶段。第三，我们原来就是一个发展很不平衡的国家，这些年来，城乡之间、地区之间、行业之间的差距不是缩小，而是进一步拉大了。例如城乡居民的收入差距，1978 年是 2. 37 : 1，1984 年缩小到 1. 7 : 1，1985 年以后反弹，1993 年扩大到 2. 55 : 1。东部、中部、西部之间的差距也拉大了。这对于像我们这个大多数居民历来有“不患寡而患不均”传统心理的国家来说，如果这些差距继续扩大而又得不到合理解决，则就潜伏着不安定的因素，我们现在执行的方针是，要在效率优先的条件下，适当照顾公平的原则，但这两者如何结合得好，还有很多问题需要解决。

当然，综观我国未来发展前进的大趋势，这些不利因素与有利条件相比较，有利条件占主导方面。我们现在的发展和改革的势头很好，国际环境于我发展有利，又占有地缘政治和地缘经济的优势，特别是改革开放以来的 16 年取得了很大的成绩，已奠定了今后持续发展的政治和经济的基础。政局是稳定的，亿万群众有改革和发展的积极性，蕴藏着巨大的潜力。所以，我们有理由相信，今后 16 年，我们将继续深化改革，扩大开放，克服和改变前进中的障碍和不利因素，实现经济的持续增长和社会结构的转型。

实现了 1995 ~ 2010 年经济发展和社会进步的目标，我们就渡过了建成现代化社会的最关键的时期，跨过了进入现代化国家行列的门槛，今后的发展道路就更加宽广了，回旋的余地也就越大了。就会进入比较平稳的发展时期。随着经济的高速增长，随着经济结构的调整，社会结构、社会关系也会发生很大的变化。前面讲过，中国现在正处在由传统社会向现代化社会转型时期。1978 年以后的改革开放，大大加快了转变的速度。就传统社会结构向现代化社会结构转型来说，有的方面已接近转化的临界点，有的方面则还要有一个较长的转变期。而我国是一个人口众多、地域辽阔，发展又很不平衡的国家，所以各个省、市、地区实现向现代社会结构转型将不是同步的，而是有先有后，呈梯度发展的形式。到 21 世纪中叶，中国将实现由传统社会结构向现代社会结构的转型，全面建成有中国特色的社会主义现代化国家。以下是关于中国社会结构转型过程中若干重要方面变迁的分析和预测。

一　关于人口结构问题

1993年底，中国人口为11.85亿，当年人口的自然增长率为11.45‰，总和生育率为2.16。专家们根据1990年全国人口普查资料按中位预测2000年中国的总人口将达到12.87亿，预计到2033年，中国人口将达到峰值，那时的总人口是15.19亿，以后中国的人口将逐步缓慢下降。

1990年全国共有15岁以上的文盲半文盲1.82亿人，占总人口的16.1%，比1982年第二次人口普查时约22.8%下降6.7个百分点，平均每年下降0.84个百分点，这说明这8年中，我国的扫盲工作取得了较大的进展。据普查，1990年我国具有大学专科以上的文化程度的人口有614万人，大学专科的962万人，比1982年大专以上文化程度的604万人增加972万人，增长160.1%。1990年具有高中和中专文化程度的人共8988万人，比1982年的6653万人增加2335万人，增长35.1%。总的说来，这十多年来，全国人口的文化素质有了很大提高，是历史上发展最好的。但纵向比，我国目前人口的文化构成还是比较低的。上述我国具有大学文化程度人口占全国总人口1.4%，而在1987年时，欧美等发达国家有大学文化程度的人口占总人口的比重均在10%以上，苏联和日本也在5%以上。

1990年末，我国65岁及以上的人口为6418万，占总人口的5.6%。据预测2000年将为8800万人，占总人口的6.8%。2004年超过7%，开始进入老年型人口的国家。到2030年，65岁及以上的老人将达到2.19亿，占总人口的14.5%，相当于1992年法国老年人口占总人口的比重。从各国的资料看，65岁及以上人口的比重由5%上升到7%，一般要40~100年的时间，所以人口老龄化过程同经济过程是同步的。我国从1982年老年人口占4.9%到2004年占7%，只有22年，这是因为我国实行计划生育政策等发生了作用的结果。我国人口老龄化的进程快，和经济发展的进程不同步，这也会增加今后养老问题的难度。

中国是个人口大国，在控制人口、计划生育问题上曾一度有过周折。从70年代初开始，我国实行计划生育，于1972年召开了第一次全国计划生育会议，根据我国的国情制定并推行了一系列控制人口数量，提高人口素质，调节人口结构的政策，从中央到地方，各级政府从上到下，把计划生育作为基本国策来执行。20 多年过去了，中国计划生育工作取得了巨大成功，大多数人民认同了，人口出生率和自然增长率明显下降，降到了世界平均水平以下。1972 年，中国的人口占世界总人口的 23.2%，1981 年中国人口占世界总人口的 22.2%，1991 年只占 21.49%。据联合国人口组织推算，1994 年中国人口占世界总人口的 21.27%，到 2025 年中国人口在世界总人口的比重将降为 18.5%。应该说，中国的计划生育工作是卓有成效的，为人类做出了贡献。国际计划生育联合会秘书长哈夫丹·马勒说："中国是个大国，（计划生育）工作难度很大，但政府的计划生育政策却十分奏效。"今年 9 月，在开罗举行的国际人口与发展会议前夕，联合国秘书长加利说："中国对人口以及人口和发展的关系等问题做出了十分重要的贡献。"

我国开始实行一对夫妇只生一个孩子政策的时候，国内、国外反映强烈，有些外国人出于不同的目的，对此说了不少不好听的话。独生子女政策是根据我国人口众多等特殊国情而做出的决定，也是实行"少生、优育、优教"方针的一个组成部分。即使实行这样严厉的政策，我国现在每年还要纯增 1400 万～1500 万人。这对于我们这样一个人均耕地、人均资源相对短缺又要进行大规模现代化建设的国家来说，实在是必要的。对此，逐渐取得了人们的认同。现在有不少国内的人士和国外的朋友，还有一个担忧，由于实行独生子女政策，家庭孩子少了，出现了"四、二、一"格局，中国人又有特别爱孩子的传统，一家人围着孩子转，孩子从小娇生惯养，饭来张口，衣来伸手，孩子任性、孤独、缺乏生活自理能力，把孩子养成了"小太阳""小贵族""小霸王"。10 年、20 年之后，这一代人踏上社会，怎么得了，不要成为垮掉的一代吗？这种担心是有一定的道理的，我们要看到这种危险性，全社会都要来关注这个问题，努力避免这种前景。但也要看到另一面。第一，由于 80 年代初，政府考虑到农民生产生活的实际情况，放宽了农民家庭的生育政策，如允许独女户可以再生一个孩子等，所以，实际上独生子女家庭并不普遍。如 1989 年出生的全部人口中，一孩占 49.5%，二孩占 31.2%，三孩及以上占 19.3%。当然城市独生子女家庭要多得多。第二，对于独生子女也要看到有利的一面，因为是独生子女，家庭就有比较充裕的人力、物力、财力来进行优育、优教（这在我国目前还处于低收入水平的阶段尤其重要），独生子女可以得到较好的生活条件，有利于长身体，可以得到较好的受教育学习的条件，有利于智力发展，另外，这些孩子长大懂事以后，因为意识到祖父母、外祖父母、父母的希望都寄托在他身上，日后的供养也都在他身上，会激发他的责任感、使命感，激励他奋发、上进，从历史上看，相比较而言，一些长子（女）独生子（女）都比较有出息、有作为、有成就，这同自小有这种责任感是有关系的。所以我们有理由相信，未来的一代几代独生子女，会继承发展我们已经开创了的现代化事业，会比我们干得更好的，对此，我是充满信心的。

二　关于就业结构问题

1990 年，中国劳动年龄人口为 6.81 亿人（男 16～59 岁，女 16～54 岁），按中位预测，到 2000 年劳动年龄人口为 7.74 亿人，2010 年为 8.65 亿人，2020 年为 8.93 亿人。达到高峰以后将逐渐缓慢减少，2030 年为 8.4 亿人。从 1991～2000 年平均每年新增劳动年龄人口为 930 万人。2001～2010 年平均每年新增劳动人口 910 万人，在未来数十年的较长时期里，劳动力供给异常丰富，但就业压力也非常之大，将长期处于供大于求的局面，今后 20 年里，我国人口结构仍处于壮年期，我们要抓紧这个时间，多发展劳动密集型产业，充分发挥这支庞大的劳动大军的作用，促进经济的高速增长，提供必要的积累，为以后老年型社会到来做好必要的物质准备。

1993 年，中国国内生产总值为 31380 亿元，其中第一产业占 21.2%，第二产业占 51.8%，第三产业占 27%。据有有关方面预测，今后 20 年我国经济仍将以较高的速度发展，产业结构也将有变化。到 200 年，第一产业占 17.7%，第二产业占 52.3%，第三产业占 30%。到 2010 年，第一产业占 17.2%，第二产业占 52.8%，第三产业占 32%。

1993 年、全国劳动就业人员为 60590 万人，其中从事第一产业为 34792 万人，占 57.4%；从一事第二产业 13550 万人，占 22.4%；从事第三产业 12248 万人，占 20.2%。在 60590 万从业人员中，如按城乡划分，在城镇就业的 16156 万人，占 26.7%；在农村就业的为 44434 万人，占 73.3%。在城镇就业人员中，在国有单位的职工为 11094 万人，占 68.7%；在集体所有单位的职工为 3603 万人，占 22.3%；在个体和私营单位的有

1116万人，占6.9%；在其他单位的343万人，占2.1%。

从前述数字中，可以看出我国目前的产业结构和就业结构是不一致的。1993年国内生产总值中，第一产业产值占21.2%，就业结构中，第一产业的从业人数却占57.4%；第二产业产值占51.8%。而就业结构中，第二产业的从业人员只占22.4%。这显然是不合理的。这是因为目前我国实行的是城乡分割管理的体制。有城镇户口的人员，就业比较充分（1993年，全国城镇失业人员为420万，失业率为2.6%）。而农村人口不能随意向城镇迁移。每年新增的劳动力1000多万人，其中绝大部分是农村户口，就在农村就业，他们每家都有耕地，习惯上把他们看作自然就业。所以农村的劳动力就越积越多。改革开放十多年来，我国工业化、城市化有了很大发展，但1978年农村从业人员为30638万人，1993年为44434万人，增加了13796万人，平均每年新增劳力919万人。这与第一产业在国内生产总值中的比重逐年下降的状况是很不相称的。

今后相当长的一个时期里，我国劳动就业的形势是相当严峻的，任务非常繁重。既要在保持劳动效率，并使劳动力素质不断提高的前提下达到充分就业，又要改革、调整目前城乡之间、产业之间就业不合理的状况，使之与经济社会发展的要求相协调。

就劳动力供给看，按前述预测，从现在到2010年，每年平均新增劳力920万人。这是一个方面，另一方面，1993年农村就业的劳动力44434万人中，从事农业劳动的有34792万人。我国只有14.34亿亩耕地，劳均4.12亩，显然没有充分就业，据有关方面测算，现在农村有1.5亿剩余劳动力。如果到2010年，能使农村剩余劳力的50%转到非农业就业，每年需要转移出450万人。这就是说未来近20年的时间里，每年要在第二、三产业安排约1370万人就业和再就业，这是非常艰巨的任务，更不用说还要解决现在的公有制企事业单位里因为改革而被辞退下来的人需要再就业的问题了。

如果能做到，今后每年新增的劳力都在非农业部门就业，又能使一部分现在农村的剩余劳动力转到第二、三产业，那么到2010年，我们的就业结构就有较大的改观了。那时的就业结构，第一产业占34%，第二产业占36%，第三产业占30%，与当时的产业结构基本接近。只要今后20年经济增长率保持8%～9%的速度，坚持进行劳动就业制度改革，大力进行小城镇和城市化建设，大力发展第三产业，那么这个目标是可以实现的。

由于市场经济的发展，计划体制的推动，由于比较利益推动，高收入的刺激，从80年代中期，我国的劳动力开始流动，而且规模越来越大，其特征是，农村的劳动力向城镇流动，中西部的劳动力向东部沿海流动，不发达欠发达地区的劳力向发达地区流动。市场化程度比较低的产业的劳力向市场化较高的产业流动，国有制企事业的劳动力向非国有制企业流动。其中规模最大、最引人关注的是农村剩余劳动力向城镇向第二、三产业流动。这就是出现了被称为“民工潮”的现象。

农村实行家庭联产责任制后，农民生产积极性调动起来，14亿多亩耕地就不够种了，农民要发展生产，要致富，就向城镇向第二、三产业寻找出路。1984年，政府采取两项大的政策，一是鼓励发展乡镇企业，二是允许农民自理口粮到城镇务工经商。这些年乡镇企业大发展，到1993年，乡镇企业容纳的劳动力已达1.12亿，比1984年增加6070万人。其中大部分是“离土不离乡”的，虽然已经主要从事第二、三产业，但还居住在本乡、本村。另外还有一支农村剩余劳动力大军到城市，到异地乡镇务工经商，实现跨省、跨区、跨县的流动。而随着城市改革的深入，城市各项事业的发展，需要劳动力，如建筑业、运输业、环卫业和各种第三产业蓬勃发展，城市的劳力已不敷需要，或城市劳力不愿干的重活、累活、危险的活，都需要由农村来的劳力来补充。到80年代末，这些流入城镇的劳力已约有3000万人，1989年、1990年有所下降，1991年开始回升，1992年猛增，这才引起了社会的注意。被称为“民工潮”。这几年大致每年增加1000万人，有关部门估算到1994年春，这支被称为民工的大军大约有6000万人。

民工潮的实质是农村剩余劳动力向城镇转移，农业剩余劳动力向第二、三产业转移。这种转移是社会转型过程必然有的，所有现代化国家都经历过的。我国目前正处于经济高速增长的社会转型时期，因为原来的计划体制、户籍管理制度、劳动就业制度等还没有相应的改革，所以出现了这种特有的“民工潮”现象，这是一种农业剩余劳动力转移的特殊形式。好处是“民工潮”使城乡镇结构、产业结构、就业结构发生了变化，趋向合理，使需要劳动力的地方和产业得到劳动力的供给。如大中城市和经济发达的城镇，珠江三角洲地区接纳了约650万民工，长江三角洲地区接纳了约500万民工，哪里接纳得最多，那里的经济就发展最快、最繁荣、最有生气和活力。输出农业剩余劳动力的地区也得到了资金、技术、信息等的回报，如四川省外出民工有600多万（河南400多万，安徽300多万）每年通过邮局等渠道汇回四川省的款项超过60亿元，比本省投入支持农业发展的资金还多，剩余劳动力的输出对当地的发展也是有利的。不利的一面是，因为这种剩余劳动力的大规模转移基本上是自发的，所以给交通、治安、民政、计划生育、城镇管理等方面造成了很大的压力，出现了不少问题。现在有关方面已注意到这个问题，社会舆论也变了，开始时把民工称为“盲流”，采取限制、排斥、驱赶的态度，现在好了，有认识了，总的是认为利大于弊。公安部门已着手要改革小城镇户籍管理制度，劳动部门也把农业劳动力的转移纳入自己的工作安排，有关部门在研究、制定缓解和消除“民工潮”所引起的负面影响的政策和措施，使农业剩余劳动力向第二、三产业向城镇的转移能进入比较有序顺畅的轨道，以促进就业结构和城乡结构变得更加合理。

三　关于城乡结构的调整问题

中国的改革开放是从农村开始的，而且很快取得了成效，使农村社会发生了巨大而深刻的变化，为城市改革提供了经验和物质基础。但是，中国要继续改革和发展，要实现现代化的重点和难点也在农村。农村至今有8.5亿人仍是农民身份，占总人口的72.4%。他们中的大部分人要转为工人和职员，这将是一个漫长而艰难的过程，要克服重重障碍。

50年代，中国开始实行计划经济体制，逐渐形成了城乡分割的二元社会结构，城市办工业，农村搞农业，市民居住在城里，农民住在乡村，实行非农业户口和农业户口分隔管理，严格限制农业户口转为非农业户口。在1978年以前还限制农民从事非农业劳动，曾提出过“人心向农，劳力归田”的口号。到1978年，农业在国民生产总值中只占28.4%，但当年农村人口占总人口的82.1%。城市化率只有17.9%。

1978年后改革开放，这些年工业化发展很快，特别是农村办了以乡村工业为主体的乡镇企业，到1992年工业总产值在国民生产总值中已占48%，农业产值只占23.8%。但由于户籍制度等原因的限制，直到1992

年 11.71 亿总人口中，农村人口占 72.4%。城市化率只有 27.6%。

一般说，一个国家在现代化过程中，城市化率往往是超过工业化率的。美国在 1870 年工业化率为 16%，城市化率为 26%；到 1940 年工业化率为 30.3%，城市化率为 56%。发展中国家在人均 GDP 超过 300 美元之后，城市化发展都很快，往往都是超过工业化率的。

中国目前现代化过程中面临的一个重要问题是城市化严重滞后于工业化。1992 年中国工业化率为 48%，而城市化率只有 27.6%，差 20.4 个百分点。低于目前世界城市化率 40% 12 个百分点。这种落后状况不利于现代化的发展，不利于大规模经济效益的发挥，特别不利于第三产业的发展，不利于科学教育等社会事业的发展，不利于农业规模经营的形成，也不利于农业的发展，并由此引发了诸多社会问题，“民工潮”就是因为众多的农村剩余劳动力自发进城务工经商，而受到诸如户籍管理制度等的阻碍而引起的问题之一。1993 年冬政府决定：要“充分利用和改造现有小城镇，建设新的小城镇。逐步改革小城镇的户籍管理制度，允许农民进入小城镇务工经商，发展农村第三产业，促进农村剩余劳动力的转移”。这个政策实施之后，将有大量的农民进入小城镇落户，加快城镇化的步伐。

1993 年中国有 560 个市，其中中央直辖的省级市 3 个，地级市 196 个，县级市 361 个。有 15230 个镇，其中县政府所在镇 1795 个。另外还有乡政府所在地的集 32956 个。当年市镇人口 33351 万人 10075 万户。今后，市和镇还会继续增加，城镇的规模和容量还会继续扩大。预计到 2000 年，市镇人口将超过 5 亿人，约 1.6 亿户，城镇化率将达到 40%。到 2010 年，中国的市镇人口将达到 6.9 亿人，城镇化率将接近 50%。

现在，关于中国实现城市化的发展战略有三种主张：一种主张以发展大城市为主，一种主张以发展中小城市为主，一种主张以发展小城镇为主。这三派主张各有所据，言之成理。实际工作部门的同志多数主张以发展小城镇为主。现在实际也在实施这个方针。我原来也是主张以发展小城镇为主的，农村发展的道路，第一步实行家庭联产承包制，第二步发展乡镇企业，第三步建设小城镇，这比较顺当，顺理成章。80 年代初期，提出“离土不离乡，进厂不进城”，发展小城镇对于冲破当时的城乡壁垒，支持乡镇企业发展有积极意义，但是，这只是一个过渡阶段。乡镇企业发展起来了，真有相当多的农民在小城镇落户了，那还只是一个准二元社会结构，有人称为三元社会结构，20% 多住在城里，30% ~40% 在小城镇，30% ~40% 在农村。这只能是一种设想，因为这是没有迁移的转移，只能是城市化的一个阶梯性的阶段。乡镇企业本身将来也要发展成现代企业，是要和城市的第二、三产业的现代化企业逐渐融合、统一的。中国未来的城乡结构，一定要改变二元社会结构使大多数居民聚集到城市里来，实现区域现代化。所谓区域现代化是指在一个由自然、地理、资源、环境、经济社会、历史传统文化所形成的较大的地区内，由某个特大城市或大城市为中心，以若干个中小城市为中介，与地区内众多的小城镇和乡村形成网络，辐射带动本地区内整个经济和社会各项事业协调发展，实现区域的工业化城市化。国际上这类区域现代化的实例已经很多。中国现在的京、津、唐（山）地区，上海、南京、杭州地区，广州、深圳、珠海地区，沈阳、鞍山、大连地区，青岛、烟台、潍坊地区，福州、泉州、厦门地区等都在逐渐成为我国较早实现区域现代化的地区。

四 关于区域结构问题

中国是一个国土辽阔、人口众多，自然资源分布很不均匀，各地区经济社会发展很不平衡的大国。一部分现代工业和大量以手工为主的农业同时存在，一部分经济发达，同广大不发达地区和贫困地区同时存在，少量具有国际先进水平的科学技术同数以亿计的文盲同时存在。这种区域间发展极不平衡的状况是由客观自然资源条件和长期的历史原因等多种因素造成的。中国的人口和自然资源条件分布很不均匀，各地区的差异很大。在960 万平方公里版图上，如果在黑龙江省的瑷珲县和云南省的瑞丽县两点之间划一条直线，两部分面积各占一半。但 90% 的人口集中在东南地区，能源、矿产等资源则比较少，而这条线的西北部分，居住的人口只有10%，而大部分矿产资源如煤炭、天然气、石油、金属、稀土等资源都集中在这里，但地面多沙漠、高山、峡谷、草地，而且干旱、寒冷、缺水，生存条件很差。这种自然资源与人口分布脱节的状况，给生产的合理布局和经济社会协调发展增加了很大的困难。华夏民族的政治经济中心本来在北方中原地区，6 世纪，南北朝以后，经济重心南移，从此长江流域经济逐步取代黄淮经济区而成为中国经济的重心。由于国防等方面的原因，政治、军事中心还继续在北方，形成经济重心和政治中心分离的格局。1840年以后外国资本主义入侵，是从东南沿海的通商口岸地区开始的。这些地区也正是农业生产基础好，人口众多，比较富裕，而且也曾是唐宋时代对外贸易最发达的沿海经济地区，所以很快发展起来，形成了以上海、杭州、宁波、厦门、温州、广州等城市为中心的商品经济比较发达的地区，建立了一部分近代工商企业。

1949年中华人民共和国成立以后，50年代开始进行大规模的工业化建设，出于当时的国际环境和国防的需要，从50年代开始的第一、第二个五年计划和以后的三线建设期间，把大部分项目都建在内地和东北地区。并且还把沿海的一些工厂和科研、教学机构迁到内地，在我国的中西部地区建起一批工业基地和城市，如包头、石家庄、郑州、洛阳、襄樊、十堰、咸阳、宝鸡、绵阳、西昌等。使我国的生产力布局和区域结构有了一定的调整，但也带来了一定的问题，如没有充分发挥原来沿海城市和工业基地的作用，经济效益不够好等。

1978年改革开放以后，我国经济发展战略转向经济效益，把经济建设的重点移向沿海，首先在深圳、珠海、汕头、厦门建立了经济特区，不久又开放大连、天津、青岛、连云港、上海、宁波、福州、广州、北海等14个沿海城市，依靠这些地区原有资金、技术、人才、基础设施等的优势，加上引进外资，引进先进技术和新的管理方式，使这些地区很快发展起来。为了更好地发挥地区优势，加强对经济建设的宏观指导，按照地区经济技术发展水平、地理位置和资源分布情况。有关部门把我国划分为东、中、西三大经济带，把东部辽宁、北京、天津、河北、山东、上海、浙江、福建、广东、广西、海南等沿海12个省市定为发达地区，把中部的黑龙江、吉林、山西、河南、湖北、湖南、江西、安徽、陕西等9个省区定为欠发达地区，把西部四川、云南、贵州、甘肃、西藏、青海、宁夏、新疆等9个省区定为不发达地区。当然，这种划分只是相对意义上的，有很大程度也考虑了地理位置和行政区划的因素。事实上，我们的一个省就很大，如四川省有1亿多人口，56万平方公里，本省内就可划分为经济发达、欠发达、不发达三类地区。所以东、中、西三大区的划分只是大致反映当前各省区经济发展的水平。

十多年来，沿海地区得改革开放风之先，率先放宽政策，率先发展市场经济，经济发展得最快，中部地区次之，使原有的地区之间的差距拉大了，1982～1992 年，广东省的工农业总产值从 415 亿元增到 4920 亿元，农民人均年纯收入由 182 元增加到 1307 元。同时，贵州省的工农业总产值 101.9 亿元，增到 446.2 亿元；农民年人均纯收入由 108 元增到 506 元，以相同的口径相比 1982 年广东省的工农业总产值是贵州省工农业总产值的 3.07 倍。而到 1992 年则扩大到 10.03 倍。1982 年广东省农民年纯收入是贵州省农民年纯收入的 1.69 倍，到 1992 年则扩大到 2.58 倍。这是两省平均数的比较，如果具体到县市、到乡镇、到家庭个人之间的比较，那么，则差距还要大。

东部沿海地区经过十多年的大规模建设，经济实力增强了，基础设施大大改善了，投资环境日趋完善，自我发展能力增强，不仅吸引了很多境外的资金和技术，而且我国中部、西部的人才、劳动力、资金也大量向东部集聚，所以今后较长的一段时间里，我国的区域格局仍将是不平衡发展的格局，东部地区同中部、西部地区的差距不仅不会缩小，其相对差距还会进一步扩大。

在工业化过程中，由于市场力量的推动，这种区域间的不平衡发展是必然的，这种不平衡经济发展的状况，在全国范围形成了递推式区域增长的形势，在产业结构逐步调整，在市场容量不断扩大方面形成一浪又一浪的长期持续增长的格局，这在一定时期对于经济发展是有利的。但是这种不平衡状况，特别在各地区居民收入的差距要控制在一定的合理范围里；否则，将引起各种社会矛盾，于稳定发展不利，特别是我国西北、西南是少数民族同胞聚居的地区，更要注意这些地区的发展。要选择适当的时机，利用宏观调控的力量，加快中西部地区的发展。90 年代以来，国家采取各种优惠政策等方式加快中西部地区乡镇企业发展，已经取得了一定的成效，现在东部沿海的一些乡镇企业家也在向中西部发展，这是很好的。经过多年的地质勘探工作，现在已经探明在新疆有非常丰富的石油、天然气和煤炭及其他矿藏资源，内蒙古也有特别丰富的煤炭、天然气等资源，国家现在正在着手重点加强这些地区的交通通信和基础设施的建设，为今后大规模开发西北地区做好准备。我们的目标是要建设社会主义现代化社会，要实现共同富裕。所以，到 20 世纪末，21 世纪初，国家综合实力增强以后，就要把经济发展战略的重点西移，使中部、西部也发展起来，使区域结构逐渐趋于平衡。这一方面要提高中西部的经济社会水平，同时，也是经济发展新的生长点，使整个国民经济持续高速增长。

总的说来，目前的中国正处于由传统社会向现代化社会转变的社会结构转型时期，21 世纪的上半叶中国将实现这种转型而建成社会主义现代化社会。本文所论述的只是实现社会结构转型几个主要方面，实际的转型过程要丰富得多、深刻得多，而且还会有许多曲折、反复的环节，要克服重重困难和障碍，但是，在中国人民面前，实现社会结构转型的方向已经明确了，道路已经开通了，中国要建成社会主义现代化国家的目标是一定能够实现的。

1992年中国社会发展水平已上升为世界67位*

朱庆芳

要比较准确反映各国的社会发展水平，当前国际上已用社会指标来衡量，如联合国开发计划署计算的“人文发展指数”。还有“社会进步指数”等，因为社会指标能较全面地反映经济、社会、科技、人民生活等多方面因素的发展，它避免了用单一的国民生产总值指标的片面性。用社会指标不仅可以全面、科学地反映各国社会发展水平的位次，还可从分项比较中找出各国的进步与差距。

我们根据世界银行的发展报告，选择16个主要社会指标组成指标体系，其依据是：参考了国外指标体系的理论框架，体现以人的发展为中心的衡量标准，结合我国国情，反映经济与社会的协调发展。在26个指标中有10个指标（见附表中第1、2、3、6、7、9、10、11、13个指标）是参考了美国社会学专家英克尔斯确定的现代化指标，他是在调查了世界各种不同类型国家后做出的定性研究，这10个指标基本上概括了现代化过程中的社会结构和生活质量的主要方面。此外还增加了出口比例、教育经费比例、婴儿死亡率、人均摄取热量、人均能源消费量和通货膨胀率等6个指标，更全面地反映了生活质量的各个方面（详见附表）。

由于各国社会指标的统计方法和包括范围不同。世界银行已对各国的数据进行了适当调整和尽量做到标准化。中国数字又经我们根据实际作了适当调整，采用的计算方法是综合评分法，从1987年开始，已进行了五次评价，每年向社会公布一次。

评价结果表明，由于我国改革开放以来，经济和社会获得了持续稳定

---

* 原文发表于《社会学研究》1995年第3期。

的发展，因此在世界百万人口以上国家中的地位是稳步上升的，根据最新的1994年世界发展报告中的1992年数据，评出我国居世界的位次已上升至67位，属世界中等偏下水平。与前几年评价比较，1987年为70位，1989年降至71位，1990年回升为70位，1991年上升为68位，1992年又上升为67位（苏联变为15个共和国，因资料缺得较多，暂只列俄罗斯一国，各年的国别基本可比）。

按指标类别分，大致是我国经济发展水平、社会结构居世界后列，人口素质和生活质量居中等偏上水平，从总体看，居中等偏下水平。从16个指标看，有10个指标居世界31～65位，以人口净增率较低而位次最高，属中等偏上水平，有6个指标属中等偏下水平，在113～78位，以第三产业产值比例最低而居世界第113位。

一　人均国民生产总值居世界第90位

人均国民生产总值虽然不再是衡量社会进步的唯一标志，但它却是反映各国经济发展的重要综合指标。由于各国的官方汇率相差过大，世界银行采用了各国三年的平均汇率并按各国与美国相对通货膨胀之差进行了调整，用此法计算的1992年中国人均国民生产总值为470美元，居世界90位，比过去历年的位次上升了4～12位。若按我国实际数按当年汇率（5.51）计算只有374美元，比世界银行估算的少96美元。按世行估算的数据排位由1991年的倒数24位上升为1992年倒数第28位，我们认为此数比较接近实际，故未改动。另外，世界银行还按购买力平价（PPP）估算了中国的1990年的人均国民生产总值为1910美元列于表中，按此数中国上升至居世界34位，绝对额达到21774亿美元，比我国按实际当年汇率计算的3671亿美元多了近5倍，绝对额居世界第三位，仅次于美国和日本。我们认为，按这种计算方法，无论是国民生产总值还是人均数都不能全面地、如实地反映我国居世界的位次。

二　社会结构指标居世界89位

社会结构的优化是使国家走向现代化、城市化、社会化的基础和前提，共选择了农业向非农业转移，第一产业、第三产业、出口、城市化比例及教育经费的比例等六项指标，我国综合得分为 21 分，处于低收入国家的平均水平，低于世界平均 33 分的 36%。出口占国民生产总值的比例由 1989 年 12.3% 上升到 1992 年 19.2%，居世界位次由居世界 85 位升至 54 位，3 年内上升了 31 位，此比例比世界平均 15.8% 高出 22%，反映了我国出口的高速增长。农业产值在国民生产总值中比例的下降，反映了农业向非农业的转移加快，由 1989 年 26.4% 降为 23.8%，居世界位次由 80 位上升至 65 位，上升了 15 位。城市人口比重和非农业就业人口比重均有上升，居世界位次分别比 1989 年上升了 5 位和 4 位，但 1992 年的比例仍达 28% 和 41%，居世界位次为 91 位和 78 位，处于低收入国家平均水平；教育经费占国民生产总值比例为 2.5%，属于世界较低水平，居 97 位；第三产业产值比例为 28%，比低收入国家平均水平 40% 还低 12 个百分点，居世界倒数第 6 位，虽然我国第三产业统计不全，遗漏多，价值低，但即使将这些因素估算进去，也仍处于世界较低水平。

三　人口素质指标居世界 57 位

人口素质的高低对社会发展起着决定性的作用，它也体现了人的全面发展，它由大、中学生入学率，人口净增率，平均寿命，婴儿死亡率等五个指标组成，我国综合得分为 23 分，略低于世界平均水平。人口增长率按我国评价标准，越低越反映社会进步，为逆指标，我国 1980 ~ 1992 年平均每年仅增长 1.4%，比低收入国家平均 2.0%，中等收入国家 1.8% 都低，但仍高于高收入国家 0.7% 的 1 倍，居世界第 35 位，反映了我国在控制人口方面是卓有成效的；平均预期寿命是反映人口素质和生活质量的综合指标，我国为 70 岁，比世界平均 64 岁高 6 岁，居世界 45 位，但仍低于高收入国家的 7 岁；婴儿死亡率为逆指标，我国为 31%，低于世界 55‰的 24 个千分点，居世界第 48 位，比前三年上升了 6 位；中学生入学率为 51%，居世界 56 位，但大学生入学率很低，仅为 2%，比世界平均水平 16% 低 14 个百分点，也低于低收入国家的水平，居世界 100 位。

四　生活质量标准居世界46位

生活质量是反映居民的物质生活和精神生活的提高情况，由于受资料限制，仅选择了医生服务人数、摄取热量、能源消费及通货膨胀率等4个指标，很不全面，综合得分为25分，比世界水平20分高25%，居世界46位，属世界中等偏上水平。高于低收入和中等收入国家水平的10分和8分。1990年每个医生服务人口为649人，居世界31位，比1989年上升了6位，其得分大大高于低收入和中等收入国家水平，但低于高收入国家水平；每人每日摄取热量为2639大卡，属中等水平，居世界56位；人均能源消费量为656千克油当量，高于低收入国家一倍，但仅及中等收入国家的1/3，居世界53位，比1989年上升8位；通货膨胀率是1980～1992年的平均每年的上涨率，为6.3%，不包括近两年的上涨率，比世界平均32.3低得多，略高于高收入国家4.5%的平均水平，居世界43位。

表 1　1992 年世界 118 个国家（地区）经济社会发展水平的国际比较

指标名称	指标值							得分							附：中国居世界位次（位）
	118 个国家平均	低收入国家		中等收入国家			高收入国家 23 个	118 个国家平均	低收入国家		中等收入国家			高收入国家 23 个	
		42 个平均	其中：中国	53 个平均	下中等	上中等			42 个平均	其中：中国	53 个平均	下中等	上中等		
综合得分								83	55	71	84	79	93	143	
一、经济发展水平															
1. 人均国民生产总值（美元）	4280	390	470	2490	1590	4020	22160	6	2	2	5	4	8	9	90
二、社会结构（%）								33	20	21	37	31	43	49	89
2. 农业产值在国民生产总值中的比重	20	29	24	12	17	9	4	5	4	4	7	5	8	10	65
3. 第三产业产值在国民生产总值的比重	49	40	28	50	50	51	61	7	5	3	7	7	8	10	113
4. 出口总额在国民生产总值中的比重	16	16	19	17	15	18	15	4	3	4	4	3	4	3	54
5. 城市人口占总人口的比重	42	27	28	62	54	72	78	4	2	2	8	6	10	10	91
6. 非农业就业人口占就业人口比重（1988 年）	56	28	41	57	45	71	93	7	3	5	6	5	8	10	78
7. 教育经费占国民生产总值比重	3.6	2.6	2.5	4.4	4.2	4.6	5.7	4	3	3	5	5	5	6	97
三、人口素质								24	18	23	25	25	25	48	57
8. 中学生占 12～17 岁年龄人口比重	52	41	51	55	53	54	93	6	5	6	6	6	6	10	56

续表

指标名称	指标值							得分							附：中国居世界位次（位）
	118 个国家平均	低收入国家		中等收入国家			高收入国家 23 个	118 个国家平均	低收入国家		中等收入国家			高收入国家 23 个	
		42 个平均	其中：中国	53 个平均	下中等	上中等			42 个平均	其中：中国	53 个平均	下中等	上中等		
9. 大学生占 20 ~ 24 岁年龄人口比重	17	3	2	18	17	19	50	4	1	1	4	4	4	10	100
10. 人口净增长率（1980 ~ 1992 年平均）（%）	1.7	2.0	1.4	1.8	1.8	1.8	0.7	4	4	5	4	4	4	9	35
11. 平均预期寿命（岁）	66	62	70	68	67	69	77	7	6	7	7	7	7	10	45
12. 婴儿死亡率（‰）	60	73	31	43	45	40	7	3	2	4	4	4	4	9	48
四、生活质量								20	15	25	17	19	19	37	46
13. 平均多少人有一名医生（1990 年）（人）	3850	5760	649	2020	2230	1140	420	3	2	7	3	3	4	9	31
14. 平均每人每日摄取热量（大卡）	2696	2406	2639	2860	2768	2987	3409	5	4	5	6	6	7	9	56
15. 通货膨胀率（1980 ~ 1992 年平均）（%）	17.2	12.2	6.2	105.2	40.7	154.8	4.3	5	6	9	1	3	1	9	43
16. 人均能源消费量（千克油当量）	1447	338	656	1812	1891	1658	5101	7	3	4	7	7	7	10	53

注：1. 资料来源：根据世界银行《1994 年世界发展报告》中的 1992 的数据，用综合评分法计算，第 2、10、12、13、15 项为逆指标，按反向评分。

2. 低、中高收入的划分，是根据发展报告中按人均国民生产总值高低划分的，670 美元以下为低收入国家，671 ~ 2730 美元为下中等收入国家，2731 ~ 7510 美元为上中等收入国家，12211 美元以上为高收入国家，对表列中的中国数字不实的做了调整。

3. 本表为百万人口以上的国家，但不包括百万人口以上、数据不全的柬埔寨、越南、黎巴嫩、蒙古国等。

表 2　1992 年世界 118 个国家经济社会发展水平得分和排序

名次	国家（地区）	总得分	名次	国家（地区）	总得分	名次	国家（地区）	总得分
1	挪威	150	41	马来西亚	97	81	也门共和国	58
2	丹麦	148	42	约旦	96	82	利比里亚	57
3	荷兰	148	43	毛里求斯	96	83	喀麦隆	56
4	比利时	148	44	罗马尼亚	95	84	巴基斯坦	56
5	法国	145	45	阿曼	90	85	塞内加尔	55
6	瑞典	144	46	墨西哥	90	86	印度	54
7	加拿大	144	47	南非	90	87	巴布亚新几内亚	54
8	德国	144	48	突尼斯	88	88	肯尼亚	53
9	芬兰	141	49	哥斯达黎加	86	89	多哥	49
10	美国	140	50	阿尔及利亚	84	90	赞比亚	46
11	爱尔兰	140	51	秘鲁	84	91	尼日利亚	46
12	奥地利	139	52	埃及	82	92	贝宁	45
13	西班牙	138	53	哥伦比亚	82	93	中非共和国	45
14	日本	136	54	伊朗	80	94	尼日尔	44
15	瑞士	136	55	叙利亚	80	95	马里	44
16	意大利	136	56	巴西	80	96	加纳	44
17	英国	135	57	厄瓜多尔	79	97	缅甸	43
18	澳大利亚	135	58	博兹瓦纳	78	98	海地	43
19	新西兰	134	59	土尔其	78	99	孟加拉国	42

续表

名次	国家（地区）	总得分	名次	国家（地区）	总得分	名次	国家（地区）	总得分
20	捷克	132	60	多米尼加共和国	77	100	几内亚	40
21	斯洛伐克共和国	131	61	摩洛哥	77	101	苏丹	40
22	新加坡	127	62	泰国	76	102	马达加斯加	39
23	匈牙利	124	63	萨尔瓦多	75	103	乍得	39
24	以色列	122	64	加蓬	72	104	不丹	39
25	中国香港地区	121	65	伊拉克	72	105	布基纳法索	38
26	保加利亚	118	66	斯里兰克	72	106	尼泊尔	38
27	希腊	117	67	中国	71	107	马拉维	38
28	韩国	116	68	菲律宾	71	108	塞拉利昂	37
29	特立尼达和多巴哥	116	69	刚果	70	109	卢旺达	37
30	阿拉伯联合酋长国	114	70	印度尼西亚	66	110	扎伊尔	36
31	葡萄牙	113	71	巴拉圭	65	111	埃塞俄比亚	36
32	俄罗斯联邦	112	72	洪都拉斯	65	112	老挝	36
33	波兰	108	73	科特迪瓦	65	113	坦桑尼亚	35
34	沙特阿拉伯	107	74	尼加拉瓜	63	114	布隆迪	34
35	乌拉圭	105	75	纳米比亚	62	115	几内亚比绍	33
36	阿根廷	104	76	津巴布韦	61	116	乌干达	27
37	智利	100	77	毛里塔尼亚	61	117	索马里	26
38	委内瑞拉	99	78	危地马拉	59	118	莫桑比克	24
39	牙买加	99	79	莱索托	59			
40	巴拿马	97	80	玻利维亚	58			

新时期阶级阶层结构和利益格局的变化*

李培林

本文采用大量材料和数据，分析了改革开放以来我国阶级阶层结构和利益格局的变化，并就“社会是否出现了两极分化”“是否产生了一个新的资产阶级”“怎样认识中产阶级和小康大众”“怎样看待社会公平”等问题阐述了自己的观点。文章强调指出，体制改革实际上也是一个阶级阶层结构和利益格局的调整过程，改革、发展的稳定机制最终来自社会利益关系的合理与协调。因此，要把经常考察社会各阶级阶层利益关系的变化作为政策制定和调整的依据。

一　分析阶级阶层结构的出发点

对阶级、层的利益分析，历来是我们党制定各项路线、方针、政策的依据。早在70年前的建党初期，毛泽东同志就在深入农村调查研究的基础上，写了《中国社会各阶级的分析》一文，解决了“依靠谁、团结谁、打击谁”这一“革命的首要问题”①，成为党在民主主义革命时期分析阶级阶层结构的基本出发点。新中国成立以后，随着社会主义改造的基本完成，党在1956年召开了第八次全国代表大会。会议认为，国内形势的重大变化表明：“我国的无产阶级同资产阶级之间的矛盾已经基本上解决，几千年来的阶级剥削制度的历史已经基本上结束”，“我们国内的主要矛盾已经是人民对于建立先进的工业国的要求同落后的农业国的现实之间的矛盾，已经是人民对于经济文化迅速发展的需要同当前经济文化不能满足人民需要

---

* 原文发表于《中国社会科学》1995年第3期。

① 《毛泽东选集》（合订本），人民出版社1973年版，第3~11页。

的状况之间的矛盾”。因此，我国应当进入全面建设社会主义的新阶段①。会议之前，毛泽东同志在深入调查和听取34个部委汇报的基础上，发表了《论十大关系》的讲话，提出“要把国内外一切积极因素调动起来，为社会主义事业服务”②。但是，1957年反右派斗争扩大化以后，毛泽东同志提出了无产阶级同资产阶级的矛盾仍然是我国社会的主要矛盾的观点，并进而在1962年党的八届十中全会上把这一思想绝对化，进一步断言在整个社会主义历史阶段资产阶级都将存在和企图复辟，而且会成为党内产生修正主义的根源，因此阶级斗争要“年年讲、月月讲”③。这些思想成为“十年动乱”中概括出来的“无产阶级专政下继续革命的理论”和“路线”的主要依据，并在实践中带来严重的恶果。

毛泽东同志在50年代中期提出的“调动一切积极因素”这一调整各种利益关系的“基本方针”，虽然在他生前没有得到很好的落实，甚至走到了反面，但却成为改革开放后党调整阶级阶层利益关系的基本出发点，用邓小平同志的话说，就是要“团结一致向前看”。1978年进入改革开放新时期以后，邓小平同志在一系列的重要讲话中，提出了一些对此后阶级、阶层结构的变化产生重大影响的思想，概括起来，主要有以下几点。

（1）新时期的中心任务是要解决“生产力发展水平很低，远远不能满足人民和国家的需要”的“主要矛盾”，因此，必须把工作重点转移到社会主义现代化建设方面来④。

（2）历史上的阶级斗争在社会主义条件下仍存在“特殊形式的遗留”，对反社会主义分子仍然要实行专政，但这“不同于过去历史上的阶级对阶级的斗争”，“我们反对把阶级斗争扩大化，不认为党内有一个资产阶级，也不认为在社会主义制度下，在确已消灭了剥削阶级和剥削条件之后还会产生一个资产阶级或其他剥削阶级”。⑤

---

① 《中国共产党第八次全国代表大会关于政治报告的决议》，《中共中央文件选编》，中共中央党校出版社1992年版，第83页。

② 《毛泽东选集》（第五卷），人民出版社1975年版，第267～28页。

③ 薄一波：《若干重大决策与事件的回顾》（下卷），中共中央党校出版社1993年版，第1097～1104页。

④ 《邓小平1979年在党的理论工作务虚会上的讲话》，《邓小平论建设有中国特色的社会主义》，中共中央党校出版社1993年版，第33、22页。

⑤ 《邓小平1979年在党的理论工作务虚会上的讲话》，《邓小平论建设有中国特色的社会主义》，中共中央党校出版社1993年版，第33、22页。

（3）坚持马克思主义的物质利益原则，调动一切积极因素，团结一致向前看，逐步提高人民的物质生活水平，使广大人民群众从改革和发展中得到实惠，“不要光喊社会主义的空洞口号”，贫穷不是社会主义①。

（4）改革首先要打破平均主义和“大锅饭”，鼓励一部分人和一部分地区通过勤劳致富先富裕起来，从而形成极大的示范力量，带动和帮助落后地区，这是“一个能够新时期阶级阶层结构和利益格局的变化影响和带动整个国民经济”的“大政策”②。

（5）在坚持社会主义公有制为主体的前提下，应当允许个体和私营经济发展，允许中外合资经营和外资独营的企业发展。社会主义和市场经济之间不存在根本矛盾，计划和市场都是经济手段，“判断的标准，应当主要看是否有利于发展社会主义社会的生产力，是否有利于增强社会主义国家的综合国力，是否有利于提高人民的生活水平”③。

（6）走共同富裕的道路，防止两极分化。“共同富裕的构想是这样提出的：一部分地区有条件先发展起来，一部分地区发展慢点，先发展起来的地区带动后发展的地区，最终达到共同富裕。如果富的愈来愈富，穷的愈来愈穷，两极分化就会产生，而社会主义制度就应该而且能够避免两极分化”④。

邓小平同志的这些思想虽然是在十几年的改革实践中逐步完善的，但在改革初期就已基本上都提出来了。在这些思想的指导下，改革初期就对阶级、阶层关系进行了一系列的重大调整，包括：其一，平反了一大批历史上的冤、假、错案，为几百万人摘掉了“反革命”“走资派”“修正主义分子”“黑帮分子”的帽子，恢复了他们的名誉；其二，摘掉了知识分子在“文革”中的“臭老九”帽子，重申知识分子是工人阶级的一部分，还改正了1957年一大批被错划为右派分子的案件；其三，鉴于情况的变化，从1979年1月起，开始摘掉地主、富农分子的帽子，给予人民公社社员待遇，其子女的个人成分一律定为社员；其四，从1979年1月起，落实

① 《邓小平文选》（第3卷），人民出版社1993年版，第213页。

② 参见《邓小平论建设有中国特色的社会主义》，第11页；《邓小平文选》（第3卷），第155页。

③ 参见《邓小平文选》（第3卷），人民出版社1993年版，第110、372～374页。

④ 参见《邓小平文选》（第3卷），人民出版社1993年版，第110、372～374页。

对国民党起义、投诚人员以及在大陆的台湾同胞亲属的政策，此外还宽大释放了原国民党县团以下党政军特人员；其五，在80年代初，为原86万工商业者中的70万人恢复了劳动者身份，接着，又明确规定，原工商业者已经成为社会主义社会中的劳动者，其成分一律改为干部或工人。

这些政策调整意味着一个重大变化，即新时期进行阶级阶层分析的出发点，不再是“以阶级斗争为纲”，而是从物质利益的原则出发，调整利益格局，调动一切可以调动的积极因素，为社会主义现代化建设服务；对社会发展过程中出现的各种利益摩擦和冲突，不再一律视为“阶级的对抗”，同时，不再把思想观念作为划分阶级阶层的标准。

但是，随后在理论概括上出现的问题是：农村中的劳动者，都纳入了农民阶级或简称农民，城市里的职工都统计入工人阶级或简称职工，社会成员似乎不属于工人阶级就属于农民，而农民和职工的划分实际上变成一种户籍的划分。而且，这种“两阶级一阶层”（工人阶级、农民阶级、知识分子）的理论模式已远远无法概括改革开放以来现实阶级阶层结构所发生的深刻变化。

二　阶级阶层结构的变动

除了政策调整，影响新时期阶级阶层结构变化的还有两个重要因素，一是所有制结构随之发生的变化，二是产业结构的变动。

在所有制方面，破除了公有化越“纯”越好的旧观念，确立了以公有制为主体、多种经济成分并存的新结构。经济体制改革打破了单一公有制格局后，个体经济发展很快，并随之出现了雇工在8人以上的私营经济；设立经济特区和沿海地区的普遍开放，使“三资”企业作为新的经济成分出现，公有制经济本身在改革的实践中也出现了承包制、股份制、租赁制以及其他国有民营的经营形式。这样，就工人来说，按所有制划分，可以分为国有企业工人、城镇集体企业工人、乡镇企业工人、合资合营企业工人、个体私营和外资企业雇工等。到1993年底，在全国约24300万企业职工中，国有企业职工约8300万人，约占企业职工总数的34%，城镇集体企业职工约3400万人，约占14%，乡镇企业职工（包括乡村个体私营企业职工）约11200万人，约占46%；城镇个体私营企业职工约1100万人，约占4%；“三资”及其他各种合营企业职工约300万人，约占1%[①]。如果按照工会系统的统计，把机关和事业单位职工计算在内，并剔除一大部分亦工亦农的乡镇企业职工，那么到1992年，在全国职工总数中，国有企事业和机关团体职工约占62%，城镇集体企事业职工约占21%，基本上工人阶级化的乡镇企业职工约占13%，三资企业和私营企业职工约占4%，在市场经济发展较快的东部地区，乡镇和私营企业职工约占全国同类企业职工总数的一半[②]。

改革以来，工业化的快速发展加快了产业结构的升级。1978～1993年，在全国社会劳动者构成中，第一产业从业人数从70.5%下降到57.4%，第二产业从业人数从17.4%上升到22.4%，第三产业从业人数从12.1%上升到20.2%。这种变化产生的结果是，一大批农民进入城镇并转变了职业身份，同时以工业为主体的物质生产部门的产业职工队伍增长速度放缓，而金融、保险、房地产、旅游、咨询、广播、电视以及各种服务业和公用事业等非物质生产部门的职工增加得很快。1978～1992年，在全国城镇职工中，从事第一产业的从9.3%下降到5.7%，从事第二产业的从52.6%下降到52.2%，而从事第三产业的从38.1%上升到42.1%。

改革以来变化最大的是传统意义上的“农民”。目前（截至1993年底），按所持户籍划分，“农业人口”占总人口的79%左右；按居住地划分，“乡村人口”占总人口的71%左右；而按职业性质划分，农业劳动者只占总从业人数的57%左右。过去我们使用的“农民”概念包括所有不吃国家商品粮、持农业户口的“农业人口”，大家都是清一色的“社员”。改革以后，传统意义上的“农民”发生了深刻的职业分化，“农业人口”在很大程度上已仅仅作为一个户籍的或居住地域的群体概念，而在现实中已分为农业劳动者、乡镇企业工人、外出的农民工、农村雇工、农村文教科技医疗工作者、农村个体工商业者、农村私营企业主、乡镇企业管理者、农村管理干部等。每个群体中还可以按收入、财富、生产资料的占有状况或职业声望等分成若干个次级群体，如农业劳动者可分为经营大户、兼业

---

① 根据国家统计局编《1994年中国统计摘要》第21、71页数据整理，中国统计出版社1994年版。另，本文凡未注明出处的数据均来自国家统计部门。

② 参见中华总工会编《走向社会主义市场经济的中国人工人阶级——1992年全国工人阶级状况调查文献资料集》，中国工人出版社1993年版，第4～5页。

户、合作户、小农等。根据中共中央政策研究室和农业部农村固定观察办公室1992年对全国29个省（区、市）312个固定观察点的7604个农户的抽样调查，在目前农村劳动力（持农业户口）职业构成中，农业劳动者占63.4%，农民工（乡镇企业工人和外出的农民工）占12.2%，乡村集体企业管理者占0.9%，个体或合伙工商劳动者和经营者占6.5%，私营企业经营者占0.8%，受雇劳动者占3.0%，乡村干部占0.6%，文教、科技和医疗卫生工作者占1.1%，家务劳动者占8.1%，其他劳动者占3.3%①。

新时期阶级阶层结构变化的特点：一是产业结构的变动使那些与现代经济相联系的职业群体无论在人数比重还是社会影响力方面都大为增强，而且有1亿多原来的农民正在转化为工人；二是深刻的职业分化使原有的同一阶级内部出现了具有不同经济地位和利益特点的社会阶层，原来相对重合的收入、地位、声望三个社会序列发生了分离；三是所有制结构的变动使改革后新出现了一个占有一定生产资料的个体私营业主阶层。

三　利益格局的变动

阶级阶层结构的变动使原有的利益格局发生了深刻的变化，改革实际上也成为一个利益格局的调整过程。

改革以后，通过农村的家庭经营承包和城市的企业承包，首先产生了以家庭为单位和以企业为单位的独立利益主体；向地方“放权”和实行“分灶吃饭”的财政制度，造就了以社区和地区为单位的独立利益主体；打破单一公有制体制后，在多种所有制成分并存的情况下，个体私营企业、“三资企业”、乡镇企业等等都成为不同的利益主体；国有企业的“承包制”“利改税”“拨改贷”、股份制改造及指令性计划和配额的取消也使它们更接近于相对独立的利益主体；一大批事业单位的企业管理和走向市场也使他们产生了强烈的利益主体意识。此外，“让一部分人通过劳动先富起来”的政策从观念上破除了长期以来的“绝对平均主义”，劳动效益成为比劳动时间更为重要的影响劳动收益的因素。最后，对股息、利息、红利等资本收益合法性的法律确认和法律保护，使整个收入分配中按资分

① 赵长保等：《对农民职业分化的分析》，《中国农村经济》1994年第3期，第3～38页。

配的比重有所上升。在影响收入水平的因素中，原有的职位、技术等级、工龄、行业、地区等因素虽然仍发挥着作用，但单位分配体制、企业经济效益、资本占有状况等成为新的影响收入水平的重要变量。

在国有单位，尽管按劳动时间取酬而不是按劳动效益取酬的原则在总体上已经被打破，单位与单位之间因经济效益的不同而在收入上产生了重要差别，但同一国有单位内部的平均主义倾向并没有完全消除，一切旨在破除平均主义分配制度的改革都在现实中受到顽强的抵抗。奖金的设立原本是要使收入与劳动贡献挂钩，但具体实行中由于利益均衡这一深层分配观念的制约，经济奖励的效用随劳动贡献的增加而呈递减趋势，奖金实际上变成了附加工资而不是对超额劳动的奖励。奖金的分配比工资更平均。所有在国有单位拉开收入差距的体制变动，经过一段时间的摩擦和磨合，又通过各种形式迂回地得以修复，奖金和福利的相互攀比在一定情况下更加使利益分配上的平均主义扩展到国有单位之间，而不仅仅是在单位内部。

与此同时，各阶层、各群体之间以收入水平为标志的利益差距在不断扩大。

在城乡之间，城乡居民人均收入比（城镇人均生活费收入/农村人均纯收入）由 1985 年的 1.72∶1 扩大到 1993 年的 2.54∶1；城乡居民人均消费水平差距由 1985 年的 2.24∶1 扩大到 1993 年的 3.06∶1；城乡居民人均商品零售额之比由 1985 年的 2.29∶1 扩大到 1992 年的 2.43∶1；城乡居民人均储蓄存款余额差距由 1985 年的 6.03∶1 扩大到 1992 年的 7.93∶1。

在地区之间，中国东部、中部、西部的农民人均纯收入之比（以西部地区为 1）由 1993 年的 1.6∶1.1∶1 扩大到 1992 年的 2.8∶1.3∶1；改革以前职工平均工资相对较高的西部边远地区，现在的平均工资已经大大低于东部地区。据 1992 年对全国 12 个省（区、市）职工收入的调查，职工收入差距的地区分布态势基本上与经济发展差距的地区分布态势相一致，收入最高的是广东省，职工平均月收入 376 元；最低的是陕西省，职工平均月收入 174 元，再者相差 2.2 倍①。

在行业之间，重工业和物质生产部门的工资水平已没有明显的优势，

---

① 《走向社会主义市场经济的中国工人阶级——1992 年全国工人阶级状况调查文献资料集》，第 971～972 页。

一些服务业的工资水平迅速上升。据1992年对38个行业职工工资收入状况的调查，在工资收入序列中排在前5位的是旅游业、其他行业、烟草制造业、黑色金属开采业、航空运输业，排在后5位的是纺织业、水利业、农林牧渔业、石油开采业、印刷造纸业，最高收入行业和最低收入行业之间的平均收入比差是1.98倍[①]。

不同所有制之间的职工收入差距更加明显。据1992年的统计，“三资”企业职工的平均工资比国有单位的平均工资高50%～60%，比城镇集体单位高1倍多；个体户与工薪阶层的货币收入平均相差3～5倍；私营业主的收入因企业规模不同而有很大差异，但一般要比普通职工的工资收入高出10倍以上。

在原有的农民中，由于职业的分化，收入水平也出现很大差异。根据1992年的调查，在农村10个职业阶层中，按人均年纯收入从“400元以下”到“1500元以上”的6级分档，在“1500元以上”高收入段中的人数比重超过其劳动力构成比重的有私营企业经营者、乡村集体企业管理者、个体或合伙工商劳动者和经营者、乡村干部、农民工、受雇劳动者等，而在“400元以下”的低收入段中，人数比重超过其劳动力构成比重的只有农业劳动者（占80.3%）[②]。

特别值得注意的是“工资均等，收入悬殊”的现象，各种“隐性收入”“工资外收入”“第二职业收入”“实物收入”“业务待遇”成为城镇社会拉开生活水平差距的重要因素之一。

面对利益格局的变化，人们产生了各种各样的疑问：社会是否出现了两极分化，是否产生了一个新的资产阶级，是否已经存在一个中产阶级，如何理解“小康大众”，社会主义市场经济条件下应当确立怎样的社会公平价值标准，等等。这些都是不能回避的重大问题。

四　社会是否出现了两极分化?

“两极分化”是形容贫富悬殊的一个概念，而对贫富差距的度量主要

① 《走向社会主义市场经济的中国工人阶级——1992年全国工人阶级状况调查文献资料集》，第971～972页。

② 《对农民职业分化的分析》，第33～38页。

是根据两个方面的考察：收入水平的比较和财富占有情况的分析。

从全国居民个人收入的平均差距来看，若用国际上通行的基尼系数来衡量（基尼系数小于0.2表示绝对平均；0.2～0.3表示比较平均；0.3～0.4表示基本合理；0.4～0.5表示差距较大；0.5以上表示收入差距悬殊），则中国现阶段的个人平均收入差距尚未超过合理区间。1978～1990年，我国城镇居民个人收入的基尼系数从0.185提高到0.230，农村个人收入的基尼系数从0.212提高到0.310。若用另一种国际上常用的衡量贫富差距的五等分法，即以住户调查中20%高收入户的平均收入与20%低收入户的平均收入相比较，那么根据全国的抽样调查，我国农村居民的这一比差由1978年的2.9倍扩大到1992年的6.2倍，城镇居民由1983年的2.3倍扩大到1992年的2.6倍。国际上贫富差距悬殊的国家，这一比差一般在十几倍甚至几十倍。但值得注意的是，由于中国的城乡差距较大，如果用城市20%高收入户的平均收入与农村20%低收入户的平均收入相比较，中国1992年的贫富差距达到11倍，若按居民拥有的金融资产计算，1993年中国居民高低收入户的差距为9.6倍。

从收入差距的国际比较来看，中国的贫富差距还没有达到“两极分化”的程度。根据世界银行1993年公布的数据，20%最低收入阶层的收入占总收入或总消费的百分比份额，中国（1990年）为6.4%，美国（1985年）为4.7%，英国（1979年）为5.8%，新加坡（1982～1983年）为5.1%，巴西（1989年）为2.1%，墨西哥（1984年）为4.1%，泰国（1988年）为6.1%，印度（1989～1990年）为8.8%，坦桑尼亚（1991年）为2.4%；而10%最高收入阶层的收入占总收入或总消费的百分比份额，中国为24.6%，美国为25.0%，英国为23.3%，新加坡为33.5%，巴西为51.3%，墨西哥为39.5%，泰国为35.5%，印度为27.1%，坦桑尼亚为46.5%①。

从世界127个国家和地区的比较来看，低收入国家和一些中等收入的拉美国家贫富差距较大，而高收入国家和一些东亚国家的贫富差距相对较小。但这种比较也掩盖了一个事实，即高收入资本主义国家财富占有的贫富差距远远高于其收入水平的贫富差距。

---

① 世界银行：《1993年世界发展报告》，中国财政经济出版社1993年版，第296～297页。

实际上，在市场经济的条件下，由于资本积累和增益的速度大大超过收入的增长速度，贫富差距更主要的表现在财富的占有上而不是收入水平上。在1970年代，美国占人口20%的最富阶层在工资总收入中占42.7%，但在其资产总收入中却占76.0%，而20%的最穷阶层在工资总收入中占4.7%，而在资产总收入中只占0.2%①。

关于中国目前全社会的资产收入情况，我们还没有详细的调查数据。但考虑到现在我国多数城市居民还居住在公有住房，而农村多数居民的固定资产也还有限，所以储蓄情况大体上也可以反映财富的占有状况。根据国家体改委分配司1991年对全国30个省、区、市9万多城镇住户和3万多农村住户的抽样调查，在城镇被调查户的全部存款中，工人（占调查户的43.9%）拥有33.0%，干部（占24.7%）拥有19.1%，农民（占7.4%）拥有7.0%，文教卫生科技人员（占12.1%）拥有4.6%，个体户（占6.0%）拥有26.5%，个体户户均存款是工人、干部、农民、文教卫生科技人员平均户存款的6.1倍；在农村被调查户的全部存款中，种粮户（占调查户的40.3%）拥有16.1%，乡政干部、乡企干部、乡企工人（占18.5%）拥有31.5%，从事商业、运输业、建筑业、养殖业的农户（占15.6%）拥有42.9%，其中占被调查户4.9%的个体商户就拥有全部存款的10.5%，而种粮户的存款水平明显低于其他从业人员②。

从以上的材料来看，中国现阶段的收入差距和财富占有差距虽然都在拉大，但还不能说已经出现明显的“两极分化”。在判断是否出现“两极分化”时，我们应当注意以下几点。第一，中国改革前的收入和财富分配状况处于一种缺乏激励机制的极度平均状态，而且是普遍贫穷下的平均。改革后打破了平均主义，人民生活得到普遍提高，但在提高中也有一部分人的相对收入地位下移，我们是在这样一个基础上考察改革以来收入差距的扩大。第二，中国地域广大，而且长期以来就形成了城乡之间和地区之间的较大的经济发展差距。从沿海到内地的对外开放格局与原有区域梯度发展格局的重合，使地区差距有所扩大，但如果用比较富裕地区的最富裕群体去和比较贫困地区的最贫困群体进行对比，并不能恰当地说明问题。应当注意到收入的

① 亚里克斯·蒂姆：《社会学》，纽约哈珀和罗出版社1985年版，第190页。

② 国家体改委分配司编《差距与公平》，中国经济出版社1993年版，第36～39页。

差距扩大和阶级的“两极分化”之间存在的区别。第三，判断是否“两极分化”很重要的是要恰当地确定“极”的人数比重以及占有的财富比重，从调查和分析的经验来看，人数比重应以8%～10%为宜。如果仅仅以在整个财富占有上并不具有特殊意义的1%甚至更少的人的高收入、高消费或资产占有状况做出以一概全的判断，那也是会出现很大误差的。

五　是否产生了一个新的资产阶级?

在改革的十几年中，的确出现了“先富起来”的一部分人，用西方研究中国问题的学者的话说，出现了一个“新富阶层”。“新富阶层”是一个出口转内销的概念。改革之初，当一部分农民通过家庭承包经营而使经济收入状况大为改善时，他们很快得到一个很响亮的称呼：“万元户”。这究竟是指家庭经营年收入在万元以上还是家庭总资产在万元以上，根据地区而有所不同，但不管怎样，在当时这已是个庞大的数字。“万元户”这个专用称号传到国外后，却给翻译带来困难。因为由于国情不同，如果按字面直译的话，谁也不理解，所以国外媒体采用了一个西方更通用的名词进行意译，即“New Richer”，再按字面直译成中文，就是“新富阶层”，用老百姓更通俗的语言说，就是“大款”或“款爷”。当然，随着时间的推移，“新富阶层”的内涵发生了很大变化，在中国东南沿海农村，早已开始流传“一万两万刚起步，十万八万不算富，百万以上才算富”的说法。究竟什么样的资产或收入水平属于“新富”，这部分人的数量比重究竟有多少，并没有一个精确的数量界限，且根据地区的不同而有很大差异。由于我国目前尚没有严格的家庭资产登记制度，家庭资产的透明度很低，而舆论的渲染和民众的猜测往往又误差很大。根据经验调查，收入或消费水平明显地大大超过“大众平均线”的，主要有以下几部分人。

——个体户和私营企业主。他们的收入状况差别很大，低的如个体出租车司机，月收入在2000～3000元，高的如私营企业大老板，有的资产可达数千万元。

——部分企业承包者。在有的地区，这部分人在收入调查中排在各类人员的第一位。

——“三资”企业和部分民营公司的职工。他们的月收入在2000～

5000 元。

——部分影星、歌星、剧本"大腕"，以及各类演出的个体"穴头"。

——部分获得发明专利、技术转让、遗产、馈赠等特殊收入者。

——部分再就业离退休人员和从事第二职业者。

——在近几年来"炒批文""炒贷款""炒股票""炒房地产""炒产权"中获利的暴富者。

——利用体制漏洞，通过以权谋私、贪污受贿、偷税漏税、走私欺诈、变相侵吞公有资产的非法致富者。

据有关专家估计，目前全国年收入在 5 万元以上的高收入户已有 500 多万户，约占全国总户数的 2%；个人家庭资产在百万元以上的约有 100 万户①。另外，根据工商管理部门的统计，到 1993 年 6 月，全国注册登记的私营企业有 18.4 万户，294 万人，平均每户注册资金 24.6 万元，其中企业资产规模（包括固定资产和流动资金）达到百万元以上的有 4072 户。另据中国社会科学院社会学研究所和全国工商联 1993 年的合作调查，1992 年在全国私有企业中，无论是按地区、城乡划分还是按企业类型或行业划分，财产规模在千万元以上的，都不超过总户数的 2‰；投资净收益在 50 万元以上的，占私营企业主总人数的 10.9%；私营企业主家庭月生活费支出在 10000 元以上的占私营企业总户数的 3.1%，私营企业主家庭人均生活消费水平一般是其他家庭的 2～3 倍②。

实际上，老百姓最为不满的分配问题集中在这样几个方面：一是各种以权谋私、贪污受贿、偷税漏税、挥霍公款、变相侵吞公有资产的非法致富行为；二是钻体制的空子，通过权钱交易获取巨额价差、利差、汇差和租金而暴富的现象；三是收入序列的混乱与大众社会价值观发生激烈冲突，即所谓"该富的没富，富了不该富的"的问题，典型的民谣是"搞导弹的不如卖茶叶蛋的"等等；四是"大锅饭"的衍生弊病，即一部分人享受着体制内的国家福利，赚着体制外的个人收入。

这些问题相对来说多数还属于过渡现象，从长远看，较难解决的恐怕还是如何对待"按资分配"的问题。随着"新富阶层"人数规模的扩大和

---

① 参见江流等主编《1993—1994 年中国：社会形势分析与预测》，中国社会科学出版社 1993 年版，第 323～330 页。

② 负责此项调查数据分析处理的戴建中副研究员提供。

他们的财富占有量在整个财富存量中比重的上升，总体财富增量中资本收益所占的比重也在明显地上升。在市场规律支配下，资本收益按几何级数增长和工薪收入只按算术级数增加的趋势很难避免。换句话说，面对资本收益差距的急剧扩大，工薪阶层中的工资收入差距已经显得微不足道了。而一旦要通过强制性的措施遏制资本的积累和收益，又很难做到不影响市场的资源配置效率（不是劳动效率）和整体福利（不是平均福利）的增长速度。一个社会主义国家最为疑虑的，恐怕还是资本积累的趋势是否会造成一个占有大量财富和生产资料的、具有独立政治利益要求的“阶级”，以及如何遏制部分官员在金钱诱惑下走向堕落。

针对这种疑虑加速建立制度化约束机制是非常必要的，但在现阶段，对于“新富阶层”，我们首先应当有一个正确的认识和恰当的估计，不能仅凭一些个别现象做出危言耸听的结论。第一，“新富阶层”并没有形成一个统一的“阶级”，他们甚至也不是一个具有共同社会地位和共同利益要求的“利益群体”或“压力集团”。他们实际上还只是一个分散在不同社会阶层中的泛化群体；他们还从未出现过带有一致的政治要求或利益要求倾向的集体行动；他们的经济地位和社会地位的吻合程度因其所属的职业阶层、“单位”以及所拥有的社会身份而有很大差异，这些都使得他们不可能具有独立的强大影响。第二，应当看到，他们中的大部分人还是通过劳动或合法经营走上致富道路，而且是建立在人民生活普遍提高的基础上的。他们的示范效应对于提高劳动效率和带动社会财富快速积累都有很大作用，所以邓小平同志说“让一部分人通过劳动先富起来”是一项“大政策”。第三，在社会主义市场经济的条件下，通过获得利息、股息、红利、租金等资本收益而致富，只要是在法律允许的范围内，从总体上说也是正常的，况且相当一部分资本收益属于“风险收益”，不能仅仅以是否存在着资本收益作为是否存在新的资产阶级的标准。此外，从个体私营业者的人员构成来看，根据调查，农村主要来源于过去的生产队干部、社队企业经营者、有一技之长的农村“能人”、回乡知青和复员军人。城市的情况虽然比较复杂，但仍主要是以流入城市的农民、社会闲散人员、待业青年、退休人员为主[①]。从功能上看，个体私营企业的发展也是有积极意

① 李强：《当代中国社会分层与流动》，中国经济出版社 1993 年版，第 323 ~ 330 页。

义的，如增加了就业，促进了经济增长，成为社会主义经济的重要补充和国民经济的一个组成部分。最后，在社会主义国家掌握着经济命脉和政权机器的条件下，国家始终具有调整阶级阶层关系的主动权。在阶级阶层结构的变动中，国家完全有能力通过税收、保障、劳动保护、企业制度、行为规范等各种制度化措施来限制和打击虐待雇工、使用童工、歧视女工等不法行为，制裁和惩治各种权钱交易的腐败行为。

六　怎样认识“中产阶级”和“小康大众”?

西方学者认为，在一切传统的农耕社会，不管它的统治体系是宗教的、军阀的、种姓的、氏族的、家族的还是官僚的，其社会等级体系都呈现“金字塔”的形式。尽管难以确定传统农耕社会中执政阶级的精确界限和人数，但执政阶级很少达到全部人口的2%。在19世纪的中国，执政阶级的人数比重在前半世纪是1.3%，后半世纪是1.9%。在法国大革命前夕，各种等级和阶层的贵族只占总人口的0.6%。在罗马共和国末期，执政阶级只占首都人口的1%，若加上外省人口，这个比例还要小得多。在17世纪的英国，贵族、男爵和乡绅加在一起仅占总人口的1%左右。占总人口75%～80%的是生活在社会底层的农奴、奴仆、佃农、自耕农、半自耕农和雇工等①。这种金字塔式的社会结构是在等级森严、缺乏社会流动、权力与财富合一的社会里维持社会统治的产物。在现代社会，随着社会财富的积累、社会公平观念的普及、社会流动频率的加快以及权力与财富的分离，社会人群结构越来越呈现“橄榄型”，即在收入和财富占有方面，社会顶层的巨富者和社会底层的绝对贫困者都是极少数，出现了一个作为社会结构稳定基础的“中产阶级”（Middle Class），他们的人数占总人口的40%以上。关于“中产阶级”虽然有不同的定义，但一般是指从事脑力劳动的行政管理人员、专业技术人员、商业营销人员以及职员、教师、店员、文秘等。“中产阶级”的理论在西方马克思主义派的社会学者中一直有很大争议，最重要的是它部分地背弃了马克思的阶级定义和忽略了制度

① 伦斯基（G. E. Lenski）:《权力与特权：社会分层理论》（1966），浙江人民出版社1988年版，第24页。

变量的分析。目前西方新闻界在谈论中国的“中产阶级”时，往往把它作为独立的民间力量兴起的标志。不过，也应当看到，中产阶级的理论也提供了一个有参考价值的观点，即在一个社会中，大多数人过上比较宽裕的中等水平的生活，社会结构才能进入相对稳定的时期。

中国目前还是一个低收入的发展中国家，农业劳动者还占全社会从业人员的57.4%（1993年），现阶段就业结构的置换主要是指“农”转“非农”，还根本谈不上脑力劳动对体力劳动的置换，也不可能产生一个占人口多数的“中产阶级”。中国稳定社会结构的目标应当是促成一个“小康大众”。从中国的国情来说，它应当包括多数从事农耕和兼业的农业劳动者、绝大多数企事业单位的工薪阶层、所有职业的知识分子和专业技术人员、普通的政府公务人员以及各种拥有一定资产但自己也从事劳动的小业主。只有这些人都能达到比较宽裕的小康生活水平，中国的社会结构才能进入一个相对稳定的时期。这就要求在经济高速增长的同时注意提高广大群众的生活水平，使大多数人从改革和经济增长中得到实惠，同时又要使人们认识到，即便是实现了小康目标，中国在总体上也仍然是一个低收入的发展中国家，必须保持卧薪尝胆、艰苦奋斗的精神，要避免对小康生活水平做各种不切实际的渲染，造成民众心理上的过高预期。

“小康大众”是一个利益整合的“沉沙池”。在社会结构转型时期，社会的职业分化和利益差别的扩大必然使各利益群体之间产生这样或那样的摩擦、矛盾和冲突，“社会张力”也会随之增强，各种意外的突发事件都有可能成为冲突激化的导火索，而各种政治的、法律的、道德的社会整合措施，都很难持久地在各种情况下有效地发挥作用。只有“小康大众”的产生才可能为市场经济条件下的社会整合奠定共同的利益基础，各种整合措施才能真正获得制度化的保证，各种利益的摩擦、矛盾和冲突也才能不断地在“沉沙池”里得到沉淀。

更为重要的是，“小康大众”的产生意味着社会已经有足够的财力在不影响经济发展的情况下去救助那一小部分无力通过市场竞争获得生活保障的人。尽管在统计上人们总是用人均指标来反映平均的生活水平，但是，在感觉的世界里，生活就像是一个木板嵌成的水桶，决定水桶容量水平的，不是木板的平均长度，而是最短的那一块木板的长度。尽管那些生活非常贫困的人可能只是总人口的一小部分，但他们的生活经历在人们感觉世界里的积累足以使社会的整个价值体系发生动摇。

经济的持续增长，福利总量的积累和增加，城市社会的扩展和辐射，农村剩余劳动力的转移和劳动生产率的提高，合理的收入分配制度等等，这些无疑都是促成“小康大众”产生的重要条件。但是从目前来看，更应当注意使依靠劳动收入的工薪阶层获得一定的家庭固定资产和金融资产，使农业劳动者获得一定的生产资料和自有发展资金。总之，要使他们在资本收益增殖更快的情况下也能得到一定的劳动收益以外的补偿。而就目前社会财富存量的分配来说，最有可能做到的是，城市工薪阶层有偿地得到住房，农业劳动者有偿地得到土地。从中国历史上大跨度的治乱周期看，“藏富于民”历来是促进社会稳定的有效措施。

七　怎样看待“社会公平”

从前面的分析中我们可以看到，改革以来以收入水平为标志的群体利益差距有了明显的扩大。但是，如果仅仅根据这一现象就做出社会公平衰落的结论，则很容易步入误区。

“社会公平”是一个相对性的概念，在不同的历史时期，不同的社会阶级基于不同的价值观可以有不同的理解。一般来说，社会公平的内涵是由一定社会中大多数人的共同价值观来决定的。但是，在社会转型时期，人们的价值观念会发生深刻变化，原来在社会基本层面的一些共识也会发生动摇，从而使对“社会公平”的理解产生一些混乱。

目前，在中国社会中，对“社会公平”有这样几种理解：

——社会公平的核心就是经济上的平等，包括收入水平和财富占有水平的平等，任何收入差距或财富占有差距的扩大都可以看作“两极分化”的开始；

——社会公平从本质上说不是经济上的绝对平等，而是针对人们生活需要的平等，也就是说要“给同样的人以同等的待遇，给不同的人以不同的待遇”；

——社会公平在现阶段的衡量标准就是“按劳分配”，就是等量劳动获得等量报酬，而劳动量的计算是根据“必要劳动时间”，任何超出劳动量以外的收入都是不公平的收入；

——社会公平在现阶段的衡量标准虽然是“按劳分配”，但不可能是根据劳动时间计算的劳动量来分配，而是按劳动的质量、劳动效率和劳动的实际产出收益来分配，因此等量劳动时间获得不等量的报酬是十分自然的；

——社会公平是以现有法律为基础的公平，是法律面前的人人平等，所以，合法的分配也就是合理的分配，合法的收入也就是合理的收入，合法的收入差别也就是合理的收入差别；

——社会公平和市场公平一样，都是以个人权力平等为基础的，因而适合于市场，平等的“公平竞争、优胜劣汰”原则也同样适用于社会的收入分配，一切脱离市场平等的“社会公平”都必然跌入“大锅饭”的绝对平均主义。

以上这些看法都或多或少地包含了一些正确的因素，但不幸的是，从总体上说，它们又都失之偏颇，在理论上也是不周全的。

以收入均等程度来衡量社会公平是一个极大的错误。收入水平差距的拉大是分配的“结果”，而造成这种“结果”的因素是多种多样的：有的因素是既合理也合法的，如正常的劳动和经营收入的差距，打破“大锅饭”后在整体收入水平上升的同时，也有一部分人的相对收入水平下移；有的因素是既不合理也不合法的，如以权谋私、贪污受贿、偷税漏税、公费私花、侵吞公有资产等；也有的是合法不合理的，如股息、利息、红利、租金等资产收益或过渡期的各种收入“倒挂”现象；还有的是合理不合法的，如尚未得到法律认可的“佣金”、技术发明的转让费等。如果没有对这些因素，的具体分析，或者根本就不清楚这些因素在多大程度上影响着收入分配的结果，不用说无法对“收入均等程度”与“社会公平”之间的关系做出判断，就是对“市场平等”与“社会公平”的关系也无法做出判断。

为了更清楚地理解社会公平，我们必须把“收入均等程度”、“市场平等”和“社会公平”这三个概念区别开来。

“收入均等程度”指的仅仅是以人均货币收入或家庭货币收入来表示的收入状况，它既不反映财富的占有状况和全部福利的分配状况，也不能据此做出对社会公平的直接价值判断，收入均等程度高并不就意味着社会公平程度高。因为：第一，家庭根据规模大小、所处地域等情况而有不同的消费需要，为达到同样的经济福利需要不同水平的收入；第二，决定家庭生活水平的不仅是收入状况，还有财富背景和预支情况；第三，一些人的较高收入是以其他方面的福利牺牲为代价的，这在收入分配中并不显示出来；第四，其他一些福利报酬并不计入货币收入，因而也不反映在分配的数量中。

“市场平等”是指各种劳动主体和投资主体在市场上地位平等、公平竞争，人们进入市场不受任何社会歧视或享有任何特权。用社会学的术语说，市场平等意味着，在现存经济价值所有权的分配中，决定一个人获得相对份额的主要是个人的努力和机会选择等“自致”（Achieved）因素，而不是出身、地位、身份等“先赋”（Ascribed）因素。只要存在资源的稀缺性，这种“平等”就有其“福利最大化”的“工具合理性”。但是，“市场平等”不可能“给不同的人以不同的待遇”，而由于个人在禀赋和能力上存在的差异，即使给予每个人参与市场竞争的公平机会，也不能够保证他们在获胜机会上拥有平等的起点，某些“先赋”条件的差异已经决定了竞争初始位置的不平等。所以说，“市场平等”从道德伦理上说是一种“有残缺的公平”，是一种法律上的“不平等的平等”，它要解决的是资源配置中的“效率”问题，是要保证全社会的经济投入获得最大的产出，而不是也不可能解决“社会公平”问题。

“社会公平”不是一个纯粹的经济学概念，更不仅仅是一个简单的收入分配概念，而且，甚至也不能把“社会公平”与“经济效率”的关系简单地视为“鱼和熊掌，不可兼得”。第一，社会公平是以共同的价值观为基础的，它包含一定社会对人的生存、发展等基本权利的共识，是在社会资源相对于社会需要具有稀缺性的情况下保证正常的群体生活持续下去，免受社会冲突的破坏和瓦解的生活原则，是社会秩序和社会制度赖以存在的道德基础；第二，社会公平不仅仅局限于经济领域，它涉及财富的占有、收入的分配、权力和权利的获得、声望和社会地位的状况、享受教育的机会、职业的选择等，一句话，它涉及全部社会资源和社会福利的配置；第三，社会公平不仅仅是指社会福利的配置结果，更重要的是指发展机会的平等，也就是说，人们获得发展机会（如教育、就业）的权利不应受到家庭背景、性别、种族、身份和资本占有状况的影响，发展机会的平等是社会公平的重要保证；第四，社会公平是对市场缺陷的一种补偿和对竞争过度的一种制约。市场竞争是“优胜劣汰”，市场不是“圣诞老人”，社会公平则是要抑富济贫和“普渡众生”。所以，社会公平的问题不能由市场本身来解决，而是要通过国家制定的税收制度、工资制度、就业制度、教育制度、社会保障制度等来调节利益差距，进行社会福利的二次分配，并使在市场上竞争无力或竞争失败者具有起码的生存保障和发展的机会；第五，社会公平不是竞争和效率的对立物。社会公平和经济效率也不是基于完全不同的价值观，因为我们难以想象同一社会可以依据两种水火不容的价值观和价值机制协调地运行。社会公平的机制应当有利于提高和维护资源的配置效率和劳动效率，现在已有越来越多的研究结果显示，社会公平与经济效率具有正相关关系，如果认为社会公平就是牺牲效率，那无异于“养懒”，又回到改革前“干与不干一个样，干好干坏一个样”或“干好干坏靠觉悟”的“大锅饭”状态，完全失去了社会公平的意义。从这种意义上说，“大锅饭”也是一种“社会不公”，对于“绝对平均主义”的再分配体制来说，市场机制的导入是有利于社会公平的。

八　现阶段调整阶级阶层关系的对策建议

（1）坚持把对社会各阶级阶层进行物质利益的分析作为党和政府制定各项路线、方针、政策的前提和依据，并把调动一切可以调动的积极因素作为这种分析的出发点。在改革开放的新时期，要经常注意考察阶级阶层结构和利益格局的变动情况，根据各阶级阶层的不同特点制定不同的政策，努力把各种社会力量团结到建设中国特色社会主义的事业中来。

（2）消除贫困、创造新的就业机会是一项长期的任务。在社会结构转型和经济体制转轨的两个转变时期，要特别注意保护农业劳动者（尤其是粮棉种植者）和亏损、破产企业职工的利益。这是两个影响范围很广的群体，要尽快解决农民增产不增收的情况（单靠提高粮价不行，中国粮价已接近国际市场水平），并妥善解决好破产企业职工的生活安置和重新就业问题以及一部分离退休职工的生活困难问题。

（3）现在应当是考虑如何缩小地区差距问题的时候了。中国经济发展比较迟缓的西部多是少数民族和宗教信徒聚居的地区，西部经济的发展是促进社会稳定的重要因素，要采取对口支援、联营办厂、地区间补偿贸易等有效措施，推动西部地区非农产业的发展。

（4）加快农村剩余劳动力的转移，从小城镇往大城市推进，逐步取消城乡户籍分割，消除劳动力转移的制度化壁垒。同时，也应当看到，农业的人口容纳能力的弹性是很大的。目前关于这方面承载力极限的计算实际上并非完全真实，一些地区农村“庭院经济”和“农业产业化”的发展充分说明了这一点。所以，在加快城市化的同时，不应放弃而应拓宽农业内部就业和转移的渠道。

（5）教育和科研是国家今后的立国之本，应正确和慎重地对待知识分子阶层，形成尊师重教的社会风气。尊重和理解知识分子由职业性质所决定的批判和创新意识，并使他们能够普遍达到中等以上的生活水平。

（6）建立健全各种制度化的适应市场经济的监督机制，特别是建立严格的税收制度。堵塞各种体制上的漏洞，发挥国家通过税收的转移支付调节分配关系的职能，保证法律上的完整追诉期，严厉打击各种非法致富行为，不能“既往不咎”。

（7）加快从“单位保障”体制过渡到“社会保障”体制的步伐，建立节约型的奖勤罚懒的社会保障体系，制定最低工资标准，建立失业保险基金，要加快缩小贫困面并防止新贫和返贫现象的出现。

（8）逐步取消各种现存的价差、利差、配额和权力垄断，因为他们的存在所形成的巨额“租金”为权力进入交换领域和腐败的滋生提供了空隙和温床。

（9）理顺收入序列。这是政府必须干预的，因为市场不可能提供这种机制。各种收入“倒挂”现象的长期存在会摧毁社会价值体系，在必要的时候，应通过征收巨富税、遗产税、赠予税等限制按资分配比重。要严格个人资产和收入的登记制度，使各种“隐形收入”公开化。

（10）下决心解决国有部门“大锅饭”的体制问题，并杜绝在所谓“第二职业”问题上的误导。

（11）正确对待个体私营企业主阶层，肯定个体私营企业的发展对推动国民经济增长的积极意义，在限制出现剥削现象和警惕按资分配的扩展的同时，积极引导他们参加到建立社会主义市场经济新体制和建设中国特色社会主义的事业中来。

权利·自由·出路*

——对几位同人的答复

郑也夫

拙文《男女平等的社会学思考》在《社会学研究》1994年第2期上发表后，在学术界与社会上引起强烈反响。仅在《社会学研究》1994年第6期和1995年第1期上已有9位同人加入了这一讨论。不管对这些文章中的批评意见赞同与否，我都理当做出一个回答。

男女平等问题及其争论，几乎同人类社会一样古老。然而每当一个社会经历了一场巨变后，这一问题就会被拿出来重新争论一番。为什么这一问题历久常新？原因之一在于“硬件”——社会的生产生活方式、政治经济结构在不断变化。原因之二在于“软件”——人们的观念亦在不断变化。能够将一场争论推向深入的学术界无疑与社会共历着这些变迁。而对于学界而言，“软件”中尤其重要的成分是思想方法。改革开放以来中国思想界的成果既表现在对很多司空见惯似是而非的认识的批判，更体现于思想方法的重建。对于男女平等问题的分析无疑牵连到若干思想方法上的问题。而后者的重要性绝不逊色于前者。因而在这篇答复文章中，我愿兼顾二者，既对男女平等问题中我与诸位的观点再作检讨，也对这些文章中思想方法上的欠缺做些分析，即使后者在很大程度上脱离了男女平等的主题。相信这对学术建设是有意义的。

（1）李银河女士在其文章中说：“所谓‘女子回家’问题根本就是一个不容讨论的问题。……宪法规定，公民有工作的权利，女人是公民，女人就有工作的权利。如果是对政府决策者发出的关于制定新政策的呼吁，就等于在呼吁决策者去做违反宪法的事，……因此这一呼吁显得荒唐；如

* 原文发表于《社会学研究》1995年第3期。

果‘女人回家’是对女人本身的呼吁，……和没有呼吁差不了很多。”

与宪法不相符合的事情可否讨论（且不说我们并不认为我们的讨论内容违宪），我们的答复是肯定的。法律是为了统一和约束人们的“行为”而制定的，而不是为了统一和框定人们的思想与言论，后者亦是无法统一的。说宪法不可违犯，意指人们的行为，而非其他。每一国家的宪法都经历过修改。修改（系一种行动）前必然已有与原宪法不尽一致的思考和议论。固然修改需多数人同意，但思想上的变化不会是“齐步走”，往往是由少数到多数。法律是既无意向也无能力去管束“非煽动性”的社会言论的，呼吁修改宪法本身也决不违宪，能否成功是另一回事，不能说形式上就“荒唐”。何况，我们关于男女平等的议论是与宪法规定的公民权、就业权完全符合的。怎么就“不容讨论”了呢？宪法与讨论自由的关系，是一个远比性别平等更重要的问题。因此我无法对此沉默。李银河女士是我国一流社会学家，有良好的学术素养。但我以为上述的这一错误是无法原谅的。

她的“不容讨论”的另一根据是“和没呼吁差不了很多”。一种思想有无社会影响力，是在它提出一段时间后才呈现出来的，怎么能够一开始就断言呢？如果说被呼吁者是女人，那么一个女性能够代表女性群体去断言，并由此推论“不容讨论”吗？

谭深的文章“谁是选择的主体”将选择权属于女性进一步展开。文章的命题无可置疑。但问题是文章在针对谁呢？谁说过女性的选择权属于男性，属于超越女性的一支社会力量呢？笔者与另一男性作者（孙立平）的文章都决然不敢声称自己有这一权力，或在运作这一权力。帕森斯说过，一个人在选择一个目标及达到这一目标的手段时享有自由，但这自由不是无边界的，既受环境条件的限制，又受社会规范、价值观念的影响。我们讨论的不是一个人有无选择权，这是没有疑问的事情，我们文章中的主张是“上不封顶，下不保底”。我们要讨论的正是影响了女性做出选择的社会环境条件以及规范、价值、观念。笔者批判的是“保护制”，是将男性的指标视为女性解放之标志的价值观念，是所谓“同工同酬”的规范。我们以为这些观念影响干扰了女性的目标与手段的选择，这些条件和规范破坏了社会的公平竞争，既破坏了女性的选择，也破坏了男性的选择。

对社会环境的审视与评说，是每个公民的权利，尤其是社会学家的兴趣所在。我想，做这些事情，不该被指责为僭越了权限。

（2）金一虹、闵家胤分别在各自文章中指出，同工同酬，顾名思义，完成同样质量和数量的工作，领取同样的报酬，这是合理的，不是平均主义。这一阐述是恰当和准确的。这一批评，是因我行文不周导致的。我在文章中说："我们的分配系统贯彻着荒诞的同工同酬的平均主义原则，它帮助妇女补足了她与男子的工资差额。"

熟悉改革开放前中国社会状况的人们应该记得，那时"同工同酬"这一词语主要是针对女性劳动者的报酬而使用的。没有一个流行的套话不是冠冕堂皇的。在那个时代，名为同工同酬，但实际上，至少在城市，多数情况中是男女不同工而同酬的。女性占了男性的便宜。"同工同酬"，就字面理解，应该是一个因果关系的词组，即"同工的话就该同酬"。但在这一词语成了男女平等政策的口号后，就不尽是这样一种词语结构了。照我个人在上个时代的生活经验（在东北农场中工作了九年），当时"同工"意味着"男女就业机会上的平等"；"同酬"意味着"职务相同则报酬相同"，绝少考虑劳动之质量与数量。实际上，这一口号沦为：就业机会均等，贡献不等也要报酬相同。

当然，以中国之大，各地区间、城乡间差别都是极大的。上个时代也会有另一种"同工不同酬"的现象的，即男女完成同样的劳动，但女性得到的报酬要少于男子。但依我之判断，这不是上个时代的主流社会现象。

（3）闵家胤在其文章中说，根据自己小范围见到的情况，原以为中国是世界上男女平等最好的国家，后了解到国际组织在6个指标：溺杀女婴、教育、就业、收入、财产等方面的比较，中国排在132位。事实令闵先生哑然。

事实无疑胜过雄辩，雄辩更绝对不可脱离事实。对上述事实我只想谈两点认识。

第一，我们正生活在一个剧变的社会中，市场经济极大地改变了过去平均主义的社会状况，所以我们才谈到了社会中不同角色的重新选择。我觉得今天中国社会中的男女公民在上述6个指标上的差距可能要比改革开放前更大。笔者所批判的"恩赐"的男女平等，也是指改革开放前的中国社会。若要比较，最好拿那个时代的数字，与同期世界相比较。

第二，中国城乡间存在巨大的差异。与中国农村相比，中国城市人口较少，经济更发达，文化教育水平更高，且处于各级政治权力中心和社会舆论中心。因而一种政治理想更易于较快地并在较大程度上在城市实现。换言之，城市中的实践更反映出执政者的政治理想。如果就上述几个指标，拿中国改革开放前城市中的男女差异与世界对比，我猜测情况会大不相同。但我不掌握这些指标资料，若朋友们拿出当时的指标，且它写我的猜想完全不同，我立即承认判断失误。若拿今天整个国家的状况与世界对比，恐不能阻挡我的批判。

我的批判是指向改革开放前的一种政治理想主义在男女平等问题上的实践。这种理想在城市获得了其更大的“成就”。因种种条件的制约，它未及在乡村全面彻底展开，但它的负面影响已经是遍及城乡了。

（4）闵家胤说，中国在这一百年里进行了三场革命：旧民主主义革命，新民主主义革命和社会主义革命。妇女解放始终是其中的组成部分，且始终有大批妇女投入这三场革命的队伍。仅凭这两条，就不能说中国妇女解放是靠行政命令，是“恩赐”的。

在近代中国的不同历史阶段中的妇女解放思潮与运动间的承继与发展关系如何，是中国近代妇女解放运动研究中的重要课题。笔者显然缺少了这种眼光。我还算研究过五四时代民粹主义思潮与后来的执政党崇尚工农的政策间的关系，也思考过五四时代激进主义与后来的激进主义的关系。但对妇女解放史确实知之甚少。

我只是以为所谓“同工同酬”极大地破坏了中国社会生产与生活中的效率和协调。它使中国有限的就业机会未达到最优配置，它使中国妇女一度以为比男人强，中国男人以为自己不比女人强，它瓦解了家庭中的性别角色关系。尽管近代每一场革命中都包含妇女解放的内容。但“同工同酬”的思路，应当更属于社会主义革命运动，尽管它与以往的思潮不会没有连带关系。也正是从这个意义上说，不是以往思潮推动下的新女性的冲破习俗，而是1949年以后国家保护下的“同工同酬”，及由此形成的社会观念，是社会主义的恩赐，是行政干扰的产物。

李小江在其文章中批判我的认识“妇女解放的两大恶果——瓦解了社会的起码的效率，使家庭关系紊乱。”她认为这两个恶果同“妇女解放”（当然不是恶果了）都是源自民族战争乃至日后的国家政治，即认为这三者：社会效率瓦解、家庭关系紊乱、妇女解放是平行地隶属和产生于民族战争和国家政治。第一，我不认为三者是平行的。第二，把很多失误过多地推给战争是不恰当的。李小江竟然说："自近代以来直至70年代中期以前，中国历史几乎就是一部战争史。"这是主观地歪解客观历史。自1949年以后，中国大陆基本上未卷入战争。和平期间源自意识形态与政治运动的混乱与战争是截然不同的事物。把它们搅在一起统称为"战争"，将阻碍我们透视前者的本质。那么其本质是什么？是政治激进主义，是乌托邦理想。这种乌托邦以其平均主义摧毁了社会生产中的效率。这种平均主义理想体现在多方面，因而也多方面瓦解着效率。男女"同工同酬"是平均主义中的一支，因而也是瓦解社会生产效率的一个直接的因子。这种乌托邦推行的以所谓"同工同酬"为标志的妇女解放还造成家庭关系的紊乱。

先哲说：家必自毁而后人毁之。内部政治激进主义对一个民族的打击往往超过了外敌入侵造成的破坏。萌发于近代东西文明冲撞之后的妇女解放思潮，是在受到一种乌托邦政治的哺育后，才变异为罂粟之花的。

（5）我的文章对不平等与平等的讨论，基本上局限在男女关系上，未从抽象的、一般的意义上讨论平等。并非我无兴趣，而是认为那样将无边无际，远离主旨。而李小江的文章从一般的意义论述了平等，且与自由放在一起论述。读后觉得问题颇多，也更清楚了症结之所在。

李小江说："在本质上，'平等'只服从于自由的目的，它是自由选择的基础。"

前半句话令人不得要领，而她自己又未做进一步解释。为什么平等只服从于自由的目的呢？从古代的农民起义领袖到近代很多政治家，都曾把平等当作独立的价值来追求，为此不惜牺牲社会成员们的自由。从1949年至改革开放前这段历史，比其之前和之后的历史，给予了中国人更多的平等，更少的自由。这至少可以驳斥掉"只服从于"吧。

后半句"它是自由选择的基础"，较好理解，但显然是错误的。首先，无平等可以有自由。中国古代社会农民与地主、平民与官僚是高度不平等的，但农民可以做地主梦，平民可以走科举路。改革开放前的中国社会，大家收入上接近，但谁都没有经营致富的自由。反驳者可以说，古代中国农民之所以可能致富还是因他们与地主一样都有经营权和财产占有权。但这权利绝非平等，有科举功名的人可以减免地租的。那个社会就是一个少平等多自由的社会。第二，有平等可以无自由。对此我们上面已作论述。

大家被“平等”地剥夺了经营权，就一同失去了自由。再比如票证，如粮票、布票、自行车票。票证保证了公民占有生活必需品上的平等，但票证剥夺了货币持有者购物的选择空间，货币从它取代物物交易之时起就具有购物极大自由这一功能的，它分明被过分的平等打败。

不错，我们可以找到较多的平等与较多的自由共存的例子，但它们绝非一定共存。并且在众多的场合是对立的。过分追求平等极易导致自由的丢失。改革开放后的中国社会不就是努力扔掉一些平等的愿望，尽力获得更多的自由吗？

李小江未必能赞同我上述的看法。她可能会说：我说的不是这种平等。那么是哪一种呢？“终点的平等”就是大锅饭，多数人不会赞同。“起点的平等”好吗？它其实根本不存在。那些生在富翁或穷汉、教授或文盲家庭中的孩子们在日后的择业竞争中能够平等吗？除此还有两种平等。一种是游戏规则上的平等：它既不管游戏结束后胜者名利双收负者一败涂地，也不管游戏开始前一方强健机智另一方病弱呆痴，它只管“游戏”中规则对双方一视同仁。这里坚决地杜绝保护制。另一种是权利平等。权利的独特属性决定对它不能兑换成一种实利，因而带有一点“空洞”的意味。比如就业权，它只是说不可因肤色、性别而不准一个人就业，而不能保证该人一定能就业。有些权利一定能获得对应物，如普选权。有些法定该获得却没有普遍获得，如义务教育权利。还有些要在双向选择中实现，如婚姻权利；甚至只是参与竞争的权利，如就业权。当然发达国家还有失业的补偿，失业救济金。这两种权利可以说是平等的，但也都是一瞬间就转化成一种结果的不平等。在这个世界上找平等最难，几乎难于上青天。

李小江说：“对中国妇女来说，无论在怎样的背景下、通过什么途径、获得怎样的平等，这平等都比金子还珍贵；因为它是我们做人的基础。”我只想问：如果让你拿自由去换平等你换吗？让大家换得失去流动自由、择业自由、言论自由的平等，你要吗？说“平等是我们做‘人’的基础”，读后令我不寒而栗。第一，平等太难找，没了平等就不做人了吗？第二，过分追求平等代价太大，找到了这种平等，人活得反倒不像是人了。第三，如果仅仅获得了带有一定“空洞”性的“就业权利”你甘心吗？享有就业权不等于一定能够就业。就业的充分实现在相对意义上取决于社会上的空缺岗位与求职人的愿望是否相符，在绝对意义上取决于自然资源与生产资料的充足。在财产权和经营权上社会所能给予的也还是这种意义的权利，比如给了你财产权，却给不了你财产。那么最终“权利”意味着什么呢？我以为就是自由的空间，不是自然界的三维空间，而是社会对于每个人在一定范围内的行动自由的允准。

（6）李小江在评价我引用玛格丽特·米德和罗素的观点时说：“郑文只见树木未见森林。这些都无关紧要，……要紧的是文章的态度。在谈论性别问题时，这种理论准备的不足，表现出弥漫在当代中国学界的基本态度：对性别问题特别是对有关妇女的问题，可以用情绪和‘观点’说话，缺乏认真的、科学的、理性的思考，这与五四时期的中国学界大相径庭。”

李说我“理论准备不足”，说对了。但是学术研究像解答数学题一样，仅仅说对了答案是不行的，在考试中那是一分都不给的，必须提供正确的推理过程，不然可能是蒙上的。而李的推理根据是什么呢？是我引述米德与罗素时见木不见林。须知我的文章在表述我自己的观点，并未承担全面介绍米德与罗素论述性别问题之任务。在引用罗素的观点时，我是在讨论女性在母系社会中获得统治权的原因，以及从母权向父权转移的原因。我认为，罗素引用的马林诺斯基的“知母不知父”要比所谓“采集”更有道理；罗素提出的男子在战争中的作用亦较生产中的作用更有解释力。只要不歪曲，一个著者有权利引用另一人的某个观点而不触及他的整个理论体系。这样的“删繁就简”是学术研究中的通则。由此无法窥测到这一著者是否“见木不见林”。硬要这么推测，要么是理性与逻辑上出了毛病，要么是“文章的态度”及情绪所使然。

为什么我承认自己理论准备不足呢？我在读书时见到很多国外著者提起史蒂文·戈德堡的《父权制的必然性》，了解到这是一部讨论性别的重要著作。可惜在国内寻觅已久未能见到。吉尔德在《财富与贫困》一书中引用戈德堡的观点，又说玛格丽特·米德认为戈氏的资料无懈可击。阅后我大吃一惊。因为我熟悉米德的思想，可以算是最早向中国读者介绍米德著作的人之一，我在 1985 年在美国读米德的《文化与承诺》，并撰文介绍该书（发表于《文汇读书周报》）。我知道米德重视文化因素轻视生理差异的牢固性。拙文引用的《三个原始部落》（米德著）分明显示出母权社会的痕迹。由此我甚至怀疑《财富与贫困》的中译本是否译错了，可惜四处寻觅，在京未找到该书原文版。特别是我虽读过米德的几种著作，但无缘读到她的《Male and Female》，从书名判断，这该是她关于性别问题的重要著作。北京图书馆有其书名卡片，管理员在我的强烈要求下请资深馆员专门查找，答复是丢失了。就此书与《父权制的必然性》我都请教过性别问题上学养深厚的李银河女士，惜未能解决。拙文的写作动机和思路早已具备，因这些重要著作的短缺，一拖再拖，最后决心勉力为之。所以我说，我自知“理论准备不足”，或许因此亦可见在中国做学问难。但李小江女士对我的判定，我以为根据太嫌不足了。

在无法确认对方是否“未见森林”（虽然事实上有欠缺）时就大胆推论“理论准备不足”，并认为笔者表现出弥漫在中国学界的基本态度，……缺乏认真、科学、理性的思考，并以为五四时期在学风上如何认真、科学、理性，这些都是我绝难赞成的。“科学”是个被用滥了的词，我以为其本质是实证与实验，历史学与社会学只是具有一定科学成分的学科，当然这绝不是说它们低于自然科学一头。要说理性，很难说五四时代要比今天中国学界更多。五四的功绩自不待言，但五四时代中国思想界的主流是浪漫主义、激进主义。只是自90年代始，文化保守主义才在中国思想界获得了前所未有的影响力。如果说文化保守主义往往比文化激进主义保有更多的理性，不知读者们赞成否？

从李小江推理的荒谬，对五四与今天特征比较上的偏颇，使人疑惑是情绪化使然。并且我之所以提出以上分析，也在于我感到这种情绪程度不同地浸透在此次讨论的多数女性作者的文章中。

学术上努力摆脱情绪，不做价值判断，是一个问题。而观察到一种情绪之盛行则是社会学上的又一问题。从杜尔凯姆始，社会现象就被抬到了“事实”的高度。我深以为，心态就是一种“社会事实”，并且是在重要性上不逊色于任何一种物质指标的“社会事实”。

这次讨论的意义或许不仅在于“道理”上交了锋，同时也在于心态上有所显露。虽然各具多少代表性尚需考究，但几乎一定会成为一些更客观的研究者们的研究对象。

（7）我觉得拙文中的一个最重要的观点似乎未能引起大家的重视，既未获得称赞，也未遭到批判。而这一观点超越了时下的争论。

人员密集的工作方式——无论是体力还是脑力劳动——只存在于人类历史的某一阶段，它是工业文明的产物。自农业文明破晓之日，直到三百年前的欧洲和一百年前的中国，绝大多数人是以家庭为工作单位的。女性基本上在家庭中劳动，男性虽走出了门户，但多数在自己的田地中劳动，远远谈不到进入社会，进入公共生活。是工业文明造就了人员密集的劳动，并从此瓦解了家庭的生产职能，使之成为单一的消费单位。

随着信息社会的到来，随着计算机的普及与信息高速公路的开拓，返回家庭中工作成为日益增长的选择和诱惑。早在1980年托夫勒说，如果采用新型方法组织生产的话，一个美国先进的制作中心的全部劳动力的35%～50%现在就可以在家中进行大部分工作。一个加拿大制药公司的经理说，如果提供必要的通信设备，全厂三百职工的75%可以在家里工作。美国未来学学会在1971年提出，很多种类的工作可以在家里进行，其中提到很多秘书工作可以由那些已婚并在家中照顾年幼孩子的女性在家里从事。15年来计算机以前所未有之势普及流行。随着终端与电传的进一步普及，科研、新闻业、设计人员以及多数白领均可在家里完成大部分工作。

工厂与机关中人员密集型工作方式弊病颇多。其刻板的工作时间与人性背离，大都市中的交通往返又无益地耗费大量时间。因而返回家庭对于两性均具吸引力。笔者已有15年在家庭中工作的经验（每周去单位一次），一直乐在其中。今天无论支付多高的工薪换取这份自由我都不会答应。只是在要么走出家庭去工作，要么放弃工作和社会生活回到家庭时，人们才可能选择前者。如果面临的是大部分时间在外面工作还是在家庭中工作，恐怕多数人会选择后者。

尽管多数人都会有这样的愿望，但每一种新型生产生活方式似乎都不是由置身于主流文明旋涡中被它高度同化了的人们，而是由那些被主流文明摒弃在外的“边缘人”开创的。女性由于主客观条件的限制，在其精力最旺盛的时期或长或短地被迫退居家庭。若如不是迷信和沉醉在工业文明开创的密集型社会工作方式和男人的价值中，作为一个群体，她们最有希望率先在家庭中开创出一种新的集生产与生活于一体的生存方式。最终，那将为人类提供一种新的文明。而我们相信，那不会是遥远的未来。

社会学之国学寻踪*

张　琢

本文对社会学的国学渊源，进行了初步的梗概性探索。主要内容包括人类社会的缘起，中国古籍中对上古社会的猜测和理解，孔学（原儒学）的社会功能分析，着重探索了荀学的沉浮和与群学的承传关系，以及中国社会学继往开来的使命。

一　缘起

当生物进化到人猿揖别之时，人类社会也便在地球上诞生了。

由于地理的阻隔，人类祖先各群体之间的交往极为有限。在各种不同的环境条件下，类人猿向人类进化的起点及以后的进化道路和速度，亦各不相同。人类祖先腊玛古猿向人类的进化，与三千万年前开始的地质学上的喜马拉雅造山运动大约是同时起步的。由于对古生物、古人类遗存的发现地、发现物和研究者的测验手段及方法的差别，对所发现的遗存的时间的鉴定和对人类起始的年代的认识自然也各有差异。近年有些考古专家根据对化石的分析把人类从猿的系统分化出来的年代已推回到距今约 1400 万年，而分子人类学据分子钟的测算，这个时间也有数百万年了。据人口史学家们估计，从迄今已发现的最早的 400 万年的人类脚印，人类走到今天，400 万年里地球上生存过的人类个体的总数，累计大约已逾 800 亿了。

人类从诞生之日起，就是以群体形式出现的，就有了初始的社会结

* 本文原为作者在 1994 年 8 月 25 日—26 日在孔子故里山东曲阜市召开的“孔子思想与二十一世纪”国际学术讨论会上的发言的部分内容。原题为《儒学与社会学》，已由韩国《东亚日报》出版社用韩文出版。现在将中文稿删增、修改易题为此名发表。原文发表于《社会学研究》1995 年第 4 期。

构，从事社会生产（包括物质生活资料和人类自身的再生产）、生活、教化、防御及娱乐，形成初民社会。自然，也就有了对人类自身（个体和群体）及其生存的环境的一定认识，这就是社会意识的萌芽。不过，那时，人类对自身及其生存的环境的关系的认识尚处于一种混沌、模糊的状态。如原始社会的图腾崇拜，便是人们对自己的氏族与某种生物有亲缘关系的朦胧意识的体现。

总之，一有了人，就有了人类社会和社会意识——无论如何幼稚。

对原始社会的认识，同样由于各个社会演化的空间和时间的巨大差异，而呈现出纷繁复杂的情形，至今仍众说不一。

在中国古代的文化典籍中，像公元前三世纪编撰的《吕氏春秋》，据那时的古史旧闻，写道："昔太古尝无君矣，其民聚生群处，知母不知父，无亲戚、兄弟、夫妻、男女之别，无上下长幼之道，无进退揖让之礼"（《特君览》）。便是对原始社会的典型描述，至今仍常为研究原始社会的学者们所引证。

从人工栽培植物，饲养动物，获得稳定的有保障的食物，从而使个体和群体能过上相对稳定的生活，维持相对稳定的社会结构秩序，传习下生产和生活经验等社会知识（即文化积累）标志着人类进入耕牧结合的农业社会。按最新的考古发现和推论，迄今大约也就一万年历史。

地球上农业文明的炊烟，首先升起在用水方便，土地肥沃，便于作物生产和人类生活的地方。于是，依山傍水，土地条件好，气温适宜的地带便自然成了农业文明的发祥地。其中那些地处温带的大河流域便成了农业人口、农业文明最集中的繁盛之域。为了保护农业定居生活和兴修水利工程体系，在这些地区建立起了不同组织程度的大大小小的专制帝国。世界上曾在几大河畔兴隆过著名的古文明社会，如古巴比伦、古埃及、古印度、古希腊和罗马，有的早已灭绝了，有的出现大断层，唯有中国社会，由于其所处的环境（地理位置、珍域、自然生态的多样性等）和人以及社会、文化等要素综合作用，具有无与伦比的顽强生命力，而延续至今，相继不绝。

在农业文明时代，我们现今称之为大农业的农、林、牧、渔即第一产业及手工业，为人类的生存和发展提供了生活资料。社会组织在它的晚期，甚至出现了像中国那样拥有几亿人的高度组织化的多民族国家。

在文化上，随着社会的整体进步，尤其文字和文具的发明和不断改进，有了辉煌的创造和深厚的积累。可以说，今人享用的衣食住行等物质条件和丰富多彩的精神文化，正是在农业文明时代创造发明的基础上的拓展和提高。

考古学发现和鉴定的中国南北各地的古人类的丰富文化遗存，提供了上古时期的人类及其生活状况的实证。而从口口相传，到文字记载下来的关于原始社会的传说和神话故事，则反映了那个时代的人们对原始社会的猜测、描述和理解，如：关于盘古开天地的宇宙起源神话；女娲抟土作人的人类起源的神话；燧人氏钻木取火、神农氏尝百草、嫘祖养蚕、有巢氏架木为屋、伯益作井等基本生产生活发明创造的神话；仓颉造字、伶伦制乐器、大挠作干支等文化起源的神话。那些最能集中人民的经验和智慧的贤能便被尊为圣人，“使王天下”（《韩非子·五蠹》）。国家的产生原本是一个社会逐步进化的自然历史过程。

随着社会分工的复杂化，社会结构，及因个人的身份定位的礼仪名分日益显得着重，以维系稳定的社会秩序。而无论是血缘、姻缘、职业、性别、年龄、身份哪种对应关系看，都是人际关系的体现。人际关系是古今中外社会思想探讨的最广泛而又最核心的问题。

二　孔学之社会功能

以在中国传统封建宗法社会中统治者广泛推行的儒家思想及其行为规范体系的教化为例，其根本社会功能就在通过对各种人际关系的等级身份定位规范来稳定当时的封建宗法社会的秩序。

孔子是儒学的祖师。孔学即孔子本人的学说，为儒学的第一个形态，也称之为原儒学，以区别于后世不同时期的各种新儒学。

儒学，说得简单、明了、通俗、切实一点，就是教人守规矩的学说。

在儒学的创始人孔子那里，这个规矩指的就是周礼。人人各守其位，都以周礼的规范来约束自己的言行，那么，就能挽回孔子所在的春秋末年那种“礼坏乐崩”的局面，恢复到理想化的周王朝的礼制秩序。这就是“克己复礼”。

故，礼为最高社会行为准则。而克己复礼的关键便是仁，反过来说，克己复礼就是仁的实现："克己复礼为仁"（《论语·颜渊》）。所以，礼和仁是儒学不可分割的最高原则和核心精神。

把"仁"字分解一下，便是"亻"和"二"，就是二人关系，就是"君君、臣臣，父父、子子"（《论语·颜渊》）等上下尊卑的关系。仁学就是协调这种上下尊卑的人际关系的学说。人际关系正是不同社会中都首先要碰到的社会难题——社会愈发展，社会成分愈分化，社会流动度愈大，社会关系愈复杂，社会关系的处理和协调也就愈困难。而没有不同社会成分、社会角色的协调，社会就不可能稳定有序地运行。仁学是孔子儒学讲得最多，发挥最充分的核心。

从内涵上分析，"仁"，不仅是家庭成员间的和社会上的表层的上下尊卑个个相互对应的人际关系；更是深层的在家庭和宗法社会生活中教养成的仁爱之心——从爱亲，到"泛爱众"（《论语·学而》）。从社会学看，它体现的不仅是处理人际关系的行为方式，同时也是一个极重要的社会心理概念。

礼与仁的有机结合，构成了孔子儒学治国治民的最基本的社会主张。面对不可挽回的"礼坏乐崩"的局面，孔子仍不可为而为之，企图通过循循善诱的耐心教育感化，即通过"德治"而达到他的社会政治目的。从他的这个主要操作手段看，用现代社会学术语表述，就是一种社会软控制学说。

孔子为了实现他的社会愿望，努力培养人才，并率领他的学生不辞辛苦，到处游说。但还是时势比人强，孔子毕其生而不得实现其志。作为社会政治活动家，在现实活动中，他失败得很惨；但他传播的儒学及其积累的教学经验，却使他成了"至圣先师"。自他的学说问世至今，没有哪一个思想家的思想有他的学说影响那么深广——不管人们的评价、爱憎如何。

不过，儒学并不是孔子铸成的一成不变的凝固的范型，而是随社会的变迁而变化的思维和实践——尤其是社会道德实践发展的过程。儒家学派在孔子死后便大分裂，战国末期《韩非子·显学》篇说"儒分为八"。其中孙民之儒，即荀子一派儒学和子思之儒、孟氏之儒即思孟学派，为尖锐对立的两大学派。

三 荀学之浮沉

活动于战国后期的荀子的学说，具有结束一个纷乱的时代，而对先秦诸子百家进行总结性分析综合的特征。荀子因势而变，为适应统一天下（“天下为一”）（《荀子·成相》）的需要，对儒学的天论和性论进行了质的改造，一反孔孟尽人事、听天命的思想，强调“明于天人之际”、“制天命而用之”（《荀子·天论》）；他吸取齐法家“人心之悍，故为之法”（《管子·枢分》）的“性恶”论的思想与孟子的“性善”论相抗衡，并赋予等级名分的划分以更深刻的理论色彩（见后），主张“隆礼重法”（《荀子·成相》）从而更增强了战斗性。所以，荀子已是礼法并重，从学术史上看，就是儒法的结合、互补，用社会控制论的术语说，就是硬控制和软控制两手兼备。

但是，荀子的学生韩非和李斯从“人性利己”的利害关系出发，认为“仁义丧国”“慈惠乱政”，又走上了非道德主义的极端。秦以法家的“法、术、势”荡平天下，建立了严刑峻法的绝对君权主义的统治，所用的是片面的硬控制手段，刚性有余，而乏弹性，故能以威猛得逞于一时，却物反于极，秦统一中国后，仅历 15 年，便二世而亡。

汉承秦制，同时又吸取秦亡的教训，为适应更有弹性的封建宗法专制统治的需要，汉初的统治者首先以黄老之学，予民休养生息，到西汉中叶，封建秩序渐渐稳定之后，为长治久安，更采董仲舒建议，重新请出儒学。

秦汉之际的儒学经典《易传》和《礼记》体现了社会变革和新的社会整合系统化、规范化的需要。《礼记》积累了西周以来的贵族们的生活方式、行为规范、礼节仪式和先儒们的有关论述，描绘了“大同”与“小康”的不同社会形态，供天子及其臣民垂范，以理顺和巩固家国一体的君权、族权和夫权的统治秩序。以封建宗法等级制度为纲，逻辑严谨地提出了格物、致知、诚意、正心、修身、齐家、治国、平天下（《礼记·大学》）“八条目”。前四条提供的是哲学、认识的理论基础及主体心理准备。后四条修身、齐家、治国、平天下，正是要从我做起，逐步放大的治理家庭和社会的系统化目标。其中，修身是从观念世界走向现象世界，由主体走向客体，由哲学走向社会学的中介环节。且“极高明而道中庸”（《中庸》）折中至当地调和化解各种心理的和行为的冲突、矛盾，其稳定社会的功能和权术更显圆熟。

西汉中叶，一方面社会经济逐渐走向繁荣和表面稳定，另一方面，从宫廷到社会基层，各种新的社会矛盾，又愈酿愈显，当局者及为其服务的文人也是感觉到了的。他们需要强化封建的纲纪，以维持其统治秩序，于是有董仲舒应运而出，由汉武帝亲准“独尊儒术”（叫“儒术”而不叫“儒学”即可见其政治实用性）。董仲舒对巩固汉王朝乃至此后整个中国封建宗法社会的统治的主要贡献，就是杂糅先秦和秦汉之际各家，为建立和维护封建秩序所做的各种理论探讨、积累的思想资料，标榜天人感应，附会阴阳五行“阳尊阴卑”论，赋予神学目的论的神圣色彩；同时，王霸兼采，刑德并用，取法家韩非的“臣事君，子事父，妻事夫”（《韩非子·忠孝》）的片面的尊卑从属关系说，上纲为“三纲”：“君为臣纲，父为子纲，夫为妻纲”（《春秋繁露·基义》）与孟子归纳的君臣、父子、兄弟、夫妇五伦“父子有亲，君臣有义，夫妇有别，长幼有叙，朋友有信”（《孟子·滕文公上》）整合在一起，形成“三纲五常”，成为此后支配、规范中国封建社会家庭和社会成员的神圣纲纪。

由上可见，秦汉之际的儒学和汉中叶“独尊”的“儒术”本身并不“独”（不纯），其兼容的成分相当复杂，先秦诸子百家儒、法、道、墨、名、农、阴阳等各家思想都有借鉴。这种适应政治大一统需要的文化的统一，是一个杂多的统一，而儒学则做了这一统一的华表。

这一标榜为儒学而内含多家成分的思想文化现象，仿佛是向战国后期具有评判先秦诸子百家之言的综合倾向的荀子的回归。所不同的是，荀学是中国封建君主专制大一统实现前夕的理论预兆，而秦汉之际和西汉中叶的儒学则是大一统局面出现之际和之后，适应巩固这种社会制度对社会规范及其理论建设和操作手段的整合、系统化和规范化。

迄至唐代，荀、孟并称，为孔子之后的儒家两大师。但至宋儒，将《孟子》提升为经，而《荀子》以“异端”见斥。荀子坐了七八百年冷板凳。到清乾隆年间汪容甫著《荀子通论》《荀卿子年表》，荀子书才得以复活。[①]18 世纪中叶以来的经学史研究达成的共识认为，西汉中叶取得“独尊”地位的儒学，其实是荀学。荀学遂复渐成为清代的显学。

四　群学之承转

社会结构是构成社会的“硬件”，是社会学研究的核心问题，而在儒学和中国传统文化中，正是荀学关于社会群体结构的理论最为系统。故，当19世纪末，中国近代启蒙思想文化的先驱者从西方引进社会学时，首先就名之为群学。

下面，我们来看看，儒学中的群体观与现代社会学的这种承转关系。

荀子在《王制》篇中写道：

> 水火有气而无生，草木有生而无知，禽兽有知而无义；人有气、有生、有知亦且有义，故最为天下贵也。力不若牛，走不若马，而牛马为用，何也？曰：人能群，彼不能群也。人何以能群？曰：分。分何以能行？曰：义。故义以分则和，和则一，一则多力，多力则强，强则胜物，故宫室可得而居也。故序四时，裁万物，兼利天下，无它故焉，得之分义也。故人生不能无群，群而无分则争，争则乱，乱则离，离则弱，弱则不能胜物；故宫室不可得而居也，不可少顷舍礼义之谓也。能以事亲谓之孝，能以事兄谓之弟，能以事上谓之顺，能以使下谓之君。君者，善群也。群道当，则万物皆得其宜，六畜皆得其兴，群生皆得其命。

这段话简洁地阐述了非生命物质与生物有机体、植物与动物、禽兽与人三个层次的区别，从而抓住作为社会主体——人类群体的社会性特征，分析了人类其所以能结成一定群体，形成一定的社会结构，发挥群体结构的社会功能的原因。

具体看，荀子当时所描绘的那个“群居和一”（《荣辱》）的社会，就是君主制驭下的等级分明的封建宗法社会。它的社会组织结构和行为规范就是“礼”：“礼者，贵贱有等，长幼有差，贫富轻重皆有称者也。”“人无礼则不生，事无礼则不成，国家无礼则不宁”（《富国》）。“礼者，法之大分，类之纲纪也”（《劝学》）。人的行为，都按这个礼的规范来节度，就是“义”：“夫义者，内节于人而外节于万物者也，上安于主而下调于民者也。内外上下节者，义之情也”（《强国》）。“圣王”就是社会的主宰：“天地生君子，君子理天地；君子者，天地之参也，万物之总也，民之父母也。无君子则天地不理，礼义无统，上无君师，下无父子，夫是之谓至乱。君臣、父子、兄弟、夫妇，始则终，终则始，与天地同理，与万世同久，夫是之谓大本”（《王制》）。“人君者，所以管分之枢要也”（《富国》）。君王的职责治理国家的根本任务就是如何“明分使群”。按照他的社会有机论，每个社会成员的需求都是多方面的，要靠多种行业技能的人来供养，而每个人却不可能一身兼备那么多技能和职位。故，离群索居，没有分工合作者就得穷；即或群居一起，而没有职业分工和等级划分则要争夺。所以，“救患除祸，则莫若明分使群矣”（《富国》）。

荀子讲的礼，就其来源，似乎是本于“周道”。但荀子讲的王制及其行为主体指的却是当时的贤能的王者（后王）所建立的制度，从而革除了这个等级制的血缘世袭性。他强调的是“尚贤使能”：“尚贤使能，等贵贱，分亲疏，序长幼，此先王之道也”（《君子》）。是后天的学习：“虽庶人之子孙也，积文学，正身行，能属礼义，则归之卿相士大夫。”“王者之论，无德不贵，无能不官，无功不赏，无罪不罚。朝无幸位，民无幸生”（《王制》）。反对“以族论罪，以世举贤”（《君子》）。重复地解释就是：君子和小人的人性本来都是一样的，其所以有的人成了君子，有的人成了小人，都是后天习俗教化的结果。既然贵贱、智愚、贫富都是可以转化的，就不能搞先验的、僵化的血统论，人的地位的变迁就取决于后天学习所获得的品德和能力。这就为社会身份流动开了绿灯，体现了新兴社会阶层进取的要求。这无论在社会实践上还是在把发展的观念贯彻于社会理论上都是一个难得的进步成果。

正是由于18世纪下半叶以来荀学的复显，特别是其中的荀学所阐述的分明有序的群体观和具有革新进取精神的内容，使得面对内忧外患，抱着团结民众，上下齐心，通过逐步有序的改革以图富强的维新启蒙思想家们，在引进以社会改良为特征的西方社会学时，便看中了荀学作为其嫁接西方社会学的接本，而将 Sociology 意译为群学。

五　社会学之继往开来

由于中国历史悠久，传统文化积累丰厚，现今的各门主要人文科学和社会科学差不多都能在传统学术文化中找到自己的内在源流。作为中国传统文化典籍包容了中国历史学、政治学、伦理学、社会学、教育学和哲学等多学科的学术史料。关于中国传统学术，向有文史哲不分家之说。其实，岂止文史哲不分家，各门人文科学和社会科学当时都未分化出来。中国传统文化的来源是多维的，其内容是多元的。各门人文科学和社会科学从传统学术中分化独立出来，是在西学影响下发生的。这是一个逐步分化的过程，大约开始于19世纪末的维新时期，至今不过一个世纪左右，这一过程至今仍未完成，社会学就是一例。

在中国现已发现的文献记载，是维新派领袖康有为1891年在广州万木草堂最先开设“群学”课的。但是，除了康的学生梁启超所撰写的《康南海传》中留给我们的群学科目以外，迄今仍未找到其讲义或记录之类。只知道，在科目表中，是把“群学”与“政治学原理”、“中国政治沿革得失”、“万国政治沿革得失”、“政治实际应用学”等课程并列为“经世之学”。再就是梁启超向康有为请教所得的答复：“启超问治天下之道于南海先生，先生曰：以群为体，以变为用。斯二义立，虽治千万年之天下可已’”（《说群·序》）。

现在我们已见的从现代社会学意义上阐释群学的内涵和国学渊源的文献，最早的代表性文章为1895年严复在天津《直报》上发表的《原强》。该文介绍西方早期社会进化论和社会有机体论代表人物英国社会学家斯宾塞（Herbert Spencer）及其学说与荀学类比，写道：“斯宾塞尔者，亦英产也，与达尔文氏同时，其书于达氏《物种起源》为早出，则宗天演之术，以大阐人伦治化之事，号其学曰‘群学’，犹荀卿言人之贵于禽兽者，以其能群也，故曰群学。”并强调，“学问之事，以群学为要。唯群学明，而后知治乱盛衰之故，而能有修齐治平之功。呜呼！此真大人之学矣！”接着他就着手翻译斯宾塞的《社会学研究》（*The Study of Sociology*）。严译该书，同《天演论》一样，是“达旨”，即用文言文夹叙夹议，大加发挥，从内容到形式我们都可以看到其与《荀子》的对应关系：书名译作《群学肄言》；译序给群学下的功能定义为：“群学何？用科学之律令，察民情之变端，以明既往，测方来也。”“群学者，将以明治乱、盛衰之由，而于三者（指‘正德、利用、厚生’。——引者注）之事操其本耳。”它的头两章《砭愚》和《倡学》于1898年在《国闻汇编》上首先刊出，所用的题目就叫“劝学篇”，其他好几篇的篇名也与《荀子》中的篇名雷同。

梁启超“乃内演师说，外依两书（指严译《天演论》和谭嗣同的《仁学》。——引者注），发以浅言，证以实事，作《说群》十篇，一百二十章”（《说群·序》）。他把“群”提高到了万物的共性、天下的公理的高度：“群者，天下之公理也”、“万物之公性也”万物皆以“恃合群为第一义”。一切胜负都取决于能不能群及群的力度，“不能群者必为能群者所摧坏，力轻者必为力大者所兼并”（《说群·群理》）。因此，“以群术治群，群乃成；以独术治群，群乃败”（《说群·序》）。何谓“群术”？梁启超如是说：“善治国者，知君之与民同为一群之中之一人，因以知夫一群之中所以然之理，所常行之事，使其群合而不离，萃而不涣，夫是谓群术。”与此相反稿“独术”，就会导致“人人皆知有己，不知有天下。君私其府，官私其爵，农私其畴，工私其业，商私其价，身私其利，家私其肥，宗私其族，族私其姓，乡私其土，党私其里，师私其教，士私其学，以故为民四万万，则国亦四万万，夫是谓无国”。他还从时局出发，把群说与世说对应而论，提出：“天下之有列国也，己群与他群所由分也。据乱世之治群多以独，太平世之治群必以群。以独术与独术相遇，犹可以自存；以独术与群术相遇，其亡可翘足而待也”（《说群·序》）。可见，其群学即是救亡图存之学。

在汉字文化辐射圈东部的日本，古文化深受汉学的影响，但在近代化的过程中“脱亚入欧”，倾向西学，在明治维新时期，便引进了西方社会学。1867 年东京大学已正式开设社会学课。那么，日语汉字“社会”又是哪里来的呢？还是源于中国。中国古代的社区单位就名为“社”：“方六里，名之曰社”（《管子·乘马》）；“请致千社”（《左传·昭公二十五年》）。杜预注：“二十五家为社。”这里所谓“社”就是一定地域的社会，相当于今天社会学中使用的社区概念。1902 年章太炎将日本社会学家岸本能武太的《社会学》译成中文在华出版。在世纪初经过一段“社会学”、“群学”、“人群学”混用的时期之后，“社会学”便取代“群学”成了沿用至今的 Sociology 的汉译定名。

群学易名为社会学并没有割断社会学与中国传统学术，特别是与荀学的群体观的联系。不过，时代不同了，无论是叫群学也好，称社会学也罢，都赋予了新的时代内容。梁启超、章太炎都从时局出发，强调了“合群”“求群”的重要性。而且即使像梁启超那样的政治改良、君主立宪派在君民关系上如前所叙，他更强调的也是君与民“同为一群之中之一人”，主张“群术”反对君主独裁专制（“独术”）。从哲学本体论看，其群论的哲学基础已不再是由诸如阴阳五行，演变出的六十四卦（周易）。而成了当时已知的六十四种化学元素：“六十四原质相和相杂，配剂之多寡，排列之同异，千变万化，乃生庶物”（《说群·群理》）。这些群学（社会学）家都不同程度地吸取和借助西方自然科学，尤其是生物进化论的观点来为群学做论证。

由上所述可见，在中国悠久的传统文化中，确实包含了丰富的社会学内容，这是中国社会学的内在思想渊源。中国近代的社会学的先驱者从开始引进西方社会学之始，就力图使其与中国固有的思想相衔接，在荀学中占有重要地位的群体思想是他们所找到的主要“接本”；同时这些先驱者又从自己所处的时代条件出发，吸取西方的自然科学和社会科学成就，进行了新的解释和发挥，增添了崭新的内容。

自康有为讲群学，至今的100多年，社会学在中国经历了极其曲折的发展历程，其中包括1953年到1978年的间断。1979年社会学在中国大陆恢复以后，社会学者又开始重新审视本学科的历史，特别是中国大陆南北两位社会学史家在《社会学研究》杂志上就中国社会学史的分期，包括对“群学”期的定性和评价展开了热烈的讨论。[2]费孝通教授在最近发表的关于中国的社会学的讲演中回顾道：

> 如果我们同意把社会学这门学科的范围放宽一些，包括人们对人际关系的知识和理论，那么社会学的来源在中国就有很长久的历史。我记得拉德克利夫·布朗（Redcliff-Brown）有一次在燕京大学说过：他认为中国在战国时代已有荀子开创了这门学科，比西方的孔德（A. Comte）和斯宾塞（H. Speneer）要早二千几百多年。不管我们是否同意他的看法，我们不容否认，对人际关系的重视，一直是中国文化的特点。在这样长的历史里，这样多的人口，对人和人相处这方面所积累的经验，应当受到我们的重视，而且在当今人类进入天下一家的新时期的关键时刻，也许更具有特殊的意义。[3]

这既是对历史的反顾，又是立足于现实的前瞻。世界社会学如果没有中国这“半个世界”（汤因比语）的社会史和社会思想史，就是最大的缺憾。继往开来，认真下功夫挖掘、整理中华民族源远流长、蕴含丰富的社会思想的历史遗产，予以科学的阐释，并奉献于世界，使人类社会思想发展史逐步趋向完备，是中国社会学者责无旁贷的使命。

引文及主要参考文献目录：

①梁启超：《中国近三百年学术史》，《梁启超论清学史二种》，复旦大学出版社 1985 年版，第 358 页。
②见陈树德、韩明谟有关中国社会学史的讨论文章，载《社会学研究》1989 年第 4 期至 1994 年第 4 期及《北京大学学报》（哲学社会科学版）1986 年第 3 期。
③费孝通：《略谈中国的社会学》，《社会学研究》1994 年第 1 期。
④刘邦富：《梁启超哲学思想新论》，湖北人民出版社 1994 年版。

阻碍转型社会良性发展的四个问题*

邵道生

改革开放使中国社会发生了巨大的变化，也使转型社会的发展遇到了一些新的难题。本文从现实情况出发，探讨了使社会良性发展的四大障碍：腐败现象的泛滥、社会的无序、分配不公和严重的通货膨胀，研究了这四大问题的新情况、新特点和对社会、对公民的负性影响。作者指出：如果社会不认真解决这四大障碍，那么就有可能葬送改革的前途，动摇共和国的根基。

改革开放给中国社会注入了生机，中国又开始了新的长征，而且正以她的辉煌再度引起了世界的关注。

然而，改革开放却又是一项前人所没有经历过的系统工程，因此，它必然会遇到许许多多的新问题、新情况，它必然会遇到各种各样想不到的困难的挫折。从某种意义来说，改革开放就是一个不断克服社会发展中面临的问题和障碍的过程。

当前社会生活中所出现的“四大发展问题”——腐败现象、社会无序、分配严重不公和通货膨胀——严重地阻碍社会的发展。甚至可以这么说：如果我们的社会不认真地注意克服、不妥善地解决社会发展中的“四大障碍”，就会葬送改革的前途，甚至会动摇共和国的根基。

一

腐败，不是改革开放的中国的“专利”。然而，我国社会的不正之风、

* 原文发表于《社会学研究》1995 年第 4 期。

腐败现象却以它“独有的特点”展现在世人的面前。请看最近的两个调查数据。

1994年夏秋，中国青少年研究中心实施了一项全国规模的青年发展状况调查。其中在对当今社会腐败现象的评价上，7000人的调查向社会表达了以下这一结果：有89.32%青年认为当今社会的贪污腐败程度已“非常严重”和“比较严重”，只有14.65%的青年对政府反对贪污腐败工作的成效表示“满意”和“比较满意”。①

同年，华中师范大学社会心理研究中心对武汉市居民也做了有关腐败问题千人评价的调查。结果表明：有85.9%的居民认为“改革开放以来腐败现象越来越多”，只有16.4%的人认为“与西方国家的腐败现象相比较我国的腐败现象程度轻些”，而且有54.6%的居民对“腐败现象的消除无信心”。②

应该说，这两个调查的目的是严肃的，方法是科学的，结果是无可指责的，它值得让人深思、担心和忧虑。

的确，腐败现象的发展也使执政的共产党深深担忧，因而在近几年党的重要会议和文件中，都向全党、全国人民发出了不克服腐败现象就会“葬送我们的党，葬送我们的人民政权，葬送我们的社会主义现代化大业”的警告。

我们的社会在权力的运用上常常产生倾向性问题。

过去，权力运用的极端表现为对“政治的崇拜”：不断地搞阶级斗争，不断地搞政治运动，不断地搞意识形态的批判运动。现在，权力运用的极端则表现为对“金钱的崇拜”：由于过去计划经济体制下权力体系的弊端，由于权力的过分集中，由于权力缺乏有效的监督体制，由于法制建设中的种种不完备，因而使当前社会腐败现象呈现了以下新特点。

一是腐败现象的公开化倾向。

我国“短缺经济”的特点使权力具有绝对的垄断性、神秘性和随意性，从而使权力的“含金量”越来越大。当社会从计划经济走向不成熟的市场经济之后，一部分有权力者将权力抛向市场，就像易货贸易一样，一

---

① 《中国青年报》1995年1月21日。

② 《民意》1995年第1期。

方付出金钱，一方付出权力。于是，在一部分人手里，权力本身成为一种“可交易的商品”。如果说在改革开放初期，这种权力与商品间的“交易”还被认为非法的、见不得人的话，那么，这种“交易”发展到了今天，就成为半公开的，彼此都在心照不宣中进行了。

二是腐败现象的行业化倾向。

为什么当今社会许多行业都可以成为“霸”（如水霸、电霸、路霸、房霸等）？为什么在许多称王称霸的部门中那些司法、行政执法、经济执法、经济管理部门更“霸”？关键在于：这些行业都以自己的权力作为“依靠”，而且对他人、他行业具有极大的“管束权”，而且以“制度”的方式来保证这种缺乏监督的“管束”，发展到了今天，腐败现象“制度化”了。

于是，许多权力都被“明确地标了价”：盖一个公章多少钱，批一个条该付多少款，批一个工程的上马该有多少回扣……；于是，敲诈勒索、索贿受贿、贪赃枉法、徇私舞弊在所谓的“制度”的名义下发生了；于是，权力成为掠夺社会财富、掠夺他人财富的一种重要手段。

三是有许多腐败现象是在所谓的“改革”的幌子下进行的。

当今的许多腐败现象都是在一些“有权者”以“改革不合理的规章制度”的名义进行的，因此，这种“掠夺”被披上了“最最好的保护色”。值得注意的是，这些名曰“改革”实为掠夺的腐败现象都是在所谓经过“党委集体讨论、一致同意的”，所以给本是违法犯罪的行为披上了一件合法的外衣（当今社会的“法人犯罪”是腐败发展的一种新形式、新特点）。结果呢？肥的是个人和“小集团”，坑的恰是他人和国家。

四是当今的腐败现象将两类不同性质的矛盾紧紧捆绑在一起了。

《党建》杂志 1993 年第一期和第二期发表了一些同志在这方面的抽样调查文章表明：有不廉洁的行为的党员干部与严重违纪违法之比，大体为 30∶1；在一些有实权部门和行业，大体为 60∶1。某省对所辖一个市的百名党员干部进行调查，70% 的人不同程度地存在着不廉洁行为，其中 20% 的人群众反映强烈。

这一结果说明了以权谋私、为政不廉已经成为各级领导班子建设上不容忽视的问题；它说明了为什么腐败现象发展如此广泛，并变得不太好治，问题就在于在广泛存在的贪污腐败现象中将不同的两类矛盾紧紧地捆绑在一起了，因而存在着一个“法不责众”的问题。

一般来说，一个社会的领导阶层发现了群众的倾向性问题时是比较好治的，然而当倾向性问题发生在领导群体中就会变得异常的棘手和困难。

五是腐败现象的发展已经使不少公民自觉或不自觉“卷入”进去。

中国青少年研究中心在调查中有这样一道题：“如果行贿能解决您目前急需解决的问题，您是否会行贿?”结果表明：只有 24.79% 的人回答“肯定不会”和“不会”，回答“肯定会”和“依情况而定”则占 53.61%，还有 21.6% 的人回答“说不清”。而华中师范大学社会心理研究中心在调查中则问了武汉居民这样一个问题：“为了办成一件对单位极为重要的事，需向某领导进贡，你持什么态度”的题。结果表明：有 53.7% 的人要“向领导进贡”，有 30% 的人“宁可放弃，也不进贡”，仅有 16.3% 的人“向有关部门检举揭发”。两个调查在这一问题上的结果又显示了“惊人的一致性”。这一现象说明了当今的社会有一种极为矛盾现象：一方面人们极其痛恨腐败，大声谴责它、批判它；另一方面又不得不“同流合污”，通过实施腐败行为去实现自己的目的。

一般来说，当一种社会行为成为大量公民可能实施的行为，要纠正它就会变得异常困难。

二

社会的发展需要稳定，需要协调，需要变革和创造。然而，所有的这一切都必须是在规范中进行，在有序中完成。规范可以使人们知道应该怎样做，有序则使社会稳定、协调发展。然而，当前的社会运营所呈现的却是无规范、无秩序：在政治生活、社会生活、经济生活中表现出大量的失衡、失当和失控现象。必须指出的是：无规范、无秩序特点已经对社会的发展产生了严重的影响。

第一，无规范、无秩序表现在对“两个文明建设”的失衡。

两个文明建设的失衡并非始于改革开放之后，过去的失衡是“重精神轻物质”，提倡精神万能论，大搞阶级斗争和无休止的意识形态批判运动。决不能低估这种失衡对社会发展的严重阻滞作用，甚至可以说它是造成当今社会发展混乱的一个重要因素。

改革开放使人们认识到过去“重精神轻物质”倾向对社会发展的危害，然而我们这个容易发生倾向性错误的社会在纠正过去的错误倾向时又陷入了另一种错误倾向之中：“重物质轻精神”，而且这一错误倾向的危害性已经表现出来了，而且还在越来越顽强地表现着。

的确，自改革开放以来，执政党的每一次重要会议、每一个下发文件都力图要使精神文明和物质文明协调地发展，然而，整个社会“重物质轻精神”的不良倾向始终没有得到很好的克服。“精神”与“物质”的“失衡”必然导致了整个社会的失衡。

第二，以“一窝风”为主要行为特点的国民行为的“失当”，是社合生活无规范、无秩序又一重要表现。

自改革开放以来，我们的社会发生了多少“一窝风”？经商风、出国风、从政风、下海风……，很难统计得清楚。切莫低估国民行为失当对社会发展的负性作用。譬如说，众所周知，我们社会在管理上的确存在很多问题，我们的社会对“第一职业”的管理还没有足够的“有序化”，然而，尽管如此，在一度时间内，我们的社会却在人们的“第二职业”上大做起文章来了。谁都知道，“第二职业”是以无法控制、无法管理即无序为其特点的，结果呢？由于“无序的第二职业”的冲击，本来应该是“有序的第一职业”变得更无序了。一个谁都没有不计的后果是：在不少单位，“第一职业”成为人们生活福利（工资、住房、劳保或公费医疗）的基本保证，而无序的“第二职业”成为人们致富的重要手段。一些家庭充分享受到“一家两制”的优越，医疗、住房等“福利”由公家（社会主义）拿，而个人的发家致富则靠私人个体（资本主义）来。

再譬如说，“下海”充其量不过是360种行业中的一种，然而在一段时间内我们的社会却拼命地鼓励人们往“海”中跳。给人的印象是：似乎只有“下海”才是人们唯一的出路。于是，“教授卖馅饼”也成为社会鼓励的时髦。社会角色的自然分工被彻底的打乱。

在这种情况下，整个的社会怎能有规范，有秩序？

第三，无规范、无秩序还表现在社会权威的失控。

过去的计划经济体制本身就具有“高度集权性”，而以“阶级斗争为纲”的理论又过度地强化了它的“集权性”，因而形成了“扭曲的社会权威”，个人迷信的盛行所导致的悲剧性“文化大革命”，就是这种“扭曲了的社会权威”的怪胎。

体制改革本应革除过去体制中存在的那种过度集权的弊端，而不应该是对社会合法权威的否定。然而，在当今的社会政治秩序和权力体制中却产生了令人遗憾的情况：社会合法权威受到了权力机构内部和外部的挑战，社会普遍存在政治权威的下降和社会的失控现象，这一负性发展趋势又必然强化整个社会的无规范、无秩序状态。

社会权威的削弱和社会的失控表现在对中央权威的藐视中。中央的话可以不听，中央的令可以不执行，“我行我素”。举一个小小的例子来说，自改革开放以来，中央就有关严禁用公款大吃大喝，下了多达几十个红头文件，然而我们的一些领导干部呢，还是照吃不误，每年要花费数百亿元在吃喝上，多时达1000亿元。吃喝如此，公费购买豪华轿车、公费修建超标准住房、公费出国旅行等更是如此……，权力的失控很大程度上就是表现在社会广泛存在的“上有政策、下有对策”的现象之中，表现在一级（下一级）对一级（上一级）执行命令的“打折扣”之中。

权力的尊严受到了来自包括自身（低一级）权力机构的挑战，这就大大地削弱了权力的有效控制功能，当一个法定的社会权威失去了它应有的控制力、影响力、感召力时，它就会出现导致整个社会混乱的法制失控、道德失控和舆论失控。

为什么当今的转型社会总不能显示出理想的良性发展之态势，重要的原因就在于它的无规范性和无秩序性。

三

改革开放的确发展了生产力，的确提高了国家的实力，的确提高了人民的生活水平，整个中国以前所未有的速度发展着。因此，不管怎么说，人们是怎么都不愿意再回到、再去过五六十年代那种清贫的、温饱的生活。

但是，当人们“端碗吃肉”时，还禁不住“骂起娘”来了。（附注：其实，所谓的这种“骂”实际上只是老百姓的一种抱怨，一种牢骚。）

究竟是什么原因导致人们的这种似乎是“不合情理的心态”？一个不可忽视的问题是：“分配不公”。

对“分配不公”的不满并不是意味着人们还留恋贫穷的社会主义、吃

“大锅饭”、过去的“平均主义”，也并不是意味着对社会“鼓励一部分人先富起来”感到不满。而是因为人们越来越感觉到一些以正当劳动收入的阶层正面临“相对贫困化”的问题，还有一小部分人正面临“绝对贫困化”的威胁。

譬如说，以农民为例，无疑在改革开放初期，由于“责任田”“承包制”的推行，将他们从“一大二公”的“人民公社”的体制中解放了出来，生产积极性得到了极大的发挥，他们的生活也的确得到了较大幅度的提高。然而当农民们生活稍稍好转时，一些看不见的手纷纷伸向了无权无势农民的“腰包”。（从去年中央下了一系列“死命令”减掉了农民几十余种名目繁杂的税中，也可以看到剥夺农民利益问题的严重性。）无怪邓小平同志最近非常担心地说，90 年代如果出问题的话，那可能就是农民问题。

譬如说，改革开放早期的工人群体，由于恢复了奖金，激励了人们的生产热情，中国社会的改革开放之所以那样快，与广大工人阶级（尤其是国营大中型企业职工）的努力、贡献是分不开的，他们是国家财富的主要创造者。然而，鉴于体制上的弊端和改革发展的不平衡，将近有 2/3 的工厂处于明亏或暗亏的亏损企业中，这就不能不影响到他们的生活水平的提高，不能不影响他们的生产积极性。

再譬如说，有关知识分子问题，不能不指出，人们从邓小平同志的“科学技术是第一生产力”的论断中看到了发展的希望，社会也在采取措施改善知识分子这个群体的待遇，他们也正以前所未有的积极性投入到改革开放之中。然而现实呢？也许是“积习过深”，也许是国家的困难太大太多，“脑体倒挂”的问题并没有彻底得到解决，在当前“囊中最最羞涩的社会阶层”中，知识分子也许是一个主要的群体了。社会新的“读书无用论”再度泛滥恐怕就是与“知识的贬值”“知识分子的贬值”不无关系。

再以国家公务员为例，“相对贫困化”在这个阶层身上也显得非常之突出，通过工资的“微调”远远抵不上“物价上涨的速度”，因此，当一些学者在探讨当今社会腐败的发展成因时，都在认真地研究“高薪养廉”的问题。

那么，也许人们会奇怪地问：社会发展速度如此迅速、如此快，所创造的财富究竟“分流”到哪里去了呢？或者用另一个问题来问：社会上哪些阶层大富而特富起来呢?

一是被“极少数极少数的社会腐败者”的“腐败”掉了,一部分败类通过各种卑鄙的手段和方式将几万元、几十万元、几百万元、几千万元的人民币落进了这些腐败者的口袋里。

二是被为数不少的,而且沾上了腐败行为的权力者挥霍掉了。有的人信奉这样的“信条”:公家的钱只要不落进自己的口袋里,怎么花都是有理的。于是公费吃喝、公费旅游、公费出国、公费盖超标准住房公费、购买豪华轿车、公费跳舞和“卡拉 OK”……,切莫低估这些带“公”的挥霍(有人估计近几年来每年用于大吃大喝、公吃公喝的费用将近 1000 亿元)。中国是一个穷国,能禁得住如此之多“公仆们”的公费消费吗?

三是社会的财富被不合理地“分流”到了一群“暴发户”的口袋中。社会上不是流行这样的“流行语”吗:“要想富,偷税漏税挖国库”,“要想富,吃铁路”。为何那些“款爷”“款婆”如此骄奢横侈、挥金如土?重要原因之一,就是因为金钱来得太容易了,已经失去了金钱本身固有的价值。

在这里还应该提出的是:社会的“暴发户阶层”和社会的“腐败者”相互“联手”、通过“权力”和“金钱”之间的肮脏交易来改变社会分配的规则的。

因此,切莫产生这样的错觉:中国的老百姓是反对“一部分人先富起来”这一政策的。中国的老百姓是非常通情达理的,他们的心态之所以不能平衡,并不是对那些依靠正当的劳动致富的人,而是看到了近几年来社会“腐败者”加速腐败、不少“公仆”无度地挥霍公费,以及“暴发户”不光彩的暴发史,从而产生了一种公民利益被剥夺的强烈的感觉:分配不公。

切不要低估分配严重不公对社会发展的影响。为什么现在普通公民参与改革开放的热情和积极性(与改革开放之初相比)有所降低?重要原因之一就在于分配不公导致的相当一部分公民的“相对贫困化”。

四

物价问题,或者说通货膨胀问题,一直是人们关心的问题。改革开放 15 年来,我国已经发生了三次严重的通货膨胀,1994 年是第四次了,其涨幅之大，实为惊人，中央计划全年物价上升10%，而且一再表示要把物价涨幅压倒两位数以下，但是物价却与领导人的愿望开了一个不大不小的玩笑，全国零售物价指数比上年同期上升20%左右，超过计划10个百分点，说明了“通货膨胀”已经处于失控的状态。

从表面上看，“通货膨胀”是个经济问题，然而就其实质来说却是一个社会问题。“通货膨胀”对社会的发展、对公民心态的负面发展是不可低估的。

第一，“通货膨胀”首先侵害的是广大公民的基本利益，从根本上说是违背了改革开放的宗旨的。

改革开放、搞活经济的根本目的是什么？就是为了使老百姓过好日子。然而高幅“通货膨胀”却是以剥夺公民基本利益为代价的。他们无权无势，没有明的或暗的其他收入来源，也无法寻找“第二职业”进行“自我调节”，而整个社会对“通货膨胀”又没有采取足够有效的“补偿措施”，因而高幅“通货膨胀”使相当一部分农民、工人、知识分子、国家公务人员进入了“相对贫困”行列。今年春节前后，新闻媒介大量报道了从中央领导到地方省市各级领导慰问困难公民的新动向中表明了这个问题的严重性。

第二，高幅“通货膨胀”不仅仅说明了政府对经济的失控，也说明了政府对社会的失控，失信于民的结果是损害了政府自身的权威度和形象。

必须看到，1994年是连续第三年“通货膨胀”达到两位数，而且是在政府反复强调要控制物价涨幅的情况下发生的，这就不能不影响到广大公民对政府控制经济的能力和水平的担忧（有些原因如投资体制的弊端、货币的投放量、产业结构的不合理、国有企业的效益低下等是明明知道的，然而就是控制不了），不能不影响到公民对社会的信任度（尽管它还没有达到危险的程度）。必须认识到这样一个基本点，不管是哪个制度的社会，“通货膨胀”都是政府的“天敌”。

第三，高幅“通货膨胀”的后果是使无序的社会更加无序、更加混乱。

1994年高幅“通货膨胀”的形成原因是很复杂的，既受难于驾驭的客观存在的经济规律的制约，又受可以控制的、然而却控制不了的人为的乱涨价的影响。这几年来，趁国家出台改革及调价措施，擅自提价并哄抬物价的现象可以说是比比皆是，假冒伪劣已成为社会难以克服的公害，形形色色的欺诈充斥市场，更为“要命”的是：不少具有“专业垄断性行业”只顾小集团的利益，无视国家政策规定，实行价格上的“垄断”，纷纷向消费者开刀，这种“一窝风”式的、哄抬物价的乱收费、乱涨价的无序现象，成为这几年来高幅“通货膨胀”的另一个不可忽视的重要原因。结果是什么？它使无序的经济秩序更为无序；它通过与国家经济政策直接或间接地唱“对台戏”的方式，有形无形地削弱了中央和政府的权威；如此林林总总不合理的乱收费、乱涨价现象必然助长了人们不劳而获或少劳多获的投机心理，从整个上“污染”了社会环境；它会有意或无意地激发出人们的不负责任的无理性行为。

1994 年的高幅“通货膨胀”的确没有造成公民们心理的大恐慌，于是不少学者表现得极其“乐观”，用“这是中国公民心理成熟了，是社会心理承受能力提高的一种标志”，我想，这种说法不是没有道理的，然而过于相信这种观点，实是对领导的一种“误导”，因为它没有揭示出高幅“通货膨胀”对社会发展、对公民心态的负面影响，当前公民们对社会信任度的降低，冷漠的无责任心态的发展，不能不说是与困扰中国社会周期性的“通货膨胀”原因有关。如果我们不认真治理顽固的、恶性的“通货膨胀”，那么必将影响正确处理改革、发展和稳定的三者关系。最近北京社会心理研究所对北京市 800 名居民作了有关“1994 年北京市民心态的调查”，调查中有这样一道题：“对于北京市的社会发展而言，需要首先做好哪方面的工作”，一共有 15 项工作，其中包括：“控制物价上涨幅度”、“克服腐败现象”“提高职工收入”“加强党的建设”“建立良好的社会风尚”“提高各级领导的管理能力”等，结果表明，北京市居民第一位的希望是“控制物价上涨幅度”，比第二位的“克服腐败现象”多了 9.9 个百分比。

总之，切莫低估腐败现象、社会无序、分配不公和通货膨胀这四个问题的严重性。这“四大障碍”如果不能很好解决，必将涉及执政党的生死存亡、共和国的生死存亡、社会主义的生死存亡的大问题。

当然，这四大问题是彼此联系的。因为它的成因是复杂的、历史性的，非“一日之寒”的，因此，这“四大障碍”的解决也绝不可能是“一日之功”的。

我国社会保障指标体系综合评价*

朱庆芳

由于我国目前尚未建立统一管理的社会保障机构和全面系统的社会保障体系。本文作者从宏观角度收集了大量的社会保障统计数据，初步测算了我国社会保障的覆盖面、社会保障总支出和社会保障的地区差别。作者建议要准确全面地反映社会保障的全貌，必须尽快建立社会保障指标体系。

社会保障覆盖面和社会保障支出占国内生产总值的比例，是综合反映一个国家社会保障的基本概况、实力和水平的最基础的指标。然而，目前我国还不能全面、准确地计算出这两个指标，主要原因是以下几方面。

一　缺乏统一管理社会保障事业的综合机构

我国目前的社会保障是分散在民政、劳动人事、卫生、总工会等部门分头实施，由于多头管理，统计口径交叉重叠且有遗漏，即使将各主管部门数字相加，也不能准确、全面地反映我国社会保障的全貌。

二　没有确定社会保障的内涵和外延

也就是说社会保障应包括的范围和内容不确定，从世界范围看，已有142个国家建立了包括养老、伤残、疾病、生育、工伤、失业、家庭津贴等较为齐全的社会保障制度，西方一些福利国家实施了“从摇篮到坟墓”

* 原文发表于《社会学研究》1995年第4期。

的福利政策。即使以非福利国家美国为例，政府实施的社会福利也有60多项，其中除常规的项目外，还包括住房补贴、就业培训、助学金、特殊教育、食品券、急救、康复服务、妇幼保健、卫生防疫、饮水卫生、污水处理、关怀妇女儿童等项目。据了解，西方国家的社会福利普遍包括了房租补贴、职业培训、公益性社会服务、儿童、残疾人福利及康复事业等，由于项目多、范围广，发达国家社会保障支出一般已达国内生产总值的20%左右，福利国家则高达30%左右。相比之下，上列许多项目我国未列入社会福利项目，例如国家每年为职工支付了巨额的住房、物价和实物补贴，每年补贴一千多亿元，居民虽受益很多，但因大多是暗补，职工没感到是社会福利措施。此外还有廉价的公用事业、文教卫生事业，国家也投入了大量的财政支出以弥补亏损，这些在国外是有相当一部分都计入了社会保障费中的。还有社区服务创造的价值和机关、企事业单位举办的集体福利事业以及农村的集体福利事业等，均应纳入而目前尚未纳入社会保障体系内。由于我国的社会保障支出不包括这些补贴，人为地缩小了社会保障费用。

社会保障覆盖面统计的对象是人，比资金使用更为复杂，要根据享受社会保障的不同层次进行分类，即哪些人享受较高层次，哪些是部分享受，哪些不享受。这在各种不同所有制、不同用工制度、城乡之间均有较大区别，在不同地区也有差别，需要通过调查研究才能确定。

现根据我们掌握的不完全社会保障统计资料，加上估计推算，对1993年社会保障覆盖面和社会保障支出情况进行初步测算，供研究者研究参考，起一个抛砖引玉的作用，以使它不断完善。

（一）我国社会保障的覆盖面究竟有多少？

社会保障的覆盖面，也就是生活安全网覆盖面，它是反映生活于社会保障网络之内、有安全感的人数占社会劳动者的比例数。根据1993年的统计资料估算，我国全社会享受社会保障的人数为1.9亿多人，社会保障的覆盖面为30.4%，城乡覆盖面的差别较大，城镇为92.1%，农村只有2.7%。详见表1。

表 1　社会保障覆盖面分组情况

项目	1993 年（万人）	比重（%）
享受社会保障人数总计	19239	100
占总人口比重（%）	16.2	
相当社会劳动者比重（覆盖面）（%）	30.4	
一、按城乡分组		
1. 城镇享受社会保障人数	18009	93.6
职工人数	14849	77.2
离退休人数	2780	14.4
在校大学生人数	254	1.3
优抚、救济、安置人数	126	0.7
城镇社会保障覆盖面（%）	92.1%	
2. 农村享受社会保障人数	1230	6.4
定期优抚、救济、五保户等	942	4.9
乡镇企业有保障人数（乡办企业的 10%）	288	1.5
农村社会保障覆盖面（%）	2.7%	
二、按项目分组		
1. 享受社会保险的职工	14849	77.2
2. 离退休养老人数	3134	16.3
其中：敬老院、五保户和农村领养老金人数	354	1.8
3. 优抚及定期补助人数	444	2.3
4. 困难户和精减职工定期救济人数	105	0.5
5. 社会福利院收养人数	72	0.4
6. 福利企业安置残疾人	93	0.5
7. 乡镇企业有社会保障人数	288	1.5
8. 在校大学生	254	1.3
三、按所有制分组		
1. 国有企业	13903	72.3
2. 集体	4751	24.7
3. 三资及其他	585	3.0

目前未享受社会保障的人数主要集中在农村，它包括 4.3 亿多从事农林牧副渔的劳动者和农村从事私营、个体劳动者人数，共占农村劳动者

93%以上；城镇未享受社会保障的人数主要是城镇私营从业人员186万人、个体930万人、失业人员420万人，共计1536万人，约占城镇劳动者的8%。

城镇享受部分社会保障的人数（指报销部分医疗费、领取困难补助和享受部分福利的人数）约5000万人，其中包括合同工3123万人、临时工400多万人、民工130多万人、县以下城镇集体职工1200多万人、企业未安置的富余人员20万人等。合同工人数在上表中已包括在职工人数中计入安全网内。但实际上合同工与固定工在福利待遇上是有很大差别的。

农村享受部分社会保障的人数根据民政部统计，优抚和救济对象约有1.2亿人，但多属一次性和临时性救济，水平较低，还缺乏生活安全感。此外，民政系统近年来推行的农村养老保险虽已在1100个县市展开，已有3000万人参加，但尚属试点阶段，筹集养老金不足15亿元，人均积累只有50元，还不足以养老，故上述这些人均属生活无安全感者。有的同志认为农村养老保险参加人数应计入安全网内，如算入，农村安全网覆盖面将提高到10%。

从总体来看，我国安全网覆盖面尚处于世界低水平之列，与国际比较，我国覆盖面只相当于低收入国家水平，离小康型（75%）的水平差距较大。据测算，我国到2000年安全网覆盖面的目标为40%～50%，如果到2000年还有一半以上的人缺乏生活安全感，就不能算已实现小康。因此安全覆盖面太低，是实现小康的一个难点。在今后改革中，一方面在城镇要实现社会保障的社会化，提高覆盖率；另一方面在农村要加强农村自助型的养老保险和统筹合作医疗，采取多种形式提高农村安全网覆盖率。

（二）我国社会保障支出到底有多少？

我国社会保障支出究竟有多少？它与经济发展水平是否适应？与国外相比，社会保障占国内生产总值的比例是高还是低？

由于我国社会保障的管理没有社会化，分散在各部门，社会保障的指标体系没有建立，其内涵和外延没有确定，所以还不能准确回答以上问题，现就本人据1993年的统计资料和有关资料的估算，将各种口径的社会保障支出列出。见表2。

表 2

	1993 年（亿元）	占国内生产总值（%）
一、社会保障支出（1+2）	1750	5.6
1. 职工和离退休者社会保险福利费	1670	5.3
2. 救济、优抚、社会福利费	80	0.3
二、社会保障支出（1+2+3）	1900	6.1
3. 乡镇企业及农村公益金用于社会福利	167	0.5
三、社会保障总支出（1~7 项相加）	3171	10.1
4. 职工住房补贴	356	1.1
5. 物价补贴（粮、棉、油、肉、菜等）	254	0.8
6. 企事业单位实物福利支出	525	1.7
7. 社会集团购买力中用于个人消费	136	0.4
小计	1271	4.0

从表 2 看，第一项为 175 亿元，占国内生产总值 31380 亿元的 5.6%，这是目前社会上公认、有确切统计的部分，但因它包括范围很不全面，遗漏的项目太多，如果把遗漏的农村社会保障支出 167 亿元（估计数）计入，则为 1900 亿元，占国内生产总值的 6.1%。此数仍包括不全，主要还遗漏了几笔较大的支出，虽然没纳入社会保障体系内，但实际上国家和企事业单位作为福利分配或暗补给居民消费了，这几笔支出是：（1）职工住房补贴 1993 年约 356 亿元（按公房 27 亿平方米，每平方米房租应收 1.60 元，目前只收 0.50 元，少收 1.10 元计算）；（2）物价补贴，包括粮、棉、油、肉、菜等 1993 年为 254 亿元；（3）企事业单位以实物或其他形式向职工提供实物福利折款，每一职工每年约 300 多元，约占工资总额 10%，全年为 525 亿元；（4）社会集团购买力中有一部分事实上被用于个人消费，如公车私用、供暖用煤或用于公共食堂等约有 136 亿元，以上 4 笔共计 1271 亿元，再加上前 3 项共计 3171 亿元，占国内生产总值 10.1%。

这一比例与国外比较，已不算低了。据了解，日本、美国等发达国家社会保障支出约占国内生产总值 15% 左右，但美、日人均国内生产总值已达 2 万多美元，而我国仅 30 多美元，属发展中国家中的低收入国家。我国社会保障占国内生产总值的比例要比印度（3%）、菲律宾（2%）、巴西、马来西亚（6%）高得多。而且我国社会保障的项目还包括不全，如低价的水、电、气、公共汽车等公用事业，国家每年要给予补贴，由于资料暂缺，未计入。还有助学金、特殊教育、再就业的职业培训等每年约有100亿元也未计入。据了解，西方国家的社会保障项目有几十项，包括范围比我国宽泛得多，除以上几项均包括外，还包括妇幼保健、卫生防疫、社区服务等几十项，我国都还未纳入社会保障体系。如果按西方口径计算，则我国的比例将在10%以上。

值得注意的是，我国社会保障支出在城乡之间、各种所有制之间、地区之间的差别都很大。如果计算城市居民或国有企事业单位的人均社会保障水平要比农村居民和非国有单位的保障水平高得多。

要全面、准确计算我国社会保障支出，必须首先确定社会保障的内涵和外延，建立和完善社会保障指标体系。

（三）我国社会保障的地区差别有多大

在地区间，由于发展的不平衡，直接影响到社会保障水平的不平衡，社会保障的分配受各地经济效益影响，越是经济发达的地区，社会保障水平越高，反之越低。社会保障非但没有起到调节地区差距的作用，反而扩大了地区差距，如劳均社会保障费，最高的上海比最低的贵州高13倍，其差距比社会劳动生产率的差距7倍高出6倍。

为了确切反映社会保障水平的地区差距，我们选择了23个重要的、有代表性的社会保障指标组成指标体系，分成7个子系统，用综合评分法计算出各地的总分和子系统分进行排序。水平较高的前10名是上海、北京、天津、吉林、辽宁、江苏、黑龙江、宁夏、山东、河北，居后两位的是广西、贵州，最高的上海为77.2分，与最低的贵州33.6分相比，相差1.3倍。详见表3。

表3　1993年各地区社会保障水平得分排序

地区	位次	综合得分	社会保障水平	社会保障覆盖率	救济扶贫	社会福利和社区福利水平	医疗卫生水平	离退休水平	残疾人保障水平
全国平均		54.1	8.7	9.3	8.0	8.9	8.0	4.8	6.4
上海	1	77.2	14.9	14.6	9.4	11.7	13.0	4.4	9.2
北京	2	71.6	13.6	14.1	10.4	10.0	11.5	4.8	7.2

续表

地区	位次	综合得分	社会保障水平	社会保障覆盖率	救济扶贫	社会福利和社区福利水平	医疗卫生水平	离退休水平	残疾人保障水平
天津	3	68.3	13.6	14.1	9.9	8.0	11.5	4.4	6.8
吉林	4	67.2	8.3	12.1	12.9	13.8	9.7	4.4	6.0
辽宁	5	64.8	11.3	13.2	10.1	10.8	10.2	4.0	5.2
江苏	6	63.9	6.8	12.0	12.9	10.7	9.3	4.8	6.4
黑龙江	7	63.0	9.2	13.2	8.6	11.8	9.0	4.8	6.4
宁夏	8	57.3	10.2	9.4	8.8	9.5	9.4	4.8	5.2
山东	9	55.9	5.9	10.1	10.2	9.7	8.0	5.2	6.8
河北	10	55.5	6.4	10.1	8.6	8.6	8.6	5.6	7.6
广东	11	51.4	7.2	7.8	8.7	7.8	7.9	5.6	6.4
湖北	12	50.9	7.2	10.4	6.3	8.5	8.9	4.4	5.2
山西	13	50.1	8.2	9.4	5.4	5.1	8.4	4.8	8.8
新疆	14	49.3	10.0	9.2	7.1	6.5	7.7	3.6	5.2
云南	15	48.9	9.3	5.9	8.2	5.6	9.9	4.8	5.2
浙江	16	48.8	6.3	7.0	8.2	9.2	7.3	5.2	5.6
四川	17	47.7	6.6	6.7	10.6	7.0	8.0	3.2	5.6
青海	18	47.6	12.6	7.0	3.9	4.8	8.9	5.6	4.8
内蒙古	19	47.4	7.1	10.1	5.1	7.1	7.6	5.2	5.2
河南	20	47.0	3.3	8.4	7.3	9.3	7.9	4.4	6.4
陕西	21	46.2	8.5	7.2	5.7	5.8	8.2	4.0	6.8
江西	22	45.4	4.0	9.8	7.7	8.7	6.8	3.2	5.2
西藏	23	45.4	10.9	4.3	6.4	5.2	5.8	6.4	6.4
福建	24	44.6	3.5	8.1	7.6	5.9	7.9	4.4	7.2
安徽	25	43.5	4.8	9.0	5.7	7.9	6.9	4.4	4.8
甘肃	26	43.5	8.5	6.3	4.6	4.7	8.2	5.6	5.6
湖南	27	42.7	7.5	7.5	5.6	5.5	7.0	4.0	5.6
海南	28	41.9	8.1	8.1	6.2	3.0	8.5	2.8	5.2
广西	29	37.7	5.5	5.1	6.2	2.2	7.9	5.2	5.6
贵州	30	33.6	6.1	4.2	7.6	3.0	4.5	4.4	6.8

资料来源：从《中国统计年鉴》《劳动统计年鉴》《民政统计年鉴》中选择234个主要社会保障指标，用综合评分法计算而来。

安徽凤台县中心村调查*

许宏业

国内外许多关注中国的人，出于各种目的，不断地提出："中国的改革开放会不会停滞？中国的发展方向会不会发生逆转？"安徽凤台县中心村的农民以自己的实际行动告诉人们，经过了几十年风风雨雨洗礼的中国农民决不允许时光倒转，他们将汇入改革开放的大潮，义无反顾地坚定地走下去。

1949 年中华人民共和国的成立使亿万农民在政治上得到了解放。然而，在"以阶级斗争为纲"的年代尤其是"十年动乱"中，安徽凤台县中心村的社员们为了所谓的"不吃二遍苦""不受二茬罪"，成年累月地批来斗去，却始终没能摆脱逃荒要饭的悲惨命运。如今，经历了改革开放尤其是在初步摆脱贫困之后，中心村的农民终于觉醒了，当他们因种种原因再度陷入贫困境地之后，再也不像以往那样默默地忍受了，他们一次次写信向有关部门揭发问题，成群结队地上访告状，1989 年成了村民们的"告状年"。他们的举动引起了中央及省委负责同志的高度重视，在各级负责同志的亲自关怀下，中心村重又汇入改革开放的大潮，短短几年便挖掉了穷根，成为淮北平原上的一面致富的旗帜。

一　历史的回顾

凤台县中心村地处淮北平原，居于淮河与西淝河交汇点。该村共有 6 个自然村 15 个村民小组 3017 人。有耕地 3518 亩，人均占有 1.16 亩。历

* 原文发表于《社会学研究》1995 年第 4 期。

史上旱、涝灾害频仍与人多地少构成了中心村的基本特点，加之，在相当长的一段时期内推行“以粮为纲”的单一的产业结构，农民们被束缚在狭小的土地上，生活极其贫困。据笔者 1993 年 3 月对 69 户抽样调查统计，直到 1978 年，中心村农民的家庭人均年收入只有 89.8 元。

党的十一届三中全会之后，中心村开始走上改革之路。然而这里的改革却不是一帆风顺的，大体经历了一波三折的三个阶段。第一阶段从 1980 年至 1984 年，改革的大潮把一个远近闻名的能人朱咸来推上了中心村党支部书记的位置上，他带领全体村民一门心思抓好科学种田，充分挖掘土地潜力，在两年内基本解决了村民的吃饭问题。1983 年开始改变单一农业的经济结构，发展经济联合体。朱咸来邀集 9 户农民组成“中心村经济联合体”，承包了因严重亏损濒临倒闭的毛集乡办轮窑厂。朱咸来担任股东代表，从银行贷款 3 万元，10 户农民每户集资 2000 元，5 万元起家，10 户人家拼出命来苦干一年，不仅救活了轮窑厂，而且当年每户分红 2000 元。朱咸来发誓要彻底改变中心村的贫困面貌，带领全村走共同致富的道路，一方面将股份制不断完善，另一方面广泛吸收村民入股，轮窑厂由原来的 10 股一下增加到 132 股，股金达百万元以上。中心村以轮窑厂为基础进一步扩大经营范围，建立了小型建材总厂并发展了 7 个合作企业。中心村从一部分村民率先致富开始走上了共同富裕的道路。第二阶段从 1984 年至 1991 年，在中心村初步摆脱贫困之后，一些人出于私利，纠集在一起，将朱咸来排挤出领导班子。中心村的经济发展刚刚有些起色就失去了带头人，一方面极大地挫伤了群众的积极性，另一方面少数掌握领导权力的人乘机贪污腐化，大吃大喝，肆意挥霍中心村村民的血汗。他们不仅搞垮了集体企业，还大兴摊派，把手伸进了农民的腰包。几年内中心村人均摊派最少时达 84 元，最多时达 113 元。刚刚开始脱贫而一部分农民还只停留在温饱水平，在难以负担的盘剥下，中心村的村民又要重新回到改革前的贫困中。他们再也不能默默地忍受了，于是发生了本文前面所描述的告状上访。在中央及省委领导同志的亲自关注下，排除了重重阻力与干扰，挖出了窃取中心村领导权力的犯罪团伙，几年中这伙人贪污竟达 40 万元之多。处理结果 2 人被开除党籍、3 人留党察看，原党总支书记批捕在逃。1991 年元月，583 户村民联名上书，坚决要求上级批准，将朱咸来请回中心村，继续担任总支书记。第三阶段由 1991 年至今，中心村集体经济得到迅速发展，村民们彻底甩掉了贫困枷锁，实现了千百年来梦寐以求的小康生活。实践证明朱咸来的确是个可以领导农村现代化事业的能人，在他被迫离村的日子里自己经营的企业又很快地发展起来。重新担任党总支书记后，他无私地将自营企业中的151.7万元的固定资产奉献给中心村，当村办企业缺乏流动资金时，又再次拿出50万元作为村办企业的周转金。1991年2月，中心村集体承包了已经停产3年的县办企业淮峰麻纺厂，只用了3个月时间整顿企业，麻纺厂又恢复了生产。在朱咸来的领导下中心村很快发展成拥有12个企业的“淮南市兴达实业总公司”，走上了农工贸一体化的发展道路。1991年4月中心村被安徽省科委列为科技示范村。

坚持改革开放，在改革开放大潮中不断壮大经济实力的中心村，在1991年7月爆发的特大洪水面前经受了一场空前严峻的考验。灾害是严重的，工农业生产被迫中断，直接经济损失达600万元。面对水灾，中心村党组织领导群众抓紧抗灾，使一些企业恢复生产，并继续上了一批新项目。1991年下半年，中心村共投资了1300多万元，引进科技人员10多人，用7个月时间先后建成了塑料编织厂、医疗器械厂、聚氨酯厂、调味品厂、鞋厂、饮料厂及加油站等7个新企业，全年创产值1260万元，获利税131万元。

1992年，他们又调整了总公司内部机构，成立了工业、农业、商业、建筑建材业4个分公司，并进一步强化管理，使第一、二、三产业得到全面发展。截至1992年底，中心村的村办企业共有固定资产总额875万元，流动资金1140万元，安排就业1944人，全年共完成产值4355万元，获利税400万元，分别比1991年翻了一番。

二　中心村目前的社会经济状况

今日的中心村村民从整体上已经告别了昔日的贫困。一进入中心村，展现在人们面前的是一排排崭新的别墅式楼房，簇拥着一座具有现代化设施的豪华的白鹤宾馆，宾馆的后面是干净整齐的工厂区，这里已经变成令城市人羡慕不已的现代化新农村。这一切巨大变化都来自改革开放，来自更深层次的结构变革。

（一）改革中的经济结构

所有制结构

与全国各地农村的所有制结构一样，中心村解放以来经历了以个体（家庭）所有制为主的私有制阶段、以合作集体所有兼顾私有生产资料按股分红的过渡性阶段、以人民公社集体所有制为主的单一集体所有制阶段，80 年代开始出现以家庭承包责任制和个体所有制共存的现象，近几年来所有制结构发生了多样化的急剧变化，目前大体有如下几种形式。

（1）集体所有制。中心村的绝大多数企业都属于集体企业，如麻纺织厂、毛集轮窑厂、调味品厂等。此外还有若干种联营形式，例如，集体与个人联营，医疗器械厂就是由两位浙江人出技术和专利，中心村总公司出厂房、资金、设备、工人，联合兴办，所得利润双方各得一半；集体与国有单位联营，精密铸造厂是由中心村与新集煤矿双方各投资一半兴办起来的，中心村还与淮南市第二人民医院联合经营兴办了服务于本地区的医院；集体所有个人承包，该村的废品回收站和加油站都是承包给村民，由村民经营，每年向总公司缴纳一定数量的承包费。

（2）联合体。目前中心村的各种联户企业有 32 个，一般由 2 户至 4 户合办经营，如各种商行、机械维修厂等。

（3）个体工商户［详细情况见“（三）农民的职业分化及其分层”］

产业结构

党的十一届三中全会以后，尤其是 1981 年全面推行了以家庭联产承包为主的经营责任制之后，中心村改变了以种植业为主的单一的产业结构，出现了前所未有的巨大变化。村民们将这一巨大变化形象地表述为“过去是一个月过年，两个月种田，三个月赌钱，六个月跑着玩；现在是十天过年，二十天种田，十一个月从事第二、三产业挣钱”。近几年，中心村的工农业生产以前所未有的速度迅猛发展。

（1）村办企业。1990 年以前，中心村的村办企业规模较小，只有小油坊、木工坊、豆腐坊等几个手工作坊和一座由 10 户农民承包的轮窑厂。到 1992 年底，中心村已有一个实力雄厚的、管理人员达 108 人，工人达 1836 人的兴达实业总公司，总公司下分工业、农业、商业、建筑建材 4 个分公司。其第一、二、三产业比重见表 1。

表1　1992年各类产业的产值及所占比重（村集体部分）

单位：万元，%

产业类型	第一产业	第二产业	第三产业	合计
1992年产值	112	2090	1003	3205
占总产值的比重	3.49	62.21	34.3	100

表1显示，中心村村办企业主要为第二产业，其次是第三产业。1992年，村集体的3205万元产值中，第二产业占62.21%，第三产业占34.3%。

（2）农户家庭经营。目前中心村除总公司少数上层管理人员因工作忙已没有时间种地而将责任田转包外，其余98%以上的农户都种田，但是除部分农户家庭由于种种原因（如劳动力年纪大、素质低、没有资金、技术等）从事单一农业生产外，大多数农户都兼营第二或第三产业。据统计，全村706户中，兼营第二、三产业的有424户（包括个体和联户）。详见表2。

表2　各类产业所占比重

单位：户，%

类别	第一产业	第二产业	第三产业
占总产值的比重	39.9	24.9	35.2

表2显示，目前中心村以第一产业为主的农户为总户数的39.9%，第三产业占第二位，为35.2%，第二产业为第三位，为24.9%。从事第二、三产业为主的农户已占据多数。

收入结构

据笔者抽样69户调查统计，1992年69户农民家庭人均收入为1068.9元，其中第一产业收入占50.1%，居三类产业收入的首位，而在农业收入中，种植业收入占农业收入中的64.4%。详见表3。

表3　1992年69户农民人均纯收入构成

单位：元，%

	种植业	养殖业	手工业	农产品加工	建筑建材	运输业	商业	缝纫	从医	教育	村联防队	工人工资	干部工资	合计
人均收入	344.8	190.6	30.4	74.1	37.6	81.6	161.4	3.8	11	6	17.4	69.8	40.4	1068.9
占比	32.3	17.9	2.8	6.9	3.5	7.6	15.1	0.4	1	0.6	1.6	6.5	3.8	100

表3说明两点：第一，69户农民家庭收入主要来源于家庭经营，在1068.9元中，来自家庭经营的收入为935.3元，占87.5%，来自集体经济中的为133.6元，占12.5%。第二，农户中的收入主要来自第一产业，人均为535.4元，占全部收入的50.1%，来自第二产业的为275.7元，[①] 占25.8%，来自第三产业的为257.8元，占24.1%。

（二）变迁中的家庭

（1）家庭人口。家庭人口是反映家庭规模的重要指标之一。据统计，1992年底全村共有3017口人，706户，户均4.27人。又据笔者对69户农民家庭调查统计，1992年69户共有318人，户均4.6人。

（2）家庭类型。据对69户农民家庭统计，核心家庭占的比重最大，占71%。见表4。

表4　家庭类型

单位：户，%

家庭类型	夫妇家庭	核心家庭	主干家庭	隔代家庭	其他家庭
户数	2	49	12	1	5
占比	2.9	71	17.4	1.4	7.3

（3）家庭功能。在人民公社时期，家庭只有组织消费、生活和赡养的功能。实行联产承包后的农民家庭，还恢复了生产经营和积累、扩大再生产的功能。于是我们看到农户不仅作为相对独立的商品生产单位和经营单位，而又具备积累、扩大再生产的功能后，家庭之间的差异增大了，家庭经营类型随之发生了变化。过去中心村只有清一色的“社员户”，现在有农业户、兼业户、专业户、个体工商户、雇工户等等。

（4）家庭收入。据对69户农民家庭收入情况调查，收入逐年增加。解决了温饱，走上了富裕（见表5）。

① 其中包括来自村集体发给干部、教师的工资。

表 5　1978～1992 年 69 户农民家庭收入

单位：元

年份	1978	1980	1984	1988	1990	1992
收入	89.3	138.3	591.7	744.4	958.9	1068.9

随着收入的增长，农户之间的收入差距开始拉大。1978 年，该村人均收入 89.8 元，最高人均收入户（180 元）是最低人均收入户（35 元）的 5.1 倍。1992 年该村人均纯收入增加到 1068.9 元，最高人均收入（3107 元）是最低人均收入（365 元）的 8.5 倍。（总公司上层管理人员不在统计之内）。如果把总公司上层管理人员和各工厂负责人的家庭人均收入与人均收入最低的农户比，那差距就更大了。有一位承包集体企业的厂长告诉笔者，1993 年，他们家的人均纯收入将在万元以上。所以，企业管理者与工人收入差距很大。

（5）家庭消费。改革开放后，该村农民生活消费水平和消费结构发生了明显的变化。69 户人均消费由 1978 年的 87.56 元上升到 1992 年的 968.3 元，增长 10 倍。随着消费水平的提高，消费结构也发生了明显的变化。

1980 年以前，农民只能维持生存，谈不上享受。现在农民的生活质量有了很大提高。在食品消费方面，猪肉、鱼、蛋、水果、食糖、烟酒、茶和副食品的消费占的比重逐渐增大，食品质量也有较大提高。据对 69 户调查，1992 年同 1984 年比较，猪肉，鱼蛋，水果，食糖的消费量分别增长 1.36 倍、1.58 倍、15.4 倍和 2.8 倍。特别是近两年，烟、酒消费和人情往来费用增长很快，占消费支出中的比重越来越大。详见表 6。

表 6　1992 年 69 户农民家庭人均消费情况

单位：元，%

种类	食品	衣着	燃料	用品	烟酒	人情往来	孩子读书	生产性支出①	合计
数量	436	91.38	27.67	17.54	89.5	107.32	64.61	107.28	941.3
占比	46.3	9.7	2.9	1.8	9.5	11.4	6.8	11.4	100

注：①指种养业人均支出。

从上表可以看出，农户人均消费中，烟、酒支出几乎与衣着支出持平。人情往来支出和人均生产性支出相等，都占全年人均支出的11.4%。据农民介绍说：“烟、酒消费增加只是近两、三年才出现的，因为近两、三年第二、第三产业发展起来了，农户家中用钱也比过去方便了。”

在农户住房消费方面，1978年，全村农民每户平均居住房屋只有9.6平方米，1993年人均住房面积为巧15.01平方米。在69户中，目前住草房的14户，占20.1%，住瓦房的55户，占79.9%。其中14户的草房分别建于50年代（1户）、60年代（7户）、70年代（6户）。改革开放后，80%的农户都盖了新房，其中1978～1980年盖的是草房（4户），1980年以后盖的都是瓦房，其中有2户楼房，3户平房（准备以后加盖楼房）。1978～1992年底，户均造房用费是414元。

家庭耐用消费品消费方面，农户中耐用消费品拥有量不断增加，详见表7。

表7　1993年69户家房中耐用消费品拥有量

单位：个

品种	电风扇	收录机	黑白电视机	彩电	洗衣机	电冰箱	收音机	缝纫机	组合家具
数量	81	35	55	4	4	3	4	2	1

（三）农民的职业分化及其分层

经济结构的变迁引起了农民的职业分化，并且带来了农民阶级内部分层结构的进一步复杂化。中心村的农民在职业的分化上，其规模与速度虽然不能与经济发达地区的农民相比，但在安徽省仍属于较突出的典型。目前，该村的农民大致可分为如下数种不同的职业层次：

（1）企业管理者。随着村办企业的逐年增多和规模的不断扩大，该群体的数量亦逐年增加，到1992年底已有101人（男73人，女28人），占全村劳动力总数的6%，分别担任不同层次的领导。企业的上层管理者共计7人，分别为总经理朱咸来，副总经理沈多认、朱克谦、李士武以及主管会计史国怀等。7人中除1人为1992年才来到总公司任职者外，其余6人在1991年以前都是合伙企业的经营者。在经营过程中他们都有了相当数量的积蓄，并在凤台县城中购置了楼房，其家属基本上都住在城里，有的为子女购买了城镇居民户口。他们往返城乡之间依靠总公司派车接送；企业的中层管理者包括总公司办公室成员及各企业的正副厂长，共计 42 人。办公室工作人员负责公司的内外各部门间的协调，正副厂长担任生产的组织、管理及销售等。总公司向厂长下达产值及利税任务；企业的下层管理者包括各企业的会计、供销员、保管员、统计员等，共计 52 人。负责企业的财务及产品销售等。

企业管理者群体是中心村里素质最高、工作能力最强、有门路善经营的一批能人，也是经济地位、社会地位最高者。他们的年收入主要依据其经营企业的效益评定，一般年收入在 5000 元至 10000 元之间，在中心村他们是高收入层。

笔者对企业管理者阶层中的 71 位进行了调查统计，他们的年龄、文化程度、政治面貌、来源地等情况见表 8 至表 11。

表 8　71 位管理人员的年龄结构

单位：人，%

年龄	20～29 岁	30～39 岁	40～49 岁	50～59 岁	60 岁以上	合计
人数	29	25	12	3	2	71
占比	40.8	35.2	16.9	4.3	2.8	100

从表 8 可以看出，这是一个以青年为主体的群体，青年人占 76%，平均年龄 32.2 岁。

表 9　71 位管理人员的文化程度

单位：人，%

文化程度	小学	初中	高中	中专	大专	合计
人数	3	35	26	3	4	71
占比	4.2	49.3	36.6	4.2	5.7	100

表 10　71 位管理人员的政治面貌

单位：人，%

政治面貌	中共党员	共青团员	群众	合计
人数	20	17	34	71
占比	28.2	23.9	47.9	100

表 11　71 位管理人员的来源地

单位：人，%

来源地	本村	本级外村	本县外乡	本市	外省	合计
人数	36	16	9	5	5	71
占比	50.7	22.6	12.7	7.0	7.0	100

在这批管理人员中，除本村人外，还有从浙江、江苏、淮南市、凤台县城等地聘请来的技术人员，有的还当了厂长。

（2）村级管理者。包括村民委员会和党总支部委员会成员。该村共有95 名党员，组成一个党总支，下辖企业支部和农业支部。朱咸来任总支书记，两位总支副书记李士武、沈多认分别兼任农业支部、企业支部书记，此外还有两位总支委员。村委会和农业支部共有 16 名成员，占全村劳动力总数的 0.96%。朱咸来兼任村委会主任。村级管理者群体中除妇女主任（兼管计划生育工作）、计划生育助理员和出纳会计等 3 位为女性外，其余全是男性。16 名成员中共有 14 名党员、2 名团员；其中年龄最大者 54 岁、年龄最轻者 24 岁；文化程度为小学毕业 2 人、初中毕业 9 人、高中毕业 5人，具有初中以上文化者占 87.5%。村级管理者群体是该村政治、社会生活与农业生产的组织管理者，是村集体企业、集体财务及土地和水面所有权的代表者，也是党和国家各项方针政策的具体执行者。

这一层次每人月工资一般为 100 元，但年终奖金相差较为悬殊，最高为 1 万元，最低只有 100 元，一般在 500 元至 700 元之间。分配原则主要依据其担负职务高低、工作量大小、工作能力强弱及工作态度如何等。

（3）农民工人。指常年在村办企业里从事第二、第三产业的农民，约占全村劳动力的 10%。他们吃、住在家，不是家里的主要劳动力，多数还没有结婚。据对 69 户农民家庭从业结构的调查统计，在 188 个劳动力中，在村办企业里做工的有 21 人，占劳动力的 1.1%，其中男 11 人，女 10 人。他们的年龄在 19 ~ 25 岁，平均年龄 21.3 岁；他们的文化程度是：高中 2人，初中 10 人，小学 9 人。他们的月收入不等，最低的 80 元，最高的 150元，平均月收入是 111.6 元。

（4）外来工。中心村各企业中的工人，约有 80%，即 1500 人左右为外来工，年龄在 18 岁至 25 岁之间，80% 以上未婚。外来工分为两类，一类为本乡外村的农民，居住地距中心村较近，上下班骑自行车。另一类是来自较远地区的农民，大都吃、住在工厂，村里免费为其提供宿舍。在分配上，工厂都实行计件工资制，多劳多得，一般每人每月100~120元，技术熟练的工人一个月150元，刚进厂的工人，一个月60~80元，个别刚进厂的学徒工每月只50元（极少数）。这些人在中心村劳动，享受中心村青年一样的待遇，中心村人不歧视他们。表现好的，能干的同样会受到重用。

（5）智力劳动者。指从事教育、医疗卫生和科技工作的劳动者，共有47人。

教师　中心村有一所建于1983年的5年制村办小学，共有学生507名，分为8个班。该校现有教师20名，其中公办教师12名（男9、女3），民办教师3名（男2、女1），代课教师5名（男3，女2）；有4名党员，7名团员；文化程度为中师毕业9人，中专毕业5人，大专毕业1人，初中毕业4人，高中毕业1人；其职称为小教1级3人，小教2级5人，小教3级7人，5名代课教师没有职称。

教师的工资收入情况：12位公办教师平均每人月工资为191元，3位民办教师平均每人月工资为125.6元，5位代课教师平均每人月工资为92元。20位教师的平均月工资是156.4元。

医生　中心村共有24人从事医疗卫生工作，其中有17人为国家正式职工，属于淮南市第二人民医院。中心村与该医院合办了一家医院，由淮南市第二人民医院出设备、技术，中心村出房屋、床、桌等。17名来自淮南市二院的人员有2人有高级职称，其余大部分有中级职称。中心村有5人在医院内工作，其中1人任副院长，曾在凤台县某厂职工医院工作。此外该村还有2人从事个体医疗卫生工作，1人摆药摊，1人看病。

科技人员　中心村有两位农业技术员，都为农技师，文化程度都是高中毕业，负责全村农业技术推广工作。此外还有1人为个体兽医。

（6）个体劳动者与个体工商户。该村从事个体工商业的人数较多，因为这个村有部分农户就居住在集镇上，有的农户家离集镇很近，最远的也不过二三里。所以，到1993年3月底止，全村从事第二、第三产业的有424户，近千人。他们中，住在集镇上的都有一个门面，领了个体执照，常年从事个体工商业。在424户中，经商的有119户。他们中有卖布的，卖小百货的，开商行（又叫交易所）的，如米行、牛行、猪行、鱼行等。有的还从事粮食贩运。还有56户为运输专业户，他们中除少数户有货车、小四轮外，多数用的是手扶拖拉机（这个村95%以上的农户都有手扶拖拉机）。

这一层次的劳动者收入悬殊较大，有的1个月只能挣80～100元，如打草包、做豆腐、泡豆芽卖的，有的每月能挣100～150元，如榨黄豆油的、做木工的；有的每月能挣50～60元，如跑运输的、制海绵瓦的等。从总体上讲，这个职业层次的人经济收入在村里处于中等偏上水平，随着商品经济的发展，人们从"看不惯"到"学着干"，所以他们的经济和社会地位在逐渐提高，他们很辛苦，不善于经营或者没有经营经验的往往要亏本。这是一个处于动荡之中的不稳定的阶层。他们怕政策变，怕被偷被抢，对乱收费、乱罚款以及有些地区或部门管、卡、压极不满，希望有个稳定、连续的政策，安定、良好的社会秩序，比较宽松的经济、社会环境。

（7）农业劳动者。中心村共有706户，其中424户从事第二、第三产业（收入以经营第二、第三产业为主，兼营农业），家中没有经营第二、第三产业的只有282户，占全村总农户的39.9%。据随机抽样调查的69户，共有劳动力188人，从事农业的60人（其中种植业35人，林业2人，牧业23人），占69户劳动力的31.9%。有的农户家庭虽没有搞第二、第三产业，但是家中20岁左右的儿子、女儿、媳妇在村办企业中做工。也有的家庭中的主要劳动力，虽没有到工厂做工，但农闲时搞点其他副业，有的一年搞几次长途贩运，有的做点临时工，因此，真正单纯搞农业，什么副业也不搞的人在中心村确实不多，除非是些年老体弱的男劳动力和中老年妇女。从对69户农民家庭的调查统计，共有农业劳动者60人，其中男性39人，占65%，女性21人，占35%；男性中年龄最小的30岁，最大的60岁。30～40岁的10人，占35.6%；41～50岁的17人，占43.6%；51～60岁的12人，占30.8%。女性中，年龄最小的23岁，最大的52岁。20～30岁的6人，占28.6%；31～40岁的7人，占38.1%；41～55岁的7人，占33.3%。在这60名农业劳动者中，文化程度为初中文化的11人，小学文化的14人，文盲35人，其中女性文盲占72.4%。

在中心村的各个阶层中，农业劳动者是一个劳动条件最苦最累而收入最低的阶层。1992年，他们人均年收入为580～800元。

（8）外聘科技人员和知识分子层。村办企业中的科技人员约30人。多数是从国营工厂或科研单位聘请来的或自愿到中心村落户的。他们绝大多数事业心强，有开拓精神，有比较丰富的科学知识和专业技术特长，能吃苦耐劳，忘我工作。

上述几个职业层次不是固定不变的，尤其是在产业结构的不断变化以及激烈的竞争环境中，农民的职业身份及所处地位正处于经常性的分化与重组之中。

（四）农民观念的变化

随着经济、社会的发展，特别是近几年村办工业的崛起，中心村由自然和半自然经济向社会主义商品经济转化，社会变迁给农民的思想带来巨大的影响。目前，中心村农民的思想意识、道德观念、价值取向，正处于前所未有的变化、动荡之中。

知识观　笔者与许多村民进行了座谈，当问到他们“致富面临的主要困难是什么?”时，多数农民回答：“不懂技术是最大的困难。”事实正是如此。近两年，随着村办工业的发展，对人才的需求更加迫切，本村农民文化素质偏低，只好从外村、外乡、外县，甚至外省引进了一些科技人才。由于文化素质低，还有相当一部分农户家庭经营搞得不够好。例如：该村是产粮区，又是稻谷加工比较集中的地方，本村有 20 家稻、麦加工厂，米糠、麦麸特别多，价格也便宜。而鸡、鸡蛋却比北京贵得多。但是全村没有一个家庭养鸡场，村集体也没有养鸡场。有的农户只养了几十只鸡，还常常死于鸡瘟。主要原因就是不懂养殖技术，不会防治鸡病。多数还没有富起来的农户都是因为文化素质低，阻碍致富。因此，多数农民迫切希望自己的孩子有知识、有文化，受最好的教育。有的农民甚至把文化程度作为选择儿媳、物色女婿的一个重要条件。66 位农民对“您希望您的子女上学上到什么程度?”的问题做了如下选择，见表 12。

表 12　66 位农民对孩子上学的希望

单位：人，%

文化程度	小学	初中	高中	大学	研究生	出国留学	能上就继续上
人数	0	1	8	20	5	2	30
占比	0	1.5	12.1	30.3	7.6	3	45.5

从表 12 可以看出，98% 以上的农民都希望自己的孩子得到高中及其以上程度的教育，在回答“能上就继续上”一栏中他们解释说，只要孩子能

念得上去，花多少钱都让他继续念下去。少数先富起来的农民，为了让自己的孩子受到更好的教育，他们以每人6000元的价格给孩子买了县城户口，不惜以高价让孩子进县城重点学校学习。农民中有72.5%的人希望自己的孩子将来成为知识型人才。掌握技术“吃得开”，“善于经营吃得开”已成了该村农民的一种共识。

“多子多福”观念渐渐淡化。随着非农业生产的发展，中心村青年已像城市青年一样，每天在企业里上班，下班后从事农业和家务劳动，终日忙碌，深感精力与时间可贵，因而不愿多生儿育女，不愿因此增加精神与经济上的压力。加上计划生育工作近年来抓得较紧，以及随着家庭结构的变化，传统的大家庭被小家庭所代替，婆婆对媳妇施加的压力相对减弱了，因此，目前在中心村，有不少青年妇女做到了一胎化，尤其是20岁左右的未婚男女工人，思想更加开放，他们对计划生育的看法和一般中老年农民形成了一个很大反差，见表13。

表13　81位青年和69位中老年农民对计划生育的看法

单位：人，%

	一男		一女		一男一女		两男		两男一女		只要一个男女一样		不要	
	青年	中老年	青年	中老年	青年	中老年	青年	中老年	青年	中老年	青年	中老年	青年	中老年
人数	5	5	7	0	25	58	0	0	0	0	43	6	1	0
占比	6.2	7.2	8.6	0	30.9	84.1	0	0	0	0	53.1	8.7	1.2	0

表13显示，青年人有53.1%人认为只要一个孩子，不管是男是女，还有个别男青年提出不要孩子，而中老年农民，他们有84.1%的人认为，在农村和城市不一样，如果只有一个女孩，长大后出嫁了，家里只剩两个老人，什么事也不方便，所以他们认为，在农村一对青年夫妇还是要两个孩子（一男一女）好。尤其该村少数老太太，几千年来重男轻女的封建观念在她们的思想里还根深蒂固，总希望儿媳妇为她们生个孙子。

土地依赖意识逐渐淡化。1981年该村推行联产承包责任制以后，土地分户承包，农民生产积极性高涨。但是，随着村里第二、三产业的发展，特别是近几年，一些有头脑、有手艺、有技术的能人，长期经营非农产业，已经没有精力再耕种土地了，他们把承包地转包给了亲戚或朋友种。

在改革开放的新形势下，到处有挣钱的机会，很多人不再单纯依靠土地那微薄的收入，而从事第二、三产业。到1992年底，全村从事第二、第三产业的农户已占全村总农户的60%，农民们对生于斯长于斯的土地的感情日益淡薄。

三　农民的呼声

为了了解农民的意见和要求，我们对中心村的部分农民进行了问卷调查，同时还组织了座谈会，进行了入户访谈，笔者将农民们的意见与要求归纳如下。

对联产承包责任制的反映　对69户有效问卷统计结果表明，认为联产承包制好的有67人，占总数的97.1%，有2人回答“说不清楚”，占总数2.9%。中年（40岁）农民李方正说：“党的十一届三中全会以来，由于实行家庭联产承包责任制，使我们有了自主权。我家6口人，除了种地外，农闲时还做小生意。1992年，我家人均收入1342元，比1978年的120元增长了10.2倍。我们感谢党，拥护党的改革开放政策。”问卷统计结果表明农民普遍要求改革开放政策长期稳定，67岁农民李在业说：“土地承包到户对我们来讲是件大好事，我对现行政策很赞同，希望政策不改变。”

对化肥、农药等生产资料价格上涨过快反映强烈　农民们普遍认为“种田划不来”。在中心村当清洁工的凤台县夏集乡康庙村的47岁农民刘富红给我们算了一笔账，他家6口人，种了11亩地，1992年收获稻子10450斤，价值2299元（每斤0.22元），而当年农业总支出和上缴各项费用高达1764.2元，纯收入仅为534.8元，平均每亩地收入48.6元。他所列的支出项目包括化肥334.4元、农药55元、种子110元、柴油83.6元、投入劳动力308元（按4个劳计日、每工7元计算），共计891元，平均每亩投入81元；上交国家农业税和地方各种摊派包括：稻子1700斤，按每斤0.22元计，共为374元；小麦1080斤，按每斤0.24元计，共为259.2元；交水利兴修款210元、计划生育费30元（他家无育龄妇女），诸项合计为873.2元。全年各种支出为1764.2元。刘富红反映，他所在的村子共有40多户农民，有耕地290多亩，1992年撂荒达40多亩，占全部耕地15%。刘还表示，如果粮价有所提高，而农业生气资料涨价得到控制，种田划得来的话，他是不会出来打工的。

中心村粮行经理朱克学说："目前粮价太低，1992 年秋，我们这里稻子上市时，每斤市场价 0.19 元，农民需要钱买化肥，稻价那么低，忍痛也得卖，当时 5 斤稻子换不回 1 斤柴油。越是经济困难的农民，越是吃亏。"在和他们个别交谈中，有朱长群等 7 位农民要求国家提高粮食价格，降低农用产品如化肥、农药、柴油等价格。

对目前党风问题和社会风气问题的看法　农民对一些基层干部的贪污、受贿，尤其是大吃大喝风气极其反感，对于社会治安问题也是忧心忡忡。许多农民向我们反映："现在到处都有受贿现象，没钱办不成事，这不仅败坏了党风，也加重了农民的负担，同时也影响了干群关系。"在入户访谈的 69 位农民中，有近半数农民要求国家采取措施搞好社会治安，他们列举了农民外出做生意遭到拦路抢劫的多起案件，被劫款项少则数百元，多则数千元。

对农村收入差距拉大的看法　调查结果有些出乎我们的预料，我们在调查中提问"您对目前农村收入差距拉大有什么看法"，69 位被调查者的回答结果如下（见表 14）。

表 14　69 位农民对收入差距拉大的看法

单位：人，%

看法	满意	较满意	不满意	很不满意	合计
人数	53	14	1	1	69
占比	76.8	20.2	1.5	1.5	100

从表 14 可以看出，绝大多数农民对目前农村中收入差距拉开还是能够接受的。对拉开收入的看法似乎不完全决定于本人收入的多寡，例如：中心村副村长朱克永，1992 年，他家农业收入和开饭店收入合计 12400 多元，人均年收入 3500 多元，他在交谈中说："目前农村收入差距拉得太大了，今后差距越来越大，目前农村中，家庭经济收入越低越贷不到国家的款，越富的人越能贷到款。"相反，有的收入低的农户，对收入差距拉大却较满意。如朱洪树，家中 5 口人，妻子（种菜）、儿子（在村办企业做工）、小儿子（收养的才 3 岁）、哥哥（73 岁），种 3.2 亩地，平时还种些蔬菜上集卖，1992 年家庭人均纯收入才 5.5 元。在个别交谈中，他说；

“国家、政府对谁都一样，凭本事赚钱，自己没有本事，又能怪谁呢？”

对农村干部和群众关系的看法　为了了解农村中干群关系，在问卷中设计了这样一个问题：“您认为农村中（不局限于本村）干部和群众的关系怎样？原因是什么？”（见表15）

表15　农民对农村中干群关系的看法

单位：人，%

	好	较好	一般	紧张	不了解	合计
人数	5	3	4	46	11	69
占比	7.2	4.3	5.8	66.7	20	100

注：主要指外村，因为中心村农民提留轻，干群关系较好。

在和农民个别交谈中也有许多农民反映目前农村中基层干部和一般农民群众关系比较紧张，笔者进一步问他们干群关系紧张的原因是什么，他们的回答归纳起来如下几点。

（1）农民负担太重。和69位农民交谈中，有29位（占42%）农民说：“提留太重（指外村），是造成干群关系紧张的一个重要原因。”农民朱兆田说：“干部向农民要钱、要粮、要命（搞计划生育），这些在客观上加剧了干部和群众之间的关系紧张。”

（2）一些基层干部工作长期不见成效，不仅农民的生活难得提高，各种名目的负担却不断增加，农民的怨气很大。毛集乡梁庙村农民梁新樟（30岁）说：“有些基层干部领导不得力，死脑筋，不懂得组织农民搞第二、第三产业。最使农民生气的是，拿群众的钱、吃喝、贪污、挥霍。自己能力不强，村里有能力的人，他们又不重用，使得村集体经济发展不起来，农民收入低、负担重。”

（3）干部和农民群众贫富差距拉大。在和农民交谈中，有7位（占10.1%）农民认为：目前农村干群关系紧张，与收入悬殊、贫富差距拉大有关系。有些商品经济不发达的村，群众生活不好，住草房，而少数干部吃得好，住楼房，群众有意见。

（4）少数干部工作方法简单粗暴，有的干部当群众需要他们来解决问题时，他们不帮助群众解决。68岁农民朱咸亮说：“提留重，农民没钱交，就扒农民的粮食。”中心村村长朱德良说：“有的村干部和群众关系不好，与干部不能帮助群众办实事有关系，当群众有困难时，他们不能及时帮助解决。”因此，农民要求各级领导在改革开放新形势下，重视党的基层组织工作。50岁农民朱长启说：“应加强对党员和基层干部的教育，要求我们的干部树立起不论职位高低，都是人民的勤务员的观念。”

凤台县中心村近年来得到了较快的发展，这是党的改革开放与富民政策带来的结果。同时也是中国农民摆脱形形色色精神枷锁，不断地争取自我解放的结果。改革被称作中国人民的第二次解放，其深刻的意义之一就在于农民的再一次觉醒，没有中心村村民的不屈不挠的奋斗也就没有中心村的崛起；历史将进一步证明，没有农民的觉醒也便没有农村的现代化和中国的现代化。

试析人际关系及其分类*

——兼与黄光国先生商榷

杨宜音

在社会心理学中，“人际关系”一般指人与人之间的心理距离与行为倾向。尽管这一概念在我国使用得相当频繁，但是这一概念所包含的文化含义却一直被许多使用者所忽略。本文试图分析西方社会心理学中的“人际关系”概念与我国在借用这一概念时所赋予它的含义之间的差异，并指出，西方“人际关系”概念形成的逻辑起点、概念所蕴含的内容与形式的附着性以及所反映的价值取向与中国人所说的“人际关系”或“关系”概念是不同的。因此，在解释人类的人际行为时，不应忽略文化的差异。

人际关系（interpersonal relationship）是一个内涵丰富的人文科学研究领域，它一般被定义为个体与个体之间的各种关系。在社会心理学中，大多将其定义为个体与他人之间的心理距离和行为倾向。“人际关系”这一概念在我国被相当频繁地使用，其含义既有这一概念的原意，也有反映中国人社会生活和观念的本土含义，即“关系”（guanxi）含义。并且，这一本土含义不仅经常与原意相混淆，而且往往取代了原意。因此，无论对于建立人际关系的本土概念（翟学伟，1993），还是对于建立用以解释全人类人际行为的人际关系概念（黄光国，1994），都有必要区辨这一概念。本文试从概念的逻辑起点、概念的内容与形式的附着性和概念所蕴含的价值取向等方面着手这一分析。

---

* 本课题为中华青年社会科学基金资助项目。原文发表于《社会学研究》1995 年第 5 期。

一　逻辑起点方面的差异

正像很多西方社会心理学的主要概念一样，“人际关系”概念的逻辑起点是西方意义上的“自我”（self）。在西方文化背景下，“自我”不仅蕴含有“动力”（dynamic）的意义，更具有“独立”（individual）的意义。所谓“人际关系”是一个拥有这样的自我的个体与另一个拥有这样的自我的个体之间形成的心理距离和行为倾向。因此，个体之间的关系大多是由人与人之间的互动（interaction）建立起来的、蕴含着各种各样内容的关系，这种人际关系也就是“获致性关系”（achieved relationship），又称为“后致性关系”或“获得性关系”。于是，这样的“人际关系”（获致性人际关系）的缔结及其发展所涉及的心理过程几乎成为西方社会心理学的主要内容。

获致性关系的本质是可选择性和契约性。由于关系的建立是后成的，因此个体的意愿、价值取向、需求、性格等个人因素起着决定性的作用。个体可以有选择地与他人建立人际交往，有选择地投入情感，有选择地与他人保持行为等方面的一致性（陆学艺，1991）。关系的这种可选择性是与契约性相联系的。经过历史的演进，西方社会已发展为契约化的社会。契约不仅作为纯法学的范畴体现财产流转关系，而且形塑了整个西方社会，使其一切社会关系都可以用契约来概括，随之也形成了平等、权利、自由意志、等价互利、协作、义务责任、诚信、公平竞争、契约神圣、法律约束等契约观念（李仁玉、刘凯湘，1993）。正是在这种背景下，人际间交往才有可能通行带有普遍主义的社会法则。

从上述自我概念出发，人与人之间的相互独立、可选择的交往关系必然形成“私人领域”（private sphere）与“公众领域”（public sphere）的分野，并意味着“公开”与“私下”、“公众”与“个体”的对应和划分。它一方面表现为对私人领域的尊重与肯定，另一方面表现为对与他人相交时遵守契约的尊重与肯定。在这里，“公事公办”是指对规范规则的恪守和信用。

与西方文化成为对照的中国文化，在社会中的意义单位不是“个人”，而是“家”（或家族、亲属等）。“家”是以血缘为联系纽带的社会单位，它强调代际的血缘联系，使辈分位置以及与这一父子轴的距离成为个人社会身份定位的依据。因此，个人与个人之间的关系主要是先赋性的关系（ascribed relationship）以及准先赋性关系。由于“家”的概念包括个体所属血亲关系（及姻亲关系）中的其他个体，所以，个体的“我”概念便不仅包括自己，而且包括对自己在家结构中地位的意识，对自己与家中其他人相对位置（通常以称谓为标志）的意识，甚至包括家中的某些人。这样一个“自我”不同于西方的“自我”，可以描述为“家我”（family oriented self），它的内外群体的界限是极不明确的、相对的。相对于旁系血亲群体，直系血亲群体便是“自我”；相对于姻亲关系，血亲关系便是“自我”；相对于陌生人，熟人便是“自我”；相对于外乡人，同乡便是“自我”……（李美枝，1993）。例如，人们在称呼自己和他人时，不是简单地使用“你”、“我”这样的称谓，而是使用隐含着在家庭中长幼、远近、男女、尊卑的先赋性身份地位的称谓，如“您”“你”“他”“掌柜的”“孩子他爹”“你爹”等被用于不同的相对位置中；而旧称用“奴才”“在下”“愚弟”“联”等强调这种相对的位置。

从这样的背景上看，中国人所注重的人际关系其含义不同于西方。它不是独立个体之间的、通过交往建立的可选择关系，其逻辑起点与其说是自我，不如说是家庭、家族或者亲缘关系。中国人的“关系”其实质是先赋性的。这种先赋性关系在几千年的文明发展中逐渐被泛化在社会生活的各个方面，因此在正式组织关系和公众关系中，总是潜藏着另一种亲缘式的关系，二者形成表里。中国人往往没有“公”与“私”的明确分野，而只有对关系远近的亲疏判断。因此，说中国人“有私无公”的议论很多（见金耀基，1994）。在中国人所谓“损公肥私”“假公济私”“公私不分”中，“私”并不仅仅指个人和“私下”，而是含有“亲”（自己人）的意义。而这里的“公”也不是西方意义上的“公众”或“社会”，不是个人依赖和对应的他人的总体，不具有“公开”“公众”的含义，而是排斥“私”、压制“私”，统摄“私”的道德势力，也是“私”敬而远之、视为与己无关而“高高挂起”的存在。所以，“公”与“私”的分野又成了“公家”与“私家”、“官”与“民”、“虚”与“实”的划分。这样的自我概念和公私概念一方面使隐私权等私人领域得不到他人的尊重和保护，私人领域被至亲好友囊括进他们的自我疆域内，成为他人自我的一部分受到关照或受到侵犯；另一方面，“公事公办”有了不肯帮忙、不给面子、装腔作势等含义。

二　内容对形式的附着性方面的差异

由于不同的逻辑起点以及所包含意义的不同，人际关系的内容对形式的附着性也存在着东、西方文化的差异。在中国文化中，关系的内容依赖或附着于先赋性身份形式，而在西方文化中，关系的内容并不必然与先赋性身份形式相联系。

在西方社会心理学中，人际关系分类的重点集中在关系的社会心理内容上，例如竞争关系、交换关系、依恋与吸引关系、说服与被说服关系、选择比较与被选择比较关系、合作关系等，而不是集中在关系的身份形式上，例如，亲子关系、夫妻关系、邻里关系等。其原因在于，在西方文化中，人际关系的不同内容可能发生在各种身份形式上：竞争或交换既可能发生在陌生人之中，也可能发生在父子这种先赋性关系中。换言之，关系的内容可能超越关系的先赋身份形式，而不是固定或附着于某一先赋身份形式之上。因此，即使是涉及先赋身份关系时，如亲子关系、手足关系，西方社会心理学的着眼点也集中在人际互动过程与结果上，特别注重关系双方对关系内容的创造、发展和对变化的控制。这样的人际关系，身份形式与内容可以分化和游离，使关系蕴含着主动的、相互使用的、后成的和可控的性质。在遇到人际的矛盾时，会采取“事理”的是非判断，而非“伦常”的是非判断，注意的是事件本身，“对事而不对人”。西方社会心理学注重人际关系内容的特点正是西方文化的反映。

在中国，“关系”意味着身份形式与内容的统一。关系的内容随先定的身份形式而来。关系越是靠近亲缘的核心，其内容越是具有肯定性情感的、合作的、亲密的；越是远离亲缘核心，便越具有否定性、越少合作、越疏淡。如果超出亲缘关系的范围，不属于“自己人”，就不存在“关系”，被认为“不相干”“八竿子打不着”。这种关系形式对内容的限定和稳固的联系使形式变得特别重要。因为，有什么样的形式，便必然附着什么样的内容。内容无法超越形式，势必凸显了形式。体现、张显和强化这种形式成为许多仪式行为的原因。例如，中国人人际关系的语言标识系统——亲属称谓十分复杂和具体，将直系血亲、旁系血亲、姻亲、拟血亲等区分得一清二楚。所以，辨识亲属的远近是中国儿童社会化的一项重要内容。又如，在人际交往中，同样的亲疏关系还要由年龄这一先赋特殊性来确定尊卑位置，遵循“长幼有序”的原则。人们习惯相互询问年龄，比较出生次序，使用生肖做出生年龄的计算，以便找到恰当的身份位置，做出合乎伦理的行为举止。正是由于身份形式对内容的限制，在人际冲突时，中国人往往习惯以伦常关系确定是非，所以也被认为具有特殊主义的倾向。也正是由于身份形式对内容的限制，假如交往双方不存在亲缘关系，却又渴望得到那些附着于某些身份形式的内容，如肯定的情感，就不得不采用拟血亲关系使自己得到新的身份，例如通过领养、结拜、过继、认干亲等形式曲折迂回地得到关系的内容。显而易见，这种“进了一家门便是一家人”的逻辑，必然引致拉关系、攀人缘、结人情、做面子等大量使“关系”从无到有的办法和方式的产生和通行。

对于中国人这种先赋性的、以身份形式制约内容的人际关系，翟学伟(1993）提出了三个本土概念：人伦、人情和人缘。他认为，“中国人际关系的基本模式是人缘、人情和人伦构成的三位一体，它们彼此包含并各有自身的功能。一般来说，人情是核心，它表现了传统中国人以亲亲（家）为基本的心理和行为样式。人伦正是这一基本模式的制度化，它为这一样式提供一套原则和规范，使人们在社会互动中遵守一定的秩序，而人缘是对这一模式的设定，它将人与人的一切关系都限定在一种表示最终的本原而无须进一步探究的总体框架中。由此，情为人际行为提供是什么，伦为人际行为提供怎么做，缘为人际行为提供为什么，从而构成一个包容价值、心理和规范的系统”。这里的“人伦”即是身份形式，“人情”即是与身份形式相联系的情感，“人缘”即是这种情感的先赋性。这三个概念揭示了中国社会生活中人际关系的内涵，对人际关系的研究是有价值的。但是，“人情”和“人缘”这两个概念在日常使用中含有“亲情”和“结缘能力和结缘状况”的意义，前者容易掩盖情感的肯定和否定与肯定情感的多寡之间的差异；后者容易忽视人情的先赋性质与攀附性质的辩证关系。如果以“亲情”和“亲缘”对“人情”和“人缘”进行补充，或许可以更清楚地表现出亲缘关系和准亲缘关系的本质。

三 关系取向与非关系取向方面的差异

由于关系的内容对身份形式的附着，中国人在人际交往时往往根据身份形式决定交往的法则，即表现为重视关系、依赖关系的关系取向。只要划归为自己人，便可不问是非。例如父子关系只能是从属关系，陌生人总是被否定或被疏远。相形之下，由于关系的内容对身份形式的超越，西方人在人际交往中则根据关系的内容决定交往的法则，即无须进行关系的身份形式的判断，表现为非关系取向。无论是谁，无论与交往者具有何种先赋性关系，都要依赖内容来进行判断，其法则的核心都是互惠与公平。由此可见，由于文化变量的介入，东、西方对关系的判断朝向两个不同的方向，其一为关系的先赋性身份形式的判断，其二为关系内容的判断。

四 “人情与面子”理论模式在人际关系分类方面存在的问题

台湾学者黄光国先生在《人情与面子：中国人的权力游戏》（1991）一书中提出了“人情与面子”的理论模式，用以解释人类普遍的社会行为和华人特殊的社会行为（黄光国，1994）。黄先生认为，人际关系的类型可以由其中所含的情感性行为与工具性行为之比例来划分。以情感性成分为主时，人际关系表现为“情感性关系”，通常这种关系发生在个人和家人之间；以工具性成分为主时，人际关系表现为“工具性关系”，通常这种关系发生在个人与陌生人之间；当两种成分比例相当时，人际关系表现为“混合性关系”，通常这种关系发生在个人与亲戚、朋友和熟人之间。上述这三种关系分别与“需求法则”、“人情法则”和“公平法则”对应（见图1）。

“人情与面子”理论模式的基础是人际关系的分类。然而，黄先生的这一分类将感情性的多寡或强弱与工具性的多寡或强弱对立起来，固然它可以反映人际交往的某些状况，但是却不能包容和揭示东、西方人际行为的本质特征。我们知道，对于陌生人，对于“非亲非故”者，中国人并不以情感成分少而以“公平法则”待之，而是因此表现出冷漠、欺负、排斥等负性情感。换言之，由亲至疏，中国人的人际关系内涵不是由情感成分

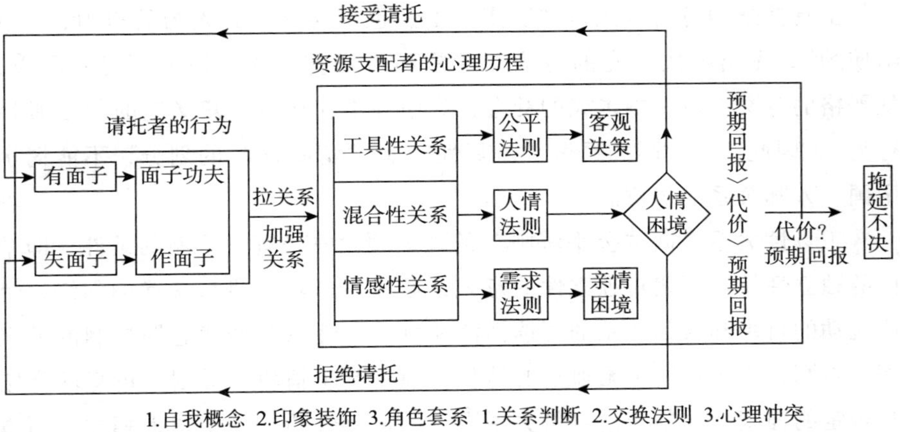

图 1

由多至少决定的，而是由情感的充分肯定到充分否定的变化决定的。这里的关键在于，情感性成分的多寡与情感的肯定否定程度不是同一维度的概念范畴。否定性情感并不意味着情感成分少。置身于陌生人之中，中国人便容易感到缺乏安全感，因为很难得到公正的待遇，因此，往往把“举目无亲”“背井离乡”视为孤苦和恐惧的处境，“同乡会”、城市中的会馆（现在的“某省市驻省市办事处”之类的机构）便应运而生。此外，中国人在人际交往中所具有的“差序格局”的特性并不等于中国人在人际交往中的价值取向是随意变化的，其本质是强调差异，及建立在差异之上的秩序，是“内外有别”，而并不是如黄光国先生所描述的那种“公私分明”式的。如果把感情的肯定与否定作为一个维度，把工具性的强弱（也就是情感性的弱强，不过二者成反比关系）作为另一个维度，可以得出下列矩阵（见图 2）。

情感性弱 工具性强	依靠、互惠、报答、合作	秉“公”办事	坑蒙拐骗、伤害、谋杀、报复
↕	友好、礼貌、分享、孝敬	拖延、马虎、将就、凑合	占便宜、得小利
情感性强 工具性弱	爱、善待、不求分享、孝敬、袒护	冷漠、忽视、无动于衷	欺侮、排斥、敌视怀疑、防范、反目

肯定的情感 ←——— 否定的情感

图 2

工具性强的行为可能是“互惠”的，也可能是放弃人为的努力，“不给使劲”，做出貌似公允的行为，或是不惜伤害他人，损人利己。所以，从严格的意义上讲，中国人的社会行为中并不存在西方意义上的“工具性行为”，因此，对人际关系做“工具性”和“情感性”的划分，不能揭示中国人人际关系的实质。

工具性关系遵循“公平法则”的理论预设看来有其依赖的条件，即个体的独立性及其自我对独立性的意识，通过“市场”进行交换的训练，个体流动的自由和人际关系的可选择性和可变化性以及仲裁惩罚机制的健全等。否则，“公平”便无独立的地位，而受制于情境，受制于情感的肯定与否定的强度，受制于由身份关系限定的情感性质。与中国人相比，西方人在交往中对关系的身份形式进行判断的意识比较淡薄，因而容易把注意力集中在关系的内容上。如果说他们对人际关系也存在类型的划分的话，那么就是公与私、群体与个体的区分，而不是亲缘、熟人及陌生人这样的差序区分。

由此看来，若以“人情与面子”理论模式来解释中国人的人际行为，从而推及解释全人类的社会行为的话，那么一方面，先赋性身份形式与内容的附着不是唯一的人际关系形态，因而无法揭示超越形式的人际关系内容另一方面，形式与内容附着的人际关系的本质也没有得到正确的反映。因此，这一模式非但无法超越文化差异，反而混淆了文化差异，模糊了论题的实质。

五　亲缘关系与人际关系分类

中国人的亲缘关系是一种怎样的人际关系？这是亲缘关系研究首先要关注的。通过上述有关人际关系分类的探讨，我们已经了解到中国人的亲缘关系与西方人所谓“人际关系”是存在本质差别的，即（1）逻辑起点不同；（2）身份形式对其内容的依附程度不同；（3）情感性特征不同；（4）关系行为中通行的法则不同。由于亲缘关系的这种特性，亲缘关系中的个体与集体不同于其他关系中的个体和集体。亲缘关系中的个体所拥有的自我是亲缘式的自我，是用“自己人”标识的内群体（ingroup），而不是个体自己一个人。亲缘关系中的集体不是由获致性关系缔结的整体，仍然是一种由亲缘连带的内群体。因而，个体和集体的界限是不清晰的，在亲缘关系中，个体是以亲缘群体来表现和表达自己的。这种表现和表达既是亲缘关系对个体的限定，也是亲缘群体对个体的张显。比如，在一个家庭中，父亲一般是家的代表，是家长，家中的其他成员很难参与决策，发表意见。父亲代表了家中的所有人，又不能不代表家中的所有人。家彰显了父亲，也限制了父亲。在心理上，亲缘关系基于人们对血缘先定性的认同而发生，也就是有“缘”。由于有了命里注定的缘分，必然诱发最基本和最朴素的亲情。人们认为对有缘的人必须给以亲情。这种由“缘”而“亲”的思维逻辑，自然会导致为“亲”而攀“缘”，以获得和巩固“亲”的行为。

亲缘关系的“缘”所具有的先定性和攀附性也说明了亲缘关系本身有一种扩张的特性，它不是完全封闭的。从人际关系的发展来看，亲缘关系并不总是处于与公众关系对立的状态下，也不是与地缘关系、业缘关系并立而存在。它经常隐藏在这些关系背后，潜在地发挥着自己的功能。我们在乡镇企业比较发达的地区往往可以看到亲缘关系、地缘关系和业缘关系叠加混合的情况，即便在都市里，也到处可以见到亲缘关系对地缘关系和业缘关系的渗透。在社会从传统到现代的变迁中，亲缘关系作为一种人际关系依然拥有着自己的生命力，同时也在不断地找到自身的适当形态。

参考文献

费孝通，1985，《乡土中国》，生活·读书·新知三联书店，第 21 页。

黄光国，1994，《互动论与社会交易：社会心理学本土化的方法论问题》，载于《本土心理研究》第 2 期，台北：桂冠出版公司。

黄光国，1991，《人情与面子：中国人的权力游戏》，载于黄光国主编《中国人的权力游戏》，台北：巨流图书公司，第 13 页。

金耀基，1994，《中国人的“公”、“私”观念》，《中国社会科学季刊》（香港）2 月，总第 6 期，第 171 页。

李仁玉、刘凯湘，1993，《契约观念与秩序创新》，北京大学出版社，第 179 页。

李美枝，1993，《从有关公平判断的研究结果看中国人之人己关系的界限》，《本土心理研究》第 1 期，台北：桂冠出版公司。

陆学艺主编，1991，《社会学》，知识出版社，第 81 页。

翟学伟，1993，《中国人际关系的特质：本土的概念及其模式》，《社会学研究》第 4 期，第 79 页。

再析新时期利益格局变动中的若干热点问题*

李培林

作者针对国外流行的关于收入分配与经济增长关系的“倒U形”理论及一些国家或地区发展的实践，对我国改革开放以来的收入分配与经济增长的关系提出了自己的观点。同时，认为市场机制的导入对劳动工资收入差距扩大的影响并不是非常突出的，而对于劳动收入和资本收入差距扩大的影响是明显的。市场机制调节范围的扩大并不一定意味着收入分配状况的恶化，也不一定意味着政府对收入分配的调节能力会受到削弱，等等。此外，对衡量人的社会地位、如何看待“流动民工”、是否存在着严重的“脑体倒挂”以及“反贫困”等问题，都做了颇有新义的探讨。

1992年以后，中国进入新一轮的经济高速增长周期，连续数年经济的年平均增长率在12%左右，这不仅在中国的经济发展史上是前所未有的，在世界经济的增长史上也是罕见的。经济的转型已使市场机制成为中国整个经济生活中具有决定性意义的主导机制，综合评价的市场对商品和劳务价格的调节范围已达到90%以上。但与此同时，原有利益格局发生迅速的变化，在个人之间、单位之间、行业之间、城乡之间、地区之间以及劳动收益和资本收益之间，收入的差距和利益的差距都在扩大，从而使人们对经济的增长和转型与收入分配和社会公平的关系产生一些新的疑问。我在《中国社会科学》1995年第3期和1995年4月12日《人民日报》理论版上，已分别以“新时期阶级阶层结构和利益格局的变化”和“试析新时期利益格局变化的几个热点问题”为题，对一些问题进行了讨论。本文拟根

---

* 原文发表于《社会学研究》1995年第5期。

据经验调查材料和部分已有的研究成果，对若干热点问题做进一步的分析。

一　收入差距扩大是否是增长的阶段性特征和代价?

关于收入分配与经济增长的关系，美国经济学家 S. 库兹涅茨在 20 世纪 50 年代中期曾依据 1854—1950 年有限国家的材料提出了著名的“倒 U 形假设”（inverse “U” shaped hypothesis），这在发展经济学中几乎被视为一条已经得到证实的“规律”。这个假设认为，收入分配状况的长期变化趋势呈现为一条倒 U 形曲线：在经济发展初期，社会的财富总量有限，收入分配相对平均，共贫是基本特征，进入向工业文明过渡的起飞阶段后，由于对增长具有重要意义的储蓄和积累集中在少数富有阶层以及城市中更高的收入不平等向农村的扩展，社会的收入差距会迅速扩大，尔后是短暂的稳定，在进入增长后期和达到较高发展水平后，随着财税（特别是累进所得税和遗产税）、福利制度的改进和完善以及社会流动的增强和中间收入阶层的扩大，收入差距会逐渐缩小。[①] 这个假设一方面部分地得到对多国横断面共时性比较研究的支持，数据分析表明收入差距开始缩小的转折点发生在人均国民收入达到 500 美元左右的阶段或从中下收入国家向中上收入国家过渡的时期；另一方面也在一定程度上得到一些对部分国家纵切面历时性比较研究的验证，资料分析表明欧洲一些发达国家的收入差距是在第二次世界大战后才得到改进的，而一些拉美国家的收入分配状况在 1960 ~ 1970 年的经济高增长时期是急剧恶化的。[②]

对于收入分配变动趋势何以会出现这种倒 U 形曲线，还存在着其他的不同解释。注重阶级力量对比的学者认为，收入分配状况的恶化导致激烈的社会冲突，随之兴起的工人运动产生强大的政治压力，从而促进了劳动收入的快速增长并在一定程度上遏止了资本收入的无限扩张。强调要素供求关系对收入分配的影响的学者则认为，收入分配状况发生改善的转折点意味着，在此之前，要素供给中资本稀缺而劳动力过剩，因而出现资本收

① Kuznets, S., “Economic Growth and Income Inequality”, *American Economic Review*, Vol. 45, No. 1, 1995, p. 18.

② 陈宗胜：《经济发展中的收入分配》，上海三联出版社 1994 年版，第 47 ~ 64 页。

益高而劳动力价格低，劳动和资本的收益差别不断扩大，而在此之后，资本出现相对充裕，资本收益降低，同时劳动力素质大大提高并开始变为稀缺，劳动收益上升，平均收入差距也开始缩小。还有许多学者认为，经济增长与收入平等，正像效率与公平一样，二者之间具有替代关系，收入差距扩大是热望经济获得迅速起飞的国家不可避免要付出的巨大成本和沉重代价，从历史上看经济的极大突发一直是同极大的意外收益的前景和结果相联系的。与此相关的福利分配理论认为，解决不平等问题的关键是通过经济快速增长把福利的蛋糕做大，以便有更多的剩余进行分配，这样国家对二次分配的干预政策才能真正起到改善收入分配状况的效用。

从经验事实的层面真正对库兹涅茨的“倒U形假设”提出挑战的是东亚新兴工业国家和地区的增长过程，新加坡、韩国、中国香港和台湾在1960～1982年经济起飞的高速增长阶段，人均国民生产总值的年平均增长率都在7%左右，而同期收入差距并没有出现急剧恶化现象，多数情况下是有所改善的，这一时期衡量收入不均等程度的基尼系数，新加坡从1966年的0.49下降到1980年的0.45，中国香港从1966年的0.48下降到1981年的0.47，中国台湾从1961年的0.46下降到1980年的0.30，只有韩国从1964年的0.34微升到1976年的0.38。[①] 中国台湾的情况更为特殊，收入差距出现“正U形”变动趋势：以家庭所得五等分法计算，中国台湾在人均国民收入186美元的1952年，20%最高收入层与20%最低收入层的收入差距是20.47倍，1961年降到11.56倍，1964年降到5.33倍，1981年进而降到4.21倍，但在人均国民收入达到2500美元的1981年以后，收入差距开始逐渐扩大，至1992年扩大到5.24倍，[②] 如果考虑到并未计算在内的家庭不动产以及台湾房地产价格近若干年来迅速上涨的因素，实际的财富分配差距扩大趋势会更为明显。

中国大陆改革开放以来十几年的经济高速增长时期（1978～1994年人均国民生产总值年均增长约8%），收入分配也出现了短时段的“正U形”变动轨迹，以基尼系数衡量的城镇居民个人收入差距，1978～1983年是缩小的，由0.16降到0.15，1984年以后开始缓慢扩大，由0.16扩大到1990

---

① Fields，G. S.，“Employment，Income Distribution and Economic Growth in Seven Small Open Economics”，*Economic Journal*，Vol. 94，No. 373. March，1984.

② 台湾“行政院”主计处：台湾统计年鉴（1993）。

年的0.23。[①] 以基尼系数测算的农村居民收入差距，根据世界银行有关研究小组的测算，1978～1982年是缩小的，由0.32下降到0.22，1998年开始扩大，由0.25扩大到1986年的0.31，[②] 1993年又扩大到0.33。同期，城乡居民收入差距经过了同样的过程，1980～1985年，城乡居民之间扣除物价因素的人均可支配收入的差距先是缩小，由3.09倍缩小到2.26倍，1986～1993年差距又逐渐扩大，由2.60倍扩大到3.27倍。[③] 中国社会科学院经济研究所“中国收入分配课题组”（中、美、英学者合作课题）的研究结果表明，中国大陆居民收入不均等程度上升的一个主要原因是城乡收入差距的扩大，区域之间收入差距的扩大是另一个重要原因。据对1988年中国28个省1万多农村住户样本的分析，农村居民收入总体方差的81.87%可以由省际的收入差距加以解释。[④] 近几年来，这种分配格局的特点更为明显，收入差距更为突出地表现为城乡之间的收入差距和地区之间的收入差距，而这两者实质上都反映了农业和其他产业的收入差距。农业大县往往也就是经济小县、财政穷县和居民收入落后县。

中国大陆近十几年来的发展过程说明：(1) 从短时段（十几年）的增长周期来看，经济的高增长与收入差距的扩大并没有必然的联系，但这并不能排除在长时段的增长周期中二者之间存在着某种相关性，然而这种相关性并不一定就表现为因果联系；(2) 从增长的长周期来看，中国正处在从低收入国家向中下收入国家过渡的时期，所以收入差距的扩大作为阶段性特征也是符合一般经济规则的，不过由于城乡收入差距和地区收入差距是影响整体收入差距的主要因素，而它们继续扩大的趋势目前来看还不是短时期可以改变的，所以收入差距扩大作为阶段性特征在中国经济的高速成长中还会持续一个较长时段；(3) 中国不同于其他国家的特殊情况是，农村中存在的收入差距大于城市，所以城市化在中国，无论是表现为乡镇企业和小城镇的发展，还是表现为农民的进城就业，都是有利于整体收入差距缩小的，而不是相反；(4) 经济的高速增长必然伴随着社会结构的变

---

① 国家体改委分配司编《差距与公平》，中国经济出版社1993年版，第25～26页。

② Ahmad and Wang, “Inequality and Poverty in China: Institutional Change and Public Policy, 1975—1988”, *World Band Economic Review* 5, 2: 231－58, 1991。

③ 国家统计局农调总队课题组（盛来运、孙梅君执笔）：《城乡居民收入差距及其决定因素研究》，载《中国农村经济》1995年第1期，第25—32页。

④ 赵人伟、格里芬主编《中国居民收入分配研究》，中国社会科学出版社1994年版，第8页。

迁和利益格局的变动，其中有巨大的社会收益，当然也必然有成本和代价，收入差距扩大无疑是代价之一，但关键是看这种代价是否超过了“合理”区间，如果差距控制在能够保证社会稳定正常运行的范围内，应当说就是可以接受的，而如果差距的扩大达到了促使社会冲突爆发的程度，那不仅是不合理的，而且会直接损害经济增长和社会发展。

二 市场机制的导入是否造成了收入不平等的加剧

古典经济学家们普遍认为，市场机制所造成的收入不平等是一种必然的代价，这种基本力量强大到国家干预所不能影响的地步，经济学实际上是“关于不容改变的收入分配的沉闷的科学”，因为劳动的工资、土地的地租和资本的利润都是由市场经济规律所决定的，而不是由政治力量所决定的。如果试图利用国家的强制力量改变这一规律，其结果很可能是使整个社会生产的“馅饼”较小一些，而较小的“馅饼”很可能仍然用同样的方式加以分配。新古典经济学家则更倾向于认为，在自由放任的市场经济制度下，西方工业化国家在19世纪的不平等和贫困状况的确可能达到过比狄更斯等社会批判小说家的描写更加可怕的程度，但随后所采取的一系列改革措施，如反垄断（反托拉斯）立法、累进所得税、失业保险、社会保险、稳定经济的货币和财政政策以及各种福利制度的建立等，这些使西方国家从自由放任市场经济制度过渡到混合型市场经济制度，从而对前者所特有的收入不平等做了某些修正，有助于缓和贫富极端悬殊的状况，这时尽管经济福利的差别可能仍然是相当大的，但是经济增长的“大众消费时代”终于到来。[①] 这两种观点在看待国家干预的作用方面是有明显分歧的，但在市场机制的自发作用会加剧收入不平等这一点上却是基本一致的。

近年来，西方一些关注东欧和中国的改革的学者根据若干比较研究的结果对此提出了不同的看法，较有代表性的是部分社会学家在“新制度主义”理论框架中提出的看法。他们认为，社会主义国家在从“再分配”的计划经济体制向市场经济体制过渡的过程中，国家的放权让利对直接的生

① 吉利斯（Gillis）和帕金斯（Perkins）等：《发展经济学》（1983），经济科学出版社1989年版，第93～96页。

产者提供了有效的刺激，从而圈绕着市场领域创造出新的机会格局，使分配的份额从高层的“再分配”领域向基层的市场领域转移，所以在市场过渡的经济转型时期，市场机制的导入是有利于弱化收入不平等的。[①] 但是，这种看法目前还缺乏经济发展长周期的统计验证。

我们在前面提到，中国改革开放十几年来，伴随着市场机制的导入和扩大作用，城市的收入差距、农村的收入差距以及城乡之间的收入差距都经历了一个先缩小后又扩大的过程，然而我们并不能因此而得出结论，认为在经济转型中，市场机制对收入差距的影响在初期是正面的，随后就会转向负面，因为相互伴随的现象并不一定就具有因果关系。从中国分省的基尼系数的资料来看，收入差距超过全国平均水平（1989 年）（0.310）的多集中在东北和西部省份，如河北（0.312）、辽宁（0.513）、吉林（0.521）、黑龙江（0.332）、内蒙古（0.332）、山西（0.313）、宁夏（0.319）、青海（0.328）、新疆（0.365），[②] 而较早导入市场机制和市场调节范围较大的东部沿海地区并没有显示出更大的收入差距。然而，这也不能作为市场机制有利于缩小收入差别的证据，因为这可能只是说明，经济较发达的地区具有更多的公共财力对低收入阶层进行补偿，从而削弱反映在城乡差别和地区差别之中的农业和非农产业之间的收入差别对收入分配的影响。在较发展地区，由集体出资代缴对农民收入的提留和对农业生产进行补贴是更为普遍的做法，而在欠发展地区，农民负担加重的问题变得更为尖锐。

事实上，在经济体制转轨时期，收入分配体制的双轨并存甚至多轨并存是对收入差距扩大更为重要的影响因素，众多来自经验实证研究的分析结果显示，在中国的城市分配体系中，较多受到计划和行政管制的职工工资性收入和补贴的分配呈现较高的均等程度，而较多受到市场影响的个体私营业主的收入、资产收入以及各种工资外收入呈现较低的均等程度；而在农村分配体系中，除表现出上述特点外，更为突出的特点是个人工资性

---

① Stark and Nee : “ Toward an Institutional Analysis of State Socialism”, in *Remaking the Economic Institutions of Socialism*: *China and Eastern Europe*, Edited by V. Stark and D . Nee, California: Stanford University Press, 1989, pp. 12—13.

Nee, V. , “Social Inequalities in Reforming State Socialism: Between Redistribution and Market in China”, *American Sociological Review*, 56: 267—282, 1991.

② 世界银行专家根据国家统计局资料测算。转引自韩俊《农民收入增长与农村经济社会结构变动关系研究》，课题报告，打印稿，第 14 页。

收入的不均等程度远远高于家庭生产经营收入的不均等程度。[①]

从以上的分析中我们可以得出的初步结论是：中国改革以来市场机制的导入对于劳动工资收入差距扩大的影响不是非常突出的，而对于劳动收入和资本收入差距扩大的影响是明显的；但是，从不同地区的发展情况来看，市场机制调节范围的扩大并不一定意味着收入分配状况的恶化，也不一定意味着政府对收入分配的调节能力会受到削弱；在市场过渡时期，广泛存在着的收入分配秩序的混乱和各种非法收入对加剧收入差距扩大以及人们对此的感受是有重要影响的，但并没有充分的理由认为这些都是导入市场机制的后果；在目前体制内的工资性收入分配中，仍存在着无效率的“大锅饭”状态，今后的改革会进一步打破这种形式化的“收入均等”，这对于按劳动贡献取酬和“效率优先、兼顾公平”的原则来说，是更为合理的；另外，无论是从历史的发展还是从横向的比较来看，在市场经济条件下国家通过经济手段和社会政策对收入分配进行一定的干预都是必要的，但它不应成为一种超经济的统摄力量。

三　怎样衡量人们的社会地位

收入和财富占有的状况无疑是影响人们的社会地位的重要因素，但绝不是唯一的因素。而且，在不同的制度和组织结构条件下，经济因素在决定人们社会地位上的重要性也是有很大差异的。在改革以前甚至改革后的一段时间，由于基本上不存在个人的资本收入，而劳动收入的级差很小，因而在决定人们社会地位的诸种因素中，中国组织体系中的行政等级和所有制身份以及个人的城乡户籍身份就具有了非常重要的意义。根据对 9 大类社会群体地位特征相关因素的分析，在影响个人社会地位的声望、身份、权力、收入、教育程度等因素中，声望和身份是最具影响力的因素，可以解释个人地位特征的约 70%，而且声望、身份、权力三者之间的相关系数均高于 0.62。[②] 在这种稳定的制度化结构中，你只要知道一个人的工作单位、他生活的地域以及他在行政序列中的位置，你也就基本上知道了

① 赵人伟、格里芬主编《中国居民收入分配研究》，第 10、21 页。

② 李路路、王奋宇：《当代中国现代化进程中的社会结构及其变革》，浙江人民出版社 1992 年版，第 60 ~ 70 页。

他所处的社会地位。

近年来，由于中国处在快速的社会结构转型时期，在这方面出现的一个重要变化是，收入和财富占有状况对个人社会地位的影响显著增强，特别是职业声望与收入状况发生了某种程度的背离，这使得在评价社会地位时援用国际标准评价体系具有很大的局限性。国际上一些多国比较的研究结果表明，在相对稳定的社会结构中，影响个人社会地位的主要社会经济因素之间具有较高的相关性，因此为了操作上的方便和可能，可以采用几个主要指标来确定评价体系。如邓肯（O. D. Duncan）的社会经济指数体系（SEI）和科莱（J. Kelley）的国际社会经济地位量表（ISESS）都是采用主观指标和客观指标相结合的方法，用职业声望、受教育程度和收入等来综合评价社会地位。另外就是比较著名的特莱曼（D. J. Treiman）标准国际职业声望量表（SIOPS），更加侧重于职业声望指标，特莱曼对国际上60多个国家的比较研究结果显示，各国对职业声望的高低评价非常接近，其相关系数达0.81，很少受文化差异的影响，同时根据这一量表所得出的分析结果与邓肯和科莱根据社会经济指数的综合分析所得出的结果也高度相似，相似系数达0.8～0.9。[①] 根据中国社会科学院“中国城乡居民家庭生活调查课题组”1993年对不同省份的10市县3000多户居民的调查，在参照中国第四次人口普查职业分类标准和跨国比较职业分类标准所列的100个职业的排序表中，一方面行政等级和所有制身份仍对职业声望的排序具有重要影响，如由高到低，教育群体的排序是，教授、大学教师、中学教师、小学教师；行政群体的排序是，部长、大城市市长、局长、处长、科长；厂长群体的排序是，大中型企业厂长、中外合资企业厂长、集体企业厂长、乡镇企业厂长、私营企业厂长。另一方面职业声望序列与收入序列发生严重脱节，如排在第20位的企事业政工干部和排在第45位的小学教师，其收入水平显然远低于排在第64位的工商个体户和排在第69位的时装模特，特别是排在前5位的大学教授、政府部长、大城市市长、社会科学家、法院院长（检察长），实际上在收入序列中都进入不了对高

① Treiman and Yip, “Educational and Occupational Attainment in 21 Countries”, in *Cross - National Research in Sociology*, edited by Kohn and Park, California: Sage Publisher, 1989, p. 381.

收入阶层调查的前10位。①

其实，根据各国的职业声望调查，在前10位和后10位的排序上，发达国家和发展中国家、东方国家和西方国家，总体上是比较一致的，而且一般来说，职业声望基本上可以反映人们的社会地位。在其他国家，职业声望地位和收入地位不完全一致的现象也是普遍存在的，如根据特莱曼在60年代所做的两次调查，职业声望列前3位的内阁成员、众议员议员、高级法院法官，其收入水平要低于列第10位的律师、第16位的建筑师和第17位的飞行员。② 但是，像中国目前这样职业声望排序和收入地位排序中经常出现的相差几十位的现象并不是多见的，也不是正常的，在一定程度上反映了收入序列的混乱和异常。

收入序列的混乱和异常使职业声望对社会地位的解释力有所削弱，造成了人们某些价值观念上的困惑，也使得一部分人试图通过一些畸形的社会行为来满足自己对社会地位的追求。在职业声望排序中位次并不高的高收入群体中，有一部分人试图通过炫耀式的高消费来满足自己对象征性权力的追求，在资本积累的初期阶段就花天酒地、一掷千金，使中国这样一个低收入国家却成为进口XO等级高档酒的第一消费大国，这些人渴望其社会地位能够与其收入地位相吻合。此外，在职业声望排序中位次较高而收入并不高的管理阶层中，也有一部分人无视党纪国法并铤而走险，依靠手中的权力进行贪污受贿，从事各种权钱交易，认为权力不用、过期作废，今后收入和财富占有是影响社会地位的决定性因素，结果是近几年贪污贿赂等经济犯罪案件迅速上升，查获立案的百万元以上的贪污贿赂特大案件也达到新中国成立以来发生率的最高点。

社会地位是人们的政治、经济、文化等因素的综合特征，对于一个国家社会结构的相对稳定来说，保证合理的和普遍接受的社会地位序列是非常重要的。针对出现的结果而采取各种调整利益格局和打击贪污受贿、走私偷税、执法犯法、腐化堕落的措施是十分必要的，而通过制度化手段理顺收入序列也是不可或缺的，在结构转型和体制转轨时期，职业声望序列与收入序列发生严重脱节，作为一种过渡性现象是可以理解的，也是难以

① 中国城乡居民家庭生活调查课题组：《中国城乡居民家庭生活调查报告》，中国大百科全书出版社1994年版，第145~148页。

② 戴维·波普诺：《社会学》（下），辽宁人民出版社1987年版，第14~18页。

避免的，但是如果这种现象长期持续下去，并化为一种刚性结构存在下来，那对于社会的稳定是极为不利的，不仅会造成各个阶层都对自己的社会地位不满意的状况，而且可能会成为许多畸形、越轨和违法犯罪行为的重要诱因。

四　如何评价“流动民工”

流动民工是新兴的一个庞大边缘群体，而不是一个独立的社会阶层。近几年来，“民工潮”成了新闻界、学术界和政策研究部门谈论和研究的热点，仅在北京的国家部委、高校和科研机构中，目前就有十几个关于流动民工的课题在同时进行研究。近几年流动民工的人数是在快速增加的，但其总的规模却被明显的高估，如认为有8000万人至1亿人。这主要是由于混淆了流动人口和流动民工两个不同的概念，流动人口中其实有约50%是进行旅游、探亲和公务、商务交往的“通勤型流动人口”。根据1%人口抽样调查、人口普查和有关的全国专题抽样调查推算，1985～1990年，从农村迁出的总人数每年约335万人，而1993～1994年外出打工的农村劳动力则达到了年均5000万人左右。①

实际上，流动的离土又离乡的进城民工和定居的离土不离乡的乡镇企业工人属于同一个社会阶层，他们都是从农民到工人的“过渡人”以及村民和市民之间的“边缘人”，但他们带来的社会反映和社会问题是迥然不同的。吸纳定居边缘人的乡镇企业很快得到社会的普遍赞同，被誉为“农民的第二个伟大创造”“农民脱贫致富钓必由之路”“完全没有预料到的收获”等，而流动的边缘人所形成的“民工潮”则不同，城市媒体在很长一

---

① 《中国1987年1%人口抽样调查资料》全国分册，中国统计出版社1988年版。《中国1990年人口普查资料》第4册，中国统计出版社1993年。1993年外出打工的农村劳动力人数，根据中国农业银行调查系统于1993年12月底至1994年1月对全国26省（区、市）600多个县14343个农户的调查，占被调查农村总人口的5.84%，据此推算全国流动民工总数为4924.2万人。1994年对40个县的再次调查表明，外出打工人数比1993年平均高出9.4%，据此推算1994年全国流动民工为5357.8万人。另根据中央政研室和农业部农村固定观察点办公室于1994年5月对全国11省区75个固定观察点村庄的调查，1993年村均外出农村劳动力占农村劳动力总数的15%，据此推算全国流动民工总数为5094.9万人。参见农村经济年度分析课题组著《1994年中国农村经济发展年度报告——兼析1995年发展趋势》，中国社会科学出版社1995年版，第162～165页。

段时间里都对其抱着审慎的态度，甚至一度曾用“盲流”这样显然带有贬义的名称去描述他们。市民的潜意识里似乎都存在一种警觉：这是一种不稳定的社会因素，它带来了城市交通的拥挤、社会治安的恶化、公共场所的“不体面”等。尤其是每年春节期间由于民工集中返乡而造成的铁路交通不堪忍受的状况，更增加了社会的担忧和危机感。而一些无根据的类比和危言耸听之词也在制造人们的恐惧心理，如“历代王朝都毁于流民之手”云云。

历史上的“流民潮”与目前出现的“民工潮”有着本质上的不同：首先，进城的农民工不是由于灾害、饥荒和生存所迫而背井离乡，他们是在城乡体制壁垒松动和农业比较利益下降的情况下为了提高收入而出来“闯世界”的；其次，他们不是盲目游荡的无业流民，而是有目的、有方向、有规则地从农村向城镇流动，从欠发达地区向发达地区流动，从劳动力剩余产业向劳动力紧缺产业流动，从低收入职业向相对收入较高的职业流动，一句话，他们的流动方向符合社会流动和结构转型的一般规则；最后，他们的流动对于他们自身来说，是社会地位和经济地位的提高，而不是坠入社会的底层，是重新进行社会定位，而不是流离失所，总之是获得利益而不是丧失利益。正是由于存在这种本质的区别，所以农民工的进城不是破坏社会生活，而是创造新的社会生活，它并没有带来社会的动荡和不安定；恰恰相反，它为城乡的沟通和利益矛盾的缓解提供了一种新的渠道。至于“民工潮”所带来的种种社会问题，自然是不能讳言和值得高度重视的，但更多的是反映了我们城乡管理体制上存在的隐忧、城市基础设施建设的薄弱以及某些方面对发展的不适应。

有的人认为，城镇中已经存在显然低估了的3%的失业率和企事业单位中大量的就业不足的富余人员，农民工进城会大大加剧失业问题。其实，城镇劳动力市场一方面是一些行业和部门人满为患；另一方面是有些迅速发展的行业出现结构性劳力短缺，农民工所进入的建筑、餐饮、制衣、环卫等行业由于具有不稳定、劳动强度大、条件差等特点，是城镇待业者宁肯待业也不愿干的，而这方面的劳动力供给对于城市发展来说又是不可缺少的。

当然，若认为“民工潮”有百利无一弊，是一种无代价的发展，或是认为“民工潮”的出现完全是由于农村存在大量的剩余劳动力，农民工的进城不仅转移出农村的剩余劳力，而且使农业的劳动生产率因剩余劳动力的减少而获得提高，那也是存在着误区的。其一，如果说农村外出的民工都是农村的“剩余”劳动力，那么这种农村剩余劳动力的转移就不会对当地农业生产造成任何影响，而实际上，根据调查，许多地区农村劳动力的外流往往伴随着部分耕地的抛荒、撂荒和当地农业的萎缩；其二，如果说进城打工的农民都是农村的剩余劳力，那他们首先应当是农业劳动力中最缺乏竞争能力的那一部分，但事实上恰恰相反，根据1993年的调查数据，外出的多半是年富力强（男性占72.1%，35岁以下的青壮劳力占71.8%）、文化水平相对较高（具有初中以上文化的占55.7%，比农村劳动力总数的平均比例约高出13个百分点）、具有创业精神和一定技术特长（有技术特长的占33.7%，比农村劳动力总数平均比例约高出17个百分点）且掌握一定信息、易于适应环境的变化的人，而留在农村务农的更多的是“386170部队”（妇女、孩子和老人）；[①] 其三，如果说人多地少是造成农村剩余劳动力和劳动力外流的根本原因，那么民工流动的趋势应当是从人多地少的地区向相对来说人少地多的地区流动，但事实上恰恰相反，民工流动的主趋势是从人均耕地相对较多的中西部向人均耕地很少的东南部流动，从农村向城镇流动，四川、贵州、广西、湖南是最大的农村劳动力迁出省区，占省际人口净迁移量的50%以上，而三大直辖市和东南沿海9省是最主要的吸纳外来劳力的地区，其中北京、上海、天津和广东省就吸纳了全国省际迁移量的30%以上，[②] 越是耕地稀少而新兴劳力密集工业发达的地区，劳动力的需求量越大，流动民工涌入得越多。

其实，从国际经验来看，城市化过程中农村劳动力的外流和涌入城市大都是源于以下三个原因：第一，城市工资与乡村农业收入的差距以及它们增长率的差距大大地扩大；第二，发展的收益和福利的开支集中在城市，使城市更具有吸引力；第三，大众传媒（特别是电视）和教育的发展已经使农村不可能是被封闭在现代生活之外的“文明孤岛”，农村青年人外出闯世界的欲望变得前所未有的强烈。在中国，近几年“民工潮”的形

---

① 赵长保等：《经济发展中的农村劳动力流动——对当前农村劳动力外出情况的调查和思考》，《中国农村经济》1995年第1期。

② 农业部农村经济研究中心课题组编《中国农村劳动力流动与人口迁移研究综述》，《农村劳动力流动研究通讯》1995年4月。

成可能还有几个特殊的原因：一是粮油价格的全面放开使城市食品配给制度彻底解体，城乡隔绝的户籍制度的约束力也因此而大大弱化；二是一度成为吸纳农村剩余劳力主渠道的乡镇企业，由于近几年的资本增密和技术增密，其吸纳劳动力的能力和潜力开始降低；三是城市新兴的建筑业和服务业的快速发展对体力型劳动者产生巨大的结构性需求；四是近几年资本的注入和聚集出现较大的地区倾斜，刺激农村劳动力从人均投资额较低的地区向人均投资额较高的地区流动。

流动民工实质上并不是一个稳定的社会阶层，而是一个过渡的边缘群体，他们的出现在城乡之间和工农之间创造了一个广阔的中间过渡地带，不是加剧了而是缓解了城乡之间的对立和差异，并正以其特有的边缘群体身份（工人的职业身份，农民的社会身份）创造一个新的结构层次并通过这个新的结构层次的扩大和推延来实现社会相对平稳的重组。他们中的一部分人可能还会返回农村务农或成为兼业户，但多数人可能会成为新的市民，城市应当把对他们的管理和接纳列入规划，而不应堵塞农民进城务工经商的渠道，民工进城所带来的社会收益与其带来的社会问题相比，在总体上是利大于弊的。而且，在这么多农民工进城的情况下，还很少出现以农民工为主体的社会不稳定偶发事件。反倒是如果他们全部返回而又没有提高收入的出路，却可能成为潜在的不稳定因素。当然，对流动民工要采取疏导和分流政策，不能使其过于集中于大城市，避免在大城市的人口承载能力尚有限的情况下给大城市造成太大的压力。调查表明，目前吸纳外来民工最多的还是中小城市，1993 年在外出的农村诱动力中，主要停留在大城市的占 27.8%，主要停留在中小城市的占 45.1%，主要停留在乡村的占 20.8%，另有 6.2% 难以确定。[①] 而且，拓宽离土离乡式劳动力转移的渠道，也并不是要放弃离土不离乡的转移渠道，特别是在中国的粮食生产具有政治和战略意义而不仅仅是经济意义的情况下，中国不能走以农业的萎缩和衰落为代价的城市化道路。以农业劳动者平均剩余劳动时间的累计来推论农村剩余劳力的人数是有很大局限性和误差的，因为农业的季节性劳动特征无法使农业剩余劳动时间得到储蓄和积累，所以应高度重视农业

① 赵长保等：《经济发展中的农村劳动力流动——对当前农村劳动力外出情况的调查和思考》，《中国农村经济》1995 年第 1 期。

内部通过兼业等多种形式转移和开发农业剩余劳动时间的巨大潜力和弹性。即便是在一些完成了现代化的发达国家，农村家庭经营的兼业仍然是转移和开发农业剩余劳动时间的最普遍的形式。

进城的农民工并不都具有良好发展的前景，很多人还只是在吃青春和体力饭，他们目前生活的暂时稳定和抵御风险的能力很大程度上还来自经济的快速增长和尚具有的“土地保障”，所以也应当看到，一旦经济出现较大波动和在规模经营的扩展中丧失了“土地保障”，在大城市中出现一些“新贫民”和“棚户区”的危险是存在的。

五　是否存在着严重的收入“脑体倒挂”

收入的“脑体倒挂”是近几年人们议论较多的一个问题，特别是在知识阶层中，对此的反响比较强烈。很多人认为这是近两年促使科研教育界不少青年知识分子“下海”经商的一个重要原因。社会上也早就流传着“造导弹的不如卖茶叶蛋的，拿手术刀的不如拿剃头刀的”等种种说法。近来不少人认为知识阶层中又出现了收入的“代际倒挂”，即所谓“爷爷辈不如父辈，父辈不如儿子辈”，从而加剧了“知识和经验贬值”。

收入“脑体倒挂”的现象在目前的现实生活中的确存在着，如北京市大学教授和国家科研单位研究员的平均月工资收入在800元左右，而北京市个体和承包出租汽车司机的平均月劳动收入在3000元左右。上海市博士研究生在国家单位参加工作的起点工资低于全市工薪人员的平均工资。在工薪阶层内部，若以脑力劳动者和体力劳动者的劳动工资水平相比较，1978年脑力劳动者高3.9%，到1991年则倒挂7.6%，1992年倒挂缩小到1.3%，1993年又有所扩大。① 但是应当看到，这种收入倒挂在很大程度上带有结构转型和体制转轨时期的过渡特征，即倒挂现象主要表现为由国家规定工资标准的部门与由市场调节工资标准的部门之间的收入差别，在这两个工资体系的内部，并不存在着事实上的收入“脑体倒挂”。

在由国家规定工资标准的部门，无论是机关、事业单位还是企业，工

---

① 朱庆芳：《人民生活稳步增长，但物价上涨突破警戒线》，载《1993—1994年中国：社会形势分析与预测》，江流等主编，中国社会科学出版社1994年版，第52页。

资水平是与职位和职称在总体上挂钩的，由于近些年来的干部知识化、职称学位化趋势，职位和职称的高低分布与受教育的年限呈正相关，所以并不存在绝对的“脑体倒挂”，而且事实上的工资收入差距也并不大，很多情况下是平均主义的“大锅饭”依然存在。而在由市场调节工资标准和工资水平的部门，总体上也不存在收入的“脑体倒挂”，不能因为某些目不识丁的文盲白手起家成了大老板就认为教育已无收益率或知识贬值，这毕竟不是普遍现象，所能说明的可能只是在一定时期内，风险和机会的收益率远远高于教育的收益率。农村劳动力的收入基本上是由市场来调节的，调查结果表明，农村劳动力文化程度的高低与其收入水平完全是呈正相关的：根据国家统计局农调队 1992 年对全国农村 6.7 万多户农村居民家庭的抽样调查，从农户收入水平的比较来看，文盲半文盲农户人均纯收入为 586 元，小学程度户为 711 元，初中程度户为 794 元，高中程度户为 836 元，中专程度户为 1042 元，大专以上程度户为 1291 元；1985～1992 年 7 年间，文盲半文盲农户人均纯收入增长最慢，不足 1 倍，而大专程度以上的农户收入增长最快，达到 1.8 倍。① 即便是在人们认为最无法体现教育收益率的个体私营经济领域，文化水平与财产收入和经营收入也是呈正相关的：根据国家体改委和国家工商局 1992 年对全国 13 省市 48000 多个体工商户和 3000 多私营企业的抽样调查，个体工商户总资产额的平均值为 2.7 万元，按文化程度分组，不识字或识字不多的户为 2.0 万元，小学程度户为 2.5 万元，初中程度户为 2.8 万元，高中或中专程度户为 3.1 万元，而大专以上程度户为 4.3 万元；私营企业主的年生产经营纯收入平均为 4.9 万元，按文化程度分组，小学以下程度户为 3.9 万元，初中和高中程度户为 4.6 万元，而大专以上程度户则高达 14.8 万元。②

正是由于这种总体水平上教育收益的体现，所以某些收入“脑体倒挂”现象的存在在多数人的预期中只是“暂时现象”，没有严重影响他们对教育收益的长期预期，这一点可以从城乡居民家庭消费结构的变动中体现出来：在中国家庭消费总支出中，教育文化等方面的支出所占的比重，1985 年农村居民家庭为 3%，城镇居民家庭为 8%，1993 年农村居民家庭

① 唐平：《农村居民收入水平及差异分析》，国际研讨会论文，北京，1994 年 12 月，打印稿。

② 国家体改委和国家工商局：《中国个体私营经济调查》，军事谊文出版社 1993 年版，第 319、483 页。

提高到7%，城镇居民家庭提高到11%。[①] 城镇家庭中目前最舍得投资的恐怕就是独生子女的教育费用，只要看看中国这样一个低收入国家的钢琴销售量、全国儿童出版社利润额、各种雨后春笋般的高费儿童培训班和城市重点幼儿园、中小学的赞助费。

中国社会科学院经济研究所对中国80年代末期的调查数据进行分析处理后所得到的研究结果表明，城镇个人教育收益率的估计值为3.8%，也就是说，在就业时间相同的情况下，每增加1年的教育平均可提高3.8%的个人收入；如果以3年以下小学教育为基准，3年以上小学教育程度的职工的货币收入高出0.6%，小学毕业的高出3.8%，初中毕业的高出9.1%，高中毕业的高出9.8%，中专毕业的高出11.2%，大专毕业的高出12.8%，大学毕业以上的高出18.1%。[②] 这一方面意味着现阶段并不存在绝对意义上的收入“脑体倒挂”，另一方面显示出中国的个人教育收益率偏低。世界银行专家1985年公布的一项对11个国家的研究结果表明，公共部门职员的平均个人教育收益率约为10%，亚洲地区教育的平均社会收益率，初等教育为27%，中等教育为15%，高等教育为13%。[③] 教育方面的人力资本投资与一个国家的经济增长有着密切的关系，一项涉及1960～1985年58个国家影响实际GDP的决定因素的研究有力地表明，教育可以对总产出做出很大贡献，国民受教育的平均年数每增加1年，可能会使GDP提高3%。[④]

教育是一种收益期较长的特殊的投入产出系统，个人的教育成本和收益是决定个人的教育投资行为的决定性因素。教育的个人成本应当包括个人上学期间放弃的收入（机会成本）、生活费用开支和学费开支，而教育的个人收益应当包括毕业后受薪和领取退休金期间所有因受教育而得到的实际收益。在物价、生活费用和工资水平迅速提高的时期，教育的成本也会大幅度的增加，如果在这期间某些收入倒挂的现象使教育的长期收益变得非常不明朗，而机会成本的高涨又使短期行为盛行，那么就会大大降低

① 国家统计局：《1994年中国统计年鉴》，中国统计出版社1994年，第260、280页。

② 赵人伟、格里芬主编《中国居民收入分配研究》，第12～14页。

③ Psacharopoulor, G.,“Return to Education: A Farther International Update and Implication”. *Journal of Human Resource*, 1985, 20 (Fall): 583－604。

④ 世界银行：《1990年世界发展报告》，中国财政经济出版社1990年版，第80页。

教育的吸引力，从而严重影响个人的教育投资选择。

在信息社会快速到来的时候，科技教育和国民素质对于国民经济的增长具有了越来越重要的意义，特别是对于资金缺乏而劳动力过剩的国家来说，主要的资产优势就是劳动时间，而科技教育是使这一资产的生产率得以提高的主要力量。1978～1993 年，中国每万人口拥有的大学生人数从 8.9 人提高到 21.4 人，教育事业得到快速发展，但从国际比较来看还有很大差距。90 年代初高等教育入学人数占该年龄组人口的百分比，中国为 2%，不仅远低于高收入国家的 50%、中等收入国家的 18%，也低于低收入国家 3% 的平均水平。[①] 所以，收入的“脑体倒挂”即便不具有绝对的意义，也是应当从体制上坚决加以调整的，要逐步理顺收入序列，使国家规定的工资制度与市场调节的工资制度相衔接，因为收入倒挂的示范效应的长期存在会影响和动摇人们对个人教育投资的信心，而我国在目前的财政能力情况下不可能完全依靠国家投资办教育。

当然，教育也亟须改革，目前教材中知识老化、学用脱节的状况是普遍存在的，一些基础教材往往几十年一贯制，而一些新兴的职业必修科目又难以满足现实的需要，大学毕业生毕业即失业的情况已屡见不鲜，这也是在部分领域形成收入脑体倒挂的一个附加因素。

六　我们如何面对贫困问题

中国目前收入差距的拉大使低收入阶层的问题和贫困问题变得更加突出。贫困一直是困扰着整个世界而不仅仅是发展中国家的难题，在整个 80 年代世界经济平稳增长的同时，贫困人口却增长了 2%，目前世界还有十几亿人口生活在贫困线以下。1995 年在哥本哈根召开的社会发展世界首脑会议，贫困问题是其三大主题之一。

“贫困”可以分为“绝对贫困”和“相对贫困”。绝对贫困的基本含义，是指缺少达到最低生活水准的能力，通常以饥饿、严重的营养不良、文盲、破陋的衣着和住房等为特征。对绝对贫困的衡量是一项比较复杂和困难的工作，虽然家庭的收入和人均支出是衡量生活水准的合适尺度，但

① 世界银行：《1994 年世界发展报告》，中国财政经济出版社 1994 年版，第 216 页。

仍无法包括许多属于福利范围的内容，如医疗卫生、住房、预期寿命、识字能力、公共物品和服务的获得等等。而采用人类基本需求或生活质量的社会指标体系来衡量，往往又由于数据不完备或难以获得而无法进行全面的评价和比较。用恩格尔系数或平均寿命、婴儿死亡率和识字率等单项或少数几项指标进行衡量的尝试，也往往受到学术界对其“武断性”的指责。所以，为了研究的方便，目前较为普遍使用的衡量贫困标准仍然是集中在人均收入或人均消费水平的指标上。但是，这一标准是因地点和时间而有所变化的，带有明显的国别性和阶段性特征。所谓国别性，是指目前各国使用的贫困线通常是由各国的官方根据其具体国情来规定，因国别的不同而有很大差异，但贫困线一般定在平均收入或消费水平的30%上；所谓阶段性，是指随着一个国家人民生活水平的提高，人们可接受的最低消费水平——贫困线也会随之上移。世界银行专家对34个发展中国家和工业国平均消费水平进行分析后指出，在较低消费水平上，贫困线上移缓慢，而在较高消费水平上，贫困线上移较快，平均消费水平（按1985年购买力平价美元计算）从300美元增长到900美元时，贫困线会从275美元左右上移到约370美元，而当平均消费水平从900美元增加到10000美元时，贫困线会从370美元上移到3800美元左右。[①] 世界银行专家在1990年进行贫困的多国比较和加总时，使用了按1985年购买力平价美元计算的275～370美元的贫困线标准（世界银行根据购买力平价测算，中国1992年人均GDP为1910美元），认为每年人均消费270美元为“赤贫贫困线”，370美元是“穷人贫困线”，按照这一标准，1985年全世界发展中国家共有11.16亿贫困人口（包括赤贫和穷人），其中东南亚有8亿，占71%；印度有4.2亿，占37%；中国有2.1亿，占18%。当然，世界银行的专家们承认，这一全球性的贫困线不可避免地会带点随意性。[②]

相对贫困的含义，是指贫困不完全是从绝对意义上的生活水平而言，它还有很关键的心理基础。贫困总是在一特定的参照体系中相对于特定的参照群体而言，人们主观认定的可维持生存的水准在不同的国家和地区会

---

① 参见李培林执笔的总报告，载江流等主编《1994—1995年中国：社会形势与预测》，中国社会科学出版1995年版。

② 参见李培林执笔的总报告，载江流等主编《1994—1995年中国：社会形势与预测》，中国社会科学出版1995年版。

有很大差别，在一个国家或地区被认为是“必需品”的东西，在另一个国家或地区也许被认为是“奢侈品”。即便是在一个比较富裕的国家，如果贫富差距较大，相对贫困的问题也可能会比较严重，会有较多的人具有被剥夺感。而且，只要存在着收入差距，5%生活在消费水平低层的人口总是存在，从这种意义上说，相对贫困总是伴随着我们。

中国在80年代中期曾把农村的贫困线定为人均年纯收入200元，目前已调整到440元。根据国家统计局的数据，1978～1985年，全国农村贫困人口由2.5亿人减少至1.25亿人，平均每年减贫1780万人，贫困人口占农村总人口的比重从1978年的31%下降到1985年的14.8%，这是贫困人口快速下降的阶段；1986～1992年，农村贫困人口进而从1.25亿人减少至8000万人，平均每年减贫640万人，贫困人口占农村总人口的比重也进而从1985年的14.8%下降到1992年的8.8%。[①] 1994年国务院制定了《国家八七扶贫攻坚计划》，其主要目标是在1994年至20世纪末的7年中基本解决8000万农村贫困人口的温饱问题，使绝大多数贫困户的年人均纯收入达到500元以上（按1990年不变价格）。这一目标如果能够如期实现，将标志着我国消除贫困的任务从主要消除绝对贫困转向更多地关注解决相对贫困。

但是，消除绝对贫困的任务面临着严峻的挑战。

第一，现在还未解决温饱问题的农村贫困人口，较集中地分布在我国中西部的深山区、石山区、荒漠区、高寒地带、黄土高原、地方病高发区以及水库库区，生产和生活条件极其困难，有些地方甚至连基本的生存条件都非常恶劣，减贫难度很大。

第二，国家重点扶持的592个贫困县，多数属于自然条件较差的传统农业县，农业大幅度增产的潜力有限，而近几年农业与非农业的比较利益差距又在拉大，农民人均纯收入的增长速度远低于城镇居民人均生活费收入的增长速度，农民增产不增收的情况依然存在，同时主要粮食品种的价格已接近甚至超过国际市场粮价，靠调整国家订购价格提高农民收益率的余地已很小，这就在很大程度上限制了这些贫困县的脱贫能力。

第三，我国农村20%低收入户的平均收入水平还很低，其中刚刚脱贫

① 孙惠莲、田少军：《中国扶贫开发综述》，《中国人口报》1994年8月29日。

但仍接近贫困线的人数还较多，在物价快速上涨的时期，他们受到的打击较大，很多人的实际生活水平下降，重新跌入贫困。根据国家统计局农调队对全国6.7万多农户的调查，1993年农民人均年纯收入在300元以下的占被调查户的5.0%，400元以下的占11.3%，500元以下的占20.4%。根据当年全国有2.3亿农户和户均4.6人测算，那么1993年全国农村人均纯收入在300元以下的有5290万人，400元以下的有1.19亿人，500元以下的有2.15亿人。换句话说，贫困线每提高100元，就会使贫困人口按几何级数翻倍。而且，根据该项调查，1993年全国还有约500万农村人口人均年纯收入在100元以下，这种低收入家庭占农户总户数的0.45%。[①]

第四，根据国际上的减贫经验，当贫困人口占总人口的比例降到10%左右的时候，贫困人口的减少往往容易进入瓶颈阶段，我国目前的贫困人口比例（1994年为7.8%）正处于这一时期。要在1995~2000年的6年时间内解决7000万贫困人口的温饱问题，年均需减贫约1170万人，较之1986~1992年每年减贫640多万人，任务将近增加了1倍。尽管中央财政的扶贫投入已从80年代初的十几亿元增加到1991年的近百亿元，今后又每年再增加扶贫10亿元的以工代赈资金和10亿元的专项贴息贷款，但减贫的成本也在迅速提高。

第五，中国目前城镇中也存在尚未得到足够重视的贫困问题。根据国家统计局城调队对全国3.5万多城镇住户的调查，1993年占被调查户5%的“困难户”，人均月生活费收入只有88元。[②] 根据当年城镇总人口估算，“困难户”涉及约1600万人。另据劳动部门统计，1994年全国城镇失业率达到3%，城镇失业人员达到500万人，比上年增加80万人；当年城镇还有停产半停产企业2.8万户，涉及职工580万人，其中减发工资的314万人，占城镇职工总人数的2%，占企业职工总人数的3%；此外，截至1994年9月底，全国因故不能及时领到退休金的有49万人，占离退休总人数的1.8%。[③]

实际上，由于扶贫在很大程度上依赖于财政的转移支付措施，所以扶

---

① 国家统计局：《1994年中国统计年鉴》，中国统计出版社1994年版，第276页。

② 国家统计局：《1994年中国统计年鉴》，第260~261页。

③ 参见李培林执笔的总报告，载江流等主编《1994—1995年中国：社会形势分析与预测》，中国社会科学出版社1995年版，第10页。

贫的财政力度往往取决于对促进增长和消除贫困的权衡。因为一方面在许多地方决策层中存在一种根深蒂固的经济学观念，即贫困的存在是收入差距拉大的必然结果，改革必须付出代价，要想经济快速增长，就不能过于顾及社会公正；另一方面，旨在扶贫的财政转移支付制度，在很多情况下面临着“漏桶”的技术难题，[①] 即扶贫的款项在转交的过程中流失量过多（管理成本、改用他途或只是被用于即时消费，等等），不能为预定的受益者得到，于解决贫困无补，以至国家为扶贫付出的代价远远高于贫困人口从财政转移支付中得到的好处。有的经济学家以税收和储蓄为函数来建立模拟模式推论，向贫困人口转移的净额如占 GDP 的 1%，就会使 GDP 降低 0.4%，并使非贫困人口的消费降低 1%。[②] 因此，在一个追求经济快速增长成为普遍信念的国家或地区，切实可行的有效扶贫政策，是尽量为贫困人口创造充分就业和提高收入的机会，而不是单纯地提供生活补贴，要使得贫困地区能够有条件致力于经济增长并得益于增长，从而使贫困随经济的持续增长而缓解。经济发展了而贫困问题未能缓解甚至加剧的情况是存在的，但经济停滞不前而贫困问题却能得到解决的情况是几乎没有先例的。不过，从社会学家的角度看，不能不考虑贫困阶层在收入差距拉大、物价快速上涨和失业率升高的情况下的感受以及可能的不满情绪，因为一旦这种不满有激发社会冲突的可能，那么为此而付出的代价就可能远远超出经济学家所做的正常的收益得失推论。

---

① 阿瑟·奥肯（A. Okun）：《平等与效率》（1975），华夏出版社 1987 年版，第 82～94 页。

② 世界银行：《1990 年世界发展报告》，中国财政出版社 1990 年版，第 53 页。

从“共有制”跨入现代市场经济*

——南海乡村考察报告之一

王　颖

作者认为，中国乡村在不完全的公有制或曰“集体所有制”之后，相当多的村落曾经自发地走过私有化的道路，然而在中国完全恢复资本主义初期的私人所有制是没有基础的。广东南海市乡村发展的现实向人们提供一条思路，中国有可能也有条件一步跨入现代市场经济，跳跃式地进入市场经济的高级阶段。

中国乡村社会市场经济发展的历程，向我们充分揭示了，一个社会由计划经济向市场经济转变过程中，由于受自身经济结构、社会结构的影响，由于受当代市场经济发展趋势的影响，不应该也不可能完全照搬别国的经验，重走别人经历了多少曲折的道路。广东省南海市乡村发展的现实表明，中国人有可能也有条件一步跨入现代市场经济，跳跃式地进入市场经济的高级阶段。

一　从“公有”到“共有”，一步跨入现代市场经济

（一）从“公有”到“共有”，没有选择的选择

从南海集体经济的再度崛起中，我们看到被分光吃光的村集体，在随后两年的发展中又逐渐地被恢复，并在以后的发展中呈逐渐壮大之势。社会发展的事实告诉我们，中国乡村在不完全的公有制或曰“集体所有制”

---

*　原文发表于《社会学研究》1995年第5期。

之后，相当多的村落曾经自发地走过私有化的道路，然而没有走通。无论是中国的社会制度、经济结构，还是农业发展水平、世界经济发展的阶段，都限制着中国乡村从私有化开始步入市场经济。中国没有那么多时间，世界市场发展的一体化趋势更没有留给我们更多的空间。刚刚从人民公社中走出来的一穷二白的个体农民，怎么可能完全依靠个人的力量去实现农业的现代化，实现乡村工业化和城市化，实现在现代化环境中的个人生活的现代化呢？珠江三角洲一带的农民，凭自己的力量在80年代初期获得温饱是没有问题的，但是，改革的目的不仅是填饱肚子，而是共同富裕。正是在共同富裕的强烈愿望和追求下，中国乡村的集体组织才又在明确个人利益的基础上再度崛起，并成为乡村工业崛起的领导力量。

从南海乡村集体与个体的共生关系中，可以看到这样一个过程：集体经济（非农产业）是借助于国有经济的技术、设备、人才、资金而发展起来的，而个体私营经济则是从集体经济发展的摇篮中孕育出来的。如果说计划经济体制下，城市国有工业是靠相对剥夺农业、剥夺集体、剥夺农民而从无到有，那么，今天集体、私营经济的发展则是靠通过个人关系，通过满足集体利益，个人利益而从国有企业获取了所需的生产要素而获得的。在一段时期内一些国有企业虽然在走下坡路，但它却哺育出一个强大的乡镇企业力量，又通过乡镇企业哺育出一个正在蒸蒸日上的个体私营经济力量。从以公有为原则的相对剥夺，到以集体和个人利益为诱因、为先导的反哺，并没有使中国企业的所有权从公有一步跳回到私有，而是首先恢复了比国有产权更明晰的集体所有，之后才是到目前为止力量仍称不上雄厚的私人所有。

事实表明，在中国完全恢复资本主义初期的私人所有制是没有基础的，也是在现行所有制结构下迅速实现体制转变、迅速发展经济、实现共同富裕的总目标下，所不可能的。从“公有”到“共有”，实在是中国市场经济发展过程中、产权关系转变过程中，没有选择的选择。

正如我们前面所说，当私有企业发展到一定规模时，就会发展为私人与集体的联合企业，私人、集体、国有的联合企业，及各种经济成分的联合企业。这是由资源的控制方式所决定的。所谓“共有制”一词的创造，来源于深圳市宝安县万丰村的党支部书记潘强恩。他在一篇题为《共有制是最佳选择》的文章中这样写道：“所谓共有制就是以财产社会化为特征，具有多元产权主体的一种新型公有制模式”；“共有制包括五种基本成分，即国家股、企业集体股、法人股、企业职工个人股、社会个人股。前三种股属公有股份是不言而喻的，后两种形式上是个人私有股。但单个的私人股除了表示每个人在法律上的财产份额外，其实质是由许许多多的个人股汇合成一种社会资产，有意义的只是各个私人财产的集中，使用上具有社会性，或称之为公有性。”①潘强恩提出的共有制的关键点在于：多元产权主体，也就是我们前面所说的现代市场经济所具有的产权功能的结构化，或曰产权结构的多层次化。且不论共有制是否等同于公有制，就其财产社会化的特征而言，与经历了几百年资本主义发展历程走到今天现代市场经济的国家相比，又有什么区别吗？

中国的实践已经证实，私有制不是通往现代市场经济的捷径，而包含了个人直接利益的，人人占有的，体现了国家、集体、法人、个人共同拥有的共有制，才最有可能充分调动各种利益主体的积极性，达到资源的有效配置，迅速发展起现代工业，一步跨入现代市场经济。而中国乡村已有的集体所有制和土地集体所有的制度，使这种与现代市场经济相连接的共有制，较之私有制有着更广泛的思想基础和社会基础。因为共有制是以各种经济成分共同生存、共同发展为前提，而私有制则是以否定、取消公有、集体所有为前提，带有很明显的意识形态痕迹。远不如共有制来得更贴近现实，更能被已经多元化了的利益主体所接受。因此，共有制取代公有制，排斥私有制，是中国社会现实发展的必然。

（二）土地的“共有制”，促使乡村企业产权结构多层次化

企业产权结构的多层次化是现代市场经济的一个重要特征，我们从南海乡村经济的发展过程中已经看到了这种产权功能的结构化趋势。这种趋势是伴随集体所有的土地不断股份化而发生的。

南海市乡村以土地为中心的股份合作制，带来了这样一些直接的经济与社会后果。首先，股份合作制以制度化的形式明确了农民与土地的关系，只不过这种关系不再通过实物土地的占有形式表现出来。其次，以土地为中心的股份合作制，不仅理顺了农民与土地的关系，而且连带性地理

---

① 该文作为1991年召开的“万丰模式”论证会的会议文件散发。

顺了农民与集体资产的产权关系。在这种股份合作化的过程中，集体真正变成了一个拥有土地资源，拥有企业的经济实体。这个经济实体可以被看作一个大的联合性企业，其内部每个具体企业的产权形式又是多种多样的。有属于完全私人所有的家庭式企业，因以非常优惠的土地使用费或租金，占用属集体人人所有的土地，而不得不在使用费和租金之外向集体交纳一定数额的管理费。有属于集体企业私人承包经营的，承包者每年向集体交纳定额承包费。有规模较大，由私人经营，产权由私人、集体、外来集体、国有大企业法人等共同拥有的混合型企业，其混合的形式多种多样，不拘一格。但有一点很清楚，虽然这些企业由私人老板经营，但老板本人只是领取薪金者，并不能随意动用企业资金。而老板本人在薪金之外获得的股金回报，与其他股权所有者一样。因而这种混合型企业绝不能简单地归结为私人所有的家族企业，事实上，它已具备了现代企业的基本条件。这类企业也要上交集体管理费，而且集体可以从参股的股金回报中获得集体收入。还有纯粹的集体独资企业，这种企业可能由集体干部直接担任经营者，也可能聘请社会上的能人（往往是成功的个体私营企业老板，或外地外国有经验的经营者）。企业利润除用于扩大再生产的投资外，主要用于以工补农、集体保障、集体福利及社会公益事业。

从南海乡村目前发展的现状看，一个行政村的经济发展总公司，或曰集体经济实体，其内部的企业产权结构已经是相当复杂了。不仅有大量小规模的私人所有的家族式企业，也有较大规模和大规模的产权混合型企业和集体企业。而在后两种企业中，既含有产权相当明晰的私人股、集体股、国有股，又含有产权不那么直接不那么明确的，通过总公司独资经营或参股经营所拥有的，社区内成员人人占有的形式，也即是由土地股份合作制转化来的对集体资产的社区内的社会占有形式。集体在企业产权的股份中是以独立的法人资格出现的，而集体入股的资金来源却是属社区内人人所有的土地资源和以往的集体成员的劳动贡献、技术贡献等。

从上述分析中，可以很清楚地看到，南海行政村一级的企业产权分成了几个层次：一是集体法人股，二是国有企业法人股、私人股、通过对集体资产占有而形成的社区个人股。随着乡村企业规模的逐渐扩大，逐渐向高科技、高投入的现代企业发展，纯粹的集体企业和上了规模的不适于家族经营的私营企业正在越来越多地转变为混合型企业。虽然到目前为止，大部分混合型企业还没有实行规范的股份制，但事实上他们已经在按照股份制的规则运作了。

另外，集体作为一个经济实体的法人代表，其投资的取向还有另一种变化。即当大量办在本村的企业已无法再继续扩大规模，集体日益增多的资产已不可能在本村继续实现增值时，集体的资金开始流向临近的大城市或中西部落后地区。像深圳宝安县万丰村，向深圳市大企业的参股和控股。也就是说集体资产的扩大，导致了资金的流动，进而带动了整个社会企业产权结构的多层次化。

乡村以土地为中心的股份合作制所带来的社会后果，绝不仅仅是那些看得见的变化，如集体企业产权的明晰；更加清晰更加合理的个人与集体的关系；农民与土地的关系；土地的重新连片集中，农业因此而具备了向现代化转变的条件；等等。更重要的，也是往往被人们所忽视的是，它为中国的企业产权制度的现代化奠定了重要的社会基础。由于有集体企业法人和混合型企业法人的存在，使国有企业在改造过程中，很容易地转变为符合现代企业产权制度的法人相互持股的局面。另一方面，乡村企业产权结构的多层次化必然直接影响到中国企业产权功能的结构化。因为乡镇企业工业产值，1993 年已占据中国工业产值的 47%，预计 1994 年将接近或达到 50%。[①]

3. 与西方国家不同的市场经济道路。西方资本主义国家的市场经济，经历了企业产权的完全私人所有，即最初家族企业占主导地位的私人资本主义时期，合伙制企业时期，再到以法人相互持股的、与个人财产脱离了关系的股份制公司为主的法人资本主义时期，乃至现代发达的西方资本主义国家中，“股份公司不仅在一个国家里占据统治地位，而且已日益超出国界”。“更进一步的变化是，虽然资本并未像马克思预见的那样完全集中于银行，但是却集中于金融机构。机构持股（在英国，退休基金会、人寿保险公司、信托投资公司、互惠投资公司四类金融机构掌握了全国一半以上的股票和债券）成为最主要的形式。‘并’导致了一种所有权消失的现象。工资所得者（蓝领和白领，更多的是白领）参加养老金基金会或保险公司的项目，至多是为了保障个人的消费，他们并没有想到所有权。这些

① 焦然、王文彬：《乡镇企业占据我国工业半壁江山》，《经济日报》1994 年 9 月 27 日。

机构买卖证券只考虑投资收益和风险，它们也不管企业的经营和管理。”“人们越来越觉得私有制的概念模糊不清。英国人 E. F. 舒马赫写道：‘谈到大规模的企业时，私人所有制的概念就变得荒诞不经了。从任何实际意义上来看，财产都不是，也不可能是哪家的私有之物。’”① 这种机构持股，实际上是一种广泛的社会个人通过机构的持股，是企业产权的一种社会化倾向。

从发展过程看，西方资本主义国家的模式是从企业的纯粹私人资本逐渐走到法人资本，走向企业产权的社会化和结构化。“今天，家族企业，经营者和所有者统一的企业，在几乎所有发达资本主义国家都成为某种特殊。”② 发达资本主义国家的道路是否是唯一通向现代市场经济的模式？依照中国现有的社会经济结构和世界经济发展的态势，中国能否重复发达资本主义国厂家花费了几百年至少上百年时间才走完的路程？南海乡村市场经济发展的现实，做出了回答。

南海道路清楚地说明，全面私有化不可能造就乡村的现代化，但非私有化也不意味着新一轮的公有化。南海的干部、群众在实践中摸索出了一种既含有明确的私人所有、集体成员人人所有，又含有集体所有的共有制。在集体资产中，集体股一般占 30% ~70%（依据集体层次的高低而不同）。集体资产创造的利润，在管理区一级一般是集体保留 60% ~70%，用于扩大生产、集体公益事业、集体保障与福利等，而其余 30% ~40% 用于个人股的分配。而在自然村一级，集体资产所创利润的分配，一般是集体与个人四六开，或三七开。这仅仅指的是集体资产，应当指出，在集体资产之外还存在着大量的个人资产，而且乡村之外还存在着大量技术、设备力量雄厚的、正在寻找发展机会的一国有、大集体企业。因此，当乡村企业崛起之时，当乡村企业向高科技、高投入、高效益的现代企业转化之时，自然而然地走向了集各种所有制于一体的共有制，而非私有制或公有制。这是中国几十年社会主义制度所造就的经济结构、社会制度结构发展之必然。

---

① 郭树清：《模式的变革与变革的模式》，上海三联书店 1989 年 6 月第一版，第 131 页 ~134 页。单括号内是该书作者引述 E. F. 舒马赫等著《小的是美好的》，商务印书馆 1984 年中译本，第 186 页。

② 郭树清：《模式的变革与变革的模式》，第 131 页。

从计划经济到市场经济，中国到底走了一条什么样的道路？应当说中国四十几年的社会主义制度和经济发展的道路，走过了一条与西方完全相反的模式。如果说发达资本主义是从完全私有走向法人资本主义，走向产权的结构化与社会化，那么中国在社会主义制度下所走过的道路，则是从排斥个人利益的完全的公有制和不完全的公有制——集体所有制，走向恢复个人资产的地位，并在国家、集体、个人相互持股的情况下，逐步走上混合型企业的发展道路，走向企业产权的结构化和社会化。

社会现实清楚地显示，中国有自己独特的发展过程，不可能完全模仿、追随别人。只有站在自己发展的历史之上，自觉吸取现代市场经济之精华，才会走出自己的路，创造出符合自己发展的模式，达到以超常速度发展经济，实现共同富裕的目的。当然，我们并不是说中国乡村已经实现了现代市场经济，而是说通过共有制，乡村企业的产权已经实现了结构的多层次化，为实现现代市场经济打下了重要的社会基础。

如果把十几年与几百年的发展历程做比较，如果从发展的跳跃式来看，中国的市场经济可以说是通过共有制一步跨入了现代市场经济的大门。

正如美国经济学家 P. A. 萨缪尔森早在 1976 年就指出的那样：“从数量来看，个人所有的‘单人业主制’的小企业是占绝对优势的企业形式。但是，从资金大小、政治和经济力量、职工人数和薪金与工资数额来看，几百家‘大公司’占有关键性地位。”① 在美国，从 20 世纪开始，大公司逐渐占据了“关键性地位”。而这些大公司又都是从那些“单人业主制”的小企业，到多人“合伙制”企业，再到“股份公司”企业的过程中发展起来的。按照萨缪尔森的观点，“单人业主制”企业因为其自身“无限的债务责任”和“缺乏发展的资金”，而使企业规模和发展速度受到限制。而“合伙制”企业则由于“无限的责任和散伙的问题”使“巨型的合伙制企业在今天很少见到”。② 而占据“关键性地位”的大公司不仅使高效率的大规模的生产成为可能，而且“对投资者而言，大公司是一个有利的方式来分摊企业经营的不可避免的风险。如果不具备有限的责任和公司的形

① 〔美〕萨缪尔森：《经济学》上册，高鸿业译，北京，商务印书馆 1979 年版，第 140 页。

② 〔美〕萨缪尔森：《经济学》上册，高鸿业译，第 141～148 页。

式，社会就不可能得到相互竞争的大公司所带来的利益，因为，大量的资本就不会被吸引到大公司那里去，从而，就不可能得到大公司所生产的各种各样相互补充的成品，不可能有风险的分摊，不可能最好地利用大规模研究机关的经济效果以及经营的技术”[①]。可见，西方市场经济的研究证明，没有占据“关键性的地位”的大公司，也就没有企业的发展和现代市场经济。

中国乡镇企业在短短的十几年中，经历了“船小好调头”、“船大抗风浪”和“船大不调头”的发展过程，如今形成了一批以股份公司为形式的大的集团企业，并形成了普遍的企业股份化、集体化的趋势。像以土地为中心的股份合作制，水利工程的股份合作制，股份自来水、股份农机、股份水渠、股份水田、股份村，等等。如果说乡镇企业从小到大的发展过程是一种必然现象，那么乡镇企业从 80 年代产权不明确的集体企业和产权明确但规模不大的“单人业主制”的个体私营企业，发展到 90 年代以产权清晰、呈结构化的股份制公司企业（虽然还不那么规范）占主导地位，所有权已不再成为困扰企业筹集资金、扩大生产的问题时，则不能不承认，乡镇企业已经具备了现代企业制度的基本特征。乡镇企业的发展，绝不仅仅是创造了一个市场经济的竞争环境，它还在企业制度的转换过程中，跨入了现代市场经济的行列，为国有企业和大集体企业的转制创造了良好的社会环境和投资环境。

在这样的社会现实面前，人们不能不承认，中国经济在从计划到市场的转变中没有重复别国的道路，是从公有制一步跨入了单纯性的所有制已不具有实质意义的现代市场经济。中国农民把这种包含了公有、私有、集体所有的混合型所有制，称作共有制，即共同所有。而共有制所以能在中国乡村普遍推开，恰恰是因为它与共同富裕联系在一起。通过村集体向实业型的公司制企业转变，以及对公司企业人人共有的股份形式；通过企业有组织的牵头，个人以资金、实物、技术、劳动等的合作入股，实现了随各类企业发展而人人都可以获得除劳动报酬之外的股权利润分配，于是形成了企业发展人人富裕的局面。这与共同富裕的目标是相一致的，而且弥补了一部分人先富起来所造成的社会收入差距。这对于几十年生活在社会

① 〔美〕萨缪尔森：《经济学》上册，高鸿业译，第 152 页。

主义制度下的农民来讲，接受、拥护、主动参与是自然而然的事情，因为他们见到了实惠。

二 以共有制为基础的产品市场化和生产要素社会化

（一）产品的市场化与农业生产方式的社会化

在承认个人利益，在分散的单个家庭为生产单位和利益主体的基础之上，集体经济的再度崛起，农村经济超越个人力量在集体社区内的再组织。首先，实现了农业生产在低层次上的专业化与社会化——即社区内以双重经营为形式的专业化和社会化生产。其次，随着乡村集体工业企业的兴起，吸纳农村剩余劳动力越来越多，使土地的再度集中成为可能；但是土地的集体所有、社会主义共同富裕的目标，都不允许土地在私人间买卖，更不允许因土地的私人买卖，而导致的以一部分人流离失所和一部分人暴富为特征的极端两极分化。因此，集体这个土地的所有者，对其内部成员就负有了承担社会保障的全部责任，扮演着土地由按人口分包到按规划成片投包的发包者和组织者。

通过集体有组织规划的土地重新调配、集中后的投包，不仅完成了土地的集中，提高了个人从事农业生产的收益、为农业生产的机械化、高科技化的推广创造了条件；而且使没有从事农业生产、出让了土地使用权的人，通过以土地承包权而转换来的对集体资产的股权，获得了农业生产所创造的部分收益。更重要的是，以土地集中、规划为特征的投包，并没有改变土地的所有权性质，每个人通过集体始终对那些投包出去了的土地拥有承包权。这种对土地的所有权和与每一个人有关的因承包权而转化来的那部分来自农业生产的收益，使集体和每个村民构成了对土地承包者经营状况事实上的监督。迫使承包者向产品的市场化迅速转变，迫使他们以一定代价在投包获胜后，必须想方设法通过引进新品种、选择市场需要的优质品种、引进先进的生产技术来提高农业生产的收益。而经营土地面积的扩大，又迫使他们走机械化生产的道路，并开始雇请帮工。他们无时无刻不在关心着生产的收益，因为他们如果经营不好，也必须上交在争夺经营权时所定下的承包费，这样也许到头来一年白辛苦，也许还会因此而失去承包经营权。这种以土地集中、规划生产（指投包时就定好是禾田，还是鱼塘，还是其他经济作物田）为特点的土地投包，与原有的按人头的分包有了质的不同。投包使土地的所有权、承包权、生产经营权三权分离。承包经营者只拥有了土地的生产经营权，而土地的承包权仍掌握在每个村民手中，所有权则掌握在集体手中。只拥有土地经营权的农户，尽管他仍以家庭成员为主从事农业生产（已经开始出现季节性雇工和完全的雇工生产），但他却再也不可能以自给自足的小农生产方式进行生产。为了完成承包指标，并使自己的劳动获得收益，他不得不像经营一个企业那样去经营这块土地。一切以营利为目的，而不是够吃。这与最初的承包权与所有权分不清楚的按人头分包，和以家庭成员共同经营一小块土地，千家万户“留足口粮、交够公粮、出售余粮”的生产方式和生产关系，已经是具有了本质的差别。

乡村产业结构的多元化，不仅使农业获得了大量的发展基金（主要是用于农田水利、农药化肥补贴的以工补农费），而且更重要的是在产生了农业生产的专业化分工和社区内乃至社区间的社会化的生产合作。不仅农业生产开始伴随人口向非农产业的转移而走向专业化、市场化，而且，为农业生产服务的生产和经营，也逐渐走向了专业化和市场化。像农机专业户（其服务对象往往超过了本村界线），化肥、农药经营专业户，“种苗场”、良种场、个体收购、贩运、批发户、集体蔬菜加工公司，等等，都是以营利为目的受市场需要和市场价格支配的生产与服务。农业生产、服务，以及农产品在新型的生产关系下，逐渐完成了产品的市场化和农业生产方式的企业化、社会化，并将在新集体主义的组织方式下进一步走向成熟。

（二）生产要素的市场化、社会化

要使生产要素市场化和社会化，就必须首先使生产要素成为独立的、自由的、可以流动的。这是从计划经济转向市场经济的十分重要的内容。

我们先来看土地。当每家每户都分包到土地以后，因劳动力剩余而出外打工或经商的人越来越多。当他们挣到的钱大大超过土地收入时，他们中的许多人在利益的权衡下，把土地抛荒，转而去赚钱。他们之所以不把土地转包出去，而是任其放荒，有以下原因。一是土地具有社会保障的功能，一旦走出去的农民遇到挫折，他们还可以回到土地上来。二是土地集体所有的性质，使土地私人间的转包不具有法律效应。而集体成员对个别人私下的这种转包也是不能接受的，因为土地是集体成员的共同财产。三是个人一旦通过集体而把土地转包出去，那么，他事实上也就失去了对土地的承包权。由此造成了从事非农业生产的农民土地放荒或由其他亲属代耕的现象。农民与土地的关系，更多地造成的是农业人口向非农业产业转移的不完全性，即“白天务工、晚上务农”兼业者的普遍性。

但是南海的新集体主义模式和真正的集体与个体对土地的共同所有制，却从根本上解决了土地的固化问题。在一些集体社区内，由于实行了以土地为中心的股份合作制，把农民对某一块实物土地所拥有的权力量化为对集体总资产的股份数额，将农民与实物型土地的关系转变为土地所创造价值的分配关系（承包权分配）。而当实物土地与每个农民脱离了这种直接的承包所有关系后，它已经完成了市场化的第一步，真正回归到所有者的手中，成为独立的、自由的、可以流动的商品了。股份合作制已经将限制它流动的、个人分散的小块承包所有转化为股权所有形式，每一块土地的出租出售所获得的收益，除少部分作为再分配外，绝大部分被作为集体的资金而投入再生产，以创造更大的收益。而农民个人在集体财产的扩大过程中，获得的股权收益远远大于自己耕种小块土地的收益。

在集体、个人都得利的情况下，土地获得了解放。土地第一次作为自由的生产要素而进入市场，土地开始有了自己的价值。位于工业开发区的土地价值一升再升，被用于经营经济作物、饲养禽畜的土地因其收入大大高于禾田收入，而被农户竞相承包，于是产生了标价投包的土地承包经营方式。这与无偿分配式的（集体还要补助的）分包式承包已经是大大地不同了。土地因为有了自己的价值而可以流动了，并不固定地属于某个人经营。就是禾田，也开始了连片式的投包，只是投包的费用较其他土地要少得多。虽然到目前为止，还没有社区外的人参与投包，但是，土地明码标价地搞投包，却不能不说是土地市场化的开始。

我们再来看劳动力。当承包制一开始实行，农民就已经成为独立的利益主体，和自由的、可以流动的劳动力了。但是，要使农村劳动力真正具有可以流动的性质，特别是对那些流动到非城市地区的乡镇或商业领域的劳动力来说，如果没有一个稳固的后方，或可以依赖的社会保障系统，流动也只是暂时的，不会形成农业劳动力向其他产业转移这种具有改变农村社会性质的流动。而对于那些转移到城市地区的农民来讲，由于他们与实物型土地的承包关系，使他们无法摆脱身后那条“兼营农业的小辫子”，除非他们自动放弃作为退身之路的土地。但事实上，只有少数“发了财的人”才有可能做到这一点。

然而集体社区内实行的以土地为中心的股份合作制，却帮助农民割断了与实物土地之间的直接联系。在农民拥有因土地而获得的集体财产的股权后，实际上，他已经拥有了更大的自主性和流动性。他们可以不参加集体生产而获得股权分配。从农民到集体资产股民的变化，使他们完全不劳动也可获得一份收入。事实上，这是将土地的社会保障作用转变为集体资产所创利润再分配的社区保障形式。在全国农民还没有形成制度化的社会保障之前，这种社区保障无疑成为农民走出农业、走出农村的、有力的“社会保障”。应当说，以土地为中心的股份合作制，为农民向非农产业转移奠定了最重要的制度化基础。它使农民可以不与土地发生直接关系使农民可以完全脱去“农家帽”，他们只是比城里人多了一种社会保障性质的股份分红收入（因为他们缺少城里人所享受的通过单位而实现的社会保障）。而随着乡镇企业向现代化企业的转变，随着城市向农村人口的开放，社会保障制度改革的进一步完善和统一，个人拥有的集体股权的可以继承和可以转让，也应该不是特别遥远的事。农业人口之转移和具有实质意义的社会流动（而非仅仅是季节工式的摆动）也将成为现实。到那时，人口的流动将被看作是一种正常现象，而不是现时的以“民工潮”为特征的流动。

三　新集体主义下资源的配置方式

1. 市场调节与政府调控相结合的资源配置方式

很明显，改革的目的不是退回到小农经济的“汪洋大海之中”，而是寻找一条既符合现代市场经济制度，又符合中国现有国情的、强国富民的发展道路。

在已有的集体组织和多元的经济利益主体基础之上，农民逐渐寻找到一条将小生产与大市场相连接的有效方式，即市场调节与政府调控相结合的资源配置方式，个人经营与集体合作经营相结合的生产组织方式。这一时期主要是以“公司加农户”（不论公司是什么性质的）为突出的特征。

这种公司有生产加工型的，也有商业流通型的。它们大多是集体企业，也有集体组织、个人牵头经营的企业。这些公司一般都一身连两头，一头是生产者或初级生产者，另一头是大市场（包括国际市场）。他们不仅为生产者提供市场信息，为生产者提供生产技术、优良品种、饲料、肥料等，而且还通过合同定购的形式（这都是最初的形式）将农民分散生产的产品，直接准销到地区乃至全国的市场上去。因为这些原属于集体性质的公司，改制前都存在着一个遍及全国的组织网络，比如供销社组织系统与供销社公司的关系。公司加农户模式的建立与地方政府的努力分不开，地方政府是这种集体性公司与广大农户相连接的倡导者与组织者。

在“公司加农户”的生产组织过程中，我们可以发现有两个因素对市场经济制度的建立起着重要的作用。一是市场的价格机制，它决定着公司组织农民生产什么和怎样生产（指生产信息与技术）。二是政府的组织机制，它导致了“公司加农户”生产组织模式的形成，促进了各种生产要素、经济资源的有效配置，实现了在落后的小生产方式下，通过集体企业与市场的连接，带动起千家万户按市场需求进行生产。

与“公司加农户”几乎同时出现的另一种形式是“市场带农户”模式。这种模式的产生与地方政府有很大的关系，因为这些专业性批发市场都是由政府有关部门组建起来的。当然，政府建市场并不是盲目地乱建，一般是对已存在的传统型市场加以因势利导，引进更加现代的市场管理手段，予以更加优惠的扶持政策，吸引全国的客商，使过去带有地域性的传统型市场转变为连接全国的、拥有市场管理机构、交通运输服务机构、市场治安管理机构、有银行系统参与的现代市场。这种专业化市场的形成，带动了农民为到专业市场销售而进行商品生产的积极性，促成了一批生产专业户、一批私营企业和一批集体企业的兴起与发展，为农村进入第二个发展阶段做好了准备。

从上述两种最初的发展模式看，政府在资源的配置方式上起着举足轻重的作用。在这个意义上可以说，离开了政府的组织、参与、引导，就没有乡村现代市场经济的建立。为什么中国的政府那么特殊，一定要在起始阶段强有力地介入到资源配置中去，甚至亲自办企业（指乡镇集体企业）以引导落后的分散的农民？难道靠市场机制这只“看不见的手”还不足以形成资源的有效配置吗？

要回答这个问题，一定要先搞清楚中国乡村的资源占有形式。与发达的资本主义国家不同，中国乡村在转向市场经济时的资源占有形式，不是农民个人分散的、专业化地拥有各种资源，而是除劳动力和少量的个人存款外，绝大部分生产要素掌握在政府、集体和集体性的公司、企业手中，而更大量的工业生产要素则掌握在国家计划性生产的控制之中。在这样的资源占有情况下，市场还没建立起来，真的是一只看不见的手，怎么可能有效地调配看得见的、属国家控制或集体掌握的资源。前提不一样，结果自然不一样。从计划经济转向市场经济的过程中，地方政府强有力的组织、引导、推动作用是十分重要的。在最初市场的培育阶段，政府的组织作用甚至超过了市场的力量（当然这种组织是以市场为导向的）也不足为怪。

当然，当市场已经初步建立起来，商品生产已达到相当规模时，关于生产什么、怎样生产和为谁生产的问题，又有了新的解决办法。这时，乡村市场经济的资源配置方式和组织方式则由政府和集体的组织引导，向更多地依靠市场引导转变。政府直接参与企业生产和市场建设的行为，逐渐转为间接，一切都在向建立一个有秩序、规范化、法制化的市场方向过渡。

2. 政府与市场秩序的制度化建设

如果说第一阶段乡村政府和组织的经济作用，是直接创办为农产品加工、服务、销售的企业，亲自组建市场。那么，第二阶段政府与集体组织的经济作用则开始转向建立市场秩序；整顿社会治安环境；理顺个人与集体、集体企业与政府、市场与政府的关系，并使之逐渐的制度化；开始注意集体收入的再分配，以及注意到社会公平和社会保障与社会公益事业，逐步向现代市场经济转化。

第一，我们来看政府。从南海的发展过程可以看出，最初集体企业的创办、农村专业性行业性协会，以及市场的组建，都与政府有直接关系，甚至可以说是政府因势（指市场经济之势）利导，亲自缔造的。每一个组织都由政府工作人员亲自担任领导（是以兼职身份出现的）。但是随着市场的发育成熟，这种政府与企业、政府与市场人员交织在一起，政府亲自办企业、办市场、办社团的状况已不能适应市场发展的需要。因为市场的发展需要建立良好的秩序，需要政府通过法律、税收、工商管理、公共劳务、社会保障等，来维持市场秩序，促进“发生作用的有效竞争”。但是政府既是“经营者”，又是市场秩序的建立者和维护者，很容易导致市场竞争的不公平。另外，私营企业的崛起，以及这引起自主性强、产权明确的私企在市场上日益增强的竞争力，迫使政府参与的集体企业不得不迅速转换经营机制、明晰产权，这就导致了乡镇企业股份合作化的潮流。而政府作为原有集体企业的所有者和经营者，在股份化过程中，只保留了集体资产股权的所有者身份，而将股份化后的混合型企业交给也同样拥有部分股权的私营企业家去经营，自己则从实际的经营活动中退了出来。只有在因重大决策制定而召开股东大会时，才有乡镇政府“发展总公司”的代表出席。而这种“发展总公司”的职能等就是把乡镇政府所有的集体资产进行再投资，以保证这部分资产不断增值。总公司本身不是政府，不具有行政职能，但总公司的“老总”目前仍是由镇的主要领导干部兼任。但这比政府直接经营企业毕竟是前进了一大步。

与上述变化相一致的是，市场的管理组织也越来越专门化（不再搞兼职），服务组织企业化。而为千家万户提供各种服务的行业性、专业性、社会性的学会、协会也越来越多地受到市场的影响，这些社团组织的兴衰多半与市场的需求直接相关。而政府在这里的作用只是帮助农民适时组建相应的组织、引导生产产品的转变、协调与其他组织的关系等。

还应当看到，随着乡村市场秩序的制度化建设，乡镇政府的职能不是缩小了，人员不是减少了，而是扩大了、增多了。因为，由每一个利益主体从生产、服务到交换所构成的复杂的经济关系，而“价格制度不是完善、无缺的”，要维持公平的“有效的竞争”，要创造一个安定的社会环境，要组织起私人老板不可能管的公共事务，离开了政府的参与是绝对做不到的。因此，乡镇政府逐渐担负起越来越重的随市场经济发展而生发出来的职能。乡镇政府在社会治安网络的建设，农田、水利、道路等公共设施的投资建设和管理，工商管理、税收管理，涉及社会保障的孤寡老人、残疾人的养老、康复与就业，地方法规的制定，等等方面的职能是大大地增强了，人员也是大大地增多了。这不符合现代市场经济的规律吗？否！即使在美国那样发达的资本主义国家，“政府的经济作用大体上一直处于扩展状态。在我们的复杂和相互依赖的社会中，日益增多的活动被置之于直接的管理和控制之下”①。何况中国是由计划经济转向市场经济，政府对

---

① 〔美〕萨缪尔森：《经济学》上册，高鸿业译，第226页。

于市场经济下的宏观调控和市场管理、社会管理职能等过去几乎是空白。因此，在转变体制过程中，政府某些新生职能的扩大是十分重要和必需的，也是现代市场经济所要求的。因为完全的自由竞争是不存在的。

第二，我们再来看集体组织。首先，因土地的股份合作制而导致的投包，不仅使生产什么受到市场机制的作用而且受到两个利益主体的共同作用。而土地的连片集中、统一规划投包使用，使承包者承包的土地有了一定的规模，在完成承包基数的压力下，承包者不得不根据市场的需求，努力采用最先进的生产技术、最有市场的优良品种，努力压缩生产成本（比如随着雇工价格的增长，机械化就会被接受）。

另一个更重要的问题，就是在总公司所实行的一系列变革中，为谁生产的问题更加清楚了。这首先是企业的股份化，集体资产的股份化所创造的集体收入，以及对个体私营企业征收的管理费收入，这些集体收入的一部分又都转变为集体成员人人有份的股份收入，或曰集体的再分配，从而使为谁生产的问题得到了彻底的解决。农民，无论是从事集体企业、混合型企业，还是个体私营企业的生产，事实上，他们都是在为自己生产，为自己家里没有劳动能力的人生产。明确了为谁生产的生产，自然积极性就很高，而且还导致了集体社区内部的社会公平、社会福利与保障。既发展了市场经济，又在现有条件下避免了“完全不受限制的市场制度可能使某些人缺乏收入以致饿死，而其他的人得到不合适的或过多的收入”[①]。

应当指出的是，政府和集体组织在资源的配置方式中发挥了至关重要的作用，以至亲自参与企业的经营活动。但很明显，这是中国从计划经济向市场经济过渡时期所具有的特征，是迈向现代市场经济所不得不采取的方式。在最初的发展过程中，有着极其重要的积极作用。但是随着市场经济的发展，政府直接参与生产经营活动的方式已经开始转变，并且仍将继续转变。然而政府利用法律法规、组织网络、维护市场秩序、社会秩序、利用宏观手段调控经济办好社会保障、办好社会公益事业和公共劳务的组织等职能，却将随市场经济的发展而得到强化。

① 〔美〕萨缪尔森：《经济学》上册，高鸿业译，第70页。

浅谈互联网络 Internet*

邹新华

Internet 是全世界规模最大、用户最多、影响最广的互联网络。它已覆盖了 150 个国家，连接了 15000 多个网络 220 万台主机，拥有 2500 万个用户。它的综合能力和规模正以每年翻一番的速度迅速增长，每小时增加 10 台主机。当前世界各国刮起了互连 Internet 的旋风，各个国家的信息网络——不论是商用的还是专用的，都争先恐后地建立直接或间接通道与 Internet 互接。那么，什么是 Interent 对社会科学研究有哪些用处？怎样加入 Internet 网中呢？现在，社会科学领域的研究人员有了现代化的统计、分析及写书论著的工具——电脑，本文想通过对 Internet 的介绍，使社会科学领域的研究人员了解 Internet，进一步发挥电脑的作用，进入一个崭新的信息时代。

随着我国各级计算机网络的逐步建立和国家通信网的建成，越来越多的用户正在加入 Internet 网中。那么什么是 Internet，网呢？从网络通信技术的观点来看，Internet 是一个以 TCP/IP 通信协议联结各个国家、各个部门、各个机构计算机网络的数据通信网；从信息资源的观点来看，Internet 网是一个集各个部门、各个领域的各种信息资源为一体的供网上用户共享的数据资源网。通过一根电话线与 Internet 网相连，用户不但可以通过使用电子邮政与网上任何用户交换信件，还可以跨越地区，甚至跨越国界使用远程计算机的资源，查询网上各种数据库内容及获取希望得到的各种资料。Internet 为科研人员提供了基础性的网络环境，各种检索工具及大量的数据信息资源。研究人员可以对全球范围的许多数据库、语言、图像及多媒体数据库进行检索，在显示图像信息的同时还可以同时传送语言信息。

---

* 原文发表于《社会学研究》1995 年第 5 期。

Internet 上究竟有哪些资源呢？有自然科学、社会科学、实事评论、文学艺术、医学、商业……，没有人能说得清 Internet 上有多少资源，有多少数据库，但人们都知道它非常庞大，信息资源包罗万象，浩如烟海。一旦你的电脑与 Internet 连通，你的微机就与世界 150 多个国家 220 多万台电脑联系起来，这样在你的面前就呈现了一个巨大的全球性的电子图书馆，实现你“君子不出门便知天下事”的梦想。下面，将就社会科学领域的研究人员感兴趣的 Internet 的最基本服务介绍一下。

一　电子邮件传递 E-mail（Electronic Mail）

电子邮件 E-mail 是一种通过计算机联网与其他用户进行联络的快速、简便、高效、价廉的现代化通信手段。通过在一些特定的通信节点计算机上运行相应的软件使之充当“邮局”的角色，用户便可以在这台计算机上租用一个“电子邮箱”。当需要给网上的某一用户发送信件时，发信人只要同这台计算机联机，将要发送的内容与收信人的“电子邮箱”地址送入自己租用的邮箱即可。用户可以将一封信同时发给多个收件人，电子邮件系统会自动将用户的信件通过网络一站一站地送到目的地。若给出的收信人“电子邮箱”地址有误，系统会将原信退回并通知不能送达的原因。当信件送到目的地后，便存在收件人的“电子邮箱”，便可以读取自己的邮件，读后还可以将收到的信再转发给其他用户。由于收发邮件是采取存储转发的方式，打开“电子邮箱”是采用计算机联机的方式，就使用户可以不受时间、地点的限制来收发邮件。

二　电子公告牌 BBS（Bulletin Board System）

大家都知道“黑板报”或“公告牌”是张贴各种通知和消息的地方，其内容五花八门，从书讯、影讯、会议消息到招聘、求职、寻人和招领启事，无所不包，而且人人都可以张贴。一则消息可以保留一段时间，然后被刷新，换上新的消息。与此同样的道理，电子公告牌（Bulletin Board）是用电子通信手段“张贴”各种公告和消息，它的优势在于能迅速接近范围更广和更远距离的“读者”，使之成为极有力的信息交流工具。Internet

提供的此项服务，强烈地吸引着世界各地从事同样工作或共同爱好的人参加讨论，交流观点，寻求帮助。通过加入自己感兴趣的用户组，用户不但可以“订阅”自己希望定期收到的信息，或称之为电子邮寄期刊（E-journal），还可以参加某一专题的讨论。这些信息都是以电子邮件的形式在Internet上传送的。加入或退出某一用户组很方便，仅需向有关的电子邮箱发一封含有加入命令（subscribe）或退出命令（unsubscribe）的电子邮件即可。事实上，研究人员正是通过张贴某一论题，吸引众多的研究人员参加讨论，从中得到帮助或问题的解决。例如，召开某一专题的国际会议需要某一类型的论文，就可张贴一条请求帮助的信息到有关的消息组，在一两天内就会得到答复。

三　电子论坛

电子论坛，在Internet上这种类型的服务称为Mailing List，并进一步演变为News Groups。电子论坛最初作为群体讨论在一些大学出现，作为院校网（Bitnet）的一部分，称为专题通信服务（Listserv）。Listserv将有共同兴趣的成员的名单排列成一组通信录，成员与成员之间可以互发消息，发送电子邮件，保存有关的文件，大家共享一些信息资源。发展到现在，不同国籍、不同地区的数人、几十人甚至上百人组成一个专题组，共享一组特定主题的信息，交流学术方面的经验问题，可以在同一时间共同写同一篇论文，这是以前无法实现的。

四　远程登录 Telnet

远程登录是指在TCP/IP通信协议的终端机协议Telnet的支持下，用户的计算机通过Internet网暂时成为远程计算机终端的过程。要在远程计算机上登录，首先要成为该系统的合法用户并有相应账户的口令。一旦登录成功后，用户便可以使用远程计算机对外开放的全部资源，如软件、运算资源、程序语言、操作系统等，社会科学领域的研究人员大部分使用的是Intel公司的286CPU或386CPU，少数人使用的是486CPU，对于大规模的社会调查数据统计分析，不论是软件还是硬件都有很大的局限性，你可以把大规模的调查数据用远程登录的方法登录到发达国家的大型计算机上，使用最先进的软件进行统计分析，然后再把统计结果传回到自己的微机上。

五　信息查询工具 Gopher、WAIS 与 WWW

电子邮件 E-mail、远程登录 Telnet 和文件传送 FTP 是 Internet 网提供的三项基本服务。在此基础上，为了帮助用户更容易获取希望得到的信息，近年来又开发了一些功能完善，用户接口友好的信息查询工具，如 Gopher、WAIS 和 WWW。

Gopher：该词来源于“Go for”，是 Internet 中多等级的菜单式巡视系统，也是 Internet 中最常用的工具，美国明尼苏达大学为发展校园信息系统研制了这一系统。该系统由菜单驱动界面，它只提供 Telnet 和 FTP 可查询到的文件。使初学者在不知道 Telnet 地址和 FPT 地址或不了解指令的情况下巡视网络，查找网络里的各种文件和信息。Gopher 提供 Archic 服务器、联机图书馆指南、FTP 地址和互联网络里的其他信息资源。它的最大优点是通过菜单帮助用户自动检索不同的信息资源。

WAIS：（Wide Area Information Server）这是广域信息服务器，特别适于检索文本文件。使用 WAIS，用户可能阅读世界各国的报纸，获取任何国家的信息，扫描各种专业数据库。WAIS 还可以根据关键词查询大文件，并根据检索到的文件与用户查询问题的相关程度大小依次排列。WAIS 的另一个功能是每日、每周或每月自动收集用户感兴趣的所有文件。比如，用户对某一金融词语感兴趣，可以检索到《华尔街日报》上的所有与此有关的文件，并指示 WAIS 定期为该用户收集更新与该主题词有关的所有文件。

WWW：（World Wide Web）其含义是全球网信息服务系统，是 1992 年由欧洲粒子研究中心（CERN）推出的一个基于超级文本（Hypertext）方式的信息查询工具。WWW 的文件是以超级文本的格式编写的，含有许多相关文件的接口，用鼠标（在监视器上左、右、上、下移动的小箭头）选择文件中的某些词（带下画线）可以打开与这些词相关的文件，不论这些文件是分布在网上的哪台机器里（哪个地理位置上），这样可以将位于全世界 Internet 上不同地点的相关数据信息有机地编织在一起形成一个 WWW。WWW 为用户提供了一种功能很强大的图形界面，可以用鼠标操作。用户仅需提出查询要求，而到什么地方查询及如何查询则由 WWW 自动完成。利用 WWW 可以查询网上几乎所有的信息资源，除了浏览文本信息外，还可以通过相应软件显示与文本内容相配合的图像、影视和声音等信息。目前，WWW 已成为 Internet 的一个代表性信息查询工具，越来越多的机构采用 WWW 方式提供信息服务。

除了以上服务外，Internet 还提供许多其他服务（由于字数受限，再者与社会科学研究的联系不大，这里就不详细介绍了）。坐在自己家里的计算机旁，就能查询到包括美国国会图书馆目录到英国大不列颠图书馆及欧美各国许多公用图书馆和大学图书馆的几百个联机目录和数据库，里面有大量的科技数据，及社会科学、文学艺术、时事评论等方面的数据库，而且大多数数据库都是免费使用的，这真是太吸引人了，那么怎么样使自己的计算机与 Internet 网连接呢？

Internet 是一个松散的网络系统，它没有设立中央机构对其进行集中管理和统一规划，每个分网络都是分散管理，它的完善与发展主要依靠用户的支持。一些由用户自愿组成的小组负责协调 Internet 的工作。Internet 诞生于 1969 年，是美国国防部一项实验的产物，是由美国政府出资将国家实验室和大学的计算机互连而成的网络。目前，我国已通过中国公共交换网与 Internet 连通，使中国成为国际信息网络的一部分。这将推动我国信息网络，特别是学术信息网络的建设，从而逐渐缩小我国的学术科研与信息交流方式与世界上发达国家的差距。Internet 在我国的普及与使用，在很大程度上取决于我国现有网络的规模和建设情况。我国政府为了推动国民经济的信息化，已经开始实施几项大工程的网络建设，并计划建设覆盖全国的公共高速通信平台。

中国科学院网络中心和中国科学院高能物理研究所各有一条专线与 Internet 相连，清华大学、北京大学的局部网分别有一条 DDN 线路与网络中心相连，中国科技信息研究中心也有一条 DDN 线路与高能物理研究所相连，用户可以通过这些单位节点与 Internet 相连。社会科学研究机构可以在本系统内建立一个局部网，先使本系统的信息资源共享，然后通过局部网加路由器与上述单位连接，实现与 Internet 相连。对于社会科学领域的研究人员个人使用的计算机可以作为仿真终端与上述单位连接，所具备的基本设备是现有的个人计算机，一部家中使用的电话，到市场购买一台调制解调器（Modem）。到上述单位的任何一个单位注册一个账号，即与Internet相连了。关于如何进入Internet网，怎么操作，上述单位会定期举办一些学习班，更详细地介绍关于使用的步骤、方法，注意事项等。至于怎样利用Internet上提供的服务查询自己感兴趣的数据库，调用对自己或课题有用的文件，就靠大家在使用过程中慢慢摸索了。在与国外学者打交道时记下他（她）们的Internet账号，即“电子邮箱”地址号，因为发达国家、地区的学者早已使用Internet网多年了，积累了不少经验。如果已有了计算机和电话，只需一台调制解调器，注册一个账号，两项的费用只需几千元，比买一台486DX计算机便宜一半还多。但一旦你与Internet相连，节省下来的邮费、往返国内外的旅差费就不是以千元计算了，而且所争取的时间和获取的信息资源是无法用金钱来衡量的。

妇女研究的新进展*

谭　深

我们这里所说的“妇女研究”，严格说来包含着两个不同的研究角度，一是性别研究，另一是妇女独特问题的研究。这是由于研究对象的性质所决定的：一类是我们研究的大多数问题，是男女两性共同面临的问题，如就业问题、环境问题、社会文化问题等，其中的“妇女问题”是比较男性而言，因而在研究妇女问题时必须连男性问题一起研究，这就构成事实上的性别研究；另一类是妇女的独特问题，如与生育过程有关的一系列问题等。但是即便是性别研究，它的切入点仍是妇女问题，这两类问题共同的前提是迄今为止在两性关系中妇女相对不利的地位，以及社会为调整两性关系所做的努力，所强调的重点都是妇女。因此，本文仍将其笼统称作“妇女研究”。

说妇女研究是个“新领域”，是指妇女研究作为一个独立的研究领域，而并非一般的以妇女为对象的研究。妇女研究（Women's Studies）作为一个学术概念的出现是西方新女权运动之后的70年代，她的标志是在一些国家的大学内开设了妇女研究的课程和设立有关学位，以及专门的妇女研究机构的产生。

一　中国妇女研究的背景

1. 性别分化

自70年代末改革开放以来，以社会结构的分化为特点的新的社会变迁过程就开始了。性别间的分化是社会结构分化的一个组成部分。虽然从总

---

* 原文发表于《社会学研究》1995年第5期。

体上讲，妇女的生存发展水平，首先取决于她的家庭所在地区，她本人所属群体，以及她个人发展的条件，以至很难将妇女问题从具体的社会问题中剥离出来。然而，如果分析一下妇女问题提出的过程，不难看出，即使在共同面临的问题之中两性间的差异也是明显的，而且这种差异不仅仅是个数量问题。

比如国有企业和城镇集体企业大批工人下岗，其中女工占60%以上，对于男工来说只能是个失业或再就业问题，而对于女工除此之外，还可能造成她生活道路的改变，或是她的示范作用昭示着未来女性就业模式的改变；再比如改革前的家庭中，基本不存在夫妻的经济分工，而在发展的选择多了以后，作为家庭策略，男性被选择图谋发展，女性被选择维持生存；在职业行业分布上，人们（包括女性自己）认为女性更适合于做服务性工作，出现了更多的性别职业；与此相应，意识形态及文化领域，女性的服务性角色、功能、品质更显突出（包括工作服务、生活服务、性服务），而服务的对象往往是男性，等等。这些，反映了男女两性所处的位置和角色期待正经历着被调整的过程。这一调整的趋势不是两性差异的缩小，而是扩大。这一扩大的过程便是本文认为的性别分化的过程。

2. 女性自醒

最早感受到新的妇女问题出现的是妇联。全国妇联作为党和国家妇女政策的执行者和妇女利益的维护者，汇集着来自全国各级妇女组织的报告和所属传媒提供的信息，这些从不同角度提出，过去没有的妇女问题正悄然涌现。到80年代中后期，集中体现在三大问题上：妇女就业滑坡（女工下岗、专职主妇出现）、女大学生求职难、妇女参政比例下降。妇女的广泛就业作为社会主义革命和建设的重要成果，曾被新中国妇女引以为荣，而城市改革刚开始不久，这类问题便一个接一个地被抛出来，从而在妇女组织中引起了震动。另外，体制改革中国家行政监护和干预的减弱，使社会的主体性增强，社会组织和群体的主体意识在利益分化的冲突中也生长出来。事实上，妇女作为一个性别群体的利益不能再靠“安排”来得到，而要靠自己去争取。这是妇女组织和妇女们逐渐意识到的。对于女知识分子来说，随改革和开放带来的自由空间的扩大，使她们可以从自身的经验和各学科的角度，反思女性的存在和历史，比较男女两性的异同，对所出现的妇女问题给予各自的回答。

3. 国家的扶持

已经有几十年男女平等历史的中国，当然不会容忍对妇女的公开歧视和不平等。虽然国家已不再通过各行政部门直接干预，但在政府的工作中，总是给妇女留出一定位置，有关妇女的日常工作被授权于妇女组织，政府经常听取或采纳妇女组织的要求和建议；并且在国务院成立了妇女儿童工作协调委员会（1990），协调各部门有关妇女的政策，推行生育费用的社会统筹（1988）等；在国家的法律和政策中，总要考虑到妇女的利益，如制定了《妇女权益保障法》（1992），女职工劳动保护（1988），禁止、严惩拐卖妇女儿童（1991）等规定，各地政府也逐级制定了有关地方法规。

4. 国际社会推动

在与国际上通行的市场规则接轨的过程中，中国许多领域也出现接轨的趋势。妇女运动和妇女研究也如此。表现在，一是国际交流的增多，世界上妇女运动和妇女理论与中国妇女实践和理论相互影响；二是各种国际组织对妇女有关项目，如健康、教育、就业、贫困的研究和开发的资助；三是有关国际会议文件、公约的承诺中，几乎都有有关妇女的内容。妇女问题的出现和解决的全球化趋势，成为中国妇女研究的国际背景。

二　组织和活动

改革开放以来，中国独立的妇女研究我认为应从1984年始。在此之前正值婚姻家庭研究的热潮，许多与妇女有关的问题被包容在婚姻家庭的题目之中。此外还有一些引起关于妇女的社会形象、女性角色的社会讨论。1984年，全国妇联在其机关刊物《妇女工作》中首辟专栏，刊出《致热心妇女问题研究的同志们的一封信》。同年召开了首届全国妇女理论研讨会，自上而下地开展了调查研究和有关问题的讨论。从那时起至80年代末可视作妇女研究的创建时期。而最初投入妇女研究的力量有两种：一是妇联系统。1985年前后，各省市妇女研究会相继成立（如山东、广东、江苏、陕西、宁夏、安徽、吉林、河北、湖北、上海等），各级妇女组织也将调查研究作为工作的一部分；二是一些女知识分子的自觉行动，出现一批民间妇女沙龙，如北京外国语学院女教师组织的中外妇女研究小组，采取每两周讨论一次的形式，介绍国内外妇女状况，讨论妇女学在中国的建立，并针对现实妇女问题做专题讲座；长沙工会女干部组织的妇女问题探讨会，并创办了国内解放后第一张妇女问题民间小报——《女界号》；由北京大学女教师组织的北大妇女问题沙龙，就妇女理论、妇女的历史和现实问题定期举办专题讲座和讨论，由上海社会科学院的研究人员发起的上海妇女沙龙，对女工问题、女性形象问题的讨论很有特色。此外，还有中央党校妇女问题研讨会、天津师范大学“妇女历史与现状”研究组、复旦大学英语系的“妇女研究小组”等。

其中有代表性的民间妇女研究组织是1987年成立的郑州大学妇女学研究中心，她的创办人李小江在1985年创办了河南省未来学研究会妇女学会，召集了第一次来自各学科的男女学者参加的妇女学研讨会，并在此基础上酝酿了“妇女研究丛书”。郑大妇女学研究中心成立后，召开了两次学术会议，编写了若干学术著作。李小江因此成为中国妇女研究重要的开拓者。

还有一家是1988年成立于北京的中国管理科学院妇女研究所。该所成立后开展了对就业、从政、卖淫等热点问题的研究。而后创办了全国第一家“妇女电话热线”咨询，使妇女救助成为该所的一个特色。

此外，一些从事社会学、法学、性学、经济学及历史、文学、哲学等研究和教学工作的个人，也在本学科领域中开拓了妇女研究的课题，并且积极参加了上述组织的有关活动。

在这一时期，创办了一大批妇女报刊，到80年代末，公开发行的妇女报刊已达40种，内部刊物20余种，并且诞生了《妇女研究》这样的理论刊物，传播了妇女研究的成果。

第二个时期从90年代初到1993年世界妇女大会筹备工作之初。这是妇女研究取得独立地位并向纵深发展的时期。这一时期的重要标志是：“一所四中心”形成集团优势，两次阶段性会议的召开，几项大型课题的进行，中外妇女研究的交流形成规模。

所谓“一所”是全国妇联妇女研究所（1990），是全国唯一的妇女研究的专业机构，并办有刊物《妇女研究论丛》，建立了大型妇女文献资料数据库（1995）；“四大中心”即郑州大学妇女学研究中心、北京大学中外妇女问题研究中心（1900）、天津师范大学妇女研究中心（1993）、杭州大学妇女研究中心（1990）。与前述高校中的妇女沙龙不同，这四个中心都得到学校的正式认可，并开展了国内和国际大型的学术活动。其中郑州大学妇女学研究中心与河南省妇干校、河南省妇联合作，成立了全国第一家妇女博物馆筹备委员会，组织了对少数民族妇女文化的考察，举办了部分展览，并开始组织编写《二十世纪妇女口述史》；北京大学中外妇女问题研究中心举办了三届妇女问题国际研讨会（1992，1993，1994），编辑了会议论文集和学术交流内部刊物，创建了北大图书馆中外妇女文献信息研究交流中心（1994）；天津师范大学妇女研究中心举办了两次暑期研讨班（1991，1993 后文将述），并主持了大型研究项目；杭州大学妇女研究中心召开了关于职业妇女的国际学术会议（1992）。

两次总结性会议先后在 1990 年召开。一次是郑大妇女中心办的“妇女的参与和发展”全国性会议，对前一阶段妇女研究的进展和成果做了回顾和总结，并在此基础上组织编辑了《妇女研究在中国》和《中国妇女分层研究》（李小江、谭深主编，河南人民出版社 1991 年版）两书；一次是北京市妇联举办的“妇女研究理论信息交流会”，重点在于研究和组织活动的信息交流，并在此基础上组织编写了《中国妇女理论研究十年（1981—1990）》（北京市妇女理论研究会主编，中国妇女出版社 1992 年版）一书。

关于妇女研究的几项大型课题（后文详述）也在这一时期陆续立项并进行。值得一提的是，这些课题的资助者，一是国家，二是国际和国外组织，特别是美国福特基金会，资助了其中多项研究和活动，对中国妇女研究给予了重要的帮助。

1992 年 2 月，中国 8 位学者在美国福特基金会资助下，参加了在美国哈佛大学和威斯利学院举行的“用性别观念分析中国：妇女、文化与国家”国际研讨会。会上中外学者在美国第一次就中国妇女问题做正式的学术交流和交锋。会议成果出版了中英文两种论文集，中文版书名为《性别与中国》（李小江、朱虹、董秀玉主编，三联书店 1994 年版）。这是一次意义深远的会议，与会者特别是来自中国大陆和中国旅美留学生中的妇女研究者后来成为中国妇女研究的中坚力量。

此外，由中管院妇女研究所开办的“妇女热线”在美国环球妇女基金会资助下于 1992 年开通，该热线聘请了一大批学有专长的志愿者，对普通妇女的问题提供了咨询。1993 年，福特基金会又提供资助帮助开办了第二条热线——“专家热线”，进行了分类咨询；“京伦家庭科学研究中心”致力于青春期教育，开办了“少女课堂”，受到中学生的欢迎，同时又与中国妇女管理学院联合开办了对妇女的当面咨询活动。

第三个时期即 1994 年至今。1992 年召开的联合国妇女地位委员会第 36 届会议决定了 1995 年第四届世界妇女大会将在中国的北京举行。将国际妇女的关注点引向中国，各种妇女组织间以及学术间交流迅速增加。中国非政府妇女组织先后参加了亚太、西亚、非洲、欧洲、拉丁美洲和加勒比海等各大区域的筹备会议以及“人口与发展”“社会发展”世界首脑会议的非政府组织论坛。

与此同时，中国筹备工作开始以后，非政府论坛的组织工作开始，各种妇女团体大量涌现，到 1994 年形成高潮。到目前为止，中国已组织了 42 个论坛，内容涉及妇女与人权、妇女与教育、妇女与文化、妇女与科技、妇女与就业、妇女与环境、妇女与人口、家庭暴力等各个领域。仅高校已成立的妇女研究中心即有 20 余个，如南开大学妇女与发展研究中心、中国人民大学女性研究中心、延边大学妇女研究中心、复旦大学妇女研究中心、武汉大学妇女研究中心、海南大学妇女研究中心、中央党校妇女研究中心等都成立于这一时期。各种行业的妇女团体和女科技工作者协会、女律师协会、女电影家协会等也纷纷建立。参加妇女团体并参与论坛活动的还有政府各职能部门的女公务员。她们的加入表明了政府对这一工作的重视，并可能增强今后妇女在政府决策中的作用。

越来越多具有学术素养的个人也被吸引到妇女研究的领域，她们主要来自科研院所、高等学校和一些实际工作部门。1994 年 12 月，由中国社会科学院妇女工作委员会牵头，召开了“中国社会科学院妇女问题学术研讨会”，这是中国学术界一次关于妇女研究的大型会议。

三　课题与著作

除前文已提及的外，较早问世并影响较大的妇女研究书籍是李小江主编的《妇女研究丛书》（河南人民出版社），从 1988 年到 1995 年，已出版 15 种。该套丛书的主要特色一是本土性，二是实证性。由每个作者从各自的学科背景出发，以分析中国妇女的一个专题为主，构成了一套由妇女理论（李小江《夏娃的探索》）、人口学（朱楚珠、蒋正华《中国女性人口》）、妇女史（郑慧生《上古华夏妇女的婚姻》，杜芳琴《女性观念的衍变》，吕美颐、郑永福《中国妇女运动》和《中国妇女生活史》）、妇女文学史（康正果《风骚与艳情》，孟悦、戴锦华《浮出历史地表》，乐烁《迟到的潮流》）、法学（李楯《性与法》）、性学（潘绥铭《神秘的圣火》）、美学（李小江《女性审美意识探微》）等组成的比较完整的妇女研究的系列。1989 年，李小江又发表了《性沟》（三联书店）一书，对两性关系做了基本的阐释。这些，在中国妇女研究中都占有重要的位置。

另一套比较有代表性的丛书是北方妇女儿童出版社编辑出版的《妇女理论丛书》（1987 年）。它的特点是学科理论框架的创设，包括有《妇女学概论》（湖南省妇女干部学校编写）、《妇女心理学》（葛鲁嘉等著）、《女性人才学》（叶忠海著）、《中国妇女运动史》（任芬著）等。已出版的妇女学框架论著还有《中国妇女学》（李敏、王福康著，辽宁人民出版社 1988 年版）、《妇女学原理》（段火梅著，中国妇女出版社 1989 年版）、《妇女学》（魏嘉娜等著，广东高等教育出版社 1990 年版）等。

马克思主义妇女理论的出版物有《马克思、恩格斯、列宁、斯大林论妇女》（全国妇联编，人民出版社 1978 年版）、《妇女解放问题基本知识》（罗琼著，人民出版社 1986 年版）、《马克思主义妇女观概论》（陶春芳等主编，中国妇女出版社 1991 年版）、《马克思主义妇女观丛书》（陶春芳等主编，红旗出版社 1993 年）。已出版：《毛泽东妇女思想研究》《妇女参政导论》。

妇女史学是这些年数量大，专业性强的一个门类，其中，中国妇女运动史已有 5 部，除已述者外，还有《中国近代妇女运动史》（刘巨才著、中国妇女出版社 1989 年版）、《中国妇女运动史》（吉长蓉等编著，四川大学出版社 1989 年版）、《中国妇女运动史（新民主主义革命时期）》（全国妇联著，春秋出版社 1989 年版）。各种专题史、断代史有《北京市妇女报刊考》（北京市妇联编，光明日报出版社 1990 年版）、《巾帼春秋》（北京市妇联编，中国妇女出版社 1988 年版）、《女性的过去与现在》（陶春芳著，北京出版社 1990 年版）、《唐代妇女》（高世瑜著，三秦出版社 1988 年版）。1980 年，全国妇联牵头成立了妇女运动史资料编辑委员会，各级妇联也成立相应机构，开始了对现当代妇女运动史料的搜集、编辑，已出版的有《四大以来妇女运动文选（1979—1983年）》（全国妇联编，中国妇女出版社1983年版）、《蔡畅、邓颖超、康克清：妇女解放问题文选》（全国妇联编，人民出版社1988年版）、《五四时期妇女问题文选》（全国妇联妇女运动历史研究室编，三联书店1981年版），《中国妇女运动历史资料（1921—1927）》（人民出版社1986年版）、《从一二九运动看女性的人生价值》（中国妇女出版社1988年版）、《邓颖超与天津早期妇女运动》（天津市委党史资料征集委员会、天津市妇联编，中国妇女出版社1987年版）、《天津女星社：妇女运动史资料选编》（中共党史资料出版社1985年版）、《江西苏区妇女运动史料选编》（江西省妇联、江西省档案馆选编，江西人民出版社1982年版）、《抗日战争时期的广东妇女运动》（广东妇女运动历史资料编委会编，广东人民出版社1985年版）等。

关于妇女的数据资料有《中国妇女统计资料（1949—1989）》（陶春芳、高小贤等主编，中国统计出版社1991年版）。

妇女心理学、妇女文化哲学、妇女人才学、妇女文学批评也是近年来非常活跃的领域，限于篇幅，不再一一介绍。

与中国妇女研究并行的是，国外妇女研究的著作和文章被大量评介进来。其中有些被视为西方研究女性和女权主义的经典著作，如法国西蒙娜·波伏瓦的《第二性》，目前在中国有两种中译本，《第二性——女人》（桑竹影等译，湖南文艺出版社1986年版），《女人是什么》（王友琴等译，中国文联出版公司1987年版）；美国贝蒂·弗里丹的《女性的奥秘》中译本也有两种，《女性的奥秘》（巫漪云等译，江苏人民出版社1988年版），《女性的困惑》（陶铁柱译，黑龙江教育出版社1988年版）；美国理安·艾斯勒著《圣杯与剑》（程志民译，社会科学文献出版社1993年版）；美国格里芬著《自然女性》（张敏生等译，湖南人民出版社1988年版）；美国波士顿妇女健康写作小组，《我们的身体，我们自己》，节选中译本作《一本女人写给女人的书》（辛咨编译，农村读物出版社1987年版）。其他著作有（日）富士古笃子编著《女性学入门》（张萍译，中国妇女出版社1986年版）。（美）L. 斯冈茨尼和J. 斯冈茨尼著《角色变迁中的男性与女性》（潘建国等译，浙江人民出版社1988年版），（美）达维逊·果敦著《性别社会学》（程志民等译，重庆出版社1989年版），（美）麦克布鲁诺著《第三性》（赵达临等译，湖南人民出版社 1988 年版），（美）爱莲 . H. 弗雷泽等著《女人与性角色》（潘误等译，天津人民出版社 1989 年版），（美）J. A. 谢尔曼等著《妇女心理学》（高佳等译，中国妇女出版社 1987 年版）等。有关文集有《外国女权运动文选》（中国妇女出版社 1987 年版）、《妇女与发展》（天津师范大学妇女研究中心译编，1993 年内部本）等。而康正果所著《女权主义与文学》（中国社会科学出版社 1994 年版）则是中国人分析和理解西方女权运动之兴起和主要见解的著述。

80 年代中期刚刚兴起的妇女研究的热点首先是回答现实问题的挑战，各地妇女组织和妇女报刊纷纷就这些问题召开了讨论会和笔谈，已公开出版的论文集有《女性问题在当代的思考》（陕西省妇女理论、婚姻家庭研究会等编，陕西人民出版社 1988 年版）、《新时期女性探索》（湖南省妇女研究会编，湖南大学出版社 1986 年版）、《当代妇女研究》（河南省妇联等编，湖南人民出版社 1989 年版）、《角色 · 困惑 · 追求：当代妇女形象探讨》（史莉编，中国妇女出版社 1988 年版）、《改革开放与妇女》（广东省妇联等编，中国妇女出版社 1986 年版）、《当代女性的事业与家庭》（吉林省妇联等编，北方妇女儿童出版社 1988 年版）、《改革中的妇女问题》（张连珍主编，江苏人民出版社 1988 年版）。引起较大反响的是李小江所著《女人的出路》（辽宁人民出版社 1989 年版），该书分析了不同阶层妇女所面临的不同问题，指出女人的出路在于改革和女人的自醒。

各项调查也在同时进行。比较大型的有：全国总工会女职工部 1987 年做了一项“城市妇女就业等方面面临的新问题”调查，该调查涉及 11 省市的 10 行业中 60 位企业管理者和 15000 名职工，调查结果提出一项富有改革意义的课题：改变现有的生育费用由女工所在企业负担为社会统筹，以缓解企业不愿要女工的问题。紧接着，全国妇联在“七五”承担了“社会保障”课题中的一项子课题“妇女的社会保障”，并提出与前述同样的结论。在工会和各级妇联共同努力下，从 1988 年始，到 1994 年底，全国已有 20 个省的 500 多个县（市）实行了县市级生育保险的社会统筹。

1987 年，中国社会科学院社会学研究所与日本青少年研究所进行了一项“妇女就业与家庭”的调查，调查分别在中日部分大城市进行，研究成果见《妇女就业与家庭——中日比较研究调查报告》（马有才等著，社会科学文献出版社 1992 年版）。

1989 年，北京市妇联、广州市妇联和香港理工学院共同进行了“京、穗、港三地妇女就业调查”。调查反映了中国妇女对职业的重视，但从业目的占第一位的仍是经济收入。同时反映了市场经济发达的香港妇女与当时计划经济向市场经济过渡的大陆妇女在就业状况及自身素质方面的差异。

90 年代，妇女研究呈现理论更深入、方法更规范的趋势。有两项大型课题对国际社会瞩目、中国人关注的中国妇女地位进行了调查：一项是全国妇联妇女研究所和国家统计局社会司合作的“中国妇女社会地位调查”，由中华社会科学基金会资助，于 1990 年在全国 21 省（市）开展了调查。调查采用三种方法：个人问卷调查、社区及企事业单位直接统计调查和统计文献调查。本项调查将出版《中国妇女社会地位调查丛书》，丛书由全国卷和各省分卷组成，目前全国卷 1《中国妇女社会地位概观》已出版（中国妇女出版社 1993 年版）。该书出示了其中的个人问卷调查（有效样本 41556 份）的基本数据及课题组分专题的分析。

再一项是中国社会科学院人口研究所承担的联合国人口基金第三周期对华援助项目，同时又是中国社会科学院“八五”规划重点课题——“当代中国妇女地位研究”。与“中国妇女社会地位调查”在方法上不同的是，该项调查采用了调查夫妻对的方法，于 1991 年在 10 省市以问卷调查了 1500 对夫妻。其调查报告和其中 6 省数据资料已收入《当代中国妇女地位抽样调查资料》（中国社会科学院人口研究所主编，万国学术出版社 1994 年版）一书。该调查报告提出，增加女性的经济收入，提高女性受教育程度和改变性别规范，对提高妇女地位是至关重要的。同时，该课题组前期成果也已出书，题为《面对 21 世纪的选择——当代妇女研究最新理论概览》（熊郁主编，天津人民出版社 1993 年版），该书分专题介绍了国内外妇女研究的理论成果，为中国妇女学科建设做了一项基础性工作。

“妇女生育与健康”是国际社会关注的问题之一，在美国福特基金会资助下，近年开展了几项有关研究：一项是由全国妇联妇女研究所牵头，聘请了国外有关专家做指导，以招标方式由各级妇联实施的。这个项目从 1992 年开始，目前第一期研究已经完成，参加的有 21 省。主要研究内容有：人口流产者的致孕原因分析（北京），贫困地区妇女产前检查比率偏低原因调查（陕西），性教育与少女青春期的身心健康（山东），妇女更年期的身心困扰（江苏），内蒙古伊金霍洛族嘎查（村）防保员的困境及对策（内蒙古），农村早婚早育妇女的身心困扰及干预措施（河北），壮族生育文化对孕妇健康的影响（广西），农村妇女病患者的医疗保健意识及行为（四川），拉祜族妇女早婚早育对健康的影响（云南），不孕症妇女的身心困境调查与治疗对策（江西），维吾尔族、汉族妇女人工流产调查分析（新疆），不孕症妇女心理困境分析（湖南），婴儿性别对生育妇女健康的影响（山西），等。研究成果准备汇集成《妇女的生育与健康》一书，由中国妇女出版社出版。

另一项由郑州大学妇女学研究中心和河南省妇女干部学校的“妇女生育与健康”课题，及云南省工青妇干部学校承担的同名课题。两个课题组均由李小江指导，都采用了调查与培训相结合的方法，培训的内容直接反映前期调研的结果，在培训点引起轰动，有的迅速改变了传统的不良卫生习惯。

妇女就业仍然是研究的重点题目。城市女工下岗和农村女性非农转移，是改革以来出现的颇具特色的问题。1994 年，联合国计划开发署资助了中国“就业政策与向市场经济过渡”研究项目，由国家劳动部和国际劳工组织共同主持，其中有一个子项目即研究公有制企业中女工下岗现象。研究分析了女工下岗的地区分布、原因、下岗女工素质、年龄、下岗后生活及重新安置状况后认为，城镇女工下岗，首先是社会就业问题的一部分，是体制转换所引起的经济结构和劳动关系变化的结果；其次与妇女的生理特点和性别歧视有关。因此，提出完善和规范企业的劳动关系，以保障女工的劳动权益。①

关于农村妇女非农转移的课题有中国社会科学院社会学研究所正进行的“外来女劳工研究”。该课题得到美国福特基金会资助，将近年涌向沿海工业地区乡镇、三资、私营等企业的打工妹作为研究对象，重点探讨打工群体的现状与发展，并涉及对两地（流出、流入）经济和社会发展的影响。经过对流出地和流入地的调查，认为打工群体的性别差异不是表现在性别歧视上，而是婚姻对男女两性发展迥异的影响，它涉及农村传统的婚姻本质和婚俗。打工妹的权益问题则与流入地社会结构、制度变革息息相

① 常凯：《城镇公有制企业中女工下岗问题的调查与研究》，《社会学研究》1995 年第3 期。

关。课题成果将以《中国打工妹》一书反映。

受福特基金会资助的另一项课题“中国社会科学院女科技人员参与、发展和地位研究”，对中国社会科学院内部的性别差异、知识女性的发展和男女平等状况进行了调查和分析。认为在职业发展水平和参与程度上中国社会科学院女科技人员要远远高于全国女专业技术人员水平，也高于国外水平。与本院男性比则仍存在差距，其主要是家庭婚姻背景、学历水平、女性自身成就动机和进取意愿、所处的性别平等环境的影响。

全国哲学社会科学“八五”重点课题中有一项由宁夏社会科学研究所牵头，宁夏与贵州、甘肃、青海四省份教科所协作研究的“农村女童教育现状、问题及对策研究”项目，北京大学中外妇女问题研究中心参与了该项研究。1992 年，该项目对 20 个国家级贫困县进行了调查，并在 48 所乡以下农村小学进行三年的试验。目前已编辑出版了《女子教育文献资料集》和《创造平等——西北女童教育口述史》（民族出版社 1995 年版）。

北京农业大学国际农村发展中心从 1991 年开始了妇女与农村发展的研究，并在河北省的两个县建立了妇女与发展操作试验点。1994 年该中心妇女与农村发展小组参与了福特基金会资助项目“加强华北地区妇女对农村发展的参与”，在其试验点上进行了调查，并采用了参与式农村评估的方法。其成果见《妇女与农村发展研究》（李小云主编，中国商业出版社 1994 年版）。

此外，1993 年 7 月，天津师范大学妇女研究中心在福特基金会资助下，举办了“中国妇女与发展——地位、健康、就业”国际研讨班。会后出版了《中国妇女与发展——地位、健康、就业》（河南人民出版社 1993 年版）一书，妇女研究界普遍认为这是近年一本高水平的论集。

李小江主编的《20 世纪妇女口述史》已在全国 20 多个省（市）全面铺开，并已完成《战争与女人》等整理，其余专题如妇女运动、少数民族妇女、妇女生活的风俗背景、城市妇女、农村妇女、妇女的情感生活等，将在 1996 年后由北京师范大学出版社陆续出版。

全国妇联妇女研究所正在整理编写“建国以来中国妇女运动史”，正进行的国家“八五”课题是“中国妇女与大众传媒”。

由张萍主编的《中国妇女的现状》1995 年由红旗出版社出版。该书分就业、文化水平与教育、社会保障、健康与保健、婚姻生育、法律、犯罪及老年妇女、少数民族妇女等专题，系统描述了改革开放15年来尤其是进入90年代以来中国妇女的现状及她们所面临的挑战。

由北京大学出版社即将出版的《女性研究系列丛书》包括：《中国女性人口问题与发展》（郑小瑛主编）、《中国传统习俗中的性别歧视》（王庆淑著）、《苗族女性文化》（王慧琴著）、《域外女性》（陶洁著）、《青春方程式——50个女知青自述》（刘中路主编）及《她们拥抱太阳——50位北大女学者自述》（魏国英主编）等。

四　妇女研究在社会学中的地位

综上所述，可以认为，妇女研究是个多学科的领域，参与者也来自不同专业。但是在中国社会剧烈变迁中，最引人注目的妇女的现实地位、现实问题主要的还是社会学课题。全国妇联妇女研究所作为唯一的妇女研究专业机构，在参与国家社会科学规划活动中，是分属于社会学专业组的。因此，观察妇女研究在社会学中的地位，对于了解妇女研究在中国社会科学学术主流中的地位，是很有意义的。

这里所说“社会学界”，是由妇联系统外社会学专职研究和教学人员组成，考察妇女研究在其中的地位，将由下列几个指标组成。

1. 社会学科研和教学机构中，有没有妇女研究机构或专业设置

到1994年，全国34个社会学研究所（室）没有一个研究所里有妇女研究室，只有云南社会科学院社会学研究所中设“人口与妇女研究室”；18个社会学系（教研室）中，没有一个系里有妇女研究的专业。在社会学课程设置中（包括必修课和选修课）中，妇女研究也属空白。

2. 计划内社会学课题中，有多少有关妇女的专题

国家重点课题社会学专业如下：

“六五”课题共2个，与妇女有关的课题1个（“五城市家庭研究”），妇女专题没有；

“七五”课题共14个，与妇女有关的1个（农村婚姻家庭研究），妇女专题半个（“社会保障研究”子课题“妇女保障问题”）；

“八五”课题共11个，有一个妇女专题（全国妇联妇女研究所“社会主义现代化过程中的妇女问题”）。

国家年度基金及国家青年基金社会学专业如下（1989—1991 年）：

国家基金共 62 个，与妇女有关的课题 1 个（“婚姻研究”），妇女专题 2 个（北京经济学院“妇女的劳动就业问题”；全国妇联妇女研究所“中国妇女社会地位调查”）；

青年基金 29 个，妇女专题 1 个（宁夏社会科学院“城市妇女在十年改革中的角色变迁与冲突”）。

那么，在社会学 50 余机构中，妇女研究是怎样的位置呢？根据《社会学年鉴》和《社会学研究》杂志对各所、系研究专业和课题介绍，各所、系承担的课题共 240 个左右（除前述国家课题外），其中妇女题目仅 4 个，与妇女有关的婚姻家庭生育等有 7 个。据我们所知，妇女研究的数目远不止此，有许多较大的题目并未计入其中，但是既然是各单位自报的，必然是被认为重要的，所以仍很能说明问题。就是说，相当一部分从事或曾做过妇女研究的人员主要出自个人兴趣，他们的经费来源也主要地不是来自计划内，而是其他途径。

3. *学术活动中，又有多少妇女的内容*

所指学术活动，包括理论研讨会和与国外的学术交流。根据《社会学研究》编辑部统计，从 1979 年至 1994 年 8 月，与社会学有关的学术活动历年（1979—1981 年被算在了一起）数目是：18、15、11、11、18、11、12、20、27、31、27、47、35、13 个。其中以妇女为主题的活动几乎少到可以忽略不计。而其中由社会学界主持的仅 2 个，而且都是小型活动。当然，这一统计不排除有相当的疏漏，但并不影响它的实质倾向。

4. *妇女研究学者的性别*

这里我们难以统计所有社会学研究人员中从事妇女研究人员所占比例及它们的性别比，但有一个实证可供参考：1994 年 12 月，中国社会科学院妇工委和一些热心的研究人员，在征得社会科学院的支持后，终于召开了中国社会科学院第一次妇女问题学术研讨会，并且刊印出一本《中国社会科学院妇女研究学者简介》。有 121 人被列入与会名单，其中男性学者 6 人，占近 1/ 20；简介中介绍了 49 位学者，男性 3 人，也接近 1/ 20。在日常学术活动中也体味到这一领域中性别的尴尬，对于与两性相关的妇女/性别研究（不是妇女运动）来说，其越来越多的参与者中女性占压倒多数，少量男性学者的介入，难免被降低了他们的学术地位，还有一些则以天然指导者身份出现。

以上的扼要分析给我们提供了一个真实的图景，那就是在妇女研究蓬勃发展成为越来越多的研究者的自觉选择的同时，学界的漠视态度也十分明显。中国的妇女研究一方面在社会科学中占有了一席之地，但距学术主流还有很大差距。

中国农村“职业—身份”声望研究*

折晓叶　陈婴婴

本文以分布在东中西部10个县（市）内具有一定代表性的农村居民为对象，首次在中国农村对职业声望进行了社会学测定，并以此为对照，对中国城市职业声望和国际职业声望比较研究的基本结论进行了讨论、验证了与以往研究不同的是，文章在考察传统意义的职业声望时，加入了带有社会分化特征的身份要素，证明就业身份对声望体系表现出很强的再分化能力，指出职业和就业身份共同构成我国现阶段最具代表性的社会位置，声望评价只有与二者相结合，才能对社会结构现实的分化过程具有更强的解释力。文章还进一步讨论了声望体系与社会分化的客观机制之间的认同关系，认为声望体系虽然与社会分化其他层面的特征不可混为一谈，但作为主观评价的结果，则在相当程度上反映了社会地位的主要差异，从操作的意义上来说，它可以作为一个综合指标对社会分化的秩序进行测量。

职业声望作为工业化社会核心价值的一种反映，一直被社会学家广泛使用，以从社会层面测量社会结构分化的方向和程度。特雷曼（Treiman）在国际比较研究的基础上提出“标准国际职业声望量表”（SIOPS）之后，职业声望的历史继承性和国别间的相似性更受到广泛承认，被认为是测量社会地位的最主要指标之一。然而，用一个主观评价的社会价值体系测量社会结构分化的客观程度，毕竟存有理论和经验方面的误区和真空。因而，它又是一个需要不断验证和修订的范畴。此外，职业声望的国别相似性是以工业化社会为其基础的，并且，这种相似性也多少已为中国城市声

* 原文发表于《中国社会科学》1995年第6期。

望研究所证实。那么，在中国正处于转型时期的农村社会里，职业声望是否也具有这种特性呢？

因此，有必要在中国农村社会对职业声望做深入一层的探索。本文即以中国10个县（市）农村（含十分之一城镇居民）的抽样调查资料为依据[①]，试图对上述问题提出一些解释。

一　国际测定的基本结论和需要进一步研究的问题

职业声望作为一种研究传统，是以解释社会地位与社会分层的关系为其主线的。马克斯·韦伯是第一个有系统地研究这种关系的学者。韦伯以后的声望研究在理论上仍然围绕声望在解释社会分层结构中的意义和功能，不过更深入一层。一是将声望研究的成果引入其他专门的社会学研究领域，其中最有代表性的是地位获得模型理论（布劳和邓肯）和社会网络理论［兰曼（Lanman）、帕皮（Pappi）、布莱克本（Blackburn）、普兰蒂（Plandy）等］。二是对声望进行了经验研究和实际测定［沃纳（Warner）等］。三是将社会学统计方法运用到社会分层研究，发展出多种职业声望量表［康兹（Counts）、爱德华（Ed-wards）、邓肯、诺思和哈特（North-Hatt）等］。这些研究不仅从方法上更加规范化，而且从理论上提出了一些新的看法和解释。其中对声望的社会心理学和文化差异论的解释颇为流行。

70年代后，当研究扩展至国际的比较，学者们发现职业声望具有国别间的一致性时，便试图超越文化差异论，寻求从结构同构论上解释问题。特雷曼就是国际声望比较研究和声望决定结构论的集大成者。特氏认为，国际比较研究的主要目的，是找出人类社会结构的共同不变的法则。他根据学者们在世界60多个国家所做的有关职业声望、收入和教育等的研究资料，制订出“国际标准职业声望量表”。特氏在比较各国的职业声望量表时，发现各国对职业声望高低的评价非常接近，其相关系数高达0.81。这个数字说明职业声望评价不受文化差异的影响，即使在同一社会里的各个

① 有关该项调查的基本情况和统计数据，请参阅《中国城乡居民家庭生活调查报告》，同名课题组，中国大百科全书出版社1994年版。

次文化群体，对职业声望的评价也非常接近。特氏领导的研究小组在诸多个国家所做的实证研究，也基本证实了这个结论。因此，他认为职业声望本身具有不变性，不因国情、意识形态、文化或时间差异而不同①。这种不变性基本上是由社会结构本身的两个特性，即功能的必要性和组织的必要性所造成的。特氏的结论既否定一些社会学家用“文化差异”对声望评价的群体差异进行分析，又否定人类学家用“文化扩散”对职业声望在各国雷同现象的解释，而强调结构相同的作用。但是，我们不能因为职业声望反映了各国社会结构某些方面的相似性，因而得出各国的社会结构也相同的结论。特氏研究的局限在于，他所参照、对比乃至使用的职业声望量表，其本身包括的职业尽管在各社会中都有一定的代表性，但却侧重于职业在技术、知识和从事职业所得报酬上的差别，而忽略职业在权力和权威等方面的差异。特氏在制订国际声望量表时，虽然也提出了职业权力和特权问题，但他对职业权力和特权的界定是依据教育和收入差异的②，而这两个指标对权力和权威的解释力非常有限。由于职业在权力和权威上的差异有些来自劳动的社会分工，有些则来自特定社会的社会资源的分配机制，如资源分配中的身份制、继承制等，而这恰恰是许多社会中社会结构分化的基本方面，因此人们对职业声望研究的一个基本争论就是，职业声望测量的到底是什么③。

对这个问题表示的疑义，一是职业代表的是否社会结构分化的基本方面。一般认为，工业化社会中最能代表社会位置的莫过于职业④。那么，我们这个农业转型社会的社会位置体系，是否可以单纯的职业来代表呢？讨论这个问题的意义在于，声望作为一个社会的核心价值，只有与特定社会中最能代表这种价值的社会位置相联系，才能对社会结构的层级化具有一定的解释力。二是声望作为主观指标，反映的是不是或在多大程度上反映的是社会结构分化的客观过程。当然，声望作为一种主观性的地位特征，在评价时一般也要以客观性的地位特征为依据。那么，依据的程度如

① 特雷曼：《劳动分工与职业分化》，《职业声望比较研究》，纽约：学术，1977 年，第 5—19 页（Treiman，D.，1977. “The Division of Labor and Occupational Stratification”，*Occupational Prestige in Comparative Perspective*，pp. 5 - 19，New York：Academic）。

② 特雷曼：《劳动分工与职业分化》，《职业声望比较研究》第 5 ~ 19 页。

③ 许嘉猷：《社会阶层化与社会流动》，三民书局 1986 年版，第 90 ~ 10 页。

④ 许嘉猷：《社会阶层化与社会流动》，三民书局 1986 年版，第 90 ~ 10 页。

何，声望的差异反映的是否社会地位分化方面的主要差异，因而可以成为测量人们社会地位的重要差异性指标呢？这些正是我们进一步研究问题的理论出发点。研究声望的实践意义则在于，声望体系作为一个可操作的量表，可以直接用来对社会流动和由此引起的社会分化状况进行测量，指出流动的方向和分化的程度。这种实际测量的结果对于制定社会政策和开展实际工作都具有重要的作用。可以说，声望研究是解决上述一系列理论和实践问题的不可逾越的基础性研究。

这项基础性的研究在我国城市已有所进展。开始于80年代初期的中国城市职业声望研究，较有代表性的是林南和谢文在北京市①、边燕杰在天津市②、蒋来文等在北京市和广州市③的抽样调查。京津两地的研究目的之一是参与国际比较，从中找出特氏结论的合理性和存在的问题。研究的基本结果都印证了特氏跨国研究的基本结论，认为存在一致性的基础是工业化社会存在同样形式的劳动分工。但也从诸个方面分析了中国城市职业声望与他国的差异性，认为存在差异性的原因是除去工业化的分工模式外，历史的和文化的力量也左右着人们将职业意义内化的过程。然而出于比较的目的，京津职业声望量表在设计中着重考虑到可比性，因而同样侧重于测量职业的技能、知识和所得报酬等。但天津量表已经考虑到职业的权力和权威，增设了行政干部群体内部的等级。90年代初在北京和广州两市的调查，在量表设计上则显然已更多地考虑到中国社会结构分化中职业和就业身份的双重作用，而将就业单位的所有制性质与某些有代表性的职业相结合。虽然这项研究没有在跨国比较上做出更多努力，但是量表设计上的变化，已经带有变革的意义。

如果将就业身份等反映职业权力、权威乃至特权的要素加入声望量表，观察声望体系的秩序是否发生变化，变化是整体性的还是局部性的，是变革性的还是修正性的，也许有助于我们在理论上回答职业声望测量的

① 林南、谢文：《中国城市职业声望》，《美国社会学杂志》1988年1月（V.93 N.4）（Nan Lin & Wen Xie，“*Occupational Prestige in Urban China*”，*American Journal of Sociology*，V.93 N.4，January，1988）。

② 边燕杰：《中国职业声望的一项比较分析》，提交给《美国亚洲评论》的文章，1993年2月（Bian Yanjie，“Chinese Occupational Prestige：A Comparative Analysis”，Forthcoming *The American Asian Review*，Feb. 1993）。

③ 蒋来文等：《北京、广州两市职业声望研究》，《社会学与社会调查》1991年第4期。

是什么，其效果如何等问题。另外，中国城市职业声望与国际测量表现出的一致性，在农业转型社会中或准工业化社会中是否也普遍存在，它们以怎样的方式存在，这种存在对于描述和测定农村社会结构的分化具有怎样的意义，也是同样需要从理论和实践上进一步讨论的问题。

二　中国农村职业声望的测定和就业身份的设计

从社会分工的复杂程度上说，城市是个典型的职业社会。传统的农村则与此相反，单一的农业使农村职业结构简单，失去了分化的意义。农民在土地上固着，没有流动的机缘，职业评价和选择对他们也就没有意义。因此，以往职业声望研究中社会学家主要关注的是工业化社会的职业声望。那么，研究农村职业声望的客观基础是什么呢？

首先是近十余年农村社会分化的现实。近十余年来农村经济体制改革和乡村工业化的推进，深刻地改变了农民的职业结构，农民向非农的转移迅速而广泛，农户家庭中从事非农产业的人口比重逐渐加大。本次调查所涉及的 10 个县域内，1992 年底持农业户口的回答人（尚不包括不在调查地的非农人口）在主业中从事非农职业的占 34% 以上，其中经济发达地区的比重更高，一般都在 60% ~80%，分布在多个行业和职业类型中。如将回答人亲属中从事非农职业的人口也计算在内，这个比例就更高。农民职业结构由单一向多元的迅速变化表明农民可进入的职业领域越来越宽广，且越来越突破某些传统的非农业领域。显然，不从职业流动上来认识农村社会的分化就把握不到农村改革的脉搏。农村社会分化的现实，正呼唤着新的认识范畴和分析方法。

与非农化相伴随的，是农民向城镇或经济发达的农村地区的流动。这种流动不仅使农民完成了自身的职业转变，使城市人无法忽视他们的存在，而且将大量的职业信息在农村特别是以往边远落后的农村中传播。此外，大众传播媒介物在农村的普及，使农民对更广范围的职业也具有了概念上的理解。本次调查所涉及的 10 个县域内，被调查农户中，拥有黑白电视机的占 59.3%，拥有彩色电视的占 24.1%，拥有收音和录音机的分别占 38% 和 37%；每周收看电视天数 3 天以上的占 76%，听广播节目天数 2 天以上的占 50%，看报天数 2 天以上的占 34.4%。考虑到调查涉及边远落后闭塞的农村地区，农村文盲的比例较高，调查中允许被调查者挑出自己“不清楚”或“没听说过”的职业，对此不进行评价。调查的实际结果表明，除去个别边远落后地区的农民，如河北南皮县农村等，对声望调查涉及的百种职业回答“不清楚”或“没听说过”的比例较高外，从总体上来说，农村居民已经具有较强的职业意识和职业评价能力。他们在调查中对各种职业表明的看法以及对调查表现出的积极参与的热情，都说明在农村研究职业声望已经具备了条件。

不仅如此，农民的职业意识和评价能力，实际上已经在客观地影响着农民的择业过程。虽然从职业评价到职业选择再到实际转移是三个不同的具体过程，并且往往具有不一致性，但是流动的现实可能性使农民对职业的概念早已突破了“农业”的范畴，对职业的选择越来越重视。当然这种选择由于受到农民身份的限制，实际上是有限的。而农民身份与某些特定职业结合后所形成的专门职业，才是农民实际上可以选择的范围。因此农民对职业的体验往往是与职业身份连接在一起的，这与城市居民对职业与单位身份相连接的体验是一致的。所不同的是，农民在职业选择中除去受单位身份的排斥外，又加上一层城乡社区身份的限制。可以说，农民对现存的职业身份体制具有最深刻的体验，同时也是以此来给社会职业和个人的社会地位定位的。

因此，与以往城市声望研究和国际声望研究不同的是，本次农村声望研究中特别重视了对带有强烈身份特征的职业声望的研究。现阶段中国社会的身份特征植根于职业和与就业相关的体制，我们称之为就业身份。就业身份的主要标识有单位身份和户籍身份。在声望调查中单位身份以所有制类型来划分，选择较有代表性的厂长、工人、司机和文秘职业与之相结合，形成4个单位身份群体。户籍身份则以户籍为农业户口的“农民”与目前他们可以从事的职业相结合。

将身份特征加入的考虑基于这样一个假设：传统意义的职业，可能不是我国现阶段最具代表性的社会位置；由职业和就业身份结合而成的社会位置，可能是更准确刻画社会地位的指标。所以，以就业身份为表现形式的社会体制，与工业化的分工模式和历史文化传统，共同决定着特定社会人们将职业意义内化的过程，从而形成该社会对“职业—身份”声望的认同体系。

基于这个假设，在选择100种职业时，我们主要考虑到以下几个因素。(1) 城乡职业分化的程度和职业结构。主要参照第四次人口普查的职业分类标准，基本上涵盖了该分类的所有大类和中类。(2) 比较研究的可能性。为了与以往国内和国际职业声望研究进行比较，尽可能包括国际声望研究和中国城市声望研究中已经测定过的一些职业。(3) 农村居民对这些职业的敏感和熟知程度。(4) 加入一些带有强烈身份特征、在城乡社会结构分化中已经较稳定的职业类型，如农民工、私营业主，等等。(5) 关注一些新出现的在职业分化中引起社会重视的职业群体，如经商人员群体、自由职业者群体，等等。在100个职业身份中，选择小学教师作为参照职业，因为小学教师是农村居民十分熟悉的职业。统计中则以小学教师作为评分的参照①。

该项抽样调查在10个县（市）进行（包括上杭县、张家港市、新会县、临夏市、曲靖县、玉林市、南皮县、孝感市、彰武县和新都县）。总样本（成功率94%）数合计3012个，其中，回答人为男性的占70.15%，女性占29.85%；受过大学以上教育的占1.53%、中学占29.48%、小学占35.03%、文盲占3.96%；农业户籍的占79.97%，城镇户籍占19.7%，其他户籍占0.3%；就业人口（包括离退休后再工作的、长期病休的、企业停产暂无工作的、留职业停薪的人员）占9%以上。

经以上回答人评价的“职业—身份”声望，是一个复杂的结构体系。

三　职业声望等级序列的一般结构

职业作为描述社会位置的参数，本质上是一个刻画个人社会特征的类

① 将10种职业按照随机抽取的办法分成11个组，每组中都包括小学教师。也就是每组有9个职业各不相同，有1个职业（小教）是相同的。在问卷访答中，也按照随机的原则控制每组职业出现的频率。这样每个被调查人只对1组即10个职业，按其社会地位的高低进行排序。每一组排序中最高职业的序号为1，最低为10。允许将“不清楚”或“没听说过”的职业排列在中间位置（序号为5）；对分不出高低的几个职业放入同一序号。在统计分析中，以小学教师作为参照职业，即每一组的每个职业的得分都与该组小学教师的得分进行比较，对两者之差加权平均后得出该职业在总排序中的得分，并以百分数（0～100）来排列高低。计算公式：职业得分（均值）＝该职业得分－小学教师得分/组（参照边燕杰计算方法）。

别参数[①]，它所描述的社会位置是不分高低顺序的。但是，身份和声望却是两个等级参数。职业与它们的结合产生了刻画社会结构特征的新变量，例如职业身份和职业声望，它们则是等级参数。

本次100种职业声望的排序，描述的就是这样一种等级的纵向序列[②]。我们以此为基础，与80年代至90年代初中国几大城市职业声望的调查结果，以及国际职业声望调查的主要成果进行比较[③]。为便于比较，先将100种职业中的身份因素搁置一边，只从单纯职业的意义上进行考察。

在本次100种职业声望排列中，最高得分组20个职业集中了高级教育和专业人员、高级别行政管理干部，最低得分组20个职业则集中了那些非技术性的、劳动条件差并且受到传统观念排斥的职业。两组职业声望的排序，与中国城市声望和国际声望排序在总体上具有很强的一致性。近20年来的声望研究表明，那些教育程度高的专业人员和职别高的行政官员，无论在中国城市还是其他国别都具有最高的声望；而那些非技术性的、重体力劳动的职业，则一律地具有最低的声望。这种一致性和稳定性，在以往国内外的职业声望研究中已有基本结论，本次研究的贡献是提供了农村居民对职业声望的评价也具有这种基本趋势的证明。这种趋同性从一个侧面说明，我国农村社会的分工模式正在向工业化的一般分工模式转变，转变的程度至少已经影响着农民将一般职业的意义内化的过程。

不过，农村声望评价也表现出一些不同的特点。

第一，对专业群体的评价不同。中国农村的声望排序中，专业人员群体中的大学教授、工程师、科学家往往被给予最高的评价，对医生、律师的评价相对较低；而在城市和国际声望评价中，医生、律师则往往被给予最高的评价。

第二，行政管理人员的排位占有非常突出的高位。在最高得分组20个

---

① 彼特·布劳：《不平等和异质性》，王春光等译，中国社会科学出版社1991年版，第14页。

② 有关该100种职业声望的排序，请参阅《中国城乡居民家庭生活调查报告》，同名课题组，中国大百科全书出版社1994年版，第145～148页。

③ 美国全国民意调查中心主持的职业声望量表（NORC），转引自潘锦棠主编的《劳动与职业社会学》，红旗出版社1991年版，第175页；特雷曼《标准国际职业声望量表》（SIOPS），《职业声望比较研究》，纽约：学术，1977年，第235～259页（Treiman, D., 1977 “Standard International Occupational Prestige Scale”. *Occupational Prestige in Comparative Prestige in Comparative Perspective*, pp. 235–259, New York: Academic)。

职业中，这类人员有7个，占30%，其中政府部长、大城市市长、法院院长均在前5位，甚至企事业单位的政工干部和文秘也都排列在前20位以内。而在中国城市声望排序中，这类人员均未进入前5位，在前20位中占有的位置也不多。不过，就这一群体的整体位置而言，在中国城乡职业声望乃至台湾地区的职业声望体系①中，都占有中上的位置。而在国际声望研究中，对这一群体在研究设计及研究结果中都未给予重视，这是与不同国家的社会地位分化的突出特征相一致的。

第三，对文化类职业的评价普遍低于城市，没有一种进入前20位。但是在城市职业声望评价中，对文化类职业的排序则较高，作家、记者、画家、导演均进入前20位。这一差别表现出城乡居民在文化上和对文化类职业认同上的巨大差异。

第四，对军人职业的评价高于城市，排列19位，而在城市（北京、广州）则排位较低。这一差别表现出城乡居民由于就业机会不同而产生的观念差异。对于中国农民来说，参军至今仍是他们改变农民职业身份最直接的途径，因而对这一职业极为重视。

上述差异一方面与城乡在分工体系和职业结构方面的差异有关，由于这些职业的意义和重要性在城乡表现的不同，因而所得到的评价也不同。另一方面说明人们在评价声望时依据的社区准则是变化的。当人们对某个职业，例如农村居民对军人、医生、个体经营者等有直接认识和体验时，评价依据的是具体社区的社会评价准则，当对某个职业没有直接认识和体验时，例如农民对大学教授等，评价依据的则是全社会的评价准则。

第五，对经济类职业评价较高。在100种职业身份体系中，经济或经营人员群体包括了企业经营者、经商者（个体户）和各类经济业务人员。其中大中型国营企业厂长被列入前20位，排位第7，其他企业经营者和经济业务人员均被列入中组和中上组（前60位），个体经营者虽然在这个群体中排位最低，但也排列在第63~64位。这种评价比近年在城市职业声望（京、广）中的评价略高。虽然我们没有专门的社会统计资料，说明“经商者”或“经营者”的声望是否比以往有所提高，但是近10余年市场经济的发展和经商者阶层先富裕起来的事实，无疑使“商人”和经营者的形

① 瞿海源：《职业声望量表》，见许嘉猷，出处同上，第110~111页。

象空前鲜明、地位空前突出起来。这种现象反映出我国转型时期社会流动规范和模式的变化。在改革时期，市场结构的作用有可能强于个人的社会性资源对流动的作用，使某些原来难以流动的社会群体，如农民、社会闲散人员、普通工人和职员等，尽管缺少正规教育或某种政治身份，也获得了向上流动的机会。因为市场接受了他们的现状，并以某种方式允许他们利用新的机会向上流动。

尽管如此，上述差异在总体上并未破坏国际和中国城市职业声望测量中已经发现的职业等级秩序，并且与之保持了相当的一致性。这种一致性不但具有跨国别跨城乡空间的稳定性，而且具有跨时间的稳定性。

不仅如此，当我们深入一层分析时，还发现不同生理特质（年龄和性别）和社会特质（民族、教育、收入、就业、户籍、行业、职业、单位所有制、就业身份和社区身份）的人，对职业声望的评价也趋向于一致。虽然因个人特质不同，特别是社会特质不同，在具体声望上的绝对得分有所差别，但是这些差异与中国城市声望研究的结论是基本一致的，差异性只表现在某些人对个别职业的评价上，并且表现得很微弱也缺少规律性。从总体上说，不同生理特质和社会特质的人，对职业声望的评价具有相当的一致性。这种一致性说明，职业声望评价基本上不是个人生理和心理特征的反映，而是社会整体心态的反映，而这些心态则是社会最突出的客观地位差异的准确反映。这是我们将要在后文中加以说明的。虽然在研究中我们并未忽视个人特质对声望评价的影响，但在分析问题时却需要对评价的总体状况进行描述，找出一般的集中趋势。在这里，统计分析的意义在于，忽略个体的差异，抽象出一般的整体的态度。因此，声望量表本身所表现的也正是评价者的整体心态。

四　等级序列中的身份群体

如前所述，职业声望的纵向排序具有跨时空的相对稳定性。那么，就业身份作为中国特定时期的社会现象，将会对声望体系产生怎样的作用和影响呢？让我们将它加入声望体系，进行深入的分析。表 1 列出的是 100 种职业身份声望体系中 5 组身份声望的排列顺序，为比较起见，同时还列入了属于“干部”群体的教师和行政人员。

表 1　职业身份群体声望排序表

序号*	教师	行政人员	单位身份群体				户籍身份群体“农民”
			厂长	文秘	司机	工人	
1	教授	—	—	—	—	—	—
2	—	部长	—	—	—	—	—
3	—	市长	—	—	—	—	—
7	—	—	国营企业厂长	—	—	—	—
8	—	—	—	机关文秘	—	—	—
10	大学教师	—	—	—	—	—	—
11	—	局长	—	—	—	—	—
16	—	处长	—	—	—	—	—
20	—	政工干部	—	—	—	—	—
21	—	—	合资企业厂长	—	—	—	—
24	中学教师	—	—	—	—	—	—
30	—	—	集体企业厂长	—	—	—	—
36	—	—	—	—	机关司机	—	—
37	—	科长	—	—	—	—	—
38	—	—	乡镇企业厂长	—	—	—	—
40	—	—	私营企业厂长	—	—	—	—
45	小学教师	—	—	—	—	—	—
51	—	—	—	合资企业文秘	—	—	—
52	—	—	—	—	个体司机	—	—
54	—	—	—	—	—	国营企业工人	—
57	—	—	—	—	—	合资企业工人	—
59	—	—	—	—	公汽司机	—	—
60	—	—	—	—	出租司机	—	—

续表

序号	教师	行政人员	单位身份群体				户籍身份群体“农民”
			厂长	文秘	司机	工人	
68	—	—	—	—	—	—	乡村卫生员
73	—	—	—	—	—	乡镇企业工人	（乡企工）
86	—	—	—	—	—	集体企业工人	—
94	—	—	—	—	—	—	种田农民
97	—	—	—	—	—	农民工	（农民工）
99	—	—	—	—	—	—	雇工
100	—	—	—	—	—	—	保姆

注：* 该表中的序号与100种职业声望排序表中的一致。

如表1所示，职业身份的排列表现出很强的规律性，其中最明显的是整群分割、群内分化、群际交叉和绝对声望与相对声望的不一致性。

整群分割，表现出群体地位的一致性。5组职业身份群体在纵向序列中明显地具有群体一致的地位。从表1中可以看出，5组职业身份群体中存在明显的等级序列，最高为厂长组，最低为农民组。如果从这5个群体中各抽出得分最高或最低的职业单独排序，那么所排出的序列与群体序列是完全一致的。可以看出，这种排列仍然保留着前述职业声望体系原有的秩序，这种秩序在总体上并没有因为身份要素的加入而被破坏。这说明，职业声望体系有着相当的稳定性，并且，身份声望是以职业声望为其基础的，是职业声望体系的次级结构。不过，值得进一步讨论的是，这种次级结构的内部出现了分化的过程。这个过程已经对职业声望体系产生了重要的影响。

群内分化，表现出身份要素具有的分化作用。加入身份因素后，各职业群体内部发生分化，各自成为一个高低排列有序的等级结构。单位身份群体内部的分化是以工作单位的所有制公有化的程度为依据的。公有化的程度越高，声望排列的位置越高。这种等级分化的序列在4个单位身份群体内都非常一致。可见，单位身份对职业声望体系的分化作用是十分明显的。人们虽然对职业拥有一套在文化传统上沿袭的相对稳定的看法，但是在身份体制作用下，人们已经很难对一个笼统的或单纯的职业的声望做出准确的判断。例如，对“工人”这个职业，如果不考虑他在哪类所有制单位工作，就很难对其地位做出准确的判断，因为在国营企业和乡镇企业工作的工人，其地位差异是很大的，因而必须考虑从业者在哪种所有制的单位工作，也就是说只有将职业与单位身份放在一起考虑，才能对具体职业的声望地位做出准确的判断。

单位身份所具有的分化作用，从职业群体地位相互交叉的现象中也可以看到。

群际交叉，表现出身份声望对职业声望体系重新分割的过程。前已述之，职业群体作为一个个整体，在声望总序列中的地位是按群排列的。身份声望序列产生后，群体内部的分化对这种整群分割的格局产生了影响，出现了职业群体之间在声望地位上的交叉。在这里，单位所有制身份起着最重要的作用。例如，作为司机职业群体的声望明显低于厂长群体和文秘群体，但是具有国家机关身份的司机，其声望却高于厂长群体中的乡镇企业厂长和私营企业厂长，也高于文秘群体中的中外合资企业文秘。同样，工人作为职业群体的地位低于司机群体，但是具有国营企业身份的工人，其声望地位高于身份不稳定的出租汽车司机。显然，由于身份声望的存在，职业声望原有的排列顺序被部分地改变了，职业群体的地位不再是统一稳定的了。不过，户籍身份和职业特权身份在这方面的影响和作用却是有限的。这两种身份都已经化约为稳定的职业类型，如干部、工人、农民本身就是职业类型，对它们声望的评价依据的显然是职业本身的特征，如职权的、技能的和地位的等等，因此身份特征并没有对它们产生特殊的再分化作用，这几大群体之间的声望排列没有任何交叉。因此，在考虑身份因素的作用时，这两种身份的影响要低于单位所有制身份。

身份群体内部分化和群际交叉的现象说明，就业身份对声望体系表现出很强的再分化的能力，单纯的职业并不能完全表现我国现阶段最具代表性的社会位置的特性；对职业位置的社会评价，也不能完全准确地测量和解释我国社会分化的实际过程。从这个意义上说，职业和就业身份二者共同构成我国现阶段最具代表性的社会位置，声望评价只有与之相结合，才有可能对社会结构现实的层级化过程具有更强的解释力。

绝对声望和相对声望的不一致性，是职业身份声望纵向序列的又一个特点，集中反映在“农民”身份群体的分化上。在近 10 余年的农村经济体制改革中，农民群体内部发生了剧烈的分化，这种分化是以职业的多元化为表现形式的。在10种职业声望量表中，列出了目前具有农民身份的人大概从事的职业范围，比较典型的有乡村卫生员、乡镇企业工人、种田农民、农民合同工、雇工和保姆。小学教师和农林技术员中也有一定数量的“农民”身份的人，但目前绝大部分已经转为国家或地方编制的人员，故不计入。这个群体内部的分化，使一部分拥有农民身份的人的绝对职业地位得以提高。例如，乡村卫生员排列68位，其位置远远高于大部分体力工人和服务业职工；具有乡镇企业工人身份的“农民”，排列73位，其声望地位也高于大部分重体力工人和服务业人员。但是，正如表1所示，作为“农民”整体，其群体地位的相对位置仍然是最低的，种田农民、农民合同工、雇工和保姆，都处于声望体系的最低层。

如上所述，职业与身份的综合声望体系，较之单纯的职业声望表现的的确是社会结构更为丰富的分化过程。问题在于，这种主观的评价系统，在多大程度上与客观的分化过程相吻合。

五　声望体系与社会分化机制间的认同关系

从声望体系内形成的就业身份序列中，我们可以清楚地看到，声望体系与我国目前特有的社会分化的客观机制——单位制、行政制和身份制之间具有强烈的认同性。

单位体制及其在社会分化中的作用，已经有人做过专门研究①。这里进一步讨论的是，单位作为一个典型的类别变量，怎样被赋予等级分化的意义，以及单位的其他等级地位特征所形成的级序，与单位的声望级序之间的关系。这里，我们选择几个由职工可以通过单位直接获取的社会性资源——收入、补贴和福利（补贴和福利在这里可以被看作单位特权），作为考察不同所有制单位等级的指标，对此加以说明。

个人所在单位的所有制类型，规定着不同的分配制度。据1992年的一项调查②，不同所有制企业职工的月平均收入按高低排列的顺序为：三资、全民、集体和其他。但是，一般来说，三资企业或个体私营企业的职工并

① 李路路、王奋宇：《现代化进程中的社会结构及其变革》，浙江人民出版社1992年版，第94页。李汉林：《中国单位现象与城市社区的整合机制》，《社会学研究》1993年第5期。

② 李强：《社会分层与流动》，中国经济出版社1993年版，第148页。

不占有或很少占有工资或收入以外的各种补贴和福利资源。根据一项关于城市居民消费补贴的调查研究[①]，消费补贴无论是“明补”还是“暗补”都在消费过程中形成居民之间福利水平上的差别。这种差别在不同所有制单位就业的职工之间表现得甚为明显，按占有补贴的多少，不同所有制单位的排列顺序为：中央省级全民所有制单位、其他全民所有制单位、集体所有制单位、个体私营经济、其他所有制单位（包括三资企业）。如果考虑到劳保福利的因素，这种差别则更大。显然，补贴和福利改变了前述收入差距的方向，三资企业从排位第一降至倒数第一。从综合社会性资源的占有来看，不同所有制单位由高到低的排列顺序是与国有化的程度成正比例的。除去单位所有制不同外，单位级别在我国现有体制下，也是形成单位等级差别的要素之一。例如，集体企业内部素有等级差别，“大集体”在工资、福利、保障等方面都优越于“小集体”。这种差别的方向一般来说也是与国有化或“地方所有化”的程度成正比例的。

在这里有意义的是，声望体系中单位身份的等级顺序与单位的多个客观地位特征形成的等级顺序是基本一致的。这种一致性对我们至少有两个意义，即其一，声望作为主观评价的结果，是特定社会基本的客观差异的直接且准确的反映；其二，单位声望与单位的其他等级特征共同表征单位的社会地位，并且，由于单位声望的差异反映了单位其他地位特征的差异，因此，可以作为独立的测定人们社会地位的重要差异性标准。

在声望研究中，我们还列出一组行政干部群体作为测定的对象。这个群体的声望结构，与我国现行的干部行政工资级别制下的分层结构也有相当的一致性。尽管目前社会上对干部群体有着各种看法，并且声望又是人们评头论足的结果，但是这与一般经验上人们所说的“民”对“官”的“情绪”毕竟是两回事。这说明，声望评价从总体上说不是人们心理情绪的反映，而是客观地位差异的反映。

这里称谓的身份制在一定程度上与单位制和行政制是一体的，只不过表现出更强的多样性。就业单位身份是其中之一，等级依单位所有制而定，如前所述，它与声望级序具有一致性。职业特权身份，是身份体制的

① 仲济垠：《城市居民消费补贴与收入分配》，赵人伟等主编《中国居民收入分配研究》，中国社会科学出版社 1994 年版，第 263～279 页。

另一个主要体现。具有这种身份特征的人主要是工人、农民和干部。这三种身份虽然都是以职业特征为内涵的，但是由于脑体差别、工农差别和城乡差别的存在，并且这种差别长期以来被劳动人事制度、户籍制度、商品粮制度等进一步固定了，因此使具有这三种不同身份的人在占有和支配社会性资源上存在较大的差别，处在不同的社会地位上。根据这三种身份的人所占有的社会性资源的总量方面的差异（收入、补贴、教育），他们的等级地位按高低顺序排列为：干部、工人、农民。本次声望调查中，这三类群体的整体声望，同样也按干部、工人、农民的顺序排列。身份制还有一个要素是个人就业身份。这种身份之间的高低等级关系，是由劳动分工所形成的职责和权力差别所规定的。声望调查的结果也反映出与这些差别相同的等级关系。社区身份是与上述身份特征相关联的又一种特权身份，在这里我们主要指城乡户籍身份。在声望调查中，我们涉及了城乡两大居民群体，他们的声望排位也显示为城市高于农村。即使农村户籍身份的人在个人的就业身份上升为企业管理者，如乡镇企业厂长、雇主或私营企业厂长、个体经营者后，他们的声望已经高于某些城市户籍者，但是从总体上来说，仍然低于与他们有同类身份但拥有城市户籍的人，如乡镇企业厂长和私营企业厂长的排位高于国营和集体企业工人，但是仍然处于厂长群体中的最低地位，排位在城市国营企业、集体企业厂长之后。

在这里，我们只对职业—身份声望与声望体系中反映出的社会分化机制之间的关系进行了初步考察，并未涉及其他的分化机制如教育的和收入的，以及所有这些分化机制间的相互关系。对这些关系的社会学测定是一个复杂的问题，需要专文加以说明。这里只需指出，声望体系与社会分化其他层面的特征是不可混为一谈的，但是声望体系在相当程度上准确地反映了社会地位的主要客观差异，从操作的意义上来说，它可以作为一个综合指标对社会分化的秩序进行测量。

还需要指出的是，声望虽然反映了社会地位分层化的客观过程，但是它本身所描述的并不是实际的社会分层结构。声望研究的意义在于，声望作为一个等级变量，为我们提供了一个测定社会分层化程度的标准框架或量表。而实际的社会分层状况，则是社会分化和社会流动过程沉淀的结果。研究中我们看到，人们对职业身份声望的评价与他们的流动愿望之间，流动愿望与实际的流动过程之间，存在着相当的差异性，这是三个相互关联但又相互独立的过程。也就是说，人们对职业的评价影响着他们的选择，但是选择时却更多地考虑到个人能力与向往的职业之间的差距。人们在评价职业时，社会评价系统或评价的一致性更起作用，而在选择职业时则是个人的条件、愿望和差异更起作用，一旦进入实际的流动过程，个人的选择又会让位于社会的就业机会结构。对这三个过程间的相互关系及其统计测定，尚有待于系统研究。这里强调的只是声望体系与实际社会分化过程之间的连带关系和差别。

本项研究在统计方法和数据处理方面，得到美国芝加哥大学社会学系白威廉（W. Parish）教授和中国社会科学院社会学研究所沈崇麟副研究员的实质性的帮助，特致谢意。

前学科阶段的中国青年研究*

王　颉

作者认为确立青年群体的社会主体地位，以社会学为主干，集心理学、教育学、伦理学、美学及生理学等学科为科学群对青年群体进行综合研究，是当代青年研究区别于传统的青年研究的最显著的特点之一。近15年来，青年研究领域取得了丰硕的成果。但是要跨越前学科阶段，尤其是确立完备的理论体系，尚需相当的时日与艰苦的努力。目前对青年研究最终形成的体系难以做出精到的逆料，但未来的青年研究不应该也不可能彻底脱离社会学为主干的科学群的支撑则是可以预见的。

如若不忌讳牵强附会之嫌的话，青年研究在中国至少已有二千多年的历史了。19世纪之前是青年研究的超前学科阶段，占统治地位的“青年观”与“青年对策理论”大致可分为三类，并可追溯为三个来源：一曰教化，孔子对青年寄予极大希望，“后生可畏，焉知来者之不如今也？四十、五十而无闻焉，斯亦不足畏也已”（《子罕》），造就可畏后生之途径是“有教无类”（《卫灵公》）与“道之以德，齐之以礼”（《为政》）；二曰专制，韩非从其“性恶”出发极力反对教化，甚至把“为学”与亡国相提并论，“群臣为学，门子好辩……可亡也”（《亡征》）对所谓“二心私学者”要“破其群，散其党，禁其欲，灭其迹”（《诡使》）；三曰愚化，老子认为“古之善为道者，非以明民，将以愚之”（《老子·六五章》），并极力主张“虚其心，实其腹；弱其志，强其骨。常使民无知无欲”（《三章》）。

无视青年群体的社会主体地位，对其进行教化（驯化）、专制（镇压）与愚化是超前学科阶段“青年观”与“青年对策理论”的内核。

---

* 原文发表于《社会学研究》1995年第6期。

18、19世纪之交，伴随着西方人文主义与资产阶级人性解放在中国的传播，尤其是马克思主义传入中国之后，青年研究才因其具备了近现代社会特征而进入了发展的前学科阶段。诞生于新文化运动的近代青年研究，从其起步之日便出现了两种取向，并逐步演化形成了马克思主义与非马克思主义的两种研究传统。至1949年中华人民共和国成立前，马克思主义青年研究的主流是对青年运动的科学探讨；非马克思主义青年研究的情况较为复杂，其中具有科学价值的研究成果大都以单学科研究和青年社会问题研究为其主要倾向。

1949年后的30年里中国大陆的青年研究主要倾向仍是青年运动研究的继续。50年代中后期，社会学、伦理学、心理学等学科的发展遇到难以克服的障碍，甚至被粗暴地予以取缔，“文化革命”又进一步断送了社会科学的生存条件，青年研究最终走进了“阶级斗争为纲”和宣传典型经验好人好事的狭窄胡同里。

1979年之后，随着社会学、心理学等一批学科的恢复重建，具有现代科学特征的青年研究才真正获得了发展与传播的权利。15年来青年研究大致走过了三个阶段：1979年至1983年为青年群体的社会主体地位确立阶段，1984年至1989年为青年研究学科地位确立阶段，1990年以后为理论探讨与实证研究相互协调相互促进的常态发展阶段。

一　当代青年研究的起步与青年群体社会主体地位的确立

当代青年研究是在特殊的历史背景下起步的。首先是在把迷信与对人的迫害推向极顶的“文化革命”结束之后，青年人或以奋斗或以思索或以消沉或以盲动或以拒绝选择等社会行为，顽强地表现其已经成为事实上的社会主体；其次是改革开放发轫，社会矛盾、社会冲突的显化。社会学等一批曾被视为“资产阶级伪科学”的恢复重建，必然引发思想领域乃至整个上层建筑领域的矛盾冲突，围绕着青年群体的社会主体地位的确立的不同之场即是这种矛盾冲突的具体表现；再次是环绕青年的矛盾冲突此起彼伏，青年面对的社会问题异常复杂，青年研究在理论上十分薄弱，即便是社会学也只是处在恢复重建阶段，而社会的迫切需要使当时的青年研究更多的是扮演了“消防队”的角色。

（一）青年成为整个社会关注的焦点

1979 年前后，社会环境急剧变动，青年群体出现了前所未有的躁动。引起全社会普遍关注的是所谓“三类青年”和“两次冲击波”。

“三类青年”之所以为人瞩目，主要原因是他们对社会生活的影响和冲击力度甚大。一类是“民主社团”“人权组织”，这部分人情况较为复杂，后来分化较大。他们大都参加过“红卫兵运动”及“四五运动”，1978 年 11 月前后又在北京西单张贴大字报，搞起“民主墙”。1979 年初又进一步发展为结社、办自发刊物。据不完全统计，仅北京的四家自办刊物《北京之春》《四五论坛》《沃土》《今天》就有 130 多人参与活动。其他城市亦出现了类似的结社或自办刊物，如广州的“科学社会主义学会”及其所办《未来》杂志，贵州的“启蒙社”“解冻社”，大连的《人权周报》等。二类是，“文化革命”中的上山下乡知识青年，在全国各地的城市中以静坐、示威等方式要求尽快解决回城问题。已经返城的知识青年则面临着难以就业、生计无着的困境。于是又继发了强烈要求就业的群体行为。各地知青扒火车拦汽车、冲击政府部门、围攻领导干部等问题时有发生。由于上山下乡运动牵涉千家万户，因此引起了全社会的普遍关注。三类是，青少年犯罪问题日益突出，与五六十年代相比，青少年犯罪不仅在数量上成倍增长，而且作案手段趋向残暴，各地出现大量耸人听闻的恶性重大案件。1978 年前后各地青少年犯罪人数已占全部案犯的百分之七八十，甚至更高。

“两次冲击波”同样曾引起了全社会的关注，这种关注一度表现为极其焦虑与不安。第一次冲击波是指 1977 年以后出现的牛仔裤、变色眼镜、披肩发、迪斯科舞及邓丽君为代表的港台流行歌曲在青年中成为时尚；第二次冲击波是指 1979 年至 1983 年在大学生中出现的西方文化热，西方古典哲学中的早期人文主义著作及现代哲学中的存在主义、弗洛伊德学说、法兰克福学派、南斯拉夫的实践派的著作等都成为大学生们阅读的热门。萨特的存在主义、马克思的早期思想、托夫勒的《第三次浪潮》、奈斯比特的《大趋势改变我们生活的十个新方向》又是热门中的热门。

在“两次冲击波”之间发生了一件轰动全社会的事情，1980 年 5 月《中国青年》发表了署名潘晓的题为“人生的路呵，怎么越走越窄……”

的来信，这封信竟出人意料地引发了一场历时一年之久，《中国青年》《中国青年报》收到来信来稿达 14 万件之巨的规模空前的关于人生观的大讨论。

（二）社会学的恢复与青年研究机构的建立

1979 年 3 月中旬，胡乔木代表中共中央为中断 27 年的所谓“资产阶级伪科学”的社会学正式平反，指出，否认社会学是一门科学，用非常粗暴的方法来禁止它的存在、发展、传授，无论从科学的、政治的观点来说，都是错误的，是违背社会主义根本原则的。仅隔半月，是年 3 月 30 日，邓小平又在著名的《坚持四项基本原则》的讲话中明确指出“政治学、法学、社会学以及世界政治的研究，我们过去多年忽视了，现在也需要赶快补课。”“我们已经承认自然科学比外国落后了，现在也应该承认社会科学的研究工作（就可比的方面说）比外国落后了”。

青年问题的复杂尖锐与社会学等学科的平反，推动了青年研究机构的建立。经过一段时间的筹备，1980 年底，团中央和中国社会科学院联合创办了青少年研究所。之后，上海、四川、广东、辽宁等省市也相继创立了青少年研究所。据不完全统计，自 1979 年 9 月至 1981 年初全国共有 21 个省份成立了专门的青少年教育领导小组，其中有 15 个领导小组是由省份的书记或副书记亲任组长。至 1983 年各地成立的青少年研究机构有北京市高等教育德育研究会、北京青少年研究学会、四川青少年研究学会、天津青少年犯罪研究学会等，华东、西北、西南及北京四所政法学院先后设立了青少年犯罪研究室，一个全方位多学科的青少年研究高潮很快在各地掀起。

（三）关于如何科学分析当代青年状况的讨论

社会学等一批学科以群体规模恢复重建不可避免地引起了学术界及思想意识形态领域内的矛盾与冲突，而理论上的薄弱使得恢复中的社会学等学科一时又难以抗衡极“左”思潮尤其是“文化革命”造成的历史惯性。这种矛盾冲突与能量的失衡集中反映在如何评价当代青年这一问题上，在一段时间内，社会上对青年的埋怨、责备情绪甚盛，似乎一切社会问题都与青年扯到了一起。

在《中国青年》杂志引发的关于人生观的问题讨论中，11 万青年参与讨论，绝大多数青年是抱着坦诚交心的态度，就一时一事发出一点感叹。稍有同情心的人都可以理解，青年面对的是回城、求学、就业、成才、婚恋、赡养老人以及住房等关系到生存与发展的重要问题。他们多不过是发发牢骚罢了。当时却有人将这远非成熟或定型的感叹归纳为 8 类“错误的人生观”，即合理利己主义的人生观、自私自利的人生观、享乐主义人生观、实惠的人生观、命定的悲观厌世人生观、看破红尘的人生观、权力意志的人生观、模糊的人生观等，住房、就业、婚恋尚无着落的青年哪里谈得上享乐、实惠？在对青年进行“谆谆教导”的那篇文章中作者对 8 种“错误人生观”进行了批判，批判“主观为自己，客观为别人”“在利他中利己，在利己中利他”“不过是一种更为狡猾的利己主义而已”“是资产阶级很早提倡的一种人生观”；批判“人生的目的就是追求幸福，追求欢乐”“吃好、喝好、穿好”是“一小撮剥削阶级腐朽的人生观，是建筑在大多数人民受痛苦的基础上的”；批判“人活着就要讲实惠，有个理想的工作，称心的爱人，舒心的住宅……”；称“实惠的人生观是小资产阶级的人生观”，等等。我们把青年的某些思想是否有道理与事出有因放置一边，即便是具有“错误人生观”的青年又怎么能与“一小撮剥削阶级”和“建筑在大多数人民受痛苦的基础之上”的“腐朽人生观”画等号呢？然而此类文章在当时绝非仅有一二。

“两次冲击波”的提法本身似可商榷。今天看来，这是改革开放后必然会发生的中西方文化的相互碰撞与相互融合，是社会进步的重要前提与标志，在一个封闭排他的社会中是无法实现现代化的。“两次冲击波”表现在社会生活的不同层面上，内隐的却是一个人们的思想行为的递进过程。第一次冲击波不过是青年们穿穿牛仔裤唱唱流行歌曲，在生活方式多样化上带了个头而已。而当时的报纸杂志广播电视几乎无一例外地斥之为“资产阶级生活方式”。绵延数千年的中国传统文化如果连个邓丽君的歌曲的冲击都经受不住，岂不太脆弱了？假如第一次冲击波果真被击退，生活仍然是蓝灰二色毫无色彩可言，说得过份些那难道不是整个民族的悲哀吗？作为第二次冲击波的西方文化的大量涌入所引发的中西文化在思想意识形态领域乃至整个上层建筑范畴内的急剧碰撞，也是经过多年封闭禁锢之后走向改革开放的中国必然发生的现象。正是由于我们的长期封闭才导致了一场西方文化热，将原本可以在长时期内缓慢推进的文化冲突与文化融合变得短促与急剧起来。当然，同中国的传统文化一样，西方文化也同样存在着精华与糟粕，具有中国特色的现代化理论思想正是建筑在包括中西方文化之精华在内的全世界优秀的物质精神文化基础之上的先进理论与思想。“两次冲击波”的实质是中西方文化在器物层与更深层次上的两次交会。如今越来越多的人认识到，在这场文化冲突中当代青年都扮演了某种先锋和桥梁的角色。同时也看清了，在一场剧烈的社会变革中，青年中出现几个“害群之马”或丧失理智的群体盲动无碍于对青年的整体评价。即便在极端封闭的条件下，不是也曾发生过数以千万计的青年投身的“史无前例”的红卫兵运动么。

社会学等学科的恢复引发了青年研究领域内的冲突与争论，由于理论与方法研究的不足与薄弱，加之较浓厚的感情色彩，使争论在早期表现出某些幼稚与偏离科学的倾向。

传统的青年运动研究在分析青年群体时一般先要分清“敌我友”“左中右”，而后再分“先进、中间、后进”。这种“三分法”脱胎于阶级分析法，是传统的青年运动研究的灵魂与支柱，即便在当代青年研究的起步阶段依然颇有影响。夏中义等人提出了“三极分化论”，将当代青年划分为三大群体，即“追求真理与自我成就为行为特征的沉思群，以实现自身心理与生理需要为行为特征的实惠群，以贪图生理官能享受为行为特征的失足群”。并相应提出“党要在关心青年切身利益或合理需要的基础上开展思想工作，依靠沉思群，团结实惠群，挽救失足群”的青年工作原则和路线。①

“三极分化论”遭到了贾森、王军等人的严厉批评，“三极分化对80年代的中国青年的研究，丢掉了马列主义、毛泽东思想的理论武器，是一篇脱离实际、基本又见点错误的文章。”“三极分化的理论依据是行为科学的需要层次论，而需要层次论的核心是‘自我成就’，实质是渲染了的个人主义。”“三大群的划分没有反映这一代青年的主流和本质特征，‘沉思群’特别是只追求自我成就的沉思群并不代表先进青年。”“三大群的划分低估了大多数青年的觉悟……扩大了失足面，把‘后进’与‘失足’混为

① 夏中义：《试论青年的“三极分化”与青年工作》，《青年研究》1981年第8期。

一谈。”①

笔者认为，贾文对夏文以“沉思群”“实惠群”“失足群”的“三极分化论”来分析当代青年的批评颇有道理，同时又表现出某些对初入中国的国外社会科学理论思想的排斥情绪。夏文的问题并非出自对西方行为科学的借鉴，而是出在照搬传统的“三分法”，希图以“旧瓶”装入社会学、心理学、行为科学的“新酒”。80年代的青年群体日趋多层化，以三分法不仅难以对其进行实事求是的理论分析，甚至连客观地予以描述都十分困难。

由于“旧瓶”与“新酒”之间存在着难以克服的矛盾，于是一些同志采取了社会学的问卷调查法，希图通过大量的主观意向指标的测量寻找新的研究方法。西安团市委宣传部设计了一份关于人生观方面的包括6类问题的调查问卷，在西安宝石轴承厂的青工中进行调查，在其分析报告中将该厂青工分为4种类型，即：以求知欲强烈、有较强事业心、作风正派、对不正之风深恶痛绝等为特征的向上型青年占18%；以安分守己、奉公守法、注重一技之长、讲究“实用价值”等为特征的实惠型青年占67%；以看破红尘、精神苦闷彷徨等为特征的看透型青年占12%；颓废型占3%。如果去掉对“实惠”的某些偏见的话，该调查当是较接近青工状况之实际的。②

采用比较研究的方法也是青年研究者用以克服对当代青年群体的某些偏见的惯常作法。唐铭植通过当代青年农民与其父辈的比较研究，认为二代农民之间发生了三方面变化，一是文化水平的变化，在农村中具有高、初中文化程度的基本是青年；二是对物质生活的要求发生了变化；三是青年的结构发生了变化。在文化知识、社会知识、生产知识、生活要求等方面都发生了变化。与其父辈相比，政治表现不同，追求不同，思想活跃程度不同，组织观念强度不同，钻研科学技术的热度不同，创新的劲头不同。③

尽管类似的调查研究称不上严格的规范化学科化成果，一是问卷设计本身并不完善，二是当时的青年尚不完全具备适应问卷调查的心理条件，

① 贾森、王军：《也谈当代青年的“分化”》，《青年研究》1982年第11期。

② 《一个工厂青工人生观的调查》，《青年研究》1982年第17期。

③ 唐铭植：《农村青年的现状》，《青年研究》1982年第13期。

调查在信度与效度上是打了折扣的。但对克服初创阶段研究队伍中的各种内耗发挥了积极作用，对不同意见单纯靠上纲上线以势压人的做法受到扼制，有助于学风的端正和各种不同意见的发表。1982年6月，上海市青少年研究所曾召开了题为“青工现状和特点”的座谈会，与会者畅述己见。一种意见是，当代青年工人本质是好的，较之50年代工人，他们的文化水准和精神需求都普遍提高了，他们是三中全会以来党的路线、方针的积极支持者，是四化建设主力军中的一支重要力量；另一种意见认为，从整体上看，当代青工素质比起50年代的工人明显地下降了，最突出的表现是缺乏集体主义思想和献身精神；还有一种意见认为，不能简单划一地断言青工素质是“上升”还是“下降”，应该做全面的分析，既看到有胜于过去的一面，也要看到不如过去的一面。在当代青工中确实存在不少消极因素，需要认真对待这一点上三方面取得了共识。

“好得很”“糟得很”“既……又……”三种意见并存是青年研究走向学科化过程中的一种过渡现象，在对当代大学生的研究中尤为明显。1982年上海市召开了理论工作座谈会，一些同志就如何评价当代大学生的问题发表了意见，一种意见是充分肯定当代大学生，认为当代大学生痛恨林彪、“四人帮”的极“左”路线，赞成党中央对“文化大革命”和毛泽东同志晚年错误做出的评价，拥护党中央关于工作重点转移的决策和坚持改革的路线。他们的政治热情不是下降，而是在逐步提高。为了证明这一点，有人举例，1980、1981两年上海文教卫生系统发展的700名新党员中，大学生占57.1%。认为说现在大学生中存在“信仰危机”并无多大根据。所谓“信仰危机”是他们正在把“文化大革命”中林彪、“四人帮”搞的假马克思主义抛弃掉。说大学生对现实不满，应该分析他们是对错误的东西不满，还是对正确的东西不满？当代大学生的长处就是从个人崇拜中解放了出来，遇事能独立思考，富有探索精神，这正是我们今天需要的具有时代意义的东西。另一部分同志着重指出了当代大学生中存在的问题，例如：热衷于资产阶级的自由、平等、博爱，只讲民主，不讲集中，轻视组织纪律。强调个性解放，追求个人价值，认为现行制度压制个人才能，在招生、毕业分配上要求服从“我”。讲实惠，向钱看，不少人羡慕西方的生活水平与方式，有的甚至为了出国干出了有损国格、人格的丑事。厌恶政治，不信马列，等等。第三种观点认为，当代青年的主流是好的，应该充分肯定。但是，评价当代青年既要看到主流，也要看到支流。青年的主流和支流既体现在整体上，又具体表现在个体上，因此对他们要具体问题具体分析。更重要的是要注意从动态中对他们进行考察，用发展的眼光看问题。

自1982年至1983年先后有三篇文章对当时的青年研究产生了重要影响，一是1982年4月26日《新华日报》发表的署名文章《构成年轻化不影响工人阶级的先进性》；二是当年《红旗》杂志第17期上发表的《对青年工人主流、本质、特点的分析》；三是1983年8月11日《人民日报》发表的《希望在青年一代》，文章阐发了对当代青年农民的认识与教育。这三篇文章从不同角度充分肯定了当代青工、青农的本质和主流，对青年一代寄予了深切的期望，既推动了把青年作为客体的多向度多层次研究，也提高了研究者从"理解青年"出发，将其作为社会主体进行综合研究的自觉性。

关于如何评价当代青年的讨论持续了4年之久，直到1983年青年中出现了学习雷锋、学习张海迪的高潮，清华大学学生"振兴中华，从我做起"一声呐喊才为这场讨论画上了一个意犹未尽的句号。

（四）青年群体的社会主体地位的确立是青年研究现代化科学化的前提

青年群体作为社会学的研究对象，既是社会活动的客体又是社会活动的主体，前者是指青年社会化过程的一面，后者指青年在社会活动中具有特殊的利益与需求，有作为社会主体的个性化的行为方式，他们在社会活动的主体群体中是举足轻重的社会力量。从某种意义上说，对于社会的管理者，将青年作为社会客体实现青年的社会化的目的正是进一步调动青年作为社会主体去"化社会"。1980年7月12日《人民日报》发表了钟沛璋的《为一代新人成长广开出路》，文章指出"为了调动青年的一切积极因素，当前对青年的政策必须进行调整。要使青年人人都有机会，经过努力把自己锻炼成才，人人都有机会为社会主义事业贡献自己的才智。我们全党和整个社会，都要把开发青年能源作为四化建设的一项根本大计，为一代新人成长广开出路"。文章将为青年广开出路具体化为广开学路、广开才路、广开就业之路、广开文体之路、广开人生之路。

青年群体社会主体地位的确立推动了青年研究的全面发展，那种单纯将青年作为社会客体进行研究的文章著作所占比例日益降低。据不完全统计，这一阶段青年研究领域研究的问题大致有40多个，例如，当代青年的特点，当代青年的使命；当代青年的思潮，思想解放与青年，开放政策与青年；人口问题与青年，科技发展与青年，文化知识与青年；两代人的关系；青年集会、结社与自办刊物；青年突击手的精神面貌，青年突击手活动；部队青年工作，部队青年英雄模范；三好学生的成长，大学生的思想工作；红卫兵运动，知识青年上山下乡运动，四五运动；当代青年的先进性，先进青年的骨干作用；教育思想研究，家庭教育分析；青少年犯罪基本状况，中学生犯罪，流氓哲学的分析，青少年罪犯转变的规律，已改造好的青少年犯的安置；青年就业问题；青年升学问题；青年的恋爱、婚姻与家庭；青少年自杀；青运史与外国青年问题；等等。

二　注重实证调查与分类研究的学科地位确立阶段

当代青年研究的发展是与社会学在中国的恢复重建同步，并以社会学的理论与方法为导向在前十年的发展中取得了极为丰硕的成果。注重实证调查与青年问题的分类研究是学科地位确立阶段的基本特征。

（一）自1984年至1989年，青年研究领域形成了一个实证调查研究的高潮

《当代中国青年职工的状况》和《80年代农村青年现状》两项大型调查是迄今为止规模最大并专门以青年为对象的调查。

《当代中国青年职工的状况调查》由中国社会科学院青少年研究所主持，组成课题组对京、津、沪、汉、兰、沈、穗、深圳等城市青年工人进行问卷调查。该调查共抽取样本1.25万，回收率99%，上机处理1.19万，为样本总数的94.4%。调查涉及文化素质、政治思想素质、生产劳动素质、社交活动诸方面。①

《80年代农村青年现状》调查比青工调查的规模更大。该调查亦为中

① 张宛丽、王颉：《关于当代中国青年工人状况的调查与初步分析》，《社会学纪程》，中国展望出版社1986年版。

国社会科学院青少年研究所主持，以各地团委为骨干组成了课题组，对浙江、安徽、广东、山西、河北、湖北、吉林、四川、甘肃等9省的青年农民进行了问卷调查，调查共涉及29个县，82个乡，262个村，共发放问卷2.55万份。回收有效问卷2.46万份，有效率达96.6%，被调查人约占当时全国15~29岁农村在业青年人口的万分之一点三。青农调查的整个过程正处于我国农村改革的起步阶段，调查对象分布于东、中、西部改革进程相异，并涉及贫富程度不同的各类村落，因而反映的不仅仅是当时我国农村青年农民的状况，同时也反映了农村改革起步阶段的发展状况。[①]

迄今为止，我们能够看到的当时的在全国范围内进行的各类问卷调查大都侧重于经济方面，而青工、青农调查的侧重点在于社会状况，尤其是突出了被调查者的主观感受与态度选择，为探索如何利用问卷调查了解人们的内心世界做了开创性的有益尝试。随着时间的推移，两项调查取得的资料将日益显现出重要的开发价值。

以社会学理论与方法为指导的社会调查在全国形成了一个高潮，一方面推进了社会学在中国的恢复重建，使社会学的中国化有了良好的开端，为社会学理论的进一步发展打下了基础；另一方面为解决中国社会的实际问题提供了制定政策的依据，直接服务于中国的现代化建设与社会的全面进步。

（二）当代青年研究学科地位的确立阶段，出现了大量以分类研究为主的研究成果，青少年犯罪问题、青年就业问题、青年婚恋与家庭问题、青年自杀问题、青年工作等是分类研究的几个重要方面

1. 青少年犯罪研究

青少年犯罪研究是自1979年至1989年十年间研究成果最多，研究水平提高最快的青年研究的重要方面之一。先后出版了一批专著，其中较有影响的有：曹漫之主编的《中国青少年犯罪学》（群众出版社1987年版）；徐建著的《青少年犯罪学》（上海社会科学出版社1986年版）；马结等著的《中国青少年犯罪学概论》（北京燕山出版社1986年版）；谷迎春主编的《青少年犯罪综合治理概论》（群众出版社1986年版）等。此外，据不

① 张萍：《目前农村青年基本状况调查概述》，《社会学纪程》，中国展望出版社1986年版。

完全统计，自1980年至1985年间较有影响的关于青少年犯罪问题的综合性调查多达40余次。以犯罪类型进行的分类调查研究更是难以数计。前者如中国社会科学院青少年所主持的“六省市（辽、津、鲁、陕、川、粤）青少年犯罪原因”调查等，后者有对重大刑事案件的研究、对劳改劳教人员获释后重新犯罪的研究、对团伙犯罪的研究、女青年犯罪研究、对赌博吸毒卖淫嫖娼犯罪的研究、青工渎职犯罪研究、对工读教育工作的研究、对早恋生流失生的研究、对青少年犯的人际关系研究等。犯罪原因、犯罪特点、犯罪预测及犯罪的综合治理是青少年犯罪研究的重点。

青少年犯罪的原因，在1976年以前一般认为阶级斗争的存在是导致犯罪现象的根本原因。1979年以后加强了对青少年犯罪原因的研究，至1983年先后出现了8种观点：（1）当前，作为阶级的地主、富农和资本家已经不复存在了，但也还有反革命分子、敌特分子、各种严重破坏社会主义秩序的犯罪分子、蜕化变质分子、贪污盗窃投机倒把的新剥削分子、“四人帮”的某些残余、没有改造好的地主富农分子和其他剥削阶级的残余，也还会继续坚持反动立场，进行反社会主义的经济、政治活动，青少年犯罪既可能是受到上述犯罪活动影响的结果，也可能是上述犯罪的组成部分；（2）林彪、“四人帮”对政治、经济、思想等方面的破坏造成的影响是造成青少年犯罪增加的社会原因；（3）外来的消极影响，包括文化走私、生活腐蚀、政治破坏等；（4）教育片面的原因，如家庭教育不力、学校教育问题及社会教育薄弱等；（5）社会对青少年缺乏保护措施，有关青年的一些政策缺乏统一性连贯性和稳定性；（6）部分青年就业不足生活困难；（7）主观原因，如愚昧无知、缺乏道德、贪图享受、目无法纪及有精神、生理、病态、遗传学等方面因素；（8）社会道德标准混乱，道德水平下降等。大量的研究认为青少年犯罪是多方面原因造成的。1983年以后对青少年犯罪原因的研究逐渐深化，出现了一些影响较大的观点。（1）犯罪既有阶级性，又有社会性。带有直接反社会主义性质的犯罪行为及一部分严重破坏社会主义秩序的刑事犯罪包括严重的经济犯罪，其最主要最本质的根源是阶级斗争，但在全部罪犯中只是少数。在社会主义制度下，不但要研究犯罪的阶级根源，而且要重视研究犯罪的社会根源，即非阶级的原因。（2）多层次犯罪原因论，将犯罪原因分为“人”和“社会”两方面，社会原因包括生产力、生产关系和上层建筑三个方面。人的原因主要指道德水平与性格特征。[①]（3）青少年犯罪原因主要是社会环境问题，该观点认为，青少年犯罪是一个复杂的社会、心理、法律现象，犯罪率增多是一个包括犯罪主体和客体在内的多因素综合并发症。然而人是社会关系的总和，家庭是社会的细胞，学校是社会的工具，集体是社会的组成部分，社会环境显然是产生青少年犯罪这个以年龄为特征的社会现象的主要原因。[②]（4）双因论。当前犯罪的主要原因是两方面，社会矛盾，人与人之间的矛盾。社会矛盾主要是人们在物质生活和精神生活上的差异，诸如就业、升学以及人们在日常生活中经济与精神生活的需求与客观实际的矛盾，在当前进行的城乡经济改革中，由于某些举措或问题带来的个人或集体的利益的触及，不可避免地出现一些新的矛盾，等等，当矛盾与冲突激化时就可能导致犯罪。人与人之间的矛盾，主要是人们对生活资料占有的矛盾；人们在生活中建立的某些特定的相互关系，诸如恋爱、婚姻、夫妻、父母子女以及兄弟姐妹之间某些特定利益的矛盾；其他人际间接触中产生的矛盾等。[③]（5）犯罪原因的社会决定论。犯罪行为是在犯罪意识支配下产生的反社会的危害行为。犯罪意识和其他社会意识一样，都是社会存在在人们头脑中的反映，我国存在犯罪的原因在于我国社会本身。此论基本内容有三，人的心理及犯罪意识的形成是由人们生活于其中的社会环境决定的；社会生活环境决定人们的行为模式；在社会中学会的行为方式或形成的心理意识，随着社会环境的变化也会发展变化。[④]（6）社会整合失衡论。急剧的社会变迁迅速地打破原有的社会结构、道德、法律、时尚、价值系统等，使社会机体出现暂时的失衡，社会整合能力弱化，漏洞增多，青少年犯罪率增加。[⑤]（7）个体犯罪因素综合论。内在因素是导致犯罪行为的直接因素。个体内在因素包括内驱力系统和自控力系统。正常人内驱力指向社会需要，自控力扼制过分的私欲。青少年罪犯内驱力指向犯罪，自控力薄弱，难以控制过分私欲。[⑥]（8）非平衡因素交互作用论，犯罪现象（反社会行为）并非只是私有制、剥削制度下或资本主义社会的特定产物，它实质上是任何国

① 储槐植：《多层次的犯罪原因论》，《中国青少年犯罪研究年鉴》1987年版，春秋出版社。

② 刘成根：《关于青少年犯罪原因的理性思考》，《中国青少年犯罪研究年鉴》1987年版。

③ 洪沛霖：《初探社会主义国家产生犯罪的根源》，《中国青少年犯罪研究年鉴》1987年版。

④ 孙晓雳：《论犯罪原因的社会决定论》，《中国青少年犯罪研究年鉴》1987年版。

⑤ 张荆：《急剧社会变迁—社会整合—青少年犯罪》，《社会学研究》1988年第3期。

⑥ 赤光：《中国青少年犯罪学》。

家社会发展动态系统中多种非平衡因素交互作用的产物。[①]

综合治理是具有中国特色的青少年犯罪研究的理论与实践的重要组成部分。加强犯罪的早期预防、严厉打击刑事犯罪特别是严惩教唆犯、贯彻“教育、感化、挽救”方针、妥善安置刑释人员、建立健全青少年保护法规、优化青少年成长环境等是综合治理的主要内容。谢昌逵认为，综合治理就是要以全体青少年为对象，而不只是面对有违法犯罪行为的那一小部分。综合治理就是要动员整个社会的力量，要物质利益和精神面貌同时抓，将思想教育与解决实际问题相结合，全面关心青少年的成长。[②] 郭翔、马晶森认为，综合治理，就是在党的统一领导下，动员国家机关、人民团体、工矿企业、家庭、街道、学校、部队以及广大人民群众，同心协力，互相配合，采取政治的、思想的、组织的、经济的、文化的、教育的、道德的、法律的等各种手段，从各个方面来教育、保护青少年健康成长，严厉打击刑事犯罪活动，预防青少年违法犯罪，教育挽救失足青少年，达到维护社会治安、巩固人民民主专政、保护社会主义现代化建设顺利进行的目的。[③] 方强认为，应该针对发生犯罪行为的两个相关因素，即犯罪心理结构与犯罪机遇制定综合治理犯罪的社会系统工程。针对犯罪心理结构进行治理和防范包括对已形成犯罪心理结构的人进行防范、控制和教育，努力破除其犯罪心理结构．对尚未完全形成犯罪心理结构的人重点在防止其犯罪心理结构的形成。针对犯罪机遇进行综合治理就是采取一系列措施，使罪犯难以实施犯罪行为。[④]

2. 青年就业问题

在“文化革命”中有多达，2000万知识青年上山下乡，“文革”结束后其中绝大多数要求返城。同时从1981年起，我国城镇和农村青年每年进入劳动年龄的人口约为1700万至2700万。青年就业问题研究在当时分为两个部分一是针对1977年至1979年知青返城后出现的就业难的问题进行对策研究，二是针对我国将长期存在的青年就业问题进行超前研究。

1981年中国社会科学院青少年研究所主持了对黑龙江、吉林、辽宁三

---

① 武伯欣、刘在平，见《青少年犯罪研究》1987年第6、7期合刊。

② 谢昌逵：《对综合治理的初步认识》，《中国青少年犯罪研究年鉴》1987年版。

③ 郭翔、马晶森：《论青少年犯罪的综合治理》，《中国青少年犯罪研究年鉴》1987年版。

④ 方强：《论综合治理犯罪的社会系统工程》，同上。

省青年就业问题的大规模调查，完成了《安置、教育、管理要并重》的专题报告。报告提出了待业青年安置途径应由全民单位向集体单位和个体经营转移，安置办法由劳动部门拨指标街道共同安置的“以块为主”向由各系统、单位安置本系统、单位子女的“以条为主”事转移。前者对我国劳动人事制度的改革具有重大的深远意义，后者则可在较短的时间内尽快缓解就业压力，迅速化解社会矛盾冲突。报告对稳定社会秩序、保障青年的合理权益发挥了一定的作用。此外，报告还提出了一系列可行的建议，如“改革培训与就业脱节的现象”，“努力发挥退休职工在集体和个体经济中的作用”，“调整现行政策促进集体和个体经济的健康发展”等。

农村青年就业问题是一个长期以来被多数人所忽视的问题，人们普遍认为，我国农村人口占80%，城镇人口和非农业人口比重分别为6.5%和1517%较为合理，因其对就业压力小，对解决就业问题有利。对此冯兰瑞认为，农村容纳劳动力的容量不是无限的，而农村人口在全国人口中长期保持在80%左右的人口结构，从实现四个现代化的目标看是否“合理”值得研究。解决青年的就业问题应该从6个方面入手：①控制人口增长；②发展经济举办新的企业事业；③调整产业结构，发展轻工业及第三产业；④调整所有制结构，发展集体和个体经济，广开就业门路；⑤发展教育，延长青年就业前的职业培训；⑥打破国营企业的“铁饭碗”等。[①]

随着知青返城及就业问题的逐步缓解，为迅速稳定社会秩序而采取的应急措施“子女顶替父母就业”的办法逐渐暴露出许多弊端，其后推行的“归口包干”制度更暴露了职业“世袭”及一些家长在子女中“择劣顶替”等问题，青少年研究所调查组又发表了《变消极待业为积极的就业培训》，指出“由于忽视培训，使大批走上劳动岗位的青年，既无必要的职业思想准备，又无必需的专业技能，严重地影响了新一代工人阶级队伍的质量”，因而提出了“变消极待业为积极的就业培训”的建议。[②]

此外，女青年就业问题、残疾人就业问题及失足青年就业问题也都成为青年就业研究的重点。随着青年就业问题的新的变化，近年来人口流动、职业道德教育、职业教育与培训等先后成为就业研究的热点。

---

① 冯兰瑞：《对影响我国劳动就业因素的研究》，《青年研究》1981年第22期。

② 《青年就业的探索与实践》，山东人民出版社1983年版。

3. 青年的婚恋、家庭问题

大龄青年的婚恋问题　“文化革命”结束后，2000万上山下乡知识青年中的大部分返回城镇，以及十年的社会动荡等原因，造成了我国城镇中的一个十分突出的社会问题，即一大批大龄未婚青年找对象难的问题。1984年中国社会科学院青少年研究所与中国婚姻家庭研究会合作，对北京、上海、广州、重庆、西安等5大城市进行了针对大龄未婚青年的婚恋问题的大型调查。调查围绕3个方面：①大龄未婚青年的心理状态，他们对目前环境和生活方式的适应能力；②大龄未婚青年的大量存在，是否会对社会稳定与和谐产生影响；③大龄未婚的社会现象，会给社会观念带来什么变化。调查结果显示，婚姻问题影响到一半以上大龄未婚青年的心理稳定。这种不稳定心理又是一种潜在的因素，可能导致对抗、厌世、轻生以及性犯罪等社会问题；调查在相当程度上验证了一种说法，有多少大龄未婚青年就有多少不安宁的家庭。此项调查对如何缓解因大龄未婚青年的大量存在而产生的社会问题提出了有益的对策与建议。1983年前后先后出现了一批有关大龄未婚青年研究的专著或论文，内容大致与上述调查的3方面相似。

买卖婚姻研究　杨张乔对宁波、绍兴、舟山等地的买卖婚姻进行了研究，分为5种形式：①聘娶婚，男方支付女方彩礼，包括订婚、接亲；②岁价，根据女青年的家庭经济、容貌等条件订出单价，按年龄甚至按体重论价；③额外彩礼，如好看钱、太婆钱、子孙钱、见面钱、拦轿包、拦门包、过（门）坎钱、过（屋）檐钱等；④调婚，以女易媳；⑤转婚，数家之间转婚。作者认为，这种落后的婚姻方式把青年隔绝在爱情之外，失去了恋爱的权利，甚至酿成了许多悲剧。[①]

对象的选择标准　80年代青年选择恋爱对象的标准处于不断的变化之中，周路认为对方的职业是青年选择对象的重要条件，他将职业分为4类，第一类为科技人员、医护人员、干部、教师、大学生等；第二类为技术工人；第三类为熟练工人；第四类为建筑、市政、煤建、环卫、园林、修配、服务等行业的工人。在4000多名被调查男女青年中，女青年的65%要求在从事第一类职业的男青年中选择对象。而男青年中提出此种要求的

---

① 杨张乔：《浙江农村的买卖婚姻问题》，《青年研究》1981年第9期。

仅有 9%。这一现象造成了相当一部分从事第四类职业的青年找对象难的问题。[①] 薛素珍等撰文论述了上海青年在对象选择上的另一种倾向，“海落（陆）空”最吃香，“工农兵”过时了。“海”指海外关系，“落”指落实政策，“空”指有空房。一些青年把婚姻作为达到个人目的或出国的手段，于是出现了买卖婚姻、父母干涉子女婚姻、未婚先孕、结婚讲排场比阔气以及青年夫妇离婚率增高等现象。[②] 陆华生等撰文论述青年涉外婚姻的一些特点，自 1977 年至 1982 年广州市女青年与港澳同胞、海外华侨及外籍人通婚逐年增多，而此类婚姻中有相当一部分婚姻基础差，草率订婚，甚至是男方骗婚、重婚，在外嫁女青年中属未婚同居者占 80%。[③]

离婚问题 自 1981 年 1 月新婚姻法颁布以后，由于离婚条件放宽，出现了离婚率逐年增高的现象。哈尔滨市的一份调查报告认为，离婚原因可分为 5 类：①草率结婚感情不和占 40%；②封建意识作祟对妻子歧视打骂占 20%；③喜新厌旧占 25%；④物质环境原因占 5%；⑤包办婚姻占 12%。[④]

婚前性行为与未婚先孕问题 中未桥在应城县郎君区采取旁同法及对 250 人进行随机抽样直接询问调查，剔除不可信因素后，认为该区青年婚前已发生性行为者占 60%，但发生过性关系而没有结为夫妻的却十分罕见。婚前性行为增多造成的后果就是未婚先孕现象同步增加，一项调查显示，湖北钟祥县医院 1981～1983 年 392 例未婚先孕人工流产中，15～19 岁女青年为 353 人，占 90.1%。大城市中未婚先孕问题十分突出，七海市 1982 年未婚先孕人工流产数为 3.95 万例，1983 年增至 5 万例，1984 年进一步增至 6.6 万例。北京市 1984 年未婚先孕人工流产数亦达到 5.7 万例。[⑤]

对婚前性行为与未婚先孕问题，学者们普遍认为原因大致如下：青年婚姻的自主程度提高了，而社会与家庭对青年的教育与约束力减弱；“性自由”“性解放”以及来自各种渠道的小说、影视的消极影响；农村青年缺乏娱乐设施，生活单调乏味；青少年性生理成熟提前，性意识萌动提

---

① 周路：《恋爱婚姻中挑选对方职业问题的调查》，《青年研究》1981 年第 9 期。

② 薛素珍、王友竹、王莉娟：《上海青年婚姻恋爱中的几个问题》，《青年研究》1983 年第 11 期。

③ 陆华生、曹南才、梅醒彬：《浅谈广州女青年与港澳同胞、海外华侨和外籍人通婚》，《青年研究》1983 年第 11 期。

④ 见《社会》杂志 1986 年第 3 期。

⑤ 徐芳：《未婚先孕的诸要素分析》，《青年研究》1987 年第 4 期。

前，心理成熟相对延缓，缺乏性教育；文化程度低，缺乏责任感等。学者们普遍呼吁社会与家庭，尽快完善青春期教育工作，努力培养青少年正确人生观，加强性道德教育与性知识教育。

农村女青年婚嫁新特点 游正林对河北省香河县外来妇女的情况进行了调查，提出对于城市的“向心递补式婚迁”命题。近年来改革开放拉大地区间的发展差距，地区间障碍因素的弱化与人们的思想观念的更新，共同促进了农村女青年远嫁现象的发展。外来妇女对环境的适应能力极强，对生活的满意度普遍较高。

近年来对青年的婚恋问题的探讨出现了分类研究的倾向，青工、青农、战士、大学生、残疾青年等的婚恋问题都受到了研究者的重视。

4. 青年自杀问题

当代青年研究自起步开始便十分重视青年的自杀问题。余则镜对25个自杀青年的情况进标分析后认为自杀青年中年龄在15～20岁者比重最大，占68%。这与杨印军等对鸡西、鹤岗、双鸭山三市进行的同类调查结果一致，三市的自杀青年中17～20岁者占大多数。前者将自杀原因归纳为婚姻恋爱受挫、升学就业工作不如意、教育不得法矛盾激化、宗教与封建迷信的影响毒化4类，分别占自杀青年的38%、32%、18%和12%；后者将自杀原因归纳为就业就学无望、家庭不睦、婚姻恋爱受挫和工作不顺4类，分别占自杀青年的38%、27%、25%和10%。[①] 韩广生对沈阳市1982年自杀未遂的317人进行了调查，提出自杀的高峰年龄在20岁左右的判断，并认为自杀原因的本质是社会文化失调或个体的心理、价值判断与社会状况或社会环境不平衡的产物。[②] 杨印军等认为，自杀青年的个性特征主要有：懦弱型，即任性而脆弱，虚荣心强，疑心大，占30%；抑郁型，即性格内向，人际关系冷淡，内心体验丰富，爱钻牛角尖，占50%；意志型，即性格倔强，工作和生活争强好胜，经不住重大挫折，占20%。郑日昌提出了自杀行为的冲突理论，认为近年来青少年自杀人数呈上升趋势的主要原因是，从传统社会向现代社会转变过程中变迁急剧，一方面青少年个体受到

① 余则镜：《青年自杀特点及原因之分析》，《青年研究》1982年第11期。杨印军等：《青年自杀问题调查》《青年研究》1981年第14期。

② 韩广生：《他们为什么要轻生——浅论青年的自杀问题》，《社会》1983年第6期。

的压力太大，另一方面社会尚未形成宣泄解脱不安或忧虑的方式。[1]

青年工作与青年对策研究　该研究在当代青年研究的学科地位确立阶段也取得了大量研究成果，为青年工作与青年对策研究的科学化做出了贡献。但是对于在民主革命时期及五六十年代青年工作与对策研究中的优秀传统经验的总结有待加强，在长期革命与建设实践中积累下的宝贵经验决不能一概否定。

三　青年研究的常态发展阶段

1989 年后青年研究进入了稳定的常态发展阶段，青年研究领域克服了低层次重复研究以及被青年潮流牵着鼻子跑的被动局面，在三个既有分工又有合作的领域里卓有成效地推动了学科的建设与发展，这三个方面是：以实证调查研究跟踪动态中的当代青年，以理论探索推动青年研究的发展与青年工作的改革，以构建青年研究的完备的理论体系推进学科的长期稳定发展。

（一）实证调查研究日趋学科化规范化

调查对象仍是一般青年、青年工人、青年农民、青年军人、青年知识分子、其他（如共青团组织及其成员、城市个体户等）调查内容为青年的婚恋、就业、成才、生活方式、思想观念及教育、非正常行为、综合类及其他有关青年的问题。中国社会科学院社会学研究所“当代中国青年价值观念演变”课题组对当代青年价值观念的研究，反映了青年研究在调查研究方面日趋走向成熟。该项调查从当代青年的人生价值观、道德价值观、政治价值观、职业价值观、婚恋与性价值观等方面全面反映了当代青年价值观的演变，同时又从不同从业身份、不同年龄、不同性别的角度对青年的价值观进行了比较研究，为我们进一步深入研究当代青年提供了可资借鉴的范例。[2] 由单光鼎、陆建华主编的《中国青年发展报告》也同样向我们提供了从整体上研究当代中国青年的较优秀的研究成果。[3]

① 郑日昌：《试论自杀的心理因素及其预防》。

② 《中国青年大透视》，北京出版社 1993 年版。

③ 单光鼎、陆建华主编《中国青年发展报告》，辽宁出版社 1994 年版。

（二）理论研究方面的新探索，形成或正在形成一些具有中国特色的青年研究的命题或观点

年轻的正式人 谢维和提出，国内外学者通常以“边际人”作为青年的本体规定，这种“边际人”的设定是以成人社会的稳定性、成熟性为依据的，社会文化稳定、规范及规范体系的有效性、社会教化系统及体制的一致性等是确定“边际人”本体规定的先决条件。在现代社会中，尤其在社会变迁加剧的非常态社会中，支撑着“边际人”本体规定的依据与条件已经或正在解体。同时，变革的社会已经把青年人推向正式人的行列。因此作者主张以“年轻的正式人”取代“边际人”的本体规定。①

弹性控制论 申平华认为，青年的社会偏移性反映了青年与社会关系状态的总特征，也是青年期的本质特征。青年的社会偏移可分为隐性偏移和显性偏移，具体表现形式可分为波浪式偏移、阶梯式偏移、水平式偏移和枝节性偏移。在这里“偏移性”是个中性词。传统社会采用刚性控制，压抑青年个性，现代社会则要我们尽快改进青年工作的方法，以“弹性控制”取代“刚性控制”。“弹性控制”包括三方面，即坚持自主原则，以内控制为主，外控制为辅；坚持引导原则，采取示范、培育手段为主，以限制、惩罚手段为辅；坚持双向调节原则，以改造社会现实为主，以教育青年适应社会为辅。②

1989 年后青年研究进入了常态发展阶段，科学全面地认识当代青年与正视青年工作青年研究的误区是这一阶段的特点之一。

呼唤社会公平 喻中华认为，“社会不公”对青年价值观的整合的不良后果有：相对剥夺感增殖，动力源短缺；偶像权威贬值，政治张力膨胀；社会认同感减弱，虚无主义抬头；道德定向选择产生错误，假性认知得以强化。应该引导青年调整参照系，树立相对统一的社会公平观，对青年要给以深层次的理论指导，同时必须坚决贯彻机会均等的原则，始终不渝地贯彻执行按劳分配原则。此外，控制手段的运用应始终不渝地与违控对象相一致。③

---

① 谢维和：《论“年轻的正式人”——一个对当代青年的解释性设定》，《社会学研究》1993 年第 1 期。

② 申平华：《青年的社会偏移性与弹性控制论》，《青年研究》1992 年第 11 期。

③ 喻中华：《社会公平：制约影响青年发展的价值整合》，《青年研究》1992 年第 1 期。

失范现象对策的影响 刘绍琴、高山指出社会价值标准的失重与混乱造成可悲的而又不平衡的社会现实，导致大学生对自身价值的怀疑乃至对知识的抵触情绪，伴随而来的是消沉失落的行为：信仰危机，超前消费，不思进取的享乐主义，以及厌学风潮的形成。这一切的关键在于，社会本身缺少一整套建立在全民族共识上的而且适合改革需要的价值规范与行为准则，人们的行为方式缺少可供选择的参照系，整个社会的道德评价、赏罚标准是非不一，莫衷一是，偏离了理性的轨道，过于功利化，导致了社会文化失去了应有的规范、控制职能。①

由青年大学生中掀起的西方文化热，导致了一场中西方文化的急剧碰撞，十几年前许多人曾将其视作洪水猛兽，如今人们终于看清了这场剧烈的文化冲突与融合在中国现代化过程中的不可替代的重要历史作用，及其正负两方面影响。中国的社会主义现代化理论体系绝不是天上掉下来的，它是建筑在对中国传统文化的批判继承的基础之上，吸收借鉴了包括西方优秀文化在内的全世界全人类的进步思想理论之后形成的。

王卫从西方思潮在大学生中传播的过程中看到了“传播动力规律”，一是“互动渗透律”，西方文化的传播体现了现代社会精神生产的整体性和互动性，只是由于目前西方世界强大的物质经济基础的存在，才使得这种整体互动主要表现为西方文化呈扩张、渗透的态势。二是“社会制约律”，社会矛盾运动是西方思潮传播演化的客观依据，改革开放、发展商品经济为西方思潮的传播提供了现实基础。同时，西方思潮的传入传播、发展、演化，乃至思想内容和表现形式，无不受到社会现实的制约和影响。②

西方价值观念对中国青年的影响 江畅认为，西方价值观念是以个人主义为基点，以个人幸福为总体目标，以个人奋斗为实现途径，以正义为制约机制的价值观念体系。自由、平等、幸福、正义、责任是其基本价值范畴。与中国的传统价值观念相比，具有功利性、相对性、多元性、合理性四个基本特点。在西方特定的社会历史文化背景中产生并与之相适应的西方价值观念，对中国青年发生了正负两方面的效应或影响。从积极方面看：① 唤醒了青年的自我意识、自我肯定、自我张扬、自我选择、自我设

---

① 刘绍琴、高山：《文化改革中的失范现象与大学生成长》，《青年研究》1989年第6期。

② 王卫：《西方思潮在大学生中的传播规律探析》，《青年研究》1993年第4期。

计、自我实现的观念，这对于青年自身的完善和发展有重要意义；②增强了主体意识，他们崇尚自由、自主、自力、自强，强调自己就是自己的定义者和评价者。其负面效应有：①导致一部分青年“个人至上”的极端个人主义；②导致一些青年“主观任性”的极端自由主义；③导致少数青年“只顾自己，不管别人”的极端利己主义；④助长了部分青年的实惠主义的人生态度；⑤助长部分青年虚无主义和悲观主义的人生态度。导致负面效应的原因是：①中西方社会、历史、文化背景不同；②对西方价值观念缺乏正确了解；③宣传教育方面的失误。[①]

青年研究、青年工作的改革与发展

余晗认为，青年价值观的变迁可概括为6种现象：①由重视群体利益轻个人得失，转变为在不损害他人利益的前提下争取更多的个人利益；②由追求长远的目标及其具有奋斗精神，转为注重眼前的生活和享受行为的短期化；③由视重义者为君子求利者为小人，转变为逐利，主观意识的强化而带来义利天平的倾斜；④由尊重知识和人才，转变到因脑体倒挂而引发的新的“读书无用论”思想；⑤由追求道德上的完善和人格上完善的“完人”，转变到做勇于创新、锐意进取的现代能人；⑥由无私帮助的良好人际关系，转变为商品意识较浓的互益互利型交往。青年价值观念的重构，总是在进步与倒退、创新与守旧的矛盾中不断抉择筛选，它推动了社会的进步，也导致了众多的社会问题。我们的对策应该注意：①在抽象的肯定中不可忽略具体的否定；②在潜在的教育中促成青年形成积极的心理态势；③在完善青年的道德评价的同时，要进一步拓展青年价值观的评价体系。[②]

王贵胜认为，部队战士中雷锋的典型效应在不知不觉中开始弱化，这既是青年战士价值观变化导致的结果，又是舆论导向方面的某些偏差造成的。①青年战士自主意识的强化，消除了典型的盲目性；②青年战士价值取向的多元化，打破了典型选择的一致性；③青年战士传统意识的断裂，造成了典型认同的排斥性；④舆论宣传上对雷锋的神化，失去了典型存在的合理性；⑤组织引导上的形式主义倾向，导致了典型影响的肤浅性；

① 江畅：《西方价值观念对我国青年的影响》，《青年研究》1990年第4期。
② 余晗：《青年价值观的嬗变和评价青年的误区》，《青年研究》1992年第5期。

⑥ 指导思想上出现的偏差，破坏了典型内涵的深刻性。作者认为，强化雷锋的典型效应应注意：①要把雷锋的历史真实性恢复起来；② 要把雷锋精神与青年战士的思想热点对接起来；③要把优化学雷锋的舆论环境与强化学雷锋的自觉意识结合起来；④要把学雷锋活动的热潮与长期性结合起来；⑤ 要把学雷锋活动的标准要求与战士的思想基础结合起来；⑥ 要把学雷锋活动与干好本职工作统一起来。[①]

（三）青年研究理论体系的研究与探索

1980 年 2 月《青年研究》发表了陈群的《时代的迫切要求：建立“青年学”》，文章认为，青年学是一门综合性科学，它不仅要研究青年本身的思维与行为规律，从而运用青年对社会的信息“反馈”去“控制”青年的发展，而且还要研究社会的反作用，探索“退馈”与环境信息之间的联系，从而弄清青年与社会的结构模式。造就青年人才、转化消极因素、研究青年的历史作用是青年学的三大任务。青年学的分支学科有青年教育学、青年心理学、青年社会学、青年美学等。

唐若昕在其《关于青年学》中将青年学的理论分为基础理论与应用理论两部分，基础理论包括青年的存在方式、青年的特殊性、青年的特殊作用、青年的变化（宏观变化、微观变化）。应用理论包括教育内容和方法的研究、思想教育、文化教育、健康成长、青少年保护的研究、对青年培养的研究、青年团的工作研究、政策研究。[②]

主张建立“青年学”的一般是要建立一门超越社会学的独立的综合性学科。此外还有一些人主张建立社会学的分支学科“青年社会学”，以社会学为骨干协调各相关学科开展青年研究。一个要在社会学外实现“综合”，另一个是在社会学内实现“综合”。对于研究对象大致有如下几种表述：“问题论”，认为“青年和青年问题是青年社会学的研究对象和内容”；“综合科学论”，认为“青年学是一门研究青年群体的综合学科”；“关系论”，认为“青年社会学研究重点应当是青年与社会的关系问题”；“特殊矛盾论”，认为“社会与青少年相互之间适应与否的特殊矛盾性，就是青

① 王贵胜：《关于雷锋的典型效应弱化问题的思考》，《青年研究》1990 年第 3 期。

② 唐若昕：《关于青年学》，《青年研究》1980 年第 32 期。

少年研究的对象，是将它与别的学科相区别的分水岭”；“矛盾统一论”，认为“青年社会学只有把青年群体在社会活动中的主体与客体性质的矛盾统一作为对象，才能完成青年群体矛盾运动规律研究的完整使命”①。

以上各种关于“青年学”或“青年社会学”的观点或多或少地都受到了东欧的前社会主义国家社会学界的影响，1971 年波兰社会学家 W. 阿达姆斯基提出青年社会学“既包括首先是把青年当作教育对象的教育社会学，又包括特别赋予青年一代以社会发展过程主体作用的社会学研究的最新倾向”②。1977 年保加利亚的 K. 高斯波迪诺夫提出，青年研究的分析方法既应该超越“生物主义”，也应该超越“社会学主义”，“下一个阶段将是人类学与社会学的结合，形成作为研究青年人和青年的人类学——生物社会学科学的青年学”。③

1987 年以来我国先后出版了张潘仕、穆宪、费穗宇合著的《青年社会学》、谭建光的《青年社会学纲要》、谷迎春、杨张乔合著的《青年学导论》和黄志坚主编的《青年学》等著作。《青年社会学》与《青年社会学纲要》开宗明义，青年社会学是社会学的一个分支学科，是研究青年与社会相互关系及其交互作用规律的科学。二者的理论框架基本上可分为青年的社会化、青年的社会特点、青年的社会利益、青年问题与青年工作等 4 个方面。所涉及的问题包括学科的性质、对象与研究方法；青年的社会化；青年与家庭、社区、学校；青年的社会群体、社会需求、社会交往；青年的社会职业与社会劳动；青年的社会流动；青年的社会创造；青年与文学艺术；青年的消费、闲暇；青年的恋爱婚姻；青年犯罪与其他社会问题，青年的社会政策与社会教育；青年的社会控制；青年与社会未来。二书的内容基本相似，区别只在于章节设置与强调的重点略有不同，其中《社会学纲要》在社会变迁与青年的现代化问题上更为独到。《青年学》的内容包括青年生理学、青年心理学、青年社会学与青年社会工作等 4 方面内容，企图以“综合”的方法对青年进行整体性的研究。《青年学导论》与上述著作不同，其创作用意在于“寻找青年自身的最一般规律，即贯穿青年现象中稳定不变的东西”，因此该书所涉及的问题包括青年的本质、

---

① 邝海春：《论青年社会学的研究对象》，《青年研究》1984 年第 9 期。

② W. 阿达姆斯基：《青年社会学问题》，《社会学研究》1971 年第 2 期。

③ K. 高斯波迪诺夫：《青年学或青年社会学》，《青年问题》1977 年第 11 期。

意识、生活方式、价值、社会化、角色、性问题、行为偏离等8个方面。

对于上述著作的评述，见仁见智，争论较多的是《青年学》和《青年学导论》，邝海春认为《青年学导论》所涉及的8方面问题，除本质和意识属哲学范畴，其他6个方面均属社会学管辖，而《青年学》只是单学科研究成果的简单相加，甚至“只是挂一漏万地汇编”。言辞甚是激烈。邝海春认为“青年学并没有超越青年社会学”。“把青年作为一个整体来研究，并不能成为构建青年学理论模型的充分和必要的理由。整体观念是现代科学研究的基本原则，或者说，所有现代科学（无论是自然科学还是社会科学）都是‘跨学科’的，都包含着‘综合’的原则和性质。”“青年学与青年社会学是同一的，青年社会学完全可以吸收生理学、心理学、社会心理、文化人类学以及所有人文科学研究青年的成果。”[①] 笔者认为，公正地说，社会学毕竟已走过了百余年的历史，而“青年学”尚是个早产的婴儿，自W. 阿达姆斯基提出倡议至今不过才24年，要求它很完备是不现实的。

当代青年研究已经走过了15年的历史，当初的许多设计者颇有些傲视所有既存学科对青年群体的研究，不十分情愿地企图采取借鸡生蛋的办法要从借鉴社会学理论出发孵出一只“凤凰”来，15年之后，青年研究似乎在为他人作嫁，为中国社会学的恢复重建做了贡献，非但没有构成独立于社会学之外的什么“学”，反而进一步投入了社会学的怀抱。笔者认为，承认这个事实与正视15年来青年研究取得了突破性的发展与具有光明的前途并不矛盾，当代青年研究是一项全新的事业，15年来青年研究走出了历史上单纯的青年工作、青年对策研究的传统，脱离了以往的简单化的总结推广青年运动经验与传播好人好事的模式，开始探讨青年研究的理论与方法，探讨青年工作的科学化，青年研究已经成为一门独立的学科领域，这样的成绩在中国青年研究的历史上是空前的。但是也应该清醒地看到，当代青年研究仍处于十分稚嫩的发展阶段——前学科阶段。跨越前学科阶段，进一步发展成为独立的综合性学科，尤其是确立完备的理论体系，尚需要相当的时日与极艰苦的努力才能得以实现。目前对资年研究最终形成的体系实难做出精到的逆料，但未来的青年研究不应该也不可能彻底摆脱社会学为骨干的科学群的支撑，则是可以预见的。

---

① 邝海春：《青年学还是青年社会学？》，《青年研究》1989年第3期。

价值合理性与目的工具合理性*

司马云杰

在西方文化中，价值合理性与目的工具合理性是割裂的，因为前者纯属价值判断问题，而后者则是经验实证问题。本文作者从中国大道文化哲学的本体论、价值论与知识论之相统一出发，论述了价值合理性与目的工具合理性的统一性，以及信念道德与责任道德的一致性。作者认为，中国不论是搞市场经济，还是现代化的社会发展，都不能片面地追求目的工具合理性，而必须把价值合理性放在重要地位，努力实现价值与价值判断、价值合理性与目的工具合理性，以及信念道德与责任道德的统一与一致。

价值合理性与目的工具合理性的概念是德国社会学家马克斯·韦伯（Max Weber）研究人的行为时提出的。他所说的价值合理性，是指由宗教、伦理、道德、审美一类价值意识决定的行为；而他所说的目的工具合理性是指有预期的目的和实现这种目的的工具、手段的一类行为。在韦伯的社会学理论中，价值合理性与目的工具合理性是完全对立的、割裂的。因为前者是不可实证的，纯属价值判断问题，而后者是可以达到预期目的，是可经验实证的，属于科学理性。韦伯作为倡导“价值中立”的社会学家，虽然也研究宗教伦理道德一类的价值合理性，但就其整个社会学思想来说，他并不喜欢宗教伦理一类价值合理性及由此产生的信念道德，而是要人们以责任道德实现目的工具合理性。韦伯的社会学思想是以西方近代以来的自然主义、经验实在论或知识论哲学为基础的。而这种哲学乃是逐物之学，是不要价值判断的。正如亚当·斯密从经济学领域清除了“道德”及一切价值判断一样，自然主义、经验实在论或知识论的哲学家，也

---

* 原文发表于《社会学研究》1995 年第 6 期。

在自己的领域清除掉了形而上学及一切本体论、价值论的学说。前者所剩下的只是赤裸裸的经济事实，后者所剩下的只是物质世界赤裸裸的真理性。韦伯的社会学以这种哲学作为理论基础，把价值合理性与目的工具合理性对立、割裂开来，也就不足为奇了。

我在这里并不想详细讨论、研究韦伯的社会学思想及其倾向性，只想借助他的价值合理性与目的工具合理性的理论概念，研究分析一下中国应该如何坚持与西方不同的价值合理性与目的工具合理性，因为中国与西方有着完全不同的文化和哲学；特别是贯彻中国文化几千年的大道哲学，根本不存在本体论、价值论与知识论相割裂的问题。

什么是大道？什么是形而上学的道？过去人们讲得神乎其神、玄而又玄。其实，它不过是宇宙万物法则秩序纯粹的价值思维肯定形式与抽象形式。《诗经》讲“上天之载，无声无臭”（《大雅·文王》）；“维天之命，于穆不已”（《周颂·维天之命》）；《尚书》讲“天叙有典”、“天序有礼”（《皋陶谟》）；儒家孔子讲“唯天为大，唯尧则之”（《论语·泰伯》）；子思讲“君子之道，造端乎夫妇，及其至也，察乎天地”（《中庸》第12章）；道家老子讲“人法地，地法天，天法道，道法自然”（《老子》第15章）；庄子讲“天有大美而不言，四时有明法而不议，万物有成理而不说。圣人者，原天地之大美而达万物之理可观于天”（《知北游》）；墨家讲“法于天”（《法仪》），“总天下之义，以尚同于天”（《尚同下》）；以及《易传》讲“仰观象于天，俯察理于地，观鸟兽之父与地之宜”（《系辞下传》）等等，凡此都是讲道为天地万物法则秩序的价值思维肯定形式与抽象形式。“天”，在无限的时空意义上，也就是宇宙。携宇宙、傍日月、尽万物而观之，损之又损，抽象了又抽象，使之成为一种纯粹法则的存在，也就是形上之道，也就是形而上学的大道本体。因此，不管把大道抽象为有，抽象为无，抽象为无极，抽象为太极，抽象为周行不殆、独立不改的存在，抽象为“寂然不动”的本体，它都是宇宙的法则，都是这种法则的纯粹抽象思维形式；也不管把这种法则的变化说得怎样扑朔迷离、变化莫测、至神至妙，它都不是虚妄的存在，而是像朱子所说的，始终都是真实无妄的实理，是“天理之本然”（《中庸章句》第20章注），或“彻底都是实理”（《正蒙·诚明篇》朱熹注）。实理，就是实有是理，就是真实无妄之理。它作为道，作为本体的存在，作为宇宙法则的纯粹抽象思维形式，虽然不是自然主义、经验实在论哲学家所讲的物的实在，但它也绝不是虚假的假设，不是彼岸世界的存在，不是虚无缥缈的神灵，不是人格化的上帝，不是神秘的精神实体，不是纯粹主观的终极臆说，而是“物物而不物于物者”（《庄子·山木篇》），是“与物无终无始，无几无时，日与物化者”（《庄子·则阳篇》）。它虽然看不见、摸不着，虽然也需要理解与领悟，但它绝不是虚妄的价值，不是纯粹的价值设定。它虽然不能以物的实在或经验实在去追求，但它又不是脱离宇宙万物而存在的，而是道体流行随处可以发现的，是可以征之于宇宙万物的。也正因为这样，形而上学的大道才表现为本体论、价值论、知识论的统一。讲道为天地母，讲道生一、生二、生三、生万物（《老子》第25、42章），属本体论；讲道“继之者养，成之者性”（《周易·系辞上传》），属于价值论；讲“知周乎万物而道济天下”（同上），则是属于知识论，而且是最高的知识论，因为道是真知至知的存在。这和西方讲上帝的存在只是属于价值判断问题，与知识无涉，把本体论价值论与知识论相割裂，则是完全不同的。正因为中国的大道哲学本体论、价值论、知识论是统一在一起的，所以才不存在像韦伯评价西方宗教信仰所说的只有价值合理性，不具有目的工具合理性，也并不是像他所说的只是一个价值判断、价值设定问题，而不具有真实可靠的价值属性。中国形而上学的大道不仅是一个价值肯定、价值判断的存在，而且是一个真实无妄的价值所在；不仅具有价值思维的合理性，而且具有价值实现的目的工具合理性；落实为社会生活，它不仅是一个信念道德问题，还是一个责任道德问题。因此，中国形而上学的大道是价值与价值判断的统一，是价值合理性与目的工具合理性的统一，是信念道德与道德责任的统一，而不是将二者割裂，或像西方哲学那样将它们分为截然不同的两个价值世界，从而使它们之间不具有真实的价值关系。

正因为大道本体存在与人的行为是一种真实无妄的价值关系，所以中国哲学才要求人在考虑目的工具性行为时，必须与大道本体的价值联系起来，并且把它看成是最高的价值标准，以此去衡量具体的目的工具性行为是否合理。《大学》第一章开宗明义，就是讲明明德、止于至善。只有明明德于天，只有正心诚意、格物致知、止于至善，才能修身，才能齐家、治国、平天下。这不只是对哲学家的要求，而是对自天子至庶人的普遍要求，是对整个社会的伦理道德要求。因为在中国哲学看来，未有本乱而能治天下者，未有本乱而能达到目的工具合理性行为的。试想，德之不修，夫不夫、妇不妇、父不父、子不子，能够和夫妇、正人伦吗？能够使家庭关系和谐美好吗？能够使家庭和睦共处、得到治理吗？一个家庭尚治理不好，乱七八糟，能够治理好国家吗？能够明明德于天下，使天下人皆能明明德吗？自己不诚实又如何能使天下人诚实呢？自己二三其德又如何能使天下的道德清明统一呢？自己不正又如何能正天下呢？自己不能自新，又如何能新天下之民呢？一个不爱他的家庭的人，能够爱他的国家吗？一个不爱他国家的人，能够兼爱天下人民吗？道理是非常明显的。一个不能明明德的人，一个不能自明的人，他是不可能明白天下事理的，也是不能大行于天下而不悖的。在这里，责任道德与信念道德是完全一致的。它绝没有为了信念道德故弄玄虚，让人们接受不喜欢的价值；也绝没有为责任道德不择手段，以实现某种工具性目的。相反，它要求人们考虑任何目的工具性行为时都要以最高的价值为准则，都要以价值本体考虑不同等级、层次的价值。因此在这里，信念道德就是责任道德，价值思维的合理性就是目的工具行为的合理性；最高的价值本体就是不同等级、层次的价值，或者说就包含着这种价值及其合理性，而绝不能将这种价值置于本体价值之外，从盲目的、自私的、与本体价值相悖的方面说明它的合理性或合乎理性。这并不是否定个别的、特殊的价值，而是说这种价值只有符合本体的价值，才是合乎理性的，才不会发生悖谬，因为它是符合普遍价值法则的。

修身、齐家、治国、平天下的伦理道德合理性是这样，企业经营、发财致富的伦理道德合理性亦即如此。企业经营、发财致富按照韦伯的说法，纯属目的工具合理性的行为范围。那么，这种行为要不要符合最高的价值合理性呢？或者说它是不是也要和价值本体联系在一起或遵守最高的天道法则呢？中国大道哲学的回答无疑是肯定的。因为这类行为同样不能妄行，用《周易》的话讲，只有无妄，才能“元亨、利贞”（《无妄》）。程子伊川解此说：“无妄有大亨之理，君子行无妄之道，可以致大亨矣”，“利贞，法无妄之道，利在贞正，失贞正则妄矣”（《周易程氏传》卷2）。大亨之理，无妄之道，就是天道法则，就刚中而应、大亨以正的天道本体而言，就是无妄的价值本体。为什么要遵守天道法则？为什么要贞正价值本体？因为它是化育万物、生生不穷的本源。如果不遵守天道法则，不贞正价值本体，竭泽而渔，就像现代工业化过程中肆无忌惮地向自然界生杀掠夺一样，那就堵塞了生化之道，断绝了生生之源。只有遵守天道法则，使阴阳和顺，天地交泰，才能生生不息，有物之美、财之用。故《易传》说："天地交泰，后以财成天地之道，辅相天地之宜，以左右民"（《彖上传》）。天地交泰既是成财之道，也是理财的制度方法。只有阴阳和顺、天地交泰，才能万物遂生，财源不竭；只有体验领悟天地之宜而为制度方法，用天时、因地利，才有辅财源不竭之妙用。这种体验、领悟就是明明德，就是有生财之道。而在韦伯的目的工具合理性看来，只要达到预期的目的，就是合理的，哪怕不择手段。中国的大道哲学则不是这样。它最反对为富不仁，最反对以不仁的手段达到致富的目的，因为这是不合乎理性的。仁不仅是爱人、体贴人，也包括仁爱万物、体贴一切生命。如果不明明德，如果失其本而致其末，如果为了富起来使人们相互争夺，甚至竭泽而渔、生杀掠取，那也就会造成财聚而民散，造成整个社会的价值悖谬。如果这样治理国家、经营企业，这样聚敛财富，无异于造盗、蓄盗，实乃自乱其身、自乱其国矣。如果听信只要达到目的就具有合理性的理论，实乃乱国之道也。因为它会使整个国家陷入疯狂和非理性。以利为利，失去价值合理性，反而不利；以义为利，得价值本体之大用，反而得利。这就是本与末、德与财、义与利的辩证法。以此辩证方法治理国家、经营企业、发财致富，才具有普遍的价值合理性，目的工具性行为才是合乎理性的。一切把致富与道德对立起来的说法、看法及其理论与实践，都是和中国大道哲学的伦理道德精神相违背的。

国家如此，个人也是如此。一个人要想发财致富，要想成为企业家，要想雷行天下，就必须明明德，就必须具大亨之理，行无妄之道，就必须像《易传》所说的"刚自外来，而为主于内，动而健，刚中而应，大亨以正"（《彖上传》）。只有道德刚健文明，才能应乎天、行乎时，才能得天道之大用；只有柔得尊位，大中而应，才能生大有；只有坚持刚健而中正，才能大行天下。《易传》这些道理不仅是安身立命的哲学，也是一种致富哲学，一种货币哲学。利在贞正，不贞正则妄，妄则"天命不祐行矣哉！"这个天命不是别的，就是天道法则。法则是中正的，是不准人妄行的。你妄行，它就要纠正你，就要制裁你。即使你一时得意，如果不自觉，如果不能回到理性上来自己纠正自己，那么，法则就要纠正你，制裁你！因为你已经陷入了非理性，已经偏离了大中之道。法则虽然看不见、摸不着，但它像无情的法官，像公正的上帝，像无形的纲纪，作为正义的力量来纠正、制裁一切不正义的妄行。老子所说“天网恢恢，疏而不失”（《老子》第73章）即指此也。即使你可钻社会法律的空子，即使你可以逃过执法人员的眼睛，但如果你妄行，也最终要在商品经济活动中跌跤、摔跟头的，甚至遭到惨败的。手段的不合理性最终要导致目的不合理，目的不合理性最终在于不合正理，在于不合天道法则，在于心有邪念，在于不能体验、领悟天道本体的刚中而庸、大亨以正 。这就是《周易》所说“匪正有眚，不利有攸往”（《无妄》）的意思。眚即有病，即错误，即无德。一切妄行，一切过失，一切不正当的非理性行为，皆产生于此。小失于正，则有过，已妄矣；若不改正，继续沿着不正的道路走，继续采取非理性，则妄作凶矣。故曰“天命不保”，或曰“天命不祐行矣哉”。

自然，我这样说并不是要人放弃具体的目的工具合理性，并不是要人在管理企业时不精确核算、精密筹划、精心经营，就像韦伯所说的资本主义的劳动组织方式或经营管理方式那样。孔子曾说：“工欲善其事，必先利其器。居是邦也，事其大夫之贤者，友其士之仁者”（《论语·卫灵公》）。可知仁者不仅是指事其贤者、友其仁者，不仅是指尊重人才、尊重知识，而且还是包括“器”的工具合理性的内容。器，不仅是指工具、器皿，它包括一切形之者，包括一切事的、物的存在形式，其中也包括组织形式与制度形式。大则宇宙万物、国家政权形式，小则衣物饮食、百姓日用，凡一切形而成之者，都是器，都必须条理之、筹划之、组织之、运行之，然后才能发挥功能，产生妙用，才算善其事、利其器，才算具有目的工具合理性。然条理之、筹划之、组织之、运行之就是道，就是理，就是所以成为器者，就是所以成为宇宙万物、百姓日用者。这就是道不离器、器不离道、器贯之以道的意思。因此，即是讲“工欲善其事，必先利其器”，讲目的工具合理性，也是不能离开恒宇宙、成万物的道的。宋代理学家张栻虽讲“形而上者之道托于器而后行”，但同时也讲“形而下者之器得其道而无弊”（《南轩论语解》卷5）的。这就是说，一切企业管理的深谋远虑、精确核算、精密筹划、精心经营都是不能离开道的法则的；离开了这个法则的筹划、组织、运行，就会陷入非理性，就会走邪道而陷入目的工具非理性，陷入道德价值悖谬。不管在现实生活中，经济体制上，存在着多少不合理性，真正的企业家，是应该像孔老夫子所说的“无求生以害仁”（《论语·卫灵公》）的。只有至德之人，才能全心；只有全心之人，才能全身；只有全德、全心、全身，才能求生存、求发展；否则陷入不仁，以身试法，也就谈不上求生存、求发展了。这就是《大学》所说“仁者以财发身，不仁者以身发财”（第10章）的道理。

还有一点是应该特别说及的，那就是不能把商业的合理性、投机的合理性、技术的合理性等推广到社会关系中去变为社会生活的合理性。人与人之间的关系并不仅仅是商品关系、物质关系、技术关系，而还是一种文化关系、意义关系、伦理关系、道德关系。如果把商业活动中的精心算计、精心策划以及投机、技术的合理性等带入社会生活中来，你算计我，我算计你，那么，整个社会也就变成了相互算计的关系了，那也就没有什么伦理道德可言了。故《左传》宣公14年说：“怀必贪，贪必谋人。谋人，人亦谋己。一国谋之，何以不亡?”国家社会为了完成某项具体的工作任务，配备组织各方面的人才，组成功能群体是可以的，也是应该的。但是，把整个社会都变成计较个人得失的功能群体、利害群体，也就没有友谊可言了。一切以目的工具为合理性，就等于让整个社会为金钱、为贪欲相互争斗、相互计算，就等于把整个社会的私欲、恶、内心的黑势力、魔鬼统统地都放出来，如此，天下不出乱子才是怪事呢?！言不必信，行不必果，一切以利害为准，一切以目的工具为合理性，及至把整个社会变为功能群体、利害群体、乡党称弟、小人汹汹，皆为市井之人，皆为利害之徒，那么，也就无忠厚老实、高风亮节可言了，也就把整个的人与人之间的关系置于冰冷的现金交易、权力交换之中了。果真如此，中国还谈什么君子之国、礼仪之邦呢?

单纯的目的工具合理性不仅在社会生活中的作用是有限的，在宗教、哲学、艺术等深层精神生活的价值实现中，更是行不通的。那不言的天地之大美，那不议的四时之明法，那不说的万物之成理，那昭明的天乡其德，那“皇极”的大中之道，那独立不改、周行不殆的天地之母，那至神至妙、“寂然不动”的无妄真体，那归乎无始、不累于形迹的无极，那昊昊上天、皇皇上帝、无限光明的神圣境界，那无形的大象，那希声的大音，那雷鸣般的寂静，那万籁俱寂的运作，那山韵、水韵、沙韵、风韵，那忘物、忘我、忘适、忘忘，等等。凡此都不是用目的工具合理性能解决的，不是用技术合理性、科学合理性能解决的，不是用经验实在或逻辑性能解决的。因为它不是逻辑形式，不是经验实在，不是功利目的，不是实体的物的存在，而是非逻辑、非经验实在的存在，是超越一切功利目的存在，是物物而不物于物的存在，是无始无终、与物俱化的存在，是抽象的法则，是形而上的本体，是价值思维的肯定形式，是凭着理性的直觉所创造的至神至妙境界。对于这种存在，我们只能用心、用灵魂、用道德修养、用理性的直觉，去体验，去领悟，然后才能得之为德，宜之为义；才能知道天地之大美在哪里；四时之明法在哪里，万物之成理在哪里，才能知天乡其德、皇极之道；才能得天地之母，无妄之体；才能领悟天地精神，感知无限光明的神圣境界。这一切都来源灵明之心、道德修养。中国古代先哲以及一切有道德修养的人们，正是凭着这种灵明之心、道德修养获得天地精神、性命之理及伦理道德使命的。中国文化哲学所以深厚博大，中华民族所以刚健文明，其原因也在这里。如果中华民族不能超越经验实在思考天乡其德、大中之道，不能凌空而起思考天地精神、性命之理，只会思考物的实在，离开了物的实在再也不会思考问题了，那也就不是一个深厚博大的民族，而是一个爬行的民族了。

也许有的学者会说，谈价值合理性不必谈目的工具合理性，谈目的工具合理性不必谈价值合理性，二者是不同的价值领域，源于不同的理性之维。自然，物质世界的真理性，目的工具合理性，不是宗教、哲学、艺术的合理性；宗教、哲学、艺术的真理性，也不能完全用物质世界的真理性、目的工具合理性去实证。但是，这不等于说二者完全是割裂的，是彼此互不相关的，或者说是两个互不关心的世界。不是的。这只要看一看现实生活，看一看当今世界价值与价值判断的事实，就会明白。目的合理性，工具的合理性，技术的合理性，科学的合理性，投机的合理性，让转证券的合理性，交换的合理性，一句话，物的实在或经验实在的合理，不仅渗透到了整个社会生活的领域，而且铺天盖地而来，侵犯着宗教、哲学、艺术的神圣殿堂；特别是物的实在，不仅蒙蔽了人们的眼睛，堵塞了人们的耳朵，而且窒息了人们的灵魂，使他们看不见、听不着、感觉不到一切非物质世界的真理性与价值存在。由于这些合理性被强调到了天经地义的程度，强调到了谁不承认、附和这种合理性，谁就是大逆不道，就是不近人情，以致使它浩浩荡荡地向整个社会、整个精神领域进军，社会道德让位给了物欲充斥，宗教、哲学的真理性让位给了物质世界的实在性，艺术的美让位给了感官刺激、色情场面，连光屁股、跳裸体舞也具有了合理性，因为这是最真实的存在。谁不承认这种存在，谁不承认这种存在的合理性，谁就是虚伪——这种价值、价值判断上的咄咄逼人，已使宗教、哲学、艺术的价值理性或价值合理性无路可走。老实说，宗教、哲学、艺术的真理性无意取代物质世界的真理性，无意取代科学合理性、技术合理性，因此价值合理性也无意取代目的工具合理性。然而，物质世界的真理性、科学技术的合理性以及目的工具合理性等，却一点也不谦虚，一点也无自知之明，堂而皇之地侵入了一切领域，占领了一切领域，取代了一切价值合理性，取代了整个宗教、哲学、艺术的真理性，使整个社会陷入了物欲，陷入了浅薄的物质文明。至此还说什么各谈各自的合理性与真理性呢？还怎么使宗教、哲学、艺术的价值理性能对科学、技术、目的、工具合理性表示冷漠和不关心呢？这种发展是整个宗教、哲学、艺术的悲剧，也是时代文化哲学的悲剧！一切非物质世界的真理性都被推翻了，一切神圣的殿堂都被玷污了！至此，又怎么能不使宗教、哲学、艺术家为最高的价值合理性与真理性而斗争呢？只有思考这种合理性与真理性，只有获得大中之道、性命之理，人的思维、存在、追求才有价值合理性，目的工具性行为才有真正的合理性。因为大中之道、性命之理是齐天地、一万物的存在。是“得其环中、以应无穷”的有在，是最高、最普遍的法则，是纯粹无妄的真理。它不仅超越物质世界的真理性、目的工具合理性，而且涵盖了这种真理性与合理性，并且向下落实，表现为整个物质世界的真理性与目的工具合理性。它是价值与价值判断的统一，是价值合理性与目的工具合理性的统一，是信仰、信念道德与责任道德的统一。中华民族生生不息几千年，就在于得此统一性。

北欧五国两性比较统计

——关于男女平等的事实和数据*

戴可景　译编

1994 年 8 月，丹麦、冰岛、挪威、瑞典和芬兰五国政府委员会在芬兰奥波召开了“机会平等”正式会议，五国统计办公室向会议提交了题为“北欧五国女人和男人——事实和数据”① 的统计成果。这一成果是为执行《提高妇女地位内罗毕前瞻性战略》五国委员会从 1984 年秋开始的“男女机会平等”研究的统计项目的成果。为此，1988 年五国还在奥斯陆开了“机会平等”预备会议，提出了有关男女平等的指标编纂和评析报告。

(一) 在 1994 年成果中，五国政府提出关于男女平等的观点、政策及合作计划

基于文化、历史、语言的纽带和悠久的历史传统，五国政府对两性平等问题已达成共识，认为只有当女性和男性的能力、知识、经验和价值得到同样承认并被允许来影响和促进社会各领域的发展，社会才能向更加民主的方向前进。他们一致认为国家为男女机会平等所设的目标应该是：女人和男人有同等的权利、责任和可能性来进行工作以获得经济上的独立，来照顾子女和家庭，来参与政治、工会和社会的各项活动。机会平等包括质和量的组成部分。量，指的是女性和男性在社会各领域的分布平等，例如在教育、工作、娱乐活动、权力地位等方面的分布平等，即 40% ~60% 或更接近于各 50% 。

五国政府认为执行男女平等政策并不仅仅对公民个人有利，而是对政

---

*　原文发表于《社会学研究》1995 年第 6 期。

①　该书于 1994 年在瑞典出版。

府、社会也有利。只要女性和男性的技能、知识经验和意见被充分发挥从而影响和促进社会各方面的发展，那么它便将沿着更民主的道路发展。另一方面，如果要使政策真正深入人们的工作、家庭及日常生活，女性和男性必须愿意共同承担一种新的角色，以真正的热情投入到该项事业中去，而男性的积极投入尤为首要。

五国的合作是以上述的共识为基础的，他们的政府部长会议计划在1995年到2000年间，集中力量优先做好以下方面的工作。

1. 促使女性、男性有同等机会和途径参与政治和经济决策进程。

2. 推进男女同工同酬，使女性、男性有同等经济地位和影响力。

3. 使女性、男性在劳动力市场中机会均等。

4. 为女性男性提供同样好的条件，使之既从事一项职业又能照顾好子女。

5. 拟定措施，促进欧洲及国际上在男女平等方面取得更大的进展。

部长会议还计划加强分性别的统计、研究工作和与性别有关的教育、咨询工作等。在组织结构上，五国部长会议负责性别平等问题（gender equality issue）。北欧五国性别平等执行委员会（The Nordic Executive Committee on Gender Equality）担任部长会议的各项筹备工作并贯彻实施部长会议的决议。

（二）五国关于男女机会均等的历史回顾

历史告诉我们，北欧五国女性在争取男女机会平等的道路上有一些值得人们注意的里程碑。它们是鞭策当今女性继续努力奋斗的动力和基础，五国的历史记录如表1所示。

表1　机会均等道路上的里程碑

	丹麦	芬兰	冰岛	挪威	瑞典
1. 继承					
男女平等的继承权	1857	1878	1850	1854	1845
2. 法定成年					
未婚女性25岁为法定成年	1857	1864	1861	1863	1863
未婚女性21岁为法定成年		1898		1869	1884

续表

	丹麦	芬兰	冰岛	挪威	瑞典
已婚女性达到法定成年	1899	1930	1900	1888	1921
3. 政治参与和权利					
女性有选举和被选举权					
——地方选举	1908	1918	1909	1910	1908
——议会选举	1915	1906	1915	1913	1919
第一个女性议员	1918	1907	1922	1922	1921
第一个女性内阁阁员	1924	1926	1970	1945	1947
第一个女性首相				1981	
第一个女性议长		1994	1988①	1993	1991
4. 计划生育					
批准使用避孕丸	1960	1961	1966	1967	1964
女性要求堕胎的权利	1973	②		1978	1975
5. 产假、育儿假					
父母享有带工资的产假	1984	1978	1980	1978	1974
部分育儿假专为父母保留	—	—	—	1993	③
有幼儿的父母享受每日六小时工作制	—	1988	—	—	1979
6. 教育与经济活动					
女性有权上大学	1875	1901	1911	1884	1873
女性有权任公务员	1921	1926	1911	1938	1925
女性有权授任圣职	1947	1988	1911	1952	1958
第一个女性主教	—	—	—	1993	—
第一个女性最高法院法官	1953	1970	1982	1982	1968
男女公务员同工同酬	1919	1962	1945	1959	1947
私营企业男女同工同酬	1973	1962	1961	1961	1960
在工作岗位上男女机会均等法	1978	—	1973	—	1980
7. 机会均等法案	—	1987	1976	1979	—

注：①1961 年仅有下议院议长。

②1970 年堕胎法，以社会原因为由。

③1994 年 2 月政府议案。

资料来源：《北欧五国女性和男性——关于昨日、今日、未来机会平等的事实》。

如表所示，五国女性于 19 世纪中期就已获得男女平等的继承权利，从 20 世纪初开始拥有政治参与的权利，但女议长还是 80 年代末、90 年代初才出现的。由于宗教信仰的缘故，五国女性获生育自主的权利似较滞后。1993 年挪威出了一个女主教。就国际比较而言，五国女性的基本权利较早有了保障，至少早已不再有沦为被拐卖对象的危险。

（三）五国女性、男性基本状况比较

五国女婴死亡率为 5‰～6‰；男婴 5‰～8‰。本世纪初以来女性、男性平等预期寿命提高了 30 岁，女性较男性提高更多，女为 78～81 岁，男 72～76 岁。以 1992 年为例，丹麦女性平均预期寿命为 78 岁，男 72 岁；芬兰女 79 岁，男 72 岁；冰岛女 51 岁，男 76 岁；挪威女 50 岁，男 74 岁；瑞典女 81 岁，男 75 岁。冰岛和瑞典女性寿命最长。丹麦和芬兰男性寿命最短。芬兰男、女寿命长短差异最大，相差 7 年。冰岛差异最小，相差 5 年。五国生育率均呈下降趋势，1992 年妇女生育率为 1.8 至 2.2。

20 世纪期间，五国人口较前老化。女性老年人在老年人口中的比重持续增加。由于女性与异性同居、结婚、生儿育女较男性早，因而中年已婚、同居，及有子女的女性较中年男性多，再加上女性较长的预期寿命等因素导致 45 岁以上的妇女独居者较男子多。65 岁以上妇女约有 2/ 3 独居，而同龄男子绝大多数与妻子共同生活，约有 1/3 独居。年龄越大，女性男性独居者比例差别越大。与其他年龄段相比，25～44 岁年龄组男性独居较女性多。丹麦和瑞典 25 岁以下青年独居男性较女性多；芬兰 25 岁以下女性独居较男性多；挪威 25 岁以下独居女性男性比例相等。绝大多数老年妇女的照顾由女性亲属、其他亲近的女性关系或服务行业中的女雇工来担任，因而在照看、护理工作领域，妇女的影响大于男子。

（四）就业与收入

五国女性、男性参与有酬受雇的百分比日益接近。从 20 岁到退休年龄的人口中，有 72% 至 83% 的女性和 81% 至 92% 的男性在劳动力市场中。

近年来，失业率上升。由于男性所在的劳动市场受失业率影响最大，男性所受影响大于女性。五国约有 1/2 女性和 1/4 男性在国营企业工作；1/ 2 女性和 3/ 4 男性在私营企业工作。女性主要受雇于服务业；男性则较均匀地分布于各行各业。在社区和个体服务业中约有 64% 至 72% 为女性所占据。制造业、批发及零售业、餐馆及旅馆业为仅次于工业的行业。在制

造业中，64%至75%的雇员为男性；在批发、零售、餐馆及旅馆行业中，男女雇员分布均衡，约各为40%至60%。

五国劳动力市场中，男女职业分隔现象严重，仅有10%至20%的行业属于非分隔性职业，女男均有40%至60%从事非分隔性职业。80%至90%的行业是分隔性职业，男或女各占60%强。秘书、清洁工、店员、卫生护理等工作多为女性所担任。司机、工程师、建筑、木工、机械和修理工多由男性担任。近10年来，非分隔性职业比例有所增加，芬兰增加得最多，挪威最少。

五国劳动力市场的第一个特点是女性、男性就业率日趋接近。近数10年来，女性有酬就业率不断提高，并逐步扩展到国营企业，而同期男性就业率无升有降。劳动力市场中，男性占统治地位的部分未见扩大，相反有缩小迹象。

五国劳动力市场的另一个特点是，做非全日制工作的女性多于男性，1992年，冰岛、挪威、瑞典有40%至50%的受雇女性做非全日制工作，同期，男性做非全日制工作比例小于10%。

五国提出的男女机会均等的概念在收入这个意义上说，意味着女性、男性经济上同样独立，有同等的经济地位和影响力。大多数个人和家庭的收入来源不止一个，薪金或工资是收入的主要成分；企业经营、投资、财产或津贴及各种补助是个人或家庭收入的另一个组成部分。

由于许多妇女做半日或小时工，因此男性收入高于女性，挪威和冰岛女性做非全日工作比例大，与男性的收入差距也大。芬兰女性非全日工作比例最低，与男性收入差距也最小。女性、男性薪金本身有差别；从企业、投资或各种津贴所获也有差别，这是女性、男性收入差距的另一个因素。瑞典16~19岁男女青年收入差距最小，仅差几个百分点。总起来说，五国女性男性收入差距与年龄成正比。35岁至64岁的男女收入差距最大。冰岛35岁至49岁的妇女和男子收入差距最大，妇女仅有男子收入的50%。

北欧五国津贴制度比较完善。各国大体相仿，都有一种基本津贴，旨在保证全体公民，不论男、女，不论收入如何，都有一定水平的生活保障。冰岛的基本津贴与收入挂钩。各国的基本津贴有老年津贴、残疾津贴。除丹麦外，其他四国还有寡妇津贴和儿童津贴，但冰岛和瑞典的寡妇津贴正在逐步被取消。其他辅助性津贴则是另一种根据个人过去的收入、物价指数及工龄来计算的辅助性津贴。基本津贴最高的是丹麦和冰岛，其次是挪威和瑞典，芬兰最低。仅领取基本津贴的女性比例最大的是丹麦和挪威，两国有 2/3 的女性老年津贴领取者只领基本津贴，丹麦老年男性只领取基本津贴者占 1/ 3，挪威更低。瑞典有 1/3 老年女性只领取基本津贴，而只领基本津贴的老年男性仅占几个百分点。芬兰有 1/4 老年妇女只领取基本津贴，男性也仅占几个百分点。除基本津贴外，其他辅助性津贴都与领取者早年的工作和经济活动有关。男女早年工作时收入的差异一直会延续并影响到退休以后的收入和津贴。

（五）时间资源及利用

北欧五国国民的时间利用模式大致相同。全部时间中约有 30% 用于有酬（包括路途往返时间）和无酬工作，40% 的时间用于个人生活需求，20% 至 25% 的时间为自由支配。男性有较多的自由支配时间；女性在睡眠、休息、用餐等生活需求方面所需时间较多。20 ~ 24 岁青年男女的绝大部分时间用于学习。已成家立业的男女用于学习时间较少。

就性别而言，女性男性所获时间资源相等，但支配和利用不同。从时间利用这个侧面，我们可以看到五国男女在照顾孩子和家庭方面支配时间的状况及其影响。特别需要提出的是有幼儿的母亲所做无酬工作最多，同类情况的父亲则绝大部分做的是有酬金的工作，但他们要比其他年龄段无幼儿的父亲要多做些无酬的家务工作。一般来说，男性比女性做得多的无酬工作是修理和保养。有幼儿的男女，他们在有酬和无酬工作上所花时间的差别最大。女性作为一个群体，担任全部无酬工作的 2/ 3，男性担任 1/ 3 。因此，女性在有酬受雇、事业发展和其他活动中花的时间比男性少。调查表明，家庭中孩子越小，传统性别角色的区别越明显；女性做更多的无酬工作，男性做更多的有酬工作。然而各国规定带有工资的假期多为有幼儿的母亲享用。从孩子出生后到 8 岁，丹麦父母共可享有 13 ~ 52 周带工资补贴的假期，其中父亲可享用 10 周。芬兰父母可享有 18 ~ 44 周带有 66% 工资的假期，其中 26 周可由父或母任选享用。冰岛，4 ~ 26 周，其中 4 周专为母亲保留，22 周可由父或母任选享用。工资补贴视不同企业而异。公务员在假期中有 100% 的工资补贴。挪威父母可共享用 42 ~ 52 周

80%～100%工资补助的假期，其中9周专为母亲保留，4周专为父亲保留，其余29～39周可由父或母任选。瑞典父母可享用64周假期，父或母各享用12周，可自行选择，其中51周带90%的工资，13周可保证最低限度工资额。孩子稍大以后，可以入托。1992年，丹麦3岁以内幼儿有50%入公立托儿所，芬兰和挪威20%，冰岛25%，瑞典30%。总起来说，五国3～6岁儿童有50%～80%入各种类型的托儿所。在丹麦绝大部分3～6岁幼儿入全日制托，7～10岁儿童有一半在公立学校或受儿童照看所照看；瑞典为40%，其他国家为10%。

（六）权力影响

如果说男女两性的知识、技能、经验和意见都有利于社会，那么两性在社会不同层次和不同领域中影响决策的平等机会是先决条件。就政治权力而言，女性在世界大多数地方都从属于男性。在欧洲许多国家，女性议员只占10%左右，例如比利时、法国、希腊、意大利、葡萄牙、美国和英国。澳大利亚、巴西、印度和日本也只占不到10%，相比之下，北欧五国议会中女性比例较高。五国女性在1906年至1919年间获得选举权，1907年至1922年间被首次允许进入议会。五国中有四个国家的议会中的女性比例为3%至39%，冰岛为24%。在国家政府中，冰岛的女性工作人员比例为10%，其他四国为32%至42%。在挪威，42%的内阁成员，包括内阁总理，为女性。

在区级的层次上，女性比例低于或相当于国家这一级水平，但瑞典例外，在瑞典县政府委员会里，当选的女性县政府官员达48%。医务、卫生这一妇女传统的工作领域构成了瑞典县委员会的主要职责。1994年选举结果，北欧五国议会中两性分布状况是：瑞典，女占41%，男占59%；挪威和芬兰均为女性占39%，男性占61%；丹麦女性占34%，男性占66%；冰岛女性占24%，男性占76%。市议员的男女分布是：瑞典，女性占41%，男性占59%；芬兰，女性占30%，男性占70%；挪威，女性占29%，男性占71%；丹麦，女性占26%，男性占74%；冰岛女性占25%，男性占75%。县议员，瑞典女性占48%，男性占52%；挪威，女性占39%，男性占61%；丹麦，女性占29%，男性占71%。北欧五国共五个议长，其中芬兰、冰岛、挪威、瑞典等四国的议长均为女性。五个国家首脑中女性占两个（丹麦和冰岛）。五国政府内阁成员中女性占10%至50%，其中瑞典比例最高，女性占50%。挪威是五国中唯一有女总理的国家。在国家部一级高级官员中，女性代表性差，男性高级行政官员占79%~95%。

在劳动力市场上，总起来说，女性占49%强，但在较高层次上，女性所占比例通常不足。在私营企业管理层尤为明显，女性只占很小的百分比。

在大众媒体方面，女记者比例较前增加，然而领导岗位中，同样男性居多。北欧学者认为，公众生活主要仍由男性控制。

表2　五国议会、政府高级职位男女比较统计

	丹麦		芬兰		冰岛		挪威		瑞典	
	女	男	女	男	女	男	女	男	女	男
国家元首	1			1	1			1		1
内阁成员	7	12	5	11	1	9	8	11	11	11
其中总理		1		1		1	1			1
各部高级行政官员	1	21	1	12	2	11	3	15	6	22
党派主席	3	5	1	8	1	4	3	5	2	6
议长		1	1		1		1		1	

（七）五国政府致力于改进统计工作

五国性别平等执行委员会认为，能够百分之百地反映现实的统计是不太可能的，但如果概念和分类的定义清晰，在收集、处理、分析和陈述事实时使用良好的测量手段和统计方法，统计数字对于信息、研究和决策是可靠的基础。

在北欧五国通力合作之下，关于如何改进官方的统计、分析和陈述已被明确地提到议事日程上来。首先，五国政府指出，目前收集的分性别的绝大多数统计往往只是作为众多变量之一。当然也有个别例外，如关于就业和医疗的统计。然而总起来说，许多分性别的统计通常只作为在分析和陈述中的一种背景性变量或是一种替代性变量；也就是说，把它当作分不同年龄、地区或不同社会经济的群体一样来处理，而不是作为一种分类所需的基础统计。女性往往被看作同婴孩、儿童、青年或老年和残疾人一般的易受侵害的特殊群体。这反映了一种观点，即把男性视作社会的规范群体而所有其他群体是非常规的。这种观点通常导致只统计各种女性群体而没有可比男性的资料。为揭示一个社会的真实情况，五国政府强调在一切有关统计中，女性、男性的统计必须并列以便比较男女社会生活的异同，从而改进有关的领导工作。

其次，如何更好地利用现有的统计是另一个问题。目前关于女性和男性的资料量大、种类繁多，使用者往往难以取得比较全面、概括性的资料或甚至不易寻找和选择正确的适用的统计。因此统计工作者必须起带头和指导作用，正确、及时地指导各类使用者。每个北欧国家应定期提供有利于分析和陈述其女性和男性状况的全面的统计资料，使使用者能以简便易得的方式获取性别之间、各国之间可比的资料。

最后，必须修改定义改进分类方法和测量手段。目前，关于生活方式对健康影响的资料积累不足。对疾病及接受公共医治的状况也缺乏总体的评估。关于有报酬和无报酬工作的内容、范围和分布状况的描述还有待改进。为深入分析女性和男性对社会发展的贡献，时间利用的研究和统计是必需的。用统计数据还能更好地阐明在政治、经济和社会生活各领域的权力结构。总之，为准确地描述社会中女性和男性，未来的统计工作必将发挥重要的作用。

1996 年

城市地方社会保险的一体化建设*

——广东省佛山市个案研究

孙炳耀　赵克斌

1983 年 10 月，国家劳动部在郑州召开的“全国保险福利工作会议”上提出的“开展全民所有制单位退休费用实行社会统筹”的工作，标志着中国社会保障制度改革从单位劳动保险向社会保险改革的开始。在经济体制改革的促动下，城镇社会保险改革已经取得较大进展。到 1993 年底，全国各市、县都在不同程度上实行了养老、失业、工伤、医疗和女工生育保险的社会统筹，其中退休费用社会统筹的覆盖面，国有企业已达 95.2%，城镇集体企业和其他类型企业分别达 76.2% 和 64.3%。① 地方社会保险体系开始形成。地方社会保险体系的形成过程，一般是从单项的各个部门的改革开始，进而在发展的过程中寻求统一，甚至出现由一个机构对全部职工开展所有项目的社会保险的一体化格局。佛山市就是其中一个具有代表性的城市。在未来的改革方案中，寻求保险体系的统一性是一个基本的取向，这在学术界和决策者中已有较普遍的认同，不仅地方保险体系如此，而且全国的社会保险也应如此。这个目标是否合理，可行性如何，佛山市的经验在一定程度上有助于回答这些问题。

佛山市从 1984 年起进行社会保障管理体制改革。为了配合劳动合同制改革，首先建立了全民所有制企业劳动合同制工人社会养老保险，随后又推广到企业固定职工，进行退休费社会统筹制度，由劳动局下属的劳动服务公司负责。1988 年初又在机关、事业单位建立退休社会统筹制度。与此同时，人民保险公司则开展了一些集体企业的退休统筹。这一阶段的社会

---

* 原文发表于《社会学研究》1986 年第 1 期。

① 《我国养老保险事业发展迅速》，《中国信息报》1994 年 9 月 21 日。

保险业务分属于劳动、财政、人事、人民保险公司等部门管理。由于各部门各自为政，政策不统一，缺乏长远的、综合的规划，资金分散，致使社会保险发展慢，保险种类不全，社会化程度不高。针对这种情况，从1990年初开始，佛山市政府加大社会保险改革的力度，设置了直属于市政府领导的社会保险事业局，全面负责社会保险工作的管理和规划，从而克服了政出多门、机构重叠、互相扯皮等问题。

社会保险事业局成立之后，人民保险公司以及人事部门原有的业务都交由保险局统一办理，进行统一规划，大大加快了社会保险的改革和发展。1990年初，在机关、事业、企业单位推行带有社会治安基金改造性质的团体人身保险制度；1990年秋在机关、事业、企业单位在职全体干部、工人中实行个人缴纳少量养老保险费制度；1991年初在机关、事业、企业单位推行生育保险制度。社会保险制度改革突破性的进展是在1992年11月，佛山在全国率先实行社会保险一体化，不分企业所有制、职工身份和险种，统一按上年度全市各企事业单位职工平均月工资收入的20%征集综合保险费，由社会保险局统筹安排，其中14%由保险局列入养老保险，3%列入住院医疗保险，1%列入工伤保险，1%作为失业保险，1%作为女工生育保险。到1993年末，全市参加社会保险一体化的机关、企业、事业单位已达到1267个，职工达到191986人，分别比成立社会保险局前的1989年增加1.4倍和1.3倍，保险覆盖面达九成以上，但地方保险体系在覆盖中央、省属机构工作人员方面遇到困难。1992年佛山曾把驻市区的中央部属及省属企业纳入全市的社会保险统筹范围，1993年国家金融机构进行行业性的保险费统筹，驻佛山的金融机构纷纷退出市级保险，加入行业保险系统。

目前佛山市社会保险事业局仍在进一步强化一体化体制，包括以下措施。第一，巩固临时工保险费统筹。佛山的企业有很多外来的临时工，特别是建筑业。这些企业一般只为职工投工伤保险，因此参加一体化保险的临时工不多，最高时曾达到3.9万人，1994年下降到2万多人，占市属单位临时工的30%。第二，扩大覆盖面，开展私营企业和个体户以及自由职业者的保险业务。第三，健全医疗保险。住院医疗保险业务是从1992年开始的，最初个人住院不用交费，医院的收费保险公司也无法控制，第一年医疗保险缴费1800万元，支出2370万元，亏损了570多万元。1994年开始改进，要求个人按上年工资收入的1%交医疗保险费，关于住院费用支出，在职职工承当8%，退休人员承当4%。但即使如此，收支也很难平衡。第四是提高管理方面的社会化程度。目前的保险费支付大多数还是通过企业办理，然后由企业与保险局结算，这是因为保险局人员、网点还很少，不足以对所有被保险人提供面对面的服务。

从佛山的经验看，地方社会保险一体化基本可行，可以加快改革的进程，但也还隐含着许多问题，在未来的发展中可能会逐渐暴露出来，甚至可能从根本上威胁到一体化制度。

一体化建设首先是管理机构的统一，建立一个独立的、层次较高的机构。中国原来只有劳动保险，没有真正意义上的保险，而且劳动保险也仅局限于全民所有制职工，而这些职工又分属劳动和人事两个部门，有的职位较高的干部，则由党的组织部门管理。从社会保险改革的过程看，企业职工养老保险统筹的先导，仍然是当前全国社会保险改革的重点，劳动部门在这一阶段担任主角。从保险原理看，参与的人越多，承担风险的能力就越强，因此要求机关、事业单位的加入，甚至要求扩展到其他所有制的职工，而这些职工超出了劳动部门传统的管理范围，因此为其他部门的涉足提供了条件。劳动部门很难对这些与自己平级的部门进行干预，因此，由劳动部门单独承担社会保险职能，很难形成一体化制度，必须建立独立的机构。目前全国各市、县均建立了独立的机构，大多数按照劳动部《关于社会保险机构的名称和工作职责的通知》的要求，称作“社会保险事业局”，也有少数保留原来的“管理局”“管理委员会”等名称。这些机构都经办社会保险业务，行政职能仅仅是辅助性的。作为经办机构，它必然要脱离劳动部门，因为其业务超出了劳动部门的管辖范围，而在行政职能方面，它又要求直接与政府联系，这正是目前大多数地方社会保险机构所处的位置。目前争论较大的是，国家有无必要成立一个统一的社会保险部门。这不能从地方经验简单推论。从经办角度看，目前没有全国性统筹业务，因此不要求有经办机构。但从行政特别是从改革过程中的政策制定角度看，又要求有一个统一的机构。因此不少人提议在中央建立社会保障委员会，甚至设立社会保障部。[①]

---

① 国务院研究室课题组：《中国社会保险制度改革》，中国社会科学出版社，1992年，第33页。

一体化制度可以提高社会保险体系的效率，这在改革阶段表现得较明显，主要表现在两个方面。第一，社会保险改革需要一个统一的规划，如果没有统一，各行一套，很有可能给以后的改革造成障碍。例如改革初期，人民保险公司对集体所有制企业职工开展的养老保险，后来就增加了社会保险局开展业务的难度，解决的办法只能是通过行政命令，将人民保险公司的业务全部结转给新的机构。目前人民保险公司开展的一些人身保险业务，给未来社会医疗保险的发展也会形成一定的影响。第二，由一个机构进行管理，可以简化手续，节约管理费用。佛山实行一个综合费率，包括了养老、医疗、失业、工伤、女工生育五个险种的缴费，计算简便，对企业有利。但佛山的一体化体制是在社会保险发育尚不成熟的阶段存在的。随着社会保险的发展，可能会遇到一些难题。首先是来自失业保险业务的挑战。1994 年中国城镇显性失业已达 187 万人，而企业富余人员更是占企业职工的很大比重，有人估计达 1500 万人。[①] 对失业人员的救济，只相当社会平均工资的 30%，难以保障生活。[②] 如果提高显性失业率，提高失业救济水平，目前的失业统筹基金是很不够的。现行按工资总额 1% 筹集失业保险，只能支付不到 2% 的失业人口，因此，失业基金在将来肯定是无法平衡的。

失业保险对一体化体制的冲击，还在于它的基本功能是避免和减少失业，而不是单纯的失业救济。但就业政策以及职业培训、职业介绍等是劳动部门的传统职能，因此把失业保险从劳动部门分离出来是很困难的，目前在这方面的争论很大。随着失业保险的发展，特别是从简单的救济发展到再就业的安置，失业保险就会越靠向劳动部门，会又一次引起两个部门之间关系的大调整。

一体化制度还会受到来自医疗保险的挑战。医疗保险费用的控制，不是保险机构能办到的，在很大程度上取决于医疗机构，而目前中国的医疗体制仍然沿用过去的模式，医疗不仅没有成本约束，反而费用被有意识提高。为保证医疗保险的正常运作，就必须有相应的卫生体制改革。一体化制度将卫生部门排斥在外，产生很大的矛盾，因此在有的城市（例如深圳

① 易冰：《揭开失业的面纱》，《工人日报》1995 年 3 月 8 日。
② 王迎晖：《失业保险的承受力有多大》，《经济参考报》1995 年 4 月 24 日。

市），医疗保险仍然是由独立的医疗保险局管理。另一方面矛盾来自商业性人身保险。人民保险公司已经开办了许多医疗保险方面的业务，特别是对全民所有制以外的人员，其作用比社会保险局更大，如果将这些业务转移到保险局，利益冲突很大。如果让二者竞争，很难预期社会保险能够完全取代商业保险。

地方一体化体系与行业统筹则是一个更大的问题，表现着地方社会保险与全国社会保险的协调。地方保险体系强调人的属地邻近性，管理上有其便利之处，例如退休人员的生活服务，以社区范围最适宜。但有很多行业的企业有其特殊性，例如大型煤矿，其职工人数往往在当地占很大比重，由地方承担其风险的能力是有限的，因此在没有全国性保险体系之前，行业性的统筹特别活跃，目前全国有11个行业进行了统筹。这种并存格局，总的来看是免不了的，但可以有意识地扩大地方性保险，防止行业性保险的扩展，特别是要限制一些效益较好、风险不大的行业统筹，因为参与的行业越多，行业与地方的关系就越复杂，日后在省级甚至在全国范围内迈向统一的社会保险的障碍就越多。

中国和世界各国现代化水平的国际比较*

朱庆芳

实现现代化是各国追求的目标，它是经济、政治、社会、文化等各方面发展的综合体现。虽然各国现代化起步的时代背景不同、自然条件不同，走向现代化的道路、模式和步骤也各不相同，但最终的目标是相同的，现代化的最终目标都是要达到经济、科技、社会的高度发达，以及以提高人口素质和生活质量为目标的社会全面进步，实现以人为中心的全面发展。

为了全面、系统、准确地分析各国现代化的进程，自 20 世纪 60 年代以来，世界各国根据社会发展、现代化理论提出了各种指标体系，进行科学的量化。例如美国社会学家埃斯蒂思用 36 个社会指标组成社会进步指数，对世界 124 个国家做出了定量评价，评出中国居世界 70 位左右。依据联合国开发计划署的“人文发展指数”和“生活质量指数”，在世界评价中中国被评为 60 多位。现在国际上比较流行的是美国现代化问题专家阿历克斯·英克尔斯 60 年代在亚洲、非洲和拉丁美洲的 6 个发展中国家通过大量调查提出的现代化 10 项标准，这 10 项标准反映了经济社会的全面发展，包括了现代化、社会化、城市化、知识化等指标，对各国具有代表性和共性。笔者根据这 10 项指标，早在 1990 年就对中国和国际现代化水平做了比较，但没有对各国进行排序。

最近笔者根据世界银行《1995 年世界发展报告》和联合国教科文年鉴、劳工年鉴等重要文献收集了百万人口以上的 120 个国家和地区的 10 个指标的 1993 年数据，根据英克尔斯提出的 10 个现代化标准，用综合指数法进行了现代化水平的综合评价，评价结果如下。

---

* 原文发表于《社会学研究》1996 年第 1 期。

一、中国现代化水平居世界第73位。根据10个指标综合计算，中国得分73.8分，居世界73位，属中等偏下水平，比低收入国家高32%，比中等收入国家低24%，比高收入国家低69%。中国现代化水平较高的指标是每一医生服务人口为645人，比现代化标准1000人少355人，实现155%，居120个国家的第33位。平均预期寿命70岁，居世界47位。人口净增率在发展中国家属控制较好的国家，居世界第36位。处于较低水平的是第三产业比例，居109位；大学入学率只有2%，比低收入国家还少3个百分点，居99位；城市人口比重只占28%，居94位。人均国民生产总值在现代化指标中占有举足轻重的地位，据世界发展报告的数据，中国人均国民生产总值1993年为490美元，总额为4256亿美元，美元与人民币的汇率为1∶8.1，比中国当年实际汇率5.76高2.3。若按我国实际汇率计算应为5986亿美元，人均为505美元。国内一些专家认为，我国因受汇率变动的影响致使国民生产总值太低而不符合实际。多数专家认为，用购买力平价计算的人均国民生产总值大致在600～700美元较合适。但是世界发展报告中按购买力平价计算的中国人均国民生产总值竟高达2330美元，是不符合我国实际情况的，是不可信的。若按650美元计算，我国仍属低收入国家（低收入国家1993年的水平是90～660美元），按此数计算实现现代化标准3000美元的22%，10个指标总分为79.8分，居世界第68位，比73位上升5位。

中国现代化的发展战略和步骤是邓小平总设计师提出的分三步走：第一步解决人民的温饱问题已经实现；第二步是在本世纪末达到小康水平（相当于中等收入国家的平均水平）；第三步到下世纪中叶达到中等发达国家水平，基本实现现代化。目前我国正处于第二步的中间阶段，也是实现现代化的起飞阶段。中国现代化过程虽经历了曲折的道路，但现代化的速度是很快的，美英等发达国家实现现代化用了一二百年，而我国用五六十年时间就可基本实现。以10个指标测量，在1978年综合得分为59.6分，到1990年达到69.8分，1993年上升到73.8分，15年间提高了24%。

二、24个发达国家现代化水平已超过10项标准1.4倍，平均得235分，丹麦居首位，得分326分，居前10位的其他9国依次是：意大利317分，比利时268分，德国264分，奥地利258分，美国256分，加拿大253分，瑞典250分，挪威250分，瑞士245分。52个中等收入国家平均得分

97 分。4 个低收入国家平均得分 56 分，居最后 10 位的大多是亚洲和非洲国家，它们是：尼泊尔、马拉维、乍得、尼日尔、坦桑尼亚、乌干达、布基纳法索、卢旺达、布隆迪、埃塞俄比亚，得分在 40～33 分。居第一位的丹麦和末位的埃塞俄比亚相差 9.9 倍。中国得分比丹麦低 77%。

三、中国与 16 个周边国家或地区比较，有 8 个国家和地区在我国前面，有 8 个国家居后，我国居中。以日本现代化水平为最高，居 11 位。中国香港、新加坡、俄罗斯、韩国分别居 25、26、30、33 位。菲律宾、马来西亚、蒙古国、泰国分别居 59、60、63、64 位。居我国后面的 8 个国家是：印度尼西亚、巴基斯坦、印度、缅甸、孟加拉国、老挝、尼泊尔，居 78—111 位。

四、从主要指标看，得分变动对总分影响较大的有两个指标。一是人均国民生产总值，最高为瑞士 1993 年达 35760 美元，日本 31490 美元，得 1192 分和 2050 分，其次是丹麦和挪威，分别为 26730 和 25970 美元，得分 891 和 866 分。美国和瑞典都为 2.47 万美元，得分 825 分。最低为莫桑比克和坦桑尼亚，只有 90 美元，只得 3 分。在 200 美元以下的还有埃塞俄比亚、塞拉利昂、布隆迪、乌干达、尼泊尔 5 国。中国为 490 美元得分 16 分。二是 1980～1993 年平均的人口净增率，丹麦、意大利、捷克、葡萄牙、保加利亚、匈牙利 6 国在 0.1% 以下，得 1000 分，而低收入国家人口净增率平均在 2% 左右，只得 50 分。中国在低收入国家中人口控制较好，为 1.4%，得 71 分。人口增长率最高是冈比亚和科特迪瓦，均为 3.7%，只得 27 分。

五、如何加快实现现代化的步伐？当前世界竞争激烈，不进则退，要加快步伐，必须加强薄弱环节。

我国在 10 个现代化指标中，居后的是人均国内生产总值、第三产业、城市化、非农业就业比例及大学入学率五个指标，居世界 81～109 位。人均国内生产总值在前面已有分析，它的提高除了用购买力平价作符合实际的衡量外，关键在于持续稳定地提高经济发展水平。据测算，人均国民生产总值要达到 3000 美元（按购买力平价计算）至少需要 20 年，即到 2014 年才能实现，而且需要保持每年递增 7.7% 的高速度。要优化社会结构，大力发展第三产业，1993 年我国第三产业只占国内生产总值 33%，比世界平均低 15 个百分点，居世界 109 位，城市化和非农就业人口比重也较低，居世界 94 和 81 位，这三项指标发展潜力都很大。目前我国第一、第二产业部门有大量剩余劳力和隐性失业者，急待向城市和第三产业转移，而且目前旅游业、金融、服务业、运输邮电、高科技、信息业、房地产等产业尚处于起步阶段，需要国家从宏观决策加以引导，有序地使富余人员向第三产业转移，既优化了社会结构，又为经济持续高速发展创造有利条件。大学入学率过低也是影响现代化的关键指标，因为当今世界的竞争实际上是科技和人才的竞争，美国社会指标专家在国际比较中指出：中国大学入学率太低，不足以推进社会经济的发展，他们认为至少应提高到 5% ~ 10%。据测算，如果要从目前 2% 提高到 5%，大学在校生至少要达到 70 万人，而按目前的增长速度（7.9%），要到 2006 年才能实现。何况 5% 仍属低水平，比印度 6% 还低。若要达到现代化标准 10% ~ 15%，则需要 20 多年的时间，因此要迅速提高这一比例，必须增加教育投入和加快办学体制改革。

附表 1　1993 年世界 120 个国家（地区）现代化水平国际比较

现代化指标	120 个国家平均	低收入国家		中等收入国家			高收入国家（24 个）	附：现代化标准
		平均	中国	平均	下中等	上中等		
一、现代化指标值								
1. 人均国民生产总值（美元）	4120	380	490	2480	1590	4370	23090	3000
2. 非农业产值占国民生产总值比重（%）	80	72	80	88	83	91	96	85（农业 15）
3. 第三产业产值占国民生产总值比重（%）	48	38	33	50	50	51	61	45（以上）
4. 城市人口占总人口比重（%）	44	28	28	60	54	71	78	50（以上）
5. 非农业就业人口占就业人口比重（1990 年）	56.2	37.9	43.6	71.7	68.5	78.7	95.3	70.0（以上）
6. 大学生占 20 ~ 24 岁年龄人口比重（%）	16	5	2	18	17	19	51	12.5（平均）
7. 人口净增长率（1980 ~ 1993 年平均）（%）（逆）	1.7	2.0	1.4	1.7	1.7	1.9	0.6	1.0（以下）
8. 平均预期寿命（岁）	66	62	70	68	67	69	77	70

续表

现代化指标	120个国家平均	低收入国家		中等收入国家			高收入国家（24个）	附：现代化标准
		平均	中国	平均	下中等	上中等		
9. 平均多少人有一名医生（人）（逆）	2900	6760	645	2020	2230	1140	420	1000
10. 成人识字率（%）	71	60	75	80	80	81	95	80（以上）
								中国居世界位次
二、现代化实现程度（%）	92.1	56.1	73.8	96.9	90.3	11.3	235.2	73
1. 人均国民生产总值（美元）	147.3	12.7	16.3	82.7	53.0	145.7	769.7	88
2. 非农业产值占国民生产总值比重（%）	94.1	84.7	94.1	103.5	97.6	107.1	112.9	71
3. 第三产业占国民生产总值比重（%）	106.7	84.4	73.3	111.1	111.1	113.3	135.6	109
4. 城市人口占总人口比重（%）	88.0	56.0	56.0	120.0	108.0	142.0	156.0	94
5. 非农业就业人口占就业人口比重（%）	80.3	54.1	62.3	102.4	97.9	112.4	136.1	81
6. 大学生占20～24岁年龄人口比重（%）	128.0	40.0	16.0	144.0	136.0	152.0	408.0	99
7. 人口净增长率（1980～1993年平均）（逆）（%）	58.8	50.0	71.4	58.8	58.8	52.6	166.7	36
8. 平均预期寿命（岁）	94.3	88.6	100.0	97.1	95.7	98.6	110.0	47
9. 平均多少人有一名医生	34.5	14.8	155.0	49.5	44.8	87.7	238.1	33
10. 成人识字率（%）	88.8	75.0	93.8	100.0	100.0	101.3	118.8	65

资料来源 1. 根据世界银行《1995年世界发展报告》，联合国教科文年鉴、劳工年鉴的数据，用综合指数法计算的，中国部分数字根据实际数做了调整。

2. 现代化标准是根据美国社会学家英克尔斯调查六国情况后确定的，其中第2个指标原为农业产值占国民生产总值比重，是逆指标，现改成正指标即非农业比重。

附表2　1993年世界120个国家（地区）现代化水平得分排序

名次	国家（地区）	总得分	名次	国家（地区）	总得分	名次	国家（地区）	总得分
1	丹麦	325.6	41	巴拿马	114.4	81	津巴布韦	58.6
2	意大利	316.9	42	智利	110.0	82	巴基斯坦	58.2

续表

名次	国家（地区）	总得分	名次	国家（地区）	总得分	名次	国家（地区）	总得分
3	比利时	267.9	43	特立尼达和多巴哥	110.0	83	喀麦隆	57.8
4	德国	263.7	44	哥斯达黎加	109.9	84	也门共和国	57.6
5	奥地利	258.0	45	约旦	107.3	85	印度	56.9
6	美国	256.2	46	墨西哥	106.7	86	毛里塔尼亚	56.6
7	加拿大	252.9	47	巴西	100.6	87	莱索托	56.4
8	瑞典	250.4	48	土耳其	99.4	88	塞内加尔	55.4
9	挪威	249.8	49	厄瓜多尔	98.2	89	缅甸	53.8
10	瑞士	245.0	50	哥伦比亚	96.1	90	马达加斯加	53.6
11	日本	243.9	51	多米尼亚	95.8	91	科特迪瓦	53.1
12	捷克	239.3	52	南非	95.6	92	肯尼亚	52.5
13	法国	238.7	53	毛里求斯	94.4	93	扎伊尔	52.5
14	芬兰	233.6	54	牙买加	94.2	94	孟加拉国	51.0
15	葡萄牙	232.5	55	叙利亚	92.4	95	加纳	50.5
16	英国	229.6	56	伊拉克	90.9	96	赞比亚	50.1
17	保加利亚	228.7	57	萨尔瓦尔	89.8	97	海地	49.8
18	匈牙利	226.2	58	玻利维亚	89.6	98	巴布亚新几内	49.1
19	荷兰	223.6	59	菲律宾	89.0	99	尼日利亚	48.8
20	西班牙	219.5	60	马来西亚	85.5	100	贝宁	48.3
21	澳大利亚	200.2	61	埃及	85.5	101	莫桑比克	47.6
22	爱尔兰	199.0	62	突尼斯	85.5	102	中非共和国	46.8
23	新西兰	189.0	63	蒙古国	84.3	103	老挝	46.4
24	以色列	184.1	64	泰国	83.0	104	利比亚	46.4
25	中国香港	179.4	65	伊朗	82.7	105	多哥	45.1
26	新加坡	174.9	66	巴拉圭	82.3	106	几内亚	44.9
27	科威特	164.4	67	阿尔及利亚	81.8	107	塞拉利昂	44.5
28	阿根廷	162.0	68	加蓬	79.6	108	冈比亚	43.0
29	阿拉伯联合酋长国	160.4	69	尼加拉瓜	79.6	109	几内亚比绍	41.0
30	俄罗斯联邦	156.6	70	阿曼	78.9	110	马里	40.4
31	波多黎各	156.4	71	阿尔巴尼亚	74.5	111	尼泊尔	40.2
32	乌拉圭	152.4	72	摩洛哥	74.2	112	马拉维	39.8

续表

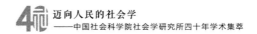

名次	国家（地区）	总得分	名次	国家（地区）	总得分	名次	国家（地区）	总得分
33	韩国	149.1	73	中国	73.8	113	乍得	39.4
34	斯洛伐克	148.4	74	纳米比亚	73.2	114	尼日尔	37.4
35	希腊	145.9	75	危地马拉	71.4	115	坦桑尼亚	37.2
36	罗马尼亚	142.8	76	洪都拉斯	71.4	116	乌干达	37.1
37	波兰	134.8	77	斯里兰卡	70.5	117	布基纳法索	36.5
38	委内瑞拉	128.6	78	印度尼西亚	70.2	118	卢旺达	35.9
39	秘鲁	116.1	79	博兹瓦纳	69.1	119	布隆迪	33.2
40	沙特阿拉伯	115.2	80	刚果	66.6	120	埃塞俄比亚	32.6

21 世纪的亚洲社会与社会学*

陆学艺

第六届亚洲社会学大会的召开正值世纪之交，回顾20 世纪亚洲社会的变迁，展望21 世纪亚洲社会和社会学的前景，进行历史的比较和反思，自然成为这次大会各个专题讨论的总体思想背景。但是，新旧世纪的交替，本来是反复出现的寻常之事，所谓“跨世纪的思考”并非每一次都具有值得人们普遍关注的重大主题。那么，当前亚洲社会是否发生了具有世界历史意义的变化，足以引起世人瞩目，从而成为亚洲社会学家不可回避的重大议题呢？

众所周知，自 1500 年以来，全球意义上的“世界体系”开始形成，西欧和北美相继成为这个体系的中心。到 20 世纪前期，其间 400 多年，对世界进程具有全局性影响的事件几乎都发生在大西洋沿岸，如英国工业革命、法国大革命、德意志民族国家的形成与统一、美国大国地位的确立、俄国十月革命。亚洲的绝大多数国家长期被排斥在这个体系的“边缘”，沉沦而停滞。然而，20 世纪下半叶，越来越多的亚洲国家鱼贯式地进入了历史的“快车道”，开始了东方的振兴。最近 30 年，美欧国家几乎是在漫不经心之中突然被亚洲的奇迹所震惊：亚洲崛起了。

亚洲的崛起，首先是经济奇迹，但又不仅仅是经济奇迹。从经济总量上看，据世界经合组织预测，亚太地区的产品 1990 年占世界的 1/4，到 2000 年将占世界的 1/3，到 2040 年将占世界产品总量的 1/2。从经济增长速度上看，据亚洲开发银行 1992 年判断，亚洲发展中国家经济增长率 1992 年为 6.5%，1993 年为 6.7%，而同期世界平均增长率分别为 1.8% 和 3.3%。日本经济研究中心认为，亚洲平均经济增长率在进入 21 世纪以后

---

* 原文发表于《社会学研究》1996 年第 1 期。

仍可保持在4%以上。从经济合作情况来看，目前亚太地区经济合作和一体化的进程正在加快，亚太地区内部贸易额已占总贸易额的65%，超过了欧洲共同体国家的内部贸易额（62%），也超过了亚太地区与美国的贸易额。亚洲的经济成就与欧美的经济停滞衰退恰成鲜明的对照，对此如何解释？那种认为亚洲经济只是西方经济的“延伸”和“依附发展”的观点已经不攻自破了，人们开始注意东方式的企业组织、管理制度和经济发展的人文环境。这预示着21世纪的世界经济将可能向新的经济增长模式过渡、向新的增长中心转移。

亚洲的崛起具有重大政治意义。这不仅指世界政治的两极对立格局正在被多极化格局所取代，也不仅是指占世界人口总数60%的亚洲人民势必在21世纪的世界政治中居于举足轻重的地位，而且是指政治概念的主要含义将由霸道政治向王道政治转移。那种以为不是英国主宰一切就是美国主宰一切，不然就是什么西方大国主宰一切，以侵略和扩张、征服和掠夺为特征的强权逻辑将被摒弃，崛起的亚洲将带给世界一种逻辑：不是以大欺小、以强凌弱，而是“以德行仁”，互惠互利，共同发展的政治。

亚洲的崛起是深刻的文化现象。传统文化与现代化的关系、文化与21世纪世界进程的关系，也因亚洲的崛起而格外引人注目。世界存留至今的文明，不论是如汤因比（A. Toynbee）所说的六种，还是如亨廷顿（S. P. Huntington）所列的八种，多数是亚洲人创造的；具有世界性的几大宗教也几乎都发源于亚洲。但是，东方文化到底是现代化的促进因素，还是东方落后的重要根源？需要重新研究，不可简单从事。韦伯（M. Weber）关于新教伦理与资本主义关系的见解，也许能够在一定程度上解释西方工业文明，但对亚洲特别是东亚崛起的文化原因，看来需要另做解释。在当代人中，美国哈佛大学的亨廷顿提出：21世纪世界冲突的主要根源将不再是意识形态，也不再是经济，而是文化即所谓“文明的冲突”，这即使有些偏颇，尚可算是一家之言，但他关于儒家文明与伊斯兰文明的结合会造成“威胁”的说法，则是出于对东方文明的误解。东方文明就其主要倾向而言，不是崇尚对抗，而是崇尚中和，不是向外扩张，而是向内协调，亚洲之所以既能取得高速经济增长，又能保持社会基本稳定，正是东方文化这一特点的明证。由悠久文化的积累和现代文明结合的亚洲发展模式，可说是可持续发展的一种比较优秀的模式。经济增长与社会稳定、社会变迁与人际和谐相辅相成的发展模式，正是亚洲对于21世纪的主要贡献。探究这个发展模式的文化底蕴，对亚洲社会学家来说是责无旁贷的。

女士们，先生们，亚洲的崛起，是涉及经济、政治和文化的全面而深刻的社会变迁。讨论亚洲崛起的社会学意义和亚洲社会学家的历史使命，应该是本次大会的主题。

作为亚洲崛起进程的一个有机组成部分，中国自1978年开始实行邓小平提出的改革开放政策以来，在经济和社会发展方面，取得了不仅对本国而且对亚洲和全世界都是可喜的和有益的进步。从1978～1994年的16年，国民生产总值的年平均增长率为9.4%，到20世纪末的未来几年内仍可保持在7%以上。与此同时，中国社会全面加快了从农业社会向工业社会、从乡村社会向城镇社会、从封闭半封闭社会向开放社会、从计划经济向社会主义市场经济的转化进程，这个进程伴随着利益格局的调整、观念文化和行为方式的转变，就其规模和深刻程度而言，是当年西方社会现代化的历史进程所难以比拟的。在中国的发展中，有两条基本的经验：一是坚持从本国的实际出发，走自己的路，不照搬西方的模式；二是经济和社会必须协调发展。前者决定了社会学的发展方向，而后者决定了社会学的重要地位。中国和整个亚洲社会的伟大变迁，为社会学的发展提供了难得的良机，既然随着西方世界的兴起，产生了社会学这门学科，那么，亚洲崛起对于社会学的意义也是不容低估的。

亚洲的崛起不是区域性的现象，它对世界进程将发生全局性的影响。同样，亚洲的崛起对西方社会学提出的疑问也不是局部性的，而是全局性的，不是表面的而是实质性的。它给亚洲社会学家提出的任务，也不只是要去描述和解释具体的社会现象和社会问题，从根本上说，是要求从亚洲社会的实际出发，去总结和概括亚洲社会发展变迁的内在规律，去探索和创造21世纪亚洲社会学的新模式。

亚洲社会的巨变和世界各国发展的经验，为亚洲社会学的发展提供了丰厚的基础，同时也对西方社会学的某些基本概念和概念逻辑提出了挑战。

例如，个人与社会是社会学的一对基本范畴，西方社会学或者坚持个人本位，或者坚持社会本位；或者强调个人活动对于解释社会的根本性，或者强调社会结构对于个人的先在性；总之，以不同的形式预设了个人与社会的分离和对立。作为这种概念逻辑的一个推论，亚洲社会就既可被批评为压抑个人积极性，也可被认为是结构和制度的低效率，果真如此的话，亚洲的经济奇迹是从哪里来的？实际上，在亚洲的发展过程中，群体或集体的存在常常表现为培育和支持个人积极性的环境和条件。与西方社会家庭地位的降低和家庭关系的松解相反，在亚洲，家庭、家族等起到了降低交易成本、舒缓竞争带来的紧张、调解社会基本矛盾的作用，当然，确实也有加重社会区隔的弱点。个人与社会之间较多的联系中介和联系网络，植根于血缘、历史和文化深厚基础的人际关系或社会资源，对社会发展既可能起积极的作用，又可能有负面影响，其复杂性和不确定性，使西方社会学明确而简单的基本假设的解释力显得相形见绌。

不仅在个人与社会的关系上，而且在国家与社会、经济与社会、传统与现代性、城市与乡村、人与自然以及在方法论方面的主观与客观、宏观与微观、冲突与均衡、经验与理论、理性与非理性等概念的关系上，也都有类似的情况。亚洲社会的实际情况和行为逻辑与这些概念关系、概念旨趣、概念逻辑之间总有某种程度的不贴切、不自然、不合拍。如果这些情况只是发生在一些具体概念上，那还不足为怪，但既然上述这些概念关系从不同侧面涉及了西方社会学的解释模式，那么我们提出探索和建立从亚洲社会实际出发的社会学模式就是理所当然的了。何况，西方社会学本来就有三大理论传统，到了现在，更是呈现出所谓“多重范式”的局面，不可能定于一尊。法、英、德、美的社会学从来都是各有特点，唯其有特色，才能对社会学有所贡献。这些年，西方社会学家也在那里议论原有模式的“危机”，进行自身反思，探索新的思路，亚洲社会学家就更没有必要奉西方社会学为圭臬，束缚自己的思想，等待西方社会学家来回答亚洲社会的发展问题，跟着人家，人云亦云。有鉴于此，我们提出创造亚洲社会学新模式，是既合理，又合情，全在情理之中。

女士们，先生们，有亚洲的崛起，就必有崛起的亚洲社会学。一种立足于亚洲现实，植根于亚洲文化，能够解释亚洲崛起之奥秘，又能具有世界性普遍意义的社会学，必然借亚洲崛起的机缘应运而生！这就是我们所说的“亚洲社会学新模式”，它是亚洲的，也是世界的；它将以自己的鲜明特色和普遍意义而自立于21世纪的世界社会学之林。

动员亚洲社会学家投身于对21世纪亚洲社会发展变迁的研究和总结，

投身于对 21 世纪亚洲社会学新模式的探索和创造，统一认识、鼓舞士气、明确目标、加强合作，就是第六届亚洲社会学大会的任务。为了实现这一目标，第一，要继承和发扬 20 世纪亚洲社会学家深入实际、调查研究的优良传统，求得对亚洲社会的透彻了解；还要大力开展对西方社会、对社会类型的比较研究，准确而深刻地把握亚洲社会的特质。第二，加强对东方社会思想的研究。自古以来，东方思想传统就比西方思想传统更重视社会与人生，社会思想遗产比西方更丰富。而且，如果说西方社会学是提供了一种概念逻辑，那么，东方社会思想则是活生生地体现在东方人的行为之中的“生活逻辑”。这是亚洲社会学的根。用这条根去汲取东方人生活经验的营养，去汲取西方社会学的营养，才能有 21 世纪亚洲社会学的繁茂大树。第三，全面理解、系统研究西方社会学。我们既要研究西方社会学的经典理论，又要了解它在当代的最新进展；既要关注西方学者关于西方社会的研究，又要注意他们对东方社会的研究成果。必须明确，亚洲社会的崛起，是世界经济社会整体发展的必然结果，是世界历史发展长河中的一个组成部分，所以我们必须冲破西方中心主义的禁锢，又要防止东方封闭主义。亚洲的崛起是东西方学者共同关心的大事，亚洲社会学的崛起也离不开东西方社会学家的沟通、交流与合作。第四，努力推动亚洲各国社会学家经常性的交流与合作更是当务之急。21 世纪亚洲社会学家的目光将从较多地注视西方转移到注视本地区社会学的动向和发展。由于历史和文化的原因，亚洲社会学家面临的问题更为接近，更容易互相借鉴、互相启发，因而互相交流将趋于频繁。

正是本着这个意愿，我们在亚洲各国朋友们的大力支持下筹办了本届大会。今天，全国人民代表大会副委员长、著名社会学家费孝通教授、雷洁琼教授因公务前往外地，不能亲临大会，他们专门给大会发来贺词，表达了对亚洲社会学事业的关心和支持。费教授、雷教授既是 20 世纪三四十年代中国社会学的主要开拓者，又是七十年代以来中国社会学恢复和重建的主要领导者。中国社会学具有注重社会调查、理论结合实际的优良传统，中国社会学者对“只有在本国的土壤里才能生长出中国的社会学”（费孝通语，1985）抱有明确的信念。近十几年来，我们开展的小城镇研究、城市家庭研究、农村改革和农民问题研究、社会结构转型研究、阶级和阶层研究、社会指标研究、社会分化和人口流动研究、社会学基本理论研究，等等，对国家决策和社会发展起到了积极作用，赢得了社会的赞誉。目前，中国社会学的发展正值大好时光，我们有建设中国特色社会主义的丰富实践作为学科发展的肥壤沃土，有一支素质较好、事业心较强、初具规模的专职和非专职的社会学研究和教学队伍。相信有中国特色社会学的形成和发展必将为亚洲社会学的崛起做出积极贡献。出席本届大会的中国社会学者愿意虚心向亚洲各国同行请教，相互切磋，合作交流，共同提高，增进了解，加深友谊。

本届大会有20多位亚洲社会学家欢聚一堂，盛况空前。为了便于交流和讨论，大会组织委员会经过磋商，拟定了六个题目：一、亚洲地区的经济发展和社会变迁；二、亚洲的传统文化和社会结构；三、亚洲的工业化和农村劳动力的转移；四、21世纪亚洲的社会保障；五、21世纪亚洲地区的家庭与生活品质；六、21世纪亚洲社会经济发展、人口资源与环境问题。我们希望通过对这些问题的讨论，能具体地展示和理解亚洲崛起的社会学意义。

我们希望，第六届亚洲社会学大会将成为21世纪亚洲社会学崛起的奠基礼！

非制度因素与地位获得*

——兼论现阶段中国社会分层结构

张宛丽

本文认为目前存在的三种社会资源配置关系——权力授予关系、市场交换关系和社会关系网络，分别反映了两种形态的地位获得机制，即制度安排机制（权力授予关系、市场交换关系）和非制度安排机制（社会关系网络）；非制度因素在中国社会群体成员地位获得中具有独特功能，并导致成员地位评价上的二元标准——身份标志上被动的“就范”与地位获得上主动的“自我实现”。在此基础上作者指出，静态分层不再具有重要意义，而应从社会结构诸要素的相互关系和社会文化特性中揭示社会地位分配机制及其根源。

研究当代中国社会分层结构，首先的并主要的是立足于改革而致的社会分化的现实历史背景，观察并分析社会资源在不同社会群体及其地位获得过程中的分配关系和实际分布状况，从而揭示出作用于当代中国社会群体地位分配的机制，以期对分层结构做出合理性解释。本文仅想在借鉴已有的研究成果的基础上，尝试做些解释性的探讨。

一 目前被研究者所认识到的三种社会资源配置关系

从 1985 年前后至今，已有一些国内外学者对当代中国社会资源配置进

* 原文发表于《社会学研究》1996 年第 1 期。

行了一些实证研究，并提出了一些认识，概括起来认为在现阶段中国社会结构转型中主要存在三种社会资源的配置关系，即权力授予关系、市场交换关系、社会关系网络。

（一）权力授予关系

权力授予关系，即社会资源由国家行政权力及其一系列制度安排所配置，不同社会群体及其地位获得均受到这种关系的支配和制约。

这种关系被认为普遍存在于1949年~1978年改革前的社会结构中，且为重要的关系要素。受这一关系的作用，社会分层结构及社会成员的地位实现呈“刚性”特征（王颖，1994）。改革以来这种关系仍然相当程度地作用于一些社会利益群体的地位获得。一种认识认为，社会主义计划经济在向市场过渡的过程中，权力的作用并不会一下子消失（Elemer Hankiss，转自孙立平，1994）；也有人认为，随着中国市场因素的增加和扩展，权力授予关系（在此被称为“权力再分配”）将不再占据支配地位，虽然这种关系自然会一定程度地存在于向市场过渡的过程中（Victor Nee，1989）。

（二）市场交换关系

市场交换关系，即社会资源主要依据商品交换及其市场规则进行分配；不同社会群体成员的地位获得主要依赖市场交换关系手段。市场交换关系的制度安排结果，主要是基于契约关系的职业→职阶系统及其地位评价；主要特征是成员流动性高，结构呈开放性。

一般认为，以这种关系为基础和主体的社会分层结构，普遍存在于现代化的工业社会。在中国，这种分配关系则主要是在1978年以后的改革及其现代化的社会转型期，借助市场经济领域的出现及拓展，开始相对独立地发展和运作。目前存在于不同社会群体成员间的权钱交换的地位获得现象，从一个侧面，反映了其相对独立的存在事实；私营企业主这一群体的崛起，则可被视为是受益于这一关系的一个新兴的群体产物。

有一种经济学理论（库兹涅茨的“U”型曲线理论）认为，在市场经济中，处于优势地位的人会不断积累其地位优势，而处于劣势地位的人的地位劣势也在同时向劣势积累，结果便是贫富悬殊。一项有关的实证研究似乎在某种程度上验证了这种理论，他们认为，到1990年，中国社会结构已经出现了高收入群体和低收入群体，收入差距已从几倍拉开到了十几倍（王颖，1994）。李培林则认为从收入差距的国际比较来看，中国的贫富差距还没有达到“两级分化”的程度；而且，贫富差距更主要的表现在财富的占有上而不是收入水平上，这种情况在中国改革以来的社会财富分配中尤其复杂，需要做具体深入的分析。不仅如此，一些对中国改革以来在向市场过渡中的社会结构转型的经验研究还得出了“平等化效应”的结论，即认为市场改革并没有扩大收入的不平等。在有的研究者看来，市场机制的导入，对现阶段中国社会分层结构的影响，更有意义的地方在于，在原权力授予关系的“再分配”，体制中享有地位优势的干部群体地位下降，而市场交换关系所致的地位分配优势将由原来体制下的穷人—农民和企业家分享（Victor Nee，1989）。黄雅申（音译，Huang Yasheng）的研究甚至发现，1978～1986年，中国国家官员和企业雇员的收入差距在扩大，企业雇员的收入明显高于国家官员。瓦尔德（Andrew Walder）在中国天津的研究表明，党的领导干部的收入在相对下降，国营部门收入不平等的程度降低（转自孙立平，1994）。

（三）社会关系网络

社会关系网络，在这里有特殊的含义，即是指将人们之间亲密的和特定的社会关系视为一种社会资源，借助特殊主义的社会关系机制，作用于不同群体成员间的地位分配及其地位获得。

有人认为这种关系不仅普遍存在于现代社会，并且特别作用于东亚社会及儒家文化圈中（杜维明，1984）；中国人的社会价值评价，更是以在这种“情景”关系中的行为结果为基点的（许烺光，1981）。费孝通（1947）则早在1940年代后期就指出，中国人在社会互动中因此而形成的“差序格局”，恰是中国传统社会结构的显著特征。在现阶段中国社会由计划经济向市场经济过渡的社会转型期，社会关系作为一种地位资源，对社会成员的地位获得尤其显得不可或缺。

二　三种社会资源配置关系作用下的现阶段中国社会分层现象的特征

（一）地位不一致性

由于这三种社会资源配置关系的共同作用，现阶段中国社会成员的地位获得被分置于这三种关系系统中运作。因而，无论就群体还是个体而言，其地位获得都是多元的；而就群体而言，地位不一致性普遍存在。

根据我所参加的国家“七五”课题“我国社会现阶段阶级阶层结构”课题调研所得到的统计资料，[①] 无论从“所有制”框架，还是“职业”框架所做的现有职业群体的地位评价，都存在着地位不一致现象（参见图 1）。由此不难看出，①任何一种职业在收入、权力、声望三方面的位置都不一致，即没有一种职业在这三方面评价上是整合的。②地位差别较大。如在收入评价中，最高者为私营企业主（+50），而最低者（除“士兵”特殊职业外）为修理行业、服务行业职工（-50）；对声望的评价，最高者为党政机关干部（评价分+50），最低者为清洁工人（-80）；对权力的评价，最高者为党政机关干部（评价分为+80），最低者（除“士兵”特殊职业外）为农民（-40）。

（二）非制度因素的独特作用

当社会成员身处社会转型期，会一定程度地感到缺乏地位安全感和不可把握性；而面对权力关系、市场关系的那一套制度安排时，则会在受制于制度安排的强迫性的同时，去寻找一种具有亲和力的、可直接把握的非制度因素作为补偿；于是，社会关系作为地位获得的社会资源的替代物，被现阶段的中国社会成员所认同。因为：①中国人的地位身份观念几乎等同于势力范围观念，而“势力”则源于从血缘到亲缘，以己为核心推出去

---

① 有关统计资料得自课题组分别对城镇居民和农村居民所做的问卷抽样调查。调查时点为 1987 年 12 月 31 日。抽样对象分布于北京、上海、山东、辽宁、贵州、河北六省市，问卷回收率 98%，有效率 90%（城市 4031 份，农村 4704 份）。课题组长为中国社会科学院何建章研究员。笔者参加了问卷设计、抽样调查、统计分析，主要合作者为北京市社会科学院社会学所副研究员戴建中。

的“熟人”社会关系圈子；②这一套可以作用于成员地位获得的社会关系网络的“圈子”经验，对于中国人的人际互动来说，已经是经历几千年的世代相袭、潜移默化，积淀成为一种自然而然的经验知识，其所具有的取之不竭的生命力、用之不尽的丰富性和熟悉、方便的可操作性，使其自然成为非制度因素的社会资源的替代物；③中国社会结构的传统历来是以对社会关系的规范、习俗为底蕴和机制的，在此基础上的一套礼仪、典章及其制度安排不过是一种外显的工具符号。在一个现代中国人的眼中，有关社会关系的社会生活经验的习俗及规范文化，已经深蕴满足其地位功利需要的资源、手段了。

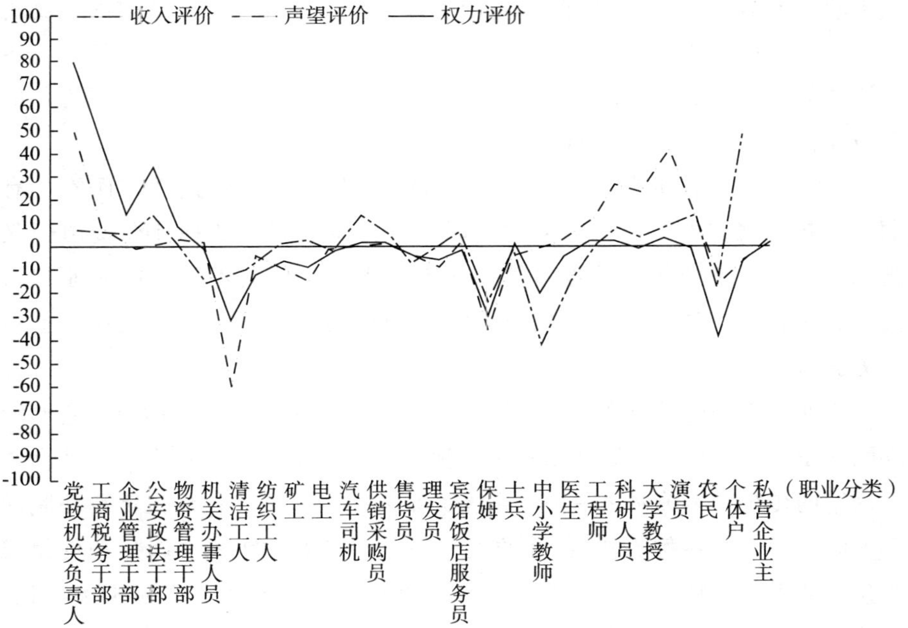

图1　城镇居民对职业收入、声望、权力的评价

非制度因素在地位获得中的独特作用，目前尚难做较精确的统计描述，只能从经验现象中捕捉其痕迹。现在观察到的现阶段较显著的有关现象，主要有三种，即“权力泛化”的职业现象，“寻租”——钱、权交换现象、“圈子”——准组织现象。

1.“权力泛化”的职业现象

早在70年代，人们便开始尝试以自己的职业便利换取某种生活资料，出现了“再分配”制度安排之外的以职业权力换取社会资源的现象，这种现象几乎覆盖了所有的现代社会职业门类，并一直延续至今。后来有学者将此现象概称为“权力泛化”（雷涉，1988）。

第一，“权力泛化”现象是一种非制度安排的地位获得现象。诚如雷涉指出的：“权力泛化是指一种由于职业权力的迅速崛起、膨胀和蔓延而出现的权力自行分配趋势”（1988）。也就是说它的性质是自发的，是借助于职业系统制度安排，而又相对独立于制度因素之外的一种社会资源分配和地位获得现象。

第二，它不受制度安排中职业系统职位高低的限制，而只以社会资源的紧缺程度为条件，“谁实际控制和掌握了某一种为对方所急需的社会资源，谁就取得了这种权力”。行为者在实施这种行为时，只是“凭借对各种资源的控制和掌握来迫使急需某种资源的另一方就范”，而“不管他的职位高低与否”（雷涉，1988）。

第三，它具有所有“权力”类型的共同特征——强迫性，而不具有制度安排的强制性。当你急需对方职业权力所据有的那种社会资源而又他求无门时，职业权力的强迫性便显现出来，非他而不行。以职业权力具有各种社会资源者，在“权力泛化”的行为过程中，其实是在强迫另一方就范。

第四，它是通过由亲缘到业缘的关系路径运作的。换句话说，它调动和强化了地位分配的非制度因素——社会关系网络，并且首先是以社会关系网络的传统基本关系之一——亲缘关系入手的。当一位病人需要住院动手术时（急诊等特例除外），好的主刀医生及其好的手术、医疗条件便成为病人急需的一种资源。对此，病人首先从亲戚朋友的关系圈中去寻找，因为，一是可靠，二是“划算”交换成本低；而当出现下列三种情况时，行为者——病人，才会由亲缘关系转向求助于业缘关系：①亲缘关系圈中找不到这一资源——好的主刀医生等；②资源不可靠——另有好的主刀医生等，但或因科系不对号，或不能及时、按时提供手术服务等；③亲缘交易成本过高——不愿负担高于业缘关系成本的“人情债”。

第五，在行为者调动社会关系网络系统中的亲缘关系运作的同时，“社会关系”亦被视作一种非制度安排的社会资源而使用，这便在无形中扩大了社会成员地位获得中非制度因素的社会资源含量。如果两位病人都急需住院动手术，并同时都在寻找好的主刀医生，那么，谁具有这种社会关系资源，谁就会在地位获得中占据优势。因此，“权力泛化”的结果不仅仅导致职业权力的膨胀和蔓延；在中国社会结构的独特土壤上，还成为地位获得的非制度因素——社会关系资源的一种催化剂。

2. “寻租”——钱、权交换现象

伴随着80年代的体制转轨，出现了以多种经济成分的市场差价为目标的“寻租”现象，即利用这种差价机会，将国有资产变相流入个人腰包，增加个人的经济收入。作为“高收入”群体中的一部分（杨胜刚，1994），“寻租收入者”在赖此增加个人经济收入的同时，即改善并提高了自己的经济乃至社会地位，可以说，这是凭借“寻租”手段的一种地位获得现象。由于“寻租”行为的隐蔽性，至今对“寻租行为者”的身份尚缺乏精确的、量化的分析，只能暂借助经验判断，以特征描述而做些粗糙的推理假设。

综合经验材料，不难发现“寻租者”可谓遍布各行业、职业，但都具有一个共同的身份特征，即据有广泛的社会关系网络，并且凭借这一网络，实现其高额寻租的目的。而寻租者其实是生活在一个“熟人”社会（费孝通，1947）关系网络之中，只不过是将“乡土社会”背景扩展为现代社会而已（至于是怎样扩展的，非本文主题，将留待以后做专题探讨）。如果没有，或不熟悉中国社会结构中独特的社会关系网络，高额租金及寻租机会对于行为者来说不过是互不搭界的两张皮而已，他是无从成为“寻租者”，更谈不上借此提高自己的经济地位的。

目前寻租者的行为类型大致可分为两种：A型行为——“权⇆钱”交换。有相当一部分寻租者，正是借此首先向原有的“体制内”的权力部门寻觅可以在市场体系中进行交换的权力资源，从而衍生出“权—钱”交换行为（“权钱”交换行为却不独此一种），这种行为引发了“炒批文”“炒股票”“炒房地产”等行为现象，及“暴富”的地位实现的行为结果。

B型行为抢“市场差价”。B型行为的寻租者，并不像A型行为者横跨“体制”内、外两个领域，攫取权力地位差价的高额回报。B型行为者的主要活动领域在“体制外”，即市场经济领域中，主要利用市场经济多种成分间的市场差价，凭借权力背景和社会关系资源的杠杆作用，抢先一步，攫取市场秩序差价的高额利润，从而引发出“擦”市场边际“球”等的不规则行为现象，及先一步“暴富”的地位实现的行为结果。B 型寻租行为并不仅仅出现于我国社会及现阶段。凡是市场经济条件下的任何社会结构中，都存在 B 型寻租行为（如发达国家中的“地下黑经济”）。因为，相对于寻租者而言，任何市场规范体系都是僵化的、有空可钻的；面对可钻营的高额利润机会，寻租者是决不甘心伏于市场规范下而错失赚钱良机的。这是由商品及其人格化的属性所决定的，将社会关系泛化为一种商品、一种社会资源。而我国现阶段存在的 B 型寻租行为与发达国家所不同的是虽然都是凭借社会关系资源获得寻租利润，然而通行的行为准则却迥然相异，从中不难发现东、西方两种不同的文化传统及社会结构的深刻差异。在我国，B 型寻租行为是以“熟人”“圈”的人际交往及人情回报为准则的。在他们那里，通过社会关系——“圈”的交易之后获得的寻租利润已经扣除了社会关系的人际交易成本，谁也不欠谁什么，一笔利润就是一笔。但在我国则不然。当一位 B 型寻租者，实现了 B 型寻租交易后，人际成本是永远也摆脱不掉的一笔无形“债”，并直接影响到下一次的交易结果。如果他胆敢无视“人情债”，在下一轮交易中像西方同行人一样来个陌生面孔——“不买账”，那就有“好戏”了，对手会使用各种“乡土社会”中“熟悉”的隐形手段整治得让他“吃不了兜着走”，损失其交易利润乃至在“圈”中的“信誉”（在这里，“信誉”也被行为者置换为一种地位资源），直至“挤”出交易“圈”。

依上述分析，我们似乎可以推论：①无论对 A 型或 B 型寻租者来说，社会关系资源都是其实现寻租行为乃至地位获得的一个重要变量；②当寻租行为者视社会关系为社会资源时，将涵盖所有的关系类型——从初级的血缘关系、亲缘关系，直至地缘关系、业缘关系，从而超越“传统”与“现代”的时限分界；③在 B 型寻租行为结构中，由于价值观的、文化的，及其社会结构的背景差异，社会资源的功能相同，而影响其后继行为结果却不同。

3. “圈子”准组织现象

在已往对现代社会组织的研究中，研究者注意到了社会组织的非正式结构及其两种关系类型。即一种是组织中的非正式群体——“这一群”“那一群”。“这种群伙可能是由于组织成员加入社会组织时将原来的血缘、地域及故旧等关系带入而形成的”（王思斌，1995）。另一种类型是在正式工作关系中衍生出来的非工作关系，并以沟通感情为目的。而两种关系的“区别在于后者尚未形成群体”（王思斌，1995）。在解释其存在原因时，王思斌指出“是组织成员的丰富需求同组织满足这些需求的狭隘性之间的矛盾所致”。很显然，这种对社会组织中的非正式结构及其类型、成因的认识是就社会结构的一般状态而言的，而且是立足于社会现代化常规过程的一种认识结果。从这一意义上看当代中国社会组织结构中也有类似的情形存在。然而，当我们将视野转向现阶段“转型期”这一特殊社会背景，仔细观察社会结构中分层群体的地位获得状况时，却发现不仅存在作用于各分层群体借助组织的非正式结构形式满足利益需求的现象，而且所形成的一套“圈子”准组织系统及运行规则，与上述的常规性认识有所不同：①它的存在不仅仅是传统的血缘、地缘关系在现代社会组织结构中的自然遗迹，而是组织成员，特别是分层群体成员有意识选择的结果；②它的存在首先是被人们用来满足分层群体的地位获得，而“沟通感情”的目的被转化成为实现地位利益的手段、工具；③除了作为“现代化”其组织行为的一般特征（即不满足于组织所提供的有限的需求服务）之外，中国人传统的以己推出去的“自家人”及其“圈子”的行为习惯及经验，借助现代社会组织结构之体，而衍化出一套独立运行的无形的地位获得的行为机制“圈子”准组织行为机制。这一行为机制，在社会组织结构处于常规运行时，隐形于非正式结构关系中，而在社会转型期，则凸显出来，并演化出一套“圈子”准组织行为系统而成为一种“势力行为”，直接作用于人们的地位获得。当作为“势力行为”的“圈子”准组织行为参与、作用于利益群体成员的地位获得时，首先强化了社会分层中的非制度因素，同时也在不断模糊层级界限。

费孝通（1947）在1940年代分析中国乡土社会结构的格局时曾提出“圈子”概念，用以描绘中国社会结构的基本特性。当代中国社会结构，早已被改变为现代社会性质，又经历了1978年后改革开放的历史变迁，按说应当演化为西方现代社会的“团体格局”，然而实际情形却并非如此。在现代制度安排的一套地位分配系统之外（之背后），中国社会结构中的传统特性仍然存在，并巧妙地作用于现代人的地位获得行为，甚至于构成了现代中国人地位获得的非制度安排的另一套准组织系统—“圈子”的准组织系统。目前所观察到的“圈子”的准组织地位现象，大致有如下几类。

甲类——作用于传统农民利益群体地位获得的“圈子”准组织现象

这种现象首先可以从“都市里的村庄”——“浙江村”“安徽村”“河南村”的“农民工”聚居形态上辨析出来。当大批农村劳动力转移至城市，而城市的“户籍制”仍然排斥接纳他们的时候，他们便很自然地运用自己于“乡上社会”中早已熟悉的那一套经验，来修补自己的地位缺失，这就是“家”及网络关系的照搬及外推至城市社区生活中，以血缘—亲缘—地缘关系为纽带，在去打工的城市的边缘地带聚居以求相互照应，从而形成“都市里的村庄”。他们之所以选择这种聚居方式打入城市社区，恰恰是获得与城市人相同的地位而无奈于城市户籍制度安排之外的一种最经济、最熟悉的地位获得的“圈子”的准组织行为。这种现象，还可以通过“农民工”进城的运作形式观察到。无论是进城做工的“打工仔”或是“打工妹”，除了极少数是由地方政府或企业、单位安排、介绍进城之外（如城市与农村妇联对口安排的“家庭服务员”、“农转非”、“顶替”等），绝大多数都是以血缘、亲缘或地缘关系为纽带，“滚雪球”式地向城市发展。例如从事“保姆”工作的“打工妹”，往往是以“安徽帮”“河南帮”等地缘关系一引十、十引百地进入城市各个家庭。再如从事收废品工作的“打工仔”们，更是如此以某一地方的农家子弟串联、组织起来，画地为牢，相互关照。在这里，流动进城的农民工并不是像一般指称的那样是“盲流”，而是以“乡土社会”的“圈子”准组织系统及其经验为支撑的。

从心理特性上讲，一位农民个体进入城市，必然会产生面对大城市现代化社会生活的“陌生感”及其紧张与不适，而他首先的、本能的反应则是从既往的、“熟悉”的社会生活经验中寻求“出路”“办法”，而“熟悉”的那一套经验就是“圈子”及其准组织经验。从这一意义上，我们也可以说，“农民”阶级这个传统社会分层群体在进入城市化现代社会生活时，往往是凭借“圈子”的准组织系统及其经验来调整自己的阶级利益而致地位获得的。

乙类——作用于现代城市利益群体地位实现的“圈子”准组织现象

无论在企业、事业单位，也无论什么职业、行业范围的任何一个现代城市利益群体，自 1949 年以后，在高度组织化、行政化的社会分层结构中，其利益实现都呈现出“刚性”特征，这似乎已经成为一种共识（王颖，1994）。确实，从制度安排的角度分析，得出这一认识是符合逻辑的、合理的。然而，当我们转换一下视角，深入人们的地位获得的实际情景中去再观察、再分析后，非制度因素及其地位实现的另一套系统便显现了出来，这就是普遍存在于中国现代单位组织中的“圈子”准组织系统。

两位同样学历、资历，并同为一个阶级群体的成员，同处于一个单位组织中，处境却大不一样，一位处境好，另一位处境不好，因为处境好的是被视为“圈内”人而得到了“圈子”的关照。同样，无论你的学历、资历，或是“阶级”归属怎样，只要被接纳为“圈内”人，你都可以在单位中获得一块“风水宝地”，享受“圈子”的利益好处，而这种利益好处往往满足了或改善了成员的地位利益，甚或突破了“刚性”的阶级地位的局限。“圈子”对于一个现代个体来说，是其地位实现的最可靠、最基本的“单位”。

丙类——作用于干部利益群体地位实现的“圈子”准组织现象

由于众所周知的原因，目前还很难对干部利益群体做出定量描述，然而来自经验层面的观察使我们确信这一群体不仅客观存在，而且其地位状况要优越于其他各个地位群体。也许可以暂时这样粗略地给干部利益群体下个不精确的定义：干部利益群体是指在国家生产及行政管理领域享有被赋予的决策权、管理权等相应的特殊权力及其地位的领导干部群体。

自1978年以来，市场经济成分的介入，从理论上讲，应当导致干部利益群体的地位状态发生不一致的变化；然而，由于实际上社会结构是以“有计划的市场经济”定位的，这就给干部利益群体预设了“权—钱交换”的活动空间，使之成为唯一的最有条件保持地位一致及其地位优势的利益群体（至于这一群体的地位状况与改革前后制度安排的关系，非本文主题，在此只是表明我个人的一种认识；对此，尚有不同认识及争议。可参考孙立平的有关介绍，1994）。这一群体又是较充分地体现以己推家及国的中国传统社会结构特色，而又被中国现代社会结构高度制度化的利益群体。从阶级意识上观察，唯有这个利益群体是高度自觉的，即充分意识到对国家具有的不可推卸的管理责任；而这种责任感，不独是现代社会职能分工的意识反映，更糅和了中国传统社会结构中那种以己推家及国的“天下为家，匹夫有责”的观念。如此反观其群体行为模式，兼具传统“圈子”及现代组织两套机制。

在干部利益群体中，“圈子”对要不断提升自己的“领导”地位者来说是不可或缺的。即使你的“政绩”很好，但如果进不了“圈子”里，那么你的地位提升就要慢得多，甚至有可能成为内部纷争的牺牲品。反之，当干部利益群体上层“领导班子调整”时，一位“政绩”好，人际关系也不错，而又不是任何一方“圈子”里的“亲信”者，又有可能作为各方“圈子”不得已而妥协所选中的中立人选。“圈子”在干部利益群体的地位实现中，好似一个幽灵，无所不在，又神通广大。在地方各级领导班子中存在的所谓“七大姑、八大姨”的“熟人圈子”，在中央各职能系统中存在的所谓×派、××帮、×线、“自己人圈子”等等，都反映了它的客观存在；而所谓“既要好好干，又要会活动（拉关系）”的“升迁”经验，更充分地印证了它的无形之力。由于“圈子”在干部利益群体内部的独特作用，使其成员对于社会关系网络系统及其运作非常熟悉且日臻成熟；不仅培养出将社会关系视为重要的地位资源的意识，甚至在“圈子”生活经验中，也日益积累了优于其他利益群体的社会关系资源；因而，当“市场经济”在体制外开辟出一块极富挑战性的生存空间时，他们便成为最有条件以其独具的优越的社会关系资源进行“权—钱交换”而保持地位优势的一个利益群体。

综合上述三类“圈子”准组织现象，不难看出，“圈子”系统接纳其成员的身份识别主要是靠“拟亲缘”（杨宜音，1995）过程来完成的。当一位个体被“圈内”人视为“哥们儿”、朋友时，他才有进入“圈子”的身份资格，否则，是不“够份儿”的，并被排除在“圈子”之外。“圈子”所具有的是模糊层级界限而满足地位实现的功能；它是以“拟亲缘”而为“自家人”的形式及机制，以“社会关系网络”为路径运作的，一方面它巧妙地将现代政绩的地位评价系统置于“拟亲缘”的关系网络之中，从而模糊了科层制的组织规则；另一方面，它又促使其成员沿着业缘关系→拟亲缘关系→地缘关系的方向蜕变。

“圈子”系统是靠权威及其认同而组织运作的，它不具有权力的强迫性，并排斥权力规则。这一组织习性可远推至根深蒂固的“乡上社会”以“己”为核合的经验及行为模式，这是它不同于一般意义上现代人的“非组织”行为倾向的本土传统。渗透于现代单位组织中的“圈子”系统对权威的认同也不同于传统社会组织。在那里，基于传统亲缘关系及其心理行为模式的封闭性，“圈内”人的行为准则是单向的“知恩必报”，“报”且兼具义利、情理各性；而在现代组织系统中，由于“圈子”成员间的基本关系是依附于业缘关系衍化出的“拟血亲”关系，因而具有相对的开放性，“圈内”人的行为准则是“相互关照”，虽然这一准则的背后仍然具有“报”的实质关系，但已经不是简单的、单向的运作，而转变为双向运作的交换关系。

三　非制度因素与现阶段中国社会群体地位获得

（一）关于现阶段中国社会群体地位获得机制的假设

如果我们假设目前所认识到的三种社会资源配置关系—权力授予关系、市场交换关系及社会关系网络，在对现阶段中国社会各个利益群体的地位获得发生着作用，那么，我们也就不得不承认在现阶段中国社会结构中存在着两种形态的地位获得机制，即制度安排机制（也称制度因素）与非制度安排机制（也称非制度因素）；权力授予关系与市场交换关系属于制度因素，而社会关系网络属于非制度因素，两者相互作用，具有相关性（见图2）。

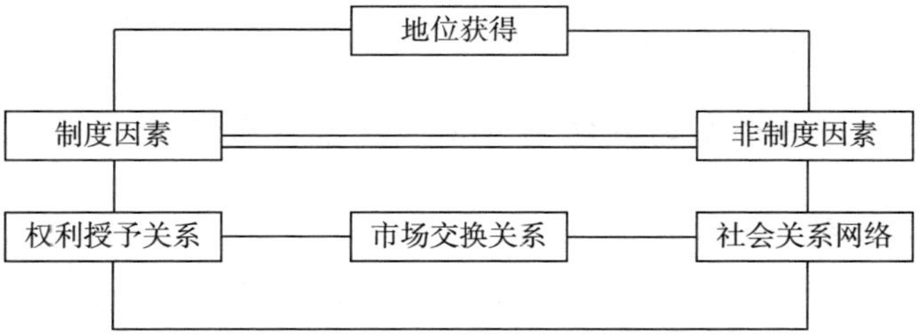

图2　现阶段中国社会群体地位获得机制

在注意到权力授予关系、市场交换关系这一制度安排机制及其作用的同时。一些研究者对非制度安排机制，社会关系网络及其功能予以更多的关注，这种研究倾向不是没有道理的。

首先，在体制转型中，源于改革前的社会主义计划经济“再分配”体制的权力授予关系的作用下降（Victor Nee，1993），而属于市场经济体制的市场交换关系的作用上升。然而这两种制度因素在体制转型中的状态都是不稳定的。虽然，从理论上讲，伴随体制转型过程的社会报酬分配会从对“权力者”有益转向对“市场者”有益的方向发展；但是，无论“权力者”还是“市场者”，都不可能完整地或顺利地占有权力资源或市场资源，因为转型期社会结构体制的不稳定特性，决定了二者所各自凭借的资源配置的制度规则的不完整性及脆弱性；这就必然导致行为者为其地位获得（如权力者在尽力修补将会下降的地位优势，市场者在努力把握将要提升的地位优势）寻找补偿地位得失的一种替代手段。从逻辑上讲，它自然使得原本存在的、制度安排之外的非制度因素凸显出来。

其次，当西方现代社会在获得了科学技术的直接推动力，并依赖于社会成员以“自我”为中心的利益驱动机制发展运作时，一些经济学家和社会学家逐渐意识到“在现实生活中，个人并非独立地行动，目标也并非以独立的方式予以实现，个人追求的利益更不是完全以自我为中心”。他们发现，“行动者拥有某些资源，他们部分或全部控制着这些资源，并有利益寓于其中”，而“行动者为了实现各自利益，相互进行各种交换，甚至单方转让对资源的控制；其结果，形成了持续存在的社会关系。”（詹姆斯·科尔曼，1990）；并且这种个人关系及其社会关系网络普遍存在于人们的地位获得过程中（转自科尔曼，1990）；不仅如此，一些研究者经过研究甚至证实，人们利用社会关系网络实现地位获得，“超出根据结构因素对其进行的预测”（转自科尔曼，1990）。

（二）关于社会关系网络与地位获得的某些假设

1. 社会关系的资源特性

作为非制度因素的社会关系网络之所以成为现代社会群体成员地位获得的另一套机制系统，并发挥着一定的作用，显然是因为它所具有的社会资源特性所决定的，因此，也有人称之为是个人地位获得的社会资本（詹姆斯·科尔曼，1990）。对这一特性的认识，来自两个方面，其一，当成员凭借社会关系网络去争取其地位利益时，社会关系网络已经具有了配置社会资源的功能，这一功能是经过成员的个体占有（成为一种个人资源）和地位获得的交换行为而实现的。其二，社会成员的地位获得是一个动态调整过程，其行为驱动来自两个方面：一是对地位利益的高期待，二是对个人资源的充分占有。当成员间实施地位获得的交换行为时，谁占有的社会关系资源越充分、越有效，谁就越有可能实现自己的地位目标；因此，占有社会关系资源本身，便可成为成员个体的一种身份标识。对此，韦伯（Max Weber）曾认识并论述过类似于以这种资源占有方式存在的具有社会声望特殊资格的社会团体（1900）；费孝通则在分析中国传统社会结构中，发现了类似于以这种资源占有关系“推出去”的“圈子”群体现象（1947）。

2. 社会关系的资本增值特性

当社会关系被社会成员赋予地位获得的社会资源特性时，已经是社会成员对其最初拥有的社会关系——血缘关系、亲缘关系、地缘关系、业缘关系等经过筛选加工过的了，即具有社会资源特性的社会关系是寻求地位利益的行为者的一种行为产品；而且经过行为者在地位获得行为中的再生产，社会关系资源被不断附加新值，遂使社会关系的资本增值。由此，我们可以推论当社会关系被社会成员作为地位获得的社会资源使用时，它已具有了再生产及资本增值的特性。社会关系的再生产及资本增值主要是经过两种方式实现的：一是社会成员将有利于地位获得的个人关系（包括业缘关系）经过“拟亲缘”过程（变“同事”为“哥们儿”，变“他”人为“自家”人）生产出来，并以“拟亲缘”机制不断复制生产这种个人关系，以至结构出个人地位获得的社会关系网络；二是主要依靠送礼的物质投入和礼尚往来、相互关照的情感投入，在不断地“拟亲缘”的生产过程中，使关系资本增值。对此假设，已在有关的实证研究中被初步验证。彭庆恩在对现阶段中国市场经济体制中的包工头群体地位获得的实证研究中证实：包工头通过占有关系资本而占有生产方式，从而获得了较多的资源，并获得了高于一般农民工的地位；为了维持并进一步提高自己的地位，他们通过送礼物、给“红包”（钱）、给“回扣”、给“提成”等物质利益手段和人情投入联合运作，努力谋求关系资本的再生产及增殖（1995）。李路路在对私营企业主的地位获得的实证研究中也发现，私营企业主在其地位获得行为中，只是选择并依靠那些与自己的经营范围有关的亲戚、朋友的个人关系去运作，而对不直接作用于自己地位获得的亲、朋关系则不被纳入其社会关系资源网络，他们编织和生产的是“一个（质量）较高的社会关系网”（1995）。

3. 社会关系资本的不可替代性

作为一种具有配置社会资源特性的社会关系资本，在作用于社会成员实现某一地位目标时，是以成员的个人占有即排他性为特征的。由于源于成员的人际关系结构中，而又是以特殊主义的人际关系为基础的，因此“为某种行动提供便利条件的特定的社会资本，对其他行动可能无用，甚至有害”（詹姆斯·科尔曼，1990）。从这一意义上讲，它具有不可替代性。另外，社会关系资本的功能实现，取决于与行为者的关系距离和关系的亲密程度。也就是说，行为者为某一地位目标积蓄社会关系资本时，是在特殊主义关系网中于自己的关系距离与亲密程度两个维度上，选择并实现个人的占有的。

（三）非制度因素与现阶段中国社会群体地位获得

作为非制度因素的社会关系资源，就其性质来说属于传统性社会结构因素，其有效运作依赖于社会结构的封闭性、稳定性（詹姆斯·科尔曼，1990）；而现阶段的中国社会结构处于转型期，传统社会结构的封闭性、稳定性状态已被打破，从逻辑上讲，社会关系资源在社会群体成员地位获得中的作用应当是有限的，然而在实际情形中，它却成为异常活跃的一个功能要素。面对这一矛盾现象，我们至少要思考和回答三个方面的问题：一是社会关系网络的存在和作为非制度因素的社会关系资源的相对独立性；二是它在中国社会群体地位获得中的特殊性；三是是否需要转换我们对社会分层结构功能的认识视角。

1. 社会关系网络和社会关系资源的相对独立性

在上述有关分析中，我们已经从社会关系资源的特性及功能上获得了其相对独立性的一些认识。在此，让我们再从现代社会群体成员地位获得的行为机制角度提炼一下我们的认识。

作为追求地位利益的现代社会群体成员，满足地位需要的条件首先是从现代社会结构的一系列制度安排中获得的；然而，再理想的制度安排，对于行为者来说，都会是僵硬的一个客体对象，行为者则始终具有突破制度安排的僵硬边界的主体冲动和行为能力；当行为者从现有的社会生活关系中获得并占有与其地位利益有关的信息不断增多时，他的主体冲动就会更加强烈，他也就更加增强了冲破制度因素的限制以求满足地位需要的行为能力；而现代社会结构的开放性，则为行为者获取并占有有关的地位利益信息提供了最大的便利。对一个具有强烈的地位需求，并占有了一定的地位资本、具有地位行为能力的行为者来说，他可以在一定程度上无视制度安排的僵硬限制，更可以跨越传统与现代的时间差与空间错位。

从这个视角上看，社会关系网络和社会关系资源的相对独立性不仅是可能的，更是现实的。

2. 社会关系资源在现阶段中国社会群体地位获得中的特殊性

如前所述，在中国，社会群体成员的地位观念是“势力”观念，而不全是西方社会中的“身份”观念，从这个意义上说，中国社会结构的地位分配系统中“层级”的对应物是“范围”，也就是费孝通（1947）所发现和描述过的反映势力范围的“圈子”的“差序格局”。以“圈子”圈定势力范围并形成“差序格局”，可以说是中国传统社会结构地位分配系统的特征。“圈子”势力范围的形成主要依赖社会关系网络、以己为核心的观念、对“信任”的情景需要及相应的行为规范。

“圈子”及其势力范围的存在，除了上述的那些类型，还有一些实体现象，比如近年来活跃于中国农村社区的续家谱、宗族谱等的“联宗”现象及实体组织。再如改革以后出现的横跨传统农村社区与现代城市社区的“小城镇”现象，和横跨体制内外的“乡镇企业”现象。前者在一定程度上，具有农民群体不得已而创造的显示其地位能力的势力社区的因素；而“乡镇企业”则可从特定角度视为地方精英群体向中央政府显示其地位势力的经济实体。

1949 年以后建立的社会结构地位分配系统，反映地位势力的传统结构的“差序格局”从制度形式上消失了，而代之以“权力”分配为核心的“身份制”；然而，社会成员对社会关系网络及资源在地位获得中的经验及认同，却并未随着地位制度安排形式的转换而消失，甚至发展出既承认现有制度安排结果，又偏爱并运用传统的非制度因素的地位获得功能的双重需求及行为。因为他们是从中国文化传统中脱胎而来的现代中国人，其地位观念及行为方式更是从中国传统社会结构地位获得经验中延伸而来的；比之于现代“身份制”的那一套制度安排的生长点，传统的“圈子”势力的运行规则是更熟悉、更亲近、更可靠的“根系”。

这种现实的二元认同行为，实际上赋予了现代中国社会结构地位分配系统的二元特性及功能，即用传统的、社会关系网络及资源经验去模塑现代分层系统，使之产生制度安排的形式与功能实现的二元分化。因此，至1978年改革前的现代中国社会分层结构在研究者眼中是僵硬的，而在行为者那里却是富有弹性、有空可钻的，并导致社会成员地位评价上的二元标准身份标志上被动的“就范”与地位获得上主动的“自我实现”。这种情形可以从前述的“权力泛化”及“圈子”准组织的地位获得现象中观察到，还可以从60年代末、70年代初开始的“送礼”而求地位实现的时尚中窥见一斑。荷兰君（Bettina Gransow）在对中国20世纪80年代开始的“送礼”时尚所做的功能分析中便指出：“中国送礼的结构和逻辑与帮派主义的关系网是紧密相连的”，“不断的送礼和帮忙的成果，不仅被视为是期望值，而且是必不可少的，因为这是表达和强化帮派主义态度的具体方式”（1993）。只不过，此阶段社会成员在地位获得中奉行的二元标准和行为模式并未获得充分实现的社会条件而已。

当1978年以后，社会体制引入市场经济成分而出现了体制转型，这一社会结构的变动，对于地位获得的行为者而言，诚如孙立平所指出的释放了“自由流动空间”和“自由流动资源”（1993），使行为者获得充分实现二元标准和地位获得的二元模式的社会条件，而社会结构中社会关系要素及其在社会成员地位获得中的功能也便同时凸显在研究者面前。

3. 重新审视社会分层结构功能

当我们从社会关系及其资源特性去认识非制度因素在现阶段中国社会群体成员地位获得中的作用时，我们便遇到了科尔曼（1990）曾指出过的认识情境：“‘社会资本’把人们的注意力引向社会结构的下述功能，即行动者以此种结构为资源，可以实现自身利益”；“社会资本通过识别社会结构的这种功能，既有助于解释微观现象的差别，又有助于实现从微观到宏观的过渡，而无须具体阐述相应的社会结构。”的确，在我们以往研究中国社会结构地位分配系统时，往往是以制度要素为主要认识框架的；到今天，我们起码应当认识到作为非制度因素的社会关系网络及社会关系资源也是一种地位获得的结构要素，并且由于它的介入，静态分层不再具有重要的认识意义，而使我们的认识更接近于地位分配系统的功能实现。

主要参考文献：

杜维明（Tu Wei－Ming，1984 年），1989 年，《新加坡的挑战—新儒家伦理与企业精神》，高专诚译，三联书店。

费孝通，1985（1947 年），《乡土中国》，三联书店。

格尔哈特·伦斯基（Gerhard Lenski，1964 年新版），1988，《权力与特权——社会分层的理论》，关信平等译，浙江人民出版社，中译本。

荷兰君，1993，《送礼与腐败——中国送礼形式和功能的转变》，《社会学研究》，第 6 期。

雷弢，1988，《权力泛化论》，《社会》第 5 期。

李路路，1995，《社会资本与私营企业家——中国社会结构转型的特殊动力》，《社会学研究》第 6 期。

李路路、王奋宇，1992，《当代中国现代化进程中的社会结构及其变革》，浙江人民出版社。

李培林，1995，《新时期阶级阶层结构和利益格局的变化》，《中国社会科学》第 3 期。

彭庆恩，1995，《关系资本和地位获得—以北京市建筑行业农民包工头的个案为例》，北京大学硕士研究生学位论文。

孙立平，1993，《“自由流动资源”与“自由流动空间”》，《探索》第 1 期。

孙立平，1994，《市场过渡理论及其存在的问题》，《战略与管理》第 2 期。

王思斌，1995，《社会组织与科层制》，载韩明谟等主编《社会学概论》，中央广播电视大学出版社。

王颖，1994，《社会转型的层级结构分析》，载陆学艺、景天魁主编《转型中的中国社会》，黑龙江人民出版社，第 140～174 页。

许烺光（1981 年），1990，《美国人与中国人——两种生活方式比较》，彭凯平等译，华夏出版社。

杨胜刚，1994，《经济发展与收入分配分》，社会科学文献出版社。

杨宜音，1995，《试析人际关系及其分类——兼与黄光国先生商榷》，《社会学研究》第 5 期。

詹姆斯·科尔曼，1990，《社会理论的基础》，邓方译，社会科学文献出版社。

Nee. Victor, 1989, The Theory of Market Transition From Redistribution to Markets in State Socialism, *American Sociological Review*. 54: 663－81.

Social Inequalities in Reforming State Socialism: Between Redistribution and Markets in China, *American Sociological Review*. 56: 267－282, 1991.

性别观念与中国社会科学院女性的职业发展*

李春玲

本文所关注的是个人及其周围环境中主导的性别观念和规范对于女性职业发展的影响。通过对中国社会科学院男女职工的调查和分析，以及与全国妇女的调查数据比较，本文认为，中国社会科学院的女性普遍持有较现代的、平等的性别观念，而接受教育是她们培养和发展平等的性别观念的最重要的途径之一。调查结果证实，性别观念与女性职业发展水平有着极其密切的联系，性别观念越趋向现代和平等的女性，越可能获取较高的职业成就；越符合传统的性别刻板印象模式的女性，越可能抑制其成就动机和进取行为。

女性的性别意识和观念与其成就动机的强弱和职业发展水平有着极其密切的关联。性别意识在一定程度上影响着人们的自我评价、自我形象设计、行为方式选择和对异性的态度，而这些因素又对个人的成就动机和进取行为有着极大的影响。传统社会为男人和女人确定了固定的、相分离的角色和位置，即男人在社会上拼搏进取，女人在家庭中育儿助夫。然而今日社会女人也进入社会寻求进取发展，这些行动向传统的性别观念特别是传统的男人和女人的角色模式提出了挑战，并促成了男人和女人的性别观念的变化。但这种变化的强弱程度是有着巨大的个体差异的，而且对个体尤其女性的成就动机和职业发展水平有着极大的影响。人们普遍认为，具有较平等的性别意识和更为自信、自强的性别观念的女性将有更多的机会在社会分层的较高阶层占据一席之地。作为中国最高级研究机构之一的

* 原文发表于《社会学研究》1996 年第 2 期。

中国社会科学院是优秀的专业人士聚集之地，并且从传统意义上讲一直被认为是一个男性主导的领域，那么进入此机构的女性在性别观念上是否有其特殊性呢？有哪些因素影响到她们性别观念的选择？她们的性别意识和观念对她们的职业发展会产生什么样的和多大程度的影响呢？这是本文所关注的问题。1994 年 10 月“中国社会科学院职业女性的发展、参与和社会地位研究”课题组在全院女职工中实行普查性的问卷调查，回收有效问卷 1238 份，回收率达 83.4%。另外对三个研究所的男职工发放同类问卷，回收有效问卷 217 份。本文是基于此次调查的部分数据所做的分析。

一　性别角色观念

性别角色观念是性别观念中最主要的组成部分，人们依据它来设计自己在家庭和社会生活中的角色模式。在这个变化着的时代里，性别角色观念也在从中国传统的男尊女卑、男主女从、男强女弱的模式向一种新的、体现性别平等的模式转变。社科院的职业女性在这个从传统观念向现代观念过渡的尺标中居于什么位置呢？

1. 测量方法。在本次问卷调查中，我们设计了 8 个涉及两性的家庭角色、社会角色、权利义务分配的传统观念请被调查者进行评判，通过其认同程度或否定程度来确定其性别角色观念是更趋向于传统还是趋于现代。这 8 个观点是：（1）男人以事业为主，女人以家庭为主；（2）男人生来就比女人强；（3）女比男强，好景不长；（4）丈夫的成功就是妻子的成功，妻子应该不惜牺牲协助丈夫成功；（5）孩子不应随母姓；（6）寡妇再婚应将财产留给前夫的孩子或家人；（7）男人比女人更擅长于理论研究工作；（8）不生孩子的女人不是完善的女人。

除了考查社科院女职工对上述各命题的分别评判外，我们还采用量表测定社科院女性在性别角色观念上的综合态度倾向。问卷提供四项选择答案：非常同意、同意、不大同意、很不同意。四项选择的评分依次为 3 分、2 分、1 分和 0 分。得分越高意味着对传统的性别角色模式认同率越高，也就是说观念越传统；得分越低则意味着对传统性别角色模式认同率越低，即观念越现代。根据这一评分方法，我们把全体答卷女职工的态度划分为四个等级：得分在 5 分以下者（即对上述命题加以肯定的最多不超过两项）表明持有现代的性别角色观念，得分在 6 ~ 10 分者确定为具有较现代的性别角色观念，得分在 11 ~ 20 分者为较传统的性别角色观念，而得分超 20 分（即几乎认同上述所有命题）则被确定为传统的性别角色观念。需要加以说明的是，观念上的传统或现代的定义并非绝对的，而是一种主观的、理想型的分类。这里使用的传统的或现代的性别角色观念的概念只是相对而言。虽然这种测量及划分方法有其局限性，但有助于我们对社科院女性的性别角色观念的全面把握。

2. 社科院女职工的性别角色观念。调查数据显示，30% 的社科院女性持有现代的性别角色观念，这其中有 57 人（占 6.3%）得分为 0 分，表明她们强烈反对上述所有的传统性别角色规范。她们对于带有性别歧视色彩的观点陈述——如“男人生来就比女人强”“男人比女人更擅长于理论研究工作”等——表示愤慨和不满。39.8% 的社科院女性持有较现代的性别角色观念，也就是说约 70% 的社科院女职工倾向于否定传统的两性角色模式。同时，28.8% 的女职工的性别角色观念是较传统的，另外，还有极少数的女性（占 1.4%）持有传统的性别角色观念。

在这些传统观念中，社科院女性最可能加以认同的是男女两性在家庭和事业上的传统分工，26.2% 的女性不同程度地认为“男人以事业为主，女人以家庭为主”，16.7% 认同“丈夫的成功就是妻子的成功，妻子应不惜牺牲协助丈夫成功”，还有 10.9% 的女性认为“不生孩子的女人不是完善的女人”。传统习俗的两性权利分配对社科院女性也有一定程度的影响，38.1% 的女职工赞同“孩子不应随母姓”，21% 的女性同意“寡妇再婚应将财产留给前夫的孩子或家人”。对于“男人生来就比女人强”的看法，女职工们认同率极低（仅 6.2%），但同时有 16.7% 的女性认为“男人比女人更擅长于理论研究工作”，还有 11.2% 的赞同“女比男强，好景不长”。社科院女性对上述所有观点的赞同率都未超过半数，而且除了“孩子不应随母姓”和“男人以事业为主，女人以家庭为主”这两个认同率最高的观点以外，她们对其他观点加以肯定的比例都低于 1/4。

这些数据显示社科院女性就整体而言对中国传统的性别角色模式否定倾向极为明显，她们中的绝大部分不满足于做一个传统意义上的贤妻良母，或做一个成功丈夫背后的小女人。在性别角色观念的现代化演进方面，社科院女性走在了全国妇女的前列。如表 1 所示。

表 1　社科院女性对传统性别角色观念认同程度与全国妇女[①]的比较

单位：%

	男人以事业为主，女人以家庭为主/男人以社会为主女人以家庭为主[②]		丈夫的成功就是妻子的成功，妻子应不惜牺牲协助丈夫成功/丈夫的成功就是妻子的成功，妻子要全力支持丈夫[③]		男人生来比女人强/男性能力天生比女人强[④]		寡妇再婚应把财产留给前夫的孩子或家人	
	非常同意	同意	非常同意	同意	非常同意	同意	非常同意	同意
全国妇女	6.6	44.8	9.1	63.1	2.6	25.9	4.8	42.8
城镇妇女	3.7	29.0	11.6	63.9	2.1	21.8	1.7	27.8
社科院女职工	4.9	21.3	2.8	13.9	1.5	4.7	1.4	9.5

注：①上表中全国和城镇妇女的数据引自陶春芳、蒋永萍主编的《中国妇女社会地位概观》，中国妇女出版社 1993 年版，第 462～464 页。

②、③、④前者为社科院调查问卷中的表述，后者为全国妇联调查问卷的表述。

社科院女职工对于传统的性别角色模式的认同率远远低于全国平均水平。有意思的是，社科院男职工在性别角色观念上的态度与全国男性总体态度差距不明显，而社科院内部男女职工性别态度的差距却非常大。

表 2　社科院男女职工的性别角色观念的差异

单位：%

	性别	非常同意	同意	不大同意	很不同意	未答
男人以事业为主，女人以家庭为主	女	4.9	21.3	42.1	25.9	5.8
	男	14.7	26.8	40.1	10.1	8.3
男人生来比女人强	女	1.5	4.7	37.7	49.2	6.9
	男	7.4	14.3	49.3	14.3	14.7
女比男强，好景不长	女	1.7	9.2	38.9	40.3	9.9
	男	4.7	12.9	47.9	16.1	18.4
丈夫的成功就是妻子的成功，妻子应该不惜牺牲协助丈夫成功	女	2.8	13.9	43.9	29.8	9.6
	男	5.1	17.5	46.1	13.4	17.9
孩子不应随母姓	女	4.7	33.4	35.7	14.4	11.8
	男	12.4	50.2	16.1	5.5	15.8

续表

	性别	非常同意	同意	不大同意	很不同意	未答
寡妇再婚应将财产留给前夫的孩子或家人	女	4.0	17.0	32.4	35.0	11.6
	男	6.9	20.7	43.8	12.9	15.7
男人比女人更擅长于理论研究工作	女	2.8	13.9	43.9	29.8	9.6
	男	4.6	24.4	39.6	14.7	16.7
不生孩子的女人不是完善的女人	女	1.4	9.5	47.4	29.9	11.8
	男	6.9	16.6	42.9	17.5	16.1

几乎在上述所有观点上，社科院男职工和女职工的态度差异都非常大，特别是选择“非常同意”“很不同意”以及未答的比例差距更加突出地反映出男职工对于女性角色模式的要求与女职工自身的设计有很大不同。

然而就全国的普遍情况来看，两性之间在性别观念上的差距并不大。我们再回到表1中所列的四个观点陈述上。“男人以事业（或社会）为主，女人以家庭为主”，在全国水平上，男性与女性对这一观点的判断差异也就在1～3个百分点，而社科院两性之间的差异却达到了15～17个百分点。社科院女性肯定这一观点的比例远远低于全国水平，而社科院男性在这一点上与全国男性的差距却不明显。事实上，社科院男职工对这一传统的两性角色分配加以肯定的比例甚至远远高于城镇男性的比例，他们选择“非常同意”这一项的比例比城镇男性高8个百分点，选择“同意”的比例比城镇男性高6个百分点。在评价“丈夫的成功就是妻子的成功”这一观点上，全国水平的性别差异在2～3个百分点。“男性能力天生比女性强”和“寡妇再婚应把财产留给前夫的孩子或家人”这两个观点上，全国男性和女性的态度几乎没有差异，然而社科院男性和女性在对这三个观点的评判上差异极为明显。

社科院男女职工在性别角色观念上的巨大差异可以说明，具有较高文化水平且事业达到较高阶段可以使女性培养更现代的、更开放的、更平等的性别角色观念，但是高文化水平、高社会地位并不必定使男性更多地否定传统性别角色模式，在某种程度上，处于社会分层中较高地位的男人可能更强烈地需要服务于他，依从于他的传统女性。这也就是说，在文化层次较高的圈子里，两性在性别观念上的差异表现得更突出，而这一差异的影响是颇为深远的。

3. 文化水平对性别角色观念的影响。尽管社科院女职工普遍来讲具有较为现代化的性别角色观念，但个体之间仍然存在着差异。造成这种观念差异有多种因素，文化程度就是其中最重要的一个因素。

表 3　不同文化程度女职工的性别角色观念差异

单位：%

观念类型 文化程度	持现代性别角色观念者所占比例	持较现代性别角色观念者所占比例	持较传统性别角色观念者所占比例	持传统性别角色观念者所占比例
初中及以下	13.3	40.0	46.7	0
高中	9.8	51.4	31.9	6.9
中专	17.0	44.7	36.2	2.1
大学专科	31.9	37.0	30.0	1.1
大学本科	31.7	40.3	27.2	0.8
硕士	35.4	37.0	26.8	0.8
博士	62.4	31.3	6.3	0

表 3 显示出，文化水平越低对传统性别角色观念的认同率越高，文化水平越高则性别角色观念越趋向于现代。文化水平的差异明显地影响着女性对自身的家庭及社会角色的选择。

表 4　文化水平对女性的家庭乃社会角色的影响

单位：%

	丈夫的成功就是妻子的成功，妻子应不惜牺牲协助丈夫成功		男人以事业为主，女人以家庭为主	
	同意	不同意	同意	不同意
初中及以下	28.9	57.7	23.1	69.2
高中	32.5	48.8	34.1	52.0
中专	28.5	60.0	37.2	55.8
大学专科	18.9	69.9	28.3	64.6
大学本科	11.2	81.6	24.2	72.6
硕士	10.8	85.4	19.1	78.4
博士	4.8	90.4	19.1	76.2

很明显，文化程度越低的女性越趋向于赞同妻子应成为丈夫的贤内助这种传统的角色模式。对于另外几个观点的评价，不同文化程度的女职工在肯定或否定的比例上没有明显差距，但在肯定或否定的强烈程度上差距明显。例如，对于“男人生来就比女人强”的看法，不论学历高低，几乎90%的女性都表示不同意，但不同文化程度的女职工选择“很不同意”这一答案的比例差距很大，在评判其他几个观点上情况也类似。

表5　不同文化程度的女职工选择“很不同意”下述观点的差异

单位：%

	男人生来就比女人强	女比男强好景不长	男人比女人更擅长于理论研究工作	孩子不应随母姓	寡妇再婚应将财产留给前夫的孩子或家人
初中及以下	15.4	23.1	3.8	11.5	11.5
高中	33.4	27.6	5.7	16.3	19.5
中专	38.6	37.1	12.9	21.4	11.4
大学专科	49.6	41.6	15.1	30.4	36.2
大学本科	55.6	43.6	15.8	31.8	34.0
硕士	51.0	40.8	14.0	38.2	40.1
博士	61.9	57.1	42.9	42.9	57.1

除了在“不生孩子的女人不是完善的女人”的判断上没有明显差异以外，其他的七个观点都表现出或多或少的文化程度差异。

4. 年龄对性别角色观念的影响。在一个社会迅速发展的时代，年龄是造成观念差异的最为重要的因素之一。年长者往往作为传统观念的护卫者出现，年轻者往往以反叛传统、实践新观念的形象出现，于是就造成了一个普遍现象：年龄越大持有的传统观念越多，而年龄越轻越趋向于接受新型的、现代的观念。然而在特殊情况下这一规律也会表现出例外。

与一般的看法相反，年纪越轻的女职工似乎越趋向于传统的性别角色观念，而越年长的职工越是反对传统的模式。尽管差距并不算大，但的确有悖常规。进一步的分析发现，较年轻的女性并不是在所有8个观点的评判上都比她们的年长者更传统，她们的传统倾向主要表现在表7中列出的三个观点上。

表 6　不同年龄女职工的性别角色观念差异

单位：%

观念类型 / 年龄	持现代性别角色观念者所占比例	持较现代性别角色观念者所占比例	持较传统性别角色观念者所占比例	持传统性别角色观念所占比例
21～30 岁	21.9	42.7	32.6	2.8
31～40 岁	27.0	40.5	31.5	1.0
41～50 岁	32.9	37.9	27.9	1.3
51～60 岁	36.9	40.1	21.7	1.3
61 岁以上	57.1	21.4	21.4	0

表 7　年轻女职工比年长女职工表现得更传统的几个观点

单位：%

观念类型 / 年龄	男人以事业为主，女人以家庭为主		不生孩子的女人不是完善的女人		女比男强好景不长	
	同意	不同意	同意	不同意	同意	不同意
21～30 岁	33.9	60.8	29.0	63.5	14.1	78.0
31～40 岁	28.1	63.9	22.4	64.0	11.8	77.3
41～50 岁	24.5	72.4	19.0	69.6	8.9	82.8
51～60 岁	19.0	74.4	14.8	74.0	9.1	77.5
61 岁以上	5.9	94.1	11.8	82.4	11.8	82.4

注：61 岁以上的数据不具年龄群体代表性，因绝大多数 61 岁以上的女职工已退休，不在调查范围内，留任的多为较高职称或级别者。

较年轻的女职工除了对上述三个观点的认同率高于年长者以外，在“男人天生比女人强”“丈夫的成功就是妻子的成功”“孩子不应随母姓”等观点的评价上与年长者差距不明显，同时，在另外的两个观点上——“男人比女人更擅长于理论研究工作”和“寡妇再婚应将财产留给前夫的孩子或家人”反而是年长者的认同率比年轻的认同率高。这表明，年轻女职工观念的传统色彩主要表现在她们对传统的女性家庭角色的认同上。但在涉及女性的社会角色和男女两性权益分配方面，较年轻者还是具有更多现代意识。

社科院女职工在性别角色观念上表现出特殊的年龄差异并非一个孤立现象，它可以与近 10 年来的中国性别观念演变的整个趋向相联系。自 80 年代初以来，在女性的家庭角色模式和女性性别形象等方面出现一种（由传媒和大众文化产品引导的）回潮现象，从另一角度来说，它是针对“文革”时期两性绝对趋同潮流的一个反动。较年轻的女性可能对这一回潮动向更加敏感。不过，全国妇联在全国范围的调查并未证实类似的倾向，根据她们的调查数据，除了 18～19 岁这个年龄段对传统观念的认同率明显低于平均水平以外，其他年龄段的女性在对女性家庭角色认同上差异不大。①

如果全国妇联的调查数据和社科院的调查数据都是可靠的话，那么就有可能引申出一个非常有意思的结论：文化层次较高并处于职业分层较高地位的年轻女性由于自身的职业成就而可能担心失去完善妻子的美名和女人的本性，从而使她们在追求高职业成就的同时也希望尽到传统女人的本分。按西方某些学者的说法，这叫作“畏惧成功”。

除了文化水平和年龄这两个因素以外，工作性质（研究人员或非研究人员）、专业职称和行政级别的高低也是造成性别角色观念差异的因素。研究人员比非研究人员、职称高者比职称低者、行政级别高者比行政级别低者更多地否定传统的性别角色规范。不过这些差异也可以从文化程度的差异上得到部分解释，因为文化程度越高越可能从事研究工作并获得较高的专业职称和行政职务。另外，家庭出身对性别角色也有微弱影响，知识分子、军人、干部、职员等家庭出身的女职工观念差异不大，但工人家庭出身的女性比上述家庭出身的女性传统得多，令人吃惊的是，农民家庭出身的女职工并未表现出更多的传统倾向。

5. 性别角色观念对成就动机的影响。较高的职业成就（较高学历水平、较高的专业职称、较高的行政职务）有利于培养较为现代的性别角色观念。反过来我们也可以说，性别角色观念越趋向于现代，就越可能取得较高的职业成就。此次调查的数据充分证实了这一论点。

性别角色观念现代者往往具有较强的成就动机并可能采取更为积极的进取行为。问卷中有这样一个问题：“您自己有没有申请过国家或院里的社科基金项目？”在回答申请过社科基金项目的女性中 80.2% 持有现代的或较现代的性别角色观念。另一数据同样说明问题：持现代性别角色观念者中有 21.4% 申请过项目，持较现代观念者中有 13.1% 申请过，持较传统

① 《中国妇女社会地位概观》，第 318 页。

观念者中有10%申请过，而持传统观念者中无一人申请过项目。对于是否申请过项目的回答实际上包含着两层含义，其一是反映出被调查者在其事业发展上是否采取积极进取行为；其二是从一个间接角度来检测职业成就水平，申请过项目者往往是职业成就较高者——职称和级别较高、成果较多的研究人员或科研管理人员。因为只有这些人才有资格、有自信申请项目。因而，上述数据可以表明，性别观念越现代者取得的职业成就也可能越高。另外的几项数据也证实了这一点。持现代或较现代观念的研究人员成果数量（学术专著、普及读物、翻译著作、学术论文等）和国内外获奖次数略高于平均水平，而持传统或较传统观念者则稍低于平均水平。

性别角色观念对晋升速度也有微弱影响。在21～30岁这一年龄段，性别观念对晋升的影响还不明显，因为这一时期职称和级别的差异多由学历和工作年限等因素决定，竞争和能力起的作用较小。但在31岁以上，性别角色观念的影响开始体现，在41～50岁期间表现得最明显，而这一时期的确是职称晋升竞争最激烈的时候。与同年龄相比，观念越现代的女性越可能晋升到更高一级职称，观念越传统越可能停留在原有的职称级别上。在所在年龄段中，持传统观念者往往是晋升最慢的人。

毫无疑问，性别角色观念对于女性的事业与家庭关系的安排肯定有影响，不过，与许多人的担心相反，性别角色观念的现代或传统对于夫妻感情的好坏或离婚率的高低并无直接关联。只是性别角色观念对夫妻关系类型有明显影响。绝大多数社科院女性希望家庭与事业双肩挑，但是观念的差异影响着她们的天平向哪边倾斜。当自己的事业与丈夫的事业发生冲突时，观念最为传统的女性更可能选择牺牲自己支持对方，当事业与家庭发生冲突时，她们选择服从家务需要的比例也高于其他观念者。持较传统或较现代的女性则更希望夫妻双方相互支持，尽可能地支持对方，又不放弃自己的事业。在观念最现代的这一组中，选择各忙各的较高于其他几组，同时还有一部分女性希望丈夫做些牺牲支持自己的事业。

二　性别刻板印象与人格品质

性别刻板印象（gender-stereotype）是一种社会文化长期形成的、较固定的对男性和女性的人格模式的理想划分。长期的文化传统赋予我们这样的看法：男人具有某些确定的人格品质，也可以称为男性气质或男子气（masculinity），而女性具有另一些确定的人格品质，称为女性气质或女人味（femininity）。一个男人如果符合这些男性的人格品质则被认为是一个真正的男子汉，一个女人符合女性的人格品质则被赞誉为贤良淑女，相反，假如一个男人具有某些女性品质或一个女人具有男性品质就可能被看作不符合社会标准的男人或女人。传统的性别刻板印象往往把男性人格与女性人格品质相对立（例如，男人刚强，女人柔弱等），男性品质使男人更易于在社会上拼搏冲杀，而女性品质使女人更适于营造温馨的家庭并需要男性的保护，这种性别刻板印象通过社会化途径代代传递并造成两性人格模式上的差异。然而，这种传统的性别刻板印象模式正在受到挑战。当今社会女人从家庭走入社会，她们要在社会中立足并发展就必须具备传统意义上属于男性的品质。同时，人们还认为当今世界更需要和平、友善和合作而不是战争与对抗，因而男性也应该培养多一些所谓的女性品质，于是男女平等主义的鼓吹者们希望男性和女性在人格品质上应更为接近。不论是传统的、强调两性对立的性别人格模式还是强调两性趋同的性别人格模式都是人们观念中的一种理想人格。现实生活中的每一个人都或多或少地具有所谓的男性品质和所谓的女性品质，不论他（她）是男人还是女人，但多或者少的程度取决于他（她）生活的社会文化环境和个人经历。那么，社科院的女职工——进入传统意义上男人活动领域的女性——是否自认为具有更多的所谓男性人格品质呢？是哪些因素影响她们获得或认同这些品质呢？另外，社科院女性与男性之间是否存在着传统性别刻板印象模式的差异呢？

1. 社科院职工中自认人格品质的两性差异。由于把人格特性划分为男性品质和女性品质是十分不科学的，同时也为了避免女人男性化或男人女性化的误解，我们把传统性别刻板印象规定的女性品质定义为 A 类品质，传统性别刻板印象规定的男性品质定义为 B 类品质，两者之间不存在好坏、褒贬之分，但很明显，这两类品质在促进个人的职业发展方面所起的作用是不同的。在问卷中我们列举了 18 项品质（A 类品质和 B 类品质各占 9 项），请被调查者选择 5 项作为自己具备的最突出的品质。这 18 项品质及调查结果如表 8、表 9 所示。

表 8　女性品质（A 类）与男性品质（B 类）

A 类品质	B 类品质
温和	进取心强
关心他人	独立性强
服从领导	有毅力
细心有条理	有主见
富于同情心	勇于竞争
易听取他人意见	办事果断
善于处理人际关系	有冒险精神
善于言表	自信
重感情	善于领导别人

注：所列举的品质及划分参考 I. k. Broverman 等人制定的涉及两性人格和行为品质心理健康测定表。见 Laure Walum Riehardsin，*The Dynamics of Sex and Gender*，Boston：Houghotn Mifflifn ComPany，1981，p. 10。

表 9　社科院男女职工自我品质选择

单位：%

女职工		男职工	
位序	选择率	位序	选择率
1 富于同情心	52.9	1 服从领导	55.9
2 服从领导	49.7	2 关心他人	51.3
3 关心他人	49.3	3 富于同情心	45.0
4 温和	46.6	4 温和	38.1
5 细心、有条理	45.8	5 独立性强	32.5
6 进取心强	37.7	6 细心、有条理	30.0
7 重感情	26.2	7 有主见	29.4
8 独立性强	25.4	8 进取心强	28.1
9 易于听取他人意见	23.1	9 自信	23.8
10 有主见	21.8	10 易于听取他人意见	23.1
11 自信	17.0	11 善于处理人际关系	19.4
12 有毅力	11.7	12 有毅力	16.9
13 办事果断	11.3	13 有感情	15.0
14 善于处理人际关系	10.8	14 办事果断	11.9
15 善于言表	4.7	15 善于言表	6.3

续表

女职工		男职工	
位序	选择率	位序	选择率
16 勇于竞争	2.1	16 勇于竞争	5.6
17 有冒险精神	1.7	17 有冒险精神	4.4
18 善于领导别人	1.3	18 善于领导别人	1.3

女职工选择的所有品质中有 70.4% 为 A 类品质，29.6% 为 B 类品质，男职工选择的品质中 A 类品质占 64.8%，B 类品质占 35.2%。男女职工 A 类品质选择率普遍较高可能与项目排列顺序有关，排列在前 6 项的品质选择皆为 A 类品质。参照表 8 中的数据，我们发现社科院职工中个性倾向上的性别差异是存在的，男性身上 B 类品质的成分多于女性，而女性比男性更偏于 A 类品质。在依据性别规范划分的特性品质上表现更为明显些，如富于同情心、温和、细心有条理、重感情等品质女职工的选择比男职工排序靠前而且选择率也较高，而男职工在独立性强、有主见、自信等品质上选择率则高于女性。这一因素可能有助于解释男女在职业成就上的差异。不过我们也得承认，社科院男女职工在人格品质上表现出的性别差异并不像传统的性别刻板印象模式规定的那样大，可惜的是，我们缺乏全国性的数据来比较以证实社科院的男女职工在自我认同的性别人格模式上的差异是否比其他社会阶层或群体的差异小。但把这些数据与西方学者的一些类似的调查结果相比较，我们可以说，社科院男女职工在这方面的差异的确是比较小的。[①] 这一方面也许是由于文化造成的。西方文化中表现出的人格模式上的两性差异一直比中国文化更突出，更两极分化。中国传统文化中推崇的忍辱负重、通晓大义的烈贞妇（这些品质如按西方文化中的性别刻板印象模式应归为男性品质）和温文尔雅的谦谦君子（也带有西方人所谓的女性气质）在人格倾向上的性别差异并不那么鲜明分化。本研究所列

① 参见 Paul Rosenkanty, “Sex - role stereotypes and self - concepts in college students”, *Journal of Consulting and Clinical Psycholgy*, 32 (1968): pp. 287 - 295; Margic Cowan and Barbara Stewart, “A methodological study of sex stereotypes”, *Sex Roles*, 3 (1987): pp. 205 - 216; Aghop Der Karabetuan and Authony Smith, “Sex role stereotyping in the United States: is it changing?” *Sex Rodes*, 3 (1987): pp. 193 - 198。

举的品质及其划分主要依据西方学者的划分标准，一些被西方男人所推崇的品质（如勇于竞争、有冒险精神等）在中国文化中并不被强调。另一些男女选择率极高的品质像“服从领导”等可能与中国传统的社会化方式有关。中国的传统性别刻板印象模式与西方的性别刻板印象模式有着很大的差异，这方面还需做进一步的研究。

造成社科院两性个性倾向差异不大的另一因素是社科院的工作性质和人员素质。一般来讲，文化水平较高，特别是从事科学研究工作的男性往往比一般男性带有更多的A类品质，像温和、敏感、重感情、富于同情心等。在这一点上，西方与中国的情况相同，西方学者做的许多研究表明，文化层次越高的男性带有的传统性别刻板印象模式中的男性品质越少，而文化层次越低的男性，特别是劳动阶层的男性则更倾向于符合传统的男性性别刻板印象模式。另外，社科院的女职工为了能进入这一高级研究机构，为了能与男同事合作并竞争，也需要具备较强的进取心（她们的进取心甚至超过了她们的男同事）、独立性等B类品质。

2. 女职工自认人格品质的差异。男女职工在人格品质上的差异是否是造成两性职业成就差异的原因之一呢？性别人格特质的差异是否能造成能力上的差异和职业成就上的差异？我们可以从女职工内部的差异中寻找部分答案。

家庭和学历背景对于女职工个性倾向形成是有影响的。军人和干部家庭出身者选择B类品质明显超过平均水平，知识分子家庭出身者接近平均水平，而工人、职员和农民家庭出身者则低于平均水平。文化程度造成的差异更明显，随着文化程度的提高，选择B类品质的比例也随之递增。年龄的差异总的来说不明显（除了61岁以上者之外），41岁至50岁的女职工B类品质选择率稍高，可能与她们都经历过“文革”、参加过红卫兵运动和上山下乡运动有关，这说明个人经历对性别个性倾向有影响。职业地位（行政级别和工作性质）的差异明显，局级干部和处级干部B类品质选择率远远高于科级干部、科员、办事员和未定职人员。科研人员选择B类品质的比例远远高于非科研人员。专业职称系列的比较差异不明显，但是对同处于一个年龄段（如31～50岁）的女职工的比较发现，职称越高者选择B类品质比例越高，反之亦然。我们可以说，个性倾向中B类品质成分越多者，越可能达到较高的职业成就。不同年龄段的数据也可以证明这一点，61 岁以上的女职工所选择 B 类品质达到 4.9%，是所有分层比较中选择率最高的，而 61 岁以上还继续留任的女性大多获得了较高的职业成就。另外，性别角色观念与性别模式倾向表现出一致性，观念越现代，B 类品质选择率越高，反之亦然。而性别观念越倾向于现代者往往也更可能获得较高职业成就。

表 10　造成女职工个性差异的各种相关因素

单位：%

		A 类品质占所选品质的百分比	B 类品质占所选品质的百分比
年龄	21～30 岁	73.2	26.8
	31～40 岁	73.2	26.8
	41～50 岁	70.5	29.5
	51～60 岁	74.8	25.2
	61 岁以上	55.1	44.9
学历	初中及以下	90.2	9.8
	高中	78.5	21.5
	中专	75.9	24.1
	大学专科	73.5	26.5
	大学本科	71.2	28.7
	硕士	74.1	25.9
	博士	69.7	30.3
工作性质	科研人员	59.7	40.3
	非科研人员	71.2	28.8
家庭出身	知识分子	71.4	28.6
	军人	65.7	34.3
	干部	69.5	30.5
	工人	75.4	24.6
	职员	74.5	25.5
	农民	74.4	25.6

续表

		A类品质占所选品质的百分比	B类品质占所选品质的百分比
行政级别	局级干部	65.1	34.9
	处级干部	65.6	34.4
	科级干部	73.3	26.7
	科员、办事员、馆员	76.0	24.0
性别角色观念	现代观念	66.2	33.8
	较现代观念	70.4	29.6
	较传统观念	71.5	28.5
	传统观念	83.3	16.7

具备B类品质较多的女性会不会因这种性别个性倾向而影响到婚姻生活的美满呢？调查数据表明这两者之间并无相关联系。离婚者的B类品质选择率并不比初婚者高；在对夫妻关系良好程度的等级评价中，也没有显示出选择B类品质越高者对夫妻关系的满意越低的倾向。

三　性别评价

自我评价的高低与成就动机的强烈程度有着非常密切的联系。女性在职业发展方面的进取态度和进取行为很大程度上取决于她们对自身评价的高低。不过此次调查我们所关注的并非女性对个人能力的评价，而是关注女性对社科院知识女性这一整体的评价。

1. 如何看待女性在职业发展上的弱点。女性身上是否存在某些固有弱点而阻碍了她们的事业发展呢？问卷列举出几条所谓的女性弱点，请被调查者判断哪几项是有道理的。

约16.1%的女职工拒绝进行选择，大部分人拒绝回答的理由是："上述能力上的弱点在男性身上也有或多或少的表现，这方面不存在性别差异。"男职工中也有少数人赞同这一看法。但持有"工作能力上不存在性别差异"观点的人只是少数，女职工中不超过10%，男职工中不超过5%，也就是说，90%的人认为在发展职业的能力上女性有弱于男性的方面。根据表11来看，男女职工认为女性最主要的弱点有：安于现状、对挫折承受能力弱、创新意识不强和缺乏逻辑思维。

表 11　男女职工对女性弱点的评判

单位：%

	女职工选择率	男职工选择率
安于现状	57.2	37.8
对挫折的承受力不强	45.8	38.2
创新意识不强	37.0	34.6
缺乏逻辑思维	22.2	30.0
工作被动	15.1	9.7
不善于与他人合作	10.5	10.8
缺乏组织管理能力	10.3	20.7

2. 工作中的性别意识。“您在研究工作或行政工作中，更愿意与同性还是异性合作?”这一提问的目的是从一侧面来考查被调查者的性别评价。绝大多数人（不论男职工还是女职工）都选择了无所谓。但有约 1/5 的人做出了有性别倾向的选择。

在带有性别倾向挑选合作者的人中，不论男女，都更多地挑选男性作为合作同事，而且女职工更倾向于如此。令人惊奇的是，男职工比女职工更多地愿意与女性合作共事，不过，这些男职工同时提出他们更愿意与比他们地位低、年纪轻的女性合作，也就是说，男性作为领导者或负责人，女性作为被领导者或辅助工作者。男女职工在工作领域中的这种性别评价倾向可能是限制女性获得更多职业发展的机会的一个因素。

表 12　男女职工对合作者的性别选择

单位：%

	女职工选择率	男职工选择率
更愿意与同性合作	3.0	13.4
更愿意与异性合作	21.6	6.0
无所谓	68.8	77.0
未答	6.6	3.6

表 13 显示越年轻的女性越愿意与异性合作，这是否表明年轻女性有更

强烈的性别意识。

表 13　不同年龄的女职工选择合作者的差异

单位：%

年龄	更愿意与同性合作	更愿意与异性合作	无所谓	未答
21～30 岁	0.9	29.5	63.9	5.7
31～40 岁	2.6	23.1	66.0	8.3
41～50 岁	5.2	19.3	70.6	4.9
51～60 岁	3.0	14.7	76.2	6.1
61 岁以上	0	5.9	88.2	5.9

四　结论与讨论

在对社科院女性的性别意识及观念的各方面加以数据分析之后，我们可以得出以下几个结论。

结论一　与全国妇女的平均水平相比，社科院女职工表现出更多的性别平等意识和性别发展意识，对于自身所扮演的与男性同样重要的社会角色予以相当程度的自信和极强烈的发展欲望，这种自信和愿望鼓励着她们去获得更高的职业成就。然而，传统的性别评价和成见模式对她们仍有很大的影响，她们（与男性一样）对于女性从事科学研究工作和行政管理工作的能力有一定程度的疑虑，这可能是限制社科院女性谋取进一步的个人职业发展和知识女性群体发展的一个因素。

结论二　在像社科院这种高文化层次的工作环境内，性别观念的两性差异极大。教育是培养较现代的、较平等的性别观念的一种手段，这是国际社会加以公认的，然而在中国，这一手段对于培养女性的平等意识极为有效，但对男性作用微弱。这就造成了文化层次越高的环境内两性性别观念的差距越大。这可能是限制社科院女性谋取更多的职业发展机会的另一个因素。因为男性在社科院的领导阶层中仍属于主导地位，他们的性别观念或多或少，或明显或潜在地影响着对女职工的培养和提拔。

结论三　性别观念与女性成才有着极其密切的关系。性别观念越趋向现代和平等的女性，越可能获取较高的职业成就。人格倾向上越符合传统的性别刻板印象模式，越可能抑制女性的成就动机和进取行为，从而成为女性职业发展的一个障碍。

结论四　高文化层次中女性性别观念演变的一种倾向令人关注，即年纪越轻的女性越认同传统的女性家庭角色模式，越看重女性的家庭责任义务。同时，越年轻的知识女性也具有越强烈的性别意识，这一现象的进一步发展走向及其对女性成才和妇女地位的影响还有待于做进一步的考察。就目前而言它所造成的一个后果是：如何同时扮演好家庭角色和社会角色，如何成为一个事业上的强者又不失去女人味的矛盾所带给知识女性日益沉重的心理压力。

中国女性的性观念*

李银河

本文叙述了被访问的47位女性不同的性经历和感受，认为性方面要有节制是很具中国文化特色的，与“中庸”思想一脉相承。

从1994年起，我开始做这项关于中国女性的感情与性的研究。这项研究所采用的是面对面深入访谈的方法。采用这种方法的主要原因是，研究所涉及的领域完全是个人生活史，隐私性很强。如果采用社会学的问卷方法，很难得到真实的情况。采用这种方法，我一共访谈了47位女性，她们当中年龄最大的55岁，最小的29岁；她们的职业有科技人员、教师、公司职员、编辑、记者、医生、会计、艺术工作者、行政干部、工人、服务行业职工、自由职业者等，以知识分子女性为主；教育程度最高的是研究生毕业，最低的是初中毕业；大学及其以上学历的占多数。对每个人的访谈短则一两个小时，长则四五个小时，有的还不止谈了一次。我采用的叙述方法是：将人们的行为方式分类，在每一类中选录若干被调查女性的经历和叙述，并在结尾处略加评论。

被访问的女性对性持有十分不同的看法，有正面看法，也有反面看法；有的认为它很重要，有的认为它很不重要；有的认为它很美，有的认为它很丑；这些观点与传统观念和现代观念有着千丝万缕的联系。一位女性还分析了家庭背景对人们性观念的影响，她说：“知识分子家庭和工人家庭不同，工人家庭的孩子很保守，知识分子的孩子倒很开通。”这的确是我在调查中得到的印象。

* 原文发表于《社会学研究》1996年第2期。

一　性是自然的生理需要

“性是一个正常的事情，就像吃饭睡觉一样。”

“我觉得性就是一种生理需要，是每个人都需要的东西。但它也因人而异：条件允许的可以放纵一些，不是什么坏事。我认为性是重要的，相当于吃饭睡觉一样。比起吃饭睡觉，性不是更不重要，也不是更重要。就像早上起来肚子饿了要吃饭一样，应顺其自然。”

一位女性说：“性是很正当、很自然的。”

另一位说：“性是自然的，是水到渠成的事情。”

“我觉得性是顺其自然的事情，没有觉得它有多重要。我觉得对性既不用追求，也不用躲。按照正常生理发展，人这辈子该干什么就干什么。人为压制它就不好。有的女人一辈子生七八个孩子，身体反而特别棒，一直到五六十岁、七八十岁身体都特别棒。”

一位年近40的单身女性讲了她对性关系的看法：“25岁到30岁之间那段时间里，我在一些事情上感到很矛盾。从人道主义讲，应当允许人在彼此需要时快乐一下；但社会太复杂了，会引起负向作用，给人低下的感觉。人到了某个年龄，就会有欲望，有了欲望就应该顺其自然，违反它对人是一种损害；但是人又不能像动物一样随随便便。”

一位40多岁还没有过性经验的女性说：“我倒不觉得性很重要，或者性经验一定会非常好，我也知道很多已婚的女人并不喜欢性生活，我只是觉得，一生不结婚我不觉得遗憾，但终究一生不能有性这件事，没有这种体验，我会终生遗憾的。”

“一个人的生活中没有性生活挺可怕的。”

二　性很重要

“性是重要的，比吃饭睡觉重要，因为它和感情有关。”

“性是重要的，不能没有。只要有婚姻关系，有感情，就会有这种需要。人总是会有这种需要的。”

“我觉得性是一个比较重要的不可缺少的东西，是享受，是平衡。”

“我认为性是重要的，不是可有可无的，它和人的生命状态有关。总的来说，我认为性是一件正面的事。”

“性是生理本能，是美好的东西。当我全身被爱抚的时候，我会觉得是我的每一个细胞都在高兴。如果没人爱抚，就会忍不住难受。我觉得性是很美的东西。”

“我觉得这件事是最好的，别的都不能比。人不应该没有性。没有异性朋友，生活就不会过得很好。除非老了，做不了这些事了。”

有的女人对性的重视程度是因性对象的不同而异的：“我和他（情人）好的那几年就觉得性挺重要的，不能想象以后没有了怎么办。和我前夫在一起时就没这种感觉。”

另一位也有类似说法：“我原来不知道这件事有这么好，跟他在一起后才体验到了。我们两个人都把这件事当作生活中值得去做的事情。”

有一位已不年轻的女性认为，年龄的因素很重要：“年轻时性重要，老了就没重要性了。年轻时，有这种冲动时，如果那时能碰到一个自己喜欢的人，那是很幸福的。”

一位女军人说：“我看只要是有关人的研究，就比研究打仗有意义。人吃饱喝足以后，性就该越来越重要了。”

三　性很不重要

不少女性持有性在她们的生活中并不重要的观点。

一位离婚多年，一直过着严谨的单身生活的女性说：“性就是一个生理的正常的需要而已，有它没它无所谓。有它挺好的，没它也能过。没离婚时，我和丈夫也很少做这事，他也没让我觉得美满。我没觉得受到性欲的扰乱，也没觉得可惜。听说有的女人有‘受不了’这种感觉，我不能理解。有人暗示过，我现在这样很亏，应该放松一点，解放一点，应该有性生活，不会受到人们的谴责，可我不愿意。”

一位双性恋者认为，对她来说，性在生活中并不是最重要的，她说：“如果社会发展的是我理想的样子，有优美洁净的环境，人们都身心美好，我就不会把精力用在性上，不论是对男人还是对女人。性不是主要的，它在生活中并不重要，精神远远在这之上。”

“我们同房很少，他经常很晚不回家，打牌什么的。这件事在我们的生活中不重要。感情好不好更重要一些。”

“我认为，只要是在规则之内就是正常的，我在这方面比较保守。性在我的生活史里始终没占过重要的地位。我觉它不是最重要的，精神和感觉更重要。当然，也不是没有一点重要性，如果两人在性上不协调，爱也就失去了生理基础。”

“性是两人关系中的一个因素，但不是很重要的因素。当然我也不是主张完全的精神恋爱，柏拉图式的。我爱人说：有你睡在我身边，就是不一样，哪怕什么也不做。心里感到特别安宁，有一种依赖感。我们俩就是这样，你靠靠我，我靠靠你，马上就感觉很好。”

一位性生活不和谐的女性说：“听其自然。我认为性不是很重要，所以也没觉得我现在这样有什么不好，不觉得太遗憾。性像是一个工具，增进感情不是靠这个。我最满足的性方式就是被人抚摸，这对我来说就是最舒服的了。”

一位离婚女性这样说：“性在我的生活里占的分量不大。过去长期压抑结果使我变得更重精神。经常有人来告诉我，他们爱我。我不接受他们的爱，但也不讨厌这种人。我看得出来，他们帮助我时，不是帮助同性的那种方式，是把我当作一个可爱的女人，我觉得这对我就够了。我们都从心里惦记着对方，这就够了。”

一位幼年时期受过性骚扰的女性说：“我对性一直很淡漠。我从没主动过。他提出来我也能满足他，但他觉得我不热情。我在生理上能够觉得有需要，但心理上厌恶这件事。我觉得这件事只是满足人的生理需要的工具和设备。有时会感到特别想做，尤其是来月经之前那几天，分泌物特别多，觉得底下不舒服，就特别想做。做了以后月经就来得痛快，不会觉得胀痛，比较舒服。所以我觉得性生活能够起到调理身体的作用。”

有的女性认为人没有性生活是可以的，尽管这样的生活是不完美的：“人可以没有性生活。人只是觉得，如果没有性的吸引，人就会萎靡，就会变得排斥异性。”

四　性是为男人服务

“我觉得性主要是为了让男的高兴。”

一位在同情人的关系里先处于被追求地位后来转而追求对方的女性强调性的作用："和他有了那事之后就特别怕失去他，希望他满意。后来我拼命迎合他，位置就颠倒过来了。"

有的女性会把性当作感情的礼物送给男人。一位女性在明知自己不可能和男友结婚的情况下做出决定——把自己的"第一次"给他："我和他好了两年，但我一直守着身。因为我周围所有的人都反对我和他结婚，所以我反复设想我俩在一起会怎样不和睦。在我已经决定不能和他结婚之后，我觉得自己对得起他，不能让他空手而归。于是我决定答应他那件事。那一晚我们没有点灯。他很君子的，好像举行什么仪式似的。我就觉得一阵疼，有淡淡的血。他刚够弄破那里，连进都没进去。我推开他。我们感情那么好，这件事却弄得那么不好。"

五　性是人性的弱点

一位双性恋者兼基督徒从宗教教义上解释了自己对性的看法："传统的基督徒是反对同性恋的。信徒比非信徒多一个灵。信徒也有肉体，也就有本能。我觉得自己的肉体是软弱的，没有办法，所以必须认罪。肉体就这样的，人有时会管不住它。人背离了神就陷入俗世；背离了灵就陷入了肉里。"

这位信徒在决定与一个男人结婚的前夕，与他发生过性关系，她由此得出人性软弱、性是人性的弱点的看法："信徒只不过比一般人多了一层灵，而肉体还是软弱的。"

六　性是肮脏丑恶的

在不少女人的性观念中，总有认为它"很脏"的感觉；也有人讲到自己克服这种感觉的经历："做事时只要跟着感觉走，就不会觉得脏、下流、污秽。我最喜欢的一种做法是把自己打扮得让他起性。我特意买了高质量的内衣内裤、乳罩背心、吊袜带，还有好看的皮鞋，在床上用。身条好的人穿上这些显得特别性感，比什么都不穿还好。感觉特别干净，不是像畜生一样，而是把自己奉献给对方。"

“正常的性不觉得脏（肛交脏）；如果两人互相喜欢就觉得很神圣。”

一位离婚女性讲到自己性观念的变化过程：“我觉得人的性观念和时代有关。我成长起来的环境使我一直认为性不好，对它的态度首先是否定，可又不得不接受，所以就很不喜欢这件事。后来，我的性观念有很大的转变，是离婚后才转变的，从批判它转到颂扬它，颂扬它的美，不认为它是脏的、丑的，觉得应当从中提炼美感，使它变成美的体验。但我也不赞成公开这件事，把它变成诗，宣传它，不赞成性研究热，因为这是个人体验的东西，是国民素质问题。谁也没有办法在这件事上教别人，硬教是侵犯人权。我不喜欢性专家的说教。”

一位女性说：“我知道这事比较早，可我有许多同学都很书生气地对待这件事，对异性的吸引都不太懂，快结婚了对要发生的事还不知道。有人结了婚就跑来找我说：人皮底下原来是个畜生，这件事丑恶得不得了。有的人婚后很长时间一直觉得这事丑恶，以致影响到夫妻的关系。”

七　性是应当节制的

“我认为，不管男的女的，这件事做多了肯定不好。女的也会伤元气，要不为什么每次做完了会感到很疲倦呢？”

一位单身女性的看法是：“女人做这种事是一种消耗，即使结婚后，性生活也不应太多，这是从健康长寿的角度看的。”这位女性对国人的性也这么看：“我理想中的男人这方面也应节制。只图一时快乐，长远看是不好的。打个比方，吃得太好的人同吃得清苦的人相比就更容易生病。”

“什么叫适度？我认为如果双方都想做的时候做这事就是适度，不想做时强要做就不适度。比如，白天干活不太累，身体情况也不错，就想做；太劳累的时候就不想做。俗话说，温饱生淫欲，我理解就是这个意思。”

人在生活中对各种享受、各种价值会有取舍，这是很自然的。比如有人好美食，有人却满足于一般的摄入营养；有人喜欢郊游，有人却宁愿待在家里。在性的问题上，有人喜欢有人不喜欢在我看来也属正常。在性方面要有节制的观点是很有中国文化特色的，这种态度和福科的“极限体验”（包括同性恋、施虐受虐及生殖器以外的肉体快感的体验）相映成趣。

我想，中国人对性的态度同“中庸”思想是一脉相承的，中国人凡事好中庸，讲究节制，不像西方人那样激烈极端。其中是否有体质的因素尚待定量研究（胡适曾说，中国人“身体不如人”，不知有无根据）。

说“性就是女人为男人服务”显然是一种缺少女权意识的说法，在一些没有现代观念的女人和男人那里，这种观念还很深厚。这是可悲的，持有这种观念的人应受点启蒙教育。至于说到“性是人性的弱点，是肮脏丑恶的”，我认为这是基督教文化中的糟粕，相信这种观点的人也应当受点启蒙教育。

家庭社会学研究概述*

谭　深

一　研究过程简述

在中国早期社会学的繁荣时期30年代，产生了许多有关家庭研究的论著，如《中国婚姻史》（陈顾远著，商务印书馆，1937年）、《中国之家庭问题》（潘光旦著，上海新月书店，1931年）、《人口问题》（陈达著，商务印书馆，1934年）等。特别是一些有关家庭的社会调查在当时蜚声中外，如李景汉所作：《五百一十五农村家庭之研究》（燕京大学社会学系印，1931年）、《北京郊外之乡村家庭》（商务印书馆，1927年）、《定县社会概况调查》（北平中华平民教育促进会印，1933年），徐启中所作《广州工人家庭之研究》（中山大学经济调查处印，1934年），陶孟和所作《北平生活费之分析》（商务印书馆，1930年），言心哲所作《农村家庭调查》（商务印书馆，1935年）等。到40年代，许多名著又相继问世，如孙本文著《现代中国家族问题》《现代中国人口问题》（商务印书馆，1942年、1943年），费孝通著《生育制度》《乡土中国》（上海观察社，1947年、1948年）等。

50年代初期，随着社会学学科被取缔，对家庭的社会学研究停顿了。但是以其他各种形式进行的家庭调查依然存在，比如50年代中国科学院民族研究所及各级民委对少数民族的调查中，包含了大量的婚姻家庭内容，也有为数不少的出版物，如《少数民族情况统计资料》（民委办公厅，1959年）、《云南少数民族概况》（云南省民委，1956年）、《广东北江瑶

* 原文发表于《社会学研究》1996年第2期。

族情况调查》（广东省人民政府民委，1951年）、《广东省连南瑶族自治州南岗、内田、大掌瑶族社会调查》（全国人大民委广东少数民族社会历史情况调查组，1958年）、《贵州省布依族婚姻资料汇编》（中国科学院民族研究所贵州调查组，1963年）等。

工会、共青团、妇联的各级组织和政府有关部门如民政部、司法部、劳动部、公安部等，都从事了大量的调查和统计。此外，在历次政治运动中，高等学校的师生在接触实践、走与工农相结合的道路的精神指导下，经常走出校门，到城乡做社会调查，如有关村史、家史调查。这些，都为家庭研究积累了资料。

这一时期家庭理论书籍主要有：《论家庭》（魏克明著，上海人民出版社，1960年），《中国革命与婚姻家庭》（马起著，辽宁人民出版社，1959年）等。当时有代表性的观点强调：家庭的利益应当服从集体的和国家的利益；对子女教育是培养革命接班人的重大问题；"恋爱至上"是资产阶级爱情观；处理婚姻纠纷不能只考虑当事人的感情，而要以子女利益和社会利益为主等。

1979年，社会学得以恢复之后，婚姻家庭研究受到空前的重视。1983年制订改革后第一个全国社会科学五年计划"六五"规划时，社会学被列入的重点项目有三个，其中一个就是"中国五城市家庭研究"。"七五"规划中社会学13个国家重点课题中，"中国农村家庭调查"又被列入其中。婚姻家庭成为社会学研究人员的热点题目，有人分类统计了1979~1987年社会学研究的选题倾向，选题最多的是"婚姻、家庭"（占13.1%）；历年发表的社会学文章选题，除了1981年以前"社会学总论"较多外，历年都是婚姻家庭选题占首位；出版的社会学类书籍中，"婚姻家庭"比例高达27.3%，也是位居第一。① 婚姻家庭研究全面铺开。

与此同时，关于恋爱、婚姻、家庭的讨论成为当时社会热点。报刊、电台等纷纷开辟专栏，婚姻家庭的指导性书籍比比皆是，以婚姻家庭命名的杂志也相继面世。

到80年代中后期，社会学专业人员的"婚姻家庭热"开始降温，在社会结构、制度变革日益深入时，其中坚力量转向了社会重大问题的研

① 周贵华：《重建后中国社会学的研究选题的倾向分析》，《社会学研究》1989年第2期。

究，但是一些早期研究者积累的理论和研究经验沉淀下来，另一些经过专业训练的人员进入这一领域，使家庭研究队伍的素质提高了，在研究内容上也从一般性调查、评论，转向专题研究，致使90年代前后一批有分量的成果问世。

二　研究机构和刊物

目前，从事婚姻家庭研究的主要是三套系统，一是社会学专业机构，二是妇联各级机构，三是各类学术团体。

社会学专业机构包括中国社会科学院社会学研究所、各地方社会科学院的社会学研究所（室）和高校中的社会学研究所，它们大都设有婚姻家庭研究室或有从事有关专业的人员；大专院校的社会学系（室）大多设有家庭社会学课程，并从事有关研究。

各级妇联在工作中经常要进行社会调查，其中婚姻和家庭是调查的重要内容之一。同时专业研究者到地方做调查时，往往与妇联合作或取得她们的支持。

1981年，挂靠在全国妇联的中国婚姻家庭研究会成立。研究会聚集了当时各行业从事婚姻家庭的人员，迄今为止，共召开了三次全国性婚姻家庭讨论会，并组织了一些调查项目，1986年，组织编写了《当代中国婚姻家庭》（中国妇女出版社）一书。此外，许多省市级的婚姻家庭研究会也纷纷建立，多挂靠在妇联，它们组织研究活动，召开学术会议，出版内部交流刊物。

1979年以前，只有《中国妇女》等少数刊物公开刊登有关婚姻家庭的报道和调查报告。80年代，以省（市）命名的妇女刊物纷纷易名，其中一些便成为婚姻家庭的专刊，如《家庭》《婚姻与家庭》《恋爱·婚姻·家庭》《爱情·婚姻·家庭》《社会·家庭》《现代家庭》《家庭·育儿》等，其他妇女报刊中婚姻家庭仍是其重要内容。有些报刊在出版活动和举办社会活动同时，也向学术研究发展。如广东的《家庭》杂志，1984年、1988年、1990年举办了三次全国性家庭理论讨论会，1984年的会议论文汇集成《婚姻家庭探索》（广东人民出版社）一书；1991年又与天津社会科学院社会学研究所合作，进行了当代中国家庭的调查，成果集为《当代中国家庭大变动》（潘允康、柳明主编，广东人民出版社，1994 年）一书。

社会科学和社会学研究的专业刊物中，也经常地刊载关于婚姻家庭的论文，如《中国社会科学》《社会学研究》《社会科学战线》《社会学与社会调查》《社会》等；有些学术刊物还译介了许多国外有关论著和研究，如《国外社会科学》《国外社会学》《国外社会科学快报》等。

三 课题和著作

“五城市家庭调查”。由中国社会科学院社会学研究所牵头，与 8 个地方社会科学院社会学研究所组成研究项目组，于 1982 年开始对北京、天津、上海、南京和成都 5 城市的 8 个居民点 5057 名已婚妇女进行了调查。这是中国社会学恢复以来首次在社会调查中大规模使用问卷调查和现代统计技术，所得到的数据多年来一直是研究中国城市家庭的主要依据。它的主要成果有：《中国城市家庭——五城市家庭调查报告及资料汇编》（五城市家庭研究项目组编，山东人民出版社，1985 年）、《中国城市家庭——五城市家庭调查双变量和三变量资料汇编》（李东山、沈崇麟主编，社会科学文献出版社，1991 年）、《中国婚姻家庭研究》（刘英、薛素珍主编，社会科学文献出版社，1987 年）、《中国城市婚姻与家庭》（潘允康主编，山东人民出版社，1987 年）。

“中国七城市家庭调查”。这是“五城市调查”的追踪项目。由中国社会科学院资助，中国社会科学院社会学所和北京大学社会学系主持，联合地方社会科学院，在北京、上海、广州、南京、成都、兰州和哈尔滨 7 城市抽样，于 1994 年开始，进行了 5600 份问卷的调查。目前问卷正在上机处理。

“中国青年生育意愿调查”。这是应联合国教科文组织的约请，由中国社会学研究会组织，中国社会科学院社会学研究所和青少年研究所参加的。调查从 1979 年开始，对象是北京、四川城乡地区部分青年。成果见《中国青年的生育意愿——北京、四川两地城乡调查报告》（张子毅、杨文等著，天津人民出版社，1982 年）。

“14 省市农村婚姻与家庭调查”。由中国社会科学院社会学研究所主持，联合了天津、黑龙江、吉林、山东、河北、江苏、安徽、湖北、上海、浙江、福建、广西、四川、贵州14省（市、自治区）的社会科学院和高校参加。调查从1986年开始，共调查了7258户居民，成果见《当代中国农村家庭——14省（市）农村家庭协作调查资料汇编》（中国农村家庭调查组编，社会科学文献出版社，1993年）。

“天津市千户居民调查”。这是政府决策与社会学研究结合的首例，由天津市政府办公厅与天津社会科学院社会学研究所一道，改造了原有的调查网，用社会学方法抽样出100户居民进行问卷调查。从1983年开始连续进行了5年。这项调查为家庭社会学研究积累了大量基础性资料，为政府决策提供了依据，并受到国际学术界的关注，后来成为国际合作项目。主要成果见《户卷调查与科学决策》（天津市人民政府办公厅编辑组编，群众出版社，1988年）。

“经济体制改革以来农村婚姻家庭的变化”。这是国家社会科学“七五”规划的重点项目之一，由北京大学社会学系、人口研究所及四川、上海等地的社会学学者联合组成课题组，调查从1987年开始，根据经济发展水平，选取了北京、上海、四川、黑龙江、河南、广东六省（市）的13个县（农场），对2799农户进行了问卷调查。成果见《改革以来中国农村婚姻家庭的新变化》（雷洁琼主编，北京大学出版社，1994年）一书。

“中国城乡居民家庭生活调查”。由中国社会科学院和美国社会学家在各自的调查（中国的“百县市国情调查”和美国的“社会普查”）基础上组成合作研究课题组，在美国罗斯基金会资助下，于1993年对中国10个（市）县进行了村户二级的随机抽样调查。其基本统计资料见《中国城乡居民家庭生活调查报告》（中国城乡居民家庭生活调查课题组编，中国大百科全书出版社，1994年）。

“保定市民的家庭婚姻研究”和“保定市民家庭中的老年人以及他们的代际关系”。前者由北京大学社会学系和美国密歇根大学合作，对保定市600多已婚妇女和500多已婚男性进行了调查；后者由北京大学与中国老龄科学研究中心合作，抽样调查了保定市100多老人和700多他们的子女。这两项研究的数据正在分析之中。

“妇女就业与家庭调查”。由中国社会科学院社会学研究所婚姻家庭室与日本青少年研究所合作，1987年在中日部分大城市进行，中国地区选择的是北京、上海和西安。成果见《妇女就业与家庭——中日比较研究调查报告》（马有才、刘英等著，社会科学文献出版社，1992 年）。1994 年，该室又与日本北九洲亚洲妇女研究交流中心合作，对北京人的现实生活和家庭观念等进行了一次抽样调查，并将调查结果与日本的福冈、韩国的汉城、泰国的曼谷的同类调查进行了比较。见《今日北京人的家庭》系列报告（王震宇执笔，载《中国妇女报》1994 年 12 月 28 日至 1995 年 1 月 24 日）。

家务劳动有关调查。王雅林 1980 年和 1988 年对黑龙江两城市进行了家务劳动的连续性调查，这在社会学的实证研究中是不多的。分析两次调查结果，王雅林认为，8 年来城镇家务劳动的最大变化是：时间消耗减少、家务结构变化，但是由于不断增长的需求，近期内不会出现家务劳动突发式变化。调查结果见：《城市职工家务劳动研究》（王雅林、李金荣著，《中国社会科学》1982 年第 1 期）和《城镇居民家务劳动动态考察》（王雅林著，《社会学研究》1991 年第 3 期）。

值得一提的是，王雅林等研究人员，从 1991 年起，连续 4 年在黑龙江省肇东市昌五镇从事社区研究，重点研究社区家庭。通过对实行生产责任制以来社区家庭功能与家庭形式的长期观察，不仅细致地描述了其一般特征和外部现象，还对这些现象存在的现实根据和内在机理做了令人信服的剖析和解释。其阶段性成果见《农村家庭功能与家庭形式——昌五社区研究》（王雅林、张汝立著，《社会学研究》1995 年第 1 期）。

少数人行为的研究。李银河 1988 年在美国获博士学位后回国，其后两三年内，她先后发表了对青春期恋爱、独身、婚前性行为、自愿不育、婚外性行为、男同性恋等现象的调查研究成果，引起了国内外社会学界的关注。李银河的研究之所以被重视，不仅在于她能够对多数人不易了解的行为做数量的揭示和近距离的深入了解，而且在于她使用了严格的抽样调查方法和运用了国外较成熟的理论。李银河也表示，她有意“将国外社会学界已广泛采用而国内尚未推广的某些方法加以介绍，并以自己的努力倡导实证精神。”这些成果主要集中于《中国人的性爱与婚姻》（李银河著，河南人民出版社，1991 年）和《他们的世界——中国男同性恋群落透视》（李银河、王小波著，山西人民出版社，1992 年）两书中。

还有一些纳入国家基金的婚姻家庭课题，如：复旦大学社会学系的“独生子女问题的理论实践与对策”，华东师范大学心理系的“亲子关系与子女成才研究”，南京大学人口研究所的“江宁县 300 户农户家庭经济和婚姻状况追踪调查”，湖北省社会科学院社会学研究所的“中国农村宗族群体与功能群体关系渲化研究”，北京大学人口研究所的“违法早婚和离婚对人口控制、社会稳定的影响”，中国社会科学院社会学研究所的“当代农村社会变迁中的亲缘关系”等。

此外，各省市婚姻家庭研究会、地方社会科学院和大专院校等，也都有大量婚姻家庭的选题，有的被列入地方社会科学五年规划或年度计划，成果的质量也相当高。比如北京市婚姻家庭研究会，承担了北京市哲学社会科学“六五”规划项目“因性、恋爱、婚姻、家庭矛盾激化导致犯罪原因”的研究，成果出版了《因性婚恋导致犯罪问题研究》（内部本）一书；1988 年承担了“七五”规划项目“目前北京市婚姻中的问题调查”；1994 年又开始了“八五”课题“北京市婚姻质量调查”。又如四川省社会科学院和四川省妇联于 1987 年在四川省 10 个县（区进行）了近 2000 户调查，承担此调查的研究人员此后一直追踪研究，并写出《农民婚姻——四川农村婚姻研究》（赵喜顺等著，四川人民出版社，1990 年）一书。

还有一些博士论文涉及婚姻和家庭的项目，作为专业研究者个人长期研究的成果也不少，除本文其他地方所提及的外，粗略介绍如下。

当代问题研究和实证调查有：《昆明市婚恋家庭抽样调查》（王亚南等执笔，云南民族出版社，1990 年），《婚姻家庭的科学咨询》（陈一筠著，三联书店，1989 年），等。其中对少数民族婚姻和家庭研究的著作有：《中国少数民族家庭》（严汝娴主编，中国妇女出版社，1986 年），《永宁纳西族的母系制》（严汝娴、宋兆麟著，云南人民出版社，1983 年），《滇西南边疆少数民族婚姻家庭制度和法的研究》（杨怀英、赵勇山等著，法律出版社，1988 年），《共夫制与共妻制》（宋兆麟著，上海三联书店，1990 年）等。

婚姻史与家庭史方面：《中国婚姻史稿》（陈鹏著，中华书局，1990 年），《中国古代婚姻与家庭》（史凤仪著，湖南人民出版社，1987 年），《中国家长制家庭制度史》（王玉波著，天津社会科学院出版社，1989 年），《中国婚姻家庭的嬗变》（张树栋、李秀领著，浙江人民出版社，1990 年），《中国的家与国》（岳庆平著，吉林文史出版社，1990 年），《汉代婚姻形态》（彭卫著，三秦出版社，1988 年），《唐前婚姻》（邓伟志著，上海文艺出版社，1988 年），《婚俗文化：中国婚俗的轨迹》（鲍宗豪著，上海人民出版社，1992 年），《清代宗族法研究》（朱勇著，湖南教育出版社，1987

年),《周代宗族制度史研究》(钱杭著,学林出版社,1991 年),《周代家庭形态》(谢维扬著,中国社会科学出版社,1990 年),《唐朝户籍法与均田制研究》(宋家钰著,中州古籍出版社,1988 年),《中国古代户籍制度史稿》(宋昌斌著,三秦出版社,1991 年)等。

重新刊印的旧著有:《生育制度》(费孝通著,天津人民出版社,1981 年),《优生原理》(潘光编译,天津人民出版社,1981 年),《汉代婚丧礼俗考》(杨树达著,上海文艺出版社,1988 年),《中国婚姻史》(陈顾远著,上海文艺出版社,1988 年)等。

理论著作主要有:《家庭社会学》(潘允康著,重庆出版社,1986 年),《家庭学概论》(高健生、刘宁著,河南人民出版社,1986 年),《家庭经济学》(凌宏成等著,经济科学出版社,1986 年),《家庭消费经济学》(顾纪瑞著,中国财经出版社,1988 年),《现代家庭经济学》(肖经建著,上海人民出版社,智慧出版有限公司,1993 年)等。

近年翻译的国外有关著作有:《家庭》(〔美〕W. 古德著,魏章玲译,社会科学文献出版社,1986 年),《婚姻革命》(〔英〕罗素著,靳建国译,东方出版社,1988 年),《家庭导论》(〔美〕罗斯·埃什尔曼著,潘允康等译,中国社会科学出版社,1991 年),《家庭经济分析》(〔美〕加里·S. 贝克尔著,彭杜建译,华夏出版社,1987 年),《婚姻和家庭的起源》(〔苏〕谢苗诺夫著,蔡俊生译,中国社会科学出版社,1983 年),《人类婚姻简史》(〔芬兰〕韦斯特马克著,刘小幸等译,商务印书馆,1992 年),《婚床》(〔美〕约瑟夫·布雷多克著,王秋海等译,三联书店,1982 年),《变动中的家庭——跨文化的透视》(〔美〕马克·赫特尔著,宋践等译,浙江人民出版社,1988 年),《欧洲家庭史》(〔奥〕迈克尔·米特罗尔等著,赵世玲等译,华夏出版社,1987 年),(家庭:变革还是继续?)(〔英〕E. R. 艾略特著,何世念等译,中国人民大学出版社,1992 年),《非婚姻家庭》(〔南斯拉夫〕米兰·波萨纳茨考著,张大本等译,中国社会科学出版社,1990 年),《美国婚姻与婚姻法》(〔美〕大卫·艾·琼斯著,重庆出版社,1986 年),《美国的离婚再婚和同居》(〔日〕野野山久也著,杜大宁等译,新华出版社,1989 年),《父贵子荣——社会地位和家庭出身》(〔法〕克洛德·泰洛特著,殷世才等译,社会科学文献出版社,1992 年),《婚姻家庭与现代社会——苏联家庭社会学概览》(陈一筠,等译,光明日报出版社，1986 年)，《夫妇冲突》(〔苏〕B. A. 瑟先科著，陈一筠译，中国妇女出版社，1984 年)，等。还有我国学者介绍国外婚姻家庭的著作，如，《日本的婚姻与家庭》(张萍著，中国妇女出版社，1984 年)，《美国家庭模式和家庭社会学》(魏章玲编著，世界知识出版社，1990 年)等。

婚姻法、家庭法也是重要的研究领域，近年出版了一些有关教材和著作，如，《比较家庭法》(李克敏主编，北京大学出版社，1990 年)，《婚姻管理教程》(王德意主编，中国社会出版社，1991 年)，《怎样防范和治理违法婚姻》(民政部婚姻管理司编，法律出版社，1990 年)，《违法婚姻论》(宋凯楚著，人民法院出版社，1990 年)，《军人婚姻法律问题》(苟恒栋著，法律出版社，1994 年)，《离婚法社会学》(〔日〕利谷信义等编，陈明侠等译，北京大学出版社，1991 年)，《台湾亲属法和继承法》(李景禧主编，厦门大学出版社，1991 年)等。

四　研究题目与观点

1. 择偶

中国人的旧式婚姻以“门当户对”和“父母之命，媒妁之言”为择偶标准和结合途径，这似乎已成定论。“五城市调查”证实，调查对象的结婚年代越早，父母包办的比例越高，现在这种方式在大城市已基本绝迹，而增长最快，并成为城市婚姻主要结合途径的是“介绍”方式。14 省市农村调查结果与城市有相同趋势，但在自主程度上明显低于城市。从 80 年代初开始，新的婚姻媒介出现，如婚姻介绍所，报刊的征婚广告和少量电视征婚，但多数人仍宁愿找熟人介绍。

关于择偶条件，通过对夫妻双方境况对比，“五城市调查”和“14 省市调查”都认为，双方家境、个人条件相当的占多数。有研究者认为，门当户对的婚姻关系与离婚率低有着因果关系，有利婚姻的稳定。也有研究者指出，这种门当户对择偶标准导致事实上婚姻的阶层分化。①

对未婚者择偶条件的研究集中于提出明确条件的征婚广告中。李银河的研究提出，作跨文化比较，中国人看重而其他文化不看重的有年龄、身

① 参看《当代中国婚姻家庭》第 73 页。

高和婚姻状况，而其他文化看重中国人不太看重的有宗教、民族、感情等。在择偶的性角色期待中，男性期望女性应善持家务，女性期待男性更有事业心。张萍的研究也发现在品格上，男要求女“温柔、贞洁”，女要求男“刚毅”，在年龄、身高、学历、职业声望等方面双方均要求男高于女。①

2. 婚配问题

近年来，部分人群的婚配难问题引起了人们的注意，集中在城市部分职业地位高的女性和贫困农村的男性。80 年代初期，城市高地位女性择偶难曾被大大地讨论了一番，似乎在大龄未婚年龄段上出现了女性过剩。郑也夫根据北京城区 30 年人口统计，认为单纯从性别比看基本是平衡的，而且历年是男略多于女，但中国流行的“初婚龄差”是男长于女 2 岁。于是在人口增长趋势下女多于男，反之则男多于女。② 此外如前文所述，择偶条件的性别差异也使高地位女性处于劣势地位。

张萍根据 1987 年 1% 人口抽样调查与 1982 年人口普查对比，城市 28 ~ 49 岁大学毕业女性未婚人口又增加了，她进一步分析了城市大龄未婚女性的成因、现状和出路，指出，“大龄未婚队伍不是一个孤立的，静止的某一时期的特定人口群，而是一个人员不断变换的流动的群体”，事实上，“出现部分大龄未婚或终身不婚人口均属正常现象”。③ 关于独身，李银河和冯小双 1989 年曾做过 47 例独身者个案的研究，从中得出一个最主要的文化命题是：中国文化中存在着一个性生活、家庭生活与生育“三位一体”的标准模式。因此，独身者必然感到极大的压力。她们与张萍的看法相似：人们应平等地看待独身者——无论是自愿的还是被迫的。④

关于贫困农村大龄未婚男性，张萍指出，1990 年，我国 28 ~ 49 岁大龄未婚人口 76.43% 生活在农村，其中 96.8% 是男性，这些男性绝大部分为文盲半文盲，“因此可以说，我国大龄未婚问题最严重的是低文化大龄男性的婚配问题”。这些人大部分处在生产和生活两难的窘境之中，其引

---

① 参见李银河《当代中国人的择偶标准》，载《中国社会科学》1989 年第 4 期；张萍《从征婚启事看我国城镇大龄未婚男女择偶标准的差异》，载《社会学研究》1989 年第 2 期。

② 郑也夫：《北京城区男女婚配比例失调原因初探》，载《社会》1983 年第 2 期。

③ 张萍：《旷夫怨女——大龄未婚问题透视》第 219 页，陕西人民教育出版社，1992 年。

④ 李银河、冯小双：《独身现象及其文化含义》，载《中国社会科学》1991 年第 3 期。

起的社会后果是严重的。[①] 于学军根据1990年人口普查资料指出，从总量上看，1990年我国15岁及15岁以上人口性别比偏高，男比女多5%左右，而未婚人口中，男比女多45%左右，形成“婚姻挤压”。70年代以后生育水平急剧下降的一个结果是性别比升高的趋势，将使今后婚配问题更严重，甚至出现婚姻危机。[②]

3. 农村的通婚距离

1985年王处辉对天津远郊两个农村的通婚距离进行了调查，分析了其中一个家族从18世纪到1979年以前近300年嫁娶情况后，认为传统农村的嫁娶范围基本局限于农村社区这种半封闭的结构之中。而农村工业的发展，使村内通婚比以前更多了，原因是姑娘不愿嫁出富裕的家乡。[③] 而邱泽奇对湖北省三个村调查（1988）后则认为近距离婚嫁增多与自由恋爱有关。[④] 北京大学对上海郊区和河南潢川的调查也发现经济发达的上海郊区形成一个相对封闭的高收入区，区域里的女青年不愿外嫁，男青年不愿外娶，使那里通婚距离较过去大大缩小。而经济不发达的河南潢川则变化不大。[⑤]

由于传统的从夫居，因而婚嫁迁移的主体多为女性。在80年代以前，城乡之间的差距和城市级别之间的差距，形成从农村→城镇→中等城市→大城市逐渐增大的吸引力，而沿上述方向“逐级递补”是妇女婚迁的主要模式，农村之间的婚迁，则呈现贫困地方迁往富裕地方，山区迁往平原的趋势。

经济体制改革后中国区域间差距大幅度拉开，农村人口能够一定程度地自由流动，为农村女性更远距离地婚嫁提供了条件，一个新的现象是农村之间跨区域的婚姻急剧增加。比如浙江省至1990年，自外地嫁入的女性几乎占本省常住女性人口的1%。此种现象在河北、山东、江苏等地都存在，而且“滚雪球”般越来越多。对于跨地区通婚的文化功能，它所带来的婚姻观念、家庭模式、家庭关系的变化，以及拐卖人口，计划生育、迁

① 见前书。

② 于学军：《我国婚姻市场的现状及未来发展趋势》，载《青年探索》1993年第1期。

③ 王处辉：《中国农村嫁娶的区位学研究》，收录于《当代中国婚姻家庭》一书。

④ 邱泽奇、丁浩：《农村婚嫁流动》，载《社会学研究》1991年第3期。

⑤ 参见雷洁琼主编《改革以来中国农村婚姻家庭的新变化》第182页。

出地性别比失衡等一系列问题，已引起学界的注意。研究者认为，由于经济和开放因素的推动，以及农村大龄未婚男性形成的广阔的需求市场，跨区域的通婚将在今后作为农村通婚的一种形式继续存在。[①]

4. 人口政策与生育模式

自从我国60年代实行计划生育，70年代提倡一对夫妇只生一个孩子之后，有效地控制了迅速膨胀的人口，全国人口出生率从50、60年代的35‰～40‰降至70、80年代的20‰，1994年已降到更替水平以下。

由于计划生育，影响到目前乃至今后家庭结构的变化，并引起家庭养老问题、独生子女问题，以及农村生育模式对计划生育的影响，将有关研究从人口领域扩展到了社会学领域。本文将介绍三项比较有影响的研究。

《社会学研究》1991年第3期发表了周孝正的文章《论人口素质的逆淘汰》。文中指出，如果承认城乡人口在文化素质、身体素质等方面的差距的话，那么根据目前农村人口增长快于城市人口的趋势，可以说已经出现了人口素质的逆淘汰问题。冯剑也持相同观点。[②] 对此，侯东民、戴星翼和李训仕提出不同看法。[③] 侯文认为，从城乡相对生育率比值R/u的变化观察，80年代以来人口控制并没有加大R/u值，因此说“逆淘汰”是没有根据的，相反，人口控制减轻了“逆淘汰”。李训仕认为，根据我国人口文化水平、层次和身体素质不断提高这些事实，我国人口整体素质并不存在“逆淘汰”。而穆充宗对这两者提出了批评，认为应将“正淘汰”和“逆淘汰”结合起来研究。根据“人口素质”指数（PQLI），我国人口素质发展水平近30年来已从低度发展到了中等偏上的水平，这些数据足以证明“正淘汰”是主流，而“逆淘汰”现象只是影响了总体人口素质提高

① 参见王金玲《浙江农民异地联姻新特点》，1992年第4期；庄平《我国买卖妇女社会现象的分析》，载《社会学研究》，1991年第5期；田牟《西南农村妇女东迁婚配态势探析》，载《南方人口》1991年第1期；张和生编著《婚姻大流动—外流妇女婚姻调查纪实》，辽宁人民出版社，1994年。

② 参见冯立天主编《中国人口生活质量研究》，北京经济学院出版社，1992年，第316—319页。

③ 见《对我国人口素质“逆淘汰”问题的几点看法》，《社会学研究》1993年第2期；《中国人口生活质量研究》第310—316页；《我国人口素质并未出现逆淘汰》，《社会学研究》1992年第6期。

的步伐，而不会影响全人类素质的不断提高。[①]

我国独生子女研究开始于1980年，几乎是与大批独生子女的出现同时。十几年来，近百篇文章从心理、教育、人口和社会角度研究了独生子女这一特殊人群。其中风笑天对城市独生子女的研究最为系统。[②] 他指出，城市独生子女80%左右生活在由他（她）和父母两代组成的三口之家，这将明显地改变中国城市家庭的总体结构。而独生子女家庭与父辈家庭的交往也较多子女家庭积极。针对流行的“四二一结构”忧虑（即未来的双方都是独生子女的夫妇，将赡养四位老人和一个子女），风笑天持乐观态度，认为由于目前城市独生子女父母基本都有职业，老年的经济来源不会成为问题；至于生活料理，根据目前对城市中60岁以上老年人调查，90%以上实际由老年夫妇自己完成，子女照料老人的负担不会太重；对于独生子女来说，面临的最大挑战是老年父母的精神慰藉。根据调查，风笑天还否定了“独生子女父母比非独生子女父母更溺爱孩子”的假设，认为所谓独生子女的特殊问题，在非独生子女身上也存在，这是与社会变化的大背景相联系的。

近年大量的对农民生育模式和生育行为的研究中，李银河的研究别具一格。[③] 通过对浙江省一个富裕农村和山西省一个普通农村的调查，她提出，贝克尔等人提出的“成本效用理论”用在分析中国农民的生育行为上并不适用。这一理论认为，对孩子的需求跟孩子长大以后的收益与父母投入的抚养费的比值有关。但在中国农村，抚养孩子的费用要远远高于孩子日后可能提供的收益，但农民仍一如既往地愿意多生孩子特别是儿子。问题在于贝克尔的成本效用逻辑只适于个人本位的社会，而在家为本位的中国农村，人们在按另一种逻辑生活着。这一逻辑的背景是人们的生活环境，即李银河所概括的“村落”。而村落中的一套行为规范和价值观念便是“村落文化”。在村落文化中生育的压力是非常沉重的，一个没有子嗣的人会被认为是一生失败。这就是中国农民强烈的生子动力所在。

---

① 《人口“逆淘汰”；一个事实抑或一场虚惊—兼评近年有关人口“逆淘汰”的一些流行观点》，载《社会学研究》1993年第6期。

② 风笑天对独生子女的研究成果集中在他的博士论文《独生子女—他们的家庭、教育和未来》一书中，社会科学文献出版社，1992年。

③ 参见李银河《生育与村落文化》一书，中国社会科学出版社，1994年。

5. 离婚

中国自80年代新的《婚姻法》颁布以后，一度离婚问题显得特别突出。对离婚率上升的原因和社会后果，社会上和学界曾进行过热烈的讨论。代之而起的是学者的调查和研究，而其中徐安琪的研究尤为引人瞩目。近10年，徐安琪发表了十数篇关于离婚研究的论文。1985年，她以“人民陪审员”的身份直接参加了上海一个区法院100桩离婚案的审理，在该区和另一区法院及民政局抽样查阅了历年来的100多件离婚档案，并在上海市区调查了70多对夫妻，发现婚姻纠纷和破裂的主要原因与报刊宣传和流行观点“相去甚远”。如夫妻争吵的起因多为传统性质，如子女教育、家务琐事、脾气和习惯不合等；又比如“婚外恋”被视为80年代以来精神污染的结果，徐安琪的调查却显示了因第三者介入而导致离婚的比率在50、60、70、80年代相差不多，说明并非新问题。据她的分析，今后离婚的增长速度在长时间内将是缓慢、持续的，再婚也将与离婚同步增长，因此没必要担忧会危及家庭稳定和社会安定。[①]

6. 对婚姻法的研究

50、60年代对婚姻法的研究，主要集中于法律界对离婚标准的研究上，当时有关于“感情说”和“理由说”之争，结果是“理由说”长期以来成为各级组织对待和处理婚姻纠纷的主导观点，并有“对有资产阶级思想的人提出离婚，原则上是不准离。”[②]

1980年修改后的婚姻法中加入“感情破裂原则”，随之离婚数量上升，又引起对婚姻法和其中离婚问题的争论。但这时的研究者已不限于法学界、社会学、伦理学也介入进来，当时正值改革初期思想解放之际，强调个人权利和个性成为时尚，感情在婚姻中的重要位置为社会和多数研究者接受，司法实践中也放宽了对离婚的限制。

90年代以后根据婚姻和家庭的现实，大多数婚姻法学者认为，我国婚姻法调整的范围不应仅包括婚姻关系，而且应包括家庭关系。因此，提出婚姻法向民法回归的问题。在立法指导思想上，从重伦理、重人身关系等

---

① 徐安琪主要观点见其论著《离婚心理》，中国妇女出版社，1988年。

② 参见最高人民法院1963年8月28日第一次民事审判工作会议的报告；幽桐《对于当前离婚问题的分析和意见》，《人民日报》1957年4月13日；《法学》编辑部《当前婚姻纠纷的处理意见》，《法学》杂志1958年第4期等。

向重利益关系、重财产关系等转换，从而再次对离婚中感情破裂原则提出疑问，建议代之以“婚姻关系确已破裂”。[①] 但这一质疑并不是向50年代的“理由说”的简单回归，因为民法中的婚姻关系是一种契约关系，而这种关系存在的基本前提，乃是个人主体地位的确立，与“个人利益服从整个利益”是有区别的。

① 参见历年《中国法律年鉴》中“婚姻法学”部分。

村庄边界的多元化*

——经济边界开放与社会边界封闭的冲突与共生

折晓叶

本文通过对中国东部和南部超级村庄的个案研究，描述了在这类村庄中出现的经济边界开放与社会边界封闭同时并存的现象，指出现阶段的超级村庄正是在二者的冲突与共生中得以发展的。文章强调，超级村庄已经成为一种新的社区形态。在乡村工业化和城市化的过程中，这种社区形态及其文化有没有持续发展的根基，仍有待时间的验证和理论上的探讨。

一　研究的问题和村庄

谈到中国村庄的功能和农民生活的基本范围，有三位学者的研究是不能不提及的，这就是费孝通先生和黄宗智先生对“村庄共同体”的研究，以及施坚雅先生（Skinner，G. William，1964—1965）关于“基层市场共同体”的研究。费和黄视村庄为中国社会最基本的功能单位，在经济和社会生活层面都属功能完整的单位（黄宗智，1986）；施坚雅则断定，中国农民生活最基本的功能单位不是村庄而是包括数个村庄在内的市场共同体。两种研究的共同之处是都涉及了中国农民经济生活和社会生活的基本范围和组织，施氏的研究走出了村庄，关注到基层市场对农民生活的重要性，涉及了村庄经济和社会生活开放的一面，令人耳目一新，但其否定村庄对中国农民生活的基本意义却有待商榷。费和黄的研究则重视外来力量与村庄内在的经济社会结构的相互作用，强调传统力量与新的动力具有同

---

* 原文发表于《中国社会科学》1996 第 3 期。

等重要性，为我们提供了一些研究中国村庄的基本出发点。但是，以上两种研究各自概括的都只是中国农民在不同时期和不同地区生活的一部分事实，而目前在乡村工业化过程中涌现出的相当数量的超级村庄，则为我们提出了新的研究课题。本文拟在前人研究的基础上，采用“村庄边界”的概念和村庄边界多元化的分析框架，对超级村庄中出现的经济边界开放与社会边界封闭同时存在，二者既相互冲突又共生共荣的现象进行讨论，进而探讨中国基层社会经济发展与社会结构变迁之间的内在关系。

本文是从如下两个意义上使用“村庄边界”这个概念的：一是村庄与外界之间的疆域性界线，如以亲缘和地缘关系为基础的地域共同体的范围，以土地所属为依据的村界，以及行政关系制约下的村组织行政的界限等；二是村庄主要事物和活动的非疆域性边缘，如村庄的经济组织、市场经济网络、人际关系网络和社会生活圈子所涉及的范围等。边界的多元化，则指村庄是由多种独立的、不完全互相依存的边界构成，它们反映出村庄经济和社会生活的基本范围分化的程度。采取这种分析方法，可以使我们更清楚地看到，在不同定义的边界内，“村庄”代表着不同的事物（Feuchtwang，1995），根据不同的目的执行着不同的任务，并且受到不同社会规范的制约。在进行分析时，本文将说明市场环境、村社区文化和社会关系的重要性并提供事实的例子。

本文研究的是那些在乡村工业化过程中率先发展的“超级村庄”，它们大都是近十余年在原来贫困的、传统的，甚至闭塞的基础上发展起来的，已经具有与传统村庄完全不同的特征①。根据一项关于“中国亿元村”的研究（高俊良等，1994），这类村庄主要集中在长江三角洲和珠江三角

① 我和陈婴婴将“超级村庄”的基本特征归纳为：（1）已经形成以乡镇企业为主体的经济结构，工业产值和非农产值已占村庄全部产值的绝大多数，成为产值过亿的发达村庄；（2）已经形成稳定的可用于村政和公益事业的“村财”收入，具有初步的“准政府”的村政结构和职能，如经济的、仲裁的、村政的、福利保障的结构和职能；（3）村社区的经济组织开始采用现代公司的模式，迅速向村庄以外扩展，经济的触角已经伸向城市、海外，甚至以参股的方式渗透到大中型国营企业；（4）村社区的人口成倍增长，聚集有大量的外来劳动力，有的已超过村民人口总数几倍乃至几十倍；（5）社区内部已经形成以职业多元化为基本特征的社会分层结构；（6）村政设施和建设发展迅速，村民的生活方式和文化价值观念已经发生了变化，新的生活方式和价值观念正在形成。在一些地方，这类村庄的发展已经有超过乡镇的趋势，正在成为周边地区新的经济和社会文化中心，等等。

洲，本文涉及的8个村庄[1]也主要分布在这两个地区。选择这两个地区，除去“超级村庄”多集中于此而外，还考虑到它们恰恰代表着中国农村发展的两种不同模式——东部长江三角洲的村庄始终“坚持集体经济”，保留着集体组织的完整性；而南部珠江三角洲的村庄，则大都经历了集体经济彻底分散化、村组织解体，而后又重新组织起来的过程。并且，这些村庄的自然结构也大致代表了东部村庄多以杂姓聚居，而南部村庄则多以单姓为主聚居的社会状况。此外，中国目前的村庄一般具有双层结构，即由数个较小的自然村或单个的大自然村组成行政村，本文涉及的“超级村庄”发生在行政村这个层级上。

这些村庄的资料是笔者在1993年和1995年经过实地调查取得的。调查主要采取个案研究的方法，通过收集档案资料（村史、经济统计报表、工作总结、成文的和不成文的村规民约、制度章程等）、实地观察和访问完成。访谈的对象有村组织和村企业负责人、会计、文秘、村民和外来人等。作为观察者深入其中的个案研究，本文所提供的资料对定性的理论研究是必要的，但是并不能够成为推论超级村庄总体的依据。在言及超级村庄总体时，还应注意到中国区域和发展模式之间的巨大差异，特别是注意到中部和西部，虽然乡镇企业并不发达，但是也造就了数量不多却实力强大的超级村庄的事实；注意到一些经济发达地方的村庄，虽然企业私营化和分散经营的程度很高，但是村庄作为整体仍然有可能聚集“村财”，发展村政事业，成为超级村庄的事实。

二　村社会的再组织与村庄边界的分化

农村实行家庭联产承包责任制后，分散化的农民开始直接进入村域外的市场环境。随之，在大多数的中国村庄里，村社会的组织也发生了重大变化。家庭作为生产单位的功能被强化，村集体经济组织则趋于解体。此外，由于政策上放开，一些村庄还因大量村民外出谋职而成为“空壳村”。这样的村庄已是一个自然的地域空间和松散的社会空间，在改革初期的珠

① 本研究涉及的8个村庄是江苏省太仓市的马北村、王秀村、香塘村，张家港市的闸上村、永联村、巨桥村、长江村和广东省深圳市的万丰村。

江三角洲到处可见。长江三角洲的情形与此有所不同。许多村庄在公社时期就开始办社队企业，到实行家庭联产承包责任制时，村庄已有相当的集体积累，村组织也实力在握，因此只将土地分田到户，农业实行分散经营，集体积累仍然聚而不散，从而成为以后发展村办工业的基础。但此时“集体”的内涵已经发生了变化。虽然地方行政对村庄事务的干预仍然存在，但从总体上来说，集体已经由公社时期主要对上级行政负责，转变为主要对村民负责；集体所有权归于村民所有，上级行政组织并不能决定村内事务，也不能在村庄之间实行平调。此外，由于村办工业的需要，村民也在工业化的方式下重新组织起来。农业经营也由大户承包，或以集体办“农业车间”的方式再集中起来，实现了新的规模经营。

80 年代初期和中期以后，在乡村工业化的推动下，珠江三角洲的村庄也发生了令人惊异的变化。农民经过数年的分散经营之后，又重新在村域内组织起来，以股份合作制的方式举办工业，发展协作和合作组织，形成新的联合趋势。与之相伴随的是，村社会特别是以后发展成为超级村庄的村社会也发生了再组织的过程。其一，参与市场经济活动的主体已经不再是单个的小农。而是以“村集体”为内核和主导的股份合作组织。其次，村庄经济开放的范围（与施氏所研究的时代即本世纪 40 年代末相比，村庄经济的开放程度要大得多）并不囿于基层市场，而是扩展到区域的、全国的乃至国际的市场。其二，农民的实际生活仍然在村庄的小范围内，工业化和大市场并没有促使那里的农民“离村”。其三，村庄经济上的开放性不但没有摧毁村庄，反而突出了村庄的整体利益，强化了村庄的内聚力，而这种内向的聚合与外向的扩张又促使了村庄边界的分化。

村庄的边界原本就是多元的，只不过各种边界原来重合的程度很高，并不具有分化的意义。比如公社时期实行“三级所有，队为基础”的行政管理模式，这使村庄的村界（土地）、行政边界（村组织）、人口边界（户籍）和经济边界（集体）具有高度的重合性。而当村社会再组织之后，这种高度重合的格局便被打破了。由于在超级村庄和其周边相对落后的村庄之间发生了土地兼并和租赁，土地开始向超级村庄集中。虽然土地所有权没有转让，但使用周期较长，原来的村界实际上变成了一个模糊的边界，超出了原来土地和行政规划的范围。而在村庄内部，则由于办工业的需要，土地越来越向行政村集中，自然村界的作用也在逐渐丧失。另外，村庄行政的范围随着外来人口的剧增、村政建设任务的繁重和村政职能的丰富，也大大地扩张了，涉及聚居在村内的全部人口和单位。如果说以上两种边界还须以地域为基础，那么，村庄经济实体的成员活动的边界就远远超出了村庄，范围扩大到地区、全国乃至国际市场。与村庄原来的边界保持一致的，只有在分化中顽强存在的、由“村籍”制度加强的人口控制的范围，即村民身份的边界。如果我们用土地、村政组织、公司和村籍人口几个实体概念来分别表示村界、行政边界、经济边界和社会边界，那么，以公司成员身份划分的经济边界的范围是最大的，其次是以土地关系（包括租赁和兼并的土地）划分的村界和以人口（包括外来打工者）及村政管理权限划分的行政边界，最小最核心的则是以村籍划分的社会边界，它只覆盖具有村民身份的人，但却是其他边界扩展的基础。

村庄的多元边界代表着村庄的经济和社会生活的不同组织和范围，它们相互重叠的程度有限，其间必定存在整合上的真空区。不过，中国村庄在工业化的过程中，传统组织与现代产业组织却有很高的整合性，村庄中出现的新的社会分类角色——“党委或支部书记——董事长”、“村长一总经理”（在单一家族的村庄中他们还可能是族家长），便成了联结和协调各系统的平衡点。他们是村庄里的精英人物，既是村庄“党政企”权力的执掌者，也是协调各系统的中间人。在村庄中可以看到，村政组织者的角色使他们在领导企业时，不至于使企业的经济行为只遵循经济的原则而偏离社区利益太远；而企业家的角色又使他们不至于完全为了政治的或社区的利益，而使企业在经济上损失太大。同时，因为他们既是党政组织在村庄的代表，掌握着村庄与外界的各种关系，又是村民降任于斯的村庄带头人，这种双重的角色还使他们实际地维系着村庄各类组织之间，以及村庄与村民、村民与外来人、村庄与外部市场体系和地方行政体系之间的关系（参黄树民，1994）。

三　市场原则与经济边界的开放性

作为一个经济共同体，超级村庄的经济活动不再受行政边界的制约，而是以独立的商品生产者的身份，遵循市场的原则，通过契约来建立新的经济关系。这种经济关系的结构像一个网络，以村办公司（在长江三角洲多冠以“集团总公司”，在珠江三角洲则多称作“股份总公司”）为中心，与其他各类有关的市场主体建立平等竞争和合作的关系，就像蜘蛛结网一样一圈圈地扩展开去，被圈子交织住的就发生联系。这种圈子能伸缩自如，在不同的问题和不同的利益上，所涉及的关系不一定是相同的。虽然现阶段的超级村庄在某些经济行为上，如投资和就业，仍带有发展初期那种“孤立封闭的社区发展模式”（何道峰，1988）的某些特征，但是，超级村庄的村办公司已经不是一个以本社区为边界的封闭型的经济组织，而往往包括了村域外的经济合作伙伴或投资入股者，同时，它自己也往往是其他公司的合作者或投资者，它的经济网络的边界已经是开放的。具体来说，其开放性表现在如下几个方面。

资本和所有权的扩展

经过再组的村庄，成为一个吸纳和接受外来资金和工业的开放地区。在调查所及的村庄，都发生了“请”工业和资本进村的情况。在南部的珠江三角洲，村庄主要引进从香港转往内地的劳动密集型企业，由港商投入资本和技术，村庄投入人力和基础设施，产品直接进入国际市场。长江三角洲的村庄面临的是另外一种机遇。他们利用靠近大城市（上海）的地理优势，“请”工业下乡，由此与城市工业发生着多种形式的联系。请工业和资金入村，打破了村庄以往自给经济和公社体制下“计划经济”的封闭性，村庄经济开始按照市场的原则运行。

当村庄的经济实力足以使自有资本向外输出时，村办公司便大跨步地走出村域，向一切可以进入的经济领域扩展。这时，它作为一个投资者的欲望已不再局限于本社区内，如实行股份合作制的万丰村在资产超过数亿元后，便开始向村外发展。该村在村域外办有多个公司和企业，其中3家为合资企业，对象是在深圳的效益不佳的国有企业，万丰村成为它们的控股公司。另外，在广东省的惠州市、东莞市、中山市和海南省的海口市还设有房地产公司和科技园区，在北京市和深圳市各设有一个联络办事处，负责收集经济信息和公共关系事务，这种经济上的扩展不仅是跨地域的，而且是跨行政边界、城乡边界和所有制边界的。目前在北京和其他大城市都可以看到各种外地的常驻公司和机构，其中有相当数量是超级村庄所办，我们不但难以从名称上，而且也难以从实力上将它们与其他类型的公司区别开来。不仅如此，这种经济上的扩展也促使村庄股份公司的产权开始向多元化的结构变革，具有了更大的包容性和开放性。在万丰村这类实行股份合作制的村庄，公司内部即有多种产权主体存在。除去占主导地位的村集体股权外，还包括村民及社会个人股权，村内外乡镇企业股权，外资股权甚至国营企业股权。这种多元化的混合的产权结构无疑使村庄经济具有了包容不同地区、不同行业、不同所有制的资金、技术和资源的能力，有利于促进产权的合理流动和组合，实现资源配置的社会化。

在没有普遍实行股份合作制的长江三角洲，村庄的向外扩展则主要采取了以超级村庄为中心，向周边村庄和乡镇扩展的方式。这种扩展与地方市场和社区有着更密切的联系，一般由超级村庄出资金、设备和技术，周边的村庄出土地和人力，或者以联合的方式，或者由超级村庄一次性将土地租定，建立与超级村庄的主导产业相关联的配套企业，形成有市场竞争力的地域经济共同体。比如，香塘村的支柱产业是制鞋业，这种劳动密集型的、生产周转较快的产业，需要就近寻找加工点和廉价劳动力，于是，村总公司凭借自己比邻近村庄和所属镇强大的经济实力，开始向周边的村庄和乡镇发展制鞋分厂和加工点。先后买下两家濒临倒闭的镇办企业，转产改制鞋类辅件，成为总公司的分厂。另有 8 家鞋类配套厂，分别办在周围的村庄和邻近的其他镇上。同时村总公司还在上海设有一家办事处，它既为总公司办理业务，又是一个相对独立的经营公司。这样，香塘村以自己为中心，在周边地区形成了初级的生产加工网络和劳动力市场，这不仅使本村的产业有了长足的发展，而且带动了周边地区的发展。当然，这种网络与产业类型有着直接的关系。例如同处一个地区的永联村的主导产业是冶金，它的触角则直接伸向了国内市场和国际市场。目前，它在香港设有两家冶金产品贸易公司，在荷兰设有一家合资贸易公司。

此外，长江三角洲的村庄兴办乡镇企业已有十余年的历史，目前已进入企业技术改造和扩大高科技产品的阶段。调查所及的一些超级村庄正在考虑将劳动密集的产业转移到内地或经济落后地区的农村。转移的方式恰如当年大城市将劳动密集型产业转移到周边的乡村一样，一方面扶助落后地区发展乡镇企业；另一方面利用那里劳动力廉价的优势，发展这些仍然有利可图的产业。目前，农业部正在推行的“乡镇企业西进计划”鼓励东南部实力强大的乡镇企业与中西部落后的农村地区发展经济合作关系，已经引起这些超级村庄的关注。可以想见，一旦条件成熟，这些超级村庄经济网络的扩展，将因为纳入这一计划而更具有合法性。

土地租赁和村庄承包与兼并

以往村庄最清晰的边界是土地。土地不仅是地域边界，也是土地所有权支配下的经济关系的边界。调查所及的村庄举办工业之后，大部分仍是工农副三业相辅，不过经济的发展增加了对土地的需求，土地短缺成为进一步发展的严重障碍。而在周边相对落后的村庄里，却存在着土地撂荒和收益低微的问题。村庄发展水平上的差异，使土地的合理流转成为必然。

土地租赁是其中最为普遍的形式。王秀村是远近闻名的富村，邻村则是人人知晓的穷村。富村的发展需要土地，穷村则希望富村帮助村民解决就业问题。于是，两村协商由王秀村租赁邻村 88 亩撂荒了的土地，租期 50 年，土地的全部收益归王秀村。王秀村应负的责任和义务则是：将这片土地应承担的农业税和各种摊款按时上交邻村所属的镇政府，吸收邻村一部分劳动力进入王秀村的企业工作。由于租赁土地并没有出让所有权，也没有破坏原有的社会结构，并且经济上的责权利明确，较易为双方所接受。但这已不仅仅是一个简单的经济互利行为，实际上也使两个村庄在一定程度上打破了地域的和行政管理的界限。

较之租赁土地进一步的是“承包”村庄。一般是两村在自愿联合的基础上，由富村出资承包穷村的全部土地、劳力和产业，承包期数年，此间负责支付土地税款，解决村民就业等问题。但两村的行政范围和村界仍然具有法定的界限。而更进一步的方式即村庄兼并则使这种法定的界限失去了意义。马北村的工商旅游业发达，总产值是邻村的近千倍，但人口和土地均不如后者多。并村可以互补优势。于是两村协商并经镇政府同意，决定由马北村兼并邻村。邻村的土地、人口和产业全部归入马北村，由马北村统一规划管理，村民则享有与马北村村民同样的权利。目前马北村是所属镇的首富村，其经济实力比镇强大，故今后仍有兼并周边村庄的可能。这种情形在超级村庄发达的长江三角洲已经多有发生，一些全国闻名的村庄如丘二村等，都在兼并邻近村庄的基础上成为周边地区新的经济和社会发展中心（孟晓云，1995）。

土地租赁和村庄承包，无疑使村庄传统的边界开始变得模糊起来。虽然它并没有在法律上改变村庄行政和土地的归属权利，但土地转让期少则几年，多则半个世纪，实际上已经深刻地影响到村庄之间的经济的和社会的关系。因为伴随土地流转的是劳力、人才和资金向超级村庄的集中，因而人们的谋生、乐生和发展亦随之向超级村庄集中。

村庄兼并则使这种新型的关系进一步合法化和固定化。不过，村庄兼并毕竟是一个极其复杂的社会过程，涉及农民和村庄的“根基”。而村庄对农民不仅是一个世代繁衍生息的生活空间，也是土地所有权的归属所在。并村对被兼并者来说，首先意味着放弃原有的生活秩序和社会地位，进入他村的社会。对于兼并者来说，则意味着要让出相当一部分既得利益给穷村，甚至背上穷村负债的“包袱”。因此，一开始往往遭到双方村民的激烈反对，两个村庄都会经历情感撕裂和利益分割的剧痛。但由于对村庄持续发展的渴求毕竟是理性的，为了优势互补，村民最终能够接受并村的现实。不过，我们至今看到的自愿并村的事实还只发生在两个发展水平悬殊的村庄之间。在发展落差较小的两个村庄之间，并村的方式很难为双方所接受。加之在现阶段，土地和与之相关的资源仍然固定在村庄，尚没有形成合理流转的制度，因此，并村的可能性是有限的。从这个意义上来说，村庄经济边界开放的程度也是有限的。

人力资源的流入和流出

伴随村庄经济扩张的另外一个过程，是人力资源向超级村庄的集中。进入这类村庄的主要有进厂做工的工人和进入公司企业的科技管理人员，他们都与村庄建有劳动契约关系，进入的数量则因村庄的经济发展水平和产业类型而异。长江三角洲村庄的产业已开始从劳动密集型向技术密集型转变，所需要的外来劳力逐渐减少，一般不超过本村人口，他们大多来自周边地区或一些相对固定的外省农村。珠江三角洲村庄的主业仍然是劳动密集型的，需要大量外来劳动力，其数量都超过本村人口的数倍或几十倍，这些人近则来自本省腹地山区贫困县，远则来自中部、东部、西部乃至北部的边远省区。外来人口的流动性很大，除去雇佣关系和他们在村庄中的亲友关系网络外，他们与村庄之间再没有其他的关联。不过他们每年都往返于这些村庄和家乡之间，定期将打工赚得的钱寄回家乡，或者回去举办小企业。随着超级村庄的经济网络向内地和边远地区的深入，他们很可能成为家乡和这些村庄之间扩展经济联系的牵线人。

外来人口向超级村庄的集中，并不意味着这些村庄自己的人口便绝对固定于村庄。一般来说，超级村庄村民的收入大多高于城市，但这些利益是不能随着村民的流动而带出村庄的，因此，外出谋生的人很少。只在两种情况下，村民会在村庄以外从事经济活动。一是村里有传统手艺的能工巧匠，他们一般不愿意在收入不一定比特长手艺更多的工厂工作，因而举家外出，常年在城市从事个体服务业。另一种情况发生在主导产业已经转为技术密集型的村庄，由于对劳动力的需求减少，这些村庄一般只从外地招收廉价劳力，村民则利用自己已经积累的数量可观的资金，在周边地区从事个体经营。他们的经济活动一般不会远离村庄，与地方市场体系的关系极为密切，而且生活的基本范围仍然在村庄里，与村庄的内在联系并没有改变。如果说村民的经济生活走出村庄是经济理性和市场原则作用的结果，那么把社会生活仍然保留在村庄，则是村社区文化和整体利益使然。

四　村社区文化与社会边界的封闭性

经济边界的开放无疑会使村庄与更大范围的社会大体系发生密切的关系，因此超级村庄已越来越成为这个大体系至少是经济体系的次级结构。但是，在上述情形加剧的同时，我们却没有看到过去人们一般描述的那种村庄解体的情形：一方面村社区与外部社会诸体系的联系日益加强，另一方面村庄的内聚力和自主性逐渐下降。恰恰与之相反，中国乡村工业化和超级村庄发展的现实，向我们提供了另外一种事实和发展模式：村庄经济的高度开放性与村庄内向聚合力和自主性的加强同时并存，且互为因果和补充。伴随乡村工业化的不是所有村庄的萎缩和消亡，而是相当数量的村社区超前发展，它们的社区结构不断膨胀和完善，村政功能更加强化。其结果是村庄之间的差距拉大，利益问题突出，因而村庄的自我发展和自我保护成为一对同时并存的相关问题。在这种情形下，虽然村社会由于经济边界的开放和社会流动的加剧，已经不是传统意义上的封闭社会，但原本就在村落文化作用下即已存在的社会边界的封闭性却仍然存在，甚至更形加剧，而且具有了新的适应力和两面性。

在这里，村社区文化是一种扩大了的村落文化。在乡村工业化的冲击下，“自然”村落结构已经或者正在发生深刻的变化。村落文化的作用范围随着村民工作范围的扩大和居住地域的集中而有所减小，而“行政”村社区作为工业经济共同体的地位上升，村社区文化在村域里起着越来越重要的作用。村社区文化，在这里以社区资源和利益的共享为主要特征，超出了以信息共享为主要特征的村落文化（李银河，1994），同时还包括了对社区资源和利益共享的行为规范和价值观念。这种文化既是传统的又因乡村工业化而被赋予了新的内容，因而在村庄社会结构发生变化时，它显现得尤为充分。

村庄的合作主义

村庄的合作主义包括两个层面：它既是村民在经济上和保障上联合与互益的一种行为规范，又是一种强调社区内部的社会关系、情感和长期利益的价值取向。这种文化所强调的关系和利益往往是与市场原则相悖的，其目的是在村庄经济发展的过程中，通过村政功能的作用，使村民人人都能分享到村庄繁荣的果实。

其中，最彻底的莫过于对村民就业权利加以保护的意识。早在公社时期，就出现过为保护村民劳动权利而导致的农业“过密化”现象。因为“集体单位犹如大家庭，不能解雇其过剩劳力。”“不容忍部分人失业，哪怕这意味着对其他劳动力更有效地使用”（黄宗智，1992）。这种情形不仅在农业经营方式下和公社体制内存在，而且一直延续到今天乡村工业化过程中的新的合作体制内。我们在两个三角洲的村庄都看到了这种现象。如村庄在工业化初期，绝不为了获取最大利润而首先雇佣价格较便宜的内地劳动力，而是必须首先满足本村村民的就业要求，并支付较高的工资（实际是从事收入较高的管理工作）。只不过后来因村内的劳力不足以满足大工业的需求，大批外来工的流入才淡化了这个事实。不过，现在村庄对村内劳力的保护造成的并不是“有增长而无发展”的农业“过密化”，而是村庄社会的相对封闭性。当村民劳动权的保护成为特权时，便在村域内形成了相对封闭的职业圈子。在许多村庄都可以看到村民专事管理，而外来人（除去村庄特聘的技术或管理人才）则大多数专事体力劳动的现象。

在调查所及的村庄，合作主义还是一种以“村集体”为合作轴心的文化。在实行股份合作制的村庄里，虽然可以找到许多由家族、亲朋、自然村落形成的初级合作组织，但他们最终都以投资入股的方式与大村集体建立了合作关系。这种由村集体为主导的合作体系，使村庄的整体利益神圣不可侵犯，在村民的意识中也再次确立了没有村庄的整体繁荣，就没有农户个体的长远利益的观念。但与传统“集体制”时代不同的是，新的合作主义既承认村民个人所有权，同时又强调村民共同占有的合作精神。

以村集体为主导的合作主义，还与“共同富裕”的社会意识有一定的关联。调查所及的村庄，都推行让村民“人人都富起来”的社区政策，通过集体的人均分配和福利等社区收益再分配的形式，保障村民的基本生活水平。由于共享社区资源和利益是村庄合作主义的基本目的，因此合作又具有强烈的排他性。

显然，村庄的合作主义在经济上追求的不是绝对利润的最大化，也不是单纯的经济目标，而是以保障村民利益为前提的相对利润的最大化以及让村民“共同富裕”的社会目标。虽然这种合作主义带有相当的封闭性，但却使村庄在工业化过程中的举措得到村民的认同，从而吸引了村民的资金和劳力，迅速地实现了土地、资金、劳力和其他社区资源向大村的集中，并确有成效地保留了村财，完成了村庄的原始积累和扩大再生产，建设了村政设施，发展了福利事业。

社会关系与合作圈子

在超级村庄里，传统的家族共同体几经削弱，已经不是一个明确的合作集团（参王沪宁，1991）。但村民们在利益关系重大的问题上，仍然首先求助于亲缘的圈子。亲缘关系与初级合作组织之间的联系最能说明问题，如万丰村在实行股份合作制时，最初级的合作是发生在农户之间的资金和劳动组合，而这种组合又多发生在亲朋和近族之间，因为他们被认为是可靠从而可以首先合作的对象。在亲缘圈子的意识中，远离亲人是不安全的，而与他人合作远不如与亲族合作。这种传统的意识在农民重新组织起来时，不但没有淡化反而被加强了。

不过，在调查所及的超级村庄里，亲族之间的合作仍然是有限度的。当它有碍于村庄的整体利益，不适应大工业和经济管理的要求时，就有了相当的弹性。可以看到，基于亲缘关系而建立的合作圈子并不是封闭的，它在村庄内部具有相当的开放性，任何一个村民，只要愿意合作，就可以平等地参与其中。而在村庄的再合作过程中，地缘的关系反倒显得更为重要，更具有相对的封闭性。这种以地缘关系为基础的合作，范围无疑比亲缘合作圈子大，因为它以村集体组织为核心，合作的对象是全体村民，因而受益和承担风险的也是全体村民。在实行股份合作制的村庄里，村集体合作体系的内部产权，是以不同层次的合作对象所拥有的股份份额来确定的。在实行集体制的村庄里，内部产权虽不像前者那样明确，但外部产权与之相同，都具有强烈的排他性，因为这是以全体村民为法人成员的共同所有权，是以村民身份为边界的。此外，在村域内还可以发现各种以社会关系为基础的生活圈子，如工作圈子、居住圈子、交往圈子甚至婚姻圈子等，也都是以亲缘或地缘特别是地缘关系来划分的，“村里人”和“村外人”或“本地人”与“外地人”的分野，处处都很明确。这种相互间的排斥，不仅是村庄意识中的也已经是制度化了的。

“村籍”制度与村庄利益的排他性

村籍制度是经济发达地区村庄工业化过程中出现的一种独特现象，是单个村庄超前发展，与其他村庄之间形成巨大差别后进行自我保护和加强利益控制的一种制度，也是巩固地缘关系的制度化形式。作为一种社区身份，它仍以户籍为其基础。从调查所及的村庄来看，都存在这种成文或不成文的制度，只不过被强化的程度有所不同。

村籍制度的核心是控制外来人口流入和防止村庄利益外流。在村籍制度严格的村庄，还形成了一整套规范体系，这包括以下方面。（1）保留村籍的限度。例如，规定出嫁者在 3 年内仍可保留村籍，有权参加村内的分配，3 年后村籍失效。而由外村嫁入或入赘者，则需在 3 年后才能正式拥有村籍并参加分配。（2）再入村籍的限制。例如原籍村民由于职业变动从农业户籍转为非农户籍者，再入村籍则要受到限制。（3）违籍的处置。例如严重违反村规民约者（如吸毒等），取消在村内的一切分配和福利待遇甚至开除村籍。

不仅如是，这套制度实际上已经演变成一种与工资、福利、就业、教育等相关联的制度综合体系，拥有村籍，就具有了优先选择职业，享受村民福利、补贴或集体分配，以及在村内批地建房办厂、入股投资分红等权利。另外，村民也必须与村庄共担经济风险，遵守村规民约，承担村民应尽的各种义务，如合作互助，辅助病残，尊老爱幼等。失去村籍，村民就失去了在村中的一切利益，而新加入者则有权分享其中的一部分。因此，村籍制度控制下的村庄利益分配带有强烈的排他性。在一些村庄可以看到，出嫁女不愿离开村庄，村民不愿接受婚姻以外试图加入村庄的人，也拒绝当年跳出农村转为城市户籍，而今又想再入村籍的人。所以，即使那些靠专门手艺长期在外谋生者，也都保留着村民身份，为的是一旦再回到村庄，仍可成为村庄利益的当然享有者。

当然，村籍制度并不是一个单纯的文化现象，它也是村庄产权的社区所有制和由此产生的福利制度的伴生物。由于村庄是通过增加社区内的公共福利开支使村民分享社区财产收益的（有人称之为“隐含财产收入”），因此，移入一个居民，就会分走一份隐含财产收入，也就意味着其他村民的收入会减少。因此会遭到村民的激烈反对；而即使不反对恐怕也不行，因为这种分配方式将使更多的人力图获得村民身份，以至村庄无法承受。这样，村庄最好的选择就是不允许外来劳力移入，但同时又利用外来劳力（参何道峰，1988）。不过值得注意的是，村庄的产权制度和分配体制，也是在村庄文化的反作用下被强化了的。因此，我们才可以看到，在一些已经实行股份合作制的超级村庄中，仍然保留着产权的社区所有制形式和村民的隐含财产收入；而在一些已经有条件吸收部分有贡献的外来人才加入村籍，或者将他们已有的管理权限加以扩大的村庄，也由于村民对“外村人”的强烈排斥而无法实现。

由于村籍涉及村庄利益的分配，因此村籍形成的社会界限，也成为村社区的基本分层结构的基础。在村籍制度严格的村庄，一般存在 5 种身份群体。一是具有村籍身份的村民，他们拥有最优越的职业位置和最高的社会身份。二是“空挂户”，即那些户口已入村册，但不享有与村民同等经济和社会待遇的人。他们与村庄有各种特殊的关系，其中一部分是为村庄的发展做出过特殊贡献的人，实际上在村内已经担任管理类的职务，有条件在村内置办房产，自办商业等；另一部分是因为婚姻关系应该迁出而不愿迁出，或应该迁入而未能迁入的人及其子女。三是外来商户，虽无村籍，但长年在村中经营商业，有定居的趋势，也是一些希望拥有村籍的人。四是外聘人员，主要是村庄聘请来的高级技术人员和管理人员。他们的职业位置较高，但身份低于具有村籍的同职人员，一般不准备长期在村中落户。五是打工者，职业多为体力工人或在生产线上的初级管理人员，流动性很大，虽然其中许多人希望有机会在村庄落户，但可能性很小。他们与村民之间的社会距离最大，是村社区中社会地位最低的群体。

以地缘关系为基础的合作圈子和村籍制度，在保护村民利益、防止利益“平调”及强化村庄整体利益等方面有着积极的作用，但却在“村里人”和“村外人”之间挖了一道难以逾越的鸿沟。虽然在村社区文化中对此有着十分合理的解释，如村民享有的优惠是对他们在创业初期共同付出的艰辛和所投入的土地分期支付的报酬，“村外人”不能享有是因为他们没有付出等，但这道鸿沟的存在也使大部分超级村庄面临人才无法合理流动的难题。一方面，外来的人才无论怎样努力，都有可能永远处于“打工者”的地位，村庄不接纳他们，他们也不认同村庄。这样，村庄既不可能拥有稳定的技术人员、管理人员和工人队伍，也不可能保持稳定的人口聚集规模。同时，也限制了村民向村域外的合理的职业流动。村民因利益所在固着在村庄，也是以牺牲个人日益多元化的需求为代价的。在有的村庄，村民为了保住既得利益，甚至不愿意外出上大学。另一方面，村民特权的强化，已经使一些村庄出现了管理人才在村域内“近亲繁殖”及权力结构家族化等倾向。这些在村庄中产生的社会关系，在现阶段与乡村企业组织之间仍然有着高度的融合性，运用得当，仍然非常有效。但它们对村庄的持续发展和社会转型将产生怎样的影响，还是有待深入研究的问题。

综上所述，在这些经济高度发展的村庄中，虽然工业化的冲击和经济边界的开放性使其经济结构、人口结构和生活方式都发生了向“准城镇”类型的转化，但村庄的传统文化仍然在顽强而有效地起作用，没有彻底让位于工业和城市文明。可以看到，在村社区文化作用下产生的社会边界的相对封闭性具有双重的影响。一方面，它与市场原则作用下的开放的村庄经济时常发生着冲突，要求经济发展为村庄利益做出必要的让步，经济理性必须依据村社区文化进行某些修正，因而正在成为村庄经济持续发展中的难题。而另一方面，这种封闭性与村庄经济的开放性之间又是共生共荣的。村庄的内向聚合力和合作精神、自我利益的保护机制，以及传统组织资源和社会关系在现代产业组织中的有效应用等，又是村庄在缺乏外援的自我发展中，能够在经济和社会两个方面都获得巨大成功的保障。因而，即使是超级村庄，也仍然保留着村社会的规范和乡村生活秩序，目前在社区形态上也只完成了向“工业村”的转型。也正是在这个意义上，我们说它具有“中间社区”的特征，正在完成“自然城镇化”的过程（参“社会发展”课题组，1991）。而这种“中间性”究竟只是一种暂时的过渡形态，还是一种有着生存根基的可持续发展的新的社区形态，仍有待时间的验证和理论上的探讨。总之，在超级村庄发展的现实中，我们似乎可以找到某些乡村传统文化再获新生的契机。因此，在乡村工业化和城市化的过程中，村社区结构和文化究竟有没有存在的根基，它将以怎样的方式合理地存在，同样是有关中国乡村工业化和城市化道路的重大理论和实践问题。

参考文献

费孝通，1985，《江村经济》，戴可景译，江苏人民出版社。

高俊良、宗泉超，1994，《中国亿元村》，今日中国出版社。

何道峰，1995，《从封闭走向开放的历史抉择》，载《乡村变革》，人民出版社。

黄树民，1994，《林村的故事》，台湾张老师出版社（Huang，Shu－min. 1994. *The Spiarl Road－Change in a Chinese Village Through the Eyes of a Communist Party Leader*. Taipei：Teacher Zhang Press.）。

〔美〕黄宗智，1986，《华北的小农经济与社会变迁》，中华书局。

〔美〕黄宗智，1992，《长江三角洲小农家庭与乡村发展》，中华书局。

李银河，1994，《生育与村落文化》，中国社会科学出版社。

孟晓云，1995，《做土地文章的高手》，《光明日报》7月26日。

“社会发展”课题组，1991，《当代中国社会结构的变化》，《管理世界》第1期。

〔美〕施坚雅，1964－1965，《市场与中国农村的社会结构》（Skinner，G. William. 1964—1965. “Marketing and Social Structure in Rural China”，3 parts. *Journal of Asian Studies*，24.1：3—44，24.2：195—228；24.3：363—399.）。

斯蒂芬·福伊希特万，1995，“村庄在国家组织与个人利益之间扮演什么角色”（Feuchtwang，Stephan. 1995. “What is a Village，Between State Organization and Private Interest?” Paper for the International Conference on “Chinese rural collectives and voluntary organizations：Between State Organization and Private Interest”，Leiden University.）。

王沪宁，1991，《当代中国村落家族文化——对中国社会现代化的一项探索》，上海人民出版社。

（本文的写作在相当程度上得益于我与陈婴婴博士共同进行的有关“超级村庄”的专题研究，陈博士的诸多观点、建议和评论，使我受益颇多，特致谢意。——作者）

中国城镇的低收入群体*

——对城镇在业贫困者的社会学考察

樊　平

本文对近年来中国城镇由在业贫困者构成的低收入群体的规模、生活状态、社会特征进行了考察。数据分析显示，1994 年以来中国城镇低收入出现了分布普遍、增长较快的趋势，1995 年低收入者已达 1000 万人；在一些企业中，少数职工的生活呈现绝对贫困化，离退休人员生活水平下降；低收入群体主要分布在纺织、煤炭、森林工业、轻工、军工行业的停产半停产和亏损企业中。作者认为，城镇在业贫困者群体的出现，表明继地区差异、城乡差异、部门差异之后，行业差异已经对中国城镇社会结构具有明显的分化作用。要解决城镇在业贫困者的贫困生活状况，首先在于企业行为，其次才是社会保障。最后，作者提出应建立对于城镇居民收入分化和低收入群体生活状态能够准确把握和有效预测的测量指标和分析体系。

收入是衡量社会群体分化和社会异质性的一项重要指标，是测量社会分层的基本变量之一①。任何社会都存在具有劳动能力但在投资和就业竞争上居于劣势、只能获得较低报酬的社会成员，我们称之为低收入群体。中国城镇也存在着一个低收入群体。1994 年以来，这一群体出现了一个新特征，即在业贫困者增势快、数量大、行业特征明显。

---

* 原文发表于《中国社会科学》1996 年第 4 期。

① 参阅丹尼斯·吉尔伯特、约瑟夫·A. 卡尔《美国阶级结构》，中国社会科学出版社 1992 年版，第 1 页。

一　当代中国城镇社会低收入群体的认定标准

城镇社会低收入群体是一个比较意义上的概念。各个社会认定低收入群体的标准一般包括三方面内容①。

一是收入水平分界。其意义在于以收入排序为标准，界定低收入群体的规模及其与其他群体的收入离差。低收入群体的收入标准可以用人均收入的绝对标准来衡量，也可以用相对标准来衡量。相对标准的测定包括两种方式，其一是社会成员的比例标准，将社会成员的等份比例规模份额按收入高低排序，通常所用的比例为收入最高的5%成员与收入最低的25%成员的收入差异、五等份中的第一等级和第五等级的收入差异，收入高低差异的连续比例度量则采用洛伦茨曲线，用基尼系数来表示。其二是收入离差的比例标准，例如将个人收入低于社会平均收入水平一半以下的列为低收入群体。

二是收入来源分界。其意义在于以之界定谁属于低收入群体，它反映着城镇社会低收入群体的质的规定性。在阶级社会中，低收入者通常是低层次职位的工人和体力劳动者，而且劳动者的低收入和职业排序有关②。中国正处在从计划经济向市场经济转型时期，与产业结构和就业结构多元化相对应，人们的收入来源多元化，可以包括工资、实物分配、福利收入、单位外收入、其他收入（包括股票、债券）等。

三是与公众可见的收入水平和生活水平相联系的最低工资标准和最低生活费标准。其意义在于了解低收入群体的贫困生活状态。贫困线的确定可以分为绝对标准和相对标准。绝对贫困依照营养标准法，即以满足人体基本活动所需的最低营养水平作为划分的标准；相对贫困采用消费标准法，它将一般社会成员从事正常社会活动所需要的最低消费量作为划分标准。该消费量包括达到最低营养标准所需要的食物消费、其他必需品的消费和一部分参与社会基本活动所需的支出。一般以社会人均收入1/2的标志点作为相对贫困线标准。公众所理解的相对贫困不仅有货币收入标准，

---

① 参阅丹尼斯·吉尔伯特、约瑟夫.A·卡尔《美国阶级结构》，第45页。

② 《美国阶级结构》，第40页。

而且往往采取衣食住行、社会交往和孩子玩具等实物消费标准①。

低收入群体在贫困生活标准和群体生活状态上属于贫困群体，但是二者在整体社会特征上又有质的区别。低收入群体和社会贫困者的相同之处是：人均生活费收入水平比较低，在生活基本需求的水平、质量和社会交往方面居于社会的下层。二者的不同之处是：低收入群体是指具有劳动能力、但在投资和就业竞争中居于劣势、只能获得较低报酬的社会成员，是在业群体的组成部分；它的最小计量单位主要是行业结构中具有职业组织归属的个人；解决办法是调整人力资源配置，增加就业位置，提高其就业竞争能力。贫困群体则不仅包括一部分低收入者，而且包括没有劳动能力、没有固定收入来源的无业和失业社会成员；它的最小计量单位通常是户和户均人口；解决办法是依靠社会扶助，依靠社会保障的转移收入。

当前中国社会的低收入群体和发达国家的低收入群体不同，也与中国改革以前的低收入群体有本质的区别。就收入结构特征而言，与中国城镇社会高收入群体和中国农村社会的低收入群体相比，现阶段中国城镇社会低收入群体的类型和原因都表现出较大的离散倾向。由于地区的差异，中国对城镇低收入群体的界定存在着不同的地区标准。

中国现在对于城镇低收入群体的认定统计有三个标准：一是收入分层统计计算收入离差，通过国家统计比例指标反映；二是分地区和城市分别制定最低工资标准，由地方政府及劳动部门负责制定标准并进行统计；三是与公众可见的收入水平和相关的生活水平相联系，以城镇人均生活费收入②为计算基数来确定城镇职工和居民的生活困难补助标准，由企业和工会进行统计，地方政府汇总。

以城镇人均生活费收入为计算基数来确定城镇职工和居民的生活困难补助标准，是政府确定以社会保障和转移收入资助城镇低收入群体的有效办法。根据中国社会科学院经济研究所 1988 年对 10 省市样本数据的分析，如果把相对贫困线确定在人均货币收入的 1/2 上，计算出来的贫困户比例

① 参阅李强《当代中国社会分层与流动》，中国经济出版社 1993 年版，第 248 页。

② 生活费收入系指居民家庭全部收入中扣除赡养、赠送支出及非家庭人口中的经常用饭人口所交的搭伙费后能用于安排家庭日常生活的实际收入。见《中国工会统计年鉴》，中国统计出版社 1994 年版，第 32 页。

为6.83%，城镇居民的基尼系数为0.233。1988年国务院（51）号文件规定，家庭人均生活费收入大城市50元以下，中小城市45元以下，县镇40元以下的职工，可以给予困难补助。此后由于这一计划管理标准已经不能适应市场经济发展、企业制度改革和区域分化的形势，1994年以来改为实施地方标准，地方政府在制定城镇居民生活困难补助标准时，将最低生活保障线水平与消费物价指数和人民生活水平总体提高幅度实行动态挂钩。

测算居民最低生活保障线（最低生活费用）水平的三种方法分别是基数法，必需品法和恩格尔系数法①。需要说明的是，计算全国的平均数值是为了匡算全国的救济对象总人数，以和社会具备的解决能力相适应。此外，为了使1994年、1995年的资料数据能够和1993年相互比较，这里以1993年的数据为参照标准。

（1）按基数法测算。1988年全国职工生活困难补助的平均标准为45元，以此为基数，乘以1988～1993年城市居民生活费的价格指数105.3，得到1993年居民最低生活费用标准为：45元×（1+105.3%）=92元。1994年上升为114元，1995年上升为131元。

（2）按必需品法计算。以国家统计局所规定的49种人民生活必需品为计算口径，用1993年城镇居民抽样调查资料中中等偏低收入户的人均消费量分别乘以当年这49种商品的平均价格，得到的1993年居民最低生活费用标准为人均月收入108元，1994年上升为129元，1995年上升为154元。

（3）按恩格尔系数法测算。其计算方式为：最低生活费用标准=适量饮食费用×恩格尔系数的倒数。在测算中，适量饮食费用的标准是采用中国营养学会制订的食物营养摄取标准量乘以1993年的混合平均价格而得，恩格尔系数是选用1993年城镇居民抽样调查资料中5%最低收入户的数据，由此得到的1993年居民最低生活费用标准为人均月收入114元，1994年为136元，1995年为155元。

可以看出，同时使用上述三种办法得出的数据差距不大，综合平均1993年居民最低生活费用标准大致为人均月收入100元，1994年为131

① 参见全国总工会《关于建立最低生活保障制度的调研报告（讨论稿）》1994年10月。

元，1995 年为 150 元①。按照国家统计局的统计，1993 年全国职工年工资平均为 3371 元，城镇居民人均生活费收入为 2337 元；1994 年分别为 4100 元、3179 元，扣除价格上涨因素，实际增长 7.8% 和 4%。按照城镇居民平均生活费收入的一半作为低收入群体的标志点计算，我国城镇低收入标准由 1993 年的 1168 元上升为 1994 年的 1589.5 元，按照 1993 年的口径，1994 年城镇贫困面有所缩小。

然而，这一推论与 1994 年和 1995 年的调查统计结果相悖。问题就在于，1994 年以来中国城镇就业者群体出现了两个重要变化：一是城镇社会行业收入分化显著；二是职工名义收入和生活费收入脱节，拖欠职工工资、拖欠离退休职工离退休金、拖欠职工医疗费用日趋严重。借用一句形式上相似的比喻，企业对工人开始“打白条”②。

二　当代中国城镇社会低收入群体的规模

根据中国人民银行 1995 年第二季度样本量为 2 万份的城乡储蓄问卷调查，不同行业储户的收入差异较大，一般农民和退休人员的收入状况较差，有 48% 的农户和 41.3% 的退休人员月收入在 300 元以下；国家机关、文科卫、学校职工的月收入多数在 300 ~ 800 元；月收入在 800 元以上的主要集中在工商运个体户、经营性公司和种养殖专业户。从月收入水平的绝对额看，月收入在 300 元以下的低收入储户占全部储户的 25.6%；介于 300 ~ 800 元之间的储户占 55.9%；两项合计，即月收入在 800 元以下的中低收入储户占 81.4%；800 ~ 1500 元的储户占 13.2%，1500 元以上的储户占 5.3%③。由此可大略看出，低收入户的规模是较大的，已占到居民户的 1/4 以上。

---

① 参见江流、陆学艺、单天伦《1994—1995 年中国社会形势分析与预测》，中国社会科学出版社 1995 年版，第 189 页。

② 拖欠工人工资和对农民打白条只是形式上相似，实质区别在于：农民提供的农产品是可以直接进入消费的最终产品，农户的生产组织结构、农产品质量和农产品品种结构相对简单，对农户的拖欠是购买者对生产者的“违约”。而企业生产的往往是中间产品，中间产品的消费涉及企业组织结构、市场供求、产业结构和产品质量等多个方面，因此，拖欠工人工资的反映则是一种综合效应。

③ 参阅张钢钧《居民通胀预期心理如何?》，《经济日报》1995 年 6 月 18 日第 2 版。

城镇低收入居民家庭的现金收入比较。按照国家统计局1993年对城镇居民户收入状况的调查户分层统计资料，全国城镇户人均年收入为2583.16元，10%最低收入户为1359.87元，其中5%的困难户为1239.35元，10%次低收入户为1718.63元；平均每人生活费收入总平均水平为2336.54元，10%最低收入户为1180.27元，其中5%困难户为1059.22元，10%次低收入户为1529.08元[①]。1994年中国城镇低收入（最低组20%）、中等收入（60%）、高收入（最高组20%）家庭的现金收入分别为2087.48元、4004.35元、6270.81元，各类家庭平均收入为4298.05元。其中各类居民的职业收入占绝大部分，而财产性收入在以上各类家庭只分别为17.45元、46.81元、128.01元，平均为68.84元，分别占其家庭收入总额的0.84%、1.16%、2.04%、1.60%。若将居民财产性收入细分，低收入家庭的储蓄存款利息、有价证券红利和其他财产性租金收入分别为6.94元、2.92元、7.63元；中等收入家庭分别为25.72元、6.19元、14.91元；高收入家庭分别为44.94元、11.93元、14.98元。由此可见，财产性收入在居民收入中所占比重较低。从全国范围来看，广东、广西、海南、四川、浙江等省份的平均居民家庭财产性收入高于10元，其中广东最高，为247.39元，处于末位的青海仅为7.53元，沿海地区明显高于内陆省份。

城镇低收入居民家庭的现金支出比较。1994年全国城镇各类家庭的平均支出为4160.43元，低收入、中等收入、高收入家庭分别为2625.85元、3870.54元、6067.80元，与其家庭收入水平大致相当，但低收入家庭现金支出已大于现金收入。其中实际支出（含消费性支出、非消费性支出、家庭副业支出）分别为2364.26元、3298.89元、4768.95元；借贷支出（包括储蓄、存入储金会款、借出和归还借款、购置有价证券、预购、归还银行建房款）仅分别为261.58元、571.65元、1298.82元。从地域分布看，全国居民家庭平均借贷支出为731.18元，最高的为广东、浙江、上海，分别达到1483.27元、1434.45元、1195.49元，而最低的青海仅为489.97元。而消费性支出在低收入、中等收入、高收入居民家庭总支出中分别占

---

① 国家统计局：《中国统计年鉴（1994年）》，第260~261页。

到77.26%、72.29%、63.96%[①]。可见，消费性支出占去了城镇各类家庭收入的绝大部分，低收入家庭所占的比例更大，已达3/4以上。

为了保护劳动者的权益，近年来，各地区和城市分别制定了最低工资标准。1994年至1995年，一些城市已经制定并且执行的最低月工资标准分别为：深圳420元、珠海380元、广州320元、福州250元、厦门为280元、北京210元、天津210元、郑州163元、河南省内县级市129元，等等不一。在许多城市，职工最低工资标准已经成为分年度的动态控制标准，如厦门市人民政府规定，厦门经济特区企业1994年7月1日至1995年6月30日每人每月最低工资标准为280元，这是厦门市根据全市职工的平均工资水平、生活费用水平、生活费用价格指数、职工赡养人口系数、城镇待业率、新参加工作职工最低定级水平、职工最低退休费和该市最低生活保障费八项因素综合测算，才提出的比较适中的标准。

与此相应，各个地方也制定了不同的生活困难补助标准。1994年至1995年城镇居民人均月生活费收入的困难补助标准主要是三种类型。一是按城市类型分类，黑龙江省城镇居民人均月生活费收入的困难补助标准是省会城市75元，中等城市70元，县级市65元，乡镇60元；吉林依次是70元、65元、60元、55元；河南依次是50元、45元、40元、35元；北京市是120元；广州市是160元；1995年湖北省是省会城市90元，地级市80元，县级市70元；武汉市1996年开始实施的居民生活最低保障线标准是家庭月人均生活费收入120元；青岛市规定1996年1月1日开始实施“凡具有本市城市户口的居民，家庭月人均生活费收入不到96元的（其中在岗人员的月收入最低按180元计算，待岗人员的月收入最低按120元计算），……每月由民政部门用现金补齐到96元，并享受每人每月24元的粮油特供；家庭人均月生活费收入在97～120元的城市困难居民，每月由民政部门用现金补齐到120元”。二是按身份分类：天津是职工152元，职工家属127元；上海是职工180元，职工家属135元。三是参照最低工资标准制定城镇居民最低生活保障线：福建省是将当地最低工资的60%作为城镇居民最低生活保障线；宁波市困难补助标准是社会月平均工资的30%。

不过，各地虽然有最低工资和最低生活保障线标准，但是普遍缺少明

① 陈剑夫：《我国居民投资状况如何?》，《经济日报》1995年6月4日第4版。

确限定责任边界的、有能力的保障供给主体和有效率的实施机制。据1995年年初广州市调查，只有65%的企业能够执行市里制定的贫困职工困难补助标准，实际上有65.6%的困难职工不能得到正常补助。1995年全国90%的城市仍然由企业或者企业主管单位承担职工社会最低工资标准和最低生活保障线。就调查的各城市而言，保障有标准而标准实施无保障的情况并不罕见。

根据对现行分地区职工生活困难补助标准进行综合做得的综合标准做出的统计推断，1993年年底家庭人均生活费收入低于现行生活困难补助标准的职工占全国职工总数的5.6%，以此推算全国贫困职工总数为760万人，加上其家庭人口，1993年需要救济的贫困职工及其家庭人口总数为1360万人。1993年中国城镇困难户中得到国家救济和补助的人数为20.4万人，精减退职老弱病残职工得到国家救济的54.6万人。另一方面，以用基数法、必需品法和恩格尔系数法测算的三项指标综合标准人均月收入10元为标准，对1993年城镇居民抽样调查数据进行分组，得出家庭人均月收入低于最低生活费用标准的城市居民占城市居民总人口的7.82%，据此全国需要救济的城镇居民总数为1850万人①。

因此，可以按上述比例推算出1993年全国需要社会救济的城镇低收入群体的总体规模，贫困职工占城镇贫困人口的41%，贫困职工及其家庭占城镇贫困人口的74%，得到国家救济的城镇贫困人口只占城镇贫困人口的14%。

1994年，按照城镇10%最低收入（人均收入130元/月）计算，贫困人口达3000万；按该年度10%低收入户中平均每一就业人口负担人数比例2.17推算，其中职工人数为1382万人②。1995年，全国城镇居民有2000万贫困人口，其中职工家庭人均收入低于当地规定的最低生活费标准的低收入者已经达到1000万人。这些低收入者的分布并不均衡，这表现在以下方面。第一，企业亏损面存在地区差异。据1995年5月的汇总统计，广东困难企业占企业总数的1.6%，困难职工（低收入者）占职工总数的

① 参阅全国总工会《关于建立最低生活保障制度的调研报告（讨论稿）》1994年10月。具体数字经过我们重新核算。

② 江流、陆学艺、单天伦：《1995～1996年中国社会形势分析与预测》，中国社会科学出版社1996年版，第10～11页。国家统计局：《中国统计年鉴（1995年）》，第261页。

2.68%；辽宁的相应比例是6.5%和8.5%；甘肃的相应比例是19.43%和14.92%。第二，各地根据当地标准统计的在业贫困者群体规模及其占当地城镇居民总人口的比例不同。在发达地区，上海市1994年已经将城镇居民最低生活保障线调整为职工人均月生活费收入180元，职工家属135元，低于这个标准的职工占全市职工总数的1.9%；广州有7万职工低于该市制定的城镇居民困难补助标准，为当地城镇居民总人口的8.4%。在欠发达地区，云南省城镇人均生活费收入低于90元的职工占当地职工总数的6%；内蒙古月人均收入在70元以下的职工占当地职工总数的8%；安徽省城镇人均生活费收入低于60元的职工则高达城镇居民人口的20%，其中一半是在业职工。1994年对13个省、自治区、直辖市的比较分析显示。生活困难职工占职工总数的比例超过10%的省区有5个，在5%~10%之间的省份有6个，只有两个省份低于5%，据此推算，1994年全国生活困难职工（低收入者）占职工总数的比例比1993年的5.6%至少上升了3个以上的百分点。汇总1995年末对"县以上预算内企业亏损面"较大的12个省份的调查统计，最高为60.9%，最低为24.7%，众数为36%，中位数为38.05%，算术平均数为42.71%；其中40%~80%是中小型国有企业[①]。1995年县以上预算内企业双停（停产、半停产）和亏损比例比1994年有所扩大。

根据1995年年末对包括全国各大区的15个省份的企业职工生活状况调查资料的统计，困难职工占被调查职工总数百分比广东省最低为1.2%，河南省最高为39.3%，中位数为11.45%，众数为8%，算术平均数为12.6%，据此可以推断全国城镇在业贫困者即低收入群体有分布普遍、相对集中、增长较快三个明显趋势。

三　中国城镇社会低收入群体的生活状态

1994年以来城镇社会低收入群体主要是亏损和双停企业的职工及其离退休人员。下面对以他们为主的低收入群体的生活状况略份考察。

---

① 统计分析样本为：辽宁、黑龙江、广西、新疆、吉林、海南、安徽、内蒙古、宁夏、甘肃、贵州、河南。

（一）低收入群体主要存在于亏损和双停企业中

目前亏损企业和双停企业主要集中的行业是：纺织、轻工、森工、煤炭、军工，这5个行业的职工多属于低收入群体，他们的收入仅是高收入行业职工收入的1/2到1/8。

近年来，减发工资、拖欠工资和离退休费的现象相当严重。据对23个省份的统计，1994年年末，城镇职工中有291万人被减发工资，有204万人被停发工资；离退休人员中有64万人被减发退休金，有51万人被停发退休金。1995年亏损企业和困难职工数量继续增加。据26个省级劳动部门的调查，截至1995年年底，共有破产、停产、半停产企业约4.1万户，涉及职工65万人，其中被减停发工资的职工有479万人，减发和停发工资总额105.7亿元；破产、停产、半停产企业的离退休人员有163万人，其中不能正常领取离退休金的近70万人，减发和停发离退休金总额为7.8亿元。困难程度较严重的地区有东北三省、河南、江西、陕西、山西、贵州等省。在有的企业连续4个月没开工资，造成50%的职工家庭没钱买粮。而那些远离城市的煤炭、军工、森工企业常常是一家几代人在同一企业工作，拖欠工资对这类职工家庭影响更大。

根据对9个省1994年“城镇居民平均每人全年家庭收入来源”的数据分析，国有企业和集体企业职工工资占生活费收入的比重平均值为0.788042①，可见职工工资（主要是国有企业职工工资）对于城镇居民生活费收入至关重要。为了说明1995年企业拖欠职工工资在导致城镇职工生活贫困中的作用程度，根据上述9个省的可整理数据建立了一个理想的相关系数表（见表1）。所谓“理想”，即（1）认为各地不同的贫困线标准具有同等解释力；（2）不考虑各地贫困线覆盖的不同规模基数；（3）拖欠医疗费用的负面影响和临时性劳务收入的正面影响可以忽略不计。其公式为：$r = Sw/Pw$（$0 \leqslant r \leqslant 1$），其中$r$为相关系数，$Sw$为被拖欠工资的职工人数，$Pw$为低于贫困线标准的困难职工人数。$0 \leqslant r \leqslant 0.3$可以定义为：名义收入低与贫困强相关，拖欠工资与贫困弱相关。$r > 1$可以定义为：拖欠工资不仅与贫困强相关，而且导致收入在贫困线以上的职工生活水平下降。

① 国家统计局：《中国统计年鉴（1995年）》，第266页。

9个省中甘肃省和辽宁省被拖欠工资职工人数已经超过贫困职工人数。

表1 拖欠工资与职工贫困相关系数表

省份	安徽	湖北	河南	湖南	陕西	吉林	山东
减发工资对于职工贫困的相关度	0.6700	0.5233	0.4310	0.5900	0.4600	0.5000*	0.0570
停发工资对于职工贫困的相关度	0.3200	0.4133	0.4030	—	0.1013	—	0.0440
停减发工资对于职工贫困的解释力	0.9900	0.9366	0.8340	0.5900	0.5613	0.5000	0.1010
减发离退休金对于离退休职工贫困的相关度	0.1267	—	0.2200	—	—	0.3000*	—
停发离退休金对于离退休职工贫困的相关度	0.0551	—	0.1250	—	—	—	—
停减发离退休金对于离退休职工贫困的解释力	0.1818	—	0.3450	—	—	0.3000	—

资料来源：根据1996年年初各省总工会的调查数据汇总而成。“—”为缺乏数据。

* 为减停发工资（离退休金）的混合比例。

由于长期拖欠工资，部分职工的原有积蓄已经花光。据某省的部门调查，停产企业中有20%的职工靠亲友接济，34%职工靠变卖家产和节衣缩食度日。一些职工家中断菜断粮现象时有发生。双职工、多职工在不开工资企业的职工家庭处境尤为困难。

（二）物价持续上涨造成职工生活水平下降

1994年由于我国生活费指数上升了24%，使31%的城镇居民生活水平下降。1995年虽然物价涨幅有所遏制，城镇居民生活水平下降比例仍然继续扩大到38.5%。据重庆市总工会1995年11月份的抽样调查，该市按必需品法口径计算出来的月人均消费额为196.67元，而困难企业职工家庭人均月生活费收入只有111.47元。在被调查的困难企业职工家庭中，62.06%入不敷出。职工人均工资虽有增长，但一是只涨档案工资的“空调”。二是地区不平衡，1994年职工月收入最高的上海市为500元，最低的吉林省仅为174.47元。新疆职工月人均收入在30元以上的只占职工总数的1.8%。三是各种收费、摊派都有较大增长。三种因素综合作用使职工实际生活水平下降，少数职工生活呈现绝对贫困化。

有的煤矿特困户成倍出现，月人均收入标准为55元以下。矿工收入与矿区周围的农民收入形成强烈反差，出现了农民买菜，工人种菜，农民当老板，工人打工。1994年有的煤矿80%的职工没买秋菜，进入冬季无钱买煤，室内温度仅在5℃；由于企业拖欠工资，职工交不起房租费，一些租房户职工被房主逐出。1995年9月末统计，青海省有2万名职工人均月生活费在70元以下，其中8000人在45元以下，无钱买取暖煤，无法储存冬菜，有的连基本口粮也无能力购买。1994年北京居民人均收入为6500元，户均收入为1700元，但是该年在北京市民人均生活费月收入不足100元的相当一部分职工家庭中，已经出现丈夫“不抽烟、不喝酒、不出门”，无法进行体面社会交往的案例。

1994年和1995年，在经济发达省和欠发达省都出现了部分低收入家庭失去支付能力导致其子女辍学的现象。

低收入造成的生活困难对职工家庭也产生了强烈冲击，已经有一定比例的户要求离婚，或者妻子因为家庭经济窘迫而出走。

（三）部分企业离退休人员生活水平下降

一是物价上涨过快，企业离退休人员实际生活水平下降。据1994年对某省的统计，国有企业离退休人员离退费比上年增长18%，低于物价上涨指数9个百分点。离退休人员当年实际人均收入增加数额只相当于全省职工人均生活费收入增加部分的22%。离退休人员收入中用于“吃”的比重占72%，而“吃”的部分价格上涨幅度高达41.2%，按此测算，企业离退休人员实际生活水平下降20%。

二是拖欠离退休费。因特困企业交不起统筹费，统筹部门采取“差额回拨”，不足部分由企业自补。因而提高离退休费标准难以落实，调查的集体企业中只有7%落实了国发（1994）9号文件《国务院关于调整企业离退休人员离退休金的通知》的规定。全国有5%的离退休职工只发部分或停发退休金。

三是住房改革和医疗改革使离退休人员承受的经济压力过大。反映最强烈的是1985年以前的离退休人员。据对12家企业测算，1985年以前退休的人占全部离退休人员的43%，这些人1994年人平均月离退休费为264

元。住房改革中购买公房不仅花掉了他们以往的积蓄，相当一部分人还借了债。按工龄划分的5%～20%的医疗费自费比例也使年老多病者难以承受，另外，许多企业离退休人员医疗费难以报销。

城镇低收入群体和贫困群体职工家庭离婚事件多，青壮年职工铤而走险的多，一线职工流失多，职工出勤率下降，悲观情绪多，上访事件多。有的地方职工每人集资3～5元筹集路费派人上访。1995年有5个省的突发事件及参与人数明显高于1994年，其中50%以上是由于职工基本生活无保障引起的。

四　城镇居民低收入群体的社会特征

就社会特征进行对比，1994年以来城镇居民低收入群体已经不同于1988年①。1995年国家统计局对全国3万多户城镇居民家庭抽样调查结果显示，1994年城镇居民收入和支出均有提高，收入差距也进一步拉大，10%最高收入户与10%最低收入户的差距由1993年的3.6倍拉大到3.9倍②。

根据对1994年和1995年不完全的分地区中国城镇社会低收入群体生活状况资料的综合分析，目前中国城镇社会低收入群体的构成，除了社会结构中原有的无劳动能力、无固定收入来源的贫困群体外，还体现出下列新的特征。

1. 社会就业层面。城镇社会低收入群体主要由一部分亏损企业和双停企业（有大中型企业，也有小型企业）的职工、离退休人员以及失业人员构成，这些人已经具有相当规模。在重新就业选择中，企业管理干部、技术骨干居有优势，一般职工则处境维艰。在极端状态下，级别、工龄、资历对于解释企业内部干部和职工的收入差异已经几乎没有意义。

2. 所有制结构。城镇社会低收入群体主要由少部分长期亏损、历史悠久、社会负担重的国有企业（其中相当一部分是中小企业）的职工构成。

---

① 1988年情况参阅赵人伟、基斯·格里芬《中国居民收入分配研究》，中国社会科学出版社1994年版，第1、11章。

② 参阅何求《现实反差：影响着中国跨世纪的追求》，1995年5月10日《山西发展导报》第2版。

3. 收入来源。由工资和净补贴构成的收入较低，造成低收入群体低收入的部分原因在于名义收入低，但主要原因在于实际上可支配的福利和货币（生活费）收入低于名义收入；城镇低收入群体中有一部分职工另有收入，也有的双停亏损企业职工不愿意接受新职业，但是这样的案例对城镇在业贫困者群体没有结构上的整体解释力。

4. 行业分布。城镇低收入群体主要集中在纺织、煤炭、森林工业、轻工、军工的部分亏损双停企业；1995 年在部分地区政府机关的部分公务人员中也出现了贫困化征兆①。

5. 地域分布。城镇低收入群体主要在内陆地区、三线地区、计划体制控制严格的矿产和制造业产地。

6. 年龄分布。城镇居民的低收入群体在各个年龄段均有分布。

7. 文化素质。城镇低收入群体主要由较低文化素质的职工构成，而且他们缺乏流动能力。

8. 性别因素。和低收入的相关性并不明显。

9. 家庭特征。低收入职工及其家庭成员多有健康状况不良和多子女的特征。调查表明，森林工业和煤矿的低收入职工家庭中多子女现象比例更大，其中一部分人除了简单劳动力以外别无其他。

10. 生活状态。其中一部分具有劳动能力和就业岗位的人生活水平下降。他们和城镇失业者、孤老和无收入者合并沉淀成为中国城镇社会的贫困群体，有一部分人沉入绝对贫困状态。

11. 群体行为和群体意识。在大都市，低收入群体相对比较分散，而且多是企业的内部分化，这样的低收入家庭为了维护个人尊严，甚至仅仅为了子女而需要保持在社会交往中的形象，往往掩饰自己生活状态的穷困，几乎没有形成群体行为和群体意识；在低收入职工相对集中的工业城市和城镇，由于低收入的生活状态相同而且集中，已经具有了群体意识②，为了改变低收入和贫困状况，也出现了内部认同和组织群体行为的征兆。

城镇在业贫困者的出现标志着中国的城镇社会结构已经和行业企业结构具有了深刻的内在联系，表明继地区差异、城乡差异、部门差异之后，

① 国家经贸委信息中心预测分析处：《居民收入水平呈现多层次格局》，《经济日报》1995 年 7 月 8 日第 2 版。

② 参阅江流、陆学艺、单天伦《1994—1995 年中国社会形势分析与预测》，第 35 页。

行业差异已经对中国城镇社会结构具有明显分化作用。

通过以上分析，我们看到以下情况。

1. 中国社会的贫困群体已经包括了城镇社会的一部分成员。

2. 资本收入与劳动收入、灰色收入与规范收入分化显著。挣工资者中出现了贫困者，且行业和职业特征明显；就个人能力和社会提供的就业位置而言，这类人具有很小的流动性。

3. 中国城镇社会的收入不平等程度开始了显著分化，引起这种分化的有过渡性因素，也有持续性因素；有个人自致性因素，也有体制因素；持续性因素和体制性因素占主导地位。

4. 城镇低收入群体的一些社会特征（包括心理和社会行为）有逐渐凝固的倾向。值得注意的是，已经有案例表明，在低收入群体布局分散、群体特征不明显的大城市，家庭成员参与城市社会活动所特有的身份单一和活动多向两种特点使家庭消费下降的弹性很小，家庭成员极难接受降低生活水平这一事实，在业贫困者作为家庭经济支柱难以通过家庭内部认同和群体认同来宣泄或者转移所承受的巨大压力。因此，大城市在业贫困者从常态到越轨行为，其越轨行为从隐蔽性到突发性，从家庭认同到社会认同之间的三个转变往往缺少过渡，而现有的社会指标监测对于发现和界定这类转变也缺乏敏感，这对于大城市的公共安全和社会稳定是很危险的。

5. 根据收入分层和社会教化模式的相关研究，由于双亲不同的价值观，职员和知识分子对子女的教育是为了培养孩子们的自制能力和移情性的理解能力，体现为内部动力取向的自我定向模式；工人的家庭教育则往往倾向于采用固定的外部行为定向的从众性模式①。由于从众性模式往往成为骚乱群体的社会心理认同基础，因而，在业贫困者的群体行动对社区秩序、社会稳定可能产生的影响，值得重视。

五　简短的结论

如果上述分析成立，解决城镇低收入群体和贫困群体就既有联系又有区别。

---

① 参阅丹尼斯·吉尔伯特、约瑟夫·A. 卡尔《美国阶级结构》，第 144 页。

首先，政府、企业和社会各群体有必要对城镇社会低收入群体的生活状态和规模给予足够重视和特殊研究。如果说市场经济和企业效益是中国社会发展的生长点，那么城镇和农村社会的低收入群体就是中国社会发展的稳定点。城镇在业贫困者是家庭经济的顶梁柱，不同于老弱病残痴的一般城镇贫困者；他们没有生产资料（土地）保障和习惯承受力，不同于农村贫困者；进城打工的农民工固然比城镇在业贫困者生活条件差，但那是在有满意的现金收入的基础之上，并且农民工为了家人富裕而自愿忍受。城市企业工人的贫困则是没有后方和没有退路的。因此，城镇在业贫困者对于维持家庭生存和城镇社会稳定关系重大。

就现状而言，解决城镇在业贫困问题的关键不在于职工的劳动能力，也不在于名义收入，而在于生活费收入；因此首先是企业行为问题，然后才是社会保障问题；不仅是就业问题，而且是就业中的工资问题。社会保障也不仅是建立失业、待业、养老、工伤、生育、医疗等保险保障体系，而首先涉及的是社会保障的实施主体及其能力；就业问题涉及企业和职工的“责任—权利”契约关系，责任和权利都需要制度保证和有效的操作保证。就发达国家和发展中国家一般情况看，择业竞争能力和抚养家庭能力必须由员工个人负责，工资按时足额发出必须由企业负责，社会保障必须由政府负责。这也应该成为解决中国城镇社会在业贫困者的基本原则。

当然，由于劳动者在劳动力市场中的流动和选择能力及收入水平与其素质密切相关，劳动者家庭生活水平与其所抚养的家庭人口密切相关。因此，职工必须对自己的文化和技术素质以及自己抚养的人口承担责任。我国每年企业内技术工与生产需求的差距均在 100 万人以上，而现有的职工中中高级技术工人只占 10%，使在业职工对就业市场的选择压力发展趋势有明确了解，加强职工在业和待业培训，提高职工素质势在必行。

解决城镇社会低收入群体需要政策配套。需要严格执行企业法、劳动法；制定社会救济法；提高国有大中型企业的效益，并且顾及其历史形成的困难；加大国有小型企业的改革力度，积极推进中小型集体企业的改革，为城镇企业之间的劳动力转移创造条件；借鉴发达国家对低收入群体的救助方法，使生活困难的低收入者得到转移收入；加强政府在国民收入二次分配中的配置作用。

特别需要指出的是，建立对于城镇社会收入分化和群体生活状态的有效而灵敏的测量指标和分析体系十分必要。现在社会指标分析监测有向高收入群体和高档商品消费者倾斜的趋势。对城镇居民低收入群体则多属贫困状态的个人生活史描述，对其群体的社会特征和生活状态难见系统的分项分变量的现状和发展趋势综合分析，缺乏对于区域特征、行业特征、身份特征具有比较意义的统计概括和相关因果条件探索；而且多是由部门实施调查，囿于部门职能和部门利益，难以形成具有整合力的研究视角，标准也不统一，这样的调查在反映现状上有很大局限性，也难于提出有针对性的解决办法。因此，应成立代表社会利益的专项课题组，综合决策部门的操作优势、群众团体的信息优势、理论研究者的视角和方法优势，建立行业收入分化的基尼系数，进行定性定距定量测量。

卞进富同志参加了本文的讨论，李培林同志核算了相关数据，特此致谢。

流动民工的社会网络和社会地位*

李培林

流动民工研究已成为近年来学术界研究的热点，社会学的参与推动了流动民工研究的地进一步深化。本文从流动民工的社会网络和交往方式、流动民工的生活状况、流动民工的社会分层和社会地位等方面入手，使读者在把握民工的一般“自然”状况的同时，也进一步了解了他们的“内心世界”，对于从事社会流动研究的同行来说本文亦不乏借鉴与启示之功用。

近年来，“流动民工”成了学术界、政策研究部门和新闻界谈论和研究的热点。1984 年以前的改革初期，中国农村劳动力向非农产业转移的主要方式是通过乡镇企业，其主要特点是“离土不离乡、进厂不进城”，这被誉为中国式的独特的城市化道路。1984 年，为了加强城市的副食品供给，国家放宽了对农民进城的限制，允许其自理口粮到城市落户，从此拉开了农民大规模进城务工经商的序幕。1985～1990 年，从农村迁出的总人数还只有约 335 万人，而同期乡镇企业新吸纳的农村劳动力为 2286 万人，乡镇企业仍是农民在职业上“农转非”的主渠道。1990～1994 年情况就大不一样了。根据近两年多项大规模的全国抽样调查结果，外出打工的流动民工占农村劳动力总数的比例平均在 15% 左右，据此推算 1995 年达到 6600 多万人，同期乡镇企业新吸纳农村劳动力 2754 万人，乡镇企业吸纳农村劳动力的能力开始下降，而进城流动民工的人数仍在快速增加。民工潮的形成引起一喜一忧，乐观的看法是认为中国的城市化有了新的渠道，

---

* 此文是中国社会科学院一项关于流动民工的招标课题的阶段性成果，参加课题的人员除笔者外，还有蔡昉、韩俊、李周、刘启明，课题由蔡昉主持。原文发表于《社会学研究》1996 年第 4 期。

悲观的看法是城市由此而潜伏着不稳定的因素。民工潮究竟是忧是喜，抑或喜忧参半，实际上主要应当看这部分人能否最终融入城市生活，并在城市中确立合适的社会地位。

一　作为社会流动的民工流动

1.1　劳动力流动和社会流动：经济学和社会学的不同视角

劳动力流动与社会流动的区别，实际上是经济学研究视角与社会学研究视角的区别，在经济学关于劳动力流动的研究中，有两个著名的经典理论：一个是早期的所谓“推拉理论”（Push and Pull theory），即认为从农村向城镇的劳动力迁移可能是因城镇有利的经济发展而形成的“拉力”造成的，也可能是因为农村不利的经济发展而形成的“推力”造成的，后来哈里斯－托达罗的迁移模型对这一理论有了新的发展，该模型假定劳动力迁移主要取决于城乡劳动力市场的工资比较（Todaro，1969）；另一个是以刘易斯的二元经济理论为先导，后经许多经济学家的发展而逐步形成“两部门理论”（Two Sectors Theory），旨在证明剩余劳动力从传统的农业部门向现代的工业部门的人口转移，正是整个经济发展和工业化过程的自身特点（Lewis，1954）。这两种理论的前提假设几乎是共同的，即农业部门是生产函数呈收益递减的经济部门，城市工业部门则具有相对较高的生产率和利润率，因而滞留在农村的边际生产率等于或接近零值的剩余劳动力，具有向城市工业部门转移的内在冲动。后来经济学在这方面的研究都是在此基础上的理论完善和精细化，如把城市经济进一步划分为“传统经济”和“现代经济”，或者“正式经济”和“非正式经济”，认为农村剩余劳动力首先是向城市的小型零散的以劳动密集为特征的城市传统经济或非正式经济部门转移，然后再向现代部门或正式部门转移。这方面较新的研究成果是把交易费用的概念引入对劳动力转移的成本收益分析。

社会学关于“社会流动”的概念比“劳动力流动”更为宽泛，并不仅限于对劳动力流动机制的考察。最早专门研究社会流动的美国社会学家索罗金把社会流动定义为社会位置（social position）的转移，具体分为社会位置的水平流动和垂直流动（Sorokin，1927），以后的研究又有结构性流动和循环流动、代内流动和代际流动等分类。社会学关于社会流动的研究可以分为美国传统和欧洲大陆传统。美国传统是在二次大战以后形成的，经济的快速发展使“机会平等”和“个人奋斗”成为一种美国的意识形态，社会学对社会流动的经验研究和国际比较研究也形成了这样一种假设，即认为现代的“自由社会”是“机会平等”的社会，因而每个人都有成功的可能，导致社会流动的主要因素是个人的态度和行为。社会位置的不同是由于个人素质的不同，特别是教育和技能的差别（Lipset and Bendix，1959）。欧洲大陆传统则由于其长远的争取公民权的民主化历史而更加强调法律平等和社会结构的作用，即认为社会结构在工业化过程中从“礼俗社会”网络向“法理社会”网络转变，或从“机械团结”网络向“有机团结”网络的转变，是造成社会流动的主要原因，而人们社会位置和社会地位的不同主要是一种超越个人选择的结构性安排。这种传统是如此的深入人心，以至于有的学者在发现新的调查结果时，也只能划分出区别于“结构性流动”的“净流动”（Bertaux，1969）。60 年代初，安德森根据经验调查材料的分析提出著名的“安德森悖论”：教育的民主化过程并没有对社会流动产生促进作用。而在此之前，人们几乎一致认为，教育的大众普及会使社会地位的平等化程度提高（Anderson，1961）。这一悖论对社会流动的研究产生极大的刺激，因为它既是对美国传统的“机会平等”假设和个人选择理论的挑战，也是对欧洲大陆传统的“法律平等”假设和“结构安排”理论的挑战。对于这一挑战，产生了截然不同的回应。在美国，布劳和邓肯等学者努力将影响社会地位的因素的测量方法精密化和多样化，通过相当复杂严谨的统计方法——路径分析（path analysis），建立了“地位获得模型”（Blau and Duncan，1967）。尽管如此，一些对个人选择理论产生怀疑的美国学者仍很容易地就证明，所有被用来测量影响社会地位的变量加在一起，还不到实际影响社会地位变量的一半。在欧洲大陆，法国社会学家布东疾呼，关于社会流动的社会学发生了“危机”，他主张放弃已经走向极端的因素主义的（factorialist）分析方法，而采用真正的假设-演绎的方法，他称之为“系统方法”。他的理论的主要思想是：社会地位的获得，一方面依赖于社会结构的地位分配，另一方面也依赖于某些个人特质的分配（特别是出身和教育），正是由于这两种分配的不一致产生了社会流动的现象。他进而通过经验材料的系统分析证明，在地位获得的市场上，个人根据自己的“交换价值”观念做出行动选择，但这种选择必然会影响地位获得市场的平衡，进而影响社会结构安排与个人特质安排相一致的程度，由此产生了社会流动。布东与传统的欧洲大陆社会学家有很大的不同，他是“个体主义方法论”的代表人之一，同时他擅长和注重数学和统计分析。在社会流动的研究方面，较新的研究倾向是开始注重对制度因素的研究，如美国学者提出的“市场转型”理论（Nee，1991）和法国学者提出的“文化资本”理论，他们都强调和分析了制度安排的惯性对社会流动的影响。

1.2 文献和已有的调查研究成果

中国的经济体制改革经历了从农村向城市推进的过程。在实行家庭联产责任制之后，农村经济的又一飞跃是乡镇企业的崛起，中国学术界在80年代对劳动力流动的研究，也主要是以向乡镇企业转移的农村劳动力为对象，即所谓“离土不离乡、进厂不进城”的农村劳动力。这方面的研究指出，农村劳动力的流动是市场机制的推动、政策的放开和农村剩余劳动力的压力这三方面的合力的结果，并以乐观的态度和极大的热情认为，农村剩余劳动力以“离土不离乡”方向向非农产业的转移，是具有中国特色的农业劳动力转移道路，不仅造成了一支堪与正式部门职工相比的产业大军，而且没有伴随着农村的瓦解和衰落，并促进了农村社区的发展（中国社会科学院经济所，1987；国务院研究室农村组和中国社会科学院农村发展所，1990）。该方面研究的另一特色，是划分出一些有代表性的农村劳动力转移和乡镇企业发展的模式，如依托于集体经济的苏南模式、依托于个体经济的温州模式和依托于外向型经济的珠江模式等，其重要意义在于揭示了农村劳动力转移可以有不同的方式（陈吉元，1989）。

早在1987年，中国社会科学院农村发展研究所就对全国11个省222个村26993名异地转移的农村劳动力进行了调查，调查显示转移到县城及建制镇的占12.1%，到中小城市的占29.4%，到大城市的占3.8%（国务院研究室农村组和中国社会科学院农村发展所，1990），马侠的《当代中国农村人口向城镇的大迁移》（马侠，1989）和李梦白等人所著的《流动人口对大城市发展的影响及对策》（李梦白等，1991），可能是国内最早研究进城流动民工的专著，但这两项研究都主要是从人口学的角度进行。近几年来，研究流动民工的文献开始大量增多。更有特点的是，由于这方面统计资料的缺乏，研究的热情集中在进行大量的抽样调查上。就我们所掌握的资料，目前已经公布的1993年以后关于流动民工的全国性专题调查主要有：中国农业银行调查系统1993年12月至1994年1月对全国26个省、区、市的600多个县14343个样本户的调查（农村经济年度分析课题组，1994）；全国政协和国务院发展研究中心1994年对全国15个省、区、市的28县的28个村的调查（崔传义执笔，1995；赵树凯，1995）；农业部“民工潮”跟踪调查与研究课题组1994年5月对全国11省区75个固定观察村庄的调查（赵长保执笔，1995）；农业部农研中心1994年11月到1995年4月对全国29个省、市、区318个固定观察点村庄的25600个样本户的调查（张晓辉等，1995），等等。1995年，仅福特基金会就资助了北京有关研究单位的8个关于流动民工专项研究的课题。然而，从目前的情况看，多数的研究还处于摸清情况的阶段，即通过调查揭示和描述流动民工的总量、结构、空间分布、流向、流出方式、流动规则和流动机制等。在理论上尚未有突出的建树。

1.3 理论假设和调查方法

本文主要是从社会流动的角度考察农村劳动力从农村向城市的流动，即把民工的流动视为他们获得新的社会位置（position）和社会地位（status）的过程。“流动民工”这个概念，实际上包含了三种流动：一是在地域上从农村向城市、从欠发达地区向较发达地区的流动；二是在职业上从农业向工商服务等非农产业的流动；三是在阶层上从低收入的农业劳动者阶层向比其高的职业收入阶层流动。在一般意义上讲，从农民转化为市民，从务农转变为务工经商，意味着两个根本性的变化，一是生活方式、社会关系网络从以血缘、地缘关系为主的社会网络转变为以业缘关系为主的社会网络，二是以机会资源为象征的社会地位得到提高。但是，我们看到，中国的结构转型和体制转轨这两个转变的进程是不一致的，结构转型形成的大量新增城市就业空间并没有被“市场制度化”，制度安排的惯性使改变了生活场所和职业的农民仍然游离于城市体制之外，从而造成了流动民工的生活地域边界、工作职业边界与社会网络边界的背离。据此，本文提出以下三个假设。

假设Ⅰ：流动民工在流动中社会生活场发生的变化，并没有从根本上改变他们以血缘、地缘关系为纽带的社会网络的边界，影响这一边界的主要函数是社会身份而不是社会职业。

假设Ⅱ：流动民工在社会位置的变动中对血缘、地缘关系的依赖，并非一种传统的“农民习惯”，而是一定结构安排下的节约成本的理性选择，而且这种选择在影响和改变着制度化结构的安排。

假设Ⅲ：流动民工在职业变动中经济地位获得提高，但社会地位没有明显变化，这种经济地位和社会地位的不一致是因为制度化安排的惯性，而结构变动弹性最大的是日常生活。

需要说明的是，本文是中国社会科学院重点招标课题——“大城市吸纳外来劳动力的能力和对策研究”的分报告，因而行文中要涉及对一些相关方面的总体描述，而不仅仅限于对假设的验证。

本文根据的材料是笔者参加的课题组于 1995 年 6—7 月在山东省济南市所做问卷调查。调查组首先对该市可能掌握民工情况的有关部门进行了访谈，如工商局、税务局、计生委、劳动局、劳务服务中心等，在劳务服务中心发现了一份“临时用工登记簿”，但上面登记的基本上都是机关、企业、事业单位的民工使用名单。后来在走访街道办事处、派出所和对民工进行访谈的过程中，我们发现了公安部门的一份更为完备的进城民工登记表，最后对济南市 4 个市区（历下、市中、天桥、槐荫）的 12 个居民委员会的流动民工所进行的比例分层抽样调查就是以这份难得的登记清单为基础的。此次抽样调查获得有效样本为 1504 个，其中男性占 71.3%，女性占 28.7%；本省民工占 93.2%，外省民工占 6.8%；平均年龄 25.6 岁；已婚的占 4.3%；受教育程度初中的最多，占 71.0%，小学的占 16.0%，高中以上的占 12.1%，文盲占 0.9%。根据济南市公安局的研究报告，济南市 1994 年有流动民工 10.5 万人，占济南市当年 170 万市区人口的 6.2%。对调查点济南市的选择，一是因为它可能代表中国大城市的一般情况，较少“特殊性”，二是因为与该市已有的联系使我们容易具有调查上的方便。

二　流动民工的社会网络和交往方式

山东省是 1978 年改革以来中国北方省份中经济发展较快的地区，到

1994年，全省国内生产总值达到3872亿元，在全国仅次于广东和江苏，大大高于人口总量在其之上的四川省和河南省。在80年代以来农村劳动力进城的大潮中，山东省并不具有特殊的地位。它既不像广东、北京、上海、天津那样成为流动民工的主要吸纳地，吸收了全国净迁移量的30%以上，也不像四川、湖南、贵州、广西等省区那样，成为流动民工的主要迁出地。① 历史上山东人的“闯关东”，曾是晚清以后中国国内移民的主流之一。80年代以后，东北三省的劳动力开始南下，但并没有大量进入山东。山东省改革以来民工流动的主要特点是省内流动，即在省内由农村向城市、由经济发展水平相对较低的西部地区向发展水平相对较高的东部地区流动。从我们在济南市这次调查的情况看，在抽查的总样本中，本省人占93%，其次是浙江人，只占2.4%，而且后者大多是以制衣业和修理业为主的个体业主，是一定的生产资本的拥有者，而省内进城的流动民工一般都只拥有劳动力。

中国的乡土社会是特别重视以家庭为纽带的亲缘和地缘关系的。这种对亲缘、地缘关系的重视，影响着人们的生活方式和社会交往方式，成为一种“习性”，并具有很大的惯性。这种“习性”没有因生活地点从农村到城市的变动或职业由农民到工人的变动而改变，也没有因拥有了一定的工商业生产资本，成了雇用他人的业主而改变，如北京南郊一带形成了浙江个体户聚居的“浙江村”，甚至也没有因生活迁居到异国他乡而改变，在巴黎、伦敦、旧金山这些国际大都市，都有中国人聚居的很有中国特色的“中国城”（China Town）。

从我们对济南市和流动民工的调查来看，流动民工的这种“亲缘关系网络”的作用贯穿于民工的流动、生活和交往的整个过程。下面分别从济南市流动民工进城就业的方式、生活交往的方式等方面来考察流动民工的交往行为和社会网络。

2.1 民工进城就业的方式

在现代社会，大众传媒获得飞速发展，科层组织体系的末梢触及社会

① 参见农业部农研中心编《农村劳动力流动研究通讯》，1995年4月，第4~5页。该通讯的编辑是受福特基金会资助的8个“农村劳动力流动研究”课题组的委托，主要是用于公布阶段性成果。

的每个角落，信息的传递在以惊人的速度加快，信息传递的成本则在以惊人的幅度降低。过去中国农村中的老农，其一生的生活半径往往只是村庄方圆的几公里，而现在通过电视和广播，中国的农民可以和纽约的市民收看同一场体育比赛的现场直播。然而，在那些关系农民切身利益的个人决策中（如职业选择），农民根据的主要信息来源依然是亲属和朋友。进入济南市的流动民工，其迁入所依赖的信息，32.8%的人来源于在本市打工的同乡或朋友，30.8%的人来源于在本市居住的亲属或朋友，12.5%的人来源于本村居住的亲属或朋友，信息来源于招工队的占9.7%，而信息来源于报纸广播电视和招工广告的只占2.8%和2.1%。

民工迁入城市的方式大多是与老乡和朋友一起，占总样本的56.4%，当然由于主要是通过自身的关系渠道找到工作，因而自己只身一人前往的也较多，占34.1%，与配偶和亲属一起进城就业的本省民工只占很少的比重。这说明流动民工的家庭，也就是他们的“根”，仍留在农村，这也是称其为“流动民工”的一个重要根据。不过，外省民工与自己配偶一起来济南的为数不少，占外省民工的23.5%，这些人主要是来自浙江等地的个体户，他们往往习惯于一起外出开夫妻店。与此相联系，在考察流动民工进城后如何找到第一份工作时，我们同样发现，自己通过老乡或亲戚找到第一份工作的最多，占44.0%，通过老乡或亲戚主动介绍找到第一份工作的占31.0%，两项合计已占75%，另外通过当地政府找到的占8.1%，通过雇方来家乡招工找到的占6.7%，通过城市劳务市场找到的占4.8%。

2.2 流动民工的生活交往方式

由于进城民工的“家”，也就是“根”留在农村，所以民工靠情感维系的生活圈子并没有根本的改变。他们最大的情感寄托仍然在生于斯、长于斯的家乡。流动民工的所谓“流动”，其实主要是由于他们回乡探亲而形成的城乡流动。人们往往以为民工的进城是盲目的，民工流动的主要原因是就业的不稳定，民工的流动不仅造成交通的不堪重负，而且产生很多城市无业游民。但从调查的情况看，民工的流动首先是具有节日性的特点，而且主要是在最主要的传统节日——春节期间的返乡，春节期间回家探亲的进城民工占调查总样本的93.7%，在一般节日或周末等假日返乡探亲的并不多，如在每年新年期间回家探亲的占19.7%，在周末或假日回家探亲的占9.5%；其次是具有季节性的特点，而且主要是在秋收季节回老家探亲和从事农业生产，因为绝大多数民工的家庭都有承包的“责任田”，在秋收季节返乡的进城民工占50.0%，另外春耕季节返乡的也占28.5%。随着1995年铁路等交通费用的大幅度提高，民工节日性和季节性的城乡流动压力也会大为减轻，因为我们在调查中发现，民工的返乡探亲和帮工，实际上受返乡交通成本的影响很大，在济南市就业的外省民工，其返乡的频率和比重都低于本省民工，如在春节返乡的外省民工有89.2%，本省民工有94.0%，在新年返乡的外省民工有2.9%，本省民工有20.9%，在秋收季节返乡的外省民工有13.7%，本省民工有52.7%，在春耕季节返乡的，外省民工有7.8%，本省民工有30.0%

与人们的猜测和估计相差甚远的是，进城民工的返乡回流，其实很少是由于找不到工作的原因。在调查中询问进城工作后遇到的最大困难是什么的时候，认为是“找不到工作”的只占0.8%，是各项困难的选择中人数比重最少的。相反，进城民工在城市里的工作是相对稳定的，而且有70.6%的人在迁入城市之前就已经事先找好了工作，进城就业后从未更换过工作的民工所占的比重高达83.9%，变换过一次工作的占1.6%，变换过两次的占10.8%，变换过三次以上的占3.6%。由于职业的不同，工作的稳定性也有一定的差异。工作稳定性最高的是家庭保姆和建筑业民工，从未变换过工作的分别占92.8%和91.3%，而流动性相对较大的是在酒店、宾馆、招待所等服务部门的民工，但就是这部分人中，从未变换过工作的也占67.0%。这说明，随着城市经济的迅速发展和城市服务体系的扩展，在城市建筑业和商业服务业等劳动部门出现了较大的结构性的就业需求，存在着吸纳劳动力的较大能力，而这种需求的空白往往是向往舒适的白领工作的城市青年所不愿填补的。

民工进城就业后虽然生活在城市，但尚没有真正地融入城市生活，没有建立起以业缘关系为纽带的生活圈子。他们的生活圈子仍然建立在亲缘和地缘关系上。在回答“进城打工后最亲密的朋友是谁”时，55.7%的进城民工认为是“一同来打工的老乡”，21.8%的民工认为是“进城后认识的农民朋友”，另有21.5%的人认为是“进城后认识的城里人”。而且，在集体所有制单位打工的民工，其生活圈子更多依赖于“老乡”，认为最亲密的朋友是“一同来打工的老乡”的占67.7%，而个体工商户工这样认为的最少，占 40.1%。这一差别估计很可能与职业收入水平有关，收入较高的民工，生活圈子更广一些，具有较多的交往机会和交往选择，而收入较低的民工，则更容易囿于一个互识的文化圈子里。

由于流动民工进城就业后难于真正融于城市社会，无法建立起与城里人交往的生活圈子，因而他们在城市中尽管有的已工作生活多年，但仍然是城市生活的“陌生人”。城市社会对于民工自身来说，依旧是“外在的”和“他们的”，而不是“我们的”。他们在城市中的生活经常地交织着收入提高带来的欣喜和感情孤独带来的忧伤。根据调查我们看到，流动民工进城后在城市生活中遇到的最大困难，列于首位的是“城里物价太贵”，持这种看法的民工占 35.4%。这大概与近几年物价上涨过快有关，并非流动民工“独特的”困难。因为根据 1994 年和 1995 年若干全国性的对城乡居民的抽样调查，这两年“物价上涨过快”均被民众排在社会问题的首位。①列在第二位的困难才是真正具有民工特点的，即有 24.1% 的人认为是“社会关系少、感情孤独”，另外还有 21.9% 的人认为是“生活艰苦”，8.0% 的人认为是“住房困难”，5.8% 的人认为是“本地人的排挤”，只有 0.8% 的人认为是“找不到工作”。这个问题的调查也证实我们在前面的一项估计，即个体工商户民工的生活圈子较少依赖于“老乡”和集体所有制单位民工的生活圈子较多依赖于老乡，是与民工不同的收入水平有关。收入较高的民工，生活圈子更广，较少感到孤独。按照流动民工的职业所有制划分，个体工商户中认为在城市里最大困难是“社会关系少、感情孤独”的占 19.7%，是比重最少的，而集体所有制单位民工这样认为的占 24.6%；同一问题按月工资收入划分进行交互分析，可以发现，认为在城市里最大困难是“社会关系少、感情孤独”的民工，月工资收入在 200 元以下的比重最高，占 31.2%，而月工资收入在 600 元以上的比重最少，仅占 16.9%。此外，女性比男性更容易感受到情感的孤独，男性民工认为在城市生活最大的困难是“感情孤独”的占 20.7%，而女性民工却占到 32.4%，具有较大的差别。

---

① 参见江流等主编《1994—1995 年中国社会形势分析与预测》（社会蓝皮书），中国社会科学出版社 1995 年版，第 31 页。

三　流动民工的生活状况

3.1　流动民工的收入状况

1994 年，山东省农民年人均纯收入 1320 元，即人均月净收入 110 元；全省职工的年平均工资 4338 元，即月平均工资 362 元。从这次调查的情况看，根据职业划分，流动民工中收入较高的是从事餐饮业和当裁缝的民工，月净收入在 600 元以上的分别占从事该职业民工的 86.6% 和 69.7%，收入较低的是家庭保姆和在酒家、宾馆招待所等服务单位打工的民工，月净收入在 200 元以下的分别占从事该职业民工的 98.2% 和 37.2%；根据打工单位的所有制性质划分，收入较高的是个体工商户在和三资企业打工的民工，月净收入在 600 元以上的分别占该部分民工的 66.4% 和 8.5%，三资企业民工的收入比原来预想的要低；收入较低的是私有企业和国有企业的民工，月净收入在 200 元以下的分别占该部分民工的 30.6% 和 15.6%。出乎意料的是，在各种所有制单位中，私营企业民工的平均工资水平是最低的。此外，调查发现，民工的收入与民工进城打工的时间成正相关关系，打工时间较长的收入较高，打工三年以上的民工在月净收入 600 元以上档次上的比例最高，占 15.7%，打工时间较短的则收入较低，打工一年以下的民工在月净收入 200 元以下的档次上的比例最高，占有 20.2%。民工性别和年龄也是影响收入水平的因素，男性民工的收入明显高于女性，男性民工月净收入在 600 元以上的占 77.1%，相反女性民工月净收入在 200 元以下的比例高达 77.2%，从年龄上看，这次调查考虑到民工的平均年龄较小，因而划分了 25 岁以及以下、26 ~ 35 岁和 35 岁以上的三个年龄段，其中收入较高的是 26 ~ 35 岁年龄段的民工，在月净收入 401 ~ 500 元、501 ~ 600 元和 600 元以上的高收入段中占的比例最高，分别占 51.3%、46.0% 和 42.4%，收入较低的是 25 岁以下的民工，在月净收入 200 元及以下、201 ~ 300 元和 301 ~ 400 元的低收入段中占的比例最高，分别占 94.7%、80.0% 和 72.9%。

这次调查没有再次证实我们对一个有争议的热点问题的看法，即一些低文化程度的人迅速致富，并不意味着存在绝对意义上的收入“脑体倒挂”，也不意味着教育的收益率是负值，而只是说明在中国的转型时期，机会成本很高，教育作为一种人力资本，不仅因为收益期很长而难以受到急于获得成功的人们的重视，而且其收益率过低，大大低于生产资本，特别是金融投机资本的收益率。因为即便是在人们认为最无法体现教育收益率的个体私营经济领域，受教育的程度与经营收入也是呈正相关的。根据1992年国家体改委和国家统计局对全国B省市4.8万多个工商户和3000多私营企业主的抽样调查，个体工商户总资产额的平均值是2.7万元，按受教育程度分组，不识字或识字不多的户为2.0万元，小学程度为2.5万元，初中程度户为2.8万元，高中或中专程度户为3.1万元，而大专以上程度户为4.3万元；私营企业主的年生产经营纯收入平均值为4.9万元，按受教育程度分组，小学以下程度户为3.9万元，初中和高中程度户为4.6万元，而大专以上程度户则高达14.8万元。① 从这次调查的资料看，虽然在月净收入600元以上的高收入段上，初中程度的民工占的比例最高，占62.0%，但在200元及以下的低收入段上，也是初中程度的民工占的比例最高，占77.7%，而高中以上程度的民工并没有显示出具有较高收入的特征。这可能与初中程度民工的样本比重高（占总样本的70.9%）而且职业分布无一定规则有关，但这只是一种猜测。

3.2 流动民工的福利待遇

流动民工除了工资性收入，也有一定的福利待遇。对福利待遇的考察，往往是过去其他关于流动民工的调查的缺项。我们知道，在中国特有的单位社会保障的体制下，仅仅分析工资水平，是难以把握人们生活的实际状况的，如虽然国有单位的职工收入远低于个体工商户，但其住房、医疗、退休养老、生活福利、子女入托上学等方面的待遇却明显优于后者。根据这次调查，流动民工除了工资以外，享有的福利待遇最突出的一项就是免费提供住房或住房补贴，尽管向民工提供的住房有的甚为简陋，但享受此项福利待遇的民工占总数的77.7%；流动民工最难以享受到的福利待遇是免费或半免费医疗，享有此待遇的只占8.3%，只是在三资企业中享

① 参见国家体改委和国家统计局《中国个体私营经济调查》，北京：军事谊文出版社1993年版，第319、483页。

有此待遇的民工的比例略高一些，达到28.5%；此外，民工享受免费提供一次以上用餐的占20.7%，享受此待遇最多的是私营企业民工，占46.1%；享受探家车票补贴的占17.1%，其中享受此待遇较多的是集体单位和国有单位的民工，分别占21.8%和20.0%；在节日发给实物或现金的民工占20.3%，国有单位的民工有此项待遇的最多，占38.9%；年底有奖金（红包）之类收入的民工占27.6%，三资企业和国有单位的民工享有此项待遇的较多，分别占62.8%和41.2%。可以发现，在给予民工的待遇方面，国有单位比较注重节日发放实物和现金以及给予探家车票补贴；三资企业相比较注重医疗保险和年底给予奖金（红包）；私营企业比较注重给予免费工作用餐；而几乎各类企业都把向民工提供免费住房或住房补贴排在可以提供福利待遇的首位。

四 流动民工的社会分层和社会地位

4.1 流动民工的内部分层结构

关于流动民工的内部分层结构，我们可以从三个方面来考察：一是流动民工的职业分层结构，二是流动民工就业的所有制分层结构，三是流动民工的收入分层结构。

从流动民工职业分层结构看，吸纳民工最多的职业是建筑业，占41.4%；其次是工业企业和机关、院校、医院等单位，分别占17.6%和14.0%；如果把在酒店、宾馆、招待所打工的民工和从事餐饮业、修理业、裁缝业的民工都归于服务业，那这部分民工所占的比重就达到19.2%。如果按三次产业来划分的话，从事第三产业的民工占的比重最高。流动民工中有相当大的部分首先进入体制外的非正式部门，这类部门的特点是，劳动密集，工资和就业完全受市场的影响，隐性经济成分较大，实际税率较低。然而，并没有调查数据显示，流动民工的职业是沿着体制外非正式部门——体制外正式部门——体制内正式部门的规则进行迁移和流动。

从流动民工就业的所有制结构来看，吸纳流动民工最多的是集体和国有部门，分别占总样本的37.0%和32.1%，另外私营企业部门占15.9%，个体企业占12.2%，三资企业占2.3%。但是，应当注意到，由于无法掌握调查点全部民工的名单，问卷调查只是根据在派出所登记的名单（这是目前各种民工登记中最完备的）进行，所以目前各种对流动民工的职业结构和就业的所有制结构的调查分析，都只有参照的意义。不过，由于我们在抽样中参照了登记名单上的分层结构，因而调查的结果并不与人们的经验事实相悖，但这并不排除一些没有登记的民工会影响调查的结果。根据调查，零散的个体业民工往往登记率较低，因而实际的服务业民工和个体私营业民工所占的比重都可能更高一些。

从流动民工的收入分层结构来看，月净收入在201~300元和301~400元的民工占的比重最高，分别为28.0%和25.8%，其次是401~500元，占17.4%，200元及以下的民工占12.5%，而月净收入在501~600元和600元以上的分别为5.9%和10.1%。在流动民工的职业分层中，收入最高的是从事餐饮业的小老板，月平均收入1362元；最低的是家庭保姆，月平均工资108元。在流动民工就业的所有制结构中，收入最高的是个体工商户，月平均收入1045元；收入最低的是在私营企业打工的民工，月平均收入为329元。实际上，如果剔除流动民工所拥有的分配非常平均的“责任田”，民工按收入的高低可以分为三个阶层：一是占有一定资本并雇用他人的业主；二是占有少量资本并自我雇用的个体劳动者；三是除了劳动力一无所有的打工者。这三者之间收入高低差别，前两者之间主要是资本收益量和资本收益率方面的差别，后两者之间主要是资本收益与劳动收益以及技术劳动与非技术劳动之间的差别。

4.2 流动民工在社会分层中的经济社会地位

流动民工目前还很难说是一个独立的社会阶层，作为一种过渡状态，他们和乡镇企业职工有着共同的特点，都是从农村到市民、从农民到工人的过渡性中介阶层。流动民工的经济社会地位，在其生活的当地农村属于中等偏上阶层，而在其打工的城市属于中等偏下阶层。

从以收入衡量的经济地位来看，流动民工与家乡的农民相比，认为自己属于中层的占44.0%，属于中上层的占32.8%，属于上层的占16.6%，而认为自己属于中下层和下层的只占5.2%和1.2%。从职业划分上看，认为自己属于上层的民工中，从事餐饮业、集市贩卖，当裁缝和从事修理服务业的个体经营者所占的比重较高，而认为自己属于中下层或下层的民工中，酒店、宾馆的打工者和家庭保姆所占的比重较高。从所有制划分上来看，个体工商户民工和在三资企业打工的民工对自己的经济地位评价较高，在认为自己属于农村上层的民工中分别占 41.9% 和 42.8%。从收入上看，认为自己属于农村上层的民工，一般是月净收入在 501～600 元和 600 元以上的，而认为自己属于农村中下层和下层的民工，一般是月净收入在 201～300 元和 200 元以及以下的。流动民工的经济地位比他们没有出来打工之前是有明显提高的，尽管多数民工认为自己家庭的相对经济水平在当地农村属于中等或偏上，如认为自己家庭在当地是中等水平的占 63.9%，中等以上水平的占 21.1%，中等以下水平的只占 15.0%。民工对自己家庭的这种评价，可能因以家庭贫穷为耻的观念而有高估的倾向，因为根据这次调查，流动民工在迁入城市前在当地农村的月收入少于 100 元的占到 34.2%，而 1994 年山东省农民人均纯收入是 1320 元，即月纯收入 110 元。民工进城就业后，收入水平明显提高，月净收入超过 200 元的有 87.4%，超过 300 元的有 59.4%，超过 400 元的有 33.6%，超过 500 元的有 16.1%。

流动民工对自己经济地位的评价，与其所在城市（济南市）的居民相对比的时候，评价结果明显低于与家乡农民相对比时的评价。总体样本中有 23.5% 的民工认为自己是城市社会的下层，37.5% 的民工认为是中下层，28.4% 的民工认为是中层，7.9% 的民工认为是中上层，只有 2.4% 的民工认为自己是上层。这种较低的评价还不仅仅是由于处在不同的收入体系中的问题。因为 1995 年济南市职工的平均月工资约 40 元，而流动民工月净收入在 501～600 元收入组的人员中，58.4% 的人认为自己是城市社会中层，还有 23.6% 的人认为自己是中下层；600 元以上收入组的民工也有 35.9% 的民工认为自己是中层，有 33.3% 的人认为自己是中上层，只有 17.6% 的民工认为自己是城市的上层；在 301～400 元收入组，52.0% 的民工认为自己是中下层，201～300 元收入组中有 39.6% 的民工认为自己是城市下层；在 200 元及以下收入组中，认为自己是城市社会下层的人员比例高达 47.8%。从职业分类上看，经营餐饮业和从事修理服务业的民工对自己的经济地位评价较高，认为自己属于上层的分别占 15.5% 和 12.7%，占的比例最高；而从事家庭保姆、酒店、宾馆招待和在机关、院校、医院打工的民工对自己在城市的经济地位的评价最低，认为自己是城市下层的分别占37.5%、30.6%和30.1%。从就业所有制类型看，三资企业的民工对自己在城市中的经济地位评价最低，认为自己是下层的民工所占的比例高达40.0%。

人们的经济地位和社会地位在现实中是很难截然分开的，流动民工在总体上对自己的经济地位评价较低，可能是受到一些社会因素的影响。流动民工虽然生活在城市中，但并不享有市民的一切权利，不仅在就业的社会福利待遇方面与城市正式职工有相当大的差距，而且在住房、医疗、劳动保险、就业稳定性、孩子入托上学等一系列城市服务方面，流动民工都遇到比一般城市居民更多的困难。尤其是城乡分割的户籍制度，是他们从制度上和心理上从农民转化为居民的巨大屏障。当流动民工在回答“最需要政府提供的帮助是什么”时，认为是“和本地人享有相同的户口政策”的占比重最高，为58.2%，另外有25.2%的民工认为是“招工信息和统一的劳务市场”，11.88%的民工认为是“住房和医疗保障”，1.5%的民工认为是解决子女入托上学，3.0%的民工认为是其他方面的帮助，没有一个民工认为“不需要”政府的帮助。民工最需要的帮助，集中在花钱也难以办到的事情上，而正是这些事情使他们产生了“外在于”城市的感觉。这些因素也使他们的社会地位大大低于实际收入衡量的经济地位。

4.3 流动民工的生活满意度和社会公平感

较之内陆城市和东南沿海城市，大都市中的流动民工虽然生活水平和生活环境并不更差，但流动民工与当地居民和当地政府的关系却明显更为紧张。这一特点在首都北京表现得尤为明显。北京的城市居民往往把交通的拥挤、偷盗行为的增加、市容的不整洁和某些方面社会秩序的恶化与流动民工的进城联系在一起，在日常的谈论中对民工颇有微词。自1985年以来，北京市的有关管理部门与流动民工聚居的“浙江村”等处的民工展开了“清理”与逃避和对抗清理的摩擦，而且矛盾在不断地加剧，流动民工也因受到限制和歧视而对所在的生活环境有强烈的不满情绪（王春光，1995）。这种大都市与内陆城市和沿海城市的区别，可能是因为大都市涌入的民工过多，严重超过城市一些基础设施的承载能力，对于北京来说，另一个原因是形成了一些在城市“单位管理体系”之外的民工的聚居点，而聚居点的流动民工内部管理混乱（项飙，1995）。北京吸纳民工最多的建筑业多是由北京郊区农村的民工从事，相对来说受到当地管理组织有效管理。广东省是中国流动民工涌入最多的省份，珠江三角洲流动民工的数量已大大超过了当地原有的职工，使一些城市成为新兴的“移民城市”，而且外省涌入的流动民工绝大多数都纳入了企业的单位管理体制，当地经济的迅速发展也极大地得益于流动民工的劳动力贡献，当地政府对流动民工也采取欢迎、容纳、合作的态度（谭深，1995）。从我们这次调查的内陆城市济南市的情况看，尽管流动民工与其他城市的民工一样，在生活和劳动条件上遇到各种各样的问题，但与当地城市居民和政府没有明显的摩擦和冲突。流动民工对自己在城市里的生活情况绝大多数是“比较满意”和满意程度“一般”的。

从调查获得的资料来看，在总样本中，对“自己在城市里生活的满意程度”表示“比较满意”的占 39.9%；表示“一般”的占 48.2%；表示“很满意”的占 6.0%；表示“不满意”的占 5.5%；而表示“很不满意”的只占 0.27%，1500 人中只有 4 人。集体单位的民工平均的满意程度最低，这可能是由于他们在感觉上认为较之个体、私营和三资企业的民工在收入上要低，而较之国有单位民工在福利待遇上又少。

对流动民工对自身待遇的公平感的调查与生活满意度的调查结果基本一致，认为“比较公平”的占 65.4%，认为“不太公平”的占 29.3%，认为“很公平”的占 3.0%，认为“很不公平”的只占 2.2%。调查显示，流动民工对自身待遇的公平感与他们的收入水平相关程度不高，各收入段的民工认为“比较公平”的都在 50% 以上。与性别的相关性则比较明显，认为“比较公平”的男性民工占 6.4%，女性民工占 62.9%；认为“不太公平”的民工中，男性民工占 27.9%，女性民工占 32.6%。此外，个体工商户民工和国有单位民工在认为“比较公平”的民工中占的比例最高，分别占该类民工的 71.4% 和 70.2%，而三资企业民工和集体单位民工在认为“不太公平”的民工中占的比例最高，分别占 41.1% 和 34.1%。

五　结论性评论和流动民工发展前景展望

分析表明，植根（家）于农村的流动民工，正像它们曾把血缘、地缘关系带入乡镇企业一样，他们也将这种关系网络扩展到城市。在西方的现代化理论中，一个重要的理论推论就是，亲缘、地缘的社会网络是乡土社会的产物和社会理性化过程的障碍。我在研究乡镇企业时就曾发现，农民在脱离土地、创办企业的过程中，家庭伦理规范也随他们一起移置入乡镇企业，这并不是因为他们缺乏现代的组织观念和经济理性，而是因为家庭伦理规范成为乡镇企业节约组织成本和监督成本的有效手段，尽管这是一种非常“传统”的方法，但事实上却成为乡镇企业的一种“社会资源”和降低成本的途径（李培林，1995）。这次关于流动民工的调查再次证实，农民在“离土离乡”的社会流动中，其信息来源、找到工作的方式、进城工作的行为方式以及在城市中的交往方式，都更多地依赖以亲缘、地缘为纽结的社会关系网络。而且，这种依赖相对于他们可以利用的社会资源来说，是一种非常理性的行为选择，与他们期望获得更高的收入和更舒适的生活的功利性目标是完全一致的。

流动民工在职业变动和社会流动的迁移中对亲缘、地缘关系的依赖，似乎与社会资源（信息渠道、职业位置等）的市场化程度没有必然的联系，因为在市场化程度较高的广东、浙江等地的民工调查以及全国性的调查也显示出类似的依赖性，甚至香港和海外华人企业也都显示了“企业家庭主义”的特征（Wang，1985，1991）。我的设想是，流动民工的这种依赖性，正像在乡镇企业是出于节约组织成本和监督成本的考虑，在他们则是出于节约流动成本和交易成本的考虑，尽管这种考虑可能是不自觉的和本能的。遗憾的是，这次调查中没有调查流动民工的流动费用，因而没有计量的数据证明，与较依赖亲缘、地缘关系的民工相比，较不依赖的民工的流动成本是否更高。此外，我们还不清楚，这种依赖性究竟是属于乡土社会文化特征还是华人社会文化特征（抑或东方社会文化特征?），而一旦进入对文化模式的考察，就是一个很哲学化的论题了，不是一般的统计分析所能说清楚的。

民工在从乡村到城市、从农民到非农产业职工的流动中，其收入水平和经济地位得到显著提高，总体上的经济地位目前属于家乡社会的中等偏上阶层，同时属于所在城市社会的中等偏下阶层。但其总体的社会地位没有发生与其经济地位相应的明显变化，社会身份没有明显的改变，这主要是由于受户籍身份以及与此相联系的各种福利待遇的影响。民工进入城市以后，较多地聚集在一些迅速发展的劳动密集经济部门（如建筑业），但看不出他们随后继续向城市现代经济部门转移的趋势。与城市职工相比，民工创造的利润更多地转化为企业利润，较少地转化为他们自身的福利待遇，因而以民工为主体的企业，在同样的劳动密集企业中，往往生产成本较低，资本积累能力较强。流动民工经过职业分化，实际上已经完全分属于三个不同的社会阶层，即占有相当生产资本并雇用他人的业主、占有少量资本的自我雇用的个体工商业者和完全依赖打工的受薪者。这种分化，有的是在进城以前就形成的，有的是在进城后新出现的。民工中的业主的创业过程，最普遍的就是通过餐饮服务业起家。业主的经济社会地位比一般的进城打工者要高得多，他们中有更多的人认为自己属于城市中等偏上阶层。从这次调查获得的资料中，我们难以证实，业主的发家在多大程度上依赖先赋因素（ascription factor）和在多大程度上依赖创业的努力（achievement factor）。但有一点是明显的，就是资本规模的大小，与他们可利用的社会资源的多少呈正相关，越是收入高和财富占有量大的，其社会经济地位晋升的机会也就越多。

从流动民工的发展前景来看，由于民工进入的城市经济部门大都是劳动力出现结构性紧缺的部门，经济的快速发展仍然在推动着这些部门的规模扩展，而且工农业之间的收入差距和城乡之间的生活环境差距都不是在短期内可以消除甚至缩小的，因此在一个较长的时期内，流动民工向城市的涌入仍然呈一种发展的趋势。从这次调查的情况看，流动民工对自身的发展持乐观的态度，他们进入城市并不是一种权宜之计的短期打算，在回答打算在城市停留的时间时，约有一半的人，占 49.4% 的人认为“只要能挣钱，越长越好”，39.8% 的人认为“视情况而定”，想“挣了一笔钱就回家”和只是“季节性打工”的分别占 5.5% 和 5.3%。即便是在形势迫使其返回家乡时，也仍然有 37.2% 的民工认为只要城里挣钱多就尽最大可能留在城市，17.9% 的民工准备先回去，但一有机会马上出来打工，16.5% 的民工准备随大流。但是，潜在不利前景也是存在的。这次调查的流动民工的平均年龄只有 26 岁，多数是在吃“青春体力饭”，在劳动力市场上并不具有长远的竞争实力，一旦过了青春年龄或随着产业升级造成劳动密集部门劳力饱和，他们的就业机会就会减少，工作也会受到裁员的威胁。另外，经济的发展总是有高潮和低落的时期，一旦增长速度减缓、经济紧缩，他们的处境也会比较困难。然而，从城市管理的角度看，很重要的是要有一个长远的观点，要有把他们纳入城市管理体系并最终把他们转化为市民的计划和打算。为此，一方面要在流动民工的城市分布上实行控制，使流动民工在中小城市和小城镇得到分流，另一方面是在城市给予具有稳定就业的民工一个合法并且合理的身份，使他们能够融入城市社会关系网络，在城市中安居乐业，把城市当作他们的家。当然，从更长远来考虑，应当通过大力发展农村缩小城乡差距，通过利益驱动促使人口出现城乡之间的回流。

参考文献

陈吉元主编，1989，《乡镇企业模式研究》，北京：中国社会科学出版社。

崔传义执笔（王郁昭主持课题），1995，《28 个县（市）农村劳动力跨区域流动的调查研究》，《中国农村经济》，第 4 期，第 19 ~ 28 页。

国务院研究室农村组和中国社会科学院农村发展所，1990，《别无选择——乡镇企业与国民经济的协调发展》，北京：改革出版社，第 88 ~ 99 页。

李梦白等编著《流动人口对大城市发展的影响及对策》，1991，北京：经济日报出版社。

李培林，1995，《中国乡村里的都市工业》，《社会学研究》第 1 期，第 20 ~ 29 页。

马侠，1989，《当代中国农村人口向城镇的大迁移》，北京：北京经济学院出版社。

农村经济年度分析课题组，1994，《1993 年中国农村经济发展年度报告——简析 1994 年发展趋势》，北京：中国社会科学出版社，第 172 ~ 175 页。

谭深执笔（李银河、谭深主持课题），1995，《珠江三角洲外来劳工》，《中国社会科学》第 4 期。

王春光，1995，《社会流动和社会重构——京城“浙江村”研究》，杭州：浙江人民出版社，第 232 ~ 244 页。

项飙，1995，《“浙江村”何以挤上北京牌桌》，《中国农民》第 7 期，第 52 ~ 55 页。

张晓辉、赵长保、陈良彪，1995，《1994：农村劳动力跨区域流动的实证描述》，《战略与管理》第 6 期，第 26 ~ 34 页。

赵长保执笔（余展主持课题），1995，《经济发展中的农村劳动力流动——对当前农村劳力外出情况的调查与思考》，《中国农村经济》第 1 期，第 43 ~ 50 页。

赵树凯，1995，《再看民工——688 位民工的生存状态透视》，《中国农民》第 12 期，第 4 ~ 9 页。

中国社会科学院经济研究所，1987，《中国乡镇企业经济发展与经济体制》，北京：中国经济出版社。

Anderson, C. A., 1961: "A skeptical note on education and mobility", A. H. Halsey.

Bertaux, D., 1969: "Sur l'analyse des tables de mobilite sociale", *Revue franeaise de Sociologie*, 10 (4), pp. 448 - 514.

Blau, P. M. and Duncan, O. D., 1967: *The Americanoccupational Structure*, New York: Wily/ = Boudon, R., 1973a: L'inegalite des chanees, Paris: Armand Colin.

J. Floud and C. A. Anderson (ed.), *Education*, *Economy and Society*, New York/London: MeMillan, pp. 164 - 179.

Lewis, W. A., 1954: "Economic development with unlimited supplies of labor?" *Manchester School of Economic and Social Studies*, 22: 139 - 191.

Lipset, S. M. and Bendix, R., 1959: Social Mobility in Industrial Society, Berkeley/Los Angeles: Univesity of California Press.

Nee, V., 1991: "Social inequalities in reforming state socialism: between redistri - bution and market in China", *America Sociological Review*, 56: 267 - 282.

Sorokin, P. A., 1927: *Social Mobility*, New York: Harper and Brothers.

Todaor, M. P., 1969: "A Model of Labor migration and urban unemployment in LDCs?", *American Economic Review*, 59: 138 - 148.

Wang. S. - L., 1985: "The chinese family firm: a model", *The British Journal of Sociology*, 36: 58 - 72. 1991: "Chinese entrepreneurs and business trust", in G. Hamilton (ed.), *Business Net works and Economic Development in East and Southeast Asia*, Hong Kong: Centre of Asian Studies, University of Hong Kong, pp. 13 - 29.

性骚扰：城市外来女民工的双重身份与歧视*

唐　灿

本文以性骚扰问题为视角，意在说明不同国家、不同地域、不同阶级、阶层等的妇女问题及其原因的多样性。文章通过城市中外来女民工的性骚扰问题，描述并分析了她们因性别身份和就业身份而受到的双重歧视，同时指出了妇女群体内部以地域和阶层为界的利益及地位的差异。与西方女权主义普遍将性骚扰归因于不平等的性别制度有所区别，文章认为，外来女民工性骚扰问题的更深刻的原因在于社会转型过程中的制度缺失，以及因就业身份差别而产生的经济和社会关系的不平等。

性骚扰是个世界性的妇女问题，也是自 90 年代以来，美国社会关于两性平等的争论的焦点之一。在中国，这种行为长期以来一直在各种场合事实上侵害着妇女，但只是随着近年来一些“三资”企业和经济特区内性骚扰事件的被披露，社会才对这个问题给予特别的关注。这一方面固然与西方女权主义文化的影响有关；另一方面，也反映了性骚扰问题触发了社会对在体制转轨、结构变动的过程中人们——特别是妇女的生存和权利状况的敏感和关注。本文对性骚扰问题的探讨正是在这一意义上展开的。

一　性骚扰的女权主义解释

所谓性骚扰，美国联邦政府的平等就业机会委员会在 1980 年公布的一

* 本文系受福特基金会资助的“外来女民工”课题的一部分。原文发表于《社会学研究》1996 年第 4 期。

份有影响的文件《性别歧视指引》中曾这样加以定义。

“在下列三种情况下，向对方作出不受欢迎的、与性有关的行动或要求，及其他语言举动，均会构成性骚扰。

1. 迫使对方接受有关行为，作为受雇或就学的明显或隐蔽的要求或条件。

2. 对方接受有关行为与否，将成为影响个人升迁或学业成绩的先决条件。

3. 有关行为具有以下目的或导致以下后果：

a. 不合理地干扰个人工作或学业；

b. 制造一个令人不安、不友善或令人反感的工作或学习环境。”①

一些学者则用更为简洁的语言对性骚扰加以表述，如“性歧视的一种形式。通过性行为滥用权力，在工作场所、学校、法院和其他公共领域欺凌、威胁、恐吓、控制、压制或腐蚀其他人。这种性行为包括语言、身体接触以及暴露性器官。性骚扰也是性伤害的一种形式，是性暴力延续的一部分”②，等等。

总之，关于性骚扰，各个国家以及司法、学术、妇女等社会各界的界定和表述各有不同，但是在如下一些原则方面，看法是相同或相似的：1. 它是与性有关的对他人挑逗、侵犯、侮辱和控制等的行为；2. 它不仅包括身体接触行为，也包括口头或其他带有上述性质的行为；3. 它是违背当事人双方中的一方（通常是妇女）意愿的强迫性行为，通常也被划入暴力行为的范畴；4. 它造成对主要是妇女的受害者在心理、生理、人格以至于经济等方面的伤害。是一种性别歧视。

在过去很长的时期里，西方社会对性骚扰的存在一直视有若无。对性骚扰的批判源于这样的一个观念转变，即把性骚扰不再作为个人麻烦而作为一种公共问题加以关注。这始于美国六七十年代兴起的女权主义运动，在这一运动中诞生了一个非常著名的口号：个人的也是政治的。也正是从这时起，从性别的角度解释性骚扰成为此后理论研究的主流。

---

① Sexual Harassment：*Research And Resourees*，*the National Council for Research on Wemen*，November 1991.

② 谭兢嫦（ShaorukHom）、信春鹰：《英汉妇女与法律词汇释义》，中国对外翻译出版公司，1995 年版，第 281 页。

同期，于1964年美国颁布的民权法案规定，禁止性别歧视。这不仅大大发展了美国妇女的平等就业机会，而且使美国妇女反对性骚扰的努力有了法律的根据。此后的10余年间，美国妇女的就业率大大上升，到70年代末，妇女就业人数已占美国就业人口的将近一半。当妇女的平等就业权利得到法律保护后，威胁到妇女尊严、生理、心理和职业机会的性骚扰问题就凸显出来，成为令人关注的社会问题。从70年代前后开始，美国妇女不断为性骚扰而求助于法庭。1976年，美国的一个地方法院第一次认可一项“性骚扰触犯了1964年的民权法案”的指控。1980年，美国平等就业机会委员会又明令禁止性骚扰，这份文件被看作妇女改造现存制度方面的成功范例。

美国学者朗（Long）还认为，性骚扰研究的发展，还可归因于在这一时期公开审理的许多以性别为由进行的歧视案例中，揭露了许多公司和企业，包括美国最大的私人企业电话电报公司（AT&T）在组织、管理和日常工作方面的种种性别不平等现象。她认为，这种论辩在其后的影响，使得社会各界对性骚扰的注意力逐渐从个体心理和行为转向了社会结构和制度问题。

关于性骚扰，女权主义的观点是，这不是一个单纯的个体心理或生理方面的问题，而是一个普遍的社会问题，它与一定的社会和文化制度有着直接的关联。女权主义坚决反对性骚扰是因为男人控制不住自己的性欲的说法。她们认为，这种行为同其他对于妇女的暴力行为一样，是男人在各种领域中用强权掠夺妇女资源的反映，是对弱者敌对、侵犯和使用权力的表现。它同从经济上的打击一样，传递给妇女的信息是，要服从于男性同事、老板和顾客等的个人幻想。

美国的社会学家伊恩·罗伯逊进一步解释说，性骚扰的做法实际是使男人得以放纵他们的自我，并重申他们认为女人的作用就是使男人感到满足的观点。他认为，这种观点和行为起因于得到社会认可的两性间的相互作用模式，即由于男性实际上垄断着权力，并常常利用这种优势来放纵自己，因此社会几乎丝毫不要求男子克制自己，却要求女子不管她们的个人感觉如何，必须应付这种局面。[①]

---

① 〔美〕伊恩·罗伯逊：《社会学》，商务印书馆，1994年版，第291～292页。

对于把性骚扰归因为性别制度的观点，有另外一种声音表示了不尽相同的看法，它主要来自西方社会中的少数民族妇女或发展中国家的妇女及其代表。她们认为，过于偏重性别角度，强调性别压迫，并将其普遍化的观点，实际是白人妇女过分自我中心化，忽视其他种族的妇女处在发展中的经济环境和社会环境的表现。一位对拉美国家做过许多研究的美国学者曾对笔者这样说：一个下层的墨西哥妇女在受到白人雇主的性骚扰时，你很难简单分清这是性别压迫还是种族压迫。香港的一些女权组织在论及两性平等时也指出："我们发现，一方面现实社会充斥着以父权思想为基础的性别主义；另一方面，现实经济社会运行的逻辑又在彻底地剥夺人的自由意志"，"我们的社会关怀的并非有血有肉的人，更非人自身的尊严、意义及人性，我们的社会所关注的是'市场''成本''资源'等"。① 这些看法实际道出了发展中国家和地区中，妇女遭受欺凌的双重原因。这些代表少数民族、发展中国家和地区妇女的女权主义者认为，应该跳出单纯的性别领域，关注更加广泛的社会政治和经济制度的改造；反对性别歧视的斗争不能仅局限于争取妇女的合法权利，还必须与同样受到种族主义和其他经济与社会制度歧视与压迫的男性联合起来，与争取社会正义的更广泛的运动结合起来。

二　外来女民工的性骚扰及其保护

本文使用的"外来女民工"一词，是指那些以农民身份进入城市或工业部门谋求职业和收入的女性农民工。

1994 年在珠江三角洲的问卷调查中，② 关于性骚扰共设有两问，一是关于性骚扰的经历，二是关于针对性骚扰的对策。

（一）性骚扰的现状

关于性骚扰的经历，问卷共提供了 3 种形式作为选项，调查结果如下。

① 香港妇女基督徒协会编《两性平等教育资料》，1993 年 11 月 1 日，第 10 页。

② 参见"外来农民工"课题组《珠江三角洲流动农民工状况》，《中国社会科学》1995 年第 4 期。

表1　遭遇过何种形式的性骚扰（可以多选）

选项	人数	比例（%）
是否经常有男人对您说下流话	251	33.1
是否有男人对您动手动脚	91	12.0
是否被人强暴过	6	0.8
没有（自填）	112	14.8
未填	368	48.5

调查数据还显示，在被调查的759名女工中，有占36.8%的女工曾受到过一种形式的性骚扰；受到过两种以上形式性骚扰的有66人，占女工总数的8.7%；受到过全部3种形式性骚扰的有3人，占0.8%。此外，有112人在问卷中自填“没有”等字样，明确表示未受到过性骚扰，占女工总数的14.8%；另有368人未填答此项，其含义不清，占样本女工总数的48.5%。

需要说明的是，由于问卷在这一部分存在着某些缺陷，比如，提问有些含混不清，缺少对性骚扰的时间、地点上的限制和规定，致使一些女工出现理解上的偏差。笔者参与了问卷的发放过程，曾在一女工宿舍中，发现回收的7份问卷均未填写此项，遂探问原因。女工们表示对该问不甚明白，本人随即进行了解释，并告知，这些经历不一定发生在工厂内，也可能发生在厂外等地。在女工们重新填写后，本人注意到，有4人补填了自己的性骚扰经历。此外，在问卷中，还发现有人填写的是自己在家乡时的经历，这也偏离了对外来女民工在城市生活和工作状况调查的初衷。

问卷存在的另一个缺陷是，缺少“没有”和“其他形式性骚扰”的选项，致使未填写该项的高达48.5%的回收问卷所传递的信息不甚明了。由于上述缺陷，笔者认为，该问卷虽对外来女民工的性骚扰问题做了积极的探询，但其统计结果的准确性和代表性将会受到一定的影响。

作为问卷调查的补充，本人在广东和北京两地就性骚扰问题，与外来女民工和一些其他各界的妇女曾进行过多次交谈，并在北京市对21名外来女民工进行了非随机的专项调查。这21人的调查结果是，有13人报告曾受到过性骚扰，其中11人受到过男人“下流话”的骚扰，8人受到过男人“动手动脚”的性骚扰。

上述调查表明，语言骚扰是外来女民工遭遇频次最高的性骚扰形式。

一位女工在问卷上写道："女孩子有时外出男孩子总喜欢叫'妹唉'，有时的确气人，当他是小人，过分。"在珠海，一位接受调查的女工说："那些'烂仔'（流氓）你不理他还好些，越骂他越喊得凶，躲也躲不赢。"在宝安街头一位被访的女工告知，在她以前做工的工厂里，一个男主管（本地人）训起女工来满嘴脏话。有时加班时间长，人很疲，出些差错，他就会骂，"你是不是在想男人啦"。

北京一个在个体理发店洗头发的河南姑娘诉说，常有些男顾客说些不三不四的话欺负她们。有一次一个男顾客问她，做不做"全活"，她开始还不明白，等明白是指色情按摩后，气得要命，老板在一旁还嘻嘻笑。

问卷调查所显示的直接诉诸身体的性骚扰经历（包括动手动脚和强暴）与我们的预先估计相比，比例偏低。对这类情节显然较为严重的性侵犯，区分其不同的发生场景，对于辨析其中的不同内涵或许是必要的。因问卷容量所限，我们还不能对此做出更深入的分析。在广东和北京，一些被访者对这类性骚扰做出了部分描述。

在珠海，几位女工反映说，在外来妹出入的地方，如宿舍区、厂区附近，常有一些"烂仔"围在路口，有时甚至把路堵住，说些下流话，有些还趁机动手动脚，根本没人管。一位在三美电机厂打工的湖南妹说："许多广东仔对我们动手动脚，对我们打工妹认为可以随便欺负。"另有一些打工妹在问卷上写道："治安不好""性骚扰，在街上"等。

与那位三美电机厂的打工妹同宿舍的另一位女工说，在她曾打过工的一间"老板厂"（指私人企业），"那里的老板更坏，没有哪个女工没受过他的欺负，女工在那里都做不长"。她说她在那里只做了不到一个月，连工资都没敢要就赶快辞工了。另有一位女工在问卷上这样写道："有别的女工好看，叫厂方老板看中是没办法跑掉的。"

在北京，有女工诉说，有的男顾客喝多了酒，动手动脚的非常吓人，"怕极了，也不敢辞了这份工作，怕找不着活干"。

笔者在宝安街头曾问到过几位被访的打工妹，被男老板或男主管欺侮过的女工会不会比较容易被提升？几个打工妹几乎异口同声地回答："那还不是欺负就欺负了"，"他哪里会有那样的好心！"当然其中也有一人告知，曾有一位女孩被男主管看中，后来做了拉长。

在对外来女民工性骚扰状况的描述中，我们大致可以形成这样两个突出的印象：（1）部分外来女民工所处的治安环境相对比较恶劣；（2）对她们的性骚扰似乎带有更为野蛮的掠夺的性质。

（二）对策与保护

如果受到男人的性骚扰，外来女民工打算采取什么样的对策？问卷调查结果如下。

表 2　受到性骚扰的对策

	人数	比例（%）
投诉	324	42.7
私了	30	4
找老乡帮忙	174	22.9
不知怎么办	75	9.9
其他	52	6.9
未填	104	13.7

调查结果表明，一旦遭受性骚扰，外来女民工主要从这样三个途径寻求保护或解决。

第一，寻求制度的保护。42.7%的外来女民工希望以“投诉”的方式解决性骚扰问题。她们打算投诉的部门一是司法部门。一些人在问卷中写道：“用法律武器保护自己”“找派出所”，等等。她们希望投诉的另一个部门则是行政部门，希望通过它的干预制止骚扰。

与这种期望和要求不相称的是，许多外来女民工又表现出对制度现状不满意和失望的情绪。有的人在问卷上这样写道：“投诉了，我认为有关部门只不过不了了之。”还有人写：“想去投诉，但又总觉得无可奈何”，“想找政府帮忙，但又不知怎么做，也听说过找政府不理，所以心冷了。”另外一些人写道：“外地人投诉，没用。”

在北京，一位打工妹告诉说：“我不知道找谁投诉去，谁管我们这些人的事呀？”“老板的饭馆让人砸了，派出所来人就看了看，说是只要不出人命，这种事根本管不过来。轮到我们就更甭说了”。另一位河南女青年告知，她曾就顾客的性骚扰向女老板诉过苦，女老板回答说：“别理他，我们还不都是这样过来的！”

第二，利用同乡和亲友之间互助共济式的关系，仍是外来女民工对付性骚扰的重要方式。问卷结果显示，有22.9%的人选择靠老乡帮忙解决问题。此外，在“其他”一项中，还有一些人写道：“找丈夫帮忙”“找知心朋友”“找家人”等。还有人写道：“先找老乡帮忙一起去投诉，如果解决不能使自己满意，然后再私了。”另有人写：“会考虑找人报复对方”“找人报复他”，等。

在北京的几名被调查者表示，如果性骚扰情节不十分严重，那么首先是能忍则忍；如果情节比较严重，或者“实在咽不下这口气了”，就去找老乡或其他朋友帮忙，“跟他算账”。一般说来，在与外部冲突的情况下，寻找同类群体的帮助，最容易加深不幸的感觉，并容易导致非理性的冲动和报复行为。

第三种保护是来自个人的自我保护。这又分成两种形式：

一种是依靠个人的力量进行抗争。如有的人写道：“警告他不准再对我侮辱”，“以正义的态度说服对方”，“我会骂他一顿”，“讲道理，说服，给他，做思想工作，给予解决。”

另一种则表现为隐忍怕事，采用逃避的方式解决问题。有人这样写道：“大事化小事，小事化无事”，“不将事情搞大”，“忍得一时之气，免得出麻烦”，“我想把他放过”，等等。北京的一位小保姆这样解释说：“在外头，没依没靠的，最怕的就是出事，告状都没地方告去，只能忍。”

综上所述，对待性骚扰，希望并主动寻找制度保护的意识在外来女民工中正逐渐普遍化。但另一方面，她们对制度现状的满意程度又很有限，这不仅反映在如有些人所说的，“告了也没有用”，“外地人投诉，没用”，“政府不理”等这种对现存制度的不信任情绪上；也反映在如另一些人所说的“不知找谁告去”这种在现有的制度框架中难以找寻合法或有效庇护的状况上。

调查还表明，缺乏按正规制度行为的习惯，也是外来女民工中较为普遍的问题。对待性骚扰，打算以“私了”，“找老乡”等途径解决，或“不知怎么办”的比例总计高达36.8%，此外还有一些人另行填写了报复和忍耐等选择。这种现象既可能是对制度现状失望的结果，也可能是农民自身的文化所致。由于调查内容所限，尚不能加以细化。

（三）原因

就同样受到性骚扰这一现象而言，外来女民工与城市妇女并没有什么区别。但笔者注意到，在涉及性骚扰的原因时，她们之间的感受和解释却不尽相同。城市妇女认同性骚扰是性别歧视的说法，并更多地将此归因为道德、治安和权利等问题。而外来女民工却并不将此仅仅看作性别歧视，在社会治安之外，她们还常常将此与自己特殊的经济与社会背景联系在一起。

在北京调查时，笔者曾要求被调查者凭自己的主观感觉，指出她们与城市妇女相比，谁更容易受到性骚扰，希望借此折射出她们对于性骚扰原因的看法。结果表明，在接受调查的21名妇女中，有7人表示“可能差不多”，8人表示“可能是我们”，“当然是我们”等，另有6人表示“说不清楚”。在进一步询问为什么之后，认为“差不多”的解释说：“都是女的嘛!”“我也听过好多北京女的说这样的事”，“那些人（指骚扰者）哪里管你是什么人?”还有人说：“你们北京人也挺辛苦的，每天也要挤来挤去地上班下班。”认为“是我们”的则解释为：“可能我们比较好欺负”，“他们那些人也软的欺负硬的怕”，“没有人替我们说话”，还有人说：“我们外地人在这儿干哪样不受气，最没地位了！这（指性骚扰）算什么，还有打伤人，把人打残废的，你们管不管?”“你们北京人谁还干这个（指餐馆端盘子)？都舒舒服服的，也不担风险”，等等。

在珠海，笔者也曾询问过几位打工妹，本地女青年是否也常会被“烂仔”在街上欺侮，她们大都不以为然地说：“她们总是好啦”，“那些‘烂仔’专捡我们这些打工妹欺负啦。”

在调查中笔者注意到，外来农民工有着一种普遍的倾向，即将自身的经历，尤其是所遭受的种种歧视和不公正，都与自己的身份联系在一起。尽管他们之间存在着种种如地区、利益等方面的差异，甚至是摩擦，但是这些差异和矛盾在必要的时候会消失在共同的身份感和“同类”意识之中。例如在涉及性骚扰的调查中，笔者曾询问过前面提到的几位打工妹，她们所说的“烂仔”中有没有外地人，回答是：“也有，可是那些广东仔最可恨!”

外来女民工的身份是否与她们的性骚扰经历有关？笔者曾接触到这样

两个典型的事例。

第一个事例是，还是在深海，一位女工告诉笔者，她们居住的巷口常聚集着一些“烂仔”，她和其他女工都常受其辱。但是那些“烂仔”对同样出入于此巷的她们的房东的女儿却要规矩得多，很少有不三不四的言行，对另一些本地人也大抵如此。所以房东的女儿有时会主动提出保护她们出行。

另一个事例是，在蛇口，本人曾与几位在公司做职员的女性交谈，在问及有无“烂仔”在她们出入的地方公然侮辱和骚扰妇女时，她们回答，“很少。他们不敢，有警察和保安。”“有也是趁人多的地方，偷偷摸摸的，明目张胆的不敢。”但在谈及打工妹时，其中一位自称在工厂工作过的承认：“她们那儿是比较乱。”

这两个事例确实说明了身份与性骚扰之间的相关性。从中我们得知，至少在一些地方，城市妇女（特别是其中的中上层），与身处下层社会的打工妹处在不尽相同的治安环境中，享有制度所安排的不尽相同的人身保障。此外，它也印证了外来女民工自感的某种社会偏见：她们是被社会另眼相看的人群，并且只要是属于这个群体的成员，其地位就是低下的，也是可以被损害和欺侮的。

在另外的讲述中，上述几位白领女性进一步证实了由于农民工这种身份所受到的偏见和歧视。她们谈到，在一些公司和写字楼中，白领女雇员受到性骚扰的事时有发生。在深圳，尤其是年轻漂亮的女性，几乎人人都得学会应付这种局面。也有些女性确实在利用男人的“贪心”（指贪色）来达到自己的目的。相比之下，她们认为，打工妹受到这种性骚扰的可能性就要小一些，这是因为：第一，打工妹与老板或其他权力者的接触相对有限；第二，一位女士直截了当地说：“身份不一样”，“在深圳，年轻漂亮又有文化的城市小姐多的是！”笔者认为，这些讲述并不具有统计的意义，不能用来证明外来女民工因其身份而可以免受或少受性骚扰，相反，倒说明了对外来女民工作为女性和农民工的双重偏见和侮辱，并且也进一步表明了妇女内部的层级化以及各自地位、利益和资源的差别。当一些白领妇女在抱怨老板或上司要求她们付出性权利以换取种种机会和利益时，众多的生活在社会底层的外来女民工却不得不忍受更为恶劣的治安环境和更具野蛮掠夺性质的各种侮辱，这使得不同阶层的妇女的社会关注形成了差别。

美国学者朗在对性骚扰的研究中指出，在美国，黑人妇女是更容易遭受性骚扰的群体。[①] 这是因为在很大程度上，种族因素强化了她们受到偏见和歧视的地位。由于缺乏有效的统计资料，我们还不能肯定指出，在城市妇女和外来女民工之间，谁是更容易受到性骚扰的群体，但是调查结果确实表明了外来女民工在性别因素之外，还有着其特殊的受歧视因素，这就是因其身份而构成的低下的经济与社会地位。

三　外来女民工的双重身份与歧视

60年代，美国著名的女权主义者弗里姐（Friedan）在她的具有世界影响的著作《女性奥秘》中阐述了一个重要观点，她认为，妇女只有取得经济上的独立，才有可能反抗压迫她们的父权制的统治。因此她呼吁，妇女应当走出家门参加工作。

对弗里姐的观点，著名的黑人女权主义学者霍克丝（Bell Hooks）提出了不同的看法。她在一系列的著作中反驳说，大多数劳动妇女和少数种族的妇女，实际上为了生存，早已走出了家门参加工作。但她们干的是低收入的体力劳动，她们的收入和工作状况既不解决她们依赖男人的地位，又无法使她们真正在经济上独立。相反，许多妇女在这种工作环境中还要受到资本家的剥削和侮辱。霍克丝指出，弗里姐的观点实际上只适用于白人中产阶级妇女。霍克丝和另外一些黑人或其他少数种（民）族女权主义者的这类论著的贡献在于，它们揭示了妇女内部的社会分层，以及以种族、阶级、地域等为界的妇女利益的差别。

如果对法国工业革命初期，女工不得不忍受雇主的“初夜权”，[②] 和美国的女黑奴被白人奴隶主强暴的历史现象，[③] 仅仅用性别歧视加以解释，这肯定是过于简单的。在这些事例中，我们看到的是性别、阶级、种族等因素混合在一起同时对妇女的压迫。在性骚扰问题上，主流派的西方女权主义理论的一个缺陷是，过于强调了性别因素，而忽视了妇女的种族、阶

① Sexual Hatassment：*Gender Paradigm of the 1990's.*

② 参见周以光《评法国妇女反性骚扰斗争及其社会效果》，《社会科学战线》1995年1月。

③ 参见鲍晓兰主编《西方女性主义研究评价》，三联书店1995年版。

级、民族和区域等背景及其差异，从而有将自身的经验和理论过于概括的倾向。

同样，仅仅从性别的角度解释城市外来女民工的性骚扰问题，显然也是不够的。对于西方女权主义者来说，性骚扰的实质是性别歧视问题；但对于外来女民工来说，性别歧视却不是她们关注的全部。如同她们在城市中其他受欺辱的经历一样，性骚扰的经历令她们感受至深的还包括城市社会对于外来农民工这一就业身份的歧视。这种感受、解释，以至于经验方面的差异，如前文所述，即使在中国本民族的妇女中间，在城市妇女和外来女民工中间也是深刻存在的。

性骚扰作为观察外来女民工在城市生存状况的一个视角，它反映了农民工这个社会群体中的妇女，由于性别和就业身份而受到的双重歧视：作为妇女，她们在社会转型时期愈益被推向边缘化，并因此而受到性别歧视；作为农民工，她们更是城市社会中地位低下的少数群体，是遭受集体歧视的目标。

1. 外来女民工的性骚扰问题，可以说是中国妇女从受到行政保护到被推向边缘化的社会变迁过程中较有代表性的社会问题。

在过去计划经济的行政管理模式中，男女平等作为一种意识形态受到特别强调。妇女在就业、晋升，以至种种特殊问题等方面的利益，通过政府和各级行政组织强有力的干预和保护得到实现，在过去，尽管性骚扰的存在，因种种观念和心理等因素而部分得到容忍，但是，相对稳定的社会规则和社会秩序，以及行政裁决中的道德主义倾向和对保护妇女的特别强调，在客观上成为一种保护机制，很大程度上实现了对妇女的保护，抑制了性骚扰等侮辱、歧视妇女现象的明目张胆的存在和蔓延。在笔者过去工作过的一个单位，曾发生过一位领导干部与一个女青年通奸的事情。当团支部考虑对该女青年给予处分时，上级进行了干预，理由是，在这种行为中，女方是受害者。最后以该领导降低行政级别两级宣告处理终结。过去在单位中，妇女一旦受到性骚扰，如不特别隐忍，一般来说，可以指望肇事者受到行政惩罚。各级行政组织在调控人们的道德行为方面曾发挥过重要的作用。因此，肆无忌惮地以权力谋取性好处，以及公开的横行于市的对妇女的调戏和侮辱行为在以往是被控制在个别的范围之内的。从一定意义上确实可以这样认为，妇女是过去那种行政管理模式的受益者。

但是随着改革开放以来社会结构的调整，妇女利益的保护体系也发生了变化。首先是随着以往道德和价值体系的瓦解，道德在维护社会秩序方面的功能受到削弱，其直接的后果之一就是各种性骚扰行为的增多。此外，尤其是行政管理体系原有的多元化的职能趋于分化，更使得以往对妇女特殊利益的保护体系开始解体。以采用新体制的三资和乡镇企业为典型，企业经营者过去无所不包的行政职能现已被单一的经济目标管理所代替，包括职工的人身权利、妇女保护在内的诸多权益问题已经从企业经营者的管理目标中分化出去。我们在广东中山市一家合资企业调查时，厂长就曾说过：我们和国营企业比不了，没有能力养活不能工作的工人（指怀孕和生育的女工）。但与此同时，社会专门化的组织和机构却又发育迟缓，妇女权益保障的替代性的社会保护和监督机制未能得到建立和完善，这就使得对妇女特殊利益的保护处在或者无法可依，或者有法而无人操作和无人监督的境地。也使得放纵性的性行为和对妇女权益的侵犯成为可能。一些外来女民工诉称“投诉无门”“告了也没用”等，正是这种制度缺失现状的反映。对这种在社会结构变动中，妇女权益保护制度的缺失状况，本人称之为妇女的边缘化现象。

女工的生育状况从另一个方面说明了妇女边缘化的处境。在珠江三角洲的调查中，许多外来女民工报告说，不敢怀孕，担心一旦怀孕便会被“炒鱿鱼”。更有甚者，有的打工妹在问卷上写道：“结婚，就送回。未结婚，想都不敢想”。另有媒介报道说，在江苏昆山市，劳动用工检查组在对一些企业的抽查中发现，许多企业明显违背国家法律，内部规定女职工没有产假期，有的甚至在招工时就规定了3年之内不许生育（《北京青年报》1994年8月2日）。显然，虽然国家法律明文规定了对妇女孕产期的特殊保护，但是在现存的制度安排中，法律并没有得到贯彻，这种对妇女的事实上的歧视，在珠江三角洲和其他许多地区，在许多问题上都存在着。

2. 社会学在研究种族和平等时经常使用一个重要的概念——少数群体，它是相对于优势群体而提出的。所谓少数群体，就是指那些因身体或文化等方面的特征而被所在社会另眼相看，并长期受到不平等待遇的人群。少数群体常常不能与所在社会中那些占有优势的成员一样，享有平等的获得财富、权力和声望的机会，并且备受剥削和歧视，社会地位低下。少数群体通常不是一个人数概念，而是指一个群体的社会特性，例如在过去的南非，人口占多数的黑人因长期受制于白人而被认定为少数群体。冲突学派认为，对少数群体歧视的根源在于资源占有的不平等。

外来农民工在城市社会中是当然的少数群体，尽管在不少地方，他们的人数已超过了当地居民，并且如前所述，他们也自感是集体歧视的目标，反映在语言层面上，“本地人”和“外地人”是他们最常使用，并用以区别身份、地位和利益的词语之一，它们已超越了地理的意义，而具有社会学的内涵。所谓本地人，往往意味着具有城市户口，享有城市社会提供的公共福利和特殊政策庇护，并且拥有使之占支配地位的社会财富，是占优势的社会群体。而外地人，在许多情况下是指那些因缺乏城市人所拥有的上述种种资源而受支配、受歧视的外来农民工。它也是这个群体的通常称谓。

究其根源，对外来农民工的社会歧视来自在中国实行了多年的不平等的身份制度，这种制度以强制的方式在城乡之间实施了对上述资源的不平等的配置，并使其固定化。对农民工的歧视颇类似于种族歧视，在绝大多数情况下，仅仅因为某种先赋而确定人们或优或劣的社会地位。尽管功能论者认为这种身份制度具有一定的合理性，但是它的不公平和非正义是显而易见的。并且不能忽视的是，它越来越对社会产生反功能的一面。在宝安，一位打工仔告诉笔者，他一直是县里的学习尖子，高考只差一分而落榜。而他所在工厂的那些主管们，大都只有小学文化，甚至连产品说明书都看不懂，但只因是本地人就都被安排在管理层，且一样对他们随意欺凌、辱骂。他们宿舍的房主更只有初小文化水平，因前几年农转非，盖了房子，从此再不工作，坐地收银“吃瓦片”。这位打工仔愤愤地说：“这儿根本不是能力社会！我们养活了一堆寄生虫!”功能论者肯定身份制度的一个重要论据是，资源有限，以及资源配置的有效性和合理性。但是这种制度运行到今天，已经越来越使人们对这一论据的可靠性产生了怀疑。

在珠江三角洲的调查中，我们大量接触、观察和感受到在经济社会生活中对外来农民工的种种歧视。它不仅反映在一些工厂主近乎原始的压迫和剥削方式上；反映在一些地方歧视外来农民工的就业政策条例上，和一些地方官员为维护本地区利益而纵容某些外商的不法行为，置打工者的基本权益于不顾的态度上；也反映在社会对外来农民工普遍存在的偏见和歧视行为上。例如：在珠海，几个居住条件稍好的广东湛江女工，再三声明她们是广东人，不是外地人，并拒绝接受调查。显然，她们是在极力回避“外地人”这种身份。在宝安，在几间打工者居住的铁皮房前，房主不以为然地对我们说：“打工仔还要住什么样的房子？不给他住这样的房子他就要睡到街上去了。”在调查中，笔者数次听到这类说法，“有本事的人不打工，没本事的人才打工”，“他们嫌苦，为什么还要出来？没有人请他们来嘛！”“他们到这里赚到钱啦，回去可以盖起房子，还有什么不满意的啦！”等等。

离开外来女民工的经济与社会背景，讨论任何一种针对她们的歧视行为，都是缺少意义的。对她们中的许多人来说，性别歧视与就业身份歧视是不可分割地联系在一起的。对外来农民工群体来说，性骚扰也只是他们面对的诸多歧视的一种性别形式。如果说，随着社会的转型过程，妇女愈来愈被推向边缘的话，那么应当说，外来女民工就更是处在双重的边缘。

善良的人们寄希望于制定更多的法律，用以约束和规范对外来女民工的压榨、欺侮和性骚扰。这是必要的！但是法律的公正不能替代事实的公正。美国等一些西方工业化国家制订反性骚扰的法律已有多年，但性骚扰行为仍屡禁不绝，并且有人推测，实际的性骚扰状况比已知的要更为严重得多。因为在社会的观念、习俗和制度安排中，对妇女的歧视已根深蒂固。同样，我们有理由认为，只要某一优势群体对某少数群体继续保持优势，事实上的歧视就无法最终消除。

公厕问题与公厕革命*

张仙桥

公厕问题是当今世界也是我国面临的一个严重社会问题。我国的公厕基本上处于脏、乱、臭状态，表现为数量少、档次低和功能单一和管理水平低。而全自动免冲卫生间的问世，则扭转了水冲厕的误导作用将公厕革命推进到一个新阶段。它首先节约水资源，还通过粪便资源化变废为宝和改变居民的厕所观念及入厕行为从而得到明显的环境效益、经济效益和社会效益。

当前，世界上正面临人口爆炸、环境污染、生态破坏和资源匮乏等重大社会问题。这些社会问题都与不能登大雅之堂又是人们日常生活必须打交道的厕所有切不断、理更乱的联系。因此，公厕革命已列入世界各国的议事日程。如日本于1985年5月由个人志愿者组成的公厕协会宣告成立，1993年在日本大阪召开了世界公厕研讨会；1994年亚太区公厕服务研讨会在香港召开，1995年5月又在香港召开了世界公厕研讨会，1996年将在日本召开第三次公厕研讨会。早在1984年北京市已注意到这个问题，并组织力量检查了100多座近郊公厕的卫生情况。1993年北京日报和北京晚报发起的“综合治理北京公厕的建议报告”，第一次提出了“公厕革命”，并纳入首都文明工程的首选课题。接着又组织了公厕设计大赛，得到了国内外100多家新闻单位的报道和赞赏。它有力地冲击了我国千百年来旧有的社会文明意识，倡导了崭新的环保环卫观念，并新建了38座文明试点公厕，但仍未扭转水冲厕的误导作用。1994年安徽省政府也在全省组织了一次公厕评选活动。其实，免冲卫生间的问世，才是真正的“公厕革命”。21世

---

* 原文发表于《社会学研究》1996年第5期。

纪的重要社会课题是改善人类的生存环境，厕所作为人类生存环境的一个重要内容，寰球居民都应该为厕所的革命尽点力。

一　公厕问题是我国一个严重的社会问题

我国城市目前绝大多数厕所和世界各国及地区一样，都是采用水冲厕。但在农村和城区的一些公厕仍保持着原来的蹲坑式旱厕，这种落后的厕所给治理周围环境带来了一些严重的问题。首先是公厕数量少。按照国家卫生城市标准，城市每平方公里应有3座公厕，繁华闹市地区每500米应有一座公厕，但迄今还没有一个城市达到这项标准。如我国最大的城市上海市，仅有公厕1040座，上海市民近万人才有一座公厕。市区情况更为严重，平均800人才摊上一蹲坑，在南京路、西藏路和金陵路等繁华地段，每天流动人口200万~300万人，而公厕仅有20多座，平均每10万流动人口才一座，当然是杯水车薪了，由此还产生“厕霸”（专事在厕所蹲坑占“窝”，以索取急便费的人），令人啼笑皆非。北京市尽管有6800多座公厕，但只有30%分布在主要街道和繁华地区，70%的公厕在胡同里，所以找到了厕所，进厕也不易，还要排起长龙。如西单南的公厕前，经常排队，少则也有20~30人，多则上百人，排队入厕成了北京的一大景观。一位中年男士说：“是小便，等一等还能忍受，若是大便又怎么得了，但过了这个‘村’就没这个‘店’，‘受’不了也得‘受’。”在北京火车站候车室二楼的公厕，也是每个便坑有几个人等候。某出差来京者万分感慨地说：“何时才能安得厕所多几间，大庇‘憋士’俱开颜呢?”北京的外来流动人口每日达330万人以上，再加上本市的流动人口，总数约400万人，北京市主要街道约计1.5万人拥有一座；王府井、前门等商业繁华地段，平均10万人以上一座。在北京现有165个居民小区中，也仅有62座公厕。与发达国家相比，相差甚远。其他城市亦然，如长春市全安区平均1万多户才有12个公厕。更令人难以置信的是：新建的深圳市特区，深南大道上自上海宾馆至黄贝岭的这么长路段，竟只有一座公厕。还有的街道没有公厕。为此，联合国有关组织已给我们亮出“黄牌”：中国城市人均拥有厕所的数量居世界末位。其次是档次低和功能单一。目前北京乃至全国大中城市基本上为沟槽型蹲坑式。这种公厕占地面积大、坑位少、投资多、施工难，不便维修，常常是脏臭难忍，污染严重。一位侨胞形容国内如厕是“四部曲”：一“叫”，这是什么地方呀！二“跳”，地面脏得无法下脚；三“哭”，臭气熏眼刺鼻，涕泪双流；四“逃”，被地上蠕动的蛆虫吓跑。也有些无奈而胆大的，就在无挡板的蹲坑用厕，面面相觑，只得苦“笑”，这就又加上“笑”，成为“五部曲”。其功能单一，就不再赘述。所以我国的公厕已臭名远扬，不仅妨碍旅游创汇，引进外资，还有损于礼仪之邦的文明形象。最后是管理水平低。由于公厕是政府包揽的公益型事业，设施陈旧，及时更换困难，加上国民素质较低，不善于爱护，形成恶性循环。如北京稻香园小区在1989年修建一批高质量的公厕，有独立便区、抽水马桶、镜子、衣钩、洗手池、烘干器等一应俱全的设备。当时还不收费，结果不到一个月，面目全非，镜子碎了、衣钩断了、烘干器和水龙头不翼而飞，刚换的一卷手纸也被人毫不犹豫地塞进自己的包内，甚至有人在铺着马赛克的地面上大便，不得已，将坐便池改为蹲坑，搪瓷洗手池改为水泥洗手池，白色马赛克改为暗红色的。近几年来，随着商品经济的发展，许多地方时兴收费厕所，有专人管理，使公厕的卫生、维修有了较大的改善。但由于不能从根本上改变目前这种厕所的结构与模式，仍然使公厕处于被动局面而未得以彻底改观。1995年，为迎接第四届世界妇女大会的召开，北京环卫局在怀柔县主会场所在地建了一座设施先进的示范公厕。谁料，就在管理人员进厕所里打扫卫生的空当儿，外间的水龙头就被拧走了。还有少部分收费公厕，只顾经济效益，不顾社会效益与环境效益，群众反映强烈，他们说“歪嘴的和尚把经也念歪了”。总之，中国城市公厕已到了非革不可的地步。

二　国外公厕现状及发展趋势

世界上各发达国家，从解决公厕的数量入手，现在十分重视公厕的质量，甚至把饭厅与厕所同等看待。如日本的自动如厕器以及方便后可自动喷出暖水清洗、烘干或将人体排泄物在24小时内释成高级复合肥料的公厕。法国杜克思公司推出一种街头公厕，方便后的人们无不为它那内部清新无异味以及提供多种服务所吸引，普遍感到，上这种厕所就像一种享受。迄今为止，到法国的旅游者除了上埃菲尔铁塔外，认为不上杜克思公司的街头厕所是一件憾事。有人说美国文明的三大标志是牛仔裤、可口可乐和抽水马桶。像洛杉矶400万人口就有200万个卫生间，但公共厕所却不尽人意。旧金山市引欧洲电脑化自净公厕20间，引起了全国公厕大议论。纽约议会为此争论多年，认为这种单间公厕没有残疾人专用的位子，是违法的，又怕公厕变成吸毒、贩毒、流氓犯罪活动的场所和无家可归的栖身之地。目前美国的一些公厕向艺术化和保健化方向发展，厕所内挂壁画、放音乐。又将电子技术引入公厕，使公厕向自动化、智能化发展。它可以记录人的血型和尿常规，从而检验出一些易被人忽视的疾病，通过电脑分析，打出结果。还有一些治疗痔疮、肛裂、妇科病的专用厕所。在发展中国家也已重视公厕问题。如印度尼西亚有30%人口居住的贫民区，公厕严重不足，政府已动员全国乡镇在本世纪内新建2600座公厕；菲律宾也于1982～1990年分期实施农村厕所的改良，以求1990年全国农村的每户居民拥有一座卫生厕所；马来西亚的公厕内用鲜花点缀，以改善环境和观感；印度公厕内多有民族风格的壁画，引导如厕者多往艺术方面发挥和联想；新加坡总理吴作栋于1996年4月8日的一次讲话中要求环境部每隔二年或三年定期检查公厕的清洁情况，认为这反映出我们是否为他人着想，并着重指出，公厕清洁度是衡量社会进步的标志之一。现在国际上有一种说法，观摩一个国家是否富足以及文化发展与否，最有效的途径是观察那里的公厕，即可找到可信的答案。还有一种说法是：衡量一个国家和地区的文明程度，要看它的“3T”（交通、电话普及率和公厕），可见，公厕已成为全世界城乡面临的一件大事。综上所述，未来的世界公厕不仅是满足人们生理功能的地方，更是享受的地方，它将向舒适化、多功能化、智能化的方向发展。

三　全自动免冲卫生间（以下简称无水冲厕）的问世，开始了真正的“公厕革命”

1995年5月20日获得国家多项专利的无水冲厕在广州市召开的免水冲环保公厕的新闻发布会上亮相，5月27～29日在香港召开的第二次世界公厕研讨会上，获得专利的赫恩祥介绍了无水冲厕的结构与原理，并发表了论文，得到了与会专家的好评，其论文题目是“公厕革命从这里开始”，他认为用厕是人类最基本的活动之一，因此公厕也是人类文明进步的一部记录史。随着现代化社会的不断进步与发展，人们也赋予它更进步的意义和更新颖的内容，特别是更加符合环境保护的要求。目前世界上绝大多数公厕都是水冲厕。当然，从旱厕到水冲是一大进步。但是水冲厕必然要受地点的限制和水资源的制约。因此赫恩祥经过三年多的研究，方研制出不用水清洁的无水冲厕是一次革命。

无水冲厕是与现行水冲厕相对而言的。它是通过“替代”水这一载体，来实现人类厕所革命的系统工程。根据赫恩祥的专利技术，北京泰和通技术发展公司的总经理，独具慧眼地承担了研制开发任务，并得到了国家科委社会发展司、国家环保科学研究院和中国社科院社会学研究所等单位的积极支持和北京市环保局的鼎力相助。该公司委托北京轻工学院精心设计和北京煤矿机械厂等单位精心加工已生产出一批样子间。该样子间已由北京市环卫局和泰和通技术发展公司共同推出在王府井大街试用，群众普遍反映干净、方便、卫生、实用。它有以下优点。（1）利用机械密封装置将粪便密封于可降解塑料袋内，无异味外泄。（2）每次每人用一个可降解塑料袋，方便地置于厕板上（就像现在如厕时使用纸厕垫一样简单）。既有效地防止公共交叉感染，又避免集便袋内的粪便异味在开启状态下外泄。（3）便于安装、维修、运输方便，不受地点限制，既可固定于大型公厕内，又可方便地安装在汽车、火车、轮船等移动物体或专用移动厕所上。（4）特别方便残疾人、行动不便者，与现有各类水冲厕相比，可制成升降式移动式的轮椅厕，这样可为特殊需要者提供方便、周全的应用条件。（5）粪、尿在如厕时自动分离、密封，不受污染，便于收集、利用，用于制药、制有机肥、生产沼气、发展养殖等。（6）集便容器内放可生物降解塑料袋，更换方便，便于运输，既大幅度地降低了运输、处理费用，又利于环境保护。总之无水冲厕节约水资源，基建投资费用低，并且不产生污水，可节约复杂的给排水设施。另外，我国是一个农业大国，目前由于人们长期大量使用化学肥料，使土壤中有机物大幅度降低，土壤肥力下降，出现严重结板现象，对农业生产已构成威胁。无水冲厕的粪便资源化的推广和应用，使人们能够利用肥效较高的有机复合肥，对农作物的增产和土壤的改善都有较大的好处。因此，从无水冲厕是一种有较大推广价值的技术来看，它被称作厕所的真正革命，是当之无愧的。

四　关于公厕革命的展望

无水冲厕的问世，使公厕革命进入了一个新的阶段。它为21世纪的可持续发展战略增添了一个新的内容。

1. 节约水资源是刻不容缓的一件大事。

早在1972年，联合国召开的“人类环境”会议和1977年召开的“水”的大会，就向全世界发出警告：“水不久将成为一项严重的社会危机，石油危机之后下一个危机便是水。”1991年世界自然保护基金会召开的“世界环境与水资源保护会议”也提出“节约用水和净化水资源”是当今人类面临的最严重的挑战之一。水的问题越来越多地引起世界各国的普遍关注。如果说本世纪的战争由争夺领土和石油而起，下个世纪将是一个争夺水的世纪。我国水资源总量不少，占世界第六位，而人均占有量仅为世界人均量1/4，占世界第109位，被联合国列为世界上13个贫水国家之一。

同时，水资源时空分布不均，广大北方和沿海地区水资源严重不足，我国北方缺水区（包括京、津、冀、豫北、鲁北、胶东和辽中南等）总面积达58万平方公里，全国600多座城市有300多座缺水，总缺水量58亿立方米，缺水城市主要集中在华北、沿海和省会、工业型城市。同时水污染日趋严重。全国每年排放废污水量达360多亿吨，其中80%污水未经处理直接排入江河湖泊。七大江河中，辽河、海河、淮河已经严重污染，洞庭湖、巢湖、白洋淀、滇池等也遭到了不同程度的污染。全国90%以上的城市水环境恶化，城市河流遭严重污染，每年因污染造成的直接经济损失约300亿元。

水资源是不可替代的，也不是取之不尽、用之不竭的。根据我国国情，水资源的短缺和浪费水、污染水的普遍现象，不仅影响社会经济的发展，也将影响人类的生存。所以无水冲厕在节约用水上有不可估量的价值。

2. 变公益事业为公益——经营型行业，使公厕革命有了经济基础。我国的公厕属于公益事业，只由政府一家承办，加上传统观念的影响，城市公厕长期以来处于脏、乱、臭状态，始终处于设备简陋、设计落后、功能单一的格局。它不仅使老百姓怨声载道、外宾反感、成为影响外宾旅游、投资的障碍性因素，更成为政府挠头的一件事。而新建公厕谈何容易。一般建一座100平方米的一、二类水冲公厕，约需投资30万元。目前，北京市要建2000座公厕，至少需6亿元资金。现北京财政每年用于修建公厕的拨款是200万元，到2000年才投资1200万元。以此标准推算，需50年才能完成修建任务。无水冲厕不仅完全克服了传统公厕的弊端，而且可以变公益事业为便民利国的公益经营型行业，使城市公厕发展成为符合国情、民情、商情的大众化服务项目。

3. 粪便资源化可变废为宝，消除了环境污染，具有较好的环境效益和经济效益。建国以来，我国农作物施用肥料的结构发生了很大变化。70年代以前，农家肥与化学肥料的比例是7∶3，到70年代末期，由于化肥的用量日益增长，其比例已变为3∶7，施用农家肥的比例越来越小，许多地方的作物几乎全部施用化肥，这样导致了土壤有机质不断减少，土壤的肥力下降。所以增施有机肥料已成为实现农业持续发展亟待解决的问题。无水冲厕的使用就可以使废物变成有机复合肥的原料。通过人粪无害化工厂所产生的大量粪渣，还可以用于城市绿化。另外，通过粪便养蛆的综合利用，可产生一种优质蛋白源，具有很好的经济价值。根据目前对无水冲厕和水冲厕的比较分析，如果在我国建造100万套无水冲厕，其经济效益更为显著。每年可节约用水9000万吨，节约运费4.32亿元，节约厕所基建费用50亿元，节约基础设施投资2亿元。还可提供氮肥13.68万吨，磷肥1.82万吨，钾肥2.74万吨。

4. 社会效益尤为显著。多少年来，我国“唯厕独臭”的事实，反映了我国人民厕所观念和如厕行为的落后，也反映了我国社会公德教育和环境意识教育上的疏漏以及文明意识的淡薄。因此，偷窃、破坏公厕设施、污染公厕环境和辱骂殴打环卫工人的现象屡见不鲜。而公厕革命正是经济、科技与社会相结合，自然科学与社会科学相结合的多学科共同探讨的结晶，也是物质文明与精神文明的契会点与突破口，对促进社会文明的发展具有鲜明的现实意义和强烈的深远影响。同时，在城市的规划、建设和管理上，也会受到人们的重视与关注，取得较好的社会效益。

1997 年

农村劳动力流动的性别差异*

谭　深

本文在概要描述农村劳动力流动中性别差异的一般状况后，着重讨论了婚姻对外出女性和外出男性在发展上的不同影响，以及就业制度与性别职业的关系。

近年关于农村劳动力流动的各种调查中，性别差异是一个不被十分注意但却无处不在的问题。这些或大或小的数字，或多或少地体现出女性与男性在农村不同的社会处境、经济地位、家庭角色，它们的背后则是更为复杂的制度和文化的原因。本文根据笔者参与的调查和其他资料，概要地描述这些差别，重点讨论婚姻与发展及就业制度与性别职业两个问题。

一　差异的一般状况：数量与结构

根据1990年人口普查分类，农村劳动年龄内人口的迁移原因中，“务工经商”和“婚姻迁入”是两种主要形式，我们常说的“农村劳动力流动”事实上主要指“务工经商”这部分，因为婚迁者一般都定居下来，而务工经商者更具“流动”性质，而且这两者的自身状况，对家乡和流入地的影响是很不相同的。

1990年人口普查反映，在15岁以上的农村迁移者中，男性占51.6%，女性占48.3%；迁移者中有职业的是1422.8万人，其中男性54.0%，女性46.0%，总体数量上差异不大。但在务工经商迁移的725.4万人中，男性占69.4%，女性30.7%，两者之比为2.3∶1；而在410.9万婚迁者中，

---

* 原文发表于《社会学研究》1997年第1期。

男性仅占8.6%，女性高达91.4%。换句话说，外出男性的93.4%为务工经商者，而女性有62.8%属于婚姻迁移。

近年有许多对务工地和流出地进行的农村劳动力流动的调查，如前文所述，调查的主要对象是外出务工经商者。根据这些调查，近一两年外出务工经商的农村劳动力男女比例大致在2∶1（男∶女，下同），① 又据农业部农研中心对75村跟踪调查，在外出劳动力中女性比例在上升，1988年性别比是3.75∶1，1991年3.22∶1，1993年2.57∶1，而1994年降到2.29∶1。如果假定目前流动农民有7000万人，那么按最低估计其中有2300万人左右是女性。②

这些劳动力主要流向何处呢？1990年人口普查显示，外出务工经商者中男性有近60%是在省内，女性比例高达65%；省际流动中，不论男女首选的顺序依次为广东、上海、北京、江苏、浙江这样的沿海发达地区和大城市，但是女性显然要比男性更集中，有近一半跨省流动的女性聚集在广东省，如果加上上海、北京、江苏和浙江，占了出省务工的农村女性的65%以上；男劳力在广东的数量也最多，但仅占出省男劳力的16%，加上上海、北京、江苏和浙江，也不到24%。而在女性数量很少的新疆、青海、贵州、湖北、辽宁、黑龙江、山西等地，分布着不算少的男性。

近几年对农村劳动力流动调查显示了同样的趋势，即农村外出劳动力的大多数在省内流动；③ 省际流动者，仍以广东、上海、江苏、北京等地所占比重最大；④ 出省的女劳力大规模集中在广东省和其他工业发达地区。

---

① 如劳动部1995年所做80行政村调查，性别比为2.7∶1；北京市1994年流动人口调查，性别比1.74∶1；零点调查公司1994年所做京沪外来民工调查，性别比2∶1；中国社会科学院社会学研究所1995年调查湖南一农村，外出劳动力性别比1.84∶1等。

② 7000万人中有一部分是老人儿童，不一定都是劳动力；但是如果包括部分婚迁者，女性的数量就会大于这个数字。

③ 根据国家统计局资料，1992年转移的农村剩余劳动力有82.8%在本省（这个数字可能包括离土不离乡即没有“流动”者，因此比外出的数字要大），17.2%在外省。转引自江流、陆学艺、单天伦主编《1993～1994年中国：社会形势分析与预测》（社会蓝皮书）第73页，中国社会科学出版社。“农村年度分析”课题组调查，1993年农村外出打工人员中在本省的占69.8%，外省的占26.3%（引自《1992年中国农村经济发展年度报告——兼析1993年发展趋势》，中国社会科学出版社1993年版）。

④ 在转向外省的劳动力中，转向东部的占65%（转引自上注“社会蓝皮书”第73页）；又据劳动部1995年对8省80行政村调查，出省劳动力在主要省份比例为：广东20%、上海11.1%、江苏9.5%、北京7.3%、湖北5.4%等（引自1995年12月农业部农研中心主办“农村劳动力流动”论坛）。

笔者参与的课题调查，广东省1994年外省农村劳动力650万人，其中女性占60%约390万人。[①] 如果按农村女劳动力出省占35%算，2300万外出农村女劳动力当有800余万跨省流动，与1990年人口普查比例相似，约一半流入了广东省。

那么外出的男女劳动力在个人情况上有哪些差别呢？

年龄：外出劳动力的主体是35岁以下的青壮年农民，比例要占70%~80%，其中女性平均年龄低于男性；

受教育程度：外出劳动力的受教育程度不仅明显高于全国农村劳动力的平均水平，而且高于同年龄段农村劳动力平均水平（见表1）。但同样是农村外出劳动力，女性的受教育程度低于男性。我们在珠江三角洲调查的男女外来工受教育程度如表2。原因可能比较简单，与农村男女受教育不平等直接有关。

表1　农村外出劳动力受教育程度比较

单位：%

	高中及以上	初中	小学	文盲
1990年人口普查农村15~30岁人口	9.1	47.9	42.9	8.4
442县农村外出劳动力*	15.3	54.8	23.7	6.0
北京外来人口中15~44岁者	14.8	54.8	24.9	5.5
珠江三角洲外来工**	15.9	66.1	17.0	0.9

* 1994年中国社会科学院农村发展研究所调查。

** 本课题组1994年调查。

表2　珠江三角洲外来工受教育程度性别比较

单位：%

	大专	高中	初中	小学	文盲
男	2.4	30.2	60.0	7.1	6.4
女	1.2	9.0	68.3	20.4	1.1

婚姻状况：目前没有农村外出劳动力婚姻的总体状况资料，1994年零

① 总数为广东省劳动局提供，390万根据办理了务工证的比例推算。1993年末至1995年，笔者参与了中国社会科学院社会学研究所课题组对广东省珠江三角洲外来民工和对湖南省钟水村外出民工调查。“本课题组”数字均出于此。

点调查公司对京沪两地外来民工调查，两地外来民工中未婚与已婚的比例基本各占50%，其中女性的未婚比例比男性高一些；1994年本课题组对珠江三角洲外来民工调查，已婚与未婚比例分别是15.1%和84.8%。其中女性未婚比例（84.8%）略高于男性（84.4%）。两项调查一是市内民工，一是工业区民工，二者婚姻状况上的差距与外出劳动力在区域上的分布有关，但是性别比较上有共同倾向，即女性未婚比例高于男性。

二 讨论：婚姻与男女两性的发展

在是否外出、外出类型上，未婚者与已婚者的差距是很大的。对未婚男女来说，是否外出，主要取决于自己的意愿和条件。无论对儿子还是女儿，父母的干涉都是不多的。在广东调查的绝大多数是未婚者，“家里支持”的比率男女都接近80%。在湖南调查中，村里的未婚男女凡能出去的几乎都出去了，只是父母对女孩儿的安全多一些“不放心”，还没有见到女孩外出非本人自愿而由父母安排的。由此可以认为，未婚男女的外出基本上属个人的自主性流动。

而一旦结婚成家，夫妻考虑的基点立即转向家庭整体，家庭的性别分工也立即鲜明起来。对不发达的农村来说，要想自己的家庭过得不比别人差，或者为今后的发展做积累，外出务工是最便捷的办法。如果能夫妇同出去的往往会一同出去，如果没有条件同出，比如父母不能帮忙照料孩子或种责任田，那么外出的一方当然会是丈夫。换句话说，只要家中必须留下一个，这个人顺理成章便是妻子，而极少是妻去夫留的。在湖南调查的村中有30多户是夫妻同出，30多户是丈夫一人外出，仅2户为妻子一人外出。也就是说，女性婚后外出的机会比男性下降了一半。近年有研究者指出农业的女性化趋势，即留在大田中耕作的青壮劳动力以女性为主，指的就是这种已婚女性滞留农村的情况。可以看出，结婚成家带来的责任感鼓励了男性的外出，但却是女性外出的制约因素。

而夫妻如果同出，往往是丈夫先出，然后回来接妻子，而且原有的性别分工也会随之复制到流入地：丈夫以工作挣钱为主，妻子承担照料孩子和家务，或做些辅助性工作补贴家用，形成妻子的从属性流动。

与种田、做家务比较，外出务工无疑被农民视作更具发展性的选择，当这种选择有限时，总是优先给男性。不论在婚前还是婚后，男性在流动中的地位基本上是不变的，他总是主体或为主的角色。而女性自从结婚后便退为配角，她的发展是以丈夫的发展为前提的。只有当某种原因使丈夫难以承当家庭的主要责任时，妻子才作为替代性角色上升到主要位置。在广东调查时遇到一位江西女子，她丈夫在承包运输中不幸出了车祸，欠下医药费和车主赔偿费3000元，她只得外出打工，丈夫带着孩子在家。对于这样的安排，她显得十分无奈，说："只要挣够了还账钱就回家。"

改革开放以来，中国农村的婚姻家庭发生了很大变化，比如择偶自主性增强，家庭内平等提高，女性获得比过去更多的经济收入和发展机会，因而得到更多的尊重和自主权。但如果比较起城市的婚姻家庭，父系家庭制度和与此相关的从夫居传统仍然在多数农村占主导地位，农村的生产方式、土地制度和聚族而居的生活方式，决定了婚姻的本质仍是女性劳动力从出生家庭向丈夫家庭的转移。在这种情况下，家庭中夫主妻辅的性别角色和劳动分工就是不可避免的。

按说流动应有助于改变这一传统，特别是有大量全户外出的流动家庭长期生活在城市。事实上某种变化确实也出现了，例如我们调查中发现有的夫妻除了寄钱帮助男方父母外，也寄钱给女方父母。而在家乡，女儿出嫁后与娘家主要是礼节性情感性来往，经济上的往来是很少的。之所以能寄钱给娘家，显然是女儿也有了独立的收入。再比如也有的夫妻将儿女寄放在女方父母家帮忙照料，如果不是外出，这也是不可能的。但是流动对传统的改变是有限的。不论外出时间多长本质上仍是一种过渡状态，受现行户籍制度、土地制度制约，对绝大多数农村的流动者来说，最终他们还要回归农村，回归到传统之中去。

正是这种最终的回归，使得流动务工者处在一种矛盾的边缘状态。这种边缘状态是双向的：在流入地，处来农民身份使他们难以融入当地文化中去；而返回家乡，因外出经历而获得的观念和行为的变化，又使他们难以完全回归到家乡的传统中。而这种矛盾对女性来说又多一层，即难以适应传统的婚姻使她们更边缘化。因为按照传统婚姻所规定的性别角色，未婚男性的婚姻前景很大程度上取决于他的个人成就，他在个人前途上的努力至少与家庭对他的需要是一致的。而对于未婚女性来说，个人的成就与传统婚姻"派定"给她的角色几乎毫无关系，她的发展很大程度上由婚姻所限定，对不少女性来说，结婚往往意味着个人发展的中断。

在广东调查那些年轻的务工者时，多数人选择了“挣钱”和“见世面”作为外出务工的目的，其中是很有些发展的憧憬的，包括对美好爱情和美满婚姻的向往。广东调查中，有一半以上的青年男女不排除在外找对象的可能。但在现实生活中，多数人还是要回到家乡解决婚姻问题的。对于男性来说，进入传统的婚姻模式对他们来讲没什么障碍，因为这种模式中的每一桩婚姻都是男高女低、男主女从的。能够外出的已是村中的佼佼者，而他越是注重个人的发展，在择偶中的选择余地越大，对传统婚姻的适应能力越强。而对外出女性则正相反，自由的打工经历提高了她们的自信和对婚姻的期望，同时使她们的择偶范围变小。访谈中我们询问过男女青年找对象的要求，男女都表示要找“知根知底”“谈得来的”，但女孩子们的要求多一项：对方至少有过打工经历，不要“土头土脑的”，男孩子则没有提到这一条。就是说，打工的女青年已无法接受传统的婚姻，同时传统的婚姻也难以接受她们。就这样，在打工妹大量聚集的地方已悄然出现一个婚姻的边缘群体，一些二十四五岁了还没有对象的农村大龄女，她们的焦虑和无奈是难言的，有的人说：不知将来会怎么样，“也许就这样走到哪儿算哪儿了”。

三　讨论：职业的性别分工

由于缺乏农村流动劳动力就业的统计，我们可以先参考1990年人口普查反映的女性职业分布，因为其中“乡村迁移人口”中已经包含了外出一年以上而户口未迁移的流动劳动力，以此比较两性间的差异（见表3）。

可以看到，两者在性别比例上是如此接近，这说明，农村流动劳动力中两性就业的分布基本上沿袭了原有的性别结构。这里差距最大的是“农林牧渔业劳动者”，农村迁移人口中女性比例远高于全国，数量也超过同样的男性迁移者。原因可能是当时有400万婚迁者，她们中的一部分加入务农者队伍，增大了农村迁移人口中务农的女性比例。

我们知道，改革开放以来，城里人的职业结构发生了很大的变化，一些脏、累、重的工作早已成为外地民工的一统天下，像建筑工、纺织工、环卫工中几乎见不到城市人的身影。但是在这些职业和工种中两性的分布都基本没变，只不过原来城里的男建筑工换成男农民工，城里的纺织女工换成外来妹。而性别职业的共同特点就在于：女性就业层次偏下、年龄结构偏轻、工资收入偏低。我们在这里要讨论的问题是：性别职业对农村劳动力的流动有哪些影响？以及它们形成的原因是什么？

表 3　不同职业门类中女性所占比例

单位：%

职业门类	全国总计	其中乡村迁移人口
国家机关、党群组织、企事业负责人	11.5	8.2
专业技术人员	45.0	42.4
办事人员	25.6	10.2
商业工作人员	46.7	40.3
生产运输工人	35.7	30.3
服务性工作人员	51.6	51.4
农林牧渔业劳动者	47.9	72.3
其他	略	略

在对珠江三角洲乡镇企业外来工调查时，我们询问了工资情况，结果月收入在 300 元以下的女性比例高于男性，月收入 500 元以上的女性比例低于男性。这是由于同工不同酬吗？70% 以上被调查者认为不存在这种情况。问题正在于男女在职业和工种上有明显的分工，并且在这一分工结构中女性普遍处于偏低的位置。被调查女性有 90% 是流水线工人，其中一半在外资企业工作，文职、技术工人加起来不到 7%；男性 70% 是工人，其中一半在私营企业中，文职和技术工人共占 21.9%。据我们向有关部门了解及其他同类调查，珠江三角洲企业中工人的月收入在 300～500 元，保安 500 元左右，技术工人 1000～2000 元，文职人员 1000～3000 元。女性工人比例大，越往上比例越低，当然收入会低于男性总体水平。

在大城市中外来民工从事的职业和工种要比工业地区繁杂，但是有些职业也明显与性别有关。比如建筑工，几乎清一色是男性。进北京的 15～44 岁农村男劳动力，有 1/3 在建筑行业工作，① 而保姆、餐馆服务员、售

① 根据北京流动人口调查有关数据计算。

货员基本是女性，个体摊贩往往是夫妻店夫主妻辅。据北京市流动人口调查，外来劳动力平均月收入约450元，其中集贸市场个体摊贩在1000元以上，环卫工800元左右，建筑工500元左右，餐饮服务业400元左右，保姆200元左右。[①] 另据笔者参与的一项对北京市乡镇企业外来女工调查，她们平均月收入不足250元。再次说明女性收入水平比男性低，主要不是同工不同酬，而是不同工的问题。

性别职业不仅影响收入水平，还决定着不同素质的劳动力在地域上的分布。因为农村劳动力外出，目的非常明确，能找到工作才能有钱挣，才可能有发展，因此，哪里有工作位置，他（她）们就会向哪里流动。广东省聚集着全国一半的农村流动女性，珠江三角洲又在其中占到八成，她们绝大部分是未婚的年轻打工妹。那里成千上万的三资企业，大量招收女工。

那么是什么原因造成职业上的性别分工？也许，这个问题涉及男女两性在社会中生存的全部状况。本文不敢做简单结论，这里仅以分析制度变革与性别职业的关系为切入口，提出我的思考和问题。

中国社会自1949年以来经历了两次社会转型：一次是50年代所有制变革，建立了社会主义公有制和计划经济体制；一次是1979年以后的经济体制改革，确立了社会主义市场经济原则。经历了第一次转型的中国妇女，在就业上无疑获得了与男性空前的平等，而这一平等是通过政府包下来就业，而不是劳动力市场实现的。政府的劳动和人事部门的职责是，将每一个（城市）劳动力安置到职业位置上去，实行的是男女搭配的方式。若干年中也时不时出现一些单位不愿招收女工的问题，但是基本上在政府行政与企业讨价还价之间解决了，没有将问题摆到社会上。与男女平等就业相匹配的是，国家将“男人能做到的事情，女人也能做得到”作为主流意识形态推行，一些“三八女子带电作业班”“女飞行员”“铁姑娘队”等在各地出现，象征着女性对传统男性工作领域的全面进入。

经济体制改革推进到劳动制度改革之后，特别是原体制外的劳动力市场生成，原来城市人由政府安置就业，农村人自然就业状态向劳动力市场调剂就业过渡。女性的就业问题一下子在社会上突出出来。在公有制企业工人“下岗”潮流中，大量进入男性集中的工作领域如矿山、油田、冶

① 冀党生等：《北京市流动人口现状与对策研究》，《中国人口科学》1995年第4期。

炼、机械制造等工业的女工被编余下岗，她们如果能再就业也基本转向传统女性集中的工作。而通过劳动力市场就业目前有几个渠道：由政府、企事业单位或私人开办的职业介绍机构，用人单位集体招工，在报刊、街头、厂店门口的招工广告，以及私人中介等。在这样的劳动力市场中，性别因素被不经意地提出来。比如笔者曾分析过1993年1～3月刊登在《北京日报》上的全部招聘广告，其中有1/3明确提出性别条件，这些条件明显具有传统倾向。[①] 在珠江三角洲，我们经常可以见到工厂门口张贴的招工广告，有的只简单几字："大量招收熟手女工"。在温州，有两个闻名远近的职业介绍所，一为女工市场，另一则是男工市场。不难想象，通过这样的劳动力市场，两性的职业被鲜明地划分开了。

以上的事实使我们很容易地认识到，制度因素与性别职业的关系。换句话说，由政府统一控制的劳动力管理制度缩小了两性在职业上的差距，而劳动力市场制度却促进了两性职业上的分化。

但是，通过上述人口普查显示的两性职业分布也使我们发现，仅仅强调制度的因素是远远不够的。中国妇女在计划体制下取得的就业平等，主要是最大限度地得到与男性同样的就业权利。但是职业上的平等并不能由统一管理的劳动制度一蹴而就，一个女劳动力从待分配到被安置到一个单位，再到下属部门，然后得到一个具体的工作位置，要经过若干关口，政府的劳动部门是没办法一竿子插到底的，中间各级有权插手劳动力位置的人员意志都在起作用，蛰伏在社会心理深处的性别意识也发挥着它的影响。所以，尽管"男女都一样"地工作，但是两性的职业层次和职业位置仍是有差别的。而一旦劳动力市场取代了政府行为，性别分工的倾向从暗处走向明处，性别职业成了公开的理所当然的，两性的职业上的差别明朗并拉大了。

这至少给我们一种启示，男女两性在职业上的差距可能与两性更久远的社会分工有关，并且比这种社会分工更顽强更长久的是由此形成的社会文化。而文化心理的变革乃是一个比制度变革更深刻，然而也是更缓慢的过程。

---

① 参见笔者《中国当前职业的性别分化透视》，《妇女研究论丛》1993年第4期。

中国社会保障研究述评*

张力之

一　研究的急迫性

（一）经济体制改革急需社会保障体制的改革

社会要发展，其变革就是不可避免的。1979 年，中国开始改革开放，中国社会又一次大规模的变革开始了。变革自农村家庭联产承包责任制开始，逐步导致了社会主义市场经济代替计划经济这一过程。经济体制的改革是要建立以高效率为目的、充满生机和活力的社会发展动力机制，使国民经济迅速发展。与此同时，要建立社会发展的稳定机制，以实现社会发展的公平目标。①

市场经济的发展，优胜劣汰的竞争机制必然导致被淘汰者基本生活需求受到影响，他们的饥寒困苦将要严重地影响社会安定，而没有安定的环境又会阻滞经济的发展。西方资本主义国家面对这一处境选择了“社会保障”（Social Security，又译“社会安全”）这一社会政策作为出路。② 社会保障也就是实行以国家为主体，通过国民收入的分配和再分配，依据法律，规定对社会成员因年老、疾病、伤残而丧失（包括暂时丧失）劳动能力，或因失业、灾害和不幸事故以及曾为社会尽过义务而生活面临困难者，提供物质帮助以保障基本生活的制度。由于保障了社会成员的基本生活，从而起到了社会稳定机制作用，所以社会保障被称为“安全网”“社

---

* 原文发表于《社会学研究》1997 年第 2 期。

① 参见陈良瑾《社会发展与社会保障功能》，《社会学研究》1987 年第 1 期。

② 周弘：《欧洲社会保障的历史演变》，《中国社会科学》1989 年第 1 期。

会稳定器”。

西方资本主义国家的现代意义的社会保障，19世纪80年代自德国开始实行，在欧美逐步推广。第二次世界大战之后，西方发达国家的社会保障进一步发展，宣称对其国民实行“从摇篮到坟墓”的一切都包起来的社会保障，宣布建成了“福利国家”。西方的社会保障制度对保障人民基本生活，从而稳定社会创造有利于经济发展的环境起了重要作用。经济的发展又转过来促进社会的发展。当然，西方国家那种一切都包下来的保障制度与经济的发展又产生了矛盾，福利制度出现了危机。但是，瑕不掩瑜，优点仍是主要的。二战后向现代化迈进的国家，都程度不同地建立了社会保障。

中华人民共和国自1949年成立以来，就十分重视社会保障，国家宪法为建立和发展社会保障事业提供了法律依据。新中国成立以来，在城市逐步建立起以高就业、高补贴为基础的城市社会保障体系，在农村建立了以国家救济和群众互助为主体的社会保障制度。这些社会保障制度对保障群体的基本生活、发展生产、巩固政权、维护社会安定都起了重要作用。但是在中国向社会主义市场经济迈进的新形势下，原有的社会保障体制，不论在城市还是农村，都与新的经济改革形势不相适应，其主要问题是以下几个。

第一，因为城乡二元格局的形成，城乡社会保障出现了巨大的差别，使全国社会保障覆盖面比率变小。城市实行的是高就业、高补贴的社会保障制度，即有了城市户口和工作就可享有养老、工伤、医疗、生育等社会保险，住房、粮食、副食等补贴。农村实行的是国家救济和群众互助为主体的社会保障，其保障水平低于城市。当然，农民有土地做靠山，集体化后也应实行与城市一样的制度才是合理的，但是限于目前国家的经济发展水平，这又是不可能的。从世界各国社会保障的发展过程来看，由职工到农民有一个过程，但如我国这样使农民的身份难以逾越，使市民与农民的保障水平相差如此悬殊，也是不多见的。有关研究指出，从社会保障支出构成看，占总人口80%左右的农民的社会保障费支出仅占全国社会保障费的11%，而占总人口20%的城镇居民却占社会保障费的89%；从人均占有看，1991年城镇人均社会保障费455元，而农民人均仅15元，相差30倍。从社会保障覆盖面看，城镇已达91%，农村只有2%；与国际比较，小康型国家享受社会保障的覆盖面已达75%，而我国只有30%。[①] 农村社会保障水平改革前就低于城市，实行家庭联产承包责任制后，农村生产队原有的集体保障功能有所减弱，但是农村商品经济的发展，乡镇企业的崛起，又为农村社会保障由“救济型”向“保险型”过渡准备了经济条件，在商品大潮中前进的农民眼界开阔了，有了改革的愿望，中国农村社会保障开始走上改革之路。

第二，中国社会保障的另一严重问题是把社会保险办成了“企业保险”，社会化程度低。中国企业职工的社会保险始于1951年颁布的《中华人民共和国劳动保险条例》。该条例对养老、工伤、疾病、生育等社会保险都有规定，其规定除个别修正和补充外，一直是全民所有制企业职工社会保险的主要依据，而后集体所有制单位也参照执行。关于保险基金，规定由企业“行政方面或资方须按月缴纳相当于各该企业全部工人与职员工资总额的百分之三，作为劳动保险金。此项劳动保险金，不得在工人与职员工资内扣除，并不得向工人与职员另行征收”[②]。由中华全国总工会及企业工会基层委员会保管和支付。1969年以前按此实行，“文化大革命”中，总工会及各级工会停止工作，劳动保险工作不得不由各企业、各单位自行负责，变基金积累制为现收现付，从此“社会保险”退向了“企业保险”。这种倒退使企业因退休职工的多与少而负担的退休费用轻重不一，同时退休职工多的单位，劳保医疗费必然多，纺织厂等女职工多的企业生育费用负担重。这样，在竞争的形势下就使企业处于不平等的竞争条件下，这是违背市场竞争的规则的。要使已建立社会保险的企业处于平等的竞争条件下，就必须改革已有的社会保险制度。同时，改革以来各种所有制企业纷纷建立，其中不少企业未建立社会保险，为保障职工的权益，为使各种所有制企业处于平等的竞争条件下，为解除从业人员怕失去社会保险而不敢变换职业的心理，促进人才流动，人才竞争，也应建立共同的社会保险制度。社会保险的社会化水平低，还使在市场竞争中亏损和倒闭的企业的退休职工领不到或无处领取退休金和报销医药费等。退休职工生活无着，不得不上访上告以求解决，形成了新的不安定因素。为变企业保险为社会保

① 朱庆芳、盛兆荣：《社会保障指标体系》，中国社会科学出版社1993年版，第35页。

② 国家劳动总局保险福利局、全国总工会劳动保险部编《劳动保险文件选编》，工人出版社1981年版，第4页。

险，社会保险改革从国有企业的养老金社会统筹开始了。

第三，改革前的社会保险项目中欠缺失业保险。改革以来，中国经济迈向社会主义市场经济，而失业是市场经济的必然产物。在市场经济发达的国家，失业保险作为其社会保险中的重要内容都先后建立起来。随着科学技术的进步、产业结构的频繁变化和劳动生产率的不断提高，失业保险制度越来越成为安定社会、发展生产的十分必要的社会保障配套工程。所以，我国要改革原有的劳动用工制度，打破“铁饭碗”，引入竞争机制以促进劳动力的合理流动，在这一优胜劣汰的过程中，必然有职工失业，为保障失业职工的必要生活条件必须建立失业保险。这是为经济发展而稳定社会必不可少的措施之一。随着经济体制改革步伐的加快，建立失业保险制度更是社会保障改革中刻不容缓的改革措施之一。

第四，在原计划经济下建立的社会福利、社会救助、优待抚恤以及农村的五保供养、合作医疗等，其资金、管理都直接由国家民政部门和农村人民公社、生产大队提供。在社会主义市场经济的今天，适应计划经济的社会保障管理办法很多都需要改革，如资金筹集的多元化、管理的社会化等。只有改革，这些保障项目才能继续发挥“社会稳定器”的作用，否则，不少项目将难以为继。

（二）迫切需要对社会保障的研究

1949 年以前，现代意义上的社会保障在中国还不存在，中国社会学家也仅在研究劳工问题时涉及劳工福利等问题。1949 年以后，新中国虽然建立了自己的社会保障体制，但是社会学这门学科却被取消了，作为学科对此方面的研究也就不存在了，同时，这一保障体制刚建立，存在的问题还不突出，从实际需要角度的研究也就不足。

1979 年以后，社会学开始恢复学科研究，老年社会学是较早开展研究的社会学分支学科。老年社会学对城乡孤寡老人和退休工人的状况及他们社会养老保障方面的调查，推动了社会学界在社会保障方面的研究。

80 年代初，社会学界对社会保障的研究刚刚起步，不论对社会保障的理论方面还是对国内外的实践方面都欠缺研究，而改革开放的浪潮正急切呼唤社会保障体制的改革。在现实的迫切要求下，社会学界与实际工作部门——劳动人事部门和民政部门同开展了研究，用于指导社会保障改革实践。研究与实践相互促进，有力地推动了社会保障研究。

较早的社会保障研究，始于80年代对西方国家社会保障制度的翻译介绍，90年代逐步开展了各国间的比较研究，加强了中国社会保障改革如何借鉴国外经验教训的研究。国内社会保障改革的实践推动研究者紧密联系实际进行研究，提出改革方案、改革中的问题及解决办法等。同时，有关研究者出版了有关社会保障历史、现状、变革和理论等论著。90年代中期对社会保障理论的研究也逐步展开，研究者提出了自己的观点。

二　借鉴国外的研究

现代的社会保障源自西方并在第二次世界大战后获得长足发展，我国的社会保障改革需向其借鉴，取其精华去其糟粕，这就要了解其具体内容。1986年四川人民出版社出版了赵立人、李憬渝编著的《各国经济福利制度》，介绍了西方国家的福利制度和苏联、东欧和我国的社会保险制度，进行了比较，指出了问题，最后对我国社会保险制度的改革提出了建议。同年劳动人事出版社还出版了朱传一主编的《美国的社会保障制度》和杨祖功选编的《西欧社会保障制度》等书。而后一批译著出版：华夏出版社1988年出版张萍译的国际社会福利协会日本国委员会编《各国的社会福利》，1989年出版魏新武、李鸣善译美国社会保障总署编著的《全球社会保障制度》，1990年出版梁向阳等译经济合作与发展组织秘书处编的《危机中的福利国家》，吉林大学出版社1989年出版王刚义、魏新武译联合国国际劳工组织编著的《社会保障基础》等书。

以上诸书侧重对发达国家的介绍，便于开放后的国人了解西方国家的实际状况。90年代以来，学者进一步对各国的保障制度进行比较研究。1991年4月在北京召开的“中国和挪威社会保障制度研讨会”即是由两国学者“就北欧国家，尤其是挪威的社会保障制度发展、特征及变化和中国社会保障制度的发展和改革问题进行了广泛的交流和探讨”。[①] 北欧国家社会保障制度的发展，其可借鉴之处甚多。比如它的发展成熟经过近百年的

① 张蕴岭主编《北欧社会福利制度及中国社会保障制度的改革》，经济科学出版社1993年版，第1页。

循序渐进，所以在我国这一发展中国家更不能一口吃成胖子，要“低起点、渐进式”；又如它的制度化、社会化特征，自愿性向义务性过渡和自愿性与义务性相结合等做法，对我们改革现有社会保障制度都有重要的参考意义。①

请挪威学者来中国访问交流是“请进来”，而1993年10月，中国学者组团去德国、英国、瑞典考察欧洲社会保障体系在社会宏观调控中的作用及其目前存在的问题，② 则是“走出去”进行实地调查。通过考察，我国学者认为，在我国建立新型社会保障体系时，应认真汲取西方国家的经验教训，即要（1）变被动保障为积极保障。西方传统福利观念是分散风险和对风险的事后补偿。结果费用越来越高，现应注重预防风险，如建立失业保险固然重要，但更要注重培养劳动力市场，减少失业。（2）社会保障水平的基线要低。因社会保障有一个重要特点，就是措施一旦出台，基线一旦确立，就只会上升难以下降。经验表明，每项措施费用都比预计的高得多，搭车现象防不胜防。所以初始保险基线定高了，将使我国发展水平不高的经济背上沉重的包袱。（3）要把社会保障的规模和费用控制在适当范围。因一项社会保障建立后，其人数和费用超过的幅度往往是预计的3倍。（4）社会保障要量入为出，与财政和税收政策挂钩。要实行工薪阶层社会保障费预扣制度，防止随意加税加重企业负担，金融上要稳定货币，防止通货膨胀等。（5）社会保障与工作业绩挂钩。社会保障应当是一种“产业”而不是一种社会负担，应是激励机制。如建失业保险不要使失业的人比就业的人收入更高。（6）社会保障的法规和条例要简明、透明。这样便于执行、监督、修订，最主要便于监督，防止营私舞弊。以上诸点是中外学者的共同结论，研究制定社会保障政策措施时，应充分考虑以免重蹈前人覆辙，遗患无穷。

90年代中期，对发达国家的比较研究又从医疗保障、养老保障、社会福利、失业保险四方面进行了全面、深入的研究。③ 对医疗保障进行了制

① 张蕴岭主编《北欧社会福利制度及中国社会保障制度的改革》，第86~87页。

② 李培林：《建立社会保障体制应当借鉴的经验和注意的问题——赴德、英、瑞考察报告》，《社会学研究》1994年第3期。

③ 郭士征：《医疗保障及其国际比较》《养老保障及其国际比较》《社会福利及其国际比较》《失业保险及其国际比较》，《社会学研究》1994年第3、5期，1995年第2、6期。

度、水准、财源和诊疗报酬支付、老人医疗制度和抑制医疗费上涨对策等方面的比较研究；对养老保障进行了养老金制度、给付、水准、支付年龄以及养老金费用负担等方面的比较研究；对社会福利进行了行政、老人福利、母子福利、残疾人福利、家庭福利等方面的比较研究，并对我国社会福利事业的发展现状及其改进提出了意见；对失业保险进行了资格条件、给付内容、费用负担、管理体制等方面的比较研究，并对改善我国的失业保障体系提出了对策。以上研究比较了诸发达国家之间的不同并加以归纳。如医疗保障分“保健服务型”和“医疗保险型”，因财源问题又以后者为主；医疗保险有三个共同点，即强制加入为主、任意加入为辅，劳资共同负担保险费和患者本人少量负担等。关于养老保障，有“定额给付”（即在该国居住一定期限的老龄者，无所得限制一律给付）和“所得比例给付”（即社会保险给付方式），目前认为二者的混合给付是最具合理性的给付方式，是真正能够做到“个人的公平性”和“社会的完善性”相结合的给付。所以，定额给付加所得比例给付也许是今后合理提高养老金给付的有效途径。关于养老金的支付年龄，这是个与社会保障费用支出多少有关的问题，“例如将养老金开始支付年龄，从65岁稍向66岁推迟一年，则养老金给付就能减少5%～10%”①。但由于企业技术革新希望高龄者让位于年轻人、劳动者本人愿早退休以及增加工作岗位缓解失业等又主张提早退休年龄等，所以退休金支付年龄是个敏感的政策课题。关于养老金的财政方式有，（1）“积存方式”：本人加入养老保险期间筹资的积累，这需经过相当的年数，否则不能支付充分的养老金额，目前主要是养老金制度建立不久的国家用此方式。（2）“赋课方式”：特点是没有积累，根据每年需要支付的金额征收保险费或税金，目前养老金制度已有相当历史的发达国家，便是大部分用此，德国国民称这种方式是世代间的共同纽带，更符合建立养老金的初衷，使人与人之间的关系向更高层次发展，有利于社会的延续与稳定。至于社会福利，研究者认为与社会救济、社会优抚是完全不同的，其最大区别是社会福利的最终目的不是救贫，在广泛的社会保障中，社会福利具有高层次的保障意义。社会福利是具体人权（福利权）的集中体现，所以国家有满足公民的福利要求以及不断改善和提高其整体社

① 郭士征：《养老保障及其国际比较》，《社会学研究》1994年第5期。

会福利水准的义务。而二战后各国经济的迅速发展使各国综合供给能力、新兴社会价值观和社会性功能得以加强，应是社会福利在各国普遍推行的重要原因。目前，社会福利的发展已在世界范围内构成一种水平由低向高、范围从小到大的趋势，应该说是人类进步的表现。因此，发展与本国国情和国力相适应的社会福利事业应是无可置疑的，不能因一些“福利国家”出现的问题而否定社会福利事业的发展。至于失业保险，研究者认为各国的失业保障体制大致都趋于多元化，实际方式上大多是以失业保险制度为主，失业补贴（救济）制度为辅的互补性双重方式，目前实施这一互补性方式的国家已达50余个。失业保险的费用负担是该制度成败的关键问题。失业保险的资金来源有三方面，即被保险者、企业、政府，但在实际操作时，企业是资金的主要来源，被保险者在有的国家则不负担任何费用，有的是定额负担费用或按工资比例负担费用，而政府一般投入是有限的。我国过去用“待业”代替“失业”，并不能否认现代经济制度下失业的存在。我们应正视失业，强化失业保障体系，把失业所带来的负效应减弱到最低限度。对于失业，研究者指出，一是创造更多的再就业机会是最好的失业保险，二是建立失业保险为核心的失业保障体系，才是解决失业问题的出路。

关于西方国家的社会保障制度于70年代中期以后陷入困境的原因，史柏年①认为主要有经济、社会和政治三方面原因：一是近20年西方经济的滞胀是高福利社会保障制度难以为继的根本原因；二是不断加剧的人口老龄化趋势使西方社会保障制度更加难以维持；三是西方社会保障制度受内外政治斗争形势的影响，朝着日益膨胀的方向发展，其弊端长期不得解决。关于第三点，作者认为二战后苏联为首社会主义阵营的国家型社会保障制度是其外部压力，出于冷战的需要和缓和本国的阶级矛盾，西方国家战后日益加大社会保障的力度，朝着覆盖面更广、保险项目更多、福利标准更高的方面发展。从内部政治斗争形势看，各政党为争取选民将事关国计民生的社会保障制度的制定和调整置于一党一派的私利之下，使社会福利政策始终朝着日益增加、扩大和提高的方向发展。当前陷入困境企图削减福利开支时，又因党派之争而难以实现。

---

① 史柏年：《西方社会保障制度的困境与出路》，《社会学研究》1996年第6期。

我国社会保障改革已由试点逐步迈入全面启动阶段，为了进一步借鉴，需逐项深入研究发达国家的经验与教训，同时还需研究发展中的亚非拉美诸国的社会保障体制。目前对发展中的亚非拉美诸国有所介绍，但研究是不足的。

三　社会保障专著

1988 年经济科学出版社出版了《改革与完善我国的社会保障制度》一书。该书是中央人民广播电台理论部在民政部、劳动人事部组稿并编辑出版的。读者认为这是当时唯一的有关我国社会保障改革的理论书籍。① 该书对我国社会保障的历史状况，当前改革的必要性，向西方社会保障制度的借鉴，改革的目标，待业保险的建立，养老和医疗保险的改革，个体劳动者的社会保障，农村的扶贫、救济、社会保险等的改革与建立，社会福利的改革，保险筹资中的个人付费问题，管理的统一协调问题等都做了论述，对进一步开展研究有重要的启迪作用。

90 年代以来，1990 年知识出版社出版了陈良瑾主编的《社会保障教程》。该书分为总论（社会保障的概念、历史演进及模式），社会保障的基本理论（社会保障的思想渊源、“福利国家”社会保障的理论基础和社会主义社会保障的基本理论），社会保障的主要内容（社会保险、社会福利、社会救助和优待抚恤），建立具有中国特色的社会保障制度（农村社会保障、城市社会保障和社会保障立法）共四编。该书是中国学者撰写的第一部系统论述社会保障基本理论和操作实务的专著，是一部大胆探索、密切结合中国实际、具有创造性的科研成果。该书为国内部分高等学校的社会学系及社会工作与管理专业的试用教材。该书在国内社会学研究机构、国家社会保障管理部门和专业社会工作者中流传较广，颇受欢迎，被认为是我国社会工作专业化、现代化的一项基础性建设，具有较高的学术价值和应用价值，在美国、中国香港、北欧、加拿大等国家和地区也有一定影响。②

---

① 中央人民广播电台理论部编《改革和完善我国的社会保障制度·编者的话》，经济科学出版社 1988 年版，第 1 页。

② 中国社会科学院社会学研究所编《中国社会学年鉴》（1989～1992.6），中国大百科全书出版社 1994 年版，第 319 页。

1992年北京大学出版社出版的郭崇德主编的《社会保障学概论》一书，与陈良瑾的《社会保障教程》（下称“陈书”）同为高等学校教材。这本专著亦是在教学与科研的基础上撰写的，是《中国社会发展战略研究》的子课题《我国社会保障研究》的最终成果。该书共十二章，阐述了社会保障的起源和发展，马克思主义的社会保障学说、社会保障与社会问题、世界各主要国家的社会保障比较和中国社会保障的现状等诸方面内容。该书与陈书涉及的内容范围基本一致，但有的内容叙述的角度与侧重点不同。例如关于社会保障的历史发展，陈书详述了发展过程并划分为四个阶段（成型阶段、发展阶段、福利社会阶段、改革阶段）及主要模式；而郭崇德主编的《社会保障学概论》则侧重介绍了瑞典、英国、联邦德国、美国、苏联、日本和新加坡的社会保障制度。对中国的社会保障，郭书详述了中国社会保障自新中国成立以来的状况，分别论述了社会保险、社会福利、社会救助、优抚安置的历史及现状，最后论述了中国社会保障制度的改革；陈书是从社会保障改革的角度论述中国社会保障，分别论述了农村与城市的社会保障改革及社会保障立法，并突出探讨了农村的社会保障改革。

以上两书是当前有关社会保障的两部基本理论书。另外，1991年经济管理出版社出版了邵雷、陈向东编著的《中国社会保障制度改革》，1992年西南财经大学出版社出版了田禾、甘本佑、张伟超著的《中国社会保障学概论》，1991年黑龙江人民出版社出版了章俗主编的《黑龙江省社会保障决策研究》等书。1995年湖北人民出版社出版的郑功成著《中国社会保障论》和黑龙江人民出版社出版的唐钧著《市场经济与社会保障》两部专著是从社会发展与市场经济改革的研究视角出发，采用纵横结合的研究手法论述了社会保障。郑书纵向论述了中国社会保障制度的历史、现状及未来发展，横向考察了世界各国社会保障制度，将新型社会保障制度定性为社会发展的稳定机制和市场经济发展的维系机制，并大胆而审慎地提出了“中国社会主义市场经济应该是市场的自由竞争 + 政府的宏观调控 + 完备的社会保障模式”的理论。[①] 唐书横向论述了社会保险、社会救助、社会福利、优抚保障，纵向探讨了贯穿于社会保障中社会互助、个人自助、社

① 熊建生：《读郑功成著〈中国社会保障论〉》，《社学研究》1995年第2期。

会保障基金、管理、立法、改革的原则和方案等。从中国现有发展水平出发，作者认为不应将社会保障的注意力过于放在社会保险上，要把社会救助放到重要的位置上；社会保障的责任不应只由政府承担，而应由政府、社会、个人分担等。作者贯穿始终的思想是要从中国现有的经济社会实际水平出发，不要盲目向西方福利国家的水平看齐，否则，既达不到别国的水平，又将拖住中国经济的发展。

社会保障专业书籍方面还有1993年中国社会科学出版社出版的朱庆芳主编的《社会保障指标体系》。该书是这方面的第一本专著。由于我国社会保障事业分散管理——分属于劳动部、人事部、民政部、卫生部、总工会等部门管理，其计划和统计缺乏集中统一的规划和制度，缺乏整体的概念和准确全面的数据，自然没有综合的、系统的指标体系，因而给本书的写作造成困难。本书作者力克难点，估算了全国和30个省、自治区、直辖市的社会保障水平，进行了省一级评价和比较分析，还按社会保障的内涵分成14个方面论述，其中绝大多数列出了主要指标的统计数据，并对改革以来的发展状况、问题和今日改革的思路进行了分析。该书的开创性研究对社会保障社会指标的建立有很大的启迪意义。

四 社会保障制度改革研究①

（一）社会保险改革研究

1. 研究从职工养老保险改革开始

社会学学科恢复以来，老年社会学研究是较早恢复研究的分支学科。老年社会学研究始自老年社会问题，其中城市老人养老问题中涉及退休金固定不变而物价却在不断上涨，从而使退休老人生活水准下降的问题。“据天津、北京等地调查，下降幅度一般在40%～60%，我市（哈尔滨。——引者注）情况也相类似。”② 这就提出了退休金须随物价变动予以

① 限于篇幅，此项只选社会保险中的养老与失业保险及问题，其他社会保障制度改革内容将刊于《当代中国社会学》一书。

② 张屏：《哈尔滨市老年人问题和老龄工作需要探讨的几个问题》，《社会调查与研究》1985年第1期。

调整的问题。因此，80 年代以来，国务院数次调整离退休人员的退休金标准或增发生活补助费等来解决这一问题。[①] 养老保险改革中的基本养老金的调整机制，也是为解决这一难题的。

退休金存在的另一问题是有些退休人员领不到退休金。这是因退休金的给付不是经由社会保障管理部门而是退休者的原工作单位，如果原单位撤销、亏损或倒闭时，就无处领取。这不仅影响退休人员的生活，也给在职职工带来后顾之忧，损伤了他们的劳动积极性。这种“企业保险”弊端还使企业因退休人员的多少而负担的退休费用畸轻畸重。据 1985 年 7 月对湖北省沙市的调查，“如沙市服装行业现有在职人员八百二十三人，退休人员却有三百零八人，占在职人员总数的百分之三十九点八五。沙市饮食商店的在职人员九十七人，而退休职工却多达三百二十人，是在职职工的三点二倍，相当于一个在职职工负担三个退休职工。”“另一些企业的情况则相反，如沙市电冰箱厂，全厂在职人员七百多人，退休人员只有十五人，仅占职工总数的百分之二点一四。沙市荆沙棉纺厂有职工近万人，由于是新建企业，退休职工只一人……由于退休职工的自然分布不均，各企业负担畸轻畸重，直接影响到企业的经济效益，虽然有些企业经营状况良好，但退休费的沉重负担使应有的经济效益难以实现，严重削弱了企业的竞争能力和职工的生产积极性。”[②] 企业保险是企业办社会的内容之一。企业为管理退休人员，需设置专门的退休管理机构，分出专职干部负责，企业领导也需分出力量来管理。这是与现代企业应专注于企业的经营与管理而不是把各种社会职责都包揽起来的做法大相径庭的。要解决这些问题，理论与实际工作者认为出路就是变“企业保险”为“社会保险”。按照社会保险的“大数法则”，由企业和职工个人按工资的一定比例缴纳保险费，由社会保险管理机构收缴和发放退休费并管理退休人员。实现这一转变还需一个过程，其开始的步骤是退休费用的社会统筹。

退休费用社会统筹于 80 年代初在全民和集体企业按部门系统或按地区

---

① 离休人员是中国退休制度中特有的，指 1949 年 10 月 1 日以前参加革命工作的人员，其退休时待遇高于其他退休人员，被称作离休人员，后文中的退休人员、退休金就包括有离休人员与离休金，不再特提。

② 杨继明：《企业保险向社会保险过渡的重要一步——沙市集体所有制企业职工退休费用社会统筹的尝试和深远意义》，《社会学研究》1986 年第 1 期。

开始了。如湖北省沙市二轻局系统企业于1984年10月开始实行退休费用社会统筹。做法是每个企业每月向二轻局成立的统筹委员会缴纳统筹基金，统筹基金是企业在册固定职工工资的18%，由统筹委员会发放退休金和报销医疗费及管理退休人员。广东省1982年就开始以退休费用社会统筹为主要内容的一系列改革。[①] 其开始时一般也是自部门系统先统筹，如广州市1984年已有3万多集体所有制企业职工退休金实行统筹，1985年广州全民所有制企业实行退休金统筹，到1989年养老保险推广到有广州市户口的临时工，[②] 这就逐步在广州市建立了养老社会保险。

退休费用社会统筹，在“七五”计划的推动下，发展迅速。1986年，“七五”计划要求：“全民所有制单位要逐步推行职工退休费用社会统筹的办法，根据以支定收，略有结余的原则，统一提取退休基金，调剂使用。”到1988年8月，全国已有1700多个县和县级市（占全国县、县级市的一半）实行了退休金的统筹。[③] 到1994年初，全民所有制企业全部实行以县和县级市为单位的退休费用社会统筹，2000多个县和县级市的集体所有制企业也实行统筹，全国16个省、自治区、直辖市实行了省级统筹。[④]

退休费用社会统筹，首先解决了企业负担畸轻畸重的现象，减轻了企业压力，调动了企业经营管理的积极性，促进了企业管理水平和竞争能力的提高；再者，退休人员老有所养得到保证，消除了不安定因素，解除了在职职工的后顾之忧，起到了养老社会保险的稳定器作用。

退休费用社会统筹仅是养老社会保险改革的第一步，是由“企业保险”迈向“社会保险”的第一步。这是因为退休费用社会统筹主要实施对象是全民企业和县以上集体企业，而改革开放以来兴起的其他所有制企业，如城镇区街集体企业、外商投资企业、私营企业、个体工商户和乡镇企业等则很少参加。这不仅使养老社会保险覆盖面小，而且由于没有充分运用社会保险的大数法则，难以充分发挥养老基金的社会调剂作用，使退

---

① 胡木生、张光耀：《广东职工养老保险制度改革》，《社会学研究》1993年第5期。

② 项天保：《广州企业职工社会保险调查分析》，《社会学研究》1992年第4期。

③ 《经济参考》1988年8月30日。

④ 《光明日报》1994年1月20日，《北京晚报》1994年4月12日。

休费用社会统筹的保障能力不足。退休费用社会统筹的基金运作开始时是“现收现付”制。这种办法优点是一建立即可支付养老金，并不必考虑基金的保值问题。但是随着我国人口老化，到下个世纪20年代以后老龄人口迅速上升，青壮年劳力相对减少，将出现一名在职职工要负担一名以上退休人员的局面。为了解决养老保险资金的筹集问题，出路只有建立“基金积累制”。所以，随着全民与集体企业劳动用工制度的改革，在劳动合同制工人与临时工中一些地方开始实行“基金积累制”。于是，退休费用社会统筹中出现了“现收现付”与“完全积累”两种基金运作模式。这是按不同所有制和用工形式，分别组织实施的，即对全民和集体固定工（老职工）采取“以支定收、略有结余”的办法，实行现收现付；对劳动合同制工人、临时工、新职工按“完全积累”的基金模式做长期储备。这种以新养新、以老养老，分别使用、互不通融的“双轨制”基金模式，既不适应我国国情，又不符合社会保险的统一性、社会性、互济性及共担风险原则，更与我国人口预期寿命延长，人口老龄化迅速到来不相适应。因为，一是“完全积累”面临货币贬值威胁，难以保证纵向平衡；二是新老职工背向增减引起“两笔基金”不断增长。一方面新职工增多，向企业征集和储备金额越来越大；另一方面老职工不断减少，退休职工不断增多，退休费用不断增大，按现行互不通融的“双轨制”，只能向企业征收更多的资金，加重企业负担，以致企业无法承受；三是在职老职工全部退休，退休职工大量存在，而其退休基金却断源了，这样“双轨制”的基金运作模式将无法运行。退休费用社会统筹的基金来源是全部由企业出资，职工个人不缴纳养老社会保险费用。这与世界通行的企业与职工个人共同筹集养老保险金的做法是不一致的。退休费用社会统筹的退休费待遇的计发办法也存在不少问题，一是依工龄长短按本人退休时标准工资的60%～75%计发，而标准工资在改革分配制度中已非职工工资收入的全部，其占收入的比重日益降低，所以按标准工资计发，明显偏低。二是按现行办法确定的退休待遇一经核定不再变动，缺乏随生产发展和工资增长相调节的机制，不能适应物价变动和人民生活水平提高而引起的保障需求变化，难以保障退休职工的基本生活。三是各级政府为解决物价变动对职工生活的影响，虽采取了增发补贴的措施，但名目繁多（仅国家和省规定的就有11项），补贴额越来越大（各项补贴几乎占退休费一半），计发办法不一，不仅造成具体管理操作困难，而且使退休待遇趋向平均化。[①]

以上退休费用社会统筹的缺点，对其在社会主义市场经济中的社会稳定器作用将有严重影响。要充分发挥养老社会保险的稳定器作用，就要做好以下几点。

第一，要扩大养老社会保险的覆盖面，提高社会化水平。这也就是建立不分所有制、不分用工制度的全体职工以及个体劳动者共同参加的养老社会保险，实行统一制度、统一标准、统一管理、统一调剂使用资金的“一体化”管理。例如站在改革前沿的海南省，在社会主义市场经济推动下，1992 年开始向一体化方向迈进。本着公平与效率相统一、权利与义务相统一、社会化和法制化的原则，把养老保险从全民和集体企业职工扩大到全省各类企业职工，统一了缴费制度、给付标准、管理办法。[②] 1994 年已扩大覆盖面到城镇所有从业人员，并把党政机关、社会团体等单位工作人员也纳入统一的养老保险制度。[③]

为加强养老保险改革力度，国家进一步明确，到本世纪末的改革目标是：“基本建立起适应社会主义市场经济体制要求，适用城镇各类企业职工和个体劳动者，资金来源多渠道、保障方式多层次、社会统筹与个人账户相结合、权利与义务相对应、管理服务社会化的养老保险体系。”[④]

从上可知，目前养老保险改革中统一管理的最大范围是一省区，被保险人员是城镇从业人员而不包括农村居民。这是限于各地区经济发展的不平衡、城镇与农村的差距而不统一，只有随经济的发展才有可能进一步完善养老保险制度，而不能揠苗助长，为扩大而扩大，为统一而统一。

第二，要建立基本养老保险与企业补充养老保险和职工个人储蓄性养老保险相结合的养老保险制度。[⑤] 改革养老保险完全由国家、企业包下来的办法，实行国家、企业、个人三方共同负担，企业与个人共同缴纳基本养老保险费的办法。基本养老保险应是各类企业和劳动者统一制度、统一标准、统一管理和统一调剂使用基金。基本养老基金由政府根据支付费用

① 参阅胡木生、张光耀《广东职工养老保险制度改革》，《社会学研究》1993 年第 5 期。

② 《文汇报》1992 年 2 月 23 日。

③ 《北京晚报》1994 年 8 月 12 日。

④ 《深化企业职工养老保险制度改革》，《人民日报》1995 年 3 月 17 日。

⑤ 《国务院作出关于企业职工养老保险制度改革的决定》，《人民日报》1991 年 10 月 10 日。

的实际需要和企业（不分所有制）、职工（不分用工形式）的承受能力，按照以支定收、略有结余、留有部分积累以作储备的原则统一筹集，这种“现收现付”与“部分积累”相结合的方式，既保证了现在退休者的生活，避免了企业负担过重，又可较稳妥地渡过退休高峰。基本养老保险费，企业是税前提取；个人缴纳部分开始时不超过本人标准工资的3%，应在理顺分配关系，加快个人收入工资化、工资货币化进程的基础上，逐步提高个人缴费比例。缴纳的保险费进入职工个人账户，实行社会统筹与个人账户相结合的管理。基本养老金的计发办法，目前是结合工资制度改革，通过增加标准工资在工资总额中的比重来提高养老金的数额，并根据城镇居民生活费用价格指数增长情况，参照在职职工上一年度平均工资增长率的一定比例，对基本养老金进行适当调整，从而保证退休者的生活不因物价上涨而难以为继和与在职职工生活水平相差悬殊。

企业补充养老保险和个人储蓄性养老保险与基本养老保险的国家立法强制参加不一样，属自愿性质。企业补充养老保险由企业根据自身经济能力，为本企业职工建立，所需费用从企业自有资金中的奖励、福利基金内提取，具有企业根据职工的劳绩奖励职工的意义。个人储蓄性养老保险由职工根据个人收入情况自愿参加。这种社会互济与自我保障相结合、强制与自愿相结合的养老保险制度可较好地保证退休者安度晚年。

这种相结合的养老保险制度已开始实行。1994年9月国家体制改革委员会提供的资料表明，全国参加基本养老保险企业已有58.8万户，职工达7300万人，离退休人员1600多万人；此外，全国还有18个省、自治区、直辖市的4000多万职工实行了个人缴纳养老保险费制度；另有4000多企业的60多万职工实行了企业补充养老保险。[①] 今后将进一步推行与完善这一制度。

第三，关于养老保险费。养老社会保险得以实施的基础是经济的发展，而我国却是一个发展中国家，生产力水平较低，并且人口众多、老龄化问题日益突出，所以对企业与个人缴纳养老保险费的比例、发放养老金的标准和基金积累率等问题要从实际出发，兼顾国家、企业、个人三者利益，兼顾目前和长远利益，在充分测算论证的基础上进行统筹安排。要严

---

① 《北京晚报》1994年9月26日。

格控制基本养老保险费的收缴比例和基本养老金的发放水平，减轻企业和国家的负担，使社会保障水平与生产力发展水平及各方面的承受能力相适应，以免影响经济的增长，损伤全国人民的长远利益。

目前，养老保险费除须积极收缴以免拖欠外，其保值增值更是及其重要的问题，若不能保值增值，将使给付难以兑现。再者，养老保险基金被挪用也是一大问题。

第四，养老保险的管理是政策统一、管理法制化、行政管理与保险基金管理分开。基金管理要建立健全养老保险基金预算管理和财务、会计制度，做好缴费记录和个人账户等工作，严格控制管理费的提取，确保基金的安全和保值增值。养老保险管理服务要提高社会化程度，逐步将企业发放养老金改为社会化发放——由银行、邮局直接发放，企业管理退休人员转为主要依托社区进行管理，减轻企业负担。

2. 医疗、工伤和生育保险必须改革（内容略）

3. 失业保险亟待建立

失业在中国大陆又称“待业”，所以失业保险又称“待业保险”。新中国建立初期，失业保险在中国最大的工业城市——上海曾建立过。1950 年 7 月上海成立的“上海失业工人救济委员会”决定全市私营厂、国营厂都要拨交工资总额的 1%，动员在业工人捐献 1% 的工资，作为救济失业工人、开展生产自救活动的资金。这是上海最早的失业保险机构。当时失业救济形式多样，有以工代赈、生产自救、还乡生产、转业训练、实物和人民币形式的救济等。[①] 不过失业保险并未如养老保险那样在全国建立。

改革前实行的是高就业、低工资制，群众生活水平低但失业现象不严重，严重的是各种单位人浮于事，隐性失业严重，冗员多。改革后向市场经济过渡，效率是企业的生命。要提高效率就必须改变原有的劳动用工制度，变固定工为合同工。合同工有利劳动力的流动，但却有一个解除合同后的失业问题。为解除失业之忧，建立失业保险以保障失业者基本生活并通过转业训练等为失业者找到新的职业，就是十分必要的了。要提高效率，在人浮于事的单位就要优化劳动组合，裁减冗员。据统计，企业冗员多达 1500 万 ~ 2000 万人，如果不裁减，企业就没有出路；如果裁减，失业

① 参阅陈如凤《建立和完善上海失业保险制度》，《社会学研究》1991 年第 4 期。

者生活将落入困境，其出路也是建立失业保险。因此，1986 年上海、北京[①]、广州[②]等市的国有企业建立了失业保险。

据有关研究，根据《国营企业职工待业保险暂行规定》，上海市 1986 年在国营企业建立了失业保险，1989 年扩大到区、县、局以上集体企业，1990 年 9 月全市参加失业保险的职工已达 409.36 万人。失业保险费是参照上一年度平均标准工资的 1% 缴纳。上海失业保险不仅保障了失业者的基本生活，还通过培训使大多数失业者走上就业岗位，其他城市也是如此。失业保险不仅稳定了失业群体，还减轻了推行企业破产法、劳动用工制度改革、优化劳动组合的阻力。失业保险建立以来也存在不少问题，突出的是保险范围较窄，除全民企业和区县局属集体企业外，其他如城镇集体企业、私营企业、外资企业的中方职工等还未建立失业保险，而未建立的这些企业职工的流动性和失业可能远高于国营和集体企业。在这类企业建立失业保险已成为促进企业发展、保障职工正当权益的紧迫问题。其他问题是有些企业拖欠不缴或少缴失业保险费，例如北京市东城区有 1/3 弱的单位没有缴纳[③]；保险基金的增值保值问题；以及部分失业者失业救济期满后因种种原因还没有工作应予社会救济时，却因失业救济与社会救济在政策规定上还未衔接而未能获得社会救济等问题。

1993 年 4 月国务院颁发了《国有企业职工待业保险规定》（1986 年发布的《国营企业职工待业保险暂行规定》废止），该规定认定应予救济的国有企业职工是：依法宣告破产企业的职工；濒临破产企业在法定整顿期间被精减的职工；按照国家有关规定被撤销、解散企业的职工；企业辞退、除名或者开除的职工；依照法律、法规规定或按照省、自治区、直辖市人民政府规定，享受待业保险的其他职工。关于保险费的规定：是企业缴纳全部职工工资总额的 0.6%，可以适当增加或减少，但最多不得超过 1%，所缴纳保费在税前列支，由企业开户银行按月代为扣缴以保证企业按期缴纳。待业保险基金的使用范围：待业职工的待业救济金和领取待业

① 参阅李豫、张彦、齐恺《北京社会保险制度改革调查与研究》，《社会学研究》1993 年第 1 期。

② 参阅项天保《广州企业职工社会保险调查分析》，《社会学研究》1992 年第 4 期。

③ 张树槐、刘湘：《待业保险工作的调查与思考》，《社会学研究》1993 年第 6 期。

救济金期间的医疗费、丧葬补助费；其供养的直系亲属的抚恤费、救济费；待业职工的转业训练费、生产自救费等帮助其再就业的费用；待业保险管理费等。待业救济金的领取期限是：在企业连续工作1年以上不足5年的最多领取12个月，5年以上最多领取24个月；发放标准是当地民政部规定的社会救济金额的120%～150%，[①] 具体金额由省一级人民政府规定。以上是对国有企业职工失业保险的规定，对其他所有制企业职工的失业保险也有指导意义。

失业保险在国有企业建立不久就逐步扩展到区、县、局属集体企业。在社会保险改革中走一体化道路的一些地区已建立不分所有制、不分用工形式，全体职工共同参加的失业保险。如海南省，1992年1月失业保险由全民所有制企业职工扩大到本省范围内所有企业和实行企业化管理的事业单位职工，以及机关、团体、事业单位的合同制工人、临时工，保险费由按职工标准工资1%改为按职工工资总额1%缴纳，给付最长期限是1年。[②] 大连市也建立了不分所有制、不分用工形式的失业保险。[③] 北京[④]、广东[⑤] 1994年开始建立不分所有制、不分用工形式的失业保险。目前全国参加失业保险的职工总人数已达9500万人。[⑥]

失业这一社会问题，现在人们已不陌生。企业富余人员由隐性失业变为正式失业，城镇新生劳动力的增长（据统计，1991～1993年新增劳动力分别为445万人、495万人和513万人），加上农村1.3亿剩余劳动力，这将对城镇就业造成巨大压力。据统计，1991～1993年城镇失业人数分别是352万人、360万人和420万人，失业率分别是2.3%、2.3%和2.6%[⑦]。1994年城镇登记失业人数达476.4万人，失业率2.8%，1995年城镇登记失业人数519.6万人，失业率2.9%。[⑧] 因此，对失业保险制度的建立与完善今后仍须给予足够的重视，应充分发挥社会保障的稳定作用。

---

① 据《信息市场报》1995年4月23日报道，我国调整发放失业救济金的标准为按当地法定最低工资的70%～80%发放，使救济金保持水涨船高的势头。

② 《文汇报》1992年2月23日。

③ 《中国信息报》1993年7月26日。

④ 《北京晚报》1994年6月7日。

⑤ 《经济日报》1994年7月9日。

⑥ 《北京晚报》1995年4月12日。

⑦ 范式：《失业，一个热点问题》，《社会》1995年第2期。

⑧ 国家统计局编《中国统计提要》1996年。

4. 在农村建立社会保险（内容略）

5. 社会保险存在的问题

我国的社会保险经过改革，在国有企业及区县局以上大集体企业已实现社会养老保险的社会统筹，医疗、工伤、生育保险的改革和失业保险的建立；农村社会保险的建立也在进行中。目前，除社会保险覆盖面小，社会化程度低外（已实行社会保险一体化的只有广东省、海南省和深圳市的城镇从业人员），还存在不少问题。一是管理方面。①政出多门，体制不顺，管理无力。即社会保险分归劳动、人事、民政、医疗卫生等部门及工会、保险公司等群众团体和商业机构，以至各有各的依据及办法，形成有的事重复管，有的事都不管。有些企业利用这些漏洞不参加养老保险，损害了企业职工的利益。②纵横分割，效率低下。现行养老保险统筹把各种所有制企业、各类职工保险金分开核算管理，纵横划分为小块，无法运用社会保险大数法则，难以发挥保险基金的调节作用。二是立法方面。①法规不全，缺强制性。世界各国对保险费用承担主体的约束都是刚性的，即企业缴纳保险费的义务是不可推卸的，这种约束是依靠国家的强制性法规而实现的。而在我国目前由于多方面原因，这种约束很软，几乎不同程度地存在靠政府有关部门做工作、动员企业参加社会保险，出现了尽管有政府政策规定和执行管理部门要求，部分企业还是不受约束、不参加社会保险或年年尽可能少缴纳保险费用的现象。②保险办法，尚需完善。如社会养老保险的基金筹集中的“现收现付”与“基金积累”之间比例的多少；养老金计发办法中的缺陷被一些人利用，达到既从事个体经济赚钱日后又享受不低于他人的养老金的目的；以及对社会保险费用使用主体约束不力，如医疗保险中的费用使用主体——医院就约束不力，这也是医疗保险费用迅速上涨的原因之一。①

以上是对我国社会保险存在的问题的一般看法。还有学者从社会保障的总体角度分析社会保险中存在的认识问题。②

一是将社会保障改革的注意力过于放在社会保险上。社会保障包括社会保险、社会救助、社会福利、优抚保障等，社会保险当然是其一个重要

① 参阅张豫、张彦、齐恺《北京市社会保险制度改革调查与研究》。参阅朱力《困难与突破——市场经济下社会保障体制改革的思考》，《社会学研究》1994 年第 5 期。

② 参阅唐钧《市场经济与社会保障》，黑龙江人民出版社 1995 年版，第 67 ~ 74 页。

方面，但还有其他方面。西方福利国家的社会保障以社会保险为主是有其社会经济条件的，而我国还是一个发展中国家，经济发展水平差异极大，又处于向市场经济转轨时期，所以，在许多地方社会保障以社会保险为主不一定是最佳选择。因为参加社会保险是要有一定的经济条件的，即经济收入满足生活基本需求之外尚有余钱可用于社会保险，对于生活还处于贫困乃至温饱水平的人，强制他们参加社会保险是行不通的。譬如农村的8亿人口，至多30%富裕地区的农民有余力参加社会保险，不能参加的还有5亿多人；在城市，目前许多企业，尤其国营大中型企业不景气，有的连工资都发不出，要他们缴纳保险费也有困难。因此，应认真考虑福利国家70年代以来发生财政危机的教训，以及亚洲“四小龙”在经济起飞时不采用或不主要采用社会保险的经验，以便重新整理改革思路。也就是说，社会保险不能解决一切社会保障问题，甚至不能解决我国城镇所有的社会保障问题，所以社会保障改革光在社会保险上打主意可能是没有出路的。在当代中国，至少应将社会救助放到一个重要位置上。

二是要改变社会保险完全是政府的责任，社会保险费用全部由企业承担的观念。社会保险应是政府、企业、职工共同负责，政府处于制定政策和财务监督的地位，一般不直接参与。社会保险费用因险种不同承担者不一样，如养老、医疗保险都需职工缴纳保险费，与企业共同承担，其比例据国外经验达到1∶1或1∶2。又因我国是发展中国家，保险水平不能向福利国家看齐，保险费不能高，以免增加生产成本影响企业在市场上的竞争能力和影响职工的生活。

三是错误地认为社会保险是块“肥肉”（其实是块难啃的骨头）。在办社会保险方面，前段曾出现党政群团企一哄而起争办的局面。他们都以为能够获利。其实我国正处于物价变动剧烈、通货膨胀较高时期，尤其大中城市物价指数居高不下，储备积累的保险基金不贬值已很不易，获利谈何容易。这是因为增值保值的渠道不通畅、高管理费率会造成亏空等，若不解决这些问题，几十年后将无法兑现保险承诺。最后这一烂摊子将落到政府的头上，由政府来收拾。所以现在承保的单位和各级政府不能只看到现在投保者缴内保险金，更要明白几十年后还要付出维持投资者基本生活的养老金，才完成了社会保险的职责。

四是错误地以为解决社会保险乃至社会保障的出路是统一管理，似乎将管理权集中到一个政府部门，什么问题就都迎刃而解了。这可能与中国人一贯的崇上大一统有关，也与计划经济时期的思路有关。但是人们忘了社会保险是与经济发展的一定水平相联系的，而我国地域辽阔，各地经济发展水平极不平衡，全国统一管理是不可能的，应是政府宏观调控之下的相对集中管理。

五是错误地认为社会保险统筹面应该不断扩大。因为现在的统筹并没有走出企业保险的泥淖，参加的人越多，政府和企业背的包袱实际上越重，所以扩大统筹面一定要谨慎。

（二）社会救助改革研究（内容略）

（三）社会福利改革研究（内容略）

（四）优抚安置保障改革研究（内容略）

五　社会保障理论研究

（一）社会保障的理念基础

杨伟民认为，现在人们已经普遍认识到建立现代社会保障制度的必要性，然而，对于其理念基础与运行规则尚缺乏必要的共识。如对社会保障制度的功能就有不同的理解，有的认为是防止社会震荡的减震器，有的认为主要是解决社会分配的公平问题等。杨伟民通过对西方现代社会保障制度的演变的分析认为，我国的社会保障制度的理念基础应该是：以个人自立为基点，承认帮助个人抵御在市场经济社会中可能遇到的生活风险是社会的义务、政府的责任，获得帮助是个人的权利。社会保障的基本原则是自助者公助。社会保障的基本社会功能是为个人维持最低生活需要提供保证，以利于社会经济的稳定协调发展。①

① 杨伟民：《社会保障的理念基础及运行规则》，《社会学研究》1996 年第 6 期。

（二）关于社会保险的不同观点

关于社会保险通常的说法是“由国家通过立法手段强制实行的，在劳动者因年老、患病、工伤、失业而丧失劳动能力或中断劳动失去生活来源时，从社会获得物质帮助或经济补偿的制度。”张一、刘凤歧认为这一说法是不够完备、不够确切的。正确说法应是：由国家组织实施的，全体劳动者参加的，共同抵御年老、患病、工伤、生育、失业等劳动风险的社会行为。因为从形式上看，立法强制不是实施社会保险的唯一手段，还有经济政策引导，同时对有的劳动者（如农民）国家尚不能也不应以强制手段组织实施社会保险。从对象上看，它包括全体劳动者，不是部分劳动者，要使全体劳动者享有参加社会保险的平等权制。从职能上看，为了抵御劳动风险。从原则上看，坚持享受权利与缴费义务的对应关系。从运作结果上看，它不以营利为目的。①

（三）关于失业与提前退休

伴随经济体制改革的深入，企业富余人员和失业问题突显出来，这已成为影响未来较长时期改革、发展和稳定的全局性重大问题，成为深化城镇职工社会保障制度改革必须首先解决的问题。“城镇职工社会保障”课题组的研究者认为，为了充分发挥社会保险“就业调节”功能，国家应修改现行城镇职工退休年龄，将现行政府机关、城镇企事业单位职工退休年龄普遍提前5年。到2020年时，再根据城镇就业现状决定是否恢复原退休年龄。根据他们的可行性论证，实行提前退休不会减少国家财政收入，不会加重企业负担，也不影响职工个人收入。提前退休最少实行到2020年，这样影响一代人，不存在对一部分人不公平。而不实行提前退休，则将使相当多的年龄较轻的职工失业或已达就业年龄的年轻人延迟就业等。权衡利害，让大龄职工提前退休却是更人道、更合理、更公平的选择。②

（四）展望21世纪社会保障

张永春纵观各国社会保障的历史和现状认为，21世纪社会保障有九化

---

① 张一、刘凤歧：《社会保险本质特征探讨》，《中国社会保险》1996年第10期。

② “城镇职工社会保障”课题组：《城镇职工社会保障制度改革的思路与方案》，《社会学研究》1996年第6期。

趋势。九化即社会保障地位升高化，资金多源化，制度法律化，体制统一化，社会保障人员公众化，结构多元化，覆盖全面化，机构多样化和项目丰富化。

21 世纪社会保障的重点是养老，因老龄人口的增加，21 世纪将从青年化社会转入老龄化社会，而且“空巢家庭”比例不断增大，所以养老社会保障将是 21 世纪的重头戏。再者，21 世纪社会保障的难点是失业。当前，从西方发达国家到发展中国家都存在失业问题，而失业大军中的中青年人在体力上、精力上、时间上都有其优势，是最难调控的群体。所以，必须下大力气在未来解决好失业这一难题。

关于 21 世纪前 50 年的亚洲社会保障模式，以资金来源分为三类，即①个人出小头，单位出中头，国家出大头；②个人和单位平摊，国家出大头；③个人和单位出大头，国家出小头。到后 50 年将转变为以国家出大头，单位出中头，员工出小头为主的模式。①

（五）关于香港过渡时期的社会保障问题

香港，曾受到英国的殖民统治，该地区的社会保障与英国本土差距很大。港英当局对当地穷人的社会保障关心甚少。1995 年，港英当局表示应该在本世纪内使香港的社会保障达到发达国家的水平。要做到这一点，就要改变香港一直坚持的低税制、低福利的发展方向，使香港变成一个高税制、高福利地区。这引起了港人的反对，他们反对这种缺乏长远规划的、社会保障开支增长幅度超越经济增长幅度的做法，反对这种改变低税制、低成本，减少香港商品竞争力的做法，还反对这种给未来香港特别行政区政府留下财政预算难以负荷的包袱的做法。

对香港社会保障开支增长问题，曹云华认为，后过渡时期香港社会保障开支的大幅度增长既有客观的必然性，也有政治的人为因素，即港英当局在改善香港市民社会保障方面欠账太多，近年大幅度增加社会保障开支有“补课”性质。香港贫富悬殊，增加社会保障开支是经济与社会均衡发展的现实需要。福利政治化的倾向表现在老人退休保障问题上最突出。从 70 至 90 年代，香港许多社会团体曾经多次提出建立老人退休保障制度的

---

① 张永春：《试论 21 世纪的社会保障》，《社会学研究》1996 年第 1 期。

建议，均遭港英当局反对而无法实施。而于1991年11月，港英当局突然对老人退休保障问题表现空前的热情，转变突然，人们不能不对其动机有所怀疑。

曹云华指出，香港就要回归祖国，如何建立具有香港特色的社会保障制度是未来香港特别行政区政府面临的一个重大课题。对于港英当局近几年在社会保障方面所做的许多改进工作不应该盲目地一味否定，这样不利于增加未来特别行政区政府在香港人中的威望。在对香港原有的社会保障制度进行改革时，特别行政区政府要十分谨慎和小心，尤其在推行有可能减少市民的社会保障方面的措施时，更应慎之又慎，改革不可操之过急。[①]

中国社会保障改革，自20世纪80年代从退休金社会统筹开始以来，已经深入社会保障制度的各个层面。社会保障是事关国计民生的重大问题。现在，不仅一般老百姓有切身体会，从地方到中央的领导也都十分重视。近年来，不论从事社会保障的实际工作者，还是理论工作者，都在深入研究社会保障问题，努力建立有中国特色的社会保障体系和理论。

① 曹云华：《香港的社会保障制度》，《社会学研究》1996年第6期。

实施全民禁毒教育计划的紧迫性及若干思路*

张潘仕

近年来，非法走私、种植、加工毒品以及吸毒贩毒等反社会越轨犯罪行为日趋严重，已成为威胁人们身心健康、危害社会稳定的社会问题。作者认为，禁毒教育不普及是吸毒人员逐年增多的重要原因之一。一些地方及单位的决策者对毒品问题的严重性缺乏足够的认识，禁毒教育存在盲区与误区；相当数量的社会公众对吸毒缺乏全面、科学的认识，其中有的人有成为新的瘾君子的危险；戒毒场所泛滥与管理失范、戒毒广告的虚假、戒毒宣传的歪曲误导，造成了吸毒者难以根本上戒除毒瘾，同时又形成了戒毒并非难事的宣传效果。严酷的现实是，时至今日全世界还未生产出任何一种十分有效的戒毒药品！实施全民禁毒教育，尤其是抓紧中小学生的教育工作已迫在眉睫。

一　吸毒现象触目惊心

毒品，这个世界级的恶魔，在销声匿迹30多年之后，又重新肆虐于中华大地。70年代末80年代初以来，国际与海外贩毒集团勾结大陆贩毒分子，疯狂地从毒品王国“金三角”“金新月”等地走私、贩运毒品，假道中国，或在中国境内非法种植毒品原植物，非法加工毒品，使中国的吸贩毒现象日趋严重。

据《中国法律年鉴》提供的资料，1988年至1989年，全国公安机关

* 原文发表于《社会学研究》1997年第4期。

共查获毒品犯罪案件 4485 起；1991 年查获这类案件 8395 起、贩毒分子 18479 名；1992 年破获毒品犯罪案件 14701 起，查获涉案人员 28291 人，逮捕毒品犯罪分子 7025 名；1993 年查获毒品犯罪案件 2619 起；1994 年共破获毒品犯罪案件 38033 起，抓获涉案人员 50946 名，逮捕涉案人员 73734 名，逮捕毒品犯罪分子 12990 人。据《法制日报》1997 年 1 月 18 日报道，1996 年全国公安机关破获毒品违法犯罪案件 87000 多起，查获涉案违法犯罪人员 110000 多人，缴获海洛因 4000 多公斤、鸦片 1700 多公斤、“冰”毒（甲基苯丙胺）1000 多公斤。

毒品大量流入中国，致使吸毒人数迅猛增多。《中国法律年鉴》提供的资料表明，全国查获的吸毒人数，1989 年为 7 万人，1991 年为 14.85 万人，1992 年为 25 万人，1995 年为 52 万人。另据有关方面统计，目前全国有吸毒问题的县市已占全国县市总数的 70%，已形成了毒品消费市场。[①] 根据国际统计惯例，一个显性吸毒者背后有 4 个到 5 个隐性瘾君子。1995 年笔者曾对广东省沿海某县一个镇进行典型调查。县政府有关部门估计，该镇 70000 多人口中，有吸毒行为的约 500 人，而民间人士估计不会少于 1000 人，两种估计各占总人口的 0.7% 和 1.4%。当前，最保守的估计，中国的吸毒人口当在数百万以上之众。这是一个令人触目惊心的数字。在吸毒人口中，不仅有文盲、中小学文化程度者，也有受过高等教育的大学毕业者；不仅有农民、工人、个体户，也有国家干部，甚至还有被贩毒分子暗算下水的缉毒警察。吸毒人口不仅遍布边境沿海地区，在内地的许多省、自治区、市，也存在着大量的吸毒人口。

二　吸毒人员增多的重要原因之一：禁毒教育不普及

禁毒戒毒，与毒品犯罪行为做斗争，是我国当前社会公共安全工作的一项非常重要而紧迫的任务。1990 年 12 月 28 日，第七届全国人大常委会第十七次会议通过了《关于禁毒的决定》，《刑法》《治安管理处罚条例》等法律法规也规定对毒品违法犯罪行为进行严厉惩处，国家每年都要对一批严重毒品犯罪分子处以极刑。目前，我国建有强制戒毒所 628 家，劳动

① 参见《人民公安报》1997 年 3 月 27 日第 1 版。

教养戒毒所 86 家，数十万计的吸毒者接受戒毒康复。

为何国家对毒品违法犯罪行为进行严厉惩处与打击，而吸食毒品的人却越来越多呢？笔者认为，除却其他原因之外，禁毒教育不普及，社会公众不了解毒品特性与危害，是吸毒人口增多的重要原因。

（一）一些地方和单位的决策者对毒品问题的严重性缺乏足够的认识，禁毒教育存在盲区与误区。

时至今日，毒品已如洪水猛兽般猖狂地危害着我们的社会。但是，在有些地区和单位尤其是内地的某些城市、农村、企业、机关、学校，仍未引起必要的重视。这些地方和单位的决策者只顾埋头于经济、业务等工作之中，对毒品违法犯罪行为熟视无睹，不向广大群众和青少年进行禁毒教育，不向人们宣传禁毒法规，宣传毒品的严重危害，不告诉人们怎样远离毒品、拒绝毒品，怎样与毒品犯罪行为做斗争，致使禁毒教育存在盲区。这样的决策者，如果不是糊涂，就是缺乏对国家、社会、民族、未来负责的责任心，是一种严重的“渎职”行为。

实际上，我国近年来贩毒和吸毒人口之所以越来越多，其中一个重要原因，就是由于宣传教育不普及、不深入，致使一些社会公众对毒品犯罪和毒品危害缺乏基本认识造成的。

有调查表明（张建伟，1996）社会公众当中，很少有人知道我国的禁毒法令是什么内容，吸毒是违法的。许多被逮捕的毒品贩子，根本不知道他贩卖毒品只要达到 50 克，就获得了被枪毙的资格。西安毒贩罗三是在贩卖了 200 多克海洛因的时候被抓获的，当他被宣判为死刑时，委屈地喊道：

“我只卖了这么点‘药’啊！”

“你卖了 200 多克，你不知道吗？”法官问他。

“知道，知道。可才不到 1 斤的东西呀！”

法官简直哭笑不得：“贩卖 50 克就枪毙，你不知道？！”

他傻了：“天哪！我不知道……我真的不知道呀……”

据另一次对吸毒人员进行的调查（张潘仕，1996c），有 48.04% 的人根本没有想过吸毒是有害的、违法的，有 24.5% 的人不知道吸毒有害并且违法，7.84% 的人认为吸毒有害但不违法。对禁毒法规和毒品危害的无知，使多少人断送了自己的生命与前程。

在一些地方和单位的决策者中，还存在着一种糊涂认识：“我们这里没有吸毒的，就不必搞什么禁毒教育。你一搞，人们知道了，就会好奇，反而会引起吸毒。”这是一个多么大的误区，他们的逻辑是：禁毒教育等于吸毒。这是何其荒唐。以荒唐的逻辑拒禁毒教育于门外，又是何其无知与可悲。

当今社会是开放的社会。开放社会认同、吸收整个国际、区际社会物质文明与精神文明的精华，以求得自己的发展，但同时也难以避免地面临着国际、区际社会中各种腐朽糟粕的冲击。试想，我国从本世纪80年代初期进入从封闭社会向开放社会、从传统社会向现代社会、从农业社会向工业社会、从产品经济社会向市场经济社会转型时期以来，整个社会的经济、文化建设取得了令全世界瞩目的长足发展，而与此同时，新中国成立之后一度几近绝迹的一些社会丑恶现象，其中包括吸毒贩毒又死灰复燃了，闻所未闻的艾滋病已经深入大陆腹地。这些不争的事实，说明在开放的社会环境中，要想让人生活在没有任何污染的真空中是根本不可能的。我们不能因为飞进来苍蝇，就拒绝打开窗户放进新鲜空气。面对国际毒品犯罪的汹涌浪潮，我们不能关闭国门，而只能与国际社会合作，采取必要和有效的措施予以防范和打击。在毒品已经来到身边的情况下，我们必须使全体社会成员警醒，认清毒品的本来面目，认清毒品犯罪的重大危害，做远离毒品、拒绝毒品、与毒品犯罪做坚决斗争的人。这样，才能使社会健康地发展，青少年一代健康地成长。如果采取鸵鸟政策，盲目回避，视而不见，那必定会贻害于社会和人民，使许多人在毒品和毒品高额利润的诱惑面前丧失意志和人格，成为毒品的俘虏。

这样的教训实在太深刻太沉重了。我国近些年来毒品犯罪案件和吸毒人口之所以急剧增加，与我国禁毒工作中断30多年，面对全球范围毒品犯罪的严重性估计不足，对贩毒集团执意打开“中国通道”的险恶用心估计不足，对吸贩毒现象迅速蔓延的社会特性估计不足，从而采取的对策不及时、力度不够有直接的关系。今天，毒品已切切实实地来到了我们身边，我们如果再不警觉，再有懈怠，不让禁毒法规和禁毒思想深入人心，打一场禁毒的人民战争，那实在是愚蠢之至。

（二）相当数量的社会公众对吸毒行为缺乏全面、科学的认识，其中有的人有成为新的瘾君子的危险。

贩毒是犯罪行为，吸毒是违法行为，二者均是违反社会规范的越轨行为，应当得到社会的惩处与制止。这是法律与常识问题，应当得到社会公众的普遍认同。但是，由于我国的禁毒教育不普及，使相当数量的社会公众对吸毒行为的认识存在偏颇，这无疑是吸毒现象得以迅速蔓延的思想基础。

据一次关于700多位社会公众对吸毒行为的认识的专项调查结果（乐国安，1994）一些人对吸毒行为的认识令人忧虑。

表1　公众对吸毒行为的态度调查结果

题目	态度							
	同意		不清楚		不同意		合计	
	人数	比例（%）	人数	比例（%）	人数	比例（%）	人数	比例（%）
吸毒是一种无可厚非的生活方式	41	5.7	74	10.4	599	83.9	714	100.0
吸毒是个人的事情	143	20.1	80	11.2	489	68.7	712	100.0
吸毒会引起严重的社会问题	615	86.4	43	6.0	54	7.6	712	100.0
如果发现朋友吸毒，自己不会因此中断与他来往	248	39.9	142	19.9	286	40.2	712	100.0

该项调查显示，吸毒作为一种应被谴责与制止的生活方式，却仍有5.7%的人认为是“无可厚非”，有7.6%的人不同意“吸毒会引起严重的社会问题”这一观点，更有20.1%的人认为“吸毒是个人的事情”。远离毒友，是远离毒品、拒绝引诱，走健康人生道路的积极行为方式。而该项调查表明，有将近40%的人表示自己不会因为朋友吸毒而中断与其往来。这是一种多么危险、多么幼稚、缺乏理性的态度！与毒友交往，绝不像该项调查主持者轻松地推论的那样：对于吸毒者“不采取排斥的立场，这可以说是对吸毒者进行教育、改造的群众基础”。我们肯定地说，普通的社会公众尤其是青少年不是处在禁毒斗争前沿的警察、医生和戒毒专家，他们对毒品和毒友缺乏必要的鉴别力和警惕性，他们缺乏能力改变和改造毒友，而恰恰有可能被毒友熏染、引诱下水，成为新的毒民。在现实生活中，有多少善良、无知的人被毒友腐蚀、诱惑而误入吸毒歧途。

笔者对广东省沿海某县的一项调查表明（张潘仕，1996c），青少年吸毒人员中经常结交具有不良行为（吃喝玩乐、赌博、吸毒等）朋友的占

53.3%。由所谓“朋友”赠送或委托“朋友”购买毒品的占近60%。另据广西的一项调查（乐国安，1994），因交友不慎而导致吸毒的约占吸毒者的30%。

禁毒斗争的严酷现实告诉我们，毒品的特性是危害极大，极难戒断；毒品是一种人的毅力难以战胜的东西；一个人只有不交毒友，远离毒品，他才能不会遭受毒品的戕害。而有近40%的人表示不会中断与有吸毒行为的朋友的往来，这意味着在神州大地上如不尽快普及禁毒教育，将会发生一场怎样的灾难。

（三）戒毒场所泛滥与管理失范、戒毒广告的虚假、戒毒宣传的歪曲所引起的误导——毒品是容易戒掉的，使人们放松了对毒品的警惕。

禁毒斗争的实践表明，对于常人来说，戒断毒瘾是一件异乎寻常困难的事情，也就是说，一般的吸毒者根本就不可能戒断毒瘾。中国青年报一位记者曾在西南边境省份进行为期4个月的戒毒调查（张建伟，1996），他不畏艰辛，访遍多家有名的戒毒所，跟踪调查一个个戒毒典型，其结果是令他大失所望：他没有发现一个真正戒断了毒瘾的吸毒者。他的调查结论是：统计数字告诉我们，走出戒毒所的吸毒者，100个人里有80个到90个人还会复吸；那所谓的不再复吸的10%～20%，不是不再吸毒了，而是不再进入统计了，因为他们不是已经吸死了，就是因吸毒犯罪而被抓进监狱里去了。

戒断毒瘾如此之难，就对戒毒机构、戒毒专家、戒毒医务人员，提出了很高的要求，即戒毒机构的数量和质量都应适应吸毒人员剧增的需要。但现实却不尽然。

首先是由于利益驱动，我国当前的戒毒场所建设滥而乱，戒毒工作不规范，甚至被鸡鸣狗盗之徒钻了空子。

到1995年年底，全国由执法机关开办的强制戒毒所达500多家、劳动教养戒毒所达65家，共收治戒毒人员7.8万余人次，只占当年全国登记在册吸毒人员数52万人的15%。显然，这些戒毒场所远远不能满足戒毒工作的需要。在这种情况下，一些地方的政府机关、卫生主管部门、医疗单位、群体团体、部队甚至村镇卫生所，都纷纷开办戒毒所，其中有相当一部分是受利益驱动，未遵守国务院颁布的《强制戒毒办法》的规定，报经省、自治区、直辖市人民政府卫生部门按照有关规定批准，并报同级公安机关备案、接受公安机关监督而自行建立的，有的甚至还转给个人承包、实际是私人经营。据来自广东省的一项调查指出（林仕权，1997），这类戒毒所主要以营利为目的，收治戒毒人员十天半个月动辄收费数千元，一两个月收费上万元，而戒毒设备、条件极差，管理松弛甚至放任不管，有的甚至发生毒品交易现象。一名吸毒人员自愿到戒毒所戒毒 13 次，花费十几万元，毫无效果。该项调查披露，广州市 21 家戒毒所，其中有民政部门办的，省总工会干部疗养院办的，区公安分局或派出所与镇、村卫生院（所）合办的，区公安分局保安公司与村民合办而实际由村民承包的，有镇（街道）政府办的，有政法战线老干部联谊会办的，等等。这些戒毒所有相当部分是以营利为目的，收费高、管理不规范、戒毒效果很差。有的为了多收治戒毒人员，竟采用给送戒毒人员单位（主要是公安派出所）拿“回扣”的办法，互争戒毒人员。有的送人单位则往往不管戒毒条件优劣，谁给“回扣”多就往谁那里送。戒毒所收到戒毒人员后，以保证金、治疗费、膳食费、管理费、代罚款费等诸多项目向戒毒人员收费，一次就收上万元。有的戒毒人员被关押收治二三个月罚款数千元后放人。这样的戒毒所，根本不向戒毒者及其家庭负责，不向社会负责，简直就是只顾发“戒毒财”。

又据来自贵阳的一次调查，[①] 近年来贵阳市出现五花八门的戒毒机构，由于管理失控，只顾“创收”，大多混乱不堪。其表现一是缩短法定戒毒时间。国务院颁布的《强制戒毒办法》规定强制戒毒期限为 3 个至 6 个月。但这类戒毒所的戒毒期一般仅为 3～5 天，最短的只有 1 天。有的甚至交了钱就可以走人。二是乱收费，使用假冒伪劣的“戒毒药”牟取超额利润。他们对戒毒人员谎称使用进口高级戒毒药，但实际上使用的只是常规镇静剂氯丙素注射液等，不管有效无效，把钱骗到手就是目的。三是“因陋就简”，减少管理人员和设施，以降低管理和经营成本。许多承包出去的戒毒病房，在外租用普通办公楼或住房营业，设施简陋，卫生条件极差，没有专职的管理和教育人员，病人放任自流。有的戒毒所对戒毒人员在所内进行毒品交易、吸毒放任不管，成为“吸毒乐园”。

该项调查披露，贵阳市一些特殊部门受利益驱动，甘为不法之徒所利

① 《青年报》1996 年 11 月 11 日。

用，非法合办戒毒所，在社会上造成了极为恶劣的影响。如1995年8月，吸毒人员及刑满释放人员吴×、赵××等与某部队医院签订协议，合作开办了“某部贵州省总队医院戒毒所”。此后几个月，吴×等人冒充公安人员和武装警察，携带手铐、电击器等警械到处抓人“戒毒”，先后作案20余次，影响极坏。

其次是戒毒广告的泛滥。如今，在一些吸毒较为严重的城市和地区，与五花八门的戒毒场所“相映成趣”的是戒毒广告满天飞。什么“百分之百的戒断率”，“两天戒毒”，“家传秘方戒毒”，“气功戒毒”，“戒毒灵药”，“睡眠疗法”等，不一而足。

最后是戒毒宣传的歪曲。大众传播媒介是人们接受社会信息的主要来源，科学、正确的信息传播能够提高人们辨别事物良莠的能力，反之则会误导人们的行为。我们在一些影视节目中，常常可以看到吸毒者潇洒舒适、陶醉的样子；常常可以看到吸毒者一经戒毒就戒断了，成为好人。一些新闻报道只是简单地宣传“你不能吸毒”，“一吸就死”，没有将毒品的特性和危害准确地告诉人们，使一些人尤其是一些青少年对报道的真实性产生怀疑，甚至激起逆反心理。

以上种种现象，无疑给那些不了解毒品特性的人们这样的误导：吸毒是一件令人舒服享受的事——至少在短时间内如此；毒瘾是容易戒断的；到处都是戒毒所，到处都能买到戒毒药，戒毒很方便。

相信毒瘾能轻易戒掉，这是我国当前吸毒人数剧增的一个重要的认识偏差方面的原因。

科学研究与禁毒实践表明，除了彻底断绝毒源，否则毒瘾是难以戒断的。从药物断瘾方面来说，时至今日，世界上还没有研制出一种成功有效的戒毒药。而令人不可思议的是，吗啡、海洛因等毒品的问世，其最初的动机，竟是为了“戒毒”。

早在公元前4世纪，古罗马和古希腊的医学家发现了鸦片药用价值，但鸦片具有极强的成瘾性，使人们产生了戒毒的要求。于是，德国医药学家塞图纳尔运用“以毒攻毒”的理论，于1815年从鸦片中提炼出一种生物碱——吗啡，能非常有效地使鸦片成瘾者戒掉鸦片。但是，吗啡虽然战胜了鸦片，却比鸦片具有更强的成瘾性，对瘾君子危害更甚。于是，为了帮助吗啡成瘾者戒毒，1874年英国化学家赖特在吗啡的基础上合成海洛因。但海洛因的成瘾性比吗啡高4~8倍，比鸦片高8~10倍，成为瘾君子们竞相追逐的新的毒品，形成更大的危害。于是，科学家们决定对它进行管制。1912年，世界各国科学家聚集荷兰海牙，举行鸦片问题国际会议，通过了管制鸦片、吗啡和海洛因贩运的决议。

目前，世界上一些国家和地区采用美沙酮、鸦片酊等以鸦片为主要原料制成的化学合成物，作为代用品，以递减的方法帮助鸦片、海洛因类毒品成瘾者戒断毒瘾，但效果并不理想，容易形成新的依赖，已引起国际上有关人士的异议。

从意志、毅力断瘾角度来说，药物依赖研究专家对4号海洛因进行毒性测定的结论是：毒性比鸦片高10倍以上，人一旦吸食上，很快就会终身成为它的俘虏，几乎没有戒断的可能。有人问：张学良能戒断毒瘾，别人难道就不能？是的，张学良依靠坚强的意志与毅力戒掉了毒瘾。但要知道，张学良那时吸的是鸦片，海洛因的毒性比鸦片高10倍，哪位戒毒者有比张学良高10倍的毅力?！何况，有较长吸毒史的人，在毒品的危害下，其生理机制受到损害，已引起人格、性格、心理状态发生异常，戒除毒瘾对他来说，无疑是一件难而又难的事情。

因此，我们的社会不能造成一种假象，似乎戒毒轻而易举，而应在努力扫除毒品、切断毒源的同时，开展扎扎实实的全民禁毒教育，把毒品危害的真相告诉人们，帮助人们对毒品保持高度的警惕，远离毒品。

（四）由于不了解毒品危害，社会转型过程中产生的某些负面效应决定了有的人将走近毒品，成为瘾君子。

由于历史的原因，我国从传统社会向现代社会转型，经历的是改革的“突变”过程。“突变”使旧的生产关系，较快地转变到新的生产关系，促进了我国社会经济的迅速发展，但社会“突变”也必然产生负面效应。

其一，社会转型，原有的社会控制体系已不再适应现实社会的要求，而新的社会控制机制尚不完善。社会控制的弱化，导致了毒品的易得性。能获得毒品才能产生吸毒行为。众所周知，当今中国社会对内对外全面开放，人、财、物大流动，贩毒分子混迹其间，其中难免有漏网之鱼。何况贩毒分子的作案手段越来越狡猾，而且向有组织、有武装的方向发展。他们将毒品贩运到社会的各个角落，使吸毒者轻易获得毒品，是我国近年吸毒人口剧增的原因之一。

其二，社会转型，使人们的人生价值观念产生巨大而深刻的变化，其中最主要的是价值主体，由过去的重社会本位轻个人本位转变为现在的既重社会本位又重个人本位，价值取向由过去的重精神轻物质转向为现在的既重精神也重物质。这种变化同社会发展水平相适应，有利于推进现代化建设。但一些人从一个极端走向另一个极端，信仰和奉行的是极端个人主义、拜金主义和享乐主义等腐朽没落的人生价值观，他们难免把自己推向罪恶深渊。那些认为有钱就有一切、把金钱看得比性命都重要的毒品贩子，不惜冒着被枪毙的危险干着罪恶的勾当。极端个人主义者缺乏起码的社会约束力和社会责任感，自己想怎么干就怎么干，把吸毒贩毒看成自己个人的事情，在泥潭中越陷越深。享乐主义者追求极度的物质享受，追求新奇的刺激，他们把吸毒作为时髦乐事，作为标榜自己身价和地位的一种与众不同的行为。如此种种极端的人生价值观，是我国转型社会初期吸毒贩毒等反社会性越轨行为增多的社会心理根源。

同时，随着社会价值观念变化的多元化和社会生活方式的多样化，人们处事待人的态度，也比过去宽容得多，有时甚至对某种越轨行为的发生表现出某种冷淡和冷漠。人们社会态度的这种变化，无疑使包括吸毒者在内的越轨者处于某种“宽容”的社会与心理环境之中，使他们并不以自己的行为为丑，甚至产生一种洋洋自得之意。虽然不能把人们这种社会态度的变化说成是对于越轨者和越轨行为的“鼓励”或“认同”，但在客观实际上所起的正是一种近似乎“催化”的作用。这是不言而喻的。

其三，社会转型，使人遭遇挫折的概率大大提高，人们的挫折感大大增强。而易得的毒品恰恰成为一些人摆脱挫折、消除挫折感的“安慰剂”。

社会转型，使人生再也不像过去那样四平八稳，而是生存环境变幻不定，充满机遇与诱惑，与失败和挫折同行。例如随着离婚率的升高，进入80 年代以来，我国每年有数以十万计的家庭解体，其中又有多少亲情缺乏或亲情不足的孩子被毒魔引诱。性爱关系的随意性，使多少怀抱着传统性爱观点的饮食男女为失去情人恋人而心灵遭受沉重的打击，而以吸毒的方式来逃避痛苦的现实。企业倒闭，应聘落选，谋职不成，使多少人面临着生存的沉重压力，而以吸食毒品解愁。工作高度紧张，竞争异常激烈，又使多少人感到压力沉重，疲惫不堪，在追求“放松”中与毒品结下不解之缘……

三 实施全民禁毒教育计划迫在眉睫

如上所述，毒品问题，是一个与社会形态、社会结构和人性特质紧密联系的社会问题。其形成原因十分复杂。世界各国反毒斗争的实践表明，控制毒品蔓延、扫除毒害是一项长期而又十分艰巨的工作。笔者认为，在我国，要把毒品对社会的危害减少到最低限度，除采取切实有效的措施控制境外毒品的流入，依法严惩毒品犯罪分子，规范和加强强制戒毒和自愿戒毒工作，落实对戒毒回归人员的社会帮教等工作之外，最最紧迫需要做的事情，就是立即实施全民禁毒教育计划，帮助广大人民群众、青少年和中小学生认识毒品、远离毒品、拒绝毒品，自觉地与毒品违法犯罪行为做坚决斗争。这才是打击毒品犯罪的釜底抽薪之举，才是治本之法。人们只有真正认识了毒品的巨大危害与本来面目，并掌握与它做斗争的方法，才会真正厌恶它，拒绝它，反对它，远离它。否则，在既有的国际与国内环境下，毒品对于我国的危害程度难以从根本上改观。现笔者不揣浅陋，就该项计划的主要内容作一简述。

1. 关于实施全民禁毒教育计划的意义与目的

我国已经进入社会全面转型的发展时期，毒品犯罪已成为极其严重的社会问题。实施全民禁毒教育计划，已成为关乎中华民族兴旺发达、人民群众身心健康、社会秩序平安稳定的当务之急。它能帮助广大人民群众尤其是青少年了解国际国内毒品违法犯罪动态，认识毒品的独特性质与严重危害，认识与毒品违法犯罪活动作斗争的重要性与必要性，从而形成全民防毒拒毒反毒的良好社会风尚。

2. 关于全民禁毒教育的对象

所谓全民，即一切社会成员。鉴于年龄和生理心理方面的差异，成年人与青少年（含中小学生）的教育方式方法和程度应有所区别。

3. 关于全民禁毒教育的主要内容

似有这样几点：①世界与中国毒情的历史与现状；②毒品的品种与特性；③毒品的生理危害、心理危害、社会危害；④关于打击、惩治毒品违法犯罪行为的法律法规知识；⑤怎样识别和检举毒品违法犯罪者及其行为，如何不交毒友、远离毒品、拒绝毒品；⑥同学、同事、家庭、亲友中有贩卖毒品或吸毒的怎么办；⑦树立积极的人生观、价值观、道德观，养成良好的兴趣、爱好与生活习惯，拥有健康向上而丰富多彩的闲暇生活；⑧其他。关于毒品的危害应讲深讲透；关于方法、办法类的知识，越具体越好。

4. 关于全国禁毒教育的形式或途径

①通过大众传播媒体，不断向社会公众传递禁毒反毒拒毒防毒信息。如全国和各地的电视、广播、报纸、刊物、书籍等传播工具应经常播发、刊登有关禁毒的公益性广告和其他禁毒节目、文章。传媒是当今我国社会公众获取信息和学习知识的主要渠道，拥有最广泛的受众。通过传媒开展禁毒教育，能不断向受众输送和强化禁毒信息，在广度上即普及性恒常性上取得良好效果。中央和地方的禁毒领导机关应协调各有关部门落到实处，持之以恒地做好此项工作。

②国家开展的普法教育应把禁毒教育作为一项特别重要的内容，系统地对全体社会公众进行打击惩处毒品违法犯罪的法律常识教育，让人们对毒品及毒品犯罪历史、现状、性质、特点、危害有较为全面、深刻的认识，增强禁毒防毒的自觉性。通过国家开展的普法教育全面系统地对公众进行禁毒教育，是搞好禁毒教育的一种重要途径，它既能保证禁毒教育的广度，又能保证禁毒教育的深度，有关部门应切实予以精心筹划。

③举办禁毒教育展览。从我国一些省市及地区的实践来看，举办展览不失为禁毒教育的一种好途径，它具有形象、直观、易为观众接受的特点。观众一进入展室，在客观上排除了外界干扰，禁毒教育成为唯一的信息刺激，能产生印象深刻、经久难忘的记忆效果。从禁毒斗争的长期性和艰巨性出发，禁毒教育展览应成为禁毒教育的一种重要形式而长久存在，而不能只应一时之需，过后就匆匆收场，人去室空。展览的内容应不断充实、更新；形式也应多样化，除文字、图片、漫画、实物等之外，还可利用幻灯、录像、电影等手段，使观众更加喜闻乐见；向观众发送禁毒教育的小册子等印刷品，能使展览收到更为广泛的教育效果。展览场所既可固定，也可流动；展览规模既可宏大，也可微小；展览内容既可丰富，也可简要。一切应视需要、条件和效果而言。我们不仅应让人口众多、青少年集中的大中城市的人们看到展览，也应让人口分散的偏远地区的人们看到展览，使尽可能多的人受到教育。

④在道路、车站、码头、机场等公共场所竖立大型广告牌匾，唤醒人们的禁毒意识。现在我国的一些城市已有此举，但牌匾太少，况且淹没在铺天盖地的商业广告牌之中，不甚醒目，起不到警醒世人的作用。禁毒领导机关应做出规定在一定地段竖立一定数量的禁毒广告宣传牌匾，并负责敦促监督各地认真落实。增加和提高这种牌匾的数量和质量，既能形成一种反毒禁毒的社会文化氛围，也确实能给人们以防毒拒毒的心理暗示，起到禁毒的良好宣传效果。

⑤开展“禁毒宣传周”活动。每年6月26日是“国际禁毒日”。我国可在“国际禁毒日”前后在全国各地开展“禁毒宣传周”活动，利用各种形式大张旗鼓地向广大社会公众传递禁毒信息。例如在街头、车站、码头、商店、旅游景点等公共场所张贴禁毒海报、图片，向群众散发禁毒宣传材料，组织有关文艺演出活动；设立禁毒教育流动宣传车，深入街巷、乡村，进行宣传教育；组织社会公众参加政法机关举行的销毁毒品活动和严惩毒品犯罪分子的宣判、公审大会；组织青少年、中小学生参观强制戒毒所等。

⑥在全国范围内开展“建设无毒社区活动”。社区是一个开放的概念，是指社会公众生活和活动的场所或范围。中央禁毒领导机关应通过全国各级禁毒领导机构，取得各级党委和政府的支持，在全国范围内普遍而长期地开展“建设无毒社区活动”，其标准是该社区内的成员中没有贩毒吸毒藏毒种毒制毒的。依此标准，可授予诸如“无毒村”“无毒乡（镇）”“无毒街道”“无毒小区”“无毒县（市）”“无毒学校”“无毒企业”等无毒社区先进单位称号，并给予一定的物质、经济奖励，以鼓励和促使该社区的禁毒工作越做越好。

5. 关于全民禁毒教育计划的重点——学校的禁毒教育

世界各国的吸毒者中，青少年均占绝大多数。从1994年至1995年，美国青年吸毒人数增加了1倍，从占人口0.3%上升到占人口0.8%。1995年，美国约有140万青年经常使用可卡因。在我国，吸毒的80%以上是青少年。青少年是最容易受到毒品侵害的“高危人群”。统计数字和大量的吸毒案例表明，我国青少年吸毒者中的大多数都是在小学或者中学毕业后1年至3年里染上毒瘾的，因此，对青少年的中小学时代进行早期干预——预防毒品侵袭教育，是实施全民禁毒教育的一项最重要的工作，值得我国的禁毒领导机关和教育行政部门郑重研究并尽快施行。

有关部门曾组织编写了《禁毒教育读本》和《毒品预防教育》，列为中学生的课外教材。笔者认为，课外教材的弹性太大，学生可学可不学，容易流于形式走过场。据笔者调查，全国许多地区的中学生根本就未见到过这种课外教材，何谈普及禁毒教育？因此，笔者呼吁，国家教育行政部门必须将禁毒教育内容列入我国中小学有关统一教材中。只有这样，才能保证我国中小学生禁毒教育的普及与深入。这是一项刻不容缓的工作！

现将香港中小学教材中有关禁毒教育的内容引述如下，以供有关方面参考。

香港学校课程中与药物教育有关的课题（节选）

小学	健康教育科
（小学六年级）	
	课题范畴 10 社会健康
	1. 吸烟的影响
	2. 香港的滥用药物问题
中学	Ⅰ. 社会教育科
（中学一年级）	C. 嗜好和闲暇的运用
自己—	a. 培养嗜好
1. 我的学习和闲暇	
	i. 嗜好的种类
	ii. 培养嗜好和兴趣的价值
	b. 善用闲暇
	i. 计划闲暇
	ii. 香港的一些康乐设施
3. 认识自己	D. 身份
	a. 青少年时期寻找自己的身份
	b. 模仿、崇拜偶像及其影响
	c. 自得其乐
	E. 自尊和自觉
	a. 了解本身的长处和缺点

	b. 自我的概念
	i. 自觉和接纳自己
	ii. 确立个人的价值标准
	iii. 培养自信和诚实的性格
我的家庭和朋友	A. 与父母的关系
我的家庭	a. 父母和子女的角色
	b. 了解自己的父母
	c. 子女与父母之间的沟通
	d. 建立良好的关系
	B. 与其他家庭成员的关系
	a. 了解自己的兄弟姊妹和祖父母/外祖父母
	b. 与其他家庭成员的沟通
	c. 照顾年幼和年老的家庭成员
	G. 建立快乐家庭
	a. 各个家庭成员的角色和责任
	b. 和谐关系
	i. 分担责任
	ii. 家庭活动
	c. 解决家庭纠纷
	i. 忍让
	ii. 客观
	iii. 互相体谅和关怀
2. 我的朋友	A. 朋辈和影响
	a. 结交朋友
	i. 结交朋友的需要
	ii. 友谊的价值
	iii. 择友的准则
	b. 朋辈的影响
	i. 为朋辈所接纳的需要
	ii. 处理朋辈压力
	B. 与其他人建立良好友谊

a. 作为朋友的责任
b. 与同性和异性朋友的关系
i. 男女共处时的表现
ii. 在与同性和异性朋友的关系上，培养成熟的社交态度
C. 与其他人的沟通
a. 了解自己的沟通技巧所达到的水平
b. 改进自己的聆听和表达技巧

本地的社会
3. 一些本地的社会问题

A. 吸烟
a. 烟草的成分和它对人体的影响
b. 吸烟与社会健康
c. 反吸烟运动
B. 酗酒
a. 含酒精饮料的种类及对人体的影响
b. 酗酒与社会健康

（中学二年级）
自己
1. 作决定

A. 做决定的过程
a. 界定问题
b. 搜集资料和拟定可能的选择
c. 考虑每项选择的后果
d. 考虑个人、家庭和社会的价值观
e. 挑选一项选择
f. 制订执行决定的计划
g. 评估所做出的决定
B. 改进做决定的技巧
一些日常生活的例子（例如：在某些情况下说“不”、解决日常生活问题、处理自己的嫉妒情绪）

我的家庭和朋友
1. 身份和社会认可

A. 服从和独立自主
a. 社会接纳和认可的需要
b. 独立自主和服从别人两者之间的抉择

B. 崇拜偶像

幻想或现实

C. 性格发展

a. 影响性格发展的因素

b. 发展和改进性格

本地的社会　　C. 药物教育

2. 一些本地的社会问题

a. 药物的定义

b. 医生处方药物的使用和滥用

c. 危险药物的种类

d. 吸毒成瘾与对毒品的依赖

e. 滥用药物的原因和影响

f. 治疗和康复

g. 预防的方法

i. 教育

ii. 打击贩毒活动

（中学四至五年级）　（a）青少年期的特征和发展

单元1：青少年期

（ii）情绪特征，例如：害怕失败、沮丧、忧虑、嫉妒、不稳定

（iii）身份的发展，例如：自尊、服从、崇拜偶像、性别角色的发展、模仿

（iv）社交行为的发展，例如：联群结队，父母、朋辈和学校的影响

（b）在青少年期达致独立自主在青少年期学习的一些生活技巧：

—做决定

—订立目标

—自信心和处理关系的技巧

（中学三年级——课题四）

Ⅱ. 经济与共事务科

社会罪恶—预防及善后：

滥用药物

(1) 怎样才是滥用药物？

(2) 常见被滥用的药物：麻醉剂、兴奋剂、镇抑剂、迷幻药

(3) 滥用药物对人的影响（特别是滥用海洛因），包括对滥用药物者本人、家庭及社会

(4) 滥用药物原因

(5) 青少年可如何避免滥用药物

(6) 政府在打击滥用药物方面所做的努力

（中学四年级至五年级）Ⅲ. 宗教科

（丁部：个人及社会问题）

世界及社会问题

(iii) 社会问题

(b) 药物

(1) 讨论吸毒的原因

(2) 探讨吸毒的后果

(3) 解释基督徒对毒品的态度

(4) 研究可行的解决方法

（中学四年级至五年级）Ⅳ. 人类生物科

第五章：健康与疾病

1. 个人健康

(d) 影响健康的习惯——简述滥用药物、酗酒、吸烟及暴食等习惯对健康的影响

（中学四年级至五年级）Ⅴ. 化学科

第八章：化学药品与健康

—认识药物会有不良的副作用，例如部分止咳药中含有可待因及/或吗啡会令人昏昏欲睡

8.2 药物　—滥用药物

（高级补充程度）

—认识某些胺及其衍生的化合物可作药物用途

8. 一些化合物的化学（高级补充程度）

香港研究

Ⅵ. 通识教育科

法律制度及执法

4.3 香港执法机构面对的挑战

（ii）滥用药物

人际关系

1.1 自觉和自尊

2.1 生活技巧

3.1 在香港，父母所担当的角色

4.1 为朋辈所接纳和拒绝

4.2 朋辈压力

在香港，禁毒教育已成为学校正式课程的一部分。香港教育署要求教师除向学生提供有关吸毒（滥用药物）及其危害的资料外，还应着重教育学生建立健康、积极的人生态度，以及学习一些生活技巧，例如怎样应付同辈朋友的压力，如何做出明智的决定，怎样与父母沟通等知识和能力。除在教材中讲授禁毒知识外，香港教育署还和政府禁毒处合作，成立香港学校禁毒教育小组，定期为中小学生举办禁毒教育讲座，在学校举办有关精神药物展览，向学生派发禁毒宣传资料，组织学生家长聆听禁毒教育讲座；同时，还为在职教师举办禁毒教育研习班，使教师及时了解香港的毒品情况和滥用药物的危害，以便他们更好地教育学生。香港卫生署中央健康教育组也深入中小学校，为学生和教师开办禁毒教育讲座，并举办“学生健康大使训练班”，让“健康大使”向同学朋友和家人传达有关禁毒和健康的信息。

香港教育署将禁毒教育的内容加入相关的中小学课程纲要之中，并辅之以其他教育方式，对于中小学生认识毒品特性，了解毒品危害，拒绝诱惑和远离毒品产生了非常积极的效果；为他们健康地走向社会、成为对社会有用的人打下了良好的基础；也是社会预防和减少吸毒行为必须采取的最佳的带有战略性的重要举措。香港的这一做法，值得我们好好研究与借鉴。

6. 关于全民禁毒教育计划实施的组织领导

全民禁毒教育计划是一项社会系统工程，牵涉到中央的许多行政部门和各地的党政领导。因此，它的组织实施，需要协调各方面的关系，应由有中央领导同志任主任的中央社会治安综合治理委员会或更高层次的机构来负责制定具体实施规划与办法，监督各部门和各地方积极参与，真正落实。

当前，我国毒品违法犯罪情况非常严重，进行全民禁毒教育已经刻不容缓。我们真切地希望能如中央要求的那样，要把禁毒宣传教育作为社会主义精神文明建设的一项重要任务，使之经常化、制度化。各级党委、政府主要领导作为禁毒工作的第一责任人，必须以对国家、对民族高度负责的态度，扎扎实实抓好禁毒教育工作。只有真正提高全体人民的禁毒意识，增强广大青少年抵制毒品侵袭的能力，我们才能从根本上预防和减少毒品的危害，取得禁毒斗争的全面胜利。

参考文献：

南方日报，1996，《戒毒中心竟成了吸毒乐园》，《南方日报》11 月 25 日第 12 版。

乐国安主编，1994，《当代中国社会越轨行为》，知识出版社。

林仕权，1997，《浅谈青少年戒毒问题》，《青少年犯罪研究》第 2 ~ 3 期合刊。

香港禁毒常务委员会，1994，《香港禁毒报告书》（1994）。

云南省高级人民法院编，1993，《惩治毒品犯罪理论与实践》，中国政法大学出版社。

张建伟，1996，《白货——中国大禁毒》，吉林人民出版社。

张潘仕，1996a，《试析改革开放过程中的青少年越轨行为》，湖南省青少年犯罪研究会编《青少年犯罪研究文集》10 月。

张潘仕，1996b，《香港毒品问题的社会控制》，《青少年犯罪研究》第 8 期、第 10 ~ 11 期合刊。

张潘仕，1996c，《一个县级社区的吸贩毒现象与治理对策》，《社会公共安全研究》第 6 期。

《中国法律年鉴》1989 ~ 1996 年各卷。

中国基层社区组织的变迁*

张　琢

本文从社会发展理论的新视角，理出了中国乡村和城镇基层社区组织沿革的梗概。着重阐述了改革开放以来，尤其是80年代末以来，乡村的村民自治组织——村民委员会的选举、组织状况和功能；城镇基层社区居民自治组织——居民委员会的变迁；城乡基层居民自治组织与政权机构的衔接关系；目前正在中国城乡展开的文明社区建设和民众的社区发展参与，特别是直接民主选举和政治参与对中国民主政治建设的基础性作用和意义。

本文参考并汲取了中国社会学和政治学界有关调查研究的最新成果。

纵观世界现代史，一般看来，后发展起来的发展中国家的现代化，首先是得风气之先的具有现代化理想的精英人物和以实现社会现代化为目标的政党执政以后，通过自上而下的号召发动起来的。中国也一样，只不过由于地域辽阔，历史悠久，人口众多，社会构成复杂，各地、各民族、各社会阶级阶层社会经济文化发展很不平衡，尤其受动于现代化传播的时序和在现代化启动过程中的利益得失呈现出错综复杂的差别格局，使得自19世纪中叶以来，一个半世纪的中国现代化运动经历了世界各国各民族现代化史上罕见的反复曲折。① 直到1978年实行改革开放以来，中国的现代化才走上了持续高速发展的道路。

然而，发展中国家的改革与发展，又绝不只是一个由外及内、由上而下的单向推进过程。从中国的经验看，它要经过由外及内，又由内向外；

---

* 原文发表于《社会学研究》1997年第4期。

① 参见张琢《九死一生——中国现代化的坎坷历程和中长期预测》，中国社会科学出版社1992年版。

由上而下，又由下而上；由城市到农村，又由农村到城市；由经济而社会而政治而文化，又由文化而政治而社会而经济；……多次反复互动推进。并且每次反复都不是简单的重复的循环，而是蕴含着质的提高和量的扩张。从根本上说，一个地区一个国家的现代化的实现，最终还是决定于各方面现代性因素自下而上地逐步积累和升华。

陈涛在回顾和总结世界各国在追求社会发展的过程中，将其所遵循的指导路线和发展实践，概括为三种类型：片面注重经济发展的观念与实践，重视社会发展的观念与实践，强调社区发展的观念与实践。当今之世，已有一百多个国家在执行全国性的社区发展计划，社区发展确有成为新的世界性运动之势。他并且从中国本土传统社会实情出发，提出，中国传统文化里蕴含着丰厚的可供利用的发展资源，其中之一就是社区传统。[①]

本文正是着眼于时下中国城乡最基层社区正在静悄悄地进行着的社会组织结构的革命——它是整个中国社会现代化大厦的根基性工程。它启动不久，发展也不平衡，任务复杂艰难。然而，“万丈高楼从地起”，中国的社会现代化的大厦必须、只能，而且也正是在这里奠基，欲知中国社会的未来，就得从这里看起。

中国城乡基层社区组织结构功能的变化正是改革开放以来各方面的体制改革，经济的持续高速增长、产业结构和所有制结构的变化，城乡居民经济的自主权和收入的增加，社会结构的变迁，国民文化水平的提高和民主意识的增强等多种因素共同作用的结果。

关于中国城市化率，有多种不同的统计口径和估算方法，有代表性的达五种之多。国家统计局提供的1996年度的数据，全国总人口数为122389万人，其中城镇人口为35950万人，乡村人口为86439万人，城市化率为29.4%[②]。其他各种统计和估算的城市化率多高于这一数字。1995年全国跨区域流动的农民为6500万人，其中90%流动于城镇，这就将中国城镇人口由1994年按户口分类统计的28.62%，提高到了按生存空间分类的33.5%。[③]

① 陈涛：《社会发展与社区发展》，《社会学研究》1997年第2期。

② 《中华人民共和国国家统计局关于1996年国民经济和社会发展的公报》，《人民日报》（海外版）1997年4月7日。

③ 《1995—1996年中国社会形势分析与预测》（社会蓝皮书），中国社会科学出版社1996年1月出版，第288页。

有的学者甚至认为，按农村实际城镇化的情况，中国当前城乡人口比重已达到对半的程度，即城乡各占 50%[①]。我本人认为，现在中国城乡实际人口之比大约是 2∶1，即全国 2/3 人口在农村，1/3 人口在城镇（含流动人口）。按统计局发布的 1996 年的统计公报全国从业人员为 68850 万人，其中非农从业人员与从事农业的人员约各占一半。但，据专家们估计实际上真正从事农业的人员，占全社会从业人员的比重到 1996 年年底大约已降为 40%。

现今中国农村社区的最基层的村民自治组织单位为村民委员会。城镇社区的最基层的居民自治组织单位为居民委员会。它们构成了中国城乡社区基础。

一　农村基层社区组织的沿革

中国的农业文明万年有长。集生产、生活、教育、娱乐和防卫等多种社会经济生活功能为一体的小家庭作为社会初级群体组织，构成了耕织互补的农业自然经济社会的细胞。

主要由这种小家庭为单位的社会细胞构成的地缘血缘紧密结合的乡村社会，在日出而作，日落而息，休戚与共、世代相袭的村落生活中，形成了“彼此连心肝也都了然”（鲁迅语）的熟人社会。

自秦（公元前 221 年～前 206 年）以来，直到清代的正式国家政权组织仅达于县（“天下之治，始于县”）。县以下，介于县与家之间的中介组织就是由自然形成和行政划分相结合构成的里社、保甲、家族、宗族等社会群体组织。里社、保甲等社区组织，一般为官方出面划分区域和组成机构，具有更强的准行政的功能和色彩；家族、宗族等组织一般为民间历史地形成的具有更强的独立自治的结构功能色彩。

明（1368～1644 年）开国皇帝朱元璋（1328～1398 年在位）沿袭汉唐以降的里甲制，将其规范为：“以一百一十户为里，一里之中，推丁粮多者为长；百余户为十甲，甲凡十人。岁役里长一人，甲首十人，管摄一里之事。城中曰坊，近城曰厢，乡村曰里。凡十年一周，先后则各以丁粮

① 王颖：《中国城市化的真实水平》，《国际经济评论》1996 年第 3—4 期合刊。

多寡为次。每里编为一册，册之首总为一图。其里中鳏寡孤独不任役者，则带管于百一十户之外，而列图后，名曰畸零”。[①] 从以丁粮多寡作为里长、甲首的推选和户口排序的标准，突出体现了里甲制派役、催征的功能。由于中国幅员大，历史长，各地村落和人口密度相差很大，又经历长期的变迁，南北各地、各朝代社会基层组织的名称和实际辖区人口、户数各异。

游牧的满族人入主中原建立清帝国（1644～1911 年），亦承袭宋明的保甲制度。不过，由于统治民族的军事特性和社会人口的繁衍，社会控制难度的加大，清朝统治者便强化了保甲制的治安功能，组织管理也更严密。

中国封建社会后期尤其清中叶（18 世纪）以后，社会相对稳定，海外高产农作物的引进及普及，人口和文化的积累，为家族宗族的繁衍提供了沃土。家族和宗族组织化程度比较高、比较普遍的地区主要为经济文化相对发达的南方。在家族和宗族组织比较完备的地方，里社、保甲与家族、宗族两类组织往往是二而一，一而二，即人员构成和功能上都是两位一体，首领多为地方乡绅。

晚清社会分化日剧，社会基层组织和功能也更加复杂，除了传统的派役、催征、赈济等经济、社会功能，治安、仲裁等政治功能，教化、办学和娱乐等文化功能外，又强化了“团练”等军事功能。

随着中国近代社会的分解向乡间的深化，尤其科举制的废除，乡绅的分化，传统的农村社会进入了空前的解体、动荡和组织重构的时期。针对日益深刻的根基性社会危机，清政府特别是以后成立的民国政府，竭力强化对乡村社会的控制，把政府机构延伸到了集镇和乡村，村社被规范为准政府性的社会组织单位，形成了类似现在乡村政权和村社组织衔接的格局。

以农村为根据地武装夺取政权的中国共产党执政后，人民政府在农村首先实行了彻底的土地改革，结束了地主乡绅在农村的统治，继而逐步推行和提高合作化及公有化程度。1958 年以后更进而推行起人民公社制度，其间虽有多次体制和政策性调整，但还是勉强维持达 25 年之久。人民公社

① 《明太祖实录》卷一三五。

实行政社合一的体制，为经济组织、政权组织和社区生活的基本单位，其核心和实质是行政权力支配经济和社会生活。它是一个不具现代性的法人行动者，因此无法肩负农村现代化的使命。1982 年人民公社制度结束之后，取而代之，在农村，政府机构设到乡、镇（原公社一级）为止；在原生产大队一级普遍建立了村民委员会，通过结构创新，逐步成为独立的法人行动者。1982 年通过的《中华人民共和国宪法》第一百一十一条规定："城市和农村按居民居住地区设立的居民委员会或者村民委员会是基层群众性自治组织。"首次以根本法的形式明确了城乡居民委员会和村民委员会的性质、任务和作用。1987 年全国人民代表大会又通过了《中华人民共和国农村村民委员会组织法（试行）》，1988 年开始实施，标志着村民委员会的建设进一步纳入了制度化、法律化的轨道。根本法和具体组织法确立了村民委员会作为村民自治组织的法律地位。村民委员会不是一级政权组织，而是村民自我管理、自我教育、自我服务的基层群众性自治组织，由村民直接选举产生。乡、镇政府对村民委员会工作给予指导、支持，而不是领导，这就确立了村民委员会决定村社内部事务的权力（利）的独立法人地位，原先实际上由人民公社统一控制的资源及相应的权力（利）归还给了村庄社区。同时在实际上它仍具有准政权组织的功能，在不同地方并在不同程度上充当着集体经济的主管和市场经济的社会管理和服务的职能。

在中国，由于地理条件和经济文化发展的巨大差异，村落的大小以及地域、户口、经济、文化和知名度，彼此相差甚远。大的村落可到千户万人，小可至"独户庄""三家村"。据 1990 年人口普查，中国的 9 亿人属农业户口，组成近 2 亿个家庭，分布于 345 万个自然村，平均每个自然村有 60 多户人家 260 多人，基本上是由人民公社生产大队为单位改制的现行的行政村约 80 万个，平均 4.3 个自然村合一个行政村。村民委员会通常就设于这一级。

据国家统计局提供的数据，中国 1995 年年底的农村总户数 23282 万户，村民委员会 74 万个，每个村民委员会平均 315 户，每户平均人口 4.5 人。[①] 每个村民委员会平均拥有 1400 多人。但这一统计是按与实际常住人

① 中国国家统计局编《中国统计年鉴（1996）》，中国统计出版社 1996 年版，第 353 页、28 页。

口情况有相当出入的户籍统计的。据民政部提供的统计数，1995 年全国村民委员会总数 93.17 万个，拥有约 400 万名村民委员。①

村民委员会由村民直接选举产生，每个村民委员会一般由三五个委员组成。村民委员会的人选和职能与村民们各方面的切身利益相关，受到村民们普遍关注。如浙江有的外出经商务工的村民，临到村委会选举时，老远坐飞机也要赶回家乡。有的老人行动不便，还要亲自去投自己意中人的票，而不愿儿女代劳。从全国总体看，据民政部统计，投票率高达 90% 以上。但各地实际情况发展很不平衡。

中国农村的村民委员会选举进程，大体上可分为试点与部分地区展开选举阶段，村民自治示范活动与全国农村普遍开展村委会选举阶段，村委会选举规范化、程序化阶段等三个阶段。从 1988 年到 1997 年年初，全国有 18 个省、自治区、市的农村已进行了三轮村委会的直接选举，其他地方也都进行了两轮村委会选举，有的省已进入了第四轮。②

现在，中国村民自治体制，虽已基本确立，但真正名副其实的村民自治尚处于示范阶段。中国社会科学院公共政策研究中心 1996 年出版的一项全国性调查研究报告表明，开展村民自治示范活动的农村，尚不足农村总数的三分之一。村民自治活动搞得好的示范村，多是一些经济相对比较富裕的农村，并有好的领导历史。这些村实行直接差额选举村民委员会干部，建立了村民代表会议制度及村民自治章程，村民与干部契约化程度较高，村民的民主权利和义务得以较好实现。处于中间状态的农村“村民自治”基本上还停留在口头上，选举不同程度地流于形式，村委会干部和村民普遍缺乏民主权利和义务的意识，还有近三分之一的村，属于村民自治活动搞得不好的被称为“瘫痪村”和“失控村”。瘫痪村多处在贫困地区或偏远地区，“村民自治”有名无实。“失控村”则通常存在于宗族势力或其他恶势力（如宗派、流氓、恶霸）把持的农村，更是名实相悖。③

虽然如上所述，当前各地村民委员会的建设和发展还相当不平衡，但

---

① 《96 中国民政统计年鉴》，中国社会出版社 1996 年版，第 294 页。

② 参见《中国基层民主政治正在稳步推进　新一轮村民委员会直接选举在各地展开》，《人民日报》（海外版）1997 年 4 月 14 日。

③ 白钢：《村民自治：中国农民的政治参与》，中国社会科学院公共政策研究中心工作论文 1996 年 2 月 1 日。

无论从法律上看，还是从实际上看，在村社一级，村民委员会在通常情况下，毕竟已成为村民获得利益和权力的一种新结构，村民自治的法人组织。这是中国农村社会结构走向现代化的基础性的重大变化和主要内容。社区各种公共资源通过村民委员会向村民个人的分配；市场经济的发展，社会资本和村民个人拥有的社会资本的增加；权威关系从非自愿授予向自愿授予的转化即村民民主权力（利）和民主意识结构在创新过程中的提高；多元利益主体和法人的形成，社会结构的变化与复杂化；村民之间社区内外的各种社会联系的拓展；农、工、商、生产、流通、服务的日益一体化、社会化；农村义务教育的普及和大众传播媒体的迅猛发展等经济、政治、社会、文化因素的综合作用，正促成作为中国传统社会最深广的社会基础的农村社会的革命性大变革。

这种发展变化，在各地发展很不平衡，问题重重，从总体看，要基本实现全国农村社区的普遍现代化还相当遥远，但毕竟是中国农村基础社会走向现代化最为重要的一步，是中国的农村、农民、农业社会在经济、社会、政治、文化走向现代化的综合体现。这是从基础上改变中国社会结构，实现中国社会根本转型的静悄悄的深刻革命。从传统现代化的观点看，现代化在社会变迁上的体现就是城市化；从中国改革开放以来中国农民的实践看，这种“城市化”在一定限度内仍然是不可否认的事实；但同时，在农村，转业不离土的农民就地发展的农村现代性的新文明社区，则是真正具有中国特色的农村社会现代化模式，而且也许它更适合走向后现代（工业化以后）社会。

这便是按面积和人口现在仍然占全国大头的作为中国传统社会基础的乡村社区的现代文明的显现。

在村社一级自治组织建设的基础上，与之相衔接的农村基层政权组织是乡、县两级人民代表大会。1979 年中国制定了选举法和地方各级人民代表大会及地方各级人民政府组织法。1982 年、1986 年和 1995 年又三次对这两个法律进行了修改，对中国的选举制度做了重大改革。主要内容包括以下方面。第一，把直接选举人大代表的范围从乡一级扩大到县一级。第二，实行由下而上、由上而下、充分民主地提候选人。选民或者人大代表 10 人以上联名，就可以提代表候选人；人大代表 10 人的联合，就可以提出同级人大常委会和同级人民政府、人民法院、人民检察院有关组成人员的候选人。第三，将候选人和应选人的等额选举，改为候选人名额一般应多于应选人名额的差额选举。这样便逐步扩大了人民民主权力。1995年以来，全国乡镇人大开始了换届选举，据统计，人民群众参选率普遍达到百分之九十以上，多数乡镇人大代表的候选人人选，是由选民依法联名提出的。当然，中国之大，人口之多，又处于民主法制建设的初级阶段，各地发展不平衡，少数人独断专行，搞宗族，收买选票，操纵选举，而相当部分居民尚处于麻木状态，正是中国农村民主法制建设正在克服中的困难。但是，从总体看，伴随着中国经济体制的改革和发展，政治的改革，民主法制的建设，在辽阔的中国农村的原野，在几万万农民中，已悄然起步并正逐步升级和完善。

二　城镇基层社区组织的重构

中国的城市大约兴起于新石器时代的晚期。这一时期考古发现的夯土和石块筑成的城墙遗址及学者们的研究报告已不少，并正在不断增加。最新的发现有1993～1995年内国家文物局考古队在河南省郑州市北郊西山揭露出土的距今5300～4800年的仰韶文化城址。此为中国已知早期城市中建筑技术最为先进的古城遗址之一。城市平面略呈圆形，西墙残存60余米，北墙残存230余米，城墙现存最高处3米。城墙采用方块板筑法，在经过修整的生土基面上逐层逐块夯筑而成，西墙基底东西宽11米，向上逐渐内收。它为探索中国早期城市的起源、早期文明的形成和发展提供了新的实物见证。①

中国古籍中关于城市起源的记载亦所在多有。常为人们引证的《易·系辞下》："日中为市，致天下之民，聚天下之货，交易而退，各得其所。"意为分散居住的居民们，清早起来，中午赶到集市上进行贸易，各得所需而归。这里"市"既是指集市，也是贸易行为，这就是集市的功能性起源。在中国古代，作为分散的基本自给自足的农业自然经济的补充，墟集贸易一向比较发达，集市星罗棋布，遍于国中，在人口比较稠密的地区，

① 《95全国十大考古新发现·三、郑州西山仰韶文化遗址》，《光明日报》1996年3月26日第五版。

大约每个居民点离其最近的集市往返所需的时间和路程就在一天左右。

作为政治和居民中心的城镇的建立，则有如《史记·轩辕本记》载“黄帝筑城邑，造五城”；《吴越春秋》记“鲧筑城以卫君，造郭以居人，此城之始也。”等等，不一而足。城镇的数量由基层社区向上呈几何级数递减，规模则呈几何级数递增。

作为护卫君王和臣民居住中心的城镇与作为物资交易中心的市的功能的结合，便是城市。

在中国古代行政权力支配社会，因此，在作为从国都到地方行政中心的城镇建筑功能布局上，都是以王宫、府衙为正中展开的，为之服务的工商业及一般百姓则按行业和社会身份划分为街坊，加以管理，从举止行为到作息的空间和时间上都有严格规定，这就是中国古代管理城市社区生活的著名的坊市制度。这些方面的文献和后人的研究著作就更多了，已毋庸赘言。

到宋代（公元960~1279年），由于工商业和都市生活的扩展，在城市空间格局上，突破了以前的坊市区分和城郭限制；在时间上则打破了宋以前关于京师夜市的禁令，北宋开国皇帝赵匡胤下令开放夜市，东京汴京（今河南省开封市）遂成为“诸酒肆瓦市，不以风雨寒暑，白昼通夜骈阗”的不夜城。城市社区和社区管理相应也由“坊”（“城中曰坊”，即严格意义上的城内社区）拓展到了“厢”（“近城曰厢”，即城外附近地区，相当于今之城近郊区）。

就绝对的人口量而言，中国古代的城市人口总量是世界其他各国所无可比拟的。但在传统农业社会中，城市和城市经济的发展一直受到相当大的制约。从城市化率看，在一两千年前的汉、唐盛世不过10%左右，宋达到12%，以后，尤其清乾隆（18世纪）以来，人口迅速膨胀，城市的数量和规模的绝对量都有了空前发展，但乡村人口增加更多，因此城市化率到古代社会终止的19世纪中叶鸦片战争前夕，反而降为5%~6%，仅及12世纪宋代的一半。

19世纪中叶的鸦片战争到20世纪中叶中华人民共和国成立（1840~1949年）为中国近代史时期。这一时期，随着外国资本主义的入侵和民族资本主义的发展，中国传统社会经济结构逐步解体，新的社会经济成分逐渐增长，社会进入了由传统型向现代型转变的转型期。城市的结构和功能大为复杂化，突出表现为各种传统因素与现代因素的二元结构。现代工商业在内外交困中发展很不顺利，城市发展呈畸形和波动状，一百年过去了，到20世纪中叶，中国城市化率仍只达到10%左右。

中华人民共和国成立后，1953年第一次较为精确的人口普查查出当时中国内地有166个市，5402个镇，共有城镇人口7726万人，城市化率为13.3%。但在计划经济的体制下，城市仍未得到自由发展，与经济发展相对应，城市人口发展也出现了“两头快，中间慢”的U形增长：即1949～1958年的快增长（年平均增长率为7.14%）；1959～1978年的慢增长（年平均增长率2.40%）；1978年改革开放以来，城镇人口呈高速度增加，1995年城镇人口比1978年翻了一番多，平均每年增长率达12.75%。

到1995年中国内地拥有城市640个，集镇6万个（其中建制镇17282个——一般为非农业人口在2000人以上的居民点）共拥有约4亿人口，中国又成为世界上拥有城镇数和城镇人口数最多的国家。

城市作为社会经济、政治、文化的中心，社会组织结构和功能比农村的社会组织要复杂得多。当今中国城市基层社区社会生活的群众自治组织是城市居民委员会。

中国城市居民委员会有一个曲折发展的历史过程。中国古代坊厢、里甲等组织沿革的简单线索已如前述。就共产党对城市社会基层社区管理的沿革看，则可以追溯到中国第二次国内革命战争时期（1927～1937年），在中华苏维埃革命根据地的城镇中，就在废除民国政府的保甲制度的基础上，建立过类似现在的居民委员会和居民小组的居民组织。在解放战争时期（1945～1949年），在解放区的城市，即按街、巷、里弄等自然居住区域建立了居民组织。共和国成立后，城市普遍建立了居民委员会，名称不一，范围和职能也经过多次变迁。1950年曾以街道派出所（街公所）为单位试建过居民委员会，由于范围过大，次年缩小为在三四百个居民户的范围内，并统一定名为居民委员会。1954年，中央人民政府内务部发布关于建立街道办事处和居民委员会组织的通知，各街公所改为街道办事处，居民委员会进行了全面调整和改建，原来的街道妇女组织并入了居民委员会。同年年底，全国人民代表大会常委会通过了《城市居民委员会组织条例》。这样居民委员会的建设便纳入了国家组织法规，基本形成了作为国家基层政权机构的街道办事处与作为社会群体基层自治组织的居民委员会相衔接的格局。

共和国成立以来，城市居民委员会在恢复和发展生产，生活服务，收容改造游民、散兵、娼妓，维护社会治安，优抚救助，开展卫生运动，改善环境，扫盲，移风易俗等经济、政治、社会、文化方面，做了大量卓有成效的实际工作。

1966 年开始的“文化大革命”期间，居民委员会的工作和性质被破坏、扭曲，有的居民委员会被改为革命居民委员会，群众的自治组织变成了“阶级斗争”“群众专政”的工具。“文革”结束，“拨乱反正”以后，居民委员会又沿着民主法制的轨道开创了健康发展的局面。

城市居民委员会的工作，在“文化大革命”前由内务部管理，内务部撤销后各地分管部门不一致。1980 年重新公布 1954 年城市居民委员会组织条例，城市居民委员会的工作统一由民政部管理。

前面讲过，1982 年颁布的宪法，首次以根本大法的形式明确了居民委员会作为基层群众自治组织的性质，办理本居住地区的公共事务和公益事业，调解民间纠纷，协助维护社会治安，并向政府反映民众的意见、要求和提出建议等任务和作用。1989 年全国人民代表大会常委会又通过并颁布了《中华人民共和国城市居民委员会组织法》，各地居民委员会适应社会发展，依法进行了整顿改造，调整了管理范围，健全了组织机构，理顺了工作关系。

按居委会组织法，居民委员会根据居民居住状况，按照便于居民自治的原则，一般在 100 户至 700 户的范围内设立。居民委员会由主任、副主任和委员共 5 人至 9 人组成，由居民直接或每户派代表民主选举产生。据民政部统计，到 1995 年年底，全国已建居民委员会 11.19 万个，拥有 48 万居民委员；街道办事处 5596 个，平均每个街道办事处辖 20 来个居民委员会。另据国家统计局城市调查大队对 350 户城市居民户的调查，1995 年年底，平均每户人口数为 3.23 人比农村户均 4.48 人要少 1.25 人，即家庭人口规模，比农村小 28%，反映了城乡生产和生活方式及其体现在家庭结构功能上的明显差距。

关于居民委员会和作为政府的派出机关街道办事处的关系，城市居民委员会组织法第二条是这样规定的：“不设区的市、市辖区的人民政府或者它的派出机关对居民委员会的工作给予指导、支持和帮助。居民委员会协助不设区的市、市辖区的人民政府或者它的派出机关开展工作。”这里所说的“派出机关”一般就是指街道办事处。这就是说，居民委员会是在城市基层社会生活中实现人民直接民主的组织形式。街道办事处与居民委员会的关系，不是领导与被领导的关系，而只是指导、支持、帮助或协助的关系。政府（包括它的派出机关）要在政策上和工作上对居民委员会给予指导、支持和帮助，同时要维护居民委员会作为居民自治组织的法律地位，不能把它当成自己的分支机构。居民委员会要受政府指导，从群众自治组织方面，协助政府做好本居住地区的各项工作。

对居民委员会的任务，居民委员会组织法第三、四、五条做了明确规定，包括两大方面，共 13 项具体工作。第一个方面是有关本居住地区的各项事务，包括办理本居住地区居民的公共事务和公益事业，管理本居民委员会所有的财产，宣传宪法、法律、法规和国家的政策，维护居民的合法权益，教育居民履行依法应尽的义务，爱护公共财产，开展文明建设活动。在多民族居住地区的居民委员会，还特别强调加强民族团结的教育。第二个方面是协助国家机关进行工作，包括维护社会治安，向政府反映居民的意见、要求和提出建议。此外，居民委员会还要协助政府及其派出机关做好与居民利益有关的公共卫生、计划生育、优抚救济、青少年教育等项工作。

三　城乡文明社区建设

人民共和国的成立，在中国近现代历史上刻画了一个时代的标志，但从上述对中国基层社区组织的变迁的回顾，便可见包括基层社区组织在内的历史并没有割断。“革命”其实是割不断历史的，它只能在既有的文明基础上去改造、创造。革掉一切的“革命”最后只能革掉自己。真的革命是为新的事物的发展创造更好的机运。

上述的简略回顾表明，共和国成立以后，继往开来，在城乡基层社区组织的恢复和发展中已做了许多工作（尽管中间遭到过巨大挫折）。

但是，由于 1952 年社会学作为独立的学科被取消，对这种实际上的社区组织变迁没有进行社会学的研究。所以，当改革开放以后，社会学恢复初期，社会学者们将社区、社会服务、社会工作、社区发展（或社区建设）这些概念和有关理论拿来运用于中国现实生活时，人们对这些概念就感到很陌生，但一看所论的具体内涵时，又觉得有几分熟悉。

改革开放以来，随着中国现代化的推进，城乡社区的发展，经济体制改革的深化和向市场经济的转轨，社会转型的加速，人们的生活方式、价值观念发生急剧变化，人口流动和社会流动不断扩大，老龄化、就业、环境、安全、康乐等方面出现了许多亟待解决的问题，对社区服务和社区建设提出了日益紧迫的需求。同时，经济实力的增强及其他方面的连带进步，尤其社会学的恢复和发展，又为社区服务和社区发展提供了日益增强的社会经济基础保障条件和理论指导。

首先是在改革先行的农村，由于人民公社体制的解体，农民在各方面自我发展的自由度大增，由历史和现实的各种条件造成的各地区发展的不平衡性和社会失范现象日渐显现，更迫切需要加强基层社区组织的建设。作为对现实生活提出的社会问题的回应，1986 年中共中央和国务院联合发出的关于加强农村基层政权建设工作的通知中指出："目前，有相当一部分地方，特别是经济困难地区的村（居）民委员会组织不健全，甚至无人负责，处于瘫痪、半瘫痪状态。各地要采取措施，认真整顿农村基层组织。"这以后不断强调加强的虽然首先还是作为农村政治领导核心的基层共产党党支部和政权组织的建设，同时也包括了村民自治组织的整顿。通知指出："要帮助村（居）民委员会建立健全人民调解、治安保卫、公共卫生、社会福利等工作委员会（组）和各项工作制度，妥善解决村（居）民委员会工作人员的经济补贴和工作中遇到的困难。""村（居）民委员会要进一步完善村规民约，大力开展创建文明村、评选五好家庭等活动，发动广大村（居）民积极参加社会生活的民主管理，为进一步发挥群众自治组织的自我教育、自我管理、自我建设、自我服务的作用。"此后，经过十年努力工作，随着农村经济的发展，尤其被称作农村"第二次创业"的乡镇企业的发展，作为"小"农户与"大"市场的结合的中介组织的农村村民委员会和基层政权组织的结构功能因运而变，已如前述。

随着改革逐步从农村向城市发展，城市经济的活跃，城市化的加速，社会各方面改革的深入，尤其原来包揽社会功能的"单位制"的松动、淡化和解体，社区的社会服务功能需求逐步增加，即社会功能需要由"单位"逐步还给社区并大大加以拓展和提高。适应这种社会需要，现代意义上的社区服务工作于1986年正式启动。1987年在武汉召开的全国社区工作会议，把社区服务工作推向全国，初步形成了推进服务的操作程序，即“试点起步、规划入手、理顺关系、完善机构、建立队伍、兴建设施、抓好管理、立足民政、面向社会。”两年以后的杭州会议，进一步总结实践经验和理论研究的成果，明确了当时和以后一个时期发展社区服务的指导思想为“统筹规划、形成体系、讲究实效、稳步发展”。在空间上，社区服务开始由城市向集镇发展。同时，在社区服务工作的管理问题上，社区组织建设被提到了日程。1992年民政部在杭州召开全国社区建设理论研讨会，把社区服务推进到了社区发展的新阶段。1996年又在武汉召开了“全国文明社区建设理论与实践研讨会”，在理论与实践的结合上把中国的社区建设和社区发展理论更提高了一步。

近年在社区发展中，各地创造了许多各具特色的典型。其中最突出的就是天津市和平区的精神文明建设。这个典型体现了社区文明建设的全方位要素，收到了良好的社会效益，居民安居乐业，社会犯罪率连年稳定下降，社区环境和居民生活质量日益提高。但是，各地社区文明的建设发展还很不平衡。大小不同范围、规模的文明社区建设尚处于培养示范典型阶段。武汉把那些先进典型比喻为“盆景”，正大力推广，把“盆景”变成“花园”。[①] 1997年3月中共中央宣传部公布了全国300个文明社区示范点名单，其中城市文明社区示范点100个，文明村镇示范点200个。这次公布的示范点，都是各省、区、市推荐上去的。从分布上看，每个省、区、市都有。从社区结构和范围上看，可分为不同层次。文明城市示范点有55个小区、44条街道和3个城区。文明村镇示范点包括50个县、50个乡和100个村。这种文明建设活动，一个突出的特点是共产党和政府主导下的政府行为与社区居民自治组织的社会行为的结合。城乡之间方式方法大体相同，但又因地制宜具有明显差异。相同的都是“从示范点抓起，从基层抓起，从具体事抓起，以点带线，以线带面，稳步前进，逐步推开”。有所不同的是：在农村，是从文明户抓起，着重于一个一个地解决勤劳致富、文明生活等方面的具体问题，逐步提高村镇文明水平；在城市，则是

① 李宪生：《让文明社区由“盆景”变成“花园”》，1996年武汉“全国文明社区建设理论与实践研讨会”印发。

从文明小区（一般包括街道办事处管辖下的若干居民委员会）、文明街道建设抓起，着眼于一个一个地解决环境面貌、社区服务等方面的具体问题，以逐步提高城市文明水平。①

与此相应，以“人人为我，我为人人”为社区服务的志愿者及其组织亦应运而生。1989 年 3 月，中国第一个社区服务志愿者协会在天津成立；同年 8 月，民政部向全国推荐了他们的做法和经验。经过 8 年发展，到 1997 年春，全国正式登记注册的社区志愿者组织已达 5400 多个，拥有 400 万多社区服务者。② 从发展速度看，是比较快的，但从一个拥有 12 亿多人口的国家来说，还太少。目前，随着社区文明的建设的发展，社区服务志愿者组织和成员的发展，正进入一个新阶段。

社区发展的内在动力来自社区成员的参与。所谓社区参与就是社区居民自觉自愿参加社区各种活动或事务的行动。在一般情况看，社区参与度和社区发展的程度呈正相关关系。现在普遍反映社区参与的广度和深度都还相当低，也正体现了中国的社区发展还处在初级阶段。社区要发展，就要大力提高广大居民的社区参与度。

从当今中国发展理论对社会现代化的理解看，社会现代化是一个包括实现经济、政治、社会、文化各方面要素的现代化在内的综合系统工程。从微观看，各个社区各具特色，但都缺少不了这些要素。从社区人员结构看，各个社区人文生态千差万别，各有专长。社会上的三百六十行，分布不可能均衡，特别是那些以专业化较强的企事业单位人员为主要成分的社区，更会显出某方面的专业倾向的特色，但也都不能没有自己经济、政治、社会、文化生活需求。

社区经济发展、社区政治发展、社区社会发展和社区文化发展，这是当今中国学界共识性的社区文明建设的不可缺少的四大领域，也是社区参与的四大基本领域。下面分别加以概述。

（一）社区的社会参与。社区社会参与包括社区生活参与和社区生活环境的参与。社区生活环境又包括社区的自然生态环境、社会环境和人文环境。

社区生活参与和环境参与是社区参与的最初阶段也是与社区每一个成

① 《中宣部召开全国电话会议部署 300 个示范点工作》，《经济日报》1997 年。

② 《社区服务志愿者逾 400 万人》，《人民日报》（海外版）1997 年 4 月 15 日。

员最切身的日常生活相关的社区参与。社区每个成员都自觉不自觉地在不同程度上要参与其间。这也是中国的社区服务工作首先应着手的层面。

（二）社区的经济参与。这是社区参与的第二个阶段。在这一阶段中，参与者从自身和对社区共同体的经济利益和福利关心出发，参与社区的经济事务关系和活动。

在中国的社区发展过程中，随着经济体制改革的深化，下岗待业和离退休人员的增加，就业和再就业需求迫切，就是一般人也都希望能在社区经济发展中得到一些好处，大家向市场经济的转轨和经济意识的增强，又为社区经济的参与和社区经济的发展提供了强劲的动力和条件。随着社区经济参与和社区经济的发展，社区产业化的理论探讨也提上了日程。

时下中国各地社区经济发展很不平衡，现在面临的任务是一方面需要使社区经济尚未启动的赶快跟上，同时对已经动起来的需及时逐步规范其行为，提高其素质。这样，才能为整个社区各方面的社会发展事业提供不断增强的可靠的经济依托。

（三）社区的文化参与。社区的文化参与主要是指大众化文化，包括各种类型的文化娱乐活动。广义的社区文化参与包括教育参与。

社区教育参与，包括社区的学校教育、社会教育。在通常情况下，参与社区教育的以青少年和教师、家长为主。在解放初期，城市文盲率还比较高的情况下，社区教育完成了大量扫盲工作。时下，为就业、转岗而开展的各种职业培训在社区教育中的地位和作用正日益变得重要。

每个人由小家庭进入大社会，都要遵守公共生活的行为规则。社区是居民走向社会、学习培养社会公德的第一课堂。适应城市化、社会化的生活需要，公德教育在社区教育中具有头等重要的意义。过去，在这方面已做了一些工作，但发展不平衡，总的讲，力度不够。强化公德教育，使居民广泛参与进来，以各种形式从各方面相互教育，并持之以恒，养成风习，这是中国社区教育持续发展的艰难任务。

（四）社区的政治参与。所谓社区政治参与是指社区居民对社区政治事务的关注和参与的行动过程。

政治是经济、社会、文化的集中体现。在发达国家，政治现代化最常见的测量指标就是“政治参与度”。一个社区中的成员对社区事务参与度越高，说明这个社区的发展程度和民主化程度越高。广义讲，任何旨在影响政府决策和政府行为的行动皆可称之为政治参与。社区政治参与是社区行动主体在社区范围内的政治言论和行动。如天津等城市开展的不同范围的社区公民以投票为主要方式，对所在社区的政府官员和职能部门的工作做出评价、监督，表达自己的意见，行使民主权利（居民评选“十佳公仆”活动），便是典型的社区政治参与方式。

社区发展是一个动态过程。在发展中国家，社区发展往往都是以解决眼前最切身的生活福利开始，发展到一定程度，社区政治参与才会被鲜明地提到日程上来，中国也一样。当然，实际上政治参与和其他各方面的参与是不可分的。不过，初始阶段只是以一种自在的方式存在，缺少自觉性。由于社区与社区之间以及同一社区内各个成员的经济文化背景和素质等多种因素的差异，也决定了政治参与的差别。从总体看，现在中国的社区政治参与度还低，将随着改革开放的深化和扩大、现代化的发展、民主决策和民主监督的提高而提高。

社区政治参与要从经常的麻烦的细小事务做起，它直接面对社区公民、社区组织和基层政权组织。它需要的是最现实的操作化政治参与。把青年和广大公民的政治参与的积极性诱导到自己身边的社区参与之中，是杜绝在发展中国家政治民主化过程中常见的造成社会动荡的空头政治家的过激政治行为的缓冲器。一砖一石地积累，一层一层地推进、升华，逐步提高公民和社会组织的政治素质，实实在在循序渐进，这就是我们从总结中国和世界正反两方面的经验教训找到的通向高度政治文明的最现实的途径，而它的始点，就是社区政治参与。

主要参考著作目录

白钢，1996，《村民自治：中国农民的政治参与》，中国社会科学院公共政策研究中心工作论文 2 月 1 日。

陈涛，1997，《社会发展与社区发展》，《社会学研究》第 2 期。

刘继同，1995，《中国社区工作》，中国社会出版社 8 月版。

王颖，1996，《新集体主义：乡村社会的再组织》，经济管理出版社 2 月版。

朱又红、often裕子，1996，《村民委员会与中国农村社会结构变迁》，《社会学研究》第 3 期。

扶贫传递与社区自组织*

沈　红

通过对西南贫困村落的实地研究，以及边缘性、自组织传统变迁、扶贫传递方式等方面的分析，作者探讨了扶贫体制面临的一些核心问题和规律：稀缺资源如何传递到最基层的贫困社区，又如何转化为贫困社区的自我发展能力。提出：扶贫不仅需要“向基层传递”的推动机制，更需要“传递到基层”的保证机制；建立更加透明的监督机制，以避免扶贫目标置换和传递风险；扶贫制度创新在于注重贫困社区发展的内部动力，协调外生性资源和内生性资源的关系，开发社区自组织潜力。

贫困问题是国际社会，特别是发展中国家所面临的一个跨世纪难题。近年来，联合国社会发展会议提出为实现以人为中心、以社会公正为基础的社会发展和国际和平，确立以消除贫困、扩大生产性就业、社会协调为目标的发展战略。中国政府制订了国家八七扶贫攻坚计划，承诺本世纪末基本消除贫困。随着市场经济体制的逐步到位，利益群体的逐步分化和重组，物价和劳动力市场的逐步放开，贫困缓解速度正在放慢，在国际消除贫困年的1996年，中国尚有6500万乡村贫困人口，形势严峻。以往的一些扶贫方式面临不适应，扶贫需要加大力度，更需要体制调整和组织创新。扶贫资源是否完全传递到最基层的贫困社区，又如何转化为贫困社区的自我发展能力，研究贫困社区的传递组织与目标群体的相互关系，是扶贫的核心问题。

---

* 本论文是《贫困社区的传递组织和自组织》课题主报告摘要。该项研究受中国社会科学院青年科研基金资助，也得到国务院扶贫办、云南省扶贫办、丽江地区行署的多方面支持，本课题组成员冯强、龙西江、于斌参加讨论，特此致谢！原文发表于《社会学研究》1997年第5期。

一 概念和方法

1. 贫困社区

社区是一个社会分析单位，基本含义是一定地域范围内具有归属感的人群及社会性活动及现象的总称，包括人群、地域场所、社会关系和活动三个基本要素。贫困社区是人口平均经济收入处于贫困线以下的社区。在中国大多数地区，贫困标准包括粮食占有水平和收入水平两方面的衡量指标，粮食指标为当年人均粮食占有量低于300公斤，收入指标为当年人均纯收入低于国家贫困线。本项研究选择贫困村作为贫困社区的分析单位。贫困社区的特征之一是经济资源稀缺，难以维持基本生存，需要从外部传递资源；特征之二是区位边缘性，即地理区位、市场区位都远离资源聚集的中心地，村庄分散和封闭，基层组织处于虚置或“空壳”状态，传递成本很高；特征之三，缺少获得资源的手段和能力，贫困人口的社会交往、交通、运输以步行为基础，辅助以简单的畜力；通信、能源、卫生等基础设施不足。

2. 传递组织

传递指的是物质、符号或关系由此及彼的过程。传递的基本要素是出发点、目标、传递内容、成本和风险。对于拥有资源的人和组织而言，传递可以解释为控制资源准确抵达目标群体的行为过程；对于缺少资源的人和组织而言，传递则是帮助他们接近稀缺资源的行为过程。传递组织指传送稀缺资源的组织体系，传递方式是组织内部资源、信息流动和处理途径。组织传递的基本形式为单向传递和双向传递。

扶贫就是通过一定的组织规则把外部资源传递给贫困者。贫困地区的经济无力自我启动，缓解贫困的推动力量来自外部，扶贫传递内容包括物资、资金、技术、信息等稀缺资源，传递出发点是掌握和控制稀缺资源分配权的组织，终端是贫困社区和贫困者。一般认为，扶贫是外生性资源的单向传递过程。① 组织的传递性越强，组织活动的效率、适应性、灵活性越高。传递组织由内部成员的互动系统构成，有效的组织沟通有助于组织

① 传递性，见《辞海》，上海辞书出版社1980年版，第215页。

做出正确的决策、协调组织内部冲突分歧，从而提高组织的传递性。所以扶贫过程是传递组织与目标群体的双向沟通过程。

3. 社区自组织

自组织概念相对于被组织而言，指一个社会系统保持系统自身的整合和连续性的功能状况。社区自组织意即动力来自社区内部的组织过程。一个社区能否有效进行自组织，体现了它自力更生能力和持续发展能力。①

社区自组织和社区自治的概念既有联系也有区别，两者的共同性在于讨论社区内部产生的组织动力，并非被动地服从和依赖于社区外部组织。两者的区别在于社区自治强调的是社区组织的自主权，实际上是社区特定的管理组织的权力规则和利益格局，社区自组织强调的则是社区对于资源、人员和其他要素的组织过程和功能状况，包括以社区为单位自我传递、自我复制、自我整合和自我推动。

4. 研究方法

主要研究方法是以案例调查为基础的实证研究。根据中国贫困地区和扶贫传递系统的实际特点，选取最贫困的西南地区贫困村为重点进行田野调查。为了在宏观变迁的背景下理解贫困社区今天的状况，调查资料的收集不局限于村边界，一些重要情况扩大到乡的范围。调查的重点云南省丽江县宝山社区，具备这样一些研究价值：其一，宝山是云南省扶贫攻坚乡之一，全乡 90% 的贫困农户尚未解决温饱。其二，宝山是 1996 年丽江大地震的重灾区之一，调查期间余震仍在发生。通过观察社区的灾后重建过程，分析社区自组织状况。其三，历史变迁使宝山社区的社会地位、边界和中心都发生了较大变化。

二　社区的贫困和边缘性

贫困标准虽然是依据人口的收入水平来确定的，但是贫困本身有多种含义。在讨论中国乡村贫困时，贫困群体往往附着了明确的社区意义，难以维持基本生存的贫困人口，集中分布在边缘性地区。

① 参见菲立浦·塞尔斯尼克《组织理论基础》，载《社会学与社会组织》，浙江人民出版社 1986 年版，第 147 页。

1. 西南的贫困

西南地区是中国最贫困的地区之一，集中了深山区、高寒区、少数民族聚居区、石灰岩地貌区等复杂多样的贫困类型，生产、生态和生存环境恶劣，一直是扶贫攻坚的重点，其中云南、贵州两省的贫困发生率最为突出。从收入水平分组来看，云南省 1994 年人均收入 300 元以下尚有 902 万人，占全国同一收入组人口的 21.83%，人均 500 元以下的贫困人口有 1672.5 万人，占全国同一收入组人口的 17.76%；如果加上贵州省的贫困人口，西南两省的贫困人口占全国同一收入组人口的比例则高达 40.4% 和 31.8%。

根据政府扶贫计划中匡算的贫困规模，1994 年制订八七扶贫计划时中国贫困人口为 8000 万人，云南省贫困人口 700 万人，贵州省贫困人口 1000 万人，两省相加占全国贫困人口的 21.2%；1995 年全国贫困人口下降到 6500 万人，云南、贵州两省贫困人口 1460 万人，占全国贫困人口的 22.5%，而同期这两省总人口只占全国总人口的 6.17% 和 6.19%。

2. 调查区的贫困状况

贫困社区调查点选在云南省丽江县、贵州省织金县和威宁县。贵州二县属于国家重点扶持的贫困县，丽江县虽然不是国家贫困县，而根据当地政府以较低的贫困标准测算，乡、村、人口的贫困面却接近或超过 50%，调查点宝山社区位于连片贫困地带，周围与贫困乡和贫困县相邻，处于贫困包围之中。随着时间推移，宝山乡比 5 年前更加贫困。织金县收入水平和粮食占有水平相对的快速增长，只是不断追逐和接近国家贫困标准，尚未稳定解决温饱。

表 1　本项研究调查地区的贫困面（1995 年）

地区	乡（个）	贫困面（%）	行政村（个）	贫困面（%）	人口（万人）	贫困面（%）
丽江地区	69	56.5	437	52.2	94.8	44.9
丽江县	21	41.7	145	52.4	26.1	48.7
宝山乡	1	100.0	5	100.0	0.81	90.0
黎明乡	1	100.0	4	100.0	0.75	54.0

资料来源：丽江地区行署扶贫办、统计局，宝山乡政府，黎明乡政府。

3. 边缘性

边缘性是贫困社区最重要的特征。它不仅作为空间概念也作为时间概念，影响着扶贫传递和社区自组织。扶贫的重要含义之一就是减少贫困社区的边缘性。

社区边缘性体现在很多指标上，如空间距离、地形地貌、交通、通信、电力等。西南贫困社区主要分布在喀斯特地貌区，云南省山区面积占总面积的94%，除小城镇和为数不多的村庄分布在坝区之外，绝大多数村庄分布在深山区，自然环境特点是山高、坡陡、路险、谷深。远离经济中心和市场，交通、水利、电力等基础设施薄弱，资源传递的成本很高。例如丽江县宝山村，如果以1天为社区生活的基础活动半径，该村人口的活动范围只包括本村、邻村和最近的集市；同乡的村庄之间因为道路阻隔，往往有1天以上的距离；抵达远村、邻乡、其他集市比较远，往返需要2天以上；未通公路以前，徒步往返县城需要8天。由于通路缩短为4天。改善交通、通信条件的扶贫项目，有效地缩减了贫困社区与外部社区之间的时间距离，为扩大社区活动范围、加速村社区和县城的传递提供了可能性。不过，通路和通信的覆盖群体有别，通信条件改善的受益者主要是政府和村干部，交通条件改善则可以使大多数普通村民受益。

4. 分散封闭的社区方式

贫困社区边缘性在人口分布上表现为分散封闭的社区方式。在气候、土地、水源等自然资源的约束条件下，以农业为主的乡村人口，必须分散居住才能使得每个家庭获得基本的土地或山林以维持生存和生产。丽江贫困山区的行政村面积大，平均64平方公里，人口规模平均为1664人，自然村社则比较小。自然村的人口规模相差悬殊，这种差别与自然条件如海拔、耕地有密切的关系，海拔高的山村，山高坡陡地广人稀，海拔低的村，则相对地少人多。海拔3000米的史垮底村只有24户，约100人；海拔为1600米左右的下宝山村则有186户，近1000人。自然村人口规模比行政村较真实反映自然资源的容量和约束。

表2 课题调查点的社区分布状况

社区	海拔（米）	行政村平均人口（人）	自然村平均人口（人）	行政村平均面积（平方公里）
丽江黎明乡	2180～4000	1880	98	137
丽江宝山乡	1600～3800	1627	239	86

续表

社区	海拔（米）	行政村平均人口（人）	自然村平均人口（人）	行政村平均面积（平方公里）
宝山村	1600～3000	2588	259	43
威宁草海区	2172	1307	229	4
织金鱼塘村	1400	1438	—	2.35

资料来源：丽江县黎明乡、宝山乡政府，威宁县草海管理处，织金县鱼塘村。

居住在深山区的分散的社区环境，形成了比较封闭的社会圈。西南地区许多乡村社区内部通婚仍然普遍，不与外人通婚的习俗沿袭的结果，近亲结婚比重高，贫困人口身体素质下降。内群体通婚加深了贫困社区的自我封闭，自我封闭又影响和阻碍了社区之间的交易和互动，特别增加了贫困人口接近城市、集镇，以至农村集市的成本和难度。一部分少数民族如彝族、拉祜族仍然保持游耕散居的传统，使得基层组织难以持续、有效、及时地实施管理。

5. 空壳与空白

空壳村既是经济空白村又是组织空白村。丽江贫困山区绝大多数集体经济是空壳，财务账上只有向农民收取的各种提留收支情况，没有村集体经营收入。这一问题在贫困山区普遍存在。家庭联产承包责任制确立以后，贫困山区的乡村组织对于社区资源的管理权受到削弱，民穷村穷乡也穷，宝山乡乡级每年财政收入只有10万元，财政支出80万元，年年赤字，缺乏经济收入来源。

集体经济收入的来源，一是从村办企业和各种经济实体中得到收入，二是开发、利用和承包村集体的农林资源得到收入，如划定归村使用的森林、矿产等资源。在受灾的年份，要依靠集体力量解决村民的吃穿住、医疗方面的困难已经不可能。国家和政府也不可能全部包下来，仅仅能够提供少部分救济和扶持。黎明乡李世华一家的粮食缺口1200公斤，只能从乡政府得到24公斤的粮食救济，扶持力度与需求缺口相距太远。生产自救作为临时方法，也不能解决严重自然灾害的困难。上述三个方面并存，造成农村高利贷现象复生和膨胀。贵州省一些贫困地区的高利贷，春荒期间借100斤粮食，秋后要还200斤。

空壳村面临两个核心问题：一是村组织缺乏经济收入来源，形成了村集体没有实力、村干部补贴不落实等问题；二是村组织缺乏效率和声望，诱发了村干部难当、基层组织发展停滞等问题。

三　扶贫传递

扶贫组织传递方式由资金流动方向决定，扶贫资金大多是上级政府输入的，传递方式以自上而下的单向传递为主。传递系统以政府组织为主，政府控制着扶贫资金的主要来源。

1. 上下系统

如果以贫困社区为观察层面，社区以上的传递和以下的传递系统的特点各不相同。扶贫在下层或者基层的传递系统以社区组织为主，贫困社区组织分化弱，特点是一体化，所谓“上面千条线，下面一根针”。社区以上的扶贫传递系统是各级政府，每一级政府内部设置了若干套垂直并行的传递系统，分别负责传递来自多种渠道的扶贫资金。

上层扶贫传递方式大体可划分成两种：常规传递和突发性传递。常规传递是针对长期性贫困采取的，如收入水平低、土地生产力低、人畜饮水困难等。突发性传递是针对突发性贫困如地震、水灾等造成的贫困而进行的。常规性传递主要是扶贫部门的工作职责，突发性传递主要由民政部门负责。实际操作中，两套系统有交叉和配合。上层的扶贫传递机制在很大程度上便是扶贫资金在各级政府之间的分配，以及扶贫资金在各个部门之间的分配。多年以来，由于扶贫资金的渠道、来源不一，传递链条长，中间环节多，造成扶贫资金到位周期长，项目审批和协调的成本高，“资金形成合力”的政策常常落空。扶贫资金分散化、资金使用不足、贷富不贷贫等现象，反映出扶贫的上层传递体制面临的突出问题：政府如何防止调控能力的弱化，如何协调扶贫计划制订机构与扶贫资金管理机构之间的关系，如何平衡政府各个部门的资金分配权，如何提高组织内部运行效率。

2. 扶贫资金的传递规模和效率

以常规性扶贫资金为例，1986～1995 年 10 年间，丽江县各种渠道扶贫资金累计 2500 多万元，其中用于生产性扶持 1200 万元，用于基础设施建设 1300 万元。累计解决 8800 户 4 万多人的温饱问题。扶贫资金使用范围十分广泛，从种植业、养殖业、加工业、工商业等生产经营项目，到农田水利、流域治理、修路、输电工程等基础设施建设，以及科技示范等，几乎涵盖了农村发展计划的大部分内容。扶贫资金的注入，在县域范围内，推动了贫困地区的经济增长，提高了抵御自然灾害的能力，改善了山区人口的生活条件。在各个贫困地区扶贫资金都不同程度地取得了一定的积极效果。

在丽江灾区实地观察一笔救灾资金传递到基层社区的过程时，我们注意到突发性救灾资金比常规性扶贫贷款有更高的传递效率。扶贫资金，特别是专项贴息贷款的资金风险是长期没有解决好的一个传递难题，丽江地区农户按期还款比例仅11%。平均每个扶贫贷款项目从立项、审批到资金到位，通常需要1～2年时间；相比之下，地震发生后10天到1个月以内，第一批救灾物资抵达灾民手中；5个月时间民居恢复款抵达灾民。突发性贫困更能调动政府垂直系统的应急能力和行政动员能力。我们也观察到传递中的潜在风险和防范措施。救灾款这种特殊的扶贫资金，不仅在政府三令五申禁止挪用的情况下传递下来，而且配备了监督执行的组织体系——工作组，监督从地县到村的各个传递环节，在操作手续上也充分考虑了资金传递的安全性，比较常规性扶贫资金传递有更加严格的保障。

3. 扶贫目标置换

各级扶贫部门都认为，扶贫资金确实帮助了贫困者，但是县域层面的数据，并不能说明资金传递是否瞄准了贫困社区和贫困者。进一步对照以上项目的实施地点，无法找出任何一个项目特别针对贫困村社或者扶贫攻坚乡，扶贫部门所列举的“脱贫”典型，带有示范性的扶贫项目，大多分布在非贫困乡。至少可以证明，“贫困地区”一直被含糊使用着，而且在扶贫政策目标中允许这种含糊的存在。

扶贫计划和层层扶贫目标责任制中，都明确提出了解决温饱的速度要求，但是远远没有落实到户到人。最贫困群体只是笼统地包含在扶贫目标中，扶贫项目没有对于受益者贫困者比例的具体要求，因此扶贫系统在基层必然失去目标控制。表3所列举扶贫贷款大量流向县办企业而没有扶持农户的事实，证明资金在抵达到贫困社区之前就已经遇到了许多传递障碍和风险。

表3 丽江地区扶贫贷款受益结构和还款率（1987～1995年）

直接受益者	金额（万元）	比例（%）	按期还款比例（%）	逾期比例（%）	呆滞呆账比例（%）
农户	208	5.6	11.0	83.2	5.8
乡村企业	583	15.6	69.8	13.7	16.5
县办企业	1793	48.1	78.3	17.3	4.4
其他	1143	30.7	78.4	11.3	10.3
合计	3727	100.0	73.4	18.6	8.0

资料来源：中国农业银行丽江地区支行。

扶贫资金的受益结构含糊和偏移现象，在中国的扶贫传递中十分普遍，我们把它概括为“扶贫目标置换”，实际上它是传递组织的目标导向的必然结果。政府扶贫计划侧重产业结构和生产性措施，各部门的扶贫方案强调项目的经济效益，银行放款时强调资金回收率，在抵达贫困社区以前的各个传递环节的扶贫目标里，见物不见人。“贫困地区”这样一个泛泛使用的笼统的词语，在不同场所指称的可能是很不相同的地域单位、群体和组织。在模糊使用时，贫困者可以被替换为社区，村社区可以替换成乡社区，温饱线以下的贫困人口被替换成贫困地区总人口，等等，根据不同组织和群体的需要，就在传递和“落实”扶贫资金的过程中，贫困者被虚置，扶贫目标被置换了。

4. 社区内部的传递

扶贫在下层或者基层的传递系统以社区组织为主。分析贫困村组织的结构功能，可以看到基层传递的一些难点和问题。其一，多种目标叠加需要更多的整合时间、整合成本，往往降低了资源传递的效率和速度，资源抵达的目标也往往出现偏差。此时传递的风险转变成为如何接近资源传递系统，如何平衡社区组织和村民的利益，如何平衡贫困者和村民的利益。

其二，在没有经济实力的空壳村，传递稀缺资源对于村组织的地位和声望产生很大影响，甚至成为村组织的权力来源。由于村民生计艰难，收入水平低，村干部向村民收取提留摊派时，容易受到抵制，声望低落；但是向村民分配外生性资源时，村干部受到欢迎，声望上升。所以村组织不得不依赖传递系统来建立权威，在外生性资源分配时尽量巩固权威，村干部在传递过程中的权力收益十分不稳定。

其三，在基层社区，因为正式组织成员之间常常是亲戚、邻里，角色从交叉和重叠。角色重叠的结果，社区中的正式组织可能存在于非正式组织之中，一方面增加了行为的传递的灵活性，另一方面减弱了传递规范的约束力。基层社区组织的双重性使得村干部不得不把种种利益冲突内在化。

当贫困者被搁置于传递系统之外时，有没有一种持续有效的传递机制能够阻止这种现象和防止其再次发生？仍然以救灾资金传递为例，尽管具有严格的监督机制，在基层社区传递时仍然出现了两种偏移：其一，资金从特定群体分散到整个社区，扶持力度减少；其二，村组织以社区的名义扣留其中一部分，扶持力度再次减少。在宝山村，两种偏移都出现了，但后者最终得以避免，证明社区外部的传递组织（县工作组）也具有监督功能。贫困者、灾区村民不应当成为完全被动的接受者，他们应当是社区重建的主体。这种主体意识在灾害刚刚发生时存在，在没有外部资金支持的情况下也存在，但是随着不可预期的物资和资金输入，主体意识弱化了。因为从制定救灾方案到资金在社区内的再分配，村民基本上处于决策过程之外，只能间接地影响救灾传递系统的最后一个环节。社区内部的公众参与决定着社区的自组织水平。

四　社区自组织传统变迁

美国人类学者沃尔夫讨论乡民社会时认为，“乡民之间的结合起自为对抗三种压力，第一是自然生态的压力，第二是来自他人的压力，第三是大社会来的压力，如租税、利息或政治等。面对这些压力乡民乃相结合以达分享资源及克服困难之目的。”[①] 如果用时间尺度衡量，那么第一种因素即自然生态的压力是最持久的，或者说人与自然的关系、人们管理自然资源的方式，构成了社区自组织的基础。

1. 社区传统的生态文化

人与自然的关系，是社区自组织状况的重要反映。历史上，西南地区

---

① 蔡宏进：《社区原理》，三民书局1985年版第197页。转引E. R. 沃尔夫《乡民社会》，巨流图书公司1983年译版。

的生态状况普遍比现在好，除了人口压力小以外，社区对于生态环境的态度直接决定了社区利用资源的方式。

丽江的纳西族普遍持东巴信仰，宝山村民中不少人的祖先是世代相传的东巴。纳西先民曾经对人和自然之间的关系做过智性的探索和哲理的思考，从自然崇拜意识上升到对人与自然关系的辩证认识，在东巴信仰中形成了一个规模宏大的“祭孰”仪式。东巴经说，人与“孰”本是同父异母的兄弟，但是随后人类侵扰自然、污染水源、乱砍滥伐森林、恣意捕杀野兽的行为冒犯了孰，结果兄弟成仇，人类遭到了大自然的报复。后来经神调解，双方约定互不侵犯，才得以重续旧好。这些古典作品中的哲理思考，是纳西族先民在长期生产生活中得出的经验。人与自然的关系如同兄弟，应当和谐相处，相依共存，对自然不可轻易冒犯，否则就要受到自然严厉惩罚。①

东巴仪式是纳西族广泛参与的社区活动，虽然东巴信仰不具有严格意义上的社区组织，但具有一定自愿组织的基因。在这种理性认知的基础上产生了一套保护自然生态的习惯法和社会禁律，以此规范和约束人们对待自然的态度和行为，影响着人们开发、利用自然的生产活动。东巴经中常见的禁律如：不得在水源之地杀牲，不能在生活用水区洗涤污物，以免污血秽水污染水源。不得随意挖土取石，不得滥搞毁林开荒。立夏一过，不得在山上砍树，整个夏季不能砍一树、伤一禽等。这些禁忌是在尊重自然界生态规律基础上产生的，如立夏为万物生长复萌的关键时令，此时伤害动植物对于其繁衍十分不利。纳西族把保护资源环境的传统变成为一种道德文化世代相传，并以村规民约的方式在社区内部传递。正是由于这种相沿千年的民族传统和生态意识，丽江才能保持山清水秀、风调雨顺。直到50年代初，丽江尚保存着良好的生态环境，保持着73%的林地和12%的草山草坡，森林覆盖率达到53.7%。

2. 资源的社区自组织

具有边缘特色的社区自组织，在远离市场体系的条件下，维持资源在社区内的循环整合，这种循环整合构成了社区归属感和群体意识的基础。比较宝山社区管水员制和护林员制两种资源管理制度的不同结果，以及同

① 东巴文化研究所编《东巴文化论》，云南人民出版社1991年版。

一制度在宝山和其他社区的不同结果，很能说明社区自组织在资源管理中的作用。

管水员制　至今宝山村流传着木和两家合作开梯田修水利的传说，表现社区古老的互助合作传统。社区成员和睦相处，祖祖辈辈传承下来的梯田，有附设的引水沟渠，仍然能够稳产高产。农忙季节为免争水，村民们自己推选管水员合理安排用水。这个村从旧社会起水利就管得好，多年没有纠纷。管水员完全由村民推选，不是村组织的干部。报酬不固定，一天一议，从机动田收入而不是提留款里出，这种管理水源的方式与村组织以及传递系统都没有直接关系，是继承社区自组织传统的结果。

护林员制　纳西族地区以往村村有护林员，像管水员一样负责着本村的森林管理。当村子的山林或水源遭到破坏时，号角一响，全村人会一齐出动去平息事端。后来制度化的、正式的管理条例取代了“非正式的”村规民约，在行政村干部班子里设置护林员，自然村不设专人管理，有事时由村干部出面解决。我们调查的宝山乡和黎明乡，乱砍滥伐的现象比较多，山林损失已经威胁着人们的生活生产。不同社区护林效果各异。云南省社会科学院在丽江调查时了解到山林管理得法的例子也不少。泰安乡有的村庄通过村民讨论，自发地把山林私人管理改为集体管理和经营。村采取轮护制，各户轮流管山护林，每户一天，由村民委员会制定奖惩条例。如果在轮护期间发生林区破坏，由护林者承担责任，如果护林者独自对破坏行为难以制止，村民会集体出面采取行动，砍伐现象得到了有效控制。再如金山乡一些自然村，全村每月集资100多元，集粮食300~350公斤作为护林员报酬。村民按期对护林员评议，决定他是否续任，果然山林管理效果显著。[①]

效果不同的主要原因是社区组织方式和成本不同。按照当地政府规定，自然村一级没有护林员，只在行政村一级设了一名护林员。山区行政村面积为40~140平方公里，自然村多且分散，相隔甚远，一个人难于管理如此分散的林区。加上一些村的集体林地区划欠明确，村社区的边缘区乱砍滥伐更加严重，有组织的护林制度形同虚设。

① 云南省社会科学院中加联合课题组：《云南丽江工合的历史演变和发展前景——发展丽江工业合作社调查报告》，1991年。

3. 资金的社区自组织

历史上，丽江贫困者特别是贫困妇女，对于资金这种稀缺资源也有社区内部的传递方法，上宗筹款就是一例，“宗”组织具备以下几种扶贫功能。

（1）贫困者的互助储蓄。每人拿一笔小额资金，凑成一笔大额资金。资金可以用于消费性支出，也可以生产性支出，利息的有无高低由成员自主决定。宗培养了贫困者的储蓄、积累和投资能力。帮助贫困者在互助的环境里学习经营，相互培养节约和勤俭持家的习惯。

（2）贫困者的社区性保险。帮助贫困者应付来自市场和自然环境的需求和风险。对于贫困者来说，上宗如同上保险，帮助他们缓解因贫困、灾害或疾病造成的经济压力。

（3）贫困者的信贷方式。宗是对于常规信贷方式的有效替代。常见的信贷渠道主要是银行贷款和私人贷款。前者往往比较紧缺，不面向贫困者个人和家庭，而后者又往往成为高利贷。宗发生于守望相助的传统社区，彼此熟悉和信任成为贷款的信用基础。

自组织的宗于50年代逐渐消失，80年代以后在纳西族民间恢复和发展，今天的宗的内容、形式和功能都有变化，在城乡之间也有不同特点。宗在城镇社区恢复和发展比较快，在贫困乡村比较慢，宝山村社区内部，依然保持实物宗或实物互助传统，但是货币宗几乎早已成为历史陈迹。

贫困社区自组织的内部因素的关键，是社区的管理权设定在哪个层次，自组织功能在哪个层次发挥。概括起来，比较有效的自组织是在自然村这一级。社区管理权向上收缩带来了利益虚置和管理成本增加，过高的管理成本造成了社区自组织水平下降。除了社区内部因素的作用，自组织方式的变化也受到外部因素、宏观社会条件的影响。

五　影响自组织的宏观因素

比较社区内部的互助传统，比较这些互助方式的过去和现在，都可以看到社区自组织的变化过程及其内部原因。贫困、生态恶化、边缘性、村组织的瘫痪种种现象，有共同的内部因素和外部因素，内部因素的关键是社区组织系统出现障碍，外部因素的关键是社区的宏观区位发生了变迁。

1. 行政区位

一个社区与国家行政管理系统的关系，或者相对地位，决定了该社区所拥有的资源规模和方式，资源方式既包括获得外生性稀缺资源的可能性，也包括社区对于内生性资源的自组织方法。观察宝山社区案例，这个历史上的一级州府现在降落为行政村，社区所辖范围从方圆1000多平方公里缩减为43平方公里。宝山是忽必烈当年革囊渡江之地，元朝之所以在宝山建州政权，派驻汉族官员，是忽必烈出于巩固西南边疆的需要，扶植丽江木土司，形成可与西南其他力量相抗衡的较大势力集团。清朝宏观政治局势变化，边疆扩大，这个地区对于国家的政治军事功能已经弱化，于是行政降级，并在次级体系中不断下降。在社区运用行政地位获得资源的可能性丧失过程中，自组织的需求上升。但是自组织的强弱要受到社区外部行政控制强弱的制约。

2. 市场区位

在丽江行政格局发生变迁同时，市场因素使丽江一部分地区发展和繁荣起来，滇藏茶马古道穿越丽江境内，带动了丽江纳西族地区早期工商业传统，借助于市场经济的发育，丽江纳西族发展了外出做工和经商的传统，特别是像“宗”这样的民间互助组织，为众多贫困者接近市场传递了资金和机会。作为一个社区单位的宝山始终远离这条古商道，远离市场和经济增长中心，因此货币宗的发育比较缓慢，在停滞一个时期之后也很难恢复。社区与外部的资源交换成本太高，比如去一次县城往返需要8天，资源传递和流动十分微弱，市场区位的边缘性促使社区把生存基础放在社区范围内既有自然资源上，发展不依赖于市场条件的自组织形式。市场区位与行政区位的影响不同的是，社区自组织的强弱要受到社区自身资源占有量的制约。无论是其政治地位的戏剧性变迁，或是经济区位的边缘性，贫困社区在宏观社会格局中的地位是自身不能控制的。

3. 自治性

社区的自治性分析取决于观察角度。自上而下看，中国历史上长期实行乡政村治的政策，村是官民相兼的组织。自下而上看，传统社区主要靠血缘关系、宗教信仰、习俗来维持自身存在。村落主要依靠社会自治性服务发挥作用，宗族、宗教等组织也有一定作用。这些组织的结构比较简单，其主要功能是筹办村的公益服务事业，宗族宗教文化活动，调节规范村民行为，维护保障村的安全和利益，调解与邻村的纠纷及防御外辱等。这些源于古代氏族社会的自治传统，也是村内成员自我管理的方式。

过去许多纳西族农村都有村规民约。吴泽霖先生曾在《麽些人社会组织与宗教信仰》一文中记载，纳西族在一村一寨，对于村民应遵守的规约，历来有传统的规定，一般人恪守唯谨，不敢或违，如有违背由本村父老公议分别轻重处罚。“每寨设有一人监督，倘或违犯者，可以执行处罚。”① 纳西族社区的许多风俗显示着内在力量，例如东巴信仰祭天、祭祖等仪式对于民族群体认同、对于社区的自组织和凝聚都具有相当的魅力。东巴文化在50年代以后停滞消失，今天又逐渐回到丽江。

自治性随着村组织在宏观社会体系的大变迁已经多次改变。新中国成立以来，一度将一个或几个自然村组成行政村，或作为与乡政府并存的基层行政组织，或是乡政府的延续和辅助组织，执行或代行基层政权的职能。直到80年代，宪法规定村民委员会是基层群众性自治组织，接受基层政权组织的指导，村委会组织法试行之后，制定村规民约成为政府指导村组织完成的一项工作内容。村社组织的形式、名称、建制是比较容易用行政方式来调整和变动的，但是村组织的功能和效率并不能随着名称变动而发生改变，获得名义结构的组织未必能发挥名副其实的组织功能。社区体系理论将社区视为大社会的次体系。R. L. 沃伦分析了社会宏观体系对地方社区的影响，认为社会的大变迁导致了宏观体系对社区次体系的支配现象。所谓大变迁：一、地方社区各个单位加强了与社区之外各个体系的联系；二、社区内聚力和自主性逐渐下降。大变迁的结果，社区成为大社会的映像，或者宏观体系中的一个“结”，同一国家的所有社区里，可以看到相同的价值观和行为。② 纵观贫困社区的变迁，社区是在转变角色地位而不是在消亡，大变迁之后，原有的传统系统或内生性资源可能被破坏，需要修复和重建，这个工作可由社区自组织功能来完成，也可由传递系统来修复。对于组织基础薄弱的贫困社区而言，一刀切的政策和传递系统不利于社区自我发展，扶贫传递的组织创新成为贫困社区的需要。

---

① 吴泽霖：《边政公论》（1945年）第4卷，《吴泽霖民族研究文集》，民族出版社1991版。

② “社区理论—社会体系论”，参见《中国大百科全书·社会学》，中国大百科全书出版社1991年版，第365页。

六　村社区的扶贫制度创新

传递组织和效率问题是我国扶贫实践中面临的普遍性问题。为了维护贫困者和贫困地区的利益，为了使扶贫资金发挥更大效益，需要解决现有扶贫体制中的症结，需要探索新的扶贫方式。

1. 政府模式：村建工作队

村建工作队是近年来贫困地区比较普遍推行的一种扶贫方式。由省、地或者县的党委、政府直接抽调本级公务员或本级政府直属机构的人员组成，集中进驻贫困乡和贫困村扶贫，每一批为期一年，每年轮换。我们在宝山调查到一个出色案例，一批有责任感、吃苦耐劳的工作队员为贫困乡村做了大量工作。村建队的传递特点主要包括以下方面。

（1）筹集外部资金。虽然宝山乡缺乏常规性扶贫资金，省委也没有为工作队匹配项目资金，但是队员们发挥各自能量，利用省级单位的资源优势和关系优势，为宝山乡筹措到了必要的资金，村建队在半年之内为宝山引进的这笔资金，相当于建国以来上级对宝山的建设性投入的总和。省委村建队之所以在较短时间内推动了一系列社区经济活动，与他们能够有效动员外部资源输入社区密切相关。

（2）注意动员和利用社区内部的现有的组织力量，集中解决教育、水利、电力等基础设施问题，为空壳村、空壳乡的经济发展创造“硬件”基础。

（3）工作队长期进驻贫困社区，对于扶贫资金在社区上下的传递过程，例如传递目标是否偏移、传递效率等问题，客观上起到了监督的作用。这一功能与救灾传递系统有些相似，即扶贫行动中贯穿了自上而下的目标瞄准机制和监督机制，保证了扶贫资金的传递效率。

村建队驻扎在基层社区的时间应该多长？是以常规性的政府公务员下基层时间为尺度，还是以边缘性贫困社区消除贫困的客观需要来衡量？以前者论，一年已经很长；以后者论，一年也是短期行为。村建队已经意识到这个问题，提出要“培养一支撤不走的工作队”，为一个社区的长期发展打下基础。

2. 民间模式：互助储金会

互助储金会又名“自然灾害互助储金会”“村级互济会”，是村民自愿集资，以储金借贷方式开展互相救济活动，共同克服自然灾害及其他困难，以保证基本生活需求的一种民间合作性自我保障组织。[①] 丽江地区行署和各县政府从10年前就开始推广互助储金会经验，到1996年时村级储金会的平均规模只有1万元左右。这种社区自组织的扶贫方式是否难以在西南地区推广？在贵州省贫困县织金县，互助储金会在贫困社区发展得有声有色，股金总量已达2000万元，平均每个互济会11.5万元，我们调查的鱼塘村互济会4年之内股金达到126万元，发展迅速。互济会传递机制的特点包括以下方面。

（1）互济会具有金融和扶贫保险双重功能，通常以金融活动的方式起步，达到服务社区和扶贫保险的目的。原有的农村信用社由于密度小，一个乡只有一个点，不能满足边远贫困者的资金需要，面向乡村的贷款数量少且逐年下降。鱼塘村互济会的资金来源不靠政府也不靠银行，资金全部来自农户。筹资范围一开始就大大突破村的地域，扩展到外村、外乡、外县，建立贫困村的信贷网。弥补政府扶贫资金不足，成为农村金融的重要补充，有效地打击和抑制了高利贷现象。

（2）互济会与村组织整合。互济会成为社区经济的“龙头”，村干部每人负责一个经济实体，清楚地说明了村委会、党团组织和互济会的整合关系。这是一个村组织对于政策目标、经济目标和自组织目标尽可能做出整合的结果。互济会投资兴办经济实体，经济实体充实了村组织的经济实力，空壳村变成了小康村，瘫痪村也借储金会之力恢复组织活力。村组织声望上升、自组织能力增强。

（3）互济会是以扶贫济困为中心内容的社区性组织，有助于发展生产，缩小贫富差距。农户借款的比例、公益支出两项资金相加占资金投放总额的72%，说明互济会是服务于农户的。互济会也弥补国家财政的不足，在火灾后救助等政府不能救助的方面能够及时发挥作用，是扶贫救灾社会化的一个有效途径。

（4）互济会资金管理实行民主理财、民主监督的原则，有利于培养农民群众的民主和自立意识；促进社区互助和贫困者之间信用关系。

---

① 互助储金会，参见《中国大百科全书·社会学》，中国大百科全书出版社1991年版，第92页。

3. 国际模式：草海保护区扶贫项目

草海项目，又称草海保护区渐进计划和村寨发展计划，是国际组织在中国一个国家级自然保护区内的贫困村庄资助的综合扶贫项目，由国际鹤类基金会（ICF）、国际渐进组织（TUP）、贵州省环保局与威宁县政府共同实施。除了项目机构自己的背景特征以外，这个项目借鉴了国际扶贫行动中一些被证明有效的经验，所以具备国际扶贫模式的特点。其传递方法在上依靠政府传递系统，在下则充分采取了鼓励村民参与的社区工作方法，动员贫困村民组织起来成立信贷小组，共同生产和经营；并运用环保制度明确项目实施机构和受益者之间的行为规范。草海项目的传递特点包括以下几个。

（1）扶贫和生态保护目标整合。在项目中尝试把扶贫和生态保护两个目标结合起来。草海与草海人的休戚相关，草海的自然环境保护与当地社区的扶贫同时考虑。通过帮助贫困农户寻找转产和劳动力转移机会，减轻对草海湿地的压力，缓减自然环境保护与村民生存需要之间的矛盾。

（2）义务环保员网络。义务环保员是村民保护鸟类的自组织网络，负责各个村庄周围的鸟类保护和监测。义务环保员不仅成为首批项目受益者，而且他们中大多数被选为项目协调人，成为贫困村民与扶贫传递系统的中介。村寨扶贫计划也进一步巩固了环保管理网络。

（3）环保合同制度保护区机构与参加扶贫项目的村民签订《环境保护合同》。管理处承诺提供扶贫款，并进行跟踪服务。农户承诺维护草海自然环境，不开垦沼泽地，服从禁渔管理。环保合同制度以更加规范的方式明确双方的行为责任。

（4）贫困者参与。扶贫项目依靠参与式农村评估方法选择渐进小组的对象，由本村村民共同参与衡量农户的贫富程度，能够较准确地选择穷人中的穷人；让贫困者自己提出问题并自己寻找解决的办法。

（5）社区自我管理。渐进小组和小组基金帮助贫困村民建立自己管理自己事务的能力，小组基金的管理方式提供了村民之间相互合作的机会，帮助小组成员通过自己的努力和发挥自己的专长来利用小额贷款获得效益，促进了村社区的自组织与发展。

4. 结论

其一，扶贫制度不仅需要“向基层传递”的推动机制，比如自上而下的层层目标责任制，更需要“传递到基层”的保护机制，确保稀缺资源抵达最贫困者。扶贫组织因素直接影响贫困缓解的速度和规模。扶贫传递系统与贫困社区的相互关系状况，社区自组织能力的不足，使扶贫制度创新成为现实需要。

其二，扶贫的成功有赖于高效率的扶贫传递系统。扶贫制度化、更加透明的监督机制，可以避免资金流失和传递风险。突发性贫困比常规性贫困更加易于启动传递系统，但是突发性资源传递往往是短期行为，不一定能够形成社区持续的经济能力和组织能力。

其三，扶贫制度创新在于注重贫困社区发展的内部动力，协调外生性资源和内生性资源的关系，培养社区自组织能力。如果外生性资源的传递以内生性资源的损失、削弱为代价，将对社区造成负面影响。贫困社区民间的互助传统，特别是积淀在历史文化中的互助合作传统，就是一种内生性组织资源。

其四，从扶贫创新的模式分析中能够得出的结论是，传递组织是可以改造的，扶贫的过程不仅是利用现有组织系统过程，也是完善和建设组织系统的过程。

参考文献

东巴文化研究所编，1991，《东巴文化论》，云南人民出版社。

冈纳·缪尔达尔，1992，《亚洲的戏剧：对一些国家贫困问题的研究》，北京经济学院出版社。

〔俄〕顾彼得，1992，《被遗忘的王国》，云南人民出版社。

何耀华等，1991，《云南丽江工合的历史演变和发展前景——发展丽江工业合作社调查报告》，云南省社会科学院中加联合课题组。

联合国教科文组织，1988，《内源发展战略》，社会科学文献出版社。

沈小峰等，1993，《自组织的哲学——一种新的自然观和科学观》，中共中央党校出版社。

徐新建，1992，《西南研究论》，云南教育出版社。

周彬彬，1991，《向贫困挑战：国外缓解贫困的理论和实践》，人民出版社。

改革开放以来我国社会经济发展水平和协调度的综合评价*

朱庆芳

广义的社会包括社会、经济、科技、文化、生活、法制等领域，反映了包括社会结构、经济效益、人口素质、生活质量、社会稳定等方面的发展状况，亦即全面反映了物质生活和精神生活的发展水平以及社会经济发展的协调状况。

为了综合分析社会经济发展水平，我们从众多指标中选择了重要的有代表性的指标组成指标体系，用科学的方法进行综合评价，从中可以监测和揭示社会发展过程中的社会矛盾、社会问题，评价经济和社会的协调度，从比较中可以找出进步和差距，并分析薄弱环节及其导因，以便采取对策，进行有效的宏观管理，进一步推动社会的健康发展。

现对全国改革开放 18 年来社会经济发展水平的综合评价做简要分析。

这套全国综合评价指标体系共选择了 37 个重要指标，分为社会结构、人口素质、经济效益、生活质量、社会秩序、社会稳定 6 个子系统，用加权综合指数法计算出分类和综合指数，凡货币指标均用可比价格，所有指标均用相对数（比例、速度、平均数），年度之间有可比性。评价的结果是：改革开放以来 18 年的社会经济发展水平速度大大超过了改革前 26 年的增长速度。

1996 年比 1978 年，37 个指标的综合指数增长 102.7%，18 年间平均每年增长 4.0%，由于社会秩序指数是下降的，社会稳定指数基本持平，影响了总指数的增长。若单从社会经济 25 个指标（不包括社会秩序和稳定 12 个指标）来看，1996 年比 1978 年增长 147.8%，平均每年增长 5.2.%，

* 原文发表于《社会学研究》1997 年第 5 期。

比改革前（1953~1978年）26年平均每年增长2.4%快了一倍多。

其中人均国内生产总值改革以来18年年平均增长8.4%，比改革前年均增长3.9%快了一倍多。社会劳动生产率18年年均增长6.6%，也比改革前的3.4%快了近一倍。生活质量指数是各类指数中增长最快的，改革以来年均增长7.1%，其中居民消费水平18年年均增长7.5%，比改革前26年年均增长2.2%快了1.4倍，这反映了改革开放以来经济的飞速发展使城乡居民得到了实惠，切实改善了居民的生活质量。

总的来看，改革开放以来，社会经济发展水平提高很快，综合国力得到增强，社会结构得到优化，人口素质稳步提高，居民生活质量得到很大改善，人的潜力得到了发挥，体现在社会劳动生产率有较大提高。但在前进过程中也存在一些问题，主要是经济与社会发展不够协调，主要表现在以下方面。

一　教育经费和社会投资比例过低，与经济发展不协调

社会结构的优化是社会经济协调发展的基础和前提。但由六项指标组成的社会结构指数增长很慢，18年年均递增3.7%，其中1991~1996年6年降至每年增1.7%，其中以反映外向型经济的出口占GDP比重和第三产业从业人员比重增长最快，年增长率分别为8.0%和4.3%，反映城市化水平的两个指标年均增长近3%。影响社会结构增长慢主要是教育经费占GDP的比重呈下降趋势，预算内教育经费虽由1978年的75亿元增至1996年的1260多亿元，虽增长了15倍，但其增长速度没有与GDP同步增长，其比重由2.1%降至1.86%，18年间出现了负增长，18年和近6年其比重，年递减0.7%和2.8%。教育事业是社会发展的基础的基础，不足2%的比例，是难以适应经济社会发展需要的，而且距教育发展纲要提出到本世纪末占4%的目标还有相当大的距离。

社会投资占国有基本建设投资的比重是综合反映国家对文教科卫、社会福利等事业建设的重视程度，这项指标比例偏低，提高较慢，近6年呈下降趋势。改革前由于长期重经济、轻社会，比例一直较低，社会投资比例在3%~5%，至1978年降至4.3%。改革开放以后比例逐年提高。1981~1990年10年，社会投资比例高达10%，其中1990年为9.3%，但1991~

1995年累计又降至7%，其中1993年、1994年为最低，分别为6.5%和6.3%，1995年为7.1%，1996年又降至7.0%，社会投资总额仅588.6亿元，人均只有49元。有93%的投资用于经济建设，经济建设与社会建设的比例为13∶1。而近几年在经济建设中，盲目建设、重复建设、投资效果低下的情况没有得到彻底改变，存在很大的浪费。为了使经济与社会得到协调发展，适应当今世界已由以发展经济为主转变到以人的发展为中心和提高生活质量为目标的发展战略，我国也应逐步转变发展战略，在发展经济建设的同时，注重社会发展，使经济与社会取得协调发展。应采取切实措施，提高社会投资和教育经费的比重。

二　社会秩序和社会稳定指数出现负增长

社会秩序和社会稳定指数，它是反映社会关系是否协调和平衡，社会稳定是维持社会生产和生活、维护社会正常秩序的前提条件。它是逆指标，立案率越高，速度越低。如社会秩序6个指标中除每万人口警察数为正指标外，其他都是逆指标，在18年间每万人口警察数虽增长了36.9%，年递增1.8%，加强了社会治安调控能力，但仍控制不了各种案件的上升趋势，如刑事案件、经济案件、治安和交通事故死亡率均上升幅度较大，反映在速度上即呈下降趋势，1996年比1978年社会秩序指数下降了15.4个百分点，年递减率为0.9%。刑事案件、贪污贿赂等经济案件，治安案件的立案率18年均递减7.6%、4.1%和5.8%，交通事故死亡率也呈上升趋势，年均递减4.1%，而且在刑事和经济案件中的大案和要案比例不断上升，其中1991～1996年6年中，贪污受贿等经济案件和治安案件、交通事故死亡率又呈上升趋势，社会治安形势十分严峻。

社会稳定指数由通货膨胀率、失业率等6个指标组成，18年间社会稳定指数增减相抵，增长率为0.04%，主要是通货膨胀率（居民消费物价指数）上涨较多，1996年比1978年上涨了3.7倍，即1978年的100元，到1996年只值21.4元了，货币贬值了近79%。按逆指标计算，18年平均递减8.2%，城乡贫富差距由1978年的2.7倍扩大至1996年的5.8倍，年均递减4.2%，城镇失业率、社会保障覆盖面和贫困人口比例指数都略有上升。应该说明的是，城镇失业率仅为登记的显性失业率3.0%，还有停产半停产的隐性失业人数2000万~3000万人未计入，若计入，隐性失业率将达15%左右。值得注意的是，近6年来，社会不稳定因素在加剧，6项指标中除社会保障覆盖面和贫困人口比重略有改善外，其他4项指标均为负增长，从而使稳定指数变为每年负增长3.1%。从今后几年看，失业率、贫困差距仍将呈上升趋势，通货膨胀率的压力仍然存在，它将影响社会稳定指数的增长。

社会稳定指数与社会秩序是密切相关的，如果社会不稳定因素增加，就会直接影响刑事案件、治安案件的上升。近6年来社会稳定指数已呈负增长趋势。刑事案件、经济案件和治安案件均呈上升趋势。社会秩序指数每年也负增长1%。这是值得充分注意的社会问题。这两项指标的下降，影响了综合指数的增长，如18年间37项指标的综合指数年均递增4%，如不包括社会秩序和社会稳定的12项指标，则年均增长5.2%，1991~1996年年均增长2.9%，若不包括后12项则为4.6%，社会稳定和社会秩序影响总指数1.2个和1.7个百分点，这也充分反映了经济与社会的不协调。

目前我国正处于从计划经济向社会主义市场经济的转轨时期，从传统的农业社会向现代社会转型时期，在新旧体制的转换过程中，会出现各种无序和失衡状态，这是必然的现象。但为了减轻社会失衡状态带来的社会震荡，减少国家损失，各级政府必须进行宏观调控，加强管理、加强法治建设，整顿社会经济秩序，尽量消除和减少各种社会不稳定因素，保证改革的顺利进行。当前首要的任务是处理好失业和下岗职工的安置和救济问题，稳定物价，对几千万贫困人口进行扶贫和救济，防止城乡差距、贫富差距的进一步扩大，走共同富裕的道路。

改革开放以来社会经济发展水平综合评价

主要指标	单位	1978年	1990年	1996年	定基指数（%）		平均每年递增（%）	
					1996为1798年	1996为1990年	1979~1996年	1991~1996年
综合指数	%				202.7 (247.8)	118.6 (130.7)	4.0 (5.2)	2.9 14.6
一、社会结构指数	%				191.2	111.7	3.7	1.9
1. 第三产业从业人员占从业人员比重	%	12.1	18.6	26.0	214.9	139.8	4.3	5.7

续表

主要指标	单位	1978 年	1990 年	1996 年	定基指数（%）		平均每年递增（%）	
					1996 为 1798 年	1996 为 1990 年	1979～1996 年	1991～1996 年
2. 非农业从业人员占从业人员比重	%	29.5	40.0	49.5	167.7	123.8	2.9	2.6
3. 城镇人口占人口的比重	%	17.9	26.4	29.4	164.2	111.4	2.8	1.8
4. 社会投资占国有固定资产投资比重	%	4.3	9.3	7.0	162.8	75.3	2.7	-4.6
5. 预算内教育经费与国内生产总值比重	%	2.1	2.2	1.86	88.6	84.5	-0.7	-2.8
6. 出口总额占国内生产总值比重	%	4.6	16.1	18.5	402.2	114.9	8.0	2.3
二、人口素质指数	%				222.8	133.1	4.6	4.9
7. 人口自然增长率*	‰	12.00	14.39	10.42	115.2	138.1	0.8	5.5
8. 初中以上文化程度人口占总人口比重	%	25.0①	37.1	42.0	168.0	113.2	2.9	2.1
9. 每万人口大学生在校人数	人	8.9	18.0	24.7	277.5	137.2	5.8	5.4
10. 每万人口大中专毕业人数	人	4.1	11.4	15.2	370.7	133.3	7.6	4.9
11. 每万职工拥有专业技术人员	人	593	1045	1814	305.9	173.5	6.4	9.6
12. 每万人口医生数	人	10.7	15.4	15.9	148.6	103.2	2.2	0.5
三、经济效益指数	%				219.1	130.4	4.5	4.5
13. 人均国内生产总值△	元	379	1638	5568	428.6	180.7	8.4	10.4
14. 社会劳动生产率△	元	750	3310	9912	317.6	179.5	6.6	10.2
15. 人均财政收入△	元	117	292	605	136.9	113.8	1.8	2.2
16. 工业企业资金利税率	%	24.2	12.2	7.4	30.6	60.7	-6.4	-8.0
17. 固定资产交付使用率	%	74.3	80.0	59.6	80.2	74.5	-1.2	-4.8
18. 每一农业劳动者生产粮食	公斤	1074	1325	1519	141.4	114.6	1.9	2.3
四、生活质量指数	%				341.4	145.1	7.1	6.4
19. 居民消费水平△	元	184	803	2675	365.9	165.6	7.5	8.8
20. 农民人均纯收入△	元	134	686	1926	409.2	136.1	8.1	5.3

续表

主要指标	单位	1978 年	1990 年	1996 年	定基指数（%）		平均每年递增（%）	
					1996 为 1798 年	1996 为 1990 年	1979 ~ 1996 年	1991 ~ 1996 年
21. 城镇居民人均生活费收入△	元	316	1387	4377	296.7	150.0	6.2	7.0
22. 职工平均工资△	元	615	2140	6210	216.0	137.9	4.4	5.5
23. 恩格尔系数（城乡平均）	%	65.9	57.6	54.0	122.0	106.6	1.1	1.1
24. 人均居住面积								
农民	平方米	8.1	17.8	21.7	267.9	121.9	5.6	3.4
城镇居民	平方米	3.6	6.7	8.4	233.3	125.4	4.8	3.8
25. 人均生活用电量	千瓦小时	10.7	42.4	97.0	906.5	228.8	13.0	14.3
五、社会秩序指数	%				84.1	94.4	-1.0	-1.0
26. 每万人口警察数	人	6.5	7.3	8.9	136.9	121.9	1.8	3.4
27. 刑事案件立案率*	件/万人	5.5	19.6	22.0	25.0	89.1	-7.4	-1.9
28. 经济案件立案率*	件/10 万人	3.5①	4.5	7.3	47.9	61.9	-5.1	-7.8
29. 治安案件发案率*	件/万人	9.9	16.6	28.4	34.9	58.5	-5.7	-8.5
30. 交通事故死亡率*	人/10 万人	2.9②	4.3	6.1	47.5	70.5	-4.1	-5.7
31. 火灾事故发生率*	件/10 万人	7.0	5.1	3.0	233.3	170.0	4.8	9.2
六、社会稳定指数	%				100.7	83.0	0.04	-3.1
32. 通货膨胀率（居民消费物价指数）*	%	0.7	3.1	8.3	21.4	50.4	-8.2	-10.8
33. 城镇登记失业率*	%	5.3	2.5	3.0	176.7	83.3	3.5	-3.4
34. 隐性失业率*	%	15.7	12.0	15.1	104.0	79.5	0.2	-3.8
35. 社会保障覆盖面	%	23.0	29.5	31.0	134.8	105.1	1.7	0.8
36. 全国贫困人口占总人口比重*	%	9.6②	7.8	6.7	143.3	116.4	2.0	2.6
其中：城镇贫困人口比重*	%			8.0				

续表

主要指标	单位	1978 年	1990 年	1996 年	定基指数（%）		平均每年递增（%）	
					1996 为 1798 年	1996 为 1990 年	1979 ~ 1996 年	1991 ~ 1996 年
37. 贫富差距（五等分法，城乡平均）*	倍	2.7	4.0	5.8	46.6	69.0	-4.2	-6.0

注：1. 综合指数计算方法为，用加权综合指数法计算；“＊”为逆指标，分子分母倒算而得。

2. 有“△”者的七个指示，绝对值为当年价，指数按可比价计算。①为 1982 年②为 1979 年

3. 第 23、36 项指标根据住户调查用城乡人口加权平均。

4. 第 4 项社会投资指社会文教科卫及福利投资。

5. 第 27 项 1990 年以后因统计口径变动，1996 年是根据变动后的速度推算的。

6. 第 34 项系估计数。第 35 项是指享受社会保障的城乡劳动人数占全社会劳动人数的比重，第 37 项是指最高 20% 的收入水平与最低 20% 收入水平的倍数，以倍数再以城乡人口加权平均。

7. 括号内数字为不包括五、六项子系统的社会经济综合指数。

资料来源：根据《1997 年中国统计摘要》及其他有关资料整理。

社会结构变迁中的城镇社会流动*

李春玲

近十几年来的经济体制改革及社会经济高速增长给个人和群体的社会流动制造了广阔的空间，而个人和群体的社会流动又正在促成社会结构的变迁。本文重点讨论的就是中国社会结构变迁与社会阶层流动之间的互动关系。本文认为，“市场过渡”和“工业化的发展逻辑”是当前中国城镇社会流动的双重结构动因，在这两种相互冲突矛盾的动力作用之下，城镇社会阶层关系结构正从一个以行政档案划分为基础的干部和工人两分类的身份制过渡为一个以工业化的劳动分工为基础的，具有社会、经济和政治意义的分化程度更高的阶级阶层关系结构。

自改革开放以来，中国的社会构成出现了一种分化趋势，经济和技术的发展带来了职业结构的变迁，一些产业、行业、职业萎缩了，另一些产业、行业、职业扩展了，还有一些新的产业、行业、职业出现了。在另一方面，社会制度的改革造成了原有社会身份制体系的改变，农民、工人和干部三种身份群体内部发生了不同程度的分化，同时还产生了新的自我雇佣者（个体户）群体和私营企业主群体。另外，市场机制的导入也引发了资源分配方式和社会选择机制的改变。这些因素正在促成社会结构的转型。原有的、在很大程度上依赖于制度安排的社会身份体系正逐渐分化并趋向一种新的社会分层体系，社会流动现象就是这种分化的表现。在社会转型的过程中，社会流动现象一方面是结构变迁的后果，另一方面流动本

---

* 本文是根据《中国城镇社会流动》（李春玲著，社会科学文献出版社 1997 年版）一书的结论部分修改而成，此书是基于两项全国性的抽样调查数据所做的关于城镇社会阶层流动的专题研究，本文中的各种观点结论的数据论证和分析请参见此书。原文发表于《社会学研究》1997 年第 5 期。

身又是定型新结构的关键因素。因此，透过流动现象可以对正在变动和生成的社会分层系统有更深入的了解。

本文中的社会流动概念指的是社会阶层流动，主要包含三个层次的内涵：其一，社会流动是一种分层过程，也是动态的分层体系；其二，社会流动是社会变迁的一般性和广泛性的过程，不论是水平的还是垂直的流动都带来社会结构的变迁，并且通过流动加速了变化的速度和扩大了变化的量；其三，社会流动是构筑社会结构及特征的关键因素，这一特性在社会转型时期表现得尤为突出。本文所要探讨的就是在社会结构变迁背景下社会流动与社会阶层结构之间的互动关系。

一　当前城镇社会流动的结构动因

频繁的社会流动是工业社会的一种具有普遍性的社会现象，同时它也被认为是工业社会区别与前工业社会的最突出的特征。在工业社会中，造成高社会流动率的结构因素一般被认为有以下几个方面。

一是由于城市化和产业及职业结构升级而出现了大量的可获得的社会位置空缺。

二是生育率下降，尤其是不同阶层的生育率差距扩大，造成了越高的社会位置存在有越多的空缺。

三是代际可继承社会位置极大减少，上升和下降流动的空间扩大。

四是限制流动的制度因素减少。在前工业社会中，一般都存在有一些法律的或习俗的制度规定，限制某些人不能从事某些职业或进入某种社会位置，同时保障另一些人垄断某些职业或社会位置。但在工业社会中，这类制度限制日益弱化，越来越多的个人可以享有选择职业的自由，这有利于个人进行社会流动。

五是大众化的教育体系确立并迅速膨胀，越来越多的来自下层阶层的个人可以通过接受教育来实现上升流动。

六是工业化的劳动分工模式促成了社会的等级分化，这种等级分化结构有利于刺激人们的上升流动欲望。

上述这些结构变化是工业社会中普遍存在的社会流动动力因素，也是目前中国城镇社会中的社会流动的主要动力因素。然而，由于中国社会制度的特殊性以及再分配制度向市场体系过渡时期的种种特征的影响，这些结构动力因素对社会流动率和流动类型的影响程度和影响方式与其他工业社会有所差异。

（1）1978 年以来的高速经济增长是中国城镇社会流动，尤其是上升流动的最强有力的动力因素。城市化的进展使城市数量和规模迅速增长，城市人口迅速上升，城镇人口比重从 1980 年的 19.4% 上升到目前的 30% 左右。① 工业化的推进带来了产业结构和职业结构的升级，从 1978 ~ 1993 年，第一产业的从业人数从 70% 下降到 57.4%，第二产业从业人数从 17.4% 上升到 22.4%，第三产业从业人数从 12.1% 上升到 20.2%。1978 ~ 1992 年，在全国城镇职工中，从事第一产业的人员比例从 9.3% 下降到 5.7%，从事第二产业的人员从 52.6% 下降到 52.2%，而从事第三产业的人员从 38.1% 上升到 42.1%。② 在城镇社会职业结构中，白领职业得到扩展，蓝领职业相对减少。在我们所调查的城镇居民中，父代非体力劳动者所占比例为 49.5%，而子代非体力劳动者的比例上升到 54.4%。在被调查的城镇青年中，父代非体力劳动者的比例为 56.6%，而子代非体力劳动者所占比例高达 67.1%。当然，城镇居民的职业结构构成并不代表城镇整体的职业结构，因为大量的流动人口在城镇中从事着体力劳动职业。如果按照流动人口占城镇总劳动力的 20% 来推算，根据我们的样本，在目前的城镇职业结构中，大约 47.3% 为白领职业，另外的 52.7% 为蓝领职业，这就是说，在所有的城镇就业者中，体力劳动者与非体力劳动者大约各占一半。根据李强先生的估计，在 1979 年以前的城镇身份制划分中，干部与工人的比例大约为 1∶5 至 1∶6。③ 从中我们可以看到城镇社会中白领职业的扩展速度。白领职业位置的大量增长造成了代际的和代内的社会上升流动的强劲势头。伴随着城市化的推进和职业结构层次的升级，形成了一条社会流动链。

（2）生育率是决定上升社会流动率的一个重要因素。改革以来实行的严格的生育控制政策非常有利于代际上升社会流动率的大幅度提高。在经

---

① 陆学艺、景天魁：《转型中的中国社会》，哈尔滨：黑龙江人民出版社 1994 年版，第 36 页。

② 李培林主编《中国新时期阶级阶层报告》，沈阳：辽宁人民出版社 1995 年版，第 6 ~ 7 页。

③ 李强：《现代化与中国社会分层结构之变迁》，《中国社会学年鉴 1992.7 ~ 1995.6》，北京：中国大百科全书出版社 1996 年版，第 114 页。

济增长带来了大量较高职业和社会位置的同时，处于较高社会位置的家庭的子女人数，不足以满足这些职业位置数量增长的需求，即使这些家庭的所有子女都从事较高等级的职业，也仍然会留有空缺，使较低阶层家庭出身的人获得上升流动的机会。

（3）工业社会中社会选择机制的一个重要的变化是，先赋因素的作用减弱，同时获致因素的作用增强。一般来讲，在社会主义国家中，社会位置的代际继承性表现得不如资本主义社会那么强烈，在1949年以后的中国尤其如此。1949年的革命胜利和随后的社会主义改造阻断了代际经济资本的传递，大众教育体系的普及极大地减缓了文化资本的代际传递程度。家庭社会资本（包括政治资本）对下一代的社会位置获得具有影响力，但它只能通过社会关系途径来间接传递。这种社会结构环境极大地减少了社会阶层群体的自我再生产，有利于跨越阶层界线的代际流动。我们的数据证实，在中国城镇中，上一代的经济资本、文化资本及社会资本对下一代的社会、经济和权力地位获得的影响明显小于一般的西方资本主义社会。

（4）从社会流动的制度环境来考虑，以权力集中和统一计划为特色的再分配系统一直在限制某些类型的个人社会的、职业的和工作的流动。经济改革以来，原有的向体力劳动者倾斜的政治选拔途径仍然存在（比如评选劳动模范等），但已明显收缩。再分配系统内部文化资格选择标准的重要性日益提高，这种发展趋势不利于较低等级社会群体成员（体力工人）代内的长间距上升流动，不过相对开放的大众教育体系却向低阶层的人们提供了大量的代际上升流动机会和部分代内上升流动机会。除此之外，市场过渡过程中产生了一个在再分配系统之外的市场系统，它的存在一方面松动了再分配系统的许多限制流动的制度，另一方面，它又制造了一些新的社会流动渠道。那些在城镇再分配系统中很难获得上升流动机会的人（流动人口及遭受各种社会歧视的人——比如劳教人员等）可以在市场系统中通过经济地位的改善来实现社会位置的上升运动。

（5）大众化教育体系的普及对工业社会中高社会流动率提供了一种主要解释。中国具有世界上规模最大的大众教育体系，它在促进社会流动方面所发挥的作用特别突出。长期以来，大众教育体系向那些缺乏文化、社会、经济资本的工人和农民及其子女提供了大量的机会实现上升流动。在中国城镇中，代际和代内流动机会的相对均衡分布在很大程度上应归功于广泛普及了的大众教育体系。改革以来，正规教育体系日益趋向于英才教育模式，随着教育资格在社会选择机制中的重要性迅速提高，教育领域的竞争日趋激烈，家庭的文化资本和教育资本在个人获取教育资格的竞争中作用越来越突出。教育费用上涨也使家庭经济资本对个人教育地位获得的影响开始显露。与1978年以前的教育体制相比，当今城镇正规教育体系作为阶级阶层结构再生产的作用在加强，而作为推进平等化的手段的作用在减弱。在正规教育体系发展英才教育模式的同时，资格考试不那么严格的成人教育体系在改革以来得到了迅速扩展，它向那些在正规教育体系中竞争失败的人提供了就业后继续接受教育的机会，从而有助于他们的上升流动。

（6）尽管工业化社会的发展使各阶层之间，尤其是体力工人与中上阶层的经济收入差距逐渐缩小，但是，在工业化发展中产生的劳动分工模式（职业的等级分化）基础之上，造就了一个相对稳定的等级分层社会结构，蓝领工人与白领工人之间、白领工人内部中高层白领与低层白领之间的权力、声望和经济收入等方面存在着清晰的社会分界线。非常重要的是，在这个等级结构存在的同时，社会向处于较低等级位置的个人提供了进行上升流动的机会和途径。这导致了一种追求上升流动的价值取向。

（7）社会主义制度的特殊性产生了两个对社会流动率和流动类型发生强烈影响的因素。一个是中央政府的政策变动，另一个是主导意识形态。对于中国社会的代际和代内流动的研究都证实，政府政策调整对流动率高低产生了决定性的影响，而意识形态决定了社会流动的特殊类型。这两个因素的作用力在经济改革开始之后仍然存在，但工业化和市场化的冲动力正在抵消它们的影响。

总之，“工业化的逻辑”和“市场过渡”是当前中国城镇社会流动的双重结构动因，这两种形式的结构变迁对社会流动的作用力有一致性的方面，但也有相互矛盾之处。这里存在着两组互相冲突的张力作用。工业化的冲动力制造了大量的上升流动机会，同时，它也发展了新的社会选择机制和规则，并要求按这些规则来分配这些机会，其结果是以职业分类为基础的等级社会结构。但是这些机制和规则与原有的意识形态和按照这种意识形态来设计的社会阶层群体的关系模式是相矛盾的，主导意识形态强调的是尽可能地缩小社会差距，上升流动机会的分配向体力劳动者倾斜。另一组张力是由于再分配经济向市场经济过渡而引发的。在城镇社会中，再分配系统与市场系统同时存在，从而导致两种不同的社会选择过程和社会经济地位实现的模式。再分配系统依靠它在城镇社会中的主导地位，来推行它的选择规则并企图垄断机会分配，它向遵从它的规则的人们提供权力的和声望的优势地位。而市场系统则企图冲破再分配系统的机会垄断，发展它的选择规则，它向在市场竞争中获胜的人们提供改善经济地位的机会。当前的城镇社会流动就是这两种张力相互作用的产物。

二　城镇社会流动率、流动类型和特征

根据我们对城镇中的代际社会流动、代内社会流动和工作流动的研究，自 1949 年以来，中国城镇中的社会流动一直较为频繁，但在 1978 年前后，社会流动的类型则是有差异的。在 1978 年之前，高社会流动率并不完全是由于工业化的推动，民主主义革命运动、社会主义革命运动、主导意识形态、“文化大革命”和官方在不同时期的政策调整等是控制社会流动率和决定流动类型的最重要的因素。历次革命运动和主导意识形态都非常有利于来自下层的农民和工人的上升社会流动，其结果是大跨度的上升流动成为非常普遍的流动类型。1978 年经济改革实施以来，工业化的动力才成为主导城镇社会流动率和类型的决定性因素，但同时再分配经济向市场经济过渡又干扰了工业化对社会流动的常规作用。本研究提出了下述几种假设并得到了数据资料的证实。

（1）被分割的再分配系统和市场系统中的不同社会流动类型

市场过渡造成了两种相互冲突的机制系统和运行规则，它们同时对城镇社会流动产生影响，在一些最重要的部门领域中，再分配机制占据着主导地位；在另一些较次要的部门领域中，市场机制发挥着更重要的作用。于是，在被分割了的系统、部门和所有制中，人们按照不同的流动类型和流动规则进行上下运动。由于再分配系统控制着城市中最大量的资源和机会，受其保护的具有本地城镇户口的就业者几乎垄断了绝大部分的上升流动机会，他们的上升流动率——从蓝领阶层上升到白领阶层、从低层白领上升到高层白领——高得惊人。遭受再分配系统排斥的流动人口就业者，在城镇社会中很少能获得社会位置上升的机会，他们的职业地位也非常地

不稳定。但是，由于他们大多是在市场领域中就业，他们可按市场运作规则来实现明显的经济地位上升，他们通过工作流动所获得的经济收入增长的幅度要高于城镇就业者。

再分配系统和市场系统的社会选择机制以及所能提供的奖酬类型是非常不同的。在再分配系统中，人们根据各自的市场能力（教育和技能资格）的大小和社会关系资源的拥有量的多少，来实现科层等级位置（权力）和职业地位（声望）的上升，但是经济上获得的回报则较少。在再分配系统中，职业收入的平均化倾向仍然存在，教育和技能资格以及其他各类获致品质与收入之间的相关性极其微弱。相反，在市场系统中，教育技能资格及其他与个人能力素质有关品质与经济收入之间的相关性较为明确。同时，风险意识和对金钱追求欲望的强烈程度对于个人经济地位实现过程的作用也十分显著。在市场系统中，人们易于实现经济地位的大幅度提高。不论在再分配系统还是市场系统中，教育资格作为一种社会选择标准变得越来越重要。

（2）群体流动及对个人流动的制约

在当前的中国城镇中，不仅存在着个体的社会流动，而且存在着群体或阶层的流动。这一点与当代西方社会的社会流动有所不同。在目前中国社会中，由于制度机制的变革造成了社会群体和阶层在分类及地位排序方面的变动，从而出现社会群体的社会流动。在市场过渡所造成的结构变迁中，原有的各个社会阶层群体面临着分化、聚合及重新定位。一些新的群体加入了城镇社会系统，同时，在系统本身中又产生了另一些新的群体，原有的阶层群体由于利益格局的变动等级位置相对上升或下降。群体流动的规则极大地制约着个体的流动机会和流动类型。也就是说，在当前中国城镇社会流动中，结构因素的作用力明显大于个体因素的作用力，群体之间的差异比个体之间的差异更为重要。同时，群体之间的流动机会和类型的差异也正在促成社会群体或阶层的各自特征和相互之间的关系。

工业化逻辑的后果之一是依据劳动分工而产生的职业等级分化，并在职业等级结构基础上形成社会分层结构。这种逻辑在中国城镇社会中有所表现，代际和代内流动的变化趋势都证实了体力工人与非体力工人之间的社会距离在扩大，社会疆界趋向于清晰。与改革前相比，蓝领工人的社会位置相对下降，而干部和专业人员的位置相对上升。这两个群体的社会位置上下变动也影响到了群体中的个人的流动类型。不论从代际还是代内流动来看，体力工人直接上升流动进入干部和专业人员群体的机会相对减少，同时，干部和专业人员直接下降流动进入体力工人的概率也降低了。这两个群体之间的社会距离扩大，使得低层白领职业的“缓冲带”作用有所表现，体力工人上升流动路径中越来越多地要经历低层白领这一“缓冲地带”。与此同时，中高层白领的下降运动多数也只是流入这一“缓冲地带”。

由于制度安排，进入城镇就业的流动人口被定位于城镇社会结构系统中的最低社会位置上。流动人口所处的这一群体位置严重制约了他们个人的流动类型。他们的流动不仅遭受制度因素的严格限制，而且还有来自城镇较低阶层的排斥，这使他们难以实现社会位置的上升流动，他们的工作流动表现出他们通常进行的只是水平运动。

私营企业主是一个新生成的社会群体，它在目前城镇社会等级分层系统中的位置还难以确定。不过，从来自干部和专业人员群体的流入率来判断，私营企业主群体的社会位置在上升。作为个人的私营业主，是否能实现与其经济地位相一致的社会位置上升运动，得由私营业主的群体位置来决定。而私营业主作为一个群体的社会位置可能将取决于两个因素：源于干部群体的流入者比例和城镇中再分配系统与市场系统的地位变化。

（3）多向度的流动

在西方工业化社会中，以职业等级为基础的社会分层结构趋向于社会的、经济的和政治的地位的一致性，个人或群体在某一项度上的上下位置变动与其他项度的上下运动有时也表现出一定程度的差异，但大体是趋向一致的。在当前的中国城镇社会流动中，个人或群体的位置变动在上述三个方面表现出的不一致性要强烈得多。在多元价值驱动力和多元上升流动途径的社会环境中，个人不得不选择某一项度的流动途径来实现社会位置的上升运动，并选择以追求哪一种价值目标为主，与此同时也不得不放弃另一种价值利益的满足。

干部精英和专业人员精英取得了权力和声望的优势位置，但不得不损失部分的经济方面的奖酬。高收入者实现了经济地位的大幅度上升，但目前还不能通过其经济地位的改变来实现相应的社会位置的上升。

从精英流动趋势来看，目前主导着城镇中的人们进行上升流动的最强有力的价值驱动力仍然是权力和声望，而并非经济利益。那些拥有最多家庭资本和个人市场能力的人更倾向于加入权力和声望价值目标的竞争，而那些相对较少家庭和个人资源的人更可能追求经济上的价值目标。同时，越处于劣势社会位置，越缺少市场能力的人表现出越强烈的金钱追求欲望，而市场系统向他们提供了实现经济地位上升的机会。

（4）代际社会地位再生产

在中国城镇社会中，代际流动和代内流动都显示出，个人社会地位获得更多地取决于获致因素，先赋因素的作用表现得不那么突出。改革之前相当长时期内，城镇中各阶层群体之间的社会性差距很小，不同阶层群体的家庭之间的经济资本差距很小，家庭文化资本的作用则为平等化的大众教育所抵消，所以家庭资本（除了政治资本）对下一代的社会地位实现的影响也就不显著。

改革开放以来，各阶层群体之间社会的、经济的、政治的差距很大，必将导致家庭资本影响力的增强，这在代际和代内流动中已经表现出来。尤其在竞争最受社会赞许的价值目标——权力地位中，家庭资本的作用表现得最明显。但是，到目前为止，在经济地位的实现过程中，家庭背景的影响还是很微弱，这也使得那些缺乏优势家庭背景的又具有强烈上升流动欲望的人可能通过经济地位改善来实现上升运动。

三　社会流动与城镇社会结构

在一个社会中，社会流动与社会结构之间的联系是非常紧密的相互因果关系。一方面，社会结构的性质——开放或封闭程度，决定着相对社会流动率，决定着上升流动机会在群体和个人之间的分布状况，同时还决定着不同群体的流动类型。另一方面，社会流动又是社会结构分层的一种过程，在社会阶级阶层结构变迁过程中，社会流动是定型新的结构的关键因素。当前的城镇社会正经历着由再分配体制向市场体制的过渡，这种过渡也导致了社会阶级阶层关系结构的转变——从一个以行政档案划分为基础的干部和工人两分类的身份制过渡为一个以工业化的劳动分工为基础的、具有社会的、经济的和政治的意义的分化程度更高的阶级阶层关系结构，社会流动既是这种转型过程的反映，又是深化转型的推动力，它将在决定未来社会关系结构特性中发挥关键作用。

通过对社会流动状况的数据分析，我们观察到中国城镇社会结构变迁的一些趋向：社会群体的等级分层结构化程度在逐步提高，社会群体之间的一些社会性差异在扩大，阶层群体之间的社会分界线在形成。在城镇社会经济生活中，有几条社会分界线开始明晰，它们在收入分配结构上表现还不明显，但在机会分布结构上已表现出来了。

第一条社会等级分界线划在具有本地城镇户口的就业者与流动人口就业者之间。这种划分原本仅仅是一个制度性的安排，但由于职业结构和上升流动机会分布的严重不均衡，这条制度安排的分界线实际上已造成了一条具有社会经济意义的阶层鸿沟，流动人口就业者已被定位于正在结构化的城镇等级分层体系中的最低层。这种社会性分割的界限接近于完全的封闭，双方几乎不交换成员，两类人群之间有一条狭窄的缓冲带——自我雇佣者群体（个体户），极少的流动人口可以通过这条狭窄的上升流动途径进入私营企业主群体。城镇就业者则不存在下降流入流动人口群体的可能性。这种不交换成员的流动方式将决定两类等级群体之间的关系性质，处于这条分界线之上的城镇就业者，为了尽可能地垄断机会和最大化自身奖酬，对流动人口采取明显的排他策略，来自流动人口的竞争压力越强，排他性也将越强烈，这一点在城镇较低阶层成员中表现得最突出，因为他们与流动人口在类似的就业领域中进行竞争。遭受排斥的流动人口群体则具有较强的内固性特征，他们在其内部发展各种紧密的社会关系网络甚至亚社会组织，同时他们也倾向于发展一种共同的生活方式和群居社区。来自上一等级的排斥越强烈，其内固性也将越增强。这种性质的关系易于诱发社会冲突。

第二条社会等级分界线划在蓝领工人与白领工人之间。从目前的社会流动类型来看，这条等级分界线划得并不很深，尤其是因为收入分配还未能与这条分界线相吻合。但是，与经济改革之前相比，体力工人与非体力工人之间的社会距离明显扩大，其后果是体力工人的社会地位和政治地位较明显地下降。如果市场系统进一步扩张而再分配系统萎缩，或者户籍制度实行开放，有可能导致城镇蓝领工人地位的进一步下降。但如果在城镇蓝领工人已占居了多数的低层白领职业和体力职业中较高等级的位置之后，户籍制度再进行开放，那么城镇人与流动人口之间的社会分界线将成为既成事实。

在非体力职业群体中等级分化也有所表现，但是由于再分配系统与市场系统并存以及所有制所造成的分割，还没有明确的统一的分界线。从人们的流动方向和流动中表现出的价值取向来看，经济收入的差异并不是推动分化的最主要的动力，权势的差异可能在这方面发挥着更主要的作用。再分配科层系统的等级分类仍然是非体力劳动者群体等级划分的主要依据。

在城镇社会中，既存在精英的自我再生产，也存在精英的循环。我们的数据证实，在再分配系统中，干部精英的自我再生产趋势有所增强，内固性也有所表现，比如，来自市场系统的流入者极少，但它对专业人员精英相当开放。专业人员精英对较低阶层的开放程度在代际流动和代内流动中表现得不一样。在代际流动中，它对体力工人和农民的后代是十分开放的。但在代内流动中，由于教育资格要求越来越高，专业人员精英则表现出相当的封闭性。可以预见，随着教育资格考试日益严格，专业人员精英群体的封闭性可能会加强。这些情况表明，再分配系统中的精英自我再生产趋势将会发展。

在市场系统中也出现了一批精英人物，但由于市场系统在城镇社会经济生活中还处于次要地位，所以他们还不能算是城镇社会结构中的精英群体。这个群的开放程度是非常高的，它不仅对城镇中社会位置最低的人群开放，而且对外来的流动农民也开放。正因如此，私营企业主在目前还很难整合为一个有着相对独立特征的社会群体，在私营企业主群体内部，来自不同社会阶层的成员在很大程度上仍保留着他们原有阶层的地位和身份特征。城镇私营企业主群体未来的社会位置和作为一个阶层或阶级的社会性特征在一定程度上取决于来自哪一个社会阶层的流入者在群体成员中占据主导地位，并由此决定私营企业主群体与其他社会阶层群体之间的关系，比如与哪些社会群体联盟，对哪些社会群体进行排斥或对抗。这个群体未来的社会位置（比如能否成为企业精英或是其中的一部分）以及它与干部精英和专业人员精英的关系，对于今后的社会结构的特征具有重要意义。

我国失业保险的功能定位*

孙炳耀

本文回顾分析我国失业保险发展的过程，认为从劳动制度和企业制度改革角度定位的失业保险已经不能适应经济体制改革以及非国有经济的发展需要，失业保险面临新的突破，需要从社会主义市场经济的需要进行定位，其规模因此应有所扩大。

我国的失业保险自1986年建立以来已经有了一定的发展，但仍处于很低的水平。关于有没有必要搞失业保险，它的作用是什么，它应当有多大的规模，在这些问题上目前存在着较大的意见分歧，是造成失业保险改革难以推进的一个重要原因，因此有必要做进一步的探讨。

从国有企业改革的需要定位失业保险

世界各国失业保险是在劳动力市场中定位的，其目的是给因劳动力市场波动引起的失业者提供生活保障。但在我国，由于长期以来失业被看成资本主义所特有的现象，我们在理论上和政策上都不承认失业。因此1951年《中华人民共和国劳动保险条例》建立起来的保障制度中没有失业保险，而后也没有出现过建立失业保险的取向，而是用高就业的政策保证职工生活。

80年代的经济体制改革使我国出现了一定的市场因素，但并没有因此提出建立与劳动力市场相配套的失业保险，而只是从国有企业改革的需要提出了这一任务。国务院于1986年7月颁布《国营企业实行劳动合同制暂

* 原文发表于《社会学研究》1997年第6期。

行规定》《国有企业招用工人暂行规定》和《国营企业辞退违纪职工暂行规定》，随后《破产法》出台，使企业有了用人自主权，职工有了择业权。为了配合这些改革，国务院于当年的7月颁布了《国营企业职工待业保险暂行规定》，标志着我国失业保险制度的建立。

由于失业保险是作为经济体制改革的配套措施，因此保险范围狭窄，社会化程度低，失业保险享受对象仅限于国务院有关暂行规定所规定的四类人员，即宣告破产的企业的职工，濒临破产的企业法定整顿期间被精简的职工，企业终止、解除劳动合同的工人，以及企业辞退的职工，由于实施企业破产法仍需一段时间，实际享受对象仅为后两种人。

从国有企业改革需要定位的失业保险，也随着经济体制改革的进程而发展。1988年后国家实行经济调整政策，许多企业处于停产整顿状态，因此1993年4月，国务院发布了《国有企业职工待业保险规定》。扩大了待业保险的实施范围，规定七种九类人员可以享受待业保险，新增的享受对象包括停产整顿企业被精简的职工。

从市场需要建立的失业保险的基金规模必须参照失业风险确定，国外一般为相当于工薪总额的3%左右。由于我国失业保险的特殊定位，失业保险不是按照失业率确定，而是从国有企业改革的进度确定，同时也考虑经费收缴的可能性，以避免企业过多增加负担。由于国有企业在改革过程中仍然对职工负责，推向社会的失业人数十分有限，因此费率定得很低。1986年规定按照企业全部职工标准工资一定比例缴纳待业保险费，一般是占标准工资的1%。1993年《规定》修改为按照企业全部职工工资总额的0.6%～1%缴纳待业保险费。

失业保险很快覆盖了国有企业，并扩展到部分集体所有制以及外商投资企业和私营企业。1993年共有50多万户，职工近8000万人。七年累计为140万失业人员发放了失业救济金和医疗费等4.3亿元；建立了转业训练基地1000多个，生产自救基地1000多个，帮助近百万名失业职工重新就业。全国建立了失业保险机构2100多所，配备专职管理人员1.1万人。[①] 到1995年年底，参加失业保险的企业职工达到8271万人，占全国

① 朱家甄、张塞主编《中国社会保险工作全书》，中国统计出版社1995年版，第239页。

企业职工人数的73%左右。[①]

失业保险在国有企业改革中只起辅助作用

建立失业保险的目的是配合国有企业改革，但面对国有企业庞大的冗余人员，失业保险并不能完成被赋予的使命。

过去在高就业政策下国有企业安排了大量超出需要的劳动力，造成企业内部的隐性失业。在经济改革中企业按照效率原则重组，这些人员就成为负担。企业冗余劳动人员是一个比较难准确统计的数字，有很多不同的口径。按照目前统计部门的口径，1994年国有企业富余人员只有120万人。[②] 这个口径指的仅仅是在企业劳动制度改革过程中已经被组合下岗的人数，只是企业冗余人员的一部分。据劳动部门对11个省1400个企业调查推算，国营企业富余劳动力约有1100万人，占国营企业职工的10.1%。[③] 劳动部门预测，从1994年到本世纪末，因企业破产、经济性裁员和辞退、终止或解除合同而失业的人数将达1800万人。[④]

因此，在建立失业保险的同时，中国仍然强调过去的高就业政策。对于企业的隐性失业人员，则仍然强调企业的责任。劳动部、国务院生产办、体改委、人事部、全国总工会关于深化劳动人事、工资分配、社会保险制度改革的意见提出，企业富余人员的安排，要按照“企业消化为主，社会调剂为辅”的原则，主要依靠企业挖掘潜力发展生产，广开生产经营门路，组织多种经营，发展第三产业和采取其他措施妥善安排，也可以实行厂内待业、放长假等过渡办法。

国有企业普遍采用的方式是建立劳动服务公司。这种做法实际上在80年代初为安排职工子弟业时就已普遍开展，而现在则用于企业富余人员的安置。它一般是单位下属的集体所有制企业，在资金、场地甚至信誉上都借助于单位。

---

① 见宋晓梧《我国的社会保障制度改革》，非正式出版。

② 国家统计局编《1995年中国劳动统计年鉴》，中国统计出版社1996年版，第473页。

③ 国务院研究室课题组：《中国社会保险制度改革》，中国社会科学出版社1992年版，第45页。

④ 《失业保险金发放标准有调整》，《中国证券报》1995年4月14日。

国有企业目前仍承担这方面的义务，企业领导仍然把这看成企业应尽的责任。例如宝山钢铁公司的总结材料写道："全厂未被组合而下岗的职工达2400人。这些人到哪里去？我们是社会主义国家，不能甩掉不管，在社会消化机制尚未完善的情况下，如果简单地推向社会，将给社会增加不安定因素。因此，现阶段只能以企业自我消化为主。我们的做法是：建立一个专门接受下岗人员的新事业公司，作为动态劳动管理的中转机构。"①

对企业裁减的富余人员在坚持企业内部消化为主的同时，积极探索社会调剂为辅的形式。社会保险的参与，除了提供一定的失业救助外，还开展了生产自救活动，从失业保险中拿出一定比例的资金用于解决关停企业待业职工和改革劳动制度过程中分离出企业的少量富余人员的安置。但这对于企业自行消化的富余人员来说，仅占极小的比例。

这种企业为主、社会保险为辅的格局可能会在相当长的一个时期内存在。我们的目标是失业保险社会化，但继续发挥"企业保险"的功能，并使之在时间上、空间上成为失业人员获得社会保险的"缓冲屏障"，这是一种现实的过渡性的选择。

其原因在于我国沿袭已久的企业办社会的方式，将就业者的生、老、病、死全部交由企业包办，失业而不离开企业，是职工的普遍心态。其次，我国人口基数过大，就业压力大，目前正面临新的失业高峰，把隐性失业者完全推向劳动力市场，会超出市场的承受力。最后，我国经济发展水平有限，难以支撑与高失业率相对应的社会保险。

国务院研究中心的一份报告表述了这种观点："各方面都寄希望于建立和完善失业保险制度，企业富余劳动力就可以统统推向社会。在住房制度、医疗制度以及福利制度等方面尚未配套改革，以及再就业还存在许多实际困难的情况下，即使建立了比较完善的失业保险制度，也不可能大规模地把企业富余劳动力推向社会。解决企业富余劳动力问题政策取向，在现阶段还只能是企业消化为主，社会调节为辅。"②

---

① 令狐安主编《全国企业劳动人事工资分配社会保险制度改革百家经验选编》，中国劳动出版社1992年版，第66页。

② 国务院研究室课题组：《中国社会保险制度改革》，中国社会科学出版社1992年版，第66页。

有必要重新定位失业保险

我国的失业保险最初是从国有经济改革的需要出发定位的，目前它的规模及手段都与这一定位有着密切的关系。我国的失业保险与国外的很不相同，也是由这一定位决定的。这种小规模、作用不规范的失业保险还不能算是常规的失业保险，而应当看作失业保险的雏形。在定位的制约下，它是不可能成长为常规性失业保险的。失业保险的发展，需要有新的定位，这就是从社会主义市场经济观点去分析我国失业保险的地位。

从国有经济改革需要定位的失业保险只能是暂时的观点，因为企业改革只是中国经济发展过程某个阶段的事件。在过去的十多年中甚至到目前为止，国有企业改革一直是我国经济生活中的重大任务。但这个任务可能在不久的将来就会完成，因此由此定位的失业保险也就失去其必要性。从长远的观点看，失业保险迟早会有新的定位。

长期以来，我国在失业问题上存在严重的思想障碍。关于中国经济体制改革的方向，80 年代的主要思想是建立有计划的商品经济，仍然强调计划的作用，市场只是作为一种手段，只起次要的作用。在劳动领域，虽然看到了劳动力流动的必要，也出现了一些市场因素，但在理论上我们只承认这是劳动市场，还坚持认为劳动力市场是资本主义特有的现象。在这样的思想背景下，根本不可能按照市场需要定位失业保险。

这些思想的束缚近几年终于有了较大的突破，改革的目标已经明确为建立社会主义市场经济，劳动力市场概念也已经得到承认。这些思想上的突破，开始反映到失业领域，用“失业”代替“待业”概念就是明显的例子。中国共产党十四届三中全会做出的《关于建立社会主义市场经济体制若干问题的决定》中，首次在党的文件中出现失业概念。1994 年 2 月国家统计局公布的国民经济与社会发展公报中出现了失业率的指标。

经济结构的变化则为失业保险的重新定位提出了客观要求。经济体制改革以来，我国的非国有经济成分有了很大发展，其增长速度远远高于国有企业，其结果之一是造成就业结构分布的变化。特别是外商投资企业和私营企业的发展，出现了完全市场运作的员工群体。1986 年建立待业保险时，这些员工在数量上很少。到 1994 年，其总数已发展到 747 万人，占城镇职工数的5%。[①] 从改革的趋势看，其比重还会扩大。

在这些新的经济成分中就业的员工完全按照市场运作，企业没有对员工承担“就业保障”的责任，失业的风险比国有企业职工大得多。由于这些企业对员工的责任有限，就更需要社会来承担责任，因此更需要失业保险。过去从国有经济改革需要定位的失业保险没有把这部分人包括进来。尽管有的地方要求外商投资企业和私营企业都参加失业保险，由于保险的性质不明确，按工资总额0.6%缴费形成的失业基金，远远低于这些经济成分员工失业风险的需要。而提高这些经济成分的失业保险费率，使其大大高于国有企业缴费，又容易引起矛盾，这是非国有企业不积极参加失业保险的重要原因之一。于是造成风险小的国有企业职工有失业保险，而风险大的非国有企业员工却没有失业保险的局面。

此外，国有企业制度改革步伐的加快也要求失业保险有新的突破。1993年关于失业保险对象的规定虽然较宽，但实际享受对象是很有限的，因为企业对这些人承担着责任。1994年以来，国有企业改制已经启动并成为目前改革的重点，在未来的几年内将会有较大进展，其结果是将越来越多的职工推向市场。目前在改革中不少企业采取“买断工龄”的办法，一次性发给职工离职补偿金，了却企业对职工的责任，例如哈尔滨啤酒厂的下岗职工，有半数采取了这种方式，他们以后就必须纳入社会失业保险的覆盖范围。

重新定位之下的失业保险适度规模

在我国失业保险应当有多大规模的问题上，存在着明显的分歧。一种意见认为目前的失业保险已经过头了，应当再慎重一些，其理论支撑主要有两个方面。

一是从国内的情况看，有的学者认为“目前我国不仅不具备实行法定的强制性的失业保险制度的条件，甚至也不完全具备实行常规性的以严格的个人收入调查为基础的失业救助制度的条件。这是因为：拥有足够的稳定的失业保险基金，是实行常规性的失业保险制度的前提条件。我国现有的失业保险基金，相对于庞大数量的失业人口（包括显性失业人口和稳性

① 国家统计局编《1995年中国劳动统计年鉴》，中国统计出版社1996年版，第17页。

失业人口）而言，真可谓杯水车薪。在这种情况下，如果勉强实行常规性失业保险制度，就会导致灾难性的后果。……（因此）在经济体制转轨时期，不要急于建立和实施常规性的失业保险制度，而应采取应急性的失业保障措施，以解燃眉之急，待各方面的条件成熟之后，再建立和实施常规性的失业保险度”。[①]

二是从国际比较观点看，有的学者认为：自1905年法国建立了失业保险制度，开创了世界失业保险制度的历史以来，到1989年年底，世界上包括我国在内有40个国家或地区以立法形式建立了失业保险（失业救济）制度。而实行强制性失业保险制度的国家有中国、日本、美国、加拿大、英国、德国及埃及等30个国家。中国的经济水平并不高，人口和就业压力很大，而在建立失业保险方面跻身前列，其难度当然是很大的。

相反的意见则认为目前的失业保险规模过小，还必须扩大。例如一份研究报告指出：“失业保险基金所能支撑的失业率过低。1993年，江西省城镇职工人数为166.5万人，如按工资总额1%收缴，全省一年收缴的失业保险基金为4157.4万元，其中可直接用于发放失业救济金、医疗费、生活困难补助等费用的资金为3033.7万元，失业保险的承受能力为1.3%，若按5%的失业率计算，直接用于发放失业保险基金则应达到15990万元，以此而论，现在所能收缴的保险基金实在难敷大用。”[②]

这些重大分歧要求我们研究中国失业保险的适度规模问题。这个问题过去并不十分迫切，因为从企业改革出发定义的失业保险在企业承担基本责任的前提下有很大的弹性，它甚至可以使失业保险处于无所作为的境地，这表现在失业保险的支出结构中。

根据财政部提供的决算资料，1990年失业保险基金总收入为7.43亿元，总支出为1.87亿元，占收入总数的25.2%。在总支出中，用于转业训练费支出0.65亿元，占34.7%；生产自救费支出0.37亿元，占19.8%；用于待业救济金、医疗费、抚恤救济费、离退休金等项支出为0.13亿元，占7%；而用于管理费的支出达到0.62亿元，占33.2%。[③] 失业保险支出仅为收入的1/4，说明失业保险还运作不起来。而在支出中，管

① 赵履宽：《走出社会保障问题上的认识误区》，《改革》（重庆）1994年第5期。

② 《现行失业保险制度存在的问题与改革思路》，《当代社会保障》1994年创刊号，第47页。

③ 国务院研究室课题组：《中国社会保险制度改革》，中国社会科学出版社1992年版，第44页。

理费竟占很大比重，真正用于失业保障功能的资金的比重实际上不足1/5。

失业基金大量节余的情况不能说明其规模已经过大，而是在配合企业改革的过程中，没有明确界定失业保险基金与企业责任的界限，特别是企业责任的弹性，是由企业改革进程影响的。由于对维护社会稳定等种种因素的关注，企业的富余职工原则上是由厂内行业或自行消化，不允许推向社会，即使违纪职工也不敢轻易辞退。过分强调企业的责任才使失业保险处于虚置的状态，随着企业改革的深化，责任的重心将向社会保险偏移，失业保险不是规模太大，而是太小。

但我们又不能完全从企业改革的需要去确定失业保险的规模，因为从就业压力和企业富余人员的比例看，完全依靠社会保险承担失业责任是不可能的。如果按照劳动部门的测算，企业富余人员已经占职工总数的10.1%，而且每年新增劳动力也将有部分人失业，将这些人全部推向社会，将造成的失业率会突破两位数，且不论这么高的失业率给社会秩序造成的压力，就是从经济上支撑这个失业率，就要求企业缴费水平提高到接近10%，这是不可能的。

失业保险适度规模的标准只能是从其新的定位中加以确定，即从劳动力市场运作的失业风险确定。目前非国有企业的劳动体制已经是市场运作，要把这些企业纳入失业保险，只能按其风险确定费率。国有企业经过改制特别是通过分离富余人员之后，在岗职工也将逐渐纳入市场运作。从这个观点看，扩大失业保险的规模是必要的。

但鉴于我国劳动就业压力现状，失业保险还不能形成普遍主义制度，而只是对城镇劳动者适用。我国农村存在大量的剩余劳动力，其中有一部分已经进入非农产业，特别是乡镇企业的发展，容纳了大量劳动力。乡镇企业的市场风险相对来说较大，如果失业保险将其覆盖，将承受不了这种风险，因此是不可能的。即使是对城镇劳动者，也可以考虑仅覆盖所谓的“正规部门”即有一定规模的企业的员工，而对个体经营等“非正规部门”劳动者则不加覆盖。这样确定的覆盖范围，其失业率可能会高于目前国家公布的失业率，但会低于有人估计的显性失业率，这可能是我国失业保险发展的有效空间。

超级村庄的基本特征及“中间”形态*

折晓叶　陈婴婴

90 年代以来，超级村庄成为农村基层社会发展中的一个重要现象。本文通过对中国东部和南部超级村庄的个案研究，描述了乡村工业化和城镇化过程中村庄的这一特殊存在方式，指出超级村庄的存在方式既不同于传统意义上的乡，又不同于现代意义上的城，而表现出诸多中间性的特征；这些中间性的特征，虽然是村庄在急剧变革时期形成的，却具有深厚的乡土社会基础，因而使超级村庄在近十余年中处于一个持续发展的状态，并且正在对城乡关系以及国家与农民关系的发展产生着积极的影响。中间要素作为一种新型结构要素，可能正是未来中国社会结构变迁的重要内容。

80 年代兴起的小城镇研究，对于乡镇企业和小城镇的关系给予了开创性的探索，注意到了乡镇企业的崛起在中国基层社会发展和城乡一体化过程中的重要意义。不过，小城镇的研究主要是以 90 年代以前农村发展的经验为其依据的，不可能概括 90 年代以来农村发展的种种新情况，其中之一，就是出现了为数可观的“超级村庄”。超级村庄的兴起，在小城镇理论之后提出了一些新的问题。工业和企业制度不仅进入了村庄，而且在村庄扎住了根，农民就地“转移”和“异地”流动在相当程度上落脚在经济发达地区的村庄，使这些村庄发生了工业化过程与自然城镇化过程同步的现象。但是我们又注意到，在“工业村”基础上发生的“自然城镇化”过

---

* 本文是“超级村庄的兴起与新型城乡关系”课题的阶段性成果之一，以 1993 年至 1996 年作者深入其中调查的几个个案村的资料为依据，这些村庄是江苏省张家港市的永联村，广东省深圳市的万丰村，福建省晋江市的岭畔村以及江苏省太仓市的马北村、王秀村、香塘村等。原文发表于《社会学研究》1997 年第 6 期。

程，并没有使乡村社会的结构和文化彻底消失，反而使之对新引进的历来为城市所垄断的企业制度具有了适应力，在村社区基础上造就出了一种新的非农社会经济结构。

“超级村庄”正是研究者为这类具有新结构特征的发达村庄所起的学名，[①] 它的基本特征可以归纳为：

第一，已经形成以乡镇企业为主体的非农经济结构，工业产值和非农产值已占村庄全部产值的绝大多数，成为产值过亿乃至过十亿的发达村庄。

就调查所及的地区和村庄来看，农业已经不是这类村庄的主导产业，但这并不意味着这些村庄已经“弃农”，农业仍然是超级村庄进一步发展的目标之一。地处非城市化地带的超级村庄，不但在村域内始终保留着优质高产的农田，并因有工业上的高收益支持，农业已经转向规模化经营，正在实现现代化的目标；而且依靠雄厚的财力支持，正在村域外发展农业。而地处城市化地带的超级村庄，大多由于在村域内的农业已无发展的余地，因而对投资村域外的农业更有兴趣，有的已经开始向西北等边远地区投资，兴办自己的“农业村”。

“亿元村”是超级村庄的雏形，目前这类村庄在经济发达的地区比较集中，在其他不同类型的区域也可以找到。不过，并不是所有的“亿元村”都可以发展成为本文意义上的“超级村庄”。除去产值超过亿元之外，超级村庄还具有以下一些更为典型的特征。

第二，已经形成稳定的可用于村政和公益事业的“村财”收入。村财政的形成使这类村庄的政权建设和各项公益事业有了财力基础，村政的功能也随之而完善起来，已经具有初步的“准政府”的村政结构和职能，如经济的、仲裁的、村政的、福利保障的结构和职能。

第三，村社区的经济组织开始采用现代集团公司的模式，已经不是一个以本社区为边界的封闭型的经济组织。它们不仅迅速向村庄以外扩展，经济的触角已经伸向城市、海外，甚至以参股的方式渗透到大中型国营企业，成为其他公司的合作者或投资者，而且，村公司也往往吸收村域外的

① 参见王颖《社会转型的层级结构分析》，折晓叶《社会转型的结构性要素分析》，载陆学艺、景天魁主编《转型中的中国社会》，黑龙江人民出版社 1994 年版，第 130～164 页。

经济合作伙伴或者投资入股者，它的经济网络的边界是开放的。①

第四，村社区的人口成倍增长，聚集有大量的、有的已超过村民人口总数几倍乃至十几倍的外来劳动力。虽然外来人口大多是“打工者”，与村民有严格的社区身份上的差别，没有永久居住权，流动性很大，但其作为总体，已经有较为稳定的规模，成为村社区的“准居民”。

第五，村社区内部已经形成以职业和身份多元化为基本特征的社会分层结构。由于这类村庄的村办工业、基础设施和公益事业与城市有着相当的同构性，因而职业结构也极其复杂。虽然非农化是这类村庄职业结构的基本特征，但是与其产业结构相一致，村里尚存在着“农业车间”或农场工人、专业养殖大户和种粮大户。又由于村内聚集有大量的外来非农职业人口，村籍作为新的社区身份的特征加强，对超级村庄的社会分层体系有着十分重要的影响。

第六，村政设施和公益事业发展迅速，村民的生活方式和文化价值观念已经发生了变化，新的生活方式和价值观念正在形成。村社区已经发生了自然城镇化，大多已经超过周边乡镇的发展水平，成为地方事实上的经济、文化和社会服务中心。

具有上述种种特征的“村庄”如此地不同以往，那么，它们究竟成为什么了呢？

作为一种新的社区形态，超级村庄存在的方式既不同于传统意义上的“乡”，又不同于现代意义上的“城”，而是表现出诸多的中间性特征。可以看到，超级村庄既以企业或企业集团的方式存在，又保留有典型的村社区特点；既是自治性的民间社会，又执行着“准政府”的各种职能，还在国家与农民的关系中起着中介的作用；既是工业化的社区，又保留着乡土社会的某些生活秩序和原则，表现出非城非乡又亦城亦乡的特点。因此，“超级村庄是什么”就不但是一个新的常识性的问题，而且还是一个耐人寻味的理论问题。怎样给超级村庄在社会结构的体系中定位，它的未来发展前景如何，就成为需要进一步探讨的理论和实践问题。

---

① 折晓叶：《村庄边界的多元化——经济边界开放与社会边界封闭的冲突与共生》，《中国社会科学》1996 年第 3 期。

一　作为企业的村庄

超级村庄发展的启动过程是工业化，因此从村庄转型为企业组织，大概是它完成的最基本的一种变革。经过十余年的发展，至今大多已经成为集团公司。集团公司不仅是村庄新的形象，也是村庄实际上借以生产、经营和管理的最基本的组织形式。在一些村庄里，公司集“党政企”权力为一体，村委会往往作为集团公司的一个分支机构，主管农业和村政事务，村财政也是公司财政的二级核算单位。有的村庄，农业部分干脆就是企业的一个“车间”或农场，生产、经营和管理也是以企业的方式进行的。从这个意义上来说，村庄就是一个企业，是以企业或公司的方式存在的。

从变迁的角度看，村庄与企业之间的关系，大体上正在经历从“村办企业”到“企业办村”再到“村企分离”的变化过程。在这里，村办企业不仅是指企业产权的归属关系，也指以村庄的方式办企业。超级村庄早期正是在这个过程中将村组织的结构引进企业组织的，并且由于“党支部书记—董事长”、“村委会主任—总经理”这一新的社会身份的存在，这种结构一直在起作用。而企业办村，一方面指管理方式上的一些新的变化，另一方面也指企业经济实力强大后，成为村政事业的财力后盾，村政事务的所有费用均由企业支出的现象。超级村庄的企业在管理方式上虽然非常接近于城市企业，但实际上是不同的。它对村社区负有不可推卸的责任和义务。尽管在一些村庄已经可以看到企业与村庄在管理上相对分离的趋势，但是企业与村社区的关系仍不同于城市单位与其职工居住社区之间的关系。

首先，村民是企业的所有者，但不一定是企业的职工，而企业的职工却又大多不具有村民身份，但是企业必须首先为全体村民承担义务和责任，企业的目标中，也必须包括有村庄发展的多种目标在内。

其次，这种多元的目标体系与城市企业的“办社会”不同。它的收益分配政策的覆盖面主要不是企业的职工而是全体村民，它不是以收益再分配的形式让职工同时享有福利保障，而是让村民以财产所有者的身份直接享有财产收益。目前，企业为村庄和村民主要承担以下责任和义务。①以拨款方式支付村庄建设和村内一切社会事业的费用，特别是支付农业科技、机械和服务体系发展的费用。在企业与村庄相对分离的村庄里，由企业按年将一定比例的企业纯收益拨给专理村财的机构，由村委会统一规划使用。在没有分离的村庄，则以“实用实销”的方式支付经过村组织核实的各项开支。②村民应缴纳给国家和地方的所有税赋，一般由村企业统一支付，村民不再承担任何外来的税费。③以工补农，扶持村内尚存的农业生产并在社区内部消除工农业“剪刀差”所造成的差别。目前可以看到的做法主要有：以“奖农金”鼓励和补贴农业生产者，以土地股分红或“补地金”的方式偿还被征土地的收益，以“农业车间”的方式组织农业生产，以企业工资的形式支付从事农业者等。所有这些方式的基本目的是将村庄里仍然务农者的收入与企业工人基本拉平。④给村民以福利和保障。超级村庄里的福利和保障种类多样，程度各异，归结起来主要有两类。一类是基本的生存保障，由土地保障转型而来。由于土地的相当部分已经用作非农业，土地对于村民的“终极保障”的作用已经由稳定的集体再分配取代，一般以人平分配的形式替代日益减少的土地收益。人平分配一般都由村办企业支出，形式多样，有现金分配，也有实物分配，还有集体为村民统一办理的社会保障以及各种优惠待遇和福利等，参加分配的人一般必须在土地承包时承包有集体的土地，未承包者（一般是自愿放弃承包的长期外出户）和新进入者（一般是婚嫁者和新出生者）则需酌情处理。即使在那些没有集体企业，却已工业化的村庄里，村组织也以各种方式的分配替代村民原有的土地保障。在有的村庄，村组织甚至将国家支付的征地费存入银行，作为“不动产”，用以保障全村人口的基本生活，每月将利息按人均分配给村民，其数额大体可以买足一月的口粮。另一类是带有扶助、奖励和补偿性的福利。这部分福利不是以人平分配的方式，而是以扶助老弱病残，奖励上进和救助困难为目的来分配的，包括医疗津贴、老人津贴、敬老院制度、奖学金制度等，这部分福利和保障也以企业收益支付。

在这里，值得考虑的一个问题是，企业作为法人组织，具有与社区不同的行动目标，它具有与市场相对应的独立的资源、利益和义务，那么，它又怎么能与作为社区、相对应于村民的村庄合为一体呢？这种合一的状况维持的限度是什么呢？这是一个需要对非农企业的社区存在方式专门加以讨论的新问题。这里只指出，办在村庄里的企业不同于一般的乡镇企业，更不同于一般意义上的企业组织，它的行动目标中，社区发展一直是终极目标之一，并且村庄成为一个非农社会经济区之后，社区的主要目标也在相当程度上与企业达成一致，社区与企业在资源配置上的相互配合，一直是企业降低成本，获取高效益的保障，因而两者之间的配合至少在目前的超级村庄的村办企业中是成功的。不过，在这些村庄中我们也已经看到了村企分离的现象。

村企分离，是企业办村的演化形式。近年来，一些超级村庄的企业组织迅速向村域外扩展，有的组建了集科、工、贸和投资开发为一体的省级企业集团，包括有跨城乡、跨行业、跨部门、跨地区的多种企业，有的成为由多元产权主体构成的股份有限公司，股权中包括有村集体股、村民个人股、国有企业股（村公司为控股公司）和社会股。村企业组织与行政组织从目标到所对应的空间，都发生了分离。前者的目标需要更集中于经济效益，所对应的是市场空间，而后者的目标需要更集中于社区的规划、建设、利益调节和管理，所对应的是地域空间。有的村庄在村委会名下成立了正式的村财政所，由村总公司每年按比例将总收益中的一部分一次性地拨付给财政所，由村委会统一规划，专门用于村社区的基础设施建设和社会事业及村民福利。不过，由于超级村庄都实行“党政企”合一的领导体制，村企一体仍是它特有的社会组织形式。

二　作为“政府”的村组织

按照我国基层政权设置方式，乡镇政府是行政体系的最末一端，行政村则是一级群众性的自治基层政权组织。在一般村庄里，党支部和村委会是其基本的组织形式，外来行政体系赋予它的基本功能是帮助村民实行“自我管理、自我教育和自我服务”。与一般村庄不同的是，在超级村庄中，伴随经济迅速发展、人口大量聚集和社区生活的日益复杂化，需要一个代表公共利益、职能多元化的社会机构。村组织具有长期行政的经验和专门的职能机构，又受到国家行政体系的认可，自然担当起这种职能，因此，超级村庄的村组织比以往任何时候都得到了充分发育。在村组织基础上发育的某些机构，已经在某种程度上具有了地方政府的结构和职能，所不同的只是没有一级正式的地方政府机构设在那里，没有为之赋予相应的外在的行政权力。

超级村庄的村组织已经具有如下一些方面的政府职能。①制定社区政策，实施经济发展目标，规划和建设社区公共事业。这些村庄大多都制定有中长期的经济与社会协调发展规划和战略。②具有乡村“司法”意义的民事调解机构和治安保卫机构，其中民事调解机构不但处理村庄内部的民事纠纷，而且处理企业内部的劳资纠纷，有的还请有专业律师专门处理村庄与外界的经济和司法纠纷。治安保卫组织也已经由“一个治安主任劝架”发展成为一支专业的治安保卫组织，不但装备精良、训练有素，有的还与地方公安部门驻村的派出所联合形成保卫村庄的治安网络。③具有财务拨款的能力，设有可以聚财、理财、借贷的财政和金融机构，这些机构在村内企业的财力支持下，不但有实力直接向村政事业拨款，而且还具有为企业扩大再生产融资的能力。④推行社区协调、平衡和公平政策。调查所及的超级村庄，都推行“有差别的共同富裕”的社会目标，即是说，村集体内部不但允许差别，而且鼓励依据贡献不同，在收入和待遇上拉大差别，但同时又制定有各种救助贫困、帮助致富、平均机会，以及在收入上实行“上不封顶下保底”等提高最低收入线的社区政策，并且依靠村财的支持发展公共消费和福利事业，以提高村民的绝对生活水平。⑤提供社区福利和保障。福利是超级村庄经济成果的共享形式之一，也是村政功能的重要目标之一。村庄的福利往往直接参照城市单位的做法，名目和形式基本分不出差别，有的福利化程度甚至高于国营企业。不过，在我们调查所及的超级村庄中，虽然村财实力强弱与村庄福利程度高低有关，但不管实行集体制、股份制还是村政与民企之间的合作体制，城市单位福利中那种“包”的内容，在这些村庄里却难以看到了。村庄福利的特征是“补”而不是“包”。在村庄里，福利虽然是社区收益的再分配形式，但是村庄分配的主导形式是依据个人工作、所投入资产的所有权等而进行的分配。新的合作体制鼓励村民依靠投资获取高收入，主张村民按照各自不同的能力发家致富，一般的村民对集体的人均分配和社区福利的依赖性很小，社区的福利在分配中只占很少的部分，并且是以扶助老弱病残，奖励上进和提高村民的整体生活水平为目的的。村庄的福利制度一般包括扶助性的医疗津贴、老人生活补贴、敬老院制度、人均人寿保险等，这些都是因需要而用的保障性福利；包括奖励性的中小学免费制度、大学奖金制度和参军工资保障制度等；还包括为提高社区的整体生活水平免费供给的特殊消费品等。以“补”为内容的福利，显然也是实现有差别的“共同富裕”的一种积极的村政政策。为村民创造充分的就业机会，也是超级村庄的村组织首要的和最直接的社会目标。村组织的职能优势在于，它不仅可以通过直接办企业的方式创造大量非农机会，而且可以在村内制定安置村民就业的政策。这些政策往往是以户为单位，以机会均等为原则的。即使村办企业不能充分吸收村民就业，村组织也制定有各种鼓励村民自己创业的政策和措施。

村组织的上述职能和作用，虽然已经是典型的政府职能，不过它们不是“法定”的而是“群定”的，不是“行政”的而是自治的。

三　作为“拟城聚落”的“工业村”

工业革命之后，城市的兴起和发展无疑是以工业化为主要条件的。任何地方，一旦有了工业，就有了城市兴起的契机和征兆。但这并不是一个充分的条件。中国乡村工业作为一个特殊的工业部类，虽然刺激了城市化要素在乡村的生长，但它是以乡村社会结构的存在为其生长条件的。即使超级村庄的工业已经摆脱了这个特殊的工业部类的影响，与城市工业同构，但其生存仍然依赖于村庄特定的社会基础和运作方式。可以看到，超级村庄在外部景观上已经“拟城化”，也具有了相当的城镇功能，特别是已经形成了聚集非农产业和人口的功能以及地方中心的作用。但是，在内部组织构造上、生活方式和人际关系等方面，还不具有典型的城镇意义，目前完成的只是向“工业村”的延展。而这些“村社会”的结构和特征，目前仍是它持续发展的生命力之所在。

首先，超级村庄仍是一个相对封闭和独立的小社会，它的生长和发展并未正式纳入地方城镇化的政策体系。进入90年代之后，尽管超级村庄得到了地方越来越多的肯定，但是在很大程度上它的发展仍然具有很强的自发性和民间性。在一些地方，虽然城镇化政策已经对这些村庄有所涉及，但是由于目前并没有形成能够兼顾国家、地方和村庄权利的土地流转政策和制度，依靠地方行政推动的城镇化政策在村庄的实施仍有难度；一些地方实行的土地股份合作制，虽然对于促进土地的规模化经营和社区成员的职业流动以及城镇化建设具有一定的作用，但这种制度仍以法定的村庄土地集体所有权为基础，土地的非农使用仍然是以村庄为其边界的。因而村庄的自然城镇化过程实际上仍然是自生自灭的，行则突破地方城镇化的格局超前发展，不行则萎缩、破产和解体。从这个意义上来说，目前自然城镇化的过程仅仅使村庄完成了向“工业村”的转型。

其次，作为“村社会”的超级村庄，其结构与“城社会”仍然有相当的不同。其一，农业与超级村庄始终有“剪不断，理还乱”的命脉相连的关系。经过十余年工业化过程之后，我们还没有发现有哪一个超级村庄能够完全“弃农”。与之相反，当它们本域内没有发展农业的余地之后，有条件的已经开始投资村域外的农业，办起了隶属自己的“农业村”。其二，超级村庄在其经济结构逐步开放的同时，在社会结构和文化上仍然保留着相当的封闭性。① 这种封闭性在某种程度上类似城市以单位为边界的集团性分化造成的封闭性，② 所不同的是这种封闭性在村社区文化的支撑下，以土地所有权支配下的“地”缘关系为基础，其资源和利益的流动是以村庄为其边界的，权益“不出村”所造成的村庄与外界的壁垒，与城市社会“集团性”的壁垒一样，共同构成中国城乡社会结构变迁的两大基本问题。其三，超级村庄在相当程度上仍然保留着村社会的组织结构、行为原则和人际关系准则，在某些领域中，它们甚至还是起主导作用的关系模式。从这个意义上来说，更像是一个“拟城聚落”。

四　作为城乡之间的中介社区

工业在村庄生根后，原有的村庄破裂了，出现了非城非乡又亦城亦乡的中间性特征。在社区形态上，它成为兼有城乡特点，联结城乡关系而又具备独立运作功能的新型社区。

首先，它本身成为城乡结合体，从乡这一方改造了原有的城乡分割格局，在村社区内部实现了城乡关系的融合，缩小了城乡差别。在这方面它有着类似于小城镇的性质。它通过乡镇企业把城市工业、科技、资金、设备、原料和人才与农村劳动力、土地和闲置资金紧密结合起来，同时又通

① 折晓叶：《村庄边界的多元化——经济边界开放与社会边界封闭的冲突和共生》，同前。

② 参见北京大学“社会分化”课题组《现阶段我国社会结构的分化与整合》，《中国社会科学》1990 年第 4 期。

过与城市的联营、协作或自我推销和经营，将其产品推入市场——开始是农村市场，以后逐渐进入地方、区域乃至全国性的市场，从而使城乡之间建立起一种内在的经济联系。这种联系既是实质性的经济协作和合作，又是平等竞争的关系。由于超级村庄以自身的经济实力参与合作和竞争，从而摆脱了对城市的单纯依附。

其次，它自身作为乡一方新的经济、文化和服务中心，成为城乡社区联结的中介。它通过社区日益扩大了“业缘”关系，把村庄与跨城乡、跨区域、跨行业、跨所有制关系、跨行政区划，乃至跨国的企业、公司和各类组织联结起来，使得村社区内的协作、合作和竞争打破了城乡、“条块”、所有制乃至国别的界限。

最后，它本身表现出非城非乡又亦城亦乡的中间特征。一方面，它的主要的生产方式、人口的职业构成、社区的基础设施和服务机构、组织系统的复杂程度以及建筑人文景观，都已经类似于城市而有别于以往的乡村，从这个意义上说，它是城镇的一种“准形态”。另一方面，它在产业上仍然保留着农业，建有农业基地和优质的特产农业，村民中还有相当的人数在工业与农业之间“兼业”，或者在工业出现季节性间歇或转产、停业时还会返回农业。因而，工农业之间的“剪刀差”是在村社区内部通过工业的收益补给农业，在村民家庭内部通过有人务工有人务农，从而成功地得到调整和缩小。因此，它在村社区内部成功地改变了工业与农业分割及工业剥夺农业的历史。超级村庄的产业仍然工农副相辅，并且建立有贸、工、农一体化的集团公司。集团公司作为三种产业利益的统一代表，依仗工业和贸易的高额利润，积极地推行“以工补农”“以工建农”“以工促农”的社区政策，将工业积累的资金部分返还给农业，以促进农业的发展，虽然返还的方式根据土地集中程度或农田承包方式的差别而有所不同，有的由集团公司集体经营，统一投入；有的以“奖农金”“建农金”等方式支付给承包户；同时，一般都有大量的资金投入农田基本建设、农业服务体系、农业科技改造和特产农业的培育。超级村庄对农业扶持的积极性，一方面源起于它的农村社会和农业产业基础，“以农为本”仍然是有统治地位的社区意识，而且土地和农业对于大多数超级村庄来说仍有保障的意义；另一方面，在多数经济发达地区已经将土地变成了水泥路面，在粮食生产日益减少的情况下，农业实际上已经再次成为仍然有利可图的产业。在调查所及的村庄，差不多都有在村域外再次投资农业的打算，有的已经在产粮区购买土地，准备生产和经营农产品，有的已经以扶贫的方式扶植农业村庄，发展自己在村外的“农业村”。可以预见，在90年代中期以来出现的新的“农业热”中，财力雄厚的超级村庄必定成为投资的中坚力量。经过几年的努力，超级村庄将通过自己的投资和发展农业的实际经验，有望成为城乡之间、工业地区与农业地区之间新的粮油经营者。此外，目前唯有在超级村庄这个特殊形态的社区中，集团公司才能作为工农业利益的统一代表，才有条件有可能在本社区内以工业利润无条件和无报偿地返还于农业。显然，超级村庄作为城乡关系格局中的新型要素，无论与城一方还是与乡一方都有了不同以往的关系。我们将这种新型的带有中间特征关系的稳定形态，称作“非农社会经济结构”。这个新的结构是非农经济和社区实体的结合物，既是一种经济结构又是一种社会构造，既不同于单纯的企业组织又不同于单纯的社区，既不是城又不同于乡。在空间形态上，我们又称它为非农社会经济区。这类社区除去一般社区所具有的地域性、生活共同体等特征之外，还包含了大量的经济要素。在这里，社区不仅意味着行政区划、共同生活的地域或共有的文化，还具有相对独立的经济结构。同时，它又与一般的工业小区截然不同。它是在原有的农村社区的基础上发展起来的，经济要素不是从外界强制注入，而是通过内外结合的自我发展不断生长；企业与社区间的关系不是相互独立或相互隔离，而是紧密地结合在一起的。原来农村社区的社会关系并未遭到大规模的破坏，而是被相当多地保留下来。超级村庄就是这样一些在乡村社会中内生出的非农社会经济区。

五　作为国家与农民之间的中介领域

国家与农民的关系，是研究乡村变革中始终无法回避的问题。本研究关注的是它们二者发生关系时以何作为中介领域，即它们实际上在哪里相遇。以往的相关研究关注过村组织要素，如乡绅、村长、家族①以及自然

① 〔美〕杜赞奇：《文化、权力与国家——1900～1942年的华北农村》，王福明译，江苏人民出版社1994年版，第57页。

村落、行政村[1]在其中的作用。在这里，我们关注的是改革时期村集体特别是超级村庄的村集体合作体系在其中的作用。在改革前的国家与农民关系中，村集体即处于法定中介的位置，“国家、集体与个人”是这种关系的基本格局。不过，改革前以公有财产关系和共同劳动为特征的集体经济，由于受到计划经济的严格控制，并不存在理论上所表述的那种纯粹的集体经济的关系，而是一种依附于计划经济，为国家工业化和全民经济服务的集体经济。集体组织实际上更多地认同于国家，而农民对集体则缺乏基本的信任和归属感，不但与集体财产相结合从事共同劳动的积极性不高，而且一部分农民只要有机会也会同样参与对集体财物的侵占和蚕食。因此，集体作为二者桥梁的作用是十分有限的。农村实行家庭联产承包责任制后，这种关系格局发生了两个方面的分化。一是公社行政体制和村集体经济解体，村庄组织在经济和行政两个方面的职能都大大削弱，个体农户与国家在更高的行政层面上相遇。例如在许多地区，农业税赋是由乡镇的征粮机构直接从农民的上交粮款中扣除，或由乡镇的有关机构根据造册上的不足数额直接下到村庄，由村组织协助补征的，等等。此外，在传统的集体经济组织解体后，无论经济领域还是社会领域，新的中介组织都尚未发育成熟，没有新的组织能够替代原有集体的中介作用，也使农民与地方政府在多个领域中直接相遇，引起各种新的问题。二是在乡村工业化过程中，新型的村集体合作体系在超级村庄中发育成熟，它的基本类型中不仅包括原有集体制未彻底解体的合作形式，包括以村集体为主导的新型股份制合作形式，也包括分散经营的农民家庭企业或私营企业与村组织之间的合作形式。这种合作体系，由于以村集体为核心和主导，既利用了传统集体保留的行政资源和政治意识，从而与国家行政体系之间有着天然的联系；又由于行使自治的权力，在产权关系上具有完全的独立性，组织职责也由主要对上级行政负责转变为主要对村民负责。这种新型关系，使它有可能真正成为发育成熟的中介领域。不过，一些研究对于农村社区精英集体的行为趋向是否能够向“民”回归提出疑问，认为基层社区精英有可能在官民之间形成一个“实体”化的阶层，从而“前后不着边”，既不代表

---

① 〔美〕黄宗智：《长江三角洲小农家庭与乡村发展》，中华书局 1992 年版，第 178 页。

国家政权，又不反映基层民意，[①] 这的确是当前农村基层社会发展中一个值得研究的新问题。不过，这个问题与具体社区的自组织状态和社会结构严密和完善的程度有关，这实际上决定着村庄精英角色转换时的立场和取向。在农民的组织松散、村社区结构解体的村子里，就可能会发生上述问题，反之则不一定。在我们所观察的这一类超级村庄里，农民再组织的程度较高，村庄内生的社会结构保持着完整性，村民的利益仍然集中在村内，并未被地方市场分散地拉向村外。村民对社区事务的参与程度较高，因而社区精英作为村集体组织的代表，便难以完全不顾社区利益而径自发展集团的独立利益，他们会更多地着力于发展村集体与社区各种力量之间的合作关系，更多地回归村民社会，成为基层社会的民间统治精英，并且让村集体合作体系成为连接国家与农民的中介领域。

首先，村集体合作体系是农民集体地争取国家体制资源的中间桥梁。在现有体制下，农民创办乡镇企业只依靠个体的纯粹的经济活动是难以完成的，还需要挖掘乡村社会的社会性资源，依靠集体的合作行动来完成。从这个意义上来说，村集体合作体系就不仅是个体制偏好和意识形态问题，也是农民在处理与国家和政府关系中所采取的理性的经济行动和社会行动。农民借助于合作体系寻求的体制资源主要有政策支持，如国家对集体经济的各种优惠政策、各种地方行政审批文件等；政治待遇，如政治意识形态方面的支持、村庄和村干部的行政级别待遇（如在苏南发达村庄有可能升格为“党委村”）等；经济资源，包括正式的市场机构控制的经济资源，如原材料、销售渠道、科技项目和技术转让权、股票上市额度、银行贷款等。在争取这些资源时，村集体合作体系较之村民个人或家庭有更多的优势，更易于为正式的体制和机构所接纳。它既可以利用原有的行政体制关系，在制度性空间内获取一定的支持，又可以利用非行政性组织的身份，在非制度性空间里大量地创造。

其次，村集体合作体系是国家以新的方式介入乡村社会的中介。农村实行家庭联产承包责任制和村庄自治之后，国家对乡村基层社会的介入方式和程度，一直是理论界和政策管理机构关注的问题之一。关于新政权建立之后国家介入乡村的方式，已有研究指出，新政权虽然没有把国家机关

① 张静：《农村基层政权研究的有关问题》，《中国书评》1996 年第 5 期。

伸到村庄一级，但是国家机器借助于另一种非正式的国家权力机构党组织来进行领导和管理。在生产大队一级，党支部替代了国家政权组织，并且党组织一直延伸到每一个自然村落。① 注意到这一特点，有助于我们分析集体制解体后国家如何介入乡村的问题。换言之，有无集体经济或集体经济实体，并不是考虑这个问题的关键，关键在于以党支部为权力中心的村组织是否还发挥有效的作用。固然，我们可以对自治条件下，村庄权力结构的实际内容加以讨论，但是，不论其自治程度多高，党组织系统作为外来权力对村庄的影响和作用都是不可低估的。因此，“党支部建在村上”是研究国家与乡村和农民关系所不可忽视的问题。在我们所考察的超级村庄中，以党支部为核心的村组织无疑是权力的正式中心和农民再组织的主导力量。这也是我们可以在那些没有集体经济和集体组织实体的超级村庄里，也发现有合作体系在有效促进村庄发展的原因所在。此外，“党政企”在村庄层次上有效地合为一体，也是我们研究国家介入乡村方式时应特别关注的问题。在我们所考察的超级村庄中，都实行党政企高度合一的管理体制，这个合一的体制，正是国家和地方的政权组织、行政力量和各类法人组织与农民发生联系的中介，而国家对村庄的介入也就通过这个体制来进行。

在这种关系格局下，国家和农民在村集体合作体系这个层面上确实地相遇了。超级村庄的村集体合作体系处理着农民与国家之间的如下一些问题。①替代农民上交国家税赋和地方税费。采取这种替代方式的，不仅是那些将农民的承包土地集中使用，如实行农业规模经营或将土地转作非农使用的村庄，即使在农民仍然承包有土地、从事家庭农业生产的村庄，也实行这种方式。一些超级村庄兼并了周边村庄后，实行的第一个优抚待遇就是免除承包户承担的国家税赋和地方税费。这个政策，对于农民来说，接近于一种福利，而对于国家和地方政府来说，则改变了与农民相遇的方式。在税（费）赋上，村集体合作体系成为二者实际上的相遇点，国家和地方政府不再直接与农民发生关系。②替代农民与国家和地方政府部门打交道。村集体合作体系是村庄自治条件下，农民在利益互惠原则下的再组织形式，是农民从分散化到再合作时共同利益的直接代表者。他们与国家

① 〔美〕黄宗智：《长江三角洲小农家庭与乡村发展》，同前。

和地方政府以及外部世界的各种关系，都依靠这个新的合作体系来处理，包括涉及土地、房产、税费、市场等方面的经济利益问题，也包括涉及社会服务、劳资关系、治安、村际关系等方面的社会利益问题。

由于超级村庄在社会特质上具有上述种种“中间”特征，使我们难以为它在既定的社会结构中定位，因而也就自然地引出了它究竟只是变革或转型时期的一种“过渡形态”，还是一种“可持续形态”，或者说是一种新型的结构要素的问题。回答这个问题还有待时间的验证和理论上的深入探讨，不过从超级村庄目前的发展趋势上来看，上述“中间”特征，虽然是村庄在急剧变革时期集中形成的，但带有着深厚的乡土社会基础，并不是一项行政政策和某些规章制度就可以改变的。并且，正是由于它们的存在，超级村庄才在近十余年中处于一个持续发展的状态。只要超级村庄发展的制度背景和经济条件不发生根本性的变化，“中间”性特征仍然使它有可能利用两种体制互补、城乡互补、村企互补的优势，持续而稳定地发展。除去促进超级村庄自身发展以外，这些中间性特征的存在，也正在对城乡关系以及国家与农民关系的发展产生着积极的影响。这里值得我们从中深思的是，中间要素作为一种新型结构要素，可能正是未来中国社会结构变迁的重要内容。

我国农村社会变迁与农村社会学研究述评*

朱又红

作者认为，近18年来中国农村社会学取得了极其丰硕的研究成果，小城镇研究、农村组织研究、农村社会结构研究、贫困研究、农村社会保障研究等领域完成了一批重要课题。尽管尚未发展成为一门成熟的学科，但以其涉及面广、紧随时代脉搏、实用性强、普及程度广为特点，还是形成了一些具有中国特色的理论与方法。同时，这种紧随时代脉搏和实用性强的特征也带来若干学科自身发展的突出问题，如作为社会学的一个分支所应具备的个性特征体现不足，失去了学科自身的稳定的发展，无形中增大了学科建设上的随意性。农村社会学期待着学科发展的突破性的新阶段。

在中国，对农业、农村、农民的研究源远流长。18世纪末19世纪初古老的中国的大门自愿不自愿地开始敞开之后，对农业、农村、农民的具有科学色彩的研究才开始起步，并在20世纪20年代至50年代出现了以马克思主义唯物史观和以西方社会学、人类学为传统的研究高潮。正是在马克思主义、毛泽东思想的指导下对中国农业社会的科学洞察、对中国农民的成功研究，保证了中国共产党领导的新民主主义革命的胜利，建立了中华人民共和国。在中国走向现代化的前无古人的宏伟事业中，农业、农村、农民研究仍然是关系到中国的前途和命运的无以替代的重要方面。中国社会学恢复重建以来的中国农村社会学虽然尚未发展成一个成熟的学科，但是以其涉及面广、紧随时代脉搏、实用性强、普及程度广为特点，形成了一些具有中国特色的理论和方法。小城镇研究、农村组织研究、农村社会结构研究、贫困研究、农村社会保障研究等，构成了农村社会学的

---

* 原文发表于《社会学研究》1997年第6期。

一批重要课题，取得了极其丰硕的成果。

一　非农化与城镇化研究

非农化与城镇化是改革开放 18 年来中国社会结构变迁的重要内容，它既是我国农村经济体制改革导引的必然结果，又进一步推进了我国城市化现代化的进程。因此农村社会学研究者始终关注着非农化与城镇化的过程，对这一过程的历史、现状及未来的趋势进行了大量研究，形成了一批重要成果。其中较著名的是费孝通于 1983 年发表的《小城镇 大问题》，以及大量的围绕小城镇问题的研究著作论文，所论及的范畴如下。

1. 旧体制下的农村工业的主要特征。在改革前的旧体制下农民的非农化主要渠道是农村工业的缓慢推进及少部分农民身份的改变。其特点是：①城镇人口集中在城关镇，农村工业也高度集中于县城或建制镇；②农村工业以县及县以上行政单位或中央有关部门所属工业占绝对优势，县以下所属工业极不发达；③所有制结构单一，以全民所有制及集体所有制占绝对优势；④劳动力结构单一，以城镇人口为主体，吸纳农民身份即持农业户口的农民的能力极低。因此，旧体制下的农村工业处于与农村、农民相对隔绝的状态。

2. 农村社会学研究者普遍认为，我国农村的工业化城镇化在旧体制下已经有了缓慢的发展，经历了四个阶段。①1949～1957 年，是乡村工业的萌芽时期，其特点是，非农产业大都为家庭副业，从属于农业，并且规模很小，非农产业从属于合作社。②1958～1959 年人民公社时期，这时非农产业的特点是，以自产自销为主，基本上是以满足社员生产生活需要为目的。“大跃进”时期，推行“以钢为纲”，出现了农业劳动力向城镇大量流动。③1959～1965 年，乡镇非农企业的调整时期，由于农村劳动力超速转移的危机首先从农业方面表现出来，而对公社工业进行整顿、合并、归还、停办。④1966～1978 年，“文革”时期非农产业停滞时期，但城镇知青下放办了一批工厂，在实现农业机械化的口号下，出现社队农机修造网。⑤1979年以后，非农产业大发展时期，第一次实现了多种所有制并存。农村非农产业为外部市场生产的比重迅速提高。非农产业中第三产业发展迅速。

3. 新体制下非农业化出现了以下特征。第一，改革以来，我国非农产业的吸收农村劳动力的能力空前提高，到90年代中期对新增劳动力的吸收能力达82.7%。第二，农村成为吸收非农业劳动力的主要区位，就全国而言，农村吸收的比重为52.5%，城镇吸收比重为47.5%，不同地区又有两种模式：一是以农村吸收为主，另一是以城镇吸收为主。第三，在地区分布方面，沿海非农化速度大大高于全国水平，特别是大量吸引外资的省份，其非农劳动力增长速度最快。第四，对劳动力吸收渠道增加，全民所有制单位以第三产业为主，集体所有制单位以第二产业为主，个体私营经济以第三产业占绝对优势。但全民与个体的第三产业不同，前者多为正式的、现代的经济部门，后者则是非正式部门或传统部门居多。第五，由于城、镇、乡行政区划变革，非农产业的空间格局有了变化。全国非农劳动力向市镇管辖区域集中，同时市镇辖区内农业现代化程度得到加强。

相对于工业化和非农化水平来说，我国城镇化是滞后的。研究者们对滞后的原因作了探讨：第一，城镇商品粮数量限制；第二，城镇住房的限制，在城镇住房的产权方面，以企业产权为主，这种以企业为主的单一的住房体制使住房投资来源受限制，进而阻碍了住房的发展；第三，工业结构的限制，我国的工业是以重工业为中心的，这种重工业结构严重阻碍了城镇非农产业对劳动力的吸收；第四，城镇所有制结构的限制，在资金投入一定的条件下，城镇集体所有制吸纳的劳动力多于全民所有制，个体所有制吸收的劳动力要多于集体所有制；第五，第三产业发展不足的限制，我国第三产业的就业结构的产值结构都明显低于同类发展中国家，这与强调城市的生产性质有关；第六，工业分布分散化的限制，全民办企业，三线建设，直至今天的遍地开花的山村工业；第七，城镇基础滞后的限制。

影响城镇化的另一大方面是农业基础，高速的城镇化必须以农业劳动生产率提高为前提，否则这种高速的城镇化就缺乏基础，有时甚至会在高速发展后出现倒退，即有效劳动力向农村的逆向转移。实行家庭联产承包责任制以后，农村出现大量的剩余劳动力，农民在比较利益驱使下，大量流入城镇，流向非农产业并且失去对经营农业的兴趣。而平分土地的经营体制又阻碍了土地的流转。这样，一部分种田农民出于职业保障的考虑，粗放地经营农业，而另一部分种田能手又苦于没有土地进行适度的规模经营。这种分散、粗放的耕作方式，必然阻碍农业的发展，从而影响城镇化的速度。目前这方面的主要问题是：①伴随劳动力转移而没有形成土地集中和规模经营，使新技术难以采用；②亦工亦农的农民对经营农业丧失兴趣，对农业的投入减少，这不利于土地肥力保持和农业劳动生产率的提高；③在劳动力的转移过程中，农村对农业基础设施投入减少，农业基础设施明显退化。关键的问题是让一部分农民实现彻底的职业转换。

农村城镇化相对滞后于非农化，还可考察非农产业的积聚形式。在县域范围内，由于分散的工业化和非农化道路，非农产业的迅速发展并没有带来人口的经济活动的集聚。也就是说，非农化与城镇化不是同步发展的，大量的非农化是在农村城镇以外进行的。从区位角度考察非农产业的分布，我国农村非农产业具有很大程度的地缘性和血缘性。镇、乡、村办企业主要受地缘关系束缚，主要表现在：①社区政府是管理集体企业的实体，起着类似于控制公司的作用，拥有对企业的人事权、投资权和生产计划权等；②企业的资金主要来自社区政府和社区集体经济，外来资金极少；③有相当一部分非农企业还没有突破“就地取材、就地生产、就地销售”的格局；④社区企业几乎完全分布在社区范围内，以联产或个体形式出现的私营企业还没有摆脱血缘关系的束缚，人、财、物基本上来自家庭内部。这种地缘性和血缘性带来的必然结果是它的分散性，形成了村村点火、户户冒烟的格局。分散格局的第一个结果是限制了生产规模的扩大，不能取得规模效益。由于分散化造成了效益的不经济性。①不能从外部获得利用城镇基础设施的便利。②由于农村通信设施和交通条件落后，还使这些分散的非农企业信息不灵，不能适应市场行情的变化。③由于企业独居一隅，不利于企业吸引人才、加强技术改造和分工协作。④这种分散的非农经营同兼业并存的格局，不利于农民传统习性的改造。乡村非农产业的分散格局还给整个农村社会带来了负效益，一是分散的非农化使土地大量浪费，二是不利于污染的综合治理。⑤这种非农化的分散格局还严重阻碍农村劳动力的转换和农业现代化的发展。

在探讨未来中国城镇化道路时，学者们首先对县辖镇增长的动力机制作了分析，认为有四种模式：第一，行政指向型，相当一部分县镇是由人民公社发展而来；第二，乡镇工业指向型，由于乡镇工业的发达而引起人口和非农经济活动的集聚而发展起来；第三，集市贸易指向型，由集市贸易商品交换地发展形成；第四，交通枢纽指向型，分布在港口码头，公路、铁路沿线。

学者们主张非农产业向城镇集中，关键问题是向什么样的城镇集中，即选择一条什么样的城市化道路。目前有五种观点：一是大城市论，认为大城市经济效益好，城镇化应把经济效益放在第一位；[①] 二是小城市论，认为大城市已经膨胀，为避免城市病应发展小城市；[②] 三是中等城市论，中等城市是集中与分散相统一的社会结构实体，机动灵活，容量大，而且是沟通大城市和小城市的桥梁；[③] 四是主张大城市与小城市齐头并进，兼顾经济效益与社会效果；五是多元城市化的观点，主张因地制宜，不同地区采取不同的城市化方针；六是区域现代化，主张以某个特大城市或大城市为中心，以若干中小城市为中介，与地区内众多小城镇和乡村形成网络，实现区域的工业化城市化。[④]

虽然在具体的城市化道路的选择上有各种不同的意见，但存在着基本的共识：①城市化是社会发展的必然趋势，各个国家或迟或早都要实现城市化；②要走有中国特色的城市化道路，控制大城市规模，合理发展中小城市，以乡镇企业为依托，建设一批布局合理、交通方便，具有地方特色的新型乡镇，是中国城市化特色的重要内容。

二　农村社会组织研究

改革开放以来，农村经济结构、劳动力结构的变革引发并推动了社会组织的分化重组。农村社会学对组织结构变迁中的两个问题研究较为集中，一是因旧体制惯性作用与新体制尚不健全双重原因派生出的一系列问题，二是改革开放以来农村中出现的新型社会组织。

始于 1982 年年底，止于 1985 年的建乡工作，改“政社合一”为政社分开，适应了农村经济发展的需要，是政治体制改革的重要组成部分。但是，农村基层政权组织的建设也存在着一些问题。

① 李迎生：《关于现阶段我国城市化模式的探讨》，《社会学研究》1988 年第 2 期。

② 杨重光、廖康玉：《试论具有中国特色的城市化道路》，《经济研究》1984 年第 8 期。

③ 胡国雄：《也谈城市化道路》，《建设经济》1983 年第 8 期。

④ 陆学艺：《21 世纪中国的社会结构——关于中国的社会转型》，《社会学研究》1985 年第 2 期。

研究者们注意到一些农村地区基层政权组织功能削弱的现象，并对其原因做了探讨。许多基层政权的建设先天不足。①党政关系尚未理顺，政府职能难以发挥。在农村基层组织中，党政不分、以党代政的现象在实行政社分开，建立分权以后虽有所改善，但并未从根本上得到解决。党政关系仍未理顺，具体表现为党委具有实际上的人事任免权和政府工作的最高决策权。政权组织的职能削弱萎缩。②以政代企现象严重。由于党委、政府和经济组织的职能划分不明确，绝大多数乡镇的经济组织没有成为相对独立的经济实体，有些乡镇取消了经济组织，由党委和政府直接集中和垄断了乡镇企业的人、财、物大权，甚至包揽了它们的具体生产经营活动，进一步强化了企业对政府的行政隶属关系。由于乡镇党委和政府握有乡镇企业的经营管理大权，并且向它们收取各种费用，甚至参与分成或独占利润，却又不承担直接经济责任，压抑了企业的积极性，为腐败作风滋生提供了条件。③条块矛盾突出。县属职能部门在乡镇设立自己的派生机构或分支机构，甚至将原乡镇管理的机构变为自己的腿脚，使得乡政府机构不完善。由于条块分割，有利可图的事让上级部门揽走了，棘手难办的事派给了乡政府，加剧了二者的矛盾，影响了乡政府办事的积极性。④人民代表大会职能发挥不充分，由于乡镇人大没有常设机构，活动很少，未形成制度，实际上未能有效地实行其法定的权力。⑤机构膨胀。人员超编，干部素质不高，工作效率低下。[①]

针对上述问题，一些研究者提出如下对策。①理顺关系，把乡镇政府建成一级政权实体。首先要理顺条块关系，关键是把应该给乡政府的权力放下去，以完善乡政府的职能，其次要厘清党、政、企之间的关系，克服党政不分，以政代企。再次要强化乡镇人民代表大会；②改革干部制度，提高干部素质；③健全法制环节，完善运行机制；④转变工作作风，改进工作方法。[②]

随着农村经济的发展，中国农村出现了一些新型的社会组织，农村社会结构进一步复杂化。研究者对日趋复杂的农村社会组织及其对农村社会的影响做了深入研究。

---

① 刘明等：《令人忧虑的乡镇政权建设状况》，《社会学研究》1990 年第 1 期。邸秉光：《农村基层政权建设的现状与对策》，《社会学研究》1991 年第 3 期。

② 张雨林、吴大声、朱汝鹏：《苏南模式的改革与创新》，《社会学研究》1995 年第 1 期。

家庭承包责任制大大提高了农业劳动生产率，农产品产量以及农民的收入明显提高，有力地推动了多种经营、分工分业和商品生产的发展。农村商品经济的发展使农民的家庭经营逐渐走向专业化与社会化。出现了以家庭为单位从事某项专业性生产的经济组织形式。但是一家一户的分散经营在资金、技术、劳动力及市场信息等方面难以适应扩大再生产的要求，因此，各种形式的合作经济组织应运而生。①

目前农村中出现的专业性合作组织，主要是在农产品的加工、贮藏和营销领域内，在从事同类农产品的生产经营的农户之间，农户与企业之间进行合作的利益分享的经济组织。大约有三种类型。①农工商合作组织。这是生产、加工、销售某类农产品的农户与企业组成的具有合同关系的稳定的经济合作组织，它不受所有制、地区与行业限制。②专业合作社。这是从事同类农产品生产经营的农户，为了追求规模效益，自己组织起来的跨地区、专业性的合作经济组织。这样的合作社一般有不可分割的共有财产。③专业互助社。这是从事同类农产品生产经营的农户，各自提供资金、物资、技术以及场地、劳力等，实行共同劳动、共同经营、积累共有的合伙经营组织。这些专业性合作组织在某种意义上是国家经济政策的直接产物：它们是在国家指令性计划控制品种以外的项目和行业中发展起来的，因为在指令性计划范围内的产品，政府从加工生产、基础设施到购销体制都形成了一套完备的组织系统。因此，随着指令性计划范围的缩小，专业性合作组织起作用的范围将更加扩大。

专业性经济合作组织的出现对农村社会变化有不可忽视的作用。它有助于在较广的范围内有效地支配农业资源，对科学技术有较强的吸纳能力和转化能力，提高了农民的组织程度，增强农民家庭承担市场风险和经营风险的能力，农民更多地介入外部社会，有利于现代文明的传播以及培养对外部社会的适应能力。专业性合作经济组织的出现使农村的组织形式多样化，社会结构开始呈现较为复杂的特点，是农村社会从礼俗社会转向法理社会的初始。

农村社会组织程度加强的另一个重要内容是许多地区出现了较为完整的农业技术组织体系。农业技术组织不是农民自己的组织，而是各级政府

---

① 杨善民：《发展中的农村新合作组织》，《社会学研究》1992 年第 1 期。

农业机构为促进技术进步而建立起来的。它以行业主管部门为主体建立一种上下连接的技术组织体系。在组织体系上，省地县的行业主管部门均设立了具有行政功能的业务处（科、股），具有专业技术开发职能的校、所、场及具有技术指导和推广职能的中心、专业站等。由于它的末端一直延伸到乡镇，实质上已经构成农村社会组织的一个方面。随着商品经济发展的深入，为适应农村产业结构变动与农民的经营类型分化，开始出现为满足农民各种技术需求而形成的跨行业的松散型技术组织体系。也就是说，农业技术组织从更多的方面介入农村社会过程。①

伴随上述经济技术组织的出现，农村社会还出现了一些联谊团体、兴趣团体、民事理事会等，但这些民间组织仍不稳定、不普遍，也多不正式。

三　农民分化与分层研究

农民分化从50年代的土地改革完成之后就开始了，但是分化的速度极其缓慢。改革以来中国农民的分化明显加速，其结果一是大量农民从土地上分离出来、从农业产业分化出来而转向非农产业；二是原先具有相同农民身份的人们分化为带明显阶层特征的群体。这一现象引起了学者们的高度重视，他们对农民分化的前提与途径、结果与现状、未来趋势与社会影响做了深入探讨。

学者们认为，第一，联产承包家庭经营体制的形成和发展是中国农民分化的基本前提。①家庭经营体制的实行极大地激发了农民的生产积极性，也使得集体经济的优越性得到更充分的体现，这创造了超越于满足劳动者个人需要的农业劳动生产率，而成为农民分化的基础。②实行联产承包责任制以后，农民家庭由原来的生活消费单位，变为独立核算、自主经营、自负盈亏的经济单位，成了具有积累与再生产功能的经济实体。家庭功能的变化使农民成了独立的商品生产者与经营者。③占有方式与分配方式的变化，使多数农民拥有自己可以支配的从事非农产业生产与经营的初

---

① 王颖、折晓叶、孙炳耀：《社会中间层——改革与中国的社团组织》，中国发展出版社1993年版。

始资金。④劳动组织方式由集中变为分散和农业比较利益的下降，使众多的劳动者成为相对自由的、愿意离开土地的农业剩余劳动者。第二，非农业与城镇、市场的发展，为离开土地的农民提供了新的载体与生存空间。①乡镇企业、私营企业与个体工商业是离土农民的主要载体。1991 年全国乡镇企业从业人数达 9609.1 万人，占农村劳动力总数的 22.3%，相当于全国国营企业职工的总数。1991 年农村私营企业从业人员 115.8 万人，农村个体工商业户从业人员 1616.2 万人。②离开乡土的农民，在城市之间寻找新的生存空间。一是到经济发达而当地劳动力又不能满足需求的较富裕地区从事农业或非农业生产。二是到各类城市务工经商。现在全国每年的流动人口超过 5000 万人，23 个百万人口以上的大城市日均流动人口已达 1000 万人。三是到集镇上居住，务工经商。四是到城镇集贸市场上去经商。[①]

学者们对中国农民分化为不同社会阶层做了较深入研究。中国农民的分化是由于财产关系与职业系统的变迁，出现了多样化的职业类型、生产资料的所有形式及经营形式的背景下产生的。也就是说，当农村在集体经济之外引入了个体经济与私营经济、所有权与经营权相分离的双层经营形式，在农业劳动之外引入了其他多种职业类型之后，农民相互之间的地位差别才变得明显起来。上述三者的多样化反映到分化中的农民身上，就是他们的职业类型、生产资料的所有形式及其经营形式的差别，把原来的农民分解为不同的社会阶层。

对农民分化而形成的阶层定义是：在农民分化过程中，逐步形成的具有相同或相近的，并且相对稳定的职业类型，对生产资料具有同类权力（所有形式与经营形式）的个体的聚合。依此定义有人将我国现阶段的农民划分为以下一些阶层。①农业劳动者阶层，是一个由承包集体耕地，以农业劳动为主的农村劳动者所组成的社会群体。这个阶层占有的生产资料人均规模较小，以分散经营为主，有较大的独立性与自主权，是农村其他阶层的母体。他们人数众多，劳动最艰辛，收入却常常是最低的。农业劳

---

① 王晓毅：《农村社会的分化与整合》《权力与经济》，《社会与社会调查》1991 年第 2 期。陆学艺主编《改革中的农村与农民——对大寨、刘庄、华西等 13 个村庄的实证研究》，中共中央党校出版社 1992 年版。张灿霞：《浅论农民分化的原因》，《社会学研究》1991 年第 3 期。

动者阶层还可以细分为：一般农民，这是最大量、最普遍，也是最主要的；专业户，专门从事一定规模种植业、养殖业的农业户。②农民工人阶层，是一个在乡、村集体企业里从事非农业劳动为主的群体。他们对集体生产资料具有所有权、经营权与使用权，一般还经营一小块土地（责任田或口粮田），和农业有着天然的联系。他们一方面接受工业文明的熏陶，掌握一定的现代生产技能与工业知识；另一方面同土地、乡村、农业有着不可分离的联系。他们身上集中反映着中国农民在转型社会中的基本特征，预示着农民的未来，是一个充满希望的社会阶层。③雇佣工人阶层，是由受雇于私营企业、个体工商户而提供劳动能力、获得工资收入的农村劳动者组成的社会群体。他们对所使用的生产资料没有所有权，但他们享有一定的择业自主权，可以相对自由地流动。他们的收入与雇主相比较相差悬殊，但同农业劳动者比较则要高一些。④智力型职业者阶层，由具有一定专门技能，从事农村教育、科技、文化、医疗卫生、艺术等智力型职业的农村劳动者组成的社会群体。他们都具有一定的技能或某方面的知识，用智力为其他阶层服务。他们的收入、地位、声望因地区差别而异，一般与当地经济发展水平正相关。⑤个体工商业户与个体劳动者阶层，是生产资料归劳动者个人所有、以个体劳动为基础、劳动成果归劳动者个人占有或支配，具有专门技艺或经营能力，从事某项专业劳动或自主经营小型的工业、建筑业、运输业、商业、饮食业、修理业、服务业等农村劳动者组成的社会群体，多为农村中的能工巧匠。⑥私营企业主阶层，指生产资料归私人所有、以雇佣劳动为基础、营利性经济组织的主要经营者组成的社会群体。他们的权力基础是对一定规模的生产资料的私人占有。在此基础上拥有对企业的人、财、物的支配权、生产经营决策权、指挥权与企业内部的分配权。他们的经济收入较高，但政治地位与社会声望不一定很高，他们对党的方针、政策极其敏感。⑦集体企业管理者阶层，包括乡、村集体企业的厂长、经理、会计、主要科室负责人与供销员。他们对企业的经营管理有决策权、指挥权，与企业职工（农民工人）是管理者与被管理者的关系，与村干部（农村社会管理者）是集体生产资料发包者与承包者的关系。他们对企业的兴衰、盈亏负责，承担的风险较大，经济收入、政治地位与社会声望都较高。⑧农村社会管理者阶层，包括村民委员会与村党支部委员会的组成人员与村民小组长。他们是农村政治、经济和社会生活的主要组织者，是集体财产所有权的主要代表者，是党与政府各项方针、政策在农村基层的具体执行者。他们具有双重身份，既代表国家的整体的利益，行使行政职能，又代表农民的、局部的利益，维护社区权益。他们是农村社会力量的中坚，对社区经济发展、社会进步起着关键作用。一个明显的趋向是，经济发展水平，特别是集体经济发展水平越高，他们的地位与收入就越高，权威性就越大。[①] 这仅为一家之言，对于当前中国农民的分层问题，研究者根据不同的分类标准还提出了许多不同见解，有的分为 5 层，有的分为 12 层等。

尽管改革开放以来农民分化加速，但仍处于起步阶段。从总体上看，农村工业化程度较低，商品经济与社会分工仍不发达，非农产业就业岗位很不充分，农民非农化的时间还较短，农民各阶层迄今还没有达到一个比较稳定、比较成熟的程度，带有一定的过渡性特征。具体表现在以下方面。①一方面，个人是阶层进入或退出的基本单位；另一方面，家庭对个人阶层身份的变迁仍有重要影响。劳动者进入或退出某个阶层，只是意味着个人身份的变迁，阶层结构的基本单位是个人而不是家庭。对大多数家庭来说，家庭成员可能因为职业类型、生产资料的占有形式与经营形式不同而分属于不同的社会阶层。但是家庭对个人阶层身份的变迁也有一定的影响，在一个社区范围内，各种非农企业吸纳的劳动者是有限的，这种有限性给阶层规模的扩大提供了一个强硬的边界。这种限制反映在家庭中就是一种强制性的分工。②农民中的各个阶层同农业劳动和土地有着或多或少的联系。这是因为：a. 所有农村劳动者都拥有一份具有经营权的土地，而且人均数量有限，留在家中的部分成员可以经营；b. 农业劳动分散进行、生产时间与劳动时间不一致、非农职业者可以在农忙季节帮助抢收抢种；c. 非农职业地位的不稳定与具有易变性，更给继续经营土地增加了保险系数，万一非农职业地位丧失，可以退回到土地上去。③个人阶层身份的不确定性。各阶层之间的关系不是处于一个稳固状态，同样的个体既可以进入这个阶层，也可以进入那个阶层，有的甚至可以同时具有多重阶层身份。个人同时具有多重阶层身份，弱化了阶层的凝聚力，弱化了个人对阶层之间冲突的参与性。④阶层意识较弱。阶层意识的强弱，主要受阶层

① 陆学艺：《重新认识农民问题》，《社会学研究》1989 年第 6 期。

成员之间沟通可能性、阶层成员各种地位重叠程度、阶层之间冲突的频率、社会流动程度和阶层开放性的影响，同时也与认知能力有关。现阶段，大多数农民相互之间的沟通主要采取面对面的直接互动形式。这种沟通方式不仅频率低，而且延伸的范围有限。农民的各种地位呈重叠关系的并不太多，各个阶层的政治地位、经济收入与社会声望之间并没有直接的关系。阶层的开放性大，社会流动性高，一部分农民同时具有多重阶层身份以及大部分农民没有完全离开土地，因此各个阶层之间关系比较缓和，阶层内部的成员间缺乏较强的认同感。

关于农民分化的趋势，学者们认为，农民分化是现代化一个内容，在未来的若干年中，农民分化的速度会是较快的。其原因是：①随着改革开放与中国的现代化进程，第三产业将会加快发展，国家已经做出加快发展第三产业的规划。②从经济结构看，非公有制经济结构将有进一步的发展。开放性的所有制格局将有利于吸纳更多的农业剩余劳动力。③从职业发挥方面看，农民分化的速度也要持续加快。职业的组成要素有三个，即个人的、社会的与经济的。个性与才能的发挥是职业的个人层面，凭借职业个人得以施展才能；角色履行是职业的社会层面，社会成员在一定程度上担任并履行一定的角色社会生活才能正常运转；报酬的获得是谋生的手段，人们以所从事的职业获得报酬以维持生计。目前，从总体上看，农村劳动者中能够充分发挥个人才能、取得履行社会角色的机遇并能获得相应报酬的人数极少，因此，存在着变换职业的内在需求。

四　农村人口及人口迁移研究

农村人口从农业部门转移到非农业部门、从乡村转移到城市的趋势日渐明显，因此，对农村人口的研究集中于农村剩余劳动力的转移。

研究者们首先分析了改革以前农村剩余劳动力转移的障碍。①农业衰落，尤其是粮食短缺，国民收入的城乡分配在“一五”期间发生了不利于农业发展的急剧转变，使农村失去了独立的积累能力，削弱了对农业，特别是主要农产品商品性供给的刺激，最终导致农业的衰落、农民的贫困和农村商品经济发展的迟缓，粮食短缺始终制约着我国工业化、城市化以及农村劳动力转移的进程。②在主要农产品严重短缺的情况下，为保证城市居民的消费需要及保证农业在低水平运转下最大限度地向城市工业提供积累，国家实行了城乡户籍制度和单一的就业制度。形成了二元制社会结构。③人民公社制度掩盖了农村剩余劳动力的存在。由于人民公社体制对农业劳动力统一和低效的使用，致使这一时期内，农业劳动力非但没有过剩的征兆，反而出现严重的短缺，人民公社体制不仅框定了丰富的人力资源低层次开发的模式，而且农村经济结构倾斜日趋恶化，从而绝大部分农村劳动力束缚于粮食种植业的狭窄空间。

粮食的短缺，农村人民公社制度，城乡户籍制度和单一的就业制度以及国家工业化城市化发展战略的失误，使我国在 1949 ~ 1978 年这段时期内，符合社会经济发展规律的农村劳动力大规模性、有持久效应的转移极其微弱。①

1978 年农村经济体制开始改革，对农村经济结构优化调整，农村生产要素流动和重组的种种束缚被层层打破，种植业在农业总产值中所占比重逐步下降，林牧副渔业的比重逐步上升。产值结构的变化同时伴随就业结构的演变，乡镇企业充分发挥了劳动替代的特点，在极短的时间里，实现了农村剩余劳动力的大规模转移。与乡镇企业的发展相联系，农村小城镇得到了恢复和发展。小城镇适应了农村非农产业发展的需要，农民办企业，农民进城镇做工是小城镇形成的基本内涵。但至今小城镇有明显的分散性、规模小的特点，因此，目前小城镇聚集人口规模很小，不能独立完成转移农业剩余劳动力的任务。尽管 10 年间农村劳动力向非农产业的转移以较高的速度增长，但小城镇人口机械增长的速度和城市化水平的发展，与农村劳动力转移的速率很不相称。目前特大城市、大中城市大都人满为患。

十余年来农村剩余劳动力转移的主体特征是劳动力在农村内部转移，因此，尽管非农产业就业已形成富有生机的格局，但在总体上未突破农村的区域空间。现阶段农民向非农产业转移，通常是农民用自己的投资就地或就近创造非农就业的机会，而不是被城市吸收。这种就地转移政策是长期城乡隔绝的产物，当城市体制改革进入攻坚阶段，城市自身发展处于以

① 陆学艺主编《改革中的农村与农民——对大寨、刘庄、华西等 13 个村庄的实证研究》，中共中央党校出版社 1992 年版。

稳定为前提，然后求发展，在发展中寻求更高层次的稳定，这样一种胶着状态时，有序性、渐进性的发展是多数城市化优先考虑的问题，因此不允许对人口迁移的控制方式进行根本性重大的调整，劳动力流动不畅，农民还难以取得与市民平等的竞争机会。因此，广大的农村劳动力在城市只能以流动人口的状态存在。[①]

总之，这一时期我国农村剩余劳动力转移的特点是：伴随着外部条件的逐步完善，农村劳动力的转移机制已有所启动，具有现代意义的人口城镇化运动也日益显示出积极作用。但现实也同时表明，在总体上近年来我国农村剩余劳动力转移仍处在农村内部转移的初级阶段。从长远看来，这一初始转移又是我国农村剩余劳动力转移不可逾越的阶段。历史的经验告诉我们，建立在脆弱农村内部转移基础上的人口城市化是不可能持久的，而且潜伏着使社会经济结构严重倾斜的巨大风险。没有农村内部转移的充分发育，没有农业劳动生产率的坚实支撑，人口城市化即便有初期的大推进也是难以为继的。

事实上，我国农村剩余劳动力转移业已面临一些难题。农村剩余劳动力转移的实现至少需要两个条件：一是农业劳动生产率达到一定的高度，即农业生产只有形成一定的超过自身需要的剩余劳动和剩余产品时，相对于提高了的生产率和人均农产品的供给能力，出现了过剩的劳动人手，才会推动社会分工，使一系列国民经济部门得以分离出来，从而才出现了相对过剩的农业劳动力和剩余劳动力的转移问题。二是工业等现代部门的发展及其对劳动力的容纳能力。一方面表现为现代部门的发展对农村剩余劳动力的吸收能力，另一方面则表现为工业品市场对新劳动力所形成的追加产品的实现能力。工业等现代部门的发展只有具备了这两个方面的条件时，才能为农业剩余劳动力提供转移的出路。由此看来，我国农村剩余劳动力的转移还不完全具备发达国家转移农业劳动力的那种条件，并且独特的社会经济环境又加大了难度。①1979 年以来我国农业剩余劳动力向非农业部门的转移表明，诱使农业劳动力向非农部门转移的原因并非农业劳动生产率的提高，而是土地资源相对于劳力资源来讲更加稀缺，人均占有耕

---

① 刘委玲：《当前我国农业劳动力流动中的社会问题及其对策》，《社会学研究》1994 年第 2 期。

地和人均收入的低水平反衬出现代部门的高收入，在比较利益的推动下，出现的“外拉式”的劳动力转移特征。②长期以来优先发展重工业，忽视了服务部门的发展。与重工业相比，服务部门具有资本有机构成低、提供就业机会多的优点。片面强调重工业的优先发展，形成了我国现有的工业快速发展与劳动力就业缓慢增长和城市化的滞后，导致了城市不能吸纳农村流动人口，城乡劳动力失业并存的矛盾。目前，我国城市工业也有着向资本高度密集型的结构转化，还会使农村劳动力转移的资金约束加剧。城乡隔离和农民素质低下，又限制了农民直接进城就业的条件。③庞大的人口规模进一步加剧了我国农村剩余劳动力转移的难度。据估计，到本世纪末，农村劳动力将超过 5.4 亿人，而农业生产只需 1.6 亿人；这表明将有 3.8 亿人或每年 2000 万人需要自谋出路。更严重的问题是，这部分劳动力由于文化状况不佳，劳动力就业替代能力极差，很难争取到就业机会。

针对中国农村剩余劳动力现状与问题，学者们进行了一些对策性思考。目前我国农村劳动力的转移与西方国家近代工业化时期农村劳动力转移的外部环境不同。西方国家农村劳动力的转移是与近代工业同步进行的。近代工业既具有劳动密集的特点，又不存在物资、资源制约的问题，城市人口相对较少。因此，从总过程观察，农村人口的非农化曲线较为平滑。我国现实与之相比，无论是现代工业特点或资源条件（特别是人力）都大不相同，而且我国现有大中城市人口基本饱和，城市人口就业问题日趋严重，小城镇与乡镇企业对劳动力的容量同样有限，不可能为庞大的过剩农业人口提供大量的就业机会。显然，从农业逐年转出的过剩劳动力无法及时被其他产业部门所吸收，过剩劳动力的转移将是一个沉重而缓慢的过程。农村劳动力将首先在乡镇企业中吸收消化，向小城镇转移，随着小城镇的发展和对经济效益要求的提高，再向中小城市转移，最后踏上向大城市转移的道路。因此，首先应当把交通便利人口相对集中、市场发育条件较好，有发展前途的高层次小城镇作为发展的重点，为非农产业和人口的集聚创造条件。农业生产率的提高和乡镇企业的发展，是农村劳动力向非农产业转移的必要条件。要保证农业生产持续稳定的发展，首要的问题是为经营农业提供一个良好的环境条件，各级政府要矫正投资行为的偏差，努力增加农业投入。乡镇企业要走兼并发展的道路并逐步向城镇集中，以保护耕地和聚集乡村工业化所需的资金，向规模工业的方向发展。我国现有的数以百计的大中城市，经过长期的发展，已经具备了相当的经济实力，应该对农村人口城市化做出应有的贡献。随着发展资金的充实，产业结构的优化，基础设施的改善以及内部就业压力的缓解，应逐步弱化直至彻底摈弃城乡隔离制度，除了严格控制极少数特大城市的人口流入外，应把大多数大、中城市向农村人口开放。否则，中国城乡经济发展就很难走向健康发展的轨道。①

五　农村家庭与亲族关系研究

1. 农村的家庭变化

改革开放以前，农村家庭平均人口一般在 5 口以上，主干家庭与联合家庭占主导地位。由于家庭规模较大，家庭结构复杂，家庭关系也就复杂。在一个家庭中常常同时存在亲子关系、祖孙关系、兄弟关系、夫妻关系、婆媳翁婿关系、妯娌关系。每个家庭大致都承担以下一些功能：生产与消费功能，赡养功能，婚姻生活与生育功能。

近来的研究发现，农村家庭的结构与功能都发生了明显的变化。首先是家庭规模缩小。据农村居民抽样调查资料，1985 年农村平均每户常住人口为 5.12 人，1996 年已下降到了 4.42 人。② 核心家庭比重上升，许多地区核心家庭已占半数以上。伴随家庭小型化，家庭关系也趋于简单。家庭仍然承担着生产消费、扶养赡养、婚姻生活与生育等功能，但在内容上已有明显的区别：由于实行家庭联产承包责任制，家庭的生产功能较改革之前加强了；家庭小型化使得抚养功能突出、赡养功能减弱；由于计划生育政策的影响，生育功能从单纯生育转为节育及优生优育。

农村家庭结构与功能的变动受多重社会因素的影响，或者说家庭结构与功能的变动受农村经济、社会、文化发展以及由此带来的农民心理、观念变化的影响。

---

① 参看刘纯彬《农村工业化城市化若干重大问题探讨》，《社会》1994 年第 10 期。
叶南客：《协调发展：苏南现代化成功之路与战略导向》，《社会学研究》1994 年第 5 期。
李培林：《中国乡村里的都市工业》，《社会学研究》1995 年第 1 期。

② 国家统计局编《中国统计摘要》（1997），中国统计出版社 1997 年版，第 76 页。

经济活动的变化最深刻地影响家庭的结构与功能的变化。家庭承包责任制的实施，加强了家庭的生产功能，使家庭中的经济关系复杂化。改革初期，农户以大家庭统一经营、家庭内部分工的形式来组织生产，随着经济发展，大家庭很难适应社会化的分工，不易根据市场变化调整自己的产品结构。小家庭可以较快地适应经营类型的变化。随着经济活动增长，家庭内部的权力与分配关系也变得复杂起来，利益纷争常常成为家庭裂变的主要原因。另外，农民家庭观念上的变化也是重要原因，其中以赡养观念及方式的变化为主要原因。农民越来越多地以提供经济来源、代耕责任田等形式，而不是以共同生活、直接供养的形式赡养老人。因此，亲子分居变得普遍起来。①

2. 农村的亲族关系

农村的亲族关系是农村社会学又一重要领域。传统农村亲族关系在农村社会关系中具有重要作用。许多地方农村宗族组织林立，每个宗族组织一般都有详略不等的族规，还有宗族活动的设施与场所，如祠堂、族田和族学等。宗族势力有很强的政治功能并与基层政权组织一道组织着农村社会。1949 年以后，宗族势力受到了一定的抑制，但是宗族关系并未因此绝灭。对于宗族关系及其对今天农村社会生活的影响，研究者们给予了事实上的关注。研究表明：宗族关系在今天中国农村仍普遍存在，但因政治、经济、地域、传统文化等方面的差别，存在影响力度强弱的不同。中国农村社会结构有两大特点：第一是整个村落的大部分家户彼此之间有着亲属关系，第二是大多数亲属都属于几个姓氏集团。这两点正是家庭在同姓宗亲和家族范围内扩展的结果。现阶段大多数中国农村仍具有上述特点。在一个村落中存在以下亲疏远近有别的亲族：①同堂，指的是第一代男性长辈是父子或兄弟关系，第二代是叔侄或堂兄关系；②家系介于宗支与同堂之间的血缘群体，由几个近亲家庭组成；③宗支，指具有同一来源的各家系的集合，即同一宗系的合支；④宗亲，几个有共同来源的宗支集合，这是最远的宗族关系。家族关系不仅包括父系血亲，而且包括母系和姻亲，后两者——尤其是姻亲关系并不含血缘关系，而是地缘关系的一种折射，

① 杨善华：《中国农村现代化进程中的家庭生产功能的变迁》，《北京大学学报》1991 年第 3 期。王雅林、张汝立：《农村家庭功能与家庭形式》，《社会学研究》1995 年第 1 期。

家庭正是通过血缘关系与父系家庭发生垂直联系，又通过地缘关系与姻亲家庭发生水平联系，随着姻亲关系的扩大，家庭便开始从纯血缘关系向地缘关系扩张。

1949 年以后宗族组织被取缔，宗族活动受到严厉打击，但是农村血缘家族关系仍然难于打破。一方面是因为目前我国农村依然缺乏社会流动，社会结构具有稳定性。50 年代开始的社会主义改造只是抑制了公开的宗族关系的发展，却用户口制度和固定身份强化了这种关系。因此，使农村血缘——家族关系在行政手段的高压下暗自发展，并侵蚀了用行政手段建立起来的生产队和生产大队，使这种正式组织带有浓重的血缘关系色彩。正因如此，在公社制度解体之际，血缘与家族势力便迅速代替了原有的行政组织，削弱了农村基层组织。①

有人认为宗族势力在当前农村社区生活中是一股潜在的破坏力量，宗族势力对农村社区政治生活的影响，首先表现在影响村组干部的产生上。由于村委会主任和组长采取上级提名与村民选举相结合的方法产生，某些任命或提名常常要看候选人所代表的宗族的影响力，否则就难以开展工作。其次是宗族势力向基层政权渗透。主要表现为：乡镇领导在选拔干部时任人唯亲，在任命或提名村组干部时偏向于同宗同族的人；在重要部门或有利可图的岗位上安插亲信；在族人及其子女犯法时为其开脱，或利用职权违法为族人提供便利。宗族势力除了在基层政治生活中起作用外，在农村经济生活中也扮演重要的角色。其中起消极作用的一个重要例证是宗族势力向农村集体经济渗透，常常表现在村办企业家族化倾向上。②

一些研究者主张抑制农村中的宗族势力。他们认为现阶段我国农村社区宗族势力抬头，在某些地区甚至有泛滥的趋势，将对农村社会发展带来一系列消极影响。宗族势力会干扰国家政策的执行，阻碍乡镇政府的社区管理工作，甚至危害农村社会治安。另一些研究者认为，宗族活动的存在有其客观性，首先，它是农村社会关系的一种延续，它可以被抑制，但在相当长的一个时期里不可能绝灭；宗族关系满足了农民的某些情感交往的需要，加强了社区的凝聚力；宗族交往满足了生活和生产上的某些互助需

① 刘援朝：《现阶段的农村家庭组织》，《社会学研究》1991 年第 6 期。

② 陈永平、李委莎：《宗族势力：当前农村社区生活中一股潜在破坏力量》，《社会学研究》1991 年第 5 期。

要，填补了集体经济组织作用的空白。共同的看法是：在目前农村生产力水平还很低下、家庭经营为主的情况下，很难消除宗族势力的影响。但是宗族势力毕竟与目前的农村社会改革及市场化经济背道而驰。因此，要完善各级功能组织的服务，解决农民在生产和生活上所遇到的各种困难和问题，使农民最大限度地摆脱对宗族势力的依附；要加强农村地区科学文化的传播，促进农村生活方式变更以及农民心理、观念的变化；要加强法制教育瓦解宗族势力的消极影响。

六　农村社会问题研究

随着农村社会改革的深入，农村社会日趋复杂，社会问题也日渐增多，研究者们对此进行了广泛的研究，近来备受关注的农村社会问题有以下两个。

1. 农村土地问题

随着农村改革的发展，农村土地问题愈来愈成为全局性、根本性的社会问题。

围绕着农村土地问题历史上曾出现过若干根本性的变化，近十年来经过所有权与使用权的分离，更出现了一些新的情况。①1949 年以后，在短短的 3 年时间完成了大范围的土地改革的历史任务，接着又实现了合作化；②从 1978 年开始实行了农业生产联产承包责任制；③在有条件的地方，根据群众的意愿鼓励农地向种田能手集中，提倡规模经营；④国家组织力量集中对边疆地区及各种条件恶劣地区的农业用地实行综合开发和利用，提高了农地利用效率，增加了农产品供给总量。

学者们也对近年出现的问题做了探讨并提出相应建议。

近几年土地大量流失，农地关系日趋紧张，劳动力剩余问题日益严峻。但是我国土地资源还有相当大的潜力。据测算，可以开发利用的土地后备资源有 11.4 亿亩，其中荒山荒地 9.33 亿亩，农村零星闲散地 1.24 亿亩，这部分土地开发利用条件好，见效快，可作为小规模开发利用的重点，可开发的滩涂、水面约 0.23 亿亩，可复垦的国营和乡镇工矿废弃地约 0.039 亿亩。上述土地中宜农地约占 18%，宜林地约占 35%，宜牧草地约占 36%，其余 11% 左右可开发为园地、水产养殖地和建设用地。可见我国农地资源潜力很大，是今后大力发展农村经济、扩大农村产业发展空间、安排农村剩余劳动力的基础。

近来土地转让问题又引起新的关注。开发区热及其他城市建设用地对耕地的占用剧增，且出现了形形色色的土地转让方式，颇具危害性。最主要的问题有：第一，擅自改变土地所有权，随意对农民集体所有土地的权能加以不合理的限制，压低征地成本，而人为降低补偿标准，侵害了农民的权益；第二，有的地方借用“国家建设”招牌，捞取农村集体土地的地租收入，随意分割农民利益。有关专家建议尽快以行政手段规定“国家建设用地”的具体范围，尤其要防止非公益事业的以及不属于国家重点建设项目的、以营利为目的的企业无限制地进入“国家建设”范畴。提高对农民的征地补偿标准。加快制定有关集体使用权出让转让办法。修改有关法令与市场经济不适宜之处。在土地管理和土地市场管理上应有新的措施，既要保护资产又要培育市场。资源管理方面主要是规范土地使用秩序，要摆正发展经济和保护耕地的关系，严肃处理各种违法占地现象，加强对开发区的用地管理。批地中应坚持以项目带土地的原则，要收耕地撂荒费，超期不投资不使用的应收回使用权。加强土地资产管理一是要扩大国有土地使用权出让范围，减少划拨土地数量，增加出让数量；二是加强对行政划拨用地的管理，清理土地使用权的自发交易市场，严禁囤积和非法炒卖土地；三是大力推进乡镇企业用地有偿使用和农村宅基地的有偿使用。

要根本解决农村土地管理中出现的问题，需要建立合理的土地流动制度。研究者们与具体的制度执行者们合作探讨了这一问题，在农村土地承包与转让方面取得进展。有的农村地区试行两田制：按公平效益原则，把耕地分为口粮田和承包田。前者用以满足农民的基本生活需要，按人口平均划分（可以不要），是社会保障性用地，后者根据自有经营能力投标承包，可以多包、少包或不包。承包田属于商品性的经济资源，改原来的按人均分配为相对集中，使土地向有效益的方向流动。土地调整后，村集体与农户签订具有法律效力的土地承包合同。承包期间，人口自然增减，相应变动两田比例：增人，减承包田数量补作口粮田；减人，减口粮田改作承包田。同时相应调整承包费和定购任务。承包期满后，除自愿要求转出土地者外，再续定承包合同。其中口粮田只负担农业税，不缴纳承包税，不负担国家定购任务。部分人多地少的村，口粮田负担一定数量的定购任务，但负担比例低于承包田。承包费的确定由集体测算，确定基数，兼顾集体和农民双方利益。两田制消除了因人口变动带来的土地再分配的压力，避免了土地调整频繁、分割细小化的问题，解决了土地稳定与流动的矛盾，使实践上极难处理的土地与人口的关系，简化为一种计算土地利益分配的会计手段，形成土地合理流动的自行调节机制。土地的相对集中形成适度规模。在另一些农村地区，则实行这样的土地政策：土地使用权20年不变，土地有偿使用；对于人口增减引起的承包地比例悬殊问题，既不调进，也不调出；集体收回四种农户（农转非户、孤寡去世户、抗交农税和粮食定购任务户、弃耕撂荒户）的土地，一律实行招标发包或招标代耕；对于新增人口和有剩余劳动力的农户，鼓励他们积极开发耕地资源和“五小”经营（小种植、小养殖、小林果、小加工、小运销），并在吸收乡镇企业职工、组织劳务输出和发展其他非农产业时适当给予照顾。这些指标增强了农户经营土地的稳定感。土地投入增加，化肥及有机肥施用量增多，家禽和家畜养殖增多。同时农户购买了更多的生产资料，拥有更多的生产性固定资产。这种以增人不增地为中心内容的土地管理制度变革，突破了土地的资源约束，缓解了人口增长对土地的压力，增加了土地产出供给能力，在一定程度上解决了家庭联产承包责任制初始阶段由于粗放经营而带来的一些问题。

2. 农民负担过重问题

农民负担过重日益引起社会各界重视，有的学者分析了农民负担过重的深层社会原因。

（1）在农村基层，政府组织同村民自治组织的关系没有完全理清，职责界定不明确，村民自治组织承担了不少政府责任，农民拿钱替政府办事。从规范的角度看，为纳税人服务的只有社会效益而没有直接经济效益，行政管理事务，应用政府财政收入开支办理。政府财政困难时通过增加税收来解决。当增加税收的办法行不通时，就停止或延缓欲办理的社会事业项目或政府裁员。对政府行为有财政和法律的双重制约。而我们的情况是，村民自治组织替政府办理行政事务的费用，都是向农民筹集解决；国家在农村基层的职能部门活动经费，财政拨款数量与工作中的需求量差距也较大。但为了开展工作，出现了从工作对象、管理对象那里收费弥补财政拨款不足的现象。这种带有强制性的不规范收费，不受财政约束，由于体制上的复杂原因行政的法律约束也是很无力的。结果出现了超工作需要，为部门利益勒索性收费、摊派现象，使农民的不合理负担日益加重。

（2）政府行为不规范，缺乏自我控制能力和制度约束。政府执行其职能向社会收费本身就是一种不太规范的行为，而且一些部门、地方行政机构在这一领域的权力仍在无限扩张，随意规定规章向农民收费。处在同等地位的监督管理机构也很难真正发挥作用。实际上，国家在允许部门和地方行政机构的权力向这一领域延伸的时候，没有在机构设置、制度建设上加强政府行为的自我控制和体制性约束，造成权力无限扩张，政府的收费项目越来越多，政府行为企业化日趋严重。另外，还有不少握有行政权力或计划物资分配权力的企业和事业单位，在其活动中，以他们手中的这些权力卡基层政府和农民，巧妙地将企业行为转化为政府行为，企业费用转化为农民负担。

（3）在干部行政行为是否适度上，界限不清且缺乏社会组织的有效监督和约束。现在，许多地方考核干部政绩，主要是从政府角度进行的，即强调政府社会工作指标和任务落实情况的多，对农民家庭微观经济重视不够。这样就造成干部只对上负责，很少考虑农民的负担。另外，大多数农民还不能运用法律保护自己的利益，致使加重农民负担的事情在农村一些地方畅行无阻，愈演愈烈。

社会学界近年来予以较多关注的其他社会问题还有：农村基层干部的廉政建设问题、农村社会治安问题、妇女问题、计划生育问题、文化教育事业建设问题、贫困及社会保障问题等。

中国农村社会学在短短的18年时间里得到了较快的发展，首先得益于我国农村改革的迅速推进与发展，这一特点铸就了农村社会学具有紧随时代脉搏和实用性强的特征，同时也带来若干学科自身发展的突出问题，作为社会学的一个分支所应该具有的个性特质体现不足。我们不但不反对而且极力倡导跟随时代脉搏，这也是社会学的实证特点之一，但是失去了学科自身的稳定的发展，无形中增大了学科建设上的随意性。而缺乏宏观理论的指导，农村社会学又会变为一般性的社会现象的调查分析，难以体现出社会学的特质，甚至等同于经济学、社会政策研究、伦理学等学科对农村的研究。18 年的研究历程已经使农村社会学取得了无可非议的学科地位，大量的理论与实际相结合的研究成果，以及一支自身素质不断提高的研究队伍。我们坚信，农村社会学已经面临着突破性学科发展的新阶段。

中国现代化进程中的社会学*

陆学艺　景天魁

本文总结了中国社会学自1978年恢复重建以来取得的成绩，指出社会学在我国现代化进程中发挥了积极的作用，并对中国社会学面临的任务及其发展前景提出了自己的看法。文章认为，中国的现代化是在与其他国家不同的时空条件下进行的，并且面临着一些特殊任务，因此，为适应改革和现代化的迫切需要，进一步肩负起参与、研究和推动中国现代化的使命，有必要把探索建立中国特色的社会学作为一个长期奋斗的目标。

一　中国社会学重建后的工作和成就

中国社会学的恢复和重建是从1978年开始的，由于它适应了改革开放和现代化建设的需要，所以进展顺利、发展很快。

首先，在机构和队伍的建设上，截止到1996年，全国已有26个省、自治区、市成立了35个社会学研究所，17个省市、25所大学成立了社会学系或社会学专业。全国现有从事社会学研究和教学的专业工作者队伍约3000人，其中教授和研究员约160人，副教授和副研究员约500人。中国社会学会现有会员5000多人。另外，报考社会学专业的学生也越来越多，目前全国约有近2000名本科生、300名硕士研究生、50名博士研究生，80年代初期举办的中国社会学函授大学，已先后培养了约4万名学生。同时，社会学的学科建设也在日趋完善。在恢复重建之初，由于学科发展中断了

* 本文系作者根据纪念中国社会科学院建院20周年的专题报告改写而成。参加本文研究和讨论的有中国社会科学院社会学研究所的陆学艺、景天魁、沈原、黄平、张其仔，由陆学艺、景天魁执笔、定稿。原文发表于《中国社会科学》1997年第8期。

27 年，连一本社会学教材也没有。为适应教学的需要，1980 年由费孝通教授亲自主持，组织力量编写了第一本教材《社会学概论》。以后，各校各所又先后编写了《社会调查方法》《社会统计概论》《中国社会学史》《西方社会学史》《中国农村社会学》《社会保障》《社会工作》《城乡社区发展》《社会行政和社会管理》《社会政策》《社会现代化》《社会指标体系》及分支社会学等教材，已能初步满足社会学教学的需要。

其次，在科研方面，广大社会学工作者发挥社会学贴近生活贴近实际的特长，积极投身于改革开放和社会主义现代化建设的实践，研究了大量社会生活中的重大问题，提出了很多好的研究报告、优秀论文和著作，或为制定政策提供了依据和资料，或是澄清了干部和群众的认识，从而产生了较大的社会影响，受到了社会的欢迎和重视，社会学也终于在社会上站住了脚跟。回顾 18 年来的发展，社会学研究的一些主要课题有：关于小城镇问题的研究，关于城市家庭婚姻的大型问卷调查，关于现代化理论的研究，关于社会转型问题的研究，关于社会结构、社会变迁的研究，关于社会阶级阶层问题的研究，关于社会分化和整合的研究，关于民工潮的调查和研究，关于乡镇企业对社会发展的作用的研究，关于发展小城镇和城市化的研究，关于户籍制度改革的研究，关于单位制的研究，关于中间组织的研究，关于国家与社会关系的研究，关于国情的调查与分析（百县市调查和百村调查），关于社会形势的分析与预测，关于青少年的价值观和青少年犯罪问题的研究，关于各种社会问题的理论分析，关于社会发展和社会安定的关系，关于社会福利和社会保障、社会工作、农村扶贫和城镇贫困问题的研究，关于收入分配和分配不公程度的研究，关于公平和效率关系的理论研究，关于社会指标体系的研究，关于经济社会协调发展的研究和实践，关于住宅问题的社会学研究。

这些课题所涉及的都是现代化进程中已经、正在和将要发生的重大问题，社会学家从社会学视角加以研究，开启了公众的视野、思路，提出了解决方案和办法，取得了较为显著的成就，产生了较大的社会影响。

（1）关于小城镇问题的调查和研究

80 年代初期，社会学刚一恢复，费孝通教授就亲自率领社会学界同人对农村改革后的发展问题进行了研究，提出了小城镇大问题的研究报告，指出，农村在实行联产承包制后，在农业生产大发展的同时，也出现了大量的剩余劳动力，因此，下一步应该重视发展小城镇，并推动乡镇企业的发展，以推进农村经济的全面繁荣。这个报告受到中央领导的重视和肯定，在社会上产生了广泛的影响。小城镇问题的研究丰富了社区理论、社会变迁理论和农村发展理论，也为中国社会学立足本土为现实服务的踏实学风树立了榜样，影响是深远的。

（2）关于现代化理论的研究

现代化问题是多种学科共同关注和研究的重大课题，也是整个社会普遍关注的大问题。社会学工作者以社会学的特有视角来研究和阐述现代化问题，首先从翻译开始，然后由描述性的介绍到深入的分析，由研究国外的现代化理论转到研究中国现代化本身，深入研究了现代化的理论、过程和各阶段的特征，研究了中国现代化的特点、环境和机遇，有利因素和不利因素，以及我们应该采取的战略和步骤。80 年代中期以后，参加此项研究的社会学者越来越多，有大量研究论文和专著问世，同时涌现了一批这方面的专家。

（3）关于社会结构转型和社会变迁的研究

现代化过程不仅是经济发展和经济结构的转变，而且是社会结构的转变，用社会学的视角看即是农业社会向工业社会、农村社会向城市社会、封闭社会向开放社会的转变，也就是由传统社会向现代社会的转变。这种转变有其自身的规律，是不可抗拒的，是“另一只看不见的手”。

80 年代中期我国社会学家即开始研究社会结构转型的客观必然性，研究中国社会结构转变的特点，这种转变对现代化的巨大意义，转变的量化标准及转变过程中的种种问题，此外，还进行了中国社会结构转型与欧美国家社会转型的比较研究。他们提出，中国在由传统社会向现代社会转变的过程中，政府和市场构成了两种不同的推动力量，二者灵活地结合起来，形成了很强的推动力，这在世界现代化发展史上是一个较好的范例。另外，社会学家专门研究了社会结构转型的一般性和特殊性。凡是现代化国家都经历过由传统社会结构向现代社会结构的转型，在转型过程中，由于农民大量进城，生产生活方式都发生了质的变化，因此会出现许多社会问题。学者们指出，中国社会结构转型的特色是，在社会结构转型的同时还要实行由计划经济体制向社会主义市场经济体制的转轨，由此也产生了除去一般社会转型病如贫富差别、城乡矛盾、家庭破裂、离婚率增加、社会风气不正及社会治安问题以外的诸如价格双轨制、民工潮、买卖户口等特有的社会问题。社会学家的这项研究对这些问题做出了理论上的解释，回答了为什么我们取得了举世瞩目的成就，经济高速增长了，社会各项事业发展了，绝大多数人生活普遍改善了，而干部群众还有很多意见。其原因就在于我们既处在社会结构转型时期，同时又在实行计划经济向社会主义市场经济体制转轨。而两类社会问题重叠在一起，加上我国又是一个人口众多和发展不平衡的国家，群众意见大量增加也就不足为奇了。

（4）关于农村社会和农村发展的研究

农业、农村和农民问题是中国现代化最根本、最关键的问题。因此，农村问题的调查和研究一直是中国社会学界最关注的问题。这方面的研究范围很广，涉及农村的家庭婚姻、家族和宗族、农民工、农村社会分层、农村的社区、农村基层组织、乡镇企业、小城镇建设及农村的发展道路等，研究成果颇具学术价值。

今后，中国农村研究仍将是社会学研究最重要的组成部分。

（5）关于社会指标体系的研究和应用

社会指标是研究测度科技、经济、社会全面协调发展时不可缺少的一个重要根据和方法。在国家社会科学“七五”计划中，“社会指标研究”被列为重点课题。由社会学家承担的该项研究不仅在理论上对有关问题作了探讨，而且运用社会统计指标的方法，对100万人口以上的约100多个国家作了社会指标的分析对比，计算出中国的社会发展水平在其中居第68位。政府工作报告等国家的几个重要文献都引用了这个成果。以后，课题组对30个省份的经济社会发展水平做了对比研究，引起不少省份领导的重视，把它作为决策的重要依据，推动了地区经济社会的协调发展。

（6）关于社会调查和国情调查

中国社会学历来有重视社会调查的传统。1988年，由中国社会科学院社会学研究所牵头主持了大型课题“百县（市）经济社会调查”。这一课题历经9个年头，先后组织了全国约3000名社会科学工作者，调查了119个县（市）1949年以后的经济、社会、文化变迁的情况，访问了2万~3万名干部，并对3万多个农户和城镇居民作了问卷调查，然后按照统一的提纲，相继写出105本县（市）情报告（每卷平均40万字，其中包括约25000个数据），现已有90卷定稿（全部书稿1998年出齐），并由中国大百科全书出版社出版。此项成果把中国每个省 3 ~ 5 个县（市）在 80 ~ 90 年代的情况如实地记载下来，成为了解认识国情的重要材料。目前正在着手组织对全国 100 个村的调查。如果说百县（市）情调查是从中观层次上认识国情，那么，百村调查则是从微观层次上更深入、更细致地了解认清国情。这是又一项大型社会调查工程。

（7）关于社会形势分析和预测的研究

从 1992 年夏天开始，社会学家协同实际工作部门的同志着手研究社会形势，这包括对当年的社会发展、社会改革、社会安定、社会心理等方面的社会形势走向进行分析，并对下一年的社会形势进行预测。1993 年出版了第一本社会蓝皮书，以后每年出一本，现已出了 5 本。现在，社会蓝皮书已成为各界了解全国社会形势的比较权威的读物。

二　社会学在社会主义现代化进程中发挥了积极的作用

第一，社会学理论和知识的传播及研究成果的普及，为广大干部和群众认识社会、认清国情、分析形势增加了一个视角，提高了政府部门对社会发展的重视程度，对全面贯彻经济社会协调发展的方针产生了积极的影响。

社会学工作者对现代化理论、社会发展战略、经济社会协调发展等问题的研究成果表明，现代化建设是一个系统工程，涉及经济、社会的各个组成部分和各种要素，只有考虑到诸构成要素的全面发展以及它们之间相互促进、相互制约的各种情况，才能持续协调地发展，才能有高效益和高速度的发展，才能避免或尽量避免现代化过程中出现严重的社会问题。社会学的这些研究成果，在提高全社会对社会发展在现代化进程中的地位和作用的认识上产生了积极效果。1982 年，国家在制订六五计划时，明确把国民经济发展计划改为国民经济和社会发展计划。从此成为惯例，把原来的经济发展计划变为除经济发展以外还包括了科技、教育、文化等各项社会发展的系统计划。与此相适应，政府中主管社会发展的部门和机构也相继成立，国家计委成立了社会发展司，国家统计局成立了社会统计司，国家科委成立了社会发展司，民政部成立了社会福利和社会进步研究所，还成立了社会工作与社区服务研究中心，公安部、监察部也都成立了社会发展和社会问题的研究机构。此外，各级政府在制订发展战略和工作计划时亦不同程度地改变了过去只注意抓经济发展而忽视社会发展的观念，树立了全面整体发展、经济社会协调发展的观念，从而有力地推动了社会发展的各项工作。

第二，社会学研究成果被应用于各级政府和部门的决策过程，直接为改革和社会主义现代化建设事业服务。社会学重建以来，广大社会学工作者对我国在改革和发展中的重大热点和难点问题进行了深入的研究，这些研究成果受到各级党政部门的重视，被直接运用到实际工作中去。如前述小城镇问题研究，课题组所提出的分析和建议，受到中央领导和各地政府的高度重视，成为制订发展乡镇企业，发展小城镇计划的重要依据。又如从 1983 年开始，天津市政府委托天津社会科学院社会学研究所和统计部门，在天津市进行“千户（问卷）调查”，主要内容是居民对市政府前段工作的评价和对以后工作的期望。调查成果成为天津市政府改进工作的依据。这项“千户调查”已坚持多年，收到了良好的效果。再如对农民的分层研究，提出了农民已分化成 8 个阶层的结论，此项研究被农业部农研中心采用，他们依照这个分析框架于 1994 年对全国农村进行了较大规模的调查，初步弄清了农民分化和流动的现状，为有关农业的决策提供了认识前提。另一些专项调查和研究，如家庭婚姻、人口控制、扶贫、民工流动、青少年犯罪、养老保险、社会保障等，其研究成果也都不同程度地被实际工作部门所吸纳。

第三，社会学的发展为调查社会，认清国情、地情提供了新的调查方法，对提高社会调查的水平、质量和扩大调查范围起到了促进和推动作用。社会学有其一整套进行社会调查的方法和规则，如问卷调查方法、参与观察方法、抽样方法、数据统计分析方法、模型方法、预测方法以及计算机的使用，等等。十多年来中国社会学工作者逐步掌握了这些方法和规则，并尽可能地使之中国化，同时将其推广应用到社会各界（包括某些自然科学的学科）。特别是电子计算机应用于分析处理调查的资料和数据，极大地提高了工作效率，提高了调查研究的科学性和对社会现象、社会问题分析预测的准确性。前述百县（市）情调查这样的大型调查，就使用了社会学的调查方法，取得了很好的效果。

第四，社会学的发展为社会管理、行政管理、企业管理以及做好社会工作，提供了必要的理论和方法。随着经济社会的发展，国家的行政管理和社会管理逐渐分离，社会管理显得越来越重要。社会管理是涉及多种社会因素的系统工程，十分需要社会学知识的帮助。这些年来，各类企、事业单位在制订发展规划和进行科学管理时吸收了大量社会学的研究成果，取得了良好的效果。这种情况在社会学分支学科如农村社会学、城市社会学、工业社会学、教育社会学、体育社会学、法社会学、医疗社会学、环境社会学、劳动社会学和相关社会管理工作的关系中表现得更为明显。

第五，社会学知识在干部、群众中的普及也促进了社会主义精神文明建设事业的发展。从本质上讲，社会学是研究个人和社会的关系的，它强调社会秩序和社会进步，强调和谐和协调发展。随着社会学知识为广大干部和群众所掌握，人们处理各种关系的水平就会相应提高，生活方式也更加科学合理。

总起来看，18 年来，我国社会学发展是迅速的，成绩是突出的，而究其原因主要有以下几个方面。

首先，社会学的发展适应了我国现代化事业突飞猛进发展的需要。恩格斯说过，社会的需要，比办几十所大学的推动力还要大。社会学本来就是伴随着现代社会的出现而产生的，它也将伴随着现代化事业的发展而得以成长和发展。我国的现代化事业呼唤着社会学的发展。邓小平同志在改革开放之初即发出了社会学要赶快补课的指示，1996 年，江泽民同志在中共十四届六中全会上又提出了要加强社会学等学科学习的号召。中央领导同志的这些指示，正是适应中国现代化事业发展要求而提出的，这是社会学得以迅速发展的主要原因。

第二，社会学的健康发展，得益于我们有一个正确的发展方针，这就是社会学研究要以马克思主义为指导，社会学要为社会主义现代化服务。对此，费孝通教授曾做过明确的阐述。他说要建立“以马克思主义、毛泽东思想为指导，密切结合中国的实际，为社会主义建设服务的社会学”，“我国的社会学必须是反映具有社会主义性质和中华民族特点的中国社会的社会学。它的内容既不可能是建国以前的社会学的简单恢复，也不可能是任何外国社会学的直接引进，我们虽要批判地继承所有过去社会学的成果，但必须立足于当前中国社会实际为主，通过实践的考验逐步发展我国自己的社会学”。多年来，中国的社会学工作者坚持了这个方针，保证了我国社会学事业的健康发展。

第三，中国社会学在重建过程中，既重视理论研究，又加强应用研究，坚持了一手抓社会学理论和方法的学科建设，一手抓社会调查为现实服务的方针。这本是中国社会学的优良传统，在这方面费孝通、雷洁琼等老一辈社会学家为我们树立了榜样。在他们的带动下，这一正确方针得以实行。正因为这样，社会学重建不久就在社会上打开了局面，取得了各方面的支持，社会学本身也发展起来了。实践证明，为现实服务，为社会主义现代化实践服务，是社会学生命力之所在。

第四，在引进国外社会学理论和方法的过程中，能够坚持以马克思主义为指导，正确对待各种社会学的理论流派和方法，不盲目照搬，而是有选择地吸收和借鉴，使其为我所用。这些年，社会学界同国外同行的合作、交流是很多的，在这些交流和合作中，我们都能坚持洋为中用、以我为主的方针，所以，恢复以来中国社会学的成长和发展总的来说是健康和有序的。

三　中国社会学面临的任务

我国的现代化事业正进入一个新的阶段。在将跨入 21 世纪的时候，中国现代化进程中还有许多重要问题，迫切要求社会学来回答，中国社会学任重道远。除上述诸多重大课题尚需继续进行外，社会学还面临着许多新的研究课题，它们大体可归纳为以下几个方面。

1. 社会保障问题

社会保障是社会稳定的基本条件，没有完善的社会保障机制，就不可能有良好的社会秩序和社会环境。我国的社会保障制度目前还很不完善、很不健全。在农村，社会保障的水平低、覆盖面窄，社会保障的功能不强，还是以家庭保障为主；在城市，主要以单位保障为主。存在于城乡的两种保障体制很难适应建立社会主义市场经济体制的需要，以单位为主的保障体制又构成了国有企业改革的障碍。中国要建立什么样的社会保障制度，这是一个很值得探索的问题。我们要在研究其他国家社会保障的经验和教训的基础上，结合中国的国情探索出一条适合我国发展水平和社会特点的社会保障路子来。

2. 城乡关系问题

在计划经济条件下，我国形成了城乡二元结构，这种结构曾经对我国现代工业体系的建立起了一定的积极作用。随着经济体制由计划经济向社会主义市场经济的转化，城乡二元结构所造成的问题越来越严重：一是它阻碍了城乡人口的合理流动，造成了不安定因素；二是不利于全国统一的劳动力市场的形成，阻碍市场经济体制的健全发展。正确处理好城乡关系对于市场经济建设至关重要，现在该是着手研究、解决这个问题的时候了。

3. 阶级阶层问题

阶级阶层问题是个大而新的课题。在由计划经济向社会主义市场经济的转化过程中，农民和城市居民都出现了分化，阶级阶层问题又成为一个十分重大的课题摆在了社会学工作者面前。对这个问题社会学界已经进行了一些研究，但对中国目前的社会结构还缺乏共同的认识，主要原因是对中国目前社会结构的实际情况还缺乏了解。所以进行调查是阶级阶层研究的第一步。继已臻完成的大型项目“百县（市）经济社会调查”以后，目前又在广泛组织力量，开展“中国百村经济社会调查”，此外，还对私营企业主、外来打工族、乡村社会阶层开展了专题调查，相信在深入调查的基础上，这方面的研究有望获得新进展。

4. 可持续发展问题

在人类经济发展取得了很大成就，社会财富极大增长的同时，人类对环境的破坏空前严重，在人口、资源、环境与经济发展的关系上，出现了一系列尖锐的矛盾。由此引出了可持续发展问题。我国对可持续发展的研究已经引起了社会学家的注意，已有部分研究人员参与了若干相关课题的研究，而这方面的研究还需要进一步加强。

5. 贫困问题

贫困问题是现代化过程中必须攻克的难题，也是社会学关注的重点之一。贫困的发生不仅有自然地域原因和经济原因，而且有社会和文化根源，因而贫困的消除，不仅要从经济上入手，还要着力解决社会和文化方面的问题。扶贫必须着眼于增加贫困地区的自我发展能力，解决扶贫传递系统的效率问题，解决脱贫的内在机制问题。

此外，关于社会学理论和方法的研究，也是社会学自身要继续完善提高所面临的学科建设的重要任务。

四　中国社会学的发展前景

（一）走向一个综合研究中国社会发展变迁的大学科

社会学是一门年轻的学科，它自19世纪40年代产生至今，不过160年的时间，却迅速成长为一个重要的社会科学学科，在一些西方国家甚至成为从业人员最多的学科之一。究其原因，盖由于它适应了现代社会形成和发展的需要。可以说，现代性以及现代性在世界范围内迅速扩展的现代化问题，是社会学这个学科须臾不可离开的活力源泉。中国的改革开放和社会现代化提出了对社会学的迫切需要，这就表明，现代性以及中国社会的现代化是社会学安身立命之根。因此，社会学者的使命感就是满腔热情地去参与、研究和推动中国社会现代化。

而像中国这样的后发现代化国家，一方面背负着沉重的历史包袱，另一方面又有久被压抑的发展冲动；一方面急迫需要实现社会现代化，另一方面又身处与西欧和北美当年搞现代化时完全不同的时空条件之中；人口压力、资源压力、就业压力、生存压力一起集聚到当代人的肩上，历史又仿佛赐予了一种也许是最后一次的难得的发展机遇，激励人们不顾种种压力去奋力一争。在实现现代化的过程中，中国社会既要快速发展，又要保持稳定；既要拉开差距，又要基本公平；既要发展高科技，又要争取高就业率；既要激励竞争，又要缓解冲突；既要大胆引进，又要自力更生：如此等等高难度的目标，高难度的任务，给社会学提出了高难度的要求，这对社会学的解释能力构成了严峻的挑战，同时也为社会学的大发展提供了难得的机会。

之所以提出走向一个综合研究中国社会发展变迁的大学科，是因为相比较而言，社会学研究具有更强的综合性。社会学对于社会现象和社会过程的研究，总的说来更加重视从经济、政治、文化诸多维度综合地看问题，这一学科特性正适合当代社会发展的需要。社会的现代化过程，是一个要求经济、政治文化协调发展，达到综合优化的过程，因而社会学式的多维综合观照，具有学科优势。事实上，在80年代中期，正是社会学家较早地提出了经济与社会协调发展的观点，此后，更强调社会发展和自然生态、人口控制的综合平衡问题。为社会发展所必需，是一个学科可能获得大发展的根本前提和重要动力，这也是我们断言社会学将发展为大学科的客观依据。

社会学的大发展，不仅要有客观需要，还要有主观可能。可喜的是，经过18年来的不懈努力，这种主观条件也基本具备了。

（二）走向规范化的学术建设

加强学术建设是社会学发展的内在要求。

中国社会学经过了18年的恢复和重建，到现在已经具有相当的规模，可以说恢复和重建的任务基本完成了，今后的主要任务在于加强社会学的学术建设。

学科建设和学术建设并不是界限分明的两个概念，通常，学科建设中包括学术建设，因而视学术建设为学科建设的组成部分，但有些学术建设是跨学科和非学科性的，并不是学科这个词完全包容得了的。简言之，学科建设中，有些是学术性的，有些不是学术性的。学科建设的主要内容包括：人才培养和调配、分支学科的设置、研究手段和设备建设、确定研究课题和领域、机构设置和科研管理等。同样，学术建设中有些是学科性的，有些不是学科性的，但不管怎么说，今天我们所说的学术建设，是以往18年学科建设合乎逻辑的继续和发展。

加强学术建设是近来许多社会学者的共同心声。关于“社会学不等于社会调查”，“应该把社会学研究与社会（问题）评论区别开来”的议论就表明了他们在思考社会学的学术建设问题。社会学者的学术意识正在增强，这是非常可喜的现象。出现这种现象，一方面是社会学学科成长和发展的标志；另一方面也表明在客观上，中国社会现代化事业要求社会学确定它的地位和作用，社会学必须表明自己独立存在的价值，确认自己在社会上、在学科群中的恰当形象。

在从中央到地方各级政策研究机构林立、研究力量不断加强的情况下，社会学研究必须表现出它的独立存在的价值。如果我们拿出来的研究成果和人家的差不多，而人家又在获取资料和信息以及权力资源方面占有明显优势，那么我们将何以表明自己独立存在的价值？我们的唯一优势就在学术性。学术研究在可积累性、可传承性上具有比较优势，我们必须发挥这一优势。只有重视学术建设，我们才能在众多研究机构的比较中表明我们独立存在的价值。

加强学术建设是艰巨而长期的任务，建立一个学科也许有几年时间就可以了，一个学科要在学术上走向成熟则往往需要更长时间的积累，需要几代人的努力。因此社会学的学术建设应该有一个长远的规划，并且要从当前的需要和可能出发，去干眼下能干而又干得成的事。我们当前的工作重点，是踏踏实实地去培育必要的学术环境、学术气氛和学术条件，为人才的成长和学术的成熟做一些铺路性质的工作。这包括以下五个方面：(1) 强化学术意识；(2) 树立问题意识；(3) 健全学术规范；(4) 承续学术传统；(5) 开展学术对话。

这里，我们想特别强调规范化的学术建设问题。学术建设涉及一个群体的事情，因而，规范化是其必然的要求。近年来，越来越多的社会学者在呼吁规范化的问题，这是一种好现象。我们认为，社会学规范化的学术建设，应当包括两个方面，即科研方面和管理方面。在科研方面，规范化的学术建设涉及以下层面。(1) 操作层面：如为研究者基本认同的研究方法，以及在撰写论文时要交代学术缘起，要有注释和文献目录等。(2) 知识层面：要有基本的、大致为学者所接受的理论和概念系统，以便在同一种话语体系中进行学术对话和交流，学者在发挥个人独创性的同时不能有过分的主观随意性，创新的东西应当是在相应领域与前沿研究对话的结果，从而使学术研究依照传承和积累的逻辑前进。(3) 道德层面：社会学研究者应当具有自律精神，应当有科学工作者必须具备的学术道德和学术品格。要尊重别人的成果，引用别人观点要注明出处，更不能抄袭、剽窃。社会学的规范化学术建设不止包括上述的研究方面，还应包括科研管理方面，如课题论证要符合严格的程序和规范的格式，发表论文要有正规的审稿制度，成果评价要有科学标准，等等。总之，规范化的学术建设所包括的内容很多，这里并没有穷尽它的内涵，只是提出一些初步的看法。我们认为，规范化的学术建设是社会学学科发展到今天所面临的一个重大问题，规范化水平的提高非但不会限制学术创造的自由，而且会真正推动学术的健康发展。

（三）探索中国特色的社会学

建立中国特色的社会学是一个大题目。这里仅从时空条件、特殊任务、目标和策略几个方面谈一点探讨性的意见。

1. 时空条件

中国社会正在发生的变革，是春秋战国以来两千多年未曾有过的。五千年文明古国正在进入现代社会，这几千年未有之巨变，对于中国社会学来说，真是千载难逢的良机。作为一代社会学者，能够在我们生活的几十年时间里观察到这种巨变的全过程，比之西方社会学家，是十分幸运的。在西欧，传统社会转变为现代社会用了几百年的时间，超出了一个人的生命时间。谁也观察不到这个全过程。对韦伯和迪尔凯姆来说，工业资本主义已经是一个既成的结构、已经基本完成了的过程。他们只能解释这个过程，不能记录这个过程；只能研究这个过程，不能体验这个过程。到了帕森斯，他一辈子也没看到美国社会结构有多大变化，他的四个功能要求（适应、目标达到、整合和模式维持）基本上描写的是一个稳定了的社会结构，而不是转型中的社会结构。为了弥补这个缺陷，他们很喜欢做跨国的比较研究，从这里找一点历史感，找一点动感。

因此，中国社会学者应当抓住机会，进行切实的努力，发挥自己的才智，做出无愧于伟大时代的学术贡献。

2. 特殊任务

中国社会学当前的任务，说起来，就是研究城乡关系问题、社会分层问题、社会保障问题、青少年犯罪问题，等等。这些都是经验性论题，不是实质性（Substantive）论题，是描述性论题不是解释性论题。那么，实质性论题是什么？是传统性、现代性和后现代性的前所未有的大汇聚、大冲撞、大综合。

第一，传统性、现代性和后现代性在欧美历史上是历时性的关系，在当代中国，却是共时性的关系，三个不同时代的东西集中压缩到一个时空之中。第二，在欧美，这三者是一个取代另一个，一个批判另一个，一个排斥另一个的关系。在当代中国，却必须把这三个本来相互冲突的东西熔为一炉、融成一体，还要相互包含、相互吸收、相互协调，和谐与共。而且这个合三为一的结果，还必须是有秩序的、共生共长的、充满生机的。第三，这个过程不容许是一个慢慢进化的过程，它必须在不太长的时间里完成。

从这个实质性论题反观经验性论题，例如研究社会保障问题，就不只是技术性地去规定养老金怎么筹集、医疗费怎么计算、福利费怎么发放等等，那是政策和行政部门的事。社会学就要看到，这实质上是一个社会怎样组织、怎样构造的问题，是怎么权衡社会公平和社会效益的问题，是国家与社会、个人与社会之间的关系问题；在中国，也是传统性、现代性和后现代性的统一问题。中国过早跨入老龄社会，这使我们这个还未实现现代化的国家几乎面临着与发达国家同样的问题，我们不但不能取代，反而要发挥家庭养老这种传统形式。又如城乡关系问题。西方国家走过的那条工业化、城市化的道路，在中国遇到了重重困难。中国还有九亿农民，如要全部城市化，就要再建几百个乃至上千个50万以上人口的大城市，这么多大城市往哪里摆呢？实际上，中国是把工业化办在农村，工农一体、城乡一体，也是传统性、现代性和后现代性压缩在一个空间里。看看苏南农民兴办的“城市”，非常漂亮的小楼，旁边就是农田，上班去工厂，又挣工资，又有粮菜地，城市人有的好处他们有，农村人有的好处他们也不放弃，亦工亦农、亦城亦乡。就凭这一个传统性、现代性、后现代性在同一时空中的大汇聚问题，就足以使中国社会学有鲜明的特色，就足以使中国社会学自立于世界。

3. 目标和策略

到目前为止，我们尚未能摆脱用西方社会学的概念来套中国事实的窘境，这实属不得已，因为我们至今仍未创造出一套最适于解释中国事实的概念语言。小平同志讲，我们不但要承认自然科学比人家落后，也要承认社会科学比人家落后。中国社会学重建18年来，取得了很大成绩，但我们确实还需要清醒地估量一下，在学术水平上我们到底提高了多少，同国际水平相比，还差多远，然后制定一个切实可行的策略去缩小这个差距。为此，具体可从三个层面进行考虑。

第一层，方法和技术层次。在这个层面，西方社会学和我们共通性较强，可借鉴之处也多。尽管对抽样调查方法的局限性，台湾和祖国大陆学者已有质疑，但在方法和技术层面上，有些东西还是可以搬用的。社会统计学从布莱洛克以后已有很多新突破。不只是多变量统计分析，还要更好地处理多因多果的问题，probit 模型，logit 模型，通用结构方程，这些东西，国内还很少用。另外，像法国学者的话语分析、叙事逻辑，也可借用。

第二层，微观或特定领域的综合研究。80 年代以后兴起的一些新兴的社会学分支，如新经济社会学，力求在微观层面上与经济学进行对话，达到两门学科的综合，其代表人物有哈里森·怀特、马克·格拉诺维特等，他们在劳动力市场、竞争市场的经济学范畴中引进了社会网的概念和方法，推动了网络分析的理论和技术的发展；再如，以鲍威尔（Walfer W. Powell）和迪马奇奥（Paul J. Dimaggio）为代表的组织研究中的新制度主义将制度理论和行动理论结合起来，增强了对于社会组织的解释力。这样一些微观理论，我们在很大程度上也是可以借鉴的，但比方法技术层次的借用要难一些。

第三层，宏观理论。西方社会学的宏观理论是它构成文化霸权的王牌。这些宏观理论都是在与当代中国不同的时空下形成的，严格地说，那些理论的创立者们在创立其理论时基本上没有考虑到中国的情况，而社会科学不同于自然科学的一个重要特点就是受时空条件的强烈制约。因此，生搬硬套西方的理论是不可取的，这是问题的一个方面；另一方面，西方社会学理论无疑又对我们有着重要的借鉴作用，这就需要深入研究那些宏观理论。

当代值得重视的宏观理论，主要是法国的后现代社会文化理论、德国哈贝马斯的交往行动理论和卢曼的社会系统理论、英国吉登斯的结构化理论和美国的新功能主义及沃勒斯坦的世界体系理论等。其中，法国社会思想家敏锐地把握到七八十年代以来的经济社会变迁，断言已经出现了社会断代的标志，一个不同于现代社会的“后现代”社会业已来临。他们对启蒙理性的崇高地位发起了挑战。哈贝马斯则一方面维护理性主义的基本立场，认为现代性是一个未完成的过程；另一方面，他也对晚期资本主义展开了批判，尤其是对其合法性和合理性危机的批判，为他所创立的交往行动理论赢得了世界性声誉。

一个国家的社会学的独立地位，首先是由其宏观理论作为标志的。希望再过若干年，我们也能够拿出可以与《交往行动理论》《现代世界体系》这样的巨著相抗衡的著作来。这样一步一步地、一个层次一个层次地踏实努力，中国特色的社会学就可以建立起来。

中国改革中期的制度创新与面临的挑战*

"中国社会发展研究"课题组

本文从中国经济体制转轨和社会结构转型的总背景出发，提出中国在90年代新一轮经济增长中进入了改革中期的制度创新阶段。其主要标志是：原有体制能量释放的过程基本结束，改革跨过单纯放权让利的阶段；外延扩张的高投入增长方式走到尽头，改革由单项突破转向配套的制度创新，渐进式改革面临挑战。文章认为，改革已深入到体制"硬核"，触及利益格局的刚性部分，制度创新作为一种公共选择的过程，必须特别注意处理好一些基本的重大利益关系，如国有经济与非国有经济、城市与乡村、非农劳动者与农业劳动者、较发展地区与欠发展地区、国家利益与地方利益、贫富差距与社会公正、就业保障与经济效率、腐败及社会秩序。

一　基本思路和分析框架

1. 两个转变中的中国

在新的世纪即将来临之时，中国也处于本世纪以来最深刻的转型时期，这种转型由两个深刻转变所构成：一是体制的转轨（Institutional Transition），即从高度集中的计划再分配经济体制向社会主义市场经济体制的转轨；二是结构的转型（Structural Transformation），即从农业的、乡

* 该课题是由中国社会科学院负责实施，课题总负责，陆学艺；主持人，李培林；成员有：黄平、陆建华、朱庆芳、单光鼐、沈崇麟、杨善华、石秀印、谭深、孙炳耀、王震宇、张宛丽、樊平等。本文是课题主报告，受篇幅所限，发表时做了删节。原文发表于《社会学研究》1997年第1期。

村的、封闭的传统社会向工业的、城镇的、开放的现代社会的转型。这两个转变虽然在中国十几年改革的现实中表现为一个过程，性质却是完全不同的。体制转轨作为一种特定的改革，是在原计划再分配经济体制国家发生的，即便是渐进式改革，也要求在相对有限的时距中完成制度创新，因为长时期的体制摩擦和规范真空会造成社会的失序。结构转型是世界各国实现现代化必经的过程，它实际上是一个比人们主观期望更为漫长的过程，往往要经过几代人的努力才有可能真正改变一个国家在世界经济体系中的位置。这两个转变的同时进行以及中国保持的社会主义政治体制，使中国的发展既有别于体制转轨的苏联、东欧国家的模式，也有别于东亚新兴工业国家和地区的模式，构成了中国目前社会发展进程的“中国特色”。

2. 三种资源配置的力量：市场、国家、单位

对社会发展复杂性认识的日益加深，使社会资源的概念在今天已经有了更加丰富广泛的内涵，它不仅包括土地、资本、劳动力、原材料等物资资源，也包括技术、教育、制度、信息等人力资源，在社会学的分析中，它还包括了权力、地位、声望、人际关系等社会交往系统的象征性资源。社会资源的配置方式，是决定社会发展进程的决定性因素。对目前处在两个转变中的中国来说，现实中存在着三种资源配置的重要力量。第一种是市场，这是人类迄今为止发现的最有效的资源配置手段，它通过市场化价格调整各种供求关系，并通过有序竞争，规范引导人们本能的寻利行为走向社会的福利最大化目标。第二种是国家，国家应当是社会公正和公民普遍利益的化身，它要通过再分配、社会核算、立法、制定发展政策和发展战略等手段保证社会的公正和可持续发展，保证市场交易规则与一般社会交往规则的协调统一。在现实中，经济人和经济组织不可能自发地进行社会核算，他们只能从自身的经济核算出发追求市场效益，尽管这种效益往往是以成本外部化为代价的（如污染环境等），国家则有责任使他们同时遵守社会核算的规则。在避免垄断、克服外部效应、提供公共物品和服务、进行长期战略投资、建立社会保障体系、防止特殊资源进入市场（如权力和铀）、保证社会公平和经济社会稳定等“市场失灵”领域，国家要起到资源配置的主导作用。第三种资源配置的力量是单位，在经济生活中主要是指企业，特别是实行着单位制的企业。企业

是不同于市场和国家的资源配置力量，在中国目前的转型期，它的作用就更加明显。就国有企业来说，行政放权和承包使企业成为相对独立的利益主体，这样占有和使用企业资源的单位的利益，实际上有别于企业所有者的利益。出于这种单位利益以及企业家自身的利益，企业管理一方面追求利润的最大化，另一方面也追求职工和个人收入的最大化。在单位保障的体制下，企业还要在初次分配中完成再分配的社会功能和承担起就业保障的责任。在体制转轨时期，企业单位利益的相对独立性以及其资源配置能力的增强，一方面有利于市场化的进程，另一方面也造成所有者利益的损失。

3. 体制转换的新阶段：冲突与创新

改革已经越过了单纯突破旧体制和普遍的双轨制运行阶段，放权让利和通过改革释放原有体制能量的过程也已经基本结束，改革已进入了制度创新阶段。体制改革的关注点已经从农村转到作为经济中心的城市，深入到财税、金融、国有企业、社会保障等牵动全局的体制“硬核”，越来越触到利益格局的刚性部分。改革的难度明显地增加了：结构变迁、职业分化、多种产权的并存和竞争以及市场驱动机制的形成，使不同社会群体利益主体化、独立化趋向日益明显，使所有利益群体普遍受益的改革已经不太可能了，似乎任何新的改革都要触动一些基本社会群体的利益。利益的分化和冲突成为造成新阶段出现的各种新的社会问题的一个重要原因，并使改革进入一个新的公共选择过程。

4. 利益整合和制度化

在目前制度创新的新阶段，长期的现代化过程中的结构性矛盾与体制转轨过程中积淀的问题纠缠在一起，国家在改革中的利益补偿能力尚不足，但又必须在稳定中以果断的改革开辟前进道路，以免使问题积重难返，进一步加重改革和发展的成本。在这种情况下，对社会基本利益主体之间的重大利益关系的分析显得格外重要，因为这不仅涉及如何调整基本利益关系、化解社会的利益摩擦和冲突，更重要的是涉及对改革方案的公共选择和如何在新时期确立社会主义价值观。在现实中，一项改革方案能否顺利实施和取得成效，并不仅取决于方案是否完备或是否符合理性设计，而且取决于能否被大多数参与改革者所认同和接受。虽然说被大多数改革参与者所认同和接受的方案并不就是“最佳的”或“最经济”的方案，但利益上的整合显然是一切改革方案的“可操作性的”基础。在一定的阶段，通过各种行政手段调整利益关系可能是有效的和快捷的，但从长治久安的要求来看，必须尽快提高利益整合的制度化水平，建立与市场经济体制相适应的社会新秩序。

二　1991～1995年：新一轮增长周期的完成（内容略）

1.1991年：经济从低谷中复苏。2.1992年：新一轮增长迅起。3.1993年：经济发展出现局部过热。4.1994年：高通胀达到历史高峰。5.1995年：首次基本实现软着陆。

三　新阶段的经济社会发展（内容略）

1. 经济增长：提前5年翻两番。2. 结构转变：1亿多农村劳动力“农转非农”。3. 人民生活：出现新的消费热点。4. 城市化：流动民工的冲击。5. 人口增长：低增长率、高增长量。

四　中国进入改革中期的制度创新阶段

1. 原有体制能量释放的过程基本结束

中国在改革初期迅速获得的成就，主要得益于两个因素：一是通过体制改革把生产者的积极性调动起来，二是通过体制改革把原有体制中受到压抑的物质能量释放出来。

改革以前，中国实行的是高积累、高投入、低工资、低消费的发展战略，这种战略在通常的情况下被概括为“先生产、后生活”。在此期间，国家基本建设投资的积累率（基本建设投资/国民收入总额）通常都在15%左右。这种在高积累、高投入、低工资、低消费政策下储存起来的增长能量，在体制改革以后得到逐步的释放。但是，这个体制能量释放的过程目前已经基本上结束。

原有体制能量释放过程基本结束的标志之一，是农业基本建设投入比重的下降。中国农业历来对灌溉系统的依赖度很强，农田整治、灌溉系统和精耕细作是农业稳产增产的重要因素。但是，改革以后，由于实行家庭联产承包责任制极大地调动了农民的生产积极性，人们的注意力仍然集中在生产关系的变动所带来的变化，忽略了农田分割耕作以后在集体的公共灌溉系统的建设方面所可能产生的问题。特别是1985年以后，随着工农业比较收益差距的拉大，农业投入的比重减少，不仅很多大型水利建设处于年久失修的状态，而且很多原有的灌溉网络也因农田分割、工业开发等而遭到破坏。在国家基本建设投资中农业（农、林、牧、副、渔、水利业）投资所占的比重，“一五”时期（1953～1957年）为7.1%，“二五”时期（1958～1962年）为11.3%，1963～1965年为17.6%，“三五”时期（1966～1970年）为10.7%，“四五”时期（1971～1975年）为9.8%，“五五”时期（1976～1980年）为10.5%，“六五”时期（1981～1985年）下降到5.0%，“七五”时期（1986～1990年）进而下降到3.3%，1993年则降到2.8%。1994年起国家统计局改变了农业的投资分类方法，剔除了副业，并将水利业并入地质勘查业，按此口径计算，农业（农、林、牧、渔）投入占基本建设投入的比重，1985年为1.6%，1990年为1.5%，而1995年为1.0%。时至今日，农业基本建设已经没有老本可吃。

原有体制能量释放过程基本结束的标志之二，是国有企业背上了难以卸下的沉重历史包袱。从“二五”时期一直到1978年，在长达21年的时期内，在优先发展重工业战略的指导下，国家全部基本建设投资的50%左右都用于重工业的投资，在东北、华北、华中、“三线”以及全国各地，建起了数以万计的国有大中型企业。这些企业多半是以准军事化的形式组建的，很多就是以复员军人和知识青年为主组建的企业，人员结构非常年轻，实行的是“生活集体化、组织军事化、生产战斗化”和“先生产、后生活”的管理方式和建设方针，除了扩大再生产以外，企业创造的全部利润几乎全都上交了国家财政，并立刻用于了国家新的投资。现在，当初的创业人有了家庭，也到了退休的年龄，但企业和国家都没有预设他们的养老和医疗基金，他们的生活几乎要全部或大部依赖所在企业在职职工的劳动剩余。改革以后，一方面与生活消费相联系的轻工业和服务业得到迅速发展，重工业的投资比重相应减少；另一方面，国有企业的离退休人员的人数迅速增加，全国国有单位在职职工与离退休退职职工的人数之比（以后者为1），1978年为26.2∶1，1990年为6.0∶1，1995年达到4.6∶1，上海市 1995 年已达到 2.6∶1，很多老企业的离退休人员早已达到全部职工的一半甚至更高。加之几十年来企业的平均福利水平有了较大提高，在这种情况下，企业要想维持下去，已经需要有较多的劳动剩余。国有企业过去在资金、原料供应和产品销路等方面的优势已在逐步丧失，面对市场它们必须进行效率和效益的生死竞争。

2. *改革跨过单纯放权让利的阶段*

从 1978 年至 1993 年，中国经济改革的一个基本思路和重要政策，就是国家和中央向地方、企业和直接劳动者的“放权让利”。其主要内容：一是向农民放权让利，包括把土地使用权和经营自主权下放给农民，开放集市贸易，取消统购派购，提高农产品收购价格和放开绝大部分农产品价格，鼓励发展多种经营和乡镇企业等；二是向企业放权让利，包括对企业先后实行的扩大企业生产销售等方面的经营自主权，实行企业利润留成和利润比例分成制，实行利改税，以及实行承包制、租赁制、股份制等多种经营管理形式；三是向地方放权让利，包括大幅度减少国家指令性计划，把相当一部分原来的中央直属企业下放给地方政府管理，下放很大一部分基建项目审批权和投资决策权，在财政上实行地方财政包干的“分灶吃饭”制度，建立经济特区、开放城市、经济技术开发区等，并给予各种包括减免税在内的优惠政策。这些政策和措施的实行，极大地调动了个人、企业和地方的积极性，对中国的改革开放起到了关键性的推动作用。但是，随着各个方面对旧体制的突破，经济秩序本身也出现了一些混乱，国家的宏观调控能力降低，各种不规范行为带来的问题逐渐暴露出来，更为重要的是，国家已经到了无利可让的地步。

首先，国民收入的分配出现过度倾斜。1978 年，在国民收入中，国家、集体和个人所得占的比重分别是 32.8%、9.9% 和 57.3%，而到 1990 年，这三者的比重分别是 16.2%、11.2% 和 72.6%。个人收入快速增长。1978 年，全国城乡居民储蓄存款余额还只有 210.6 亿元，到 1995 年增加到 29662.3 亿元，增加了 140 倍，已经超过国有工业几十年积累的按原价计算的固定资产。全国城乡居民新增储蓄存款余额相当于当年国民生产总值的比例，1980 年为 8.8%，1985 年为 18.0%，1990 年为 37.8%，1995 年达到 51.8%。与此同时，国家财政收入（中央和地方）占国民生产总值的比重，1978 年为

30.9%，1985年为20.8%，1990年为17.9%，1995年为10.9%。[①]

其次，中央财政的再分配能力降低。在国家的财政支出中，1976～1980年，中央占49.4%，地方占50.6%；1981～1985年，中央占48.8%，地方占51.2%；1986～1990年，中央占39.6%，地方占60.4%；1995年，中央占29.2%，地方占70.8%。且预算外资金迅速膨胀，1978年国家预算外收入相当于预算内收入的31.0%，1983年达到79.9%，[②] 1994年则增加到110.7%，成为名副其实的国家第二财政。预算外资金的膨胀为集团消费和单位消费敞开方便之门，公款消费盛行并且难以节制。1994年财政体制改革后，中央财政收入在国家财政收入中的比重大幅度上升，1994年为35.7%，1995年为52.5%。

最后，财政的入不敷出使放权让利步入误区。一方面是国家财政收入占GNP的比重在持续下降，另一方面是各种行政开支的膨胀对财政形成倒逼机制。1978～1995年，国家的财政总收入增长了5.1倍，而仅财政支出中的行政管理费就增长了17.8倍。在各部门行政经费日趋紧张的情况下，放权让利变成了国家鼓励各单位"创收"，而单位又倡导职工从事第二职业，其结果是一些政府部门、司法机关、国家垄断的公共物品产出部门和非营利性的学校、医院等事业单位，都利用各自的权力进行"创收"，行业不正之风盛行，所谓第二职业在很多人那里成了主业。

鉴于以上的情况，放权让利作为改革前期的一条基本思路，从1993年开始实际上已经被跨越。1994年以建立分税制为核心，国家在财政、税收、金融、外贸外汇等领域实行的重大改革，标志着改革进入全面建立经济新秩序的制度创新时期。

3. 外延扩张的高投入增长方式走到尽头

改革开放以后，中国的经济得到快速的发展，资源的配置效益也得到明显提高。但是，这种发展和提高主要得益于以下几个方面的因素：一是市场趋向的改革使逐步建立起的市场体制对各利益主体产生强大的激励作

① 这里应当指出的是，在进行财政收入比例的国际比较时，必须考察财政支出的结构，而不能进行简单的类比，如虽然许多发达国家的中央支出占GNP的40%～50%，但其中的一半以上是用于医疗、住房、保障和福利，而在我国的企业中，这一部分支出是由单位支付并列入企业成本的。

② 国家从1982年开始正式建立预算外财政收支的年度统计报告制度。

用；二是所有制的改革使多种经济成分之间形成了竞争局面，以乡镇企业为主非国有经济成为推动经济增长的新生力量；三是产业政策的调整使得与生活消费相联系的轻工业得到迅速发展，并由此带动了整个经济；四是对外经济开放吸引了大量外商投资，增加了投资力度。然而，经济增长的方式却一直主要表现为外延扩张，经济增长速度对投资力度的依赖度很强，每当经济整顿时期紧缩银根、压缩投资，就会在经济增长速度减缓的同时出现经济效益的持续滑坡。一些人将这种现象概括为所谓的“速度效益型经济”。1992 年开始的新一轮经济增长，带有很多不同于以往的新特征，但是外延扩张的高投入增长方式没有得到根本转变，而且这种增长方式实际上已经走到了尽头，难以再持续下去。

首先，投资增长速度大大超过国民生产总值的增长速度。按照经济发展的一般规律，投资增长速度略高于国内生产总值的增长，根据世界银行公布的数据，1980～1993 年，24 个高收入国家和地区的国内投资总额年平均增长 3.4%，GDP 年平均增长 2.9%，同期 63 个中等收入国家和地区的国内投资总额年平均增长 1.3%，GDP 年平均增长 2.1%，同期全世界投资总额年平均增长 3.2%，GDP 总额年平均增长 2.9%。[①] 中国一直维持着一种高投入的增长方式，总投资占国内总支出的比例，1978～1992 年在 35%～38%，1993 年为 43.4%，1995 年为 39.7%。而且，投资的增长大大超过 GDP 的增长，全社会固定资产投资年度增长率 1981～1991 年为 22.9%，1991～1995 年为 34.7%，而 GDP 的年均增长率 1981～1991 年为 10.2%，1991～1995 年为 11.6%，二者的差距较大，投资增长过快并非由于长期投资项目的增加，因为自 1986 年以来，基建投资项目的建成投产率一直稳定在 55% 左右，经济的外延扩张是高投入的主要牵动力量。

其次，重复建设造成生产能力出现结构性过剩。由于各地经济都追求大而全，重复建设的现象十分严重，为了“肥水不流外人田”，高利润的烟酒制造企业遍布全国。1995 年全国独立核算的烟草企业 423 家，平均每个省份约 14 家，饮料企业 14719 家，平均每个省份约 490 家。全国的彩电、冰箱、洗衣机、啤酒、卷烟、纺织等行业的现有生产能力过剩率达到

---

① 世界银行：《1995 年世界发展报告》中文版，北京：中国财政经济出版社，1995 年，第 164～165、176～177 页。

40%～60%。[①] 生产能力的结构性过剩一方面造成产成品库存大量积压，占用大量流动资金，1995年全国国有独立核算工业企业的流动负债已超过流动资产总额；另一方面造成企业的开工率不足，停产半停产企业增多，据国家统计局提供的资料，1995年全国停产半停产企业约4万余家，涉及职工700多万人。

再次，劳动成本快速增加。中国的经济在对外商的投资本来有两个构成吸引力的重要的优势，一是潜在的巨大市场，二是较低的劳动成本。但这后一个优势目前已经有逐步丧失的危险。工资增长率长期超过劳动生产率的增长速度，使劳动成本快速增加，企业收益递减。1979～1992年，中国工业劳动生产率年均增长8.9%，而实际工资年均增长20.2%，同期社会劳动生产率年均增长5.9%，而实际劳动报酬年均增长13.2%。[②] 中国在不到一年的时间，每周法定工作时间从48小时减少到40小时，走了西方国家在几十年走过的缩短工时的路程，但同时加速了企业劳动成本的上升。

最后，经济效益持续滑坡。自1980年以来，经济效益呈现逐步恶化的趋势，1980～1995年，全国独立核算工业企业的资金利税率从24.8%下降到8.0%，产值利税率从24.1%下降到11.1%。而且，在1992年开始的新一轮增长高峰时期，并没有出现所谓“速度效益”，1990～1994年，工业全员劳动生产率几乎没有提高，国有企业还有所下降，1990年预算内全部工业企业的全员劳动生产率为17408元/人·年，国有工业企业为18639元/人·年，1994年全部工业企业为17648元/人·年，国有工业企业为18546元/人·年。预算内国有工业亏损企业的亏损总额从1990年的348.8亿元增加到1995年的540.6亿元，利润则下降到665.6亿元。1995年国家财政对亏损企业的亏损补贴达到327.8亿元，抵消当年5.2%的国家财政收入（不含债务收入），相当于当年财政赤字的56.3%，这实际上已成为政府举债的重要原因之一。

以上的分析表明，那种追求外延扩张的、高投入、高成本、高能耗的增长方式实在是已经走到了尽头。不提高国民经济的整体素质，不把经济增长

① 《中国物资报》1992年5月20日。

② 张守一：《通货膨胀及其治理》，刘国光等主编《1996年中国经济形势分析与预测》，中国社会科学出版社，1996年，第47页。

的效益放在首位，不从社会整体发展的角度来考察经济发展的质量，我们不仅走不出“一放就乱、一统就死”的循环，而且也难以使经济持续增长。

4. 改革由单项突破转向配套的制度创新

为了适应人们的心理承受能力，减少改革带来的震动和连锁反应，1993 年以前，中国改革的方式基本上是实行单项突破的做法。实行家庭联产承包责任制，首先是从安徽、四川等地的包产到户开始，突破以后迅速向全国推进；价格改革首先是从基本生活消费品之外的消费品开始突破，然后逐步向生活消费品和生产资料领域推进；非国有经济首先是乡镇企业获得迅速发展，随后是个体经济、私营经济、三资企业等各种经济成分都成长起来；对外开放首先是从经济特区和沿海开放城市启动，然后分阶段地向内陆和边远地区推进。

这些改革的进行，一般都是首先放松原有体制的管制，借助于自下而上的积极性进行社会动员，放手让基层群众在实践中去创造新的经验，然后通过肯定、推广这些新经验使改革得以深化。家庭承包制、乡镇企业、股份合作制，这都是农民的伟大创造。改革的单项突破是要“摸着石头过河”，通过“试错”（Trial and Error）的过程来分期支付改革的成本。

1993 年以后，情况发生了变化。一方面，粮食价格调整出人意料的平静，说明人们对改革心理承受能力和经济承受能力都比过去大大地增强；另一方面，改革所遗留的问题环环相扣、互相掣肘，单项突破已不可能。随着改革向财税、金融等经济体制的“中枢”推进，改革的战略也由小步推进、单项突破转变为整体推进、综合配套。1994 年在财税、金融、外汇外贸、投资和流通领域进行的重大变革，不再进行先期试点、分步实施，而是由中央制定改革方案，规定全国统一实施的时间，进行自上而下的一次性调整。这标志着改革的重心由破除旧体制转向建立新体制，而且改革已经深入到体制“硬核”。改革的整体配套的要求，使改革的重心发生变化，社会保障体制的改革成为关系全局的改革难点，并且远远超出经济的范围。

5. 渐进式改革面临的挑战

十几年来，中国的经济改革走的是一条“渐进式”的道路，其基本特点有三：其一是先在那些改革成本较低并能够有明显收益的领域进行体制改革，而且改革能够使大多数参与改革的人受益；其二是为了减少改革的阻力，大部分改革都经过试点、扩大试点、推广的过程，实行“双轨制”的过渡；其三是在改革原有体制的同时，积极培育和发展那些不需要国家较大投入的新体制要素。这些特点概括地说，就是渐进式改革的“先易后难”的原则。

根据这一原则，经过十几年的改革的风风雨雨，一些原以为十分漫长的改革完成了，一些长期等待的事情实现了，一些未曾预料到的可喜结果出现了，一些从未遇到过的新问题也产生了。

——实行家庭联产承包责任制，开始时阻力很大，多数人以为要经过一个较长的时间才能完成，但改革启动以后，在三四年的时间里就在全国范围完成了分田到户、自主经营，各种农业作物得到快速增长。成年人所熟悉的改革前农村家庭养禽、种自留地也要经过大争论的现象，在年轻的新一代眼里已是历史的笑柄。

——所有制的改革使多种经济成分迅速发展，特别是乡镇企业的崛起完全超出了人们的预料，开始只是出于解决农村剩余劳动力的出路和就业问题的考虑，但它们的飞速发展形成了多种经济并存的新格局。各种非国有经济在工业总产值中所占的比重1980年是24.0%，1992年超过了50%，达到51.9%，1995年上升到66.0%。

——过去人们习惯了凭票证购买商品的短缺经济日子，商品票证最多时曾达到几十种。物价改革经过“闯关”的风波和双轨制，最后终于实现向市场价格的并轨，1992年，以在全国范围内取消粮票为标志，在中国持续了30多年的短缺消费品票证配给制度基本终结。到1994年，全国商品中由市场调节价格的范围已达到90%左右，由中央直接定价的商品，在农产品收购中仅剩6种，在轻工业产品中仅有7种，在重工业产品中仅剩33种。①

——建立经济特区和开放沿海城市，起初都有很大的争议，但后来的事实证明，经济特区和沿海开放城市不仅最先成为对外开放的窗口，而且成为各项改革先行试验区，起到极大的示范作用。到1995年，4个经济特

① 由于国家定价的商品仍然存在着价格的双轨现象，因而即便是这些国家定价商品，市场调节的部分也占80%左右。参见曹远征、何晓明《1994年~1995年中国改革形势报告》，载江流等主编《1994~1995年中国社会形势分析与预测》，中国社会科学出版社，1995年，第56页。

区和14个沿海开放城市（包括所辖县），人口9553万，占全国总人口的7.9%；从业人员5796万，占全国从业总人数的9.3%；生产总值10551亿元，占国内生产总值的18.4%，然而，地区发展差距作为新问题突出地表现了出来。

根据“先易后难”的改革程序，在放权让利范围的改革都已基本完成，改革逐步向原有体制的“硬核”和“难点”推进。改革的难点实际上集中在两个方面：一是国有企业的改革，二是社会保障体制的改革。改革难度的大大增加在于人们对改革的预期发生了变化，在参与这两项改革和这两项改革所涉及的人们看来，改革不再是国家向个人、集体和企业放权让利，而是要让个人、集体和企业分担一部分他们过去未曾分担的责任和费用。而且，这两项改革主要涉及城市职工的主体和社会地位序列中的中上层，他们对舆论和决策都具有更大的影响力。

原有体制能量释放过程的基本结束，单纯放权让利阶段的被跨过，外延扩张增长方式走到尽头，改革方式从单项突破到整体配套的转变，渐进式改革面临的先易后难的挑战，这些都意味着中国进入了改革中期的制度创新阶段。

五　改革中期的重大利益关系及其调整

在改革中期，由于改革深入到体制“硬核”，必然触及利益格局的刚性部分，触动一些基本社会阶层和社会群体的利益。如果不注意处理好一些基本的重大利益关系，制度创新作为一种公共选择，将遇到人心向背的载舟覆舟问题。根据一项1991～1995年在全国40个城市所进行的跟踪观测抽查，这一时期社会公众对改革成效和发展状况的满意度已经有所下降。[①] 因此，必须把调整基本利益关系放在十分重要的位置。

1. 国有经济与非国有经济

当中国通过改革放松了对经济的计划统制以后，各种非国有经济基本上按照一种自然发展过程迅速发展起来，其发展之快，往往出人预料。

① 国家体改委经济体制与管理研究所：《“八五”期间我国社会心理变迁研究》，研究报告，1996年5月。

1980~1995年，在全国工业总产值中，国有工业的比重从76.0%下降到34.0%，集体工业的比重从23.5%上升到36.6%，城乡个体工业的比重从0.02%上升到12.9%，“三资”、私营等其他类型工业①的比重从0.5%上升到16.5%；在全国社会消费品零售总额中，国有商业的比重从51.4%下降到29.8%，集体商业的比重从44.6%下降到19.3%，合营商业从0.02%上升到0.4%，个体商业从0.7%上升到30.3%，其他商业②从3.2%上升到20.2%。按照目前的变动趋势，到本世纪末，国有经济在整个经济中所占的比重估计在22%左右。新的非国有经济成分的迅速发展带来很大一块可供分配的收益增量，同时也提供了竞争的环境，成为社会主义市场经济体制下国民经济的一个重要组成部分，但同时也带来了新的利益冲突。

国有经济和非国有经济的关系，实际上并不在于产值的比例问题，也不仅仅是经济效率和增长速度竞争的问题，甚至也不是观念上的问题，在本质上应当说是一个利益分配的问题。因为我们看到，非国有经济比重的增加和混合经济成分的增加是一种自然的经济发展趋势，而且在非国有经济中，公有制经济（集体经济）在相当长时间里仍然会占主导地位，所有的经济命脉也都掌握在国家手里。关键的问题是，在目前国民收入的初次分配中，国有经济和国有企业职工都处于不利的地位，这种不利地位很可能使他们对改革的预期和态度发生改变。

1980年，国有工业产值占工业总产值的76%，国有企业的上缴利税占国家财政收入的82%，二者的比例差别并不大，但是到1995年，国有工业产值只占工业总产值的34.0%，但国有企业上交的利税仍占国家财政收入的71.1%，利税负担较重。国有企业中老企业比重高，过去几十年上交的利税中也没有预留养老保险金，1979年以前总工会系统按工资总额的3%提取并统筹使用的劳动保险基金的结余几亿元，也在“文革”中并入了财政。③ 1978~1995年，国有单位离退休退职人员与在职职工人数之比（以前者为1）由1：26.2上升到1：4.6，其保险福利费由17.3亿元增加

① 其他类型工业包括外商投资工业、港澳台投资工业、联营工业、私营工业、股份制工业等。

② 其他商业1993年以前主要是指农民对非农业居民的商品零售，1993年以后则包括农对非、私营、股份制、外商投资、港澳台投资等商业。

③ 恽务生：《1969年：养老保险工作大倒退》，《中国社会保险》1996年第3期，第43~44页。

到1541.8亿元，相当于上缴国家利税的34.7%，而且在以年均30%左右的速度增长，1994年增长速度达到38.1%，1995年为26.5%。国有单位全部保险福利费用总额相当于其工资总额的比例也由1980年的19.0%上升到1995年的25.4%。按此趋势发展下去，国有单位的主要职能将有一半是养老，国有企业在职职工的利益也会受到严重影响，而目前在此方面进行的改革，在他们的预期中并不是将减轻他们及其企业的负担。

为了扭转这种状况，首先必须加快国有中小型企业，特别是县以下国有企业转轨的步伐，通过盘活存量、转变机制等各种渠道，将这些企业真正纳入市场体系；其次是要扩大税源，加大向在改革中获益的部门、领域和阶层征税的力度，把各种“费”纳入税种统一管理，并严格控制国家行政和事业部门人员的膨胀；最后，国家应通过存量变现等途径，承担起国有企业历史形成的社会保障的成本，逐步建立统一的社会保障体系，改变国有企业目前在初次分配中的不利局面，增强国有企业的自我积累、自我发展和优胜劣汰的能力，同时把国有企业自主聘用辞退的制度真正落到实处。

2. 城市与乡村

改革开放以后，随着取消对农民进城务工经商的限制和物价，特别是主要食品价格的全面市场化，城乡之间的制度化壁垒有所松动。但是，城乡分割的二元体制没有从根本上改变，特别是城市的就业、住房、医疗、福利、保障和教育等方面，仍然与城市户籍身份密切相连。城市是政治中心，经济增长中心，商业服务中心和文化娱乐中心，社会中的大部分福利集中在城市。大众传媒的迅速发展（特别是电视）使乡村与城市生活处在同一时空，农村中的青年不再像他们的祖辈那样生活在方圆几十公里的圈子，城市的现代生活对他们具有了强烈的吸引力，而且他们越来越意识到，户籍身份带来的福利差距是一种社会分配的不平等。与此同时，城乡之间的利益差距却在扩大，1985～1995年，城镇居民人均生活费收入从685元增加到3893元，农村居民人均纯收入从398元增加到1578元，二者的比差（以后者为1）从1.7∶1扩大到2.5∶1，同期城乡居民的消费水平比差从2.3∶1扩大到3.4∶1。这还不包括城市居民在住房、医疗、福利、物价等方面所享受的补贴和待遇。1995年，仅国家财政用于价格补贴的支出就高达365亿元。

为了减轻国家的城市福利负担，国家采取了严格控制城市人口增长的政策，并鼓励农村实行“离土不离乡”式的就地工业化，但付出的代价是，城市化水平严重滞后于工业化的发展，分散的农村工业成本甚高，环境污染和资源浪费严重。而且，在利益原则的驱动下，民工进城的潮流已难以阻挡，经济规律在自发地调整着城市化水平滞后的状况。

在这个问题上，我们要看到：其一，现代化过程中城镇人口的大幅度提高并成为现代化的指标之一，是由于城市具有聚集经济效益的优势，国家在城市化中是获得利益而不是丧失利益，城市化水平的提高将会极大地有利于改变增长方式，促进经济的增长和社会发展，而不仅仅是改变农民生活环境的问题；其二，城乡分割的户籍身份制度是要通过改革逐步取消的，国际经验和国内几十年的发展经验都表明这不是一种有效的和合理的城乡管理方式，要为这一改革和过渡积极地创造条件；其三，农民工的进城在总体上利大于弊，应采取稳步吸纳、向中小城市分流、妥善安置、加强教育、管理制度化等措施，把他们纳入城市管理体系，帮助他们完成从农民到市民的转变，从根本上扭转城乡差别扩大的趋势。

3. 非农劳动者与农业劳动者

改革启动以后，中国的资本积累和工业化扩张基本上是按照一种自然进程发展的，而制度变迁人们总是期望根据理性设计的渐进式程序进行，这两个过程在现实中是不一致的，并因此而经常出现冲突。其表现之一，就是中国的非农化过程大大地快于城市化过程。城市化进程受到以户籍制度为主的城乡流动壁垒以及与此紧密相连的城市户籍居民刚性利益的限制，而农村的非农化进程则一直在工业与农业比较利益的驱使下加速进行。在1991年以前，农村的非农化主要是就地进行，脱离农业的劳动力主要靠乡镇企业吸收，但1991年以后，随着乡镇企业的资本和技术对劳动力替代水平的迅速提高，乡镇企业吸纳农村劳动力的能力有所下降，脱离农业的劳动力开始向城市大量涌入。从1991～1995年，中国的市镇总人口从3.1亿人增加到3.5亿人，统计上的城市化水平从26.37%提高到29.0%；而与此同时，乡村的农业劳动力（农林牧渔业）从3.5亿人下降到3.3亿人，在全社会从业人员中，第一产业从业人员所占的比重从59.8%下降到约52.9%。考虑到大量的已在城市生活的农民工及其所携带的亲属，实际的城市化水平可能已达到35%～38%。农民工进城成为农村非农化的重要甚至主要渠道后，带来一系列新的问题，如交通压力、社会秩序、环境卫生、新移民住宅和社区管理、心理冲突等。这些问题的解决要求加速城乡管理体制的改革，以便使管理体制适应而不是抑制发展的需要。

非农劳动者与农业劳动者的关系的关键问题，是农业劳动者的收入及农业的发展问题。农业劳动者的平均收入大大低于非农劳动者平均收入的状况若长期得不到根本改观，对农业的发展、利益的整合和社会的稳定都会产生非常不利的影响。近几年来，农民家庭收入水平的提高主要依靠农作物价格的调整和非农产业收入的增加。但是，主要农产品的国内市场价格现在已经接近（有的已超过）国际市场价格，通过调价进行利益驱动的政策弹性已很小，很多农村地区大规模的分散工业化造成的环境污染和耕地急剧减少，也给农村和产业的持续发展带来严重问题。从国际的一般发展经验和我国的实际发展状况来看，中国农民收入的提高及其与一般产业工资收入水平差距的缩小，今后只能主要依靠农业的技术革命、适度的规模经营和农民家庭的兼业。农业的技术投入和技术革命必须成为一种国家的制度创新，而不能仅仅依靠市场选择和农民自身；农业的适度规模经营则要求土地管理和地权制度的创新，特别是在适合大规模农业经营的地区实行地权重组。

4. 较发展地区与欠发展地区

由于自然地理和历史等方面的原因，中国改革前东部地区和西部地区就已经存在着发展水平和生活条件的较大差异。改革后实行的从沿海到内地的对外开放战略以及对沿海地区的政策优惠倾斜，使沿海地区，特别是东南沿海地区的经济迅速起飞。这些高投入、高利润率以及收入和工资水平快速提高的高增长地区，除了吸引着外国的资本和技术，也吸引着国内各地区的资本、技术、人才和一般劳动力。但随之产生的问题是，东部和西部之间的地区发展差距迅速扩大，到 1995 年，全国人均国内生产总值最高的上海是 17403 元，最低的贵州是 1796 元，相差 8.7 倍，人均居民消费水平最高的上海是 5343 元，最低的贵州是 942 元，相差 4.7 倍。从东、中、西部之间的比较看（以西部为 1），城镇居民的地区收入差距从 1985 年 1.15∶0.88∶1 扩大到 1995 年的 1.42∶0.97∶1，农民人均纯收入的地区差距从 1980 年的 1.39∶1.11∶1 扩大到 1995 年的 2.00∶1.32∶1 。当在东部地区百万富翁已成寻常之事时，全国 6000 万贫困人口却多数集中在西部地区，他们人均年纯收入不足 500 元。这种差距的扩大，使西部地区从地方政府到居民群众都产生了不满情绪，对差距持续扩大的趋势表示出极大的忧虑，在他们看来，沿海地区的发展似乎并没有给他们自身带来明显的收益，反而是以他们的利益牺牲为代价。由于西部地区多半是贫困人口、少数民族聚居的地区，所以发展差距的扩大也有可能演变成对社会整合、民族团结和边疆安定的威胁，从而上升为一个国家凝聚力的政治问题。

根据改革初期沿海发展战略的设想，东南沿海地区的经济起飞会产生巨大的辐射能力，随着东部资源需求扩张和劳动力成本的增加，经济的发展会自然地出现北移西渐的梯度发展现象。然而，由于西部基础设施的薄弱和公共服务的落后，特别是市场化程度的落后和交通运输成本的过高，作为替代现象出现的却是东部将资源购买转向国际市场和西部劳动力的向东部流动。近几年来，区域发展已开始出现转折性的新趋势，上海浦东的开发使投资和增长的热点向长江流域转移，国家开始对中西部地区发展的政策倾斜也标志着一种区域发展的政策调整，西部部分省区已出现投资和经济增长率高于东部地区平均水平的情况，但由于经济基础的差异，增长的绝对量仍有相当大的差距。实际上，西部大开发时期还没有真正到来，这有赖于投资和创业的北移西渐成为一种市场的自然选择，有赖于西部开发成本和投资风险的大大降低以及投资回报率出现诱人的前景。在国家投资能力有限的情况下，对大规模资源开发采取更加优惠和灵活的政策是一种加速开发的可能选择。

5. 国家利益与地方利益

改革后实行的使地方财政相对独立以及使地方利益与当地经济发展水平紧密相关的政策，极大地调动了地方的积极性，但同时由于地方利益相对独立性的大大增强，国家在全局上进行利益协调和平衡的难度也大大增加，国家利益与地方利益的摩擦成为利益格局的一个重要变化。首先，各地为了加速发展当地经济，具有强烈的行政性投资扩张冲动，资金紧张成为一种持续状况，而中央为了稳定经济、实现总量平衡、控制通货膨胀，必须实行周期性的宏观紧缩政策；其次，地方利益的相对独立性以及税制不健全，造成税源被层层截留和转移，政府以及单位的预算内财政能力不断下降，而相当于预算内收入的预算外收入几乎成为第二财政，各种收费、摊派、罚款、集资、拉赞助以及主业外的创收成为一种经常性的财政补充，预算内的财政支出在很多情况下已衰变为日常“人头费”的支出，国家财政转移支付的能力非常微弱；最后，国家为了加强参与国际市场竞争的能力，在资源有限的情况下，要求确立支柱产业，创造名牌产品，扩大企业的规模经营，但由于各地经济发展的不平衡，地方保护主义的欲望强烈，市场封锁和重复建设现象严重，造成大量流动资金沉淀和生产要素闲置，特别是部分地方政府出于对当地利益的考虑，对假冒伪劣产品采取宽容放纵的态度，致使市场上甚至形成“劣币驱逐良币”的现象。在处理中央与地方、国家利益与地方利益方面，必须承认地方利益相对独立的事实，本着既有利于调动地方积极性又有利于保证国家宏观调控能力和转移支付能力的原则，从制度上合理确定中央和地方的权力、责任和义务，建立重大决策上中央与地方的协商制度，走出过去中央对地方放权和收权的循环。

6. 贫富差距与社会公正

近十几年来，城乡之间、地区之间、行业之间、不同所有制单位之间以及个人之间的收入差距都呈现扩大的趋势。这种收入差距的扩大，起初主要是由于劳动收入差距的扩大，由于国家采取了鼓励一部分人通过劳动先富起来、打破平均主义、企业职工收入与企业效益挂钩等的政策，刺激了人们的劳动积极性，在劳动效率有所提高的同时，收入水平也拉开一定差距。然而近几年来，情况已经有所变化，尽管城乡差距、农业与非农产业的差距以及地区差距仍然是影响整体收入差距的重要因素，但国家规定的工资制度与由市场决定的收入制度之间的差别，以及资本收入与劳动收入的差别，成为整体收入差距呈不断扩大趋势和社会地位与经济地位严重背离的关键性因素。特别是偷税漏税、贪污受贿等谋取非法收入现象的增加，各种隐性收入的大量存在，以及收入序列与职业地位的严重背离，使实际的贫富差距在人们心理上进一步扩大，并且损害了人们对社会公正的认同。在这个问题上，关键是要通过各种制度化措施重新确立社会普遍认同的社会公正秩序，这包括建立规范的市场收入体系，根据个人所得税累进制严格个人所得税的征收，调整收入序列与职业地位序列的严重背离状况，建立和完善失业保险制度、最低工资制度和最低生活保障金制度以及其他有效的社会转移支付制度。应当注意到，在人民生活水平增长较快和普遍提高的情况下，人们对相对收入地位的变化和客观存在的贫富差距还能有较强的承受能力，但是在一部分人暴富而相当多数的人实际生活水平下降的情况下，人们的社会不公平感就会变得空前强烈。

7. 就业保障与经济效率

中国统计上的城镇失业率一直在3%以下，但是由于近几年企业经济效益普遍下降，亏损增加，企业下岗人员大量增加。下岗人员和很多效益不好的企业的职工，每月只能拿到40%～60%的工资，有的甚至数月领不到工资。对于下岗人员来说，这种工资的性质已经改变，因为它已不是劳动的报酬，而是失业的保障金，只不过在社会保障体制尚不健全还实行企业保障的情况下，它是由企业而不是失业保险机构发放，下岗职工至少在心理上还有单位的依托。到1995年，城镇失业人数达到700万人左右（正式登记的失业人数为520万人，其中失业青年占60%）；城镇停产半停产企业涉及的职工人数在600万人左右；企业下岗职工约200万人；如果将这些职工包括很多没有登记的失业人员全部计算在内，实际的城镇失业率估计已达到8%左右。根据对部分省份的调查，国有企业中拖欠职工工资的现象比较严重，特别是在老工业基地，失业和下岗问题比较突出，到1996年6月末，辽宁、吉林、黑龙江三省停发、减发工资或离退金的职工达到426万人，约占职工总数的15%。[①] 个别省份统计上的失业率超过全国1倍以上。很多夫妻或全家在同一亏损的国有老企业就业的职工家庭，生活就更为困难。城市正在由于失业问题而出现一个新的贫困阶层。而在生活食品价格上涨率居高不下的情况下，收入减少的城镇新贫困阶层遭受到双重的生活打击。

中国长期以来实行就业保障体制，这种体制有很大的弊病，主要是损害了资源配置效率和劳动效率。现在很多国有企业和国家机关事业单位仍然存在冗员过多和效率低下问题，过失辞退制度得不到真正落实，享受着国家福利待遇却主要从事第二职业的现象在部分单位大量存在。因此，必须坚持进行由单位保障到社会保障的改革，尽快确立规范的辞退制度。但是，应当注意到，目前的失业基本上有两种情况，一种是竞争性失业，即由于企业在市场竞争中处于劣势而造成的亏损和失业；另一种是结构性失业，即由于产业结构调整和变化而造成的夕阳行业和生产过剩行业的失业。无论是哪一种情况，在社会保障体制尚无完全建立的情况下，国家都

① 根据劳动部有关部门《关于东北三省困难企业职工情况的调查报告》。

有责任采取妥善安置的措施。在保障体制改革上，不能采取先破后立的办法。与农村的改革不同，农村改革中的破除公社体制对农民意味着放权让利和给予，而先行破除单位保障体制对职工意味着的是索取和剥夺既有利益，必然会受到普遍的抵制。

8. 腐败及社会秩序

近若干年来，腐败行为迅速蔓延，甚至到了法难责众的地步，腐败犯罪的经济数额和官员等级也迅速上升，当人均国民生产总值不到5000元，职工年平均工资不到6000元时，腐败犯罪的数额却动辄几百万、几千万元，实在令人触目惊心！与此同时，经济和刑事犯罪的大案要案不断增多。卖淫嫖娼、吸毒贩毒等社会丑恶现象死灰复燃。腐败和丑恶现象的蔓延的确与主导价值观的混乱密切有关，但道德约束毕竟是一种软约束。将腐败的杜绝寄托于道德的自律是不行的，必须从制度上建立硬约束机制。现在腐败的根源和性质与过去相比已经有了变化。在改革前和改革初期，腐败往往与紧缺社会资源和短缺经济有关，腐败现象集中在当兵、上学、就业、提干、购买凭票证供给的紧缺消费品方面，即所谓“走后门”。而现在，腐败更多的来自一些政府部门和公共服务部门的对私利的追逐，即权钱交易和所谓的“创收”。政府部门，银行、铁路等国家垄断部门，医院、学校等公共服务部门，甚至执法部门和军队，一旦这些部门出现法定组织行为之外的强烈“创收”动机，并利用手中掌握的权力去实现这种动机，势必造成灾难性的后果，不仅会严重影响这些部门承担的社会责任和义务，而且会破坏他们维护社会公正和社会秩序的形象，丧失社会纳税人的信任，并使不法分子可以公开藉“为集体谋利”的旗号猖獗牟取私利。清除腐败和整顿社会秩序不能仅仅依靠一定时间的严厉打击，关键是要建立制度化的硬约束机制，这包括严明党纪、政纪和法制，特别是使已经制定的法律真正得到严格的执行和落实，同时要加强包括舆论监督在内的各种监督机制和权力制衡机制，任何没有制衡的权力都会是腐败的温床。要通过严格税收，增加财政能力、精兵简政、保薪养廉等制度化措施来解决政策和公共服务部门的行政经费问题。任何部门和单位的营利活动都不能以增加职工福利为借口逃避税收，政府部门则要坚决退出营利活动。要保证法律的完整追诉期，对任何人的腐败犯罪行为不能既往不咎或只给予行政处理。

六　走向新世纪：面向未来的发展战略

1. 用10～15年的时间加快建立和完善新体制

尽管中国从1978年开始的改革，一直是“市场取向”的改革，但关于这一取向的理论上的争论，一直没有停止，直到1993年中共十四届三中全会，才正式提出建立社会主义的市场经济新体制的总体框架。经过18年的经济体制改革，中国在所有制结构、物价、财税、金融、外贸外汇、计划、投资、流通等经济领域的改革取得了突破性的进展，有些方面已经基本按照市场经济的要求建立起制度框架，从总体上考察，市场机制已经成为资源配置中的主导体制。但是，随着改革的深入，改革的难度明显增加，这不仅由于改革的配套要求提高了，更因为改革开始触及敏感的利益格局的刚性部分。在国有企业、劳动就业、收入分配等方面的改革，已经出现由于缺乏社会体制改革配套而难以继续深入的问题。尽管中国的改革是一种渐进式的改革，而且实践证明这种改革方式在保证社会稳定和持续发展方面取得明显成效，但是，经济体制长期处于转轨的摩擦时期，会造成一个利益格局的调整过程，调整的力度依赖于对公众意愿和利益格局变动方向的正确把握，因此也不能急于求成，一蹴而就。在制度创新的改革新阶段，应适当加大改革力度，争取通过10～15年的时间，到2010年前后，基本上全面建立起社会主义市场经济的新体制，从而结束长达30余年的体制转轨时期，转入经济体制相对稳定的常规发展时期。

2. 建立与市场经济体制相适应的社会保障体制

市场经济是一种法治经济，它既是一种规范经济主体利益和竞争行为的制度体系，也是一种维持经济生活和社会生活的保障体系。市场经济秩序不仅包括保护市场统一、财产权利益、合同自由、公平竞争、经济民主、诚实信用等基本守则，而且保护弱者、维护社会公正、建立社会保障系统也是其基本内容。① 所以，建立社会主义市场经济新体制的要求，已

① 参见王家福等《建立社会主义市场经济法律体系的理论思考和对策建议》，研究报告，1993年10月。

经使改革远远超出了纯粹的经济领域本身，从而成为一种更加广泛的社会改革。因为如果没有在城乡管理、户籍、就业、教育、收入分配、医疗、养老、住房等方面的配套改革，经济改革本身的制度创新就很难继续深入下去。从目前改革和发展的进程来看，社会体制，特别是社会保障体制的改革，已经严重滞后于经济体制的改革，因而这方面的改革应当成为今后制度创新的重点之一，否则市场经济新体制的建立将会被拖延，因体制摩擦而产生的社会冲突也会进一步加剧。[①] 社会保障是一种分流社会风险、保障基本生活需求、消减贫困、实行社会再分配的重要制度，它既是市场竞争的社会安全网，也是社会团结互助的共同生活原则的体现。中国城市保障体制改革的方向是，国有部门由现在的国家和单位保障逐步转变为社会保障，建立独立的社会保障机构，把国有企业和国家机关及事业单位的保障功能从单位中分离出来，将现在国有单位用于养老、医疗等的保障费用，按照工资的一定比例，作为单位和个人承担的社会保障分摊金缴纳给社会保障管理机构，领取退休金和失业金的人员不再和原单位发生任何关系，医疗费的报销也由社会保障和保险机构完成。中国统一的社会保障新体系应当包括养老保险、失业保险、医疗保险、工伤保险、社会救助、社会福利、社会优抚、农村老年保障与合作医疗等诸方面。[②] 在建立社会保障新体制的过程中，目前十分紧迫的是要加强对最低生活标准的保障，这包括在城镇实行强制性失业保险、制定最低工资标准、建立最低生活保障金和农村中的扶贫，特别是城市新贫困人口的增多已经越来越成为一个严重的社会问题。但是，应当注意，新设立的保障金标准一定要与目前的财政能力相适应，因为任何保障标准都是上调容易下调难。

3. 加速社会结构转型

以产业结构、就业结构和城乡结构的转变为重要内容的社会结构转型，是一个比体制改革更加艰难、更加漫长的过程，它将伴随着中国现代

---

① 关于社会改革严重滞后于经济改革的问题及其后果，我们在1991年的一份社会发展总报告中就进行了分析，并为此提出了社会改革的战略取向和基本要点，但几年来这种状况仍未根本改变。参见陆学艺、李培林主编《中国社会发展报告》，辽宁人民出版社，1991年，第68~85页。

② 关于中国社会保障制度改革的方案和模式的研究，请参阅杨团等著《中国社会保障制度的再选择》，研究报告，1995年5月；刘风等著《关于中国社会保障制度基本模式研究》，研究报告，1995年4月。

化的整个时期，需要几代人的努力和奋斗。中国十几年的改革实践表明，正确的发展战略和社会政策、市场取向的体制转轨和体制创新，可以加速社会结构的转型，同时正是社会结构的转型体现了发展的成果和为体制改革营造了更加宽松的环境。中国作为一个人口众多、资源紧缺的农业大国，加快社会结构转型是促进经济持续增长、不断提高人民生活水平和社会福利水平的有效途径。在产业结构的转变方面，目前很重要的一项工作，就是促进老工业基地的“夕阳工业”向新兴产业的调整，这些“夕阳工业”曾经为中国的工业化做出过重要贡献，但现在已经不能适应市场需要的变化，而且由于规模大、职工多、设备陈旧，难以自动转型，国家必须设立专项的产业调整资助金，加快老工业基地，特别是东北工业基地（集中了全国1/4钢铁、1/2原油、1/6以上煤电的生产）的产业结构转变，这是现代化国家在过去的产业结构调整过程中普遍采取的措施，如像英国的曼彻斯特、法国的洛林、德国的科隆。在就业结构的转变方面，一方面要继续通过各种渠道促进农业剩余劳动力向非农产业转移，特别是引导离土离乡的农民工有序的流动，包括通过大面积承包土地促进人多地少地区的农业劳动力向人少地多的地区转移，以便发展农业的适度规模经营，另一方面，要把增加就业作为今后的一项重要经济社会目标，把增加就业的主渠道转向非国有经济，放松对增加就业的私人投资领域的限制。目前城市失业人员约700万，国有单位因停产半停产和富余、下岗人员问题造成的隐性失业或就业不充分劳动力约2000万，农村还有约1.2亿需要转移的剩余劳动力，另外1995～2000年期间因劳动年龄人口增加因素所造成的实际要求增加就业的人口还有4300多万人。①在城乡结构转变方面，要从小城镇开始加快户籍制度改革，逐步使户籍成为一种居住身份而不再是社会身份，走以中小城市的发展为主要方向的城市化道路，通过城市化带动第三产业的发展，并把农民进城形成的移民区纳入城市建设的统一规划。

---

① 关于1996～2000年中国劳动力供给和需求情况的分析，参阅国家计委社会发展所课题组（杨宜勇执笔）的研究报告《“九五”期间就业形势总体分析》，《新世纪周刊》1995年8月9日。另外，中国社会科学院冯兰瑞研究员认为，中国第三次失业高峰已经到来，据她引述的一项未加注明的课题组预测结果，本世纪末中国实际失业率可能达到21.4%，参阅《中国第三次失业高峰的情况及对策》，《社会学研究》1996年第5期，第9～19页。

3. 加大转变增长方式的力度

转变增长方式的目标是提高资源的配置效率和劳动生产率。首先，要继续加强市场对资源的配置能力，特别是要建立起资本市场和劳动力市场，国有企业要实行拟市场管理和成本核算，可以考虑把国有企业中50年工龄以上离退休职工的工资和福利保险费用以及政策性亏损等“社会成本”（即本应国家承担而目前由企业自己承担的成本），在核算中不再作为成本而是计入利润分配，以便使国有企业的核算能够真实反映经营状况，对确实扭亏无望的企业，下决心通过兼并、租赁、抵押承包、拍卖、破产等各种途径进行存量资产改组。其次，要使投资主体真正承担起投资的风险责任，国家的生产投资应主要集中于政策性的发展投资，一般性投资应由能够真正承担风险责任的市场主体进行，针对我国在高增长时期的资金紧张状况，今后要特别注重存量资本的改造和改组。再次，提高科技投入比重和综合要素生产率对经济增长的贡献率，发展高附加值、高科技含量的名牌产品，促进名牌产品通过跨行业、跨地区的兼并向集团化发展，建立科技成果向生产成果转化的市场机制，要使企业投资中用于技术改造的比重有较大提高，我国目前技术改造投资占国有单位固定资产投资的比重已下降到20%左右，而发达国家在50年前就达到约50%。复次，加强企业管理的科学化水平，提高企业的组织效率，完善和严格执行企业内部的各种责任制度，努力降低生产的物耗率和成本。最后，从长远来看，重要的是要增加人力资本的投入，特别是对教育的投入，以便提高整个民族的劳动力素质和技术创新能力。

4. 坚定不移地扩大对外开放

对外开放是中国改革的主要内容之一。在社会信息化程度快速提高的今天，经济也越来越成为一个统一的完整体系，任何一个国家的经济都不可能脱离这个体系孤立的发展，对于一个高增长的经济来说，就更是如此。因此，对外开放应当成为中国的一项长期国策。中国已经走过了沿海、沿边和沿江开放的阶段。今后的对外开放，要配合中国经济的北移西渐的过程，扩大内陆的对外开放积蓄，特别是要疏通东北地区和西南地区的出海口，从而带动大陆腹地的对外贸易。要通过立法和制度创新，加快国内经济的运行与国际市场的接轨，尊重和遵守经济领域中的国际惯例。要严厉打击走私，防止海上地下贸易对国内市场的冲击。同时，要继续扩大文化领域的对外交流和社会开放，积极地学习和引进国外的一切先进技术、管理经验和有效的法律规范，吸收人类文明的一切优秀成果。中国是一个有几千年历史的文明古国，但也是一个世界现代化过程中的后起飞国家，要想缩短与发达国家的发展差距，振兴中华，就必须以一种兼收并蓄的开放心态去迎接新世纪的到来。

法国福利体制的危机及对我国的启示*

李培林

本文从法国社会保障体制改革导致的大罢工事件入手，分析了造成法国福利体制财政危机的原因，以及这一福利体制目前在理论和意识形态上面临的挑战。作者指出，西方福利国家自70年代中期以来在经济增长和社会保障发展之间出现的剪刀差，以及在就业和人口等方面发生的深刻结构性变动，使高福利体制进入了原设计者未曾预料的危机—改革—罢工风潮的循环。因此，中国在建立和改革社会保障体制时，必须有比较长远的考虑，特别是应注意到福利支出具有的刚性提升的规律和特点。

1995 年 11 ~ 12 月，法国因政府公布的社会保障体制改革方案而爆发了声势浩大的全国性大罢工，这是法国自导致戴高乐总统下台的 1968 年学生运动以来规模最大、持续时间最长、影响最深刻、同情者最多、损失最重的一次社会运动。在这个 5800 万人口的国家里，此起彼伏的罢工运动和示威游行持续了约两个月的时间，波及法国的所有大中城市和大部分小城市。根据法国内政部公布的数字，参加示威游行的总人次达到 380 多万人，其中仅 12 月 12 日一天就有近百万人走上街头，工会组织方面公布的示威人数则更高得多。法国电力总公司、煤气总公司、邮政总公司、通讯总公司、铁路总公司、运输总公司等主要国有经济部门的职员都参加了罢工，公共交通全面瘫痪长达近一个月，造成社会生活的极大混乱。主要的工会组织都参与了罢工和示威的组织和动员，众多的著名社会知名人士在报纸

* 1996 年 5 ~ 8 月，我作为高级访问学者在法国高等社会科学研究院从事企业社会保障问题的研究，本文是这项研究的附带成果。在此期间，我的研究得到 A. Touraine、M. Wieviorka、P. Rosanvallon、R. Castel、H. Mendras 等教授和研究员不同形式的帮助，在此顺致谢意。原文发表于《社会学研究》1997 年第 2 期。

上公开发表支持罢工的呼吁书。根据法国权威民意调查机构在罢工初期的一项民意测验，有56%的法国人支持罢工。①

这次大规律的社会运动造成巨大的社会反响，引起法国知识界的深刻反思，罢工的直接起因虽然是法国右翼于贝（Alain Juppe）政府的社会保障体制改革法案，实际上却反映了欧洲福利国家普遍面临的社会危机或深刻的社会变动，以及理论在解释这种危机和变动上的乏力。

一　法国的社会保障体制

像大多数西方发达国家一样，法国社会保障体制的建立和发展，也是与历史上一系列的社会改革和社会立法相联系的，但是，从“长时段”的历史考察看，它又有其自然发展进程的一面。也就是说，抵御生存、生活和发展的风险，建立一种共同生活的秩序，这是人类社会的一种本能反应，这种避险保护反应的较早形式是储蓄和互助等，随后是保险的产生，较早的是航海保险和工伤保险。在19世纪欧洲的高速工业化过程中，人口的激增带来一系列的伴随问题，经济危机的出现使工人阶级的生活状况迅速恶化，社会不平等加剧，社会冲突激化，工会和社会党的力量迅速壮大和发展，这些因素和压力对于社会保障制度覆盖面的扩大和完善都起到了推动作用。而两次世界大战的现实灾难更使人们达到一种基本共识：社会保障是社会在和平时期的一种基本整合手段。

1945～1973年的近30年，被西方经济学家称为“辉煌的30年”。在这期间，西方国家不但经济获得迅速发展，而且国家的福利政策起到有效的缓解社会冲突、维持社会稳定、促进社会繁荣的作用。这种福利政策的稳定作用来自增长成果的普遍分享：工资和生活水平稳定增长，中学教育普及，男女同工同酬，各领域的社会不平等状况得到普遍改善，失业、病残、养老、医疗等方面的社会保障不断发展。然而，就是在这种稳定中，潜在危机因素已经开始萌生。

法国的福利体制是一种建立在公民权利和基本需求基础上的福利体

① 参见A. Touraine等人所写的描述和评论这次大罢工的专著《大拒绝：关于1995年12月罢工的反思》，该书附有这次事件的详细日程表，法国Fayard出版社1996年版，第299～317页。

制，国民新增财富的很大一部分被用于社会保障的支出。随着社会保障的普及、扩大和发展，社会保障支出占国内生产总值的比重也不断增加，1960年为15.9%，1970年为20.5%，1980年为27.3%，1990年为31.9%，1993年为35.4%。近两年社会保障支出占GDP比重的增长速度显著加快了，1990年以前差不多每10年增加5个百分点，但1990～1993年的3年中就增加了3.5个百分点（见表1）。在欧共体国家中，1992年法国社会保障支出占GDP的比重排在第3位，仅次于荷兰和丹麦（见表2）。

表1　法国社会保障支出占GDP的比重

单位：%

	1960	1970	1980	1985	1990	1993
社会保障支出	15.9	20.2	27.3	32.6	31.9	35.4
社会保障补助金	14.0	17.7	23.8	26.7	25.8	28.5
其中：						
医疗保障金	4.8	6.6	8.4	9.2	9.1	9.9
养老保障金	5.1	7.4	10.2	12.3	11.6	12.6
家庭保障金	3.9	3.3	3.5	3.3	3.0	3.3
失业保障金	0.2	0.4	1.7	1.6	1.7	2.3
其他保障金	0.0	0.1	0.1	0.1	0.2	0.3

资料来源：《1994年法国国家核算报告》（Les Com ptes de la Protection Social, rapport sur les Comptes de la Nation, Juin 1994.）。

法国的社会保障支出占其国内生产总值的比重较高，这主要是一种体制结果。一是社会保障的覆盖面广，不论是法国公民还是长期居住的外国人，不管其从事什么工作和居住何地，也不管其是否就业，都享有社会保障；二是社会保障的内容广，从生、老、病、残、死到失业、多子女、单亲家庭、待业青年、低收入家庭等等，几乎涉及社会生活的各个方面；三是与其他西方国家相比较，退休人员比重较高，家庭补助项目较多，享受医疗保险的人更加广泛，对缺乏竞争力的贫弱人口补助较多。

法国的社会保障体系非常复杂，分类很细，粗略地说可以分成四大类：医疗保障、养老保障、家庭保障和失业保障。1993年，法国社会保障总支出为25089亿法郎，除去各种行政管理和服务开支等，直接用于社会保障补助的费用是18108亿法郎，其中医疗保障支出占34.7%，养老保障支出占44.3%，家庭保障支出占11.6%，失业保障支出占8.2%，其他保障支出占1.2%。

表2　1992年欧共体8国社会保障支出占国内生产总值的比重

单位：%

国家	保障金总计	病残	生育	工伤	养老	家庭	失业	其他
法国	27.8	9.0	0.4	0.6	12.3	2.2	1.8	1.5
德国	26.3	10.0	0.2	0.8	10.7	2.1	1.1	1.4
比利时	26.5	8.6	0.2	0.5	11.9	1.9	2.6	0.8
丹麦	30.6	8.5	0.6	0.2	10.7	3.1	3.7	3.8
西班牙	21.6	7.4	0.2	0.5	8.9	0.2	3.8	0.4
意大利	24.4	7.2	0.1	0.6	15.3	0.8	0.4	—
荷兰	31.7	14.3	0.1	—	11.7	2.4	2.7	0.5
英国	26.2	9.4	0.3	0.1	10.3	2.6	1.2	2.3

注：工伤一栏包括了职业病的保障，荷兰的病残医疗保障中包括了工伤和职业病的保障。
资料来源：Eurostat，1992。

社会保障的收入主要来自社会保障分摊金（Cotisation Social），一部分来自财政转移支付、公共捐助以及保障基金的资本收益等等。1993年法国的社会保障总收入为24392亿法郎，其中社会分摊金收入占67.7%，财政转移支付占15.3%，公共捐助占12.2%，基金资本收益占1%，其他收入占3.8%。作为社会保障主要收入来源的社会分摊金，实际上很类似于一种所得税，因为它同样是带有强制性的；与所得税不同的是，社会分摊金是按收入比例制而不是累进制缴纳，另外社会分摊金是专款专用，不能用于社会保障以外的支出、消费和投资，而不像税收那样可以进入财政安排。

社会分摊金名义上可以分成两种：雇主分摊金和雇员分摊金。雇主分摊金是雇主为雇员缴纳的社会保障分摊金，雇员分摊金则是在雇员的毛工资中扣除的社会保障分摊金。雇主分摊金与雇员分摊金的区分，只是在雇主和雇员双方在一定的时候谈判分摊金相互缴纳的比例时才有意义，而在一般情况下，其区分的意义不大，因为归根结底二者都是由雇主来缴纳的，都是雇主的劳动力工资成本。我们可用下面的关系式来表达：

雇主雇用劳动力的工资成本 = 毛工资 + 雇主分摊金

毛工资 = 净工资 + 雇员分摊金

雇主分摊金和雇员分摊金都是按毛工资的一定比例缴纳，但二者的比率是不同的，粗略地比较是6∶4的关系，即在为雇员的社会保障而缴纳的分摊金中，约有60%是由雇主缴纳的，约占雇员毛工资的34%，约有40%是从雇员的毛工资中扣除的，约占毛工资的21%。例如，一个中等收入的工薪者的月毛工资假如是12000法郎，那么国家每月要从中扣除约2520法郎的雇员社会分摊金，其剩下的净工资是9480法郎，雇主还要每月为该雇员缴纳约4080法郎的雇主社会分摊金，雇主雇用该雇员每月的总劳动力工资成本是16080法郎。社会保障分摊金的缴纳有三个特点：一是统一性，即用于社会保障的分摊金是统一收缴的不能多头收钱；二是比例制，即分摊金是根据工资的一个相对固定的百分比来提取，但有一个分摊金的最高收缴限额；三是一致性的，即全国所有的雇员和企业，不管其所属的地区、所有制类型或行业，都按照一致的标准缴纳社会分摊金。

社会保障分摊金实际上已成为一种最重的“税”。在法国目前国家全部强制性缴纳金中，社会保障分摊金占43.9%，各种间接税占28.7%，个人所得税占11%，公司税占5.6%，资本税（巨富税、遗产税等）占5.0%，其他税负占5.0%[①]。社会保障金的管理历来是一件困难的事情，因为它不仅数额庞大，而且涉及千家万户，具体情况也千差万别，但一般说来，社会保障金的管理要遵循四个原则。一是经费自治，专款专用。根据有关的法律规定，提取的社会保障金要保证进行独立的管理，无论是国家还是政府，都不能挪用这笔款项，不能将其用于其他的目的。二是账目分开，独立管理。按照医疗、家庭、养老、失业等社会保障的不同领域，分成几个全国性的保障资金分支管理机构，共同隶属于全国社会保障总局，但分支管理机构的资金账目都是独立的，不能相互挪用。三是资金平衡。不同领域的保障资金都要自己保证收支平衡，要有预算和决算。四是以收定支，统筹安排。当年的社会分摊金收入是用于当年的保障支出，在分摊金收入减少的情况下，从理论上说只能降低保障的水平，当然实际上这样做是极为困难的，社会分摊金是统筹使用，在个人缴纳的社会保障分摊金与个人获得的社会保障补助金之间，一般来说没有什么关系。

---

① 参见P－A. Chiappori《不平等、效率和再分配》、载J. Affichard等著《社会公正和不平等》，法国Esprit出版社1992年版，第73～92页。

社会保障金各个分支管理机构的资金使用情况，在行政上的监督由全国社会保障总局负责，在财会业务上的监督则由社会保障监察署和财政监察总署负责，另外会计法院专门负责处理有关的诉讼。财政监察总署每年要负责向政府提交关于社会保障金使用的报告。

二　社会保障的财政危机与改革法案

到1995年底，法国社会保障收支的赤字累计已达2300亿法郎，1994年和1995年两年的该项赤字分别为548亿法郎和640亿法郎，1996年法国的各种税收和社会保障分摊金（相当于社会保障税）加在一起，已占国内生产总值的45%，成为世界上税负最重的国家之一。[①] 如此庞大的社会保障和福利费用，不仅给经济造成沉重的负担，而且面临着难以解脱的财政危机。为了解决社会保障费用的入不敷出，从理论上说，要么是降低社会保障的水平，要么是增加社会保障的收入。由于实际操作中社会保障的利益刚性特征，历届政府都更倾向于依靠提高强制性缴纳金（税收+社会分摊金）的提取比率，而在近几年的强制性缴纳金总额中，法国的社会保障分摊金又几乎占了一半。如一个法国的最低工资劳动者的社会保障分摊金占其毛工资的比重1970年为43.3%，1994年上升到54.6%，其个人缴纳的社会分摊金占其毛工资的比重，从1970年的8.2%上升到1994年的21.4%（见表3）。

表3　法国最低工资劳动者的社会保障分摊金占毛工资的比重

单位：%

	1970	1995	1980	1985	1990	1994
社会保障分摊金比重	43.3	45.2	53.1	55.8	56.6	54.6
雇员分摊金比重	8.2	8.6	12.8	15.1	18.0	21.0
雇主公摊金比重	35.1	36.6	40.3	40.7	38.6	33.6

资料来源：《2000年的法国》，法国计划总署给法国总理的报告（Commissariat general du Plan, La France de I'An 2000, Rapport au Premier ministre. Editions Odiile Jacob, 1994, P. 253.）。

法国社会保障体制所面临的严重财政危机主要是由于以下几个原因造

① 法国《欧洲时报》1996年6月16~18日。

成的。

1. 经济增长与社会保障发展的剪刀差

社会保障水平的提高实际上是增长成果的分享，直到70年代初期，法国的经济增长速度基本上还可以支持社会保障状况的改善。但自那以后，经济增长速度明显放慢了，而社会保障支出仍在比较高速度增长，而且，由于社会保障金额绝对数的大幅度增加，即便是在相同的剪刀差情况下，实际造成的财政问题也更为严重。1960～1970年，法国国内生产总值年均增长5.6%，社会保障补助金年均增长8.2%；1970～1975年，国内生产总值年均增长3.5%，社会保障补助金年均增长7.1%；到1990～1993年，国内生产总值年均增长只有0.3%，而社会保障补助金仍年均增长3.8%（见表4）。到1993年，法国社会保障总支出已占国内生产总值的35.4%，也就是说，一个国家一年创造的财富有1/3以上要用于社会保障的支出。社会保障支出实际上已成为最大的社会消费项目。

表4　法国国内生产总值、工资和社会保障金增长的比较

单位：%

年平均增长率	1960～1970	1970～1975	1975～1980	1980～1985	1985～1990	1990～1993
国内生产总值	5.6	3.5	3.1	1.5	3.2	0.3
受薪职工人数	1.6	1.2	0.7	-0.2	1.2	0.3
人均生产率	4.0	2.3	2.4	1.7	2.0	0.6
毛工资总额	6.7	5.8	3.2	0.2	2.1	0.8
净工资总额	6.1	5.5	2.4	-0.3	1.4	0.6
人均净工资	4.5	4.3	1.7	-0.1	0.2	0.9
社会保障补助金	8.2	7.1	4.9	4.0	2.4	3.8

注：本表以法国法郎可比价格计算。

资料来源：《1994年法国国家核算报告》。

2. 就业人口比重下降、失业率上升

社会保障实际上也是社会就业者与社会待业、失业者之间的一种转移支付手段。社会保障金的主要收入来源，是根据毛工资强制性提取的社会分摊金，因而就业的人数和比重对于社会保障收入就具有重要的意义。随着生育率的降低和家庭平均抚养系数的提高，就业人口的比重有所下降。80年代以后，激烈的市场竞争，使传统的劳动密集行业进一步萎缩，新型技术的采用和劳动力成本的提高使就业位置减少，失业率快速上升，居高不下。1970～1974年，法国的失业率一般在3%～4%，而1986年至今，失业率一直在10%左右。失业率的上升，特别是长期失业者比例的增多，加剧了西方发达国家社会保障体制的财政危机。

3. 医疗保障和养老保障支出迅速增加

随着生活水平的提高、人均预期寿命的延长以及养老保障金的增加，医疗保障和养老保障支出的增长已变得愈来愈难以控制。由于现代社会中人们对生活保健要求的提高，医疗保健已从疾病治疗演变成一种日常消费，而药品价格的迅速提升更使医院像是药品商店。老龄化社会的到来使老龄人口比重不断增加，法国目前领取养老金的人员已有900万人，而且每年新增70万人。现在的就业者要比以前负担更多的退休者，退休者比就业者生活得更好已是司空见惯的了，社会保障寅吃卯粮的状况使现在的青年人为生活前景而忧心忡忡。

正是在这种状况和背景下，法国右翼政党执政的朱佩政府开始着手进行社会保障体制的改革。正如法国计划总署给法国总理的一份报告中指出的，如果不进行社会保障体制的结构改革，这一体制在中期内将有无法维持下去的危险，改革的基本目标是使社会保障支出的增长不超过甚至低于国内生产总值的增长。[①] 1995年11月15日，朱佩政府向法国国民议会提出了社会保障体制改革方案，这项改革方案的主旨是扩大社会保障的收入，控制社会保障支出的膨胀，主要内容包括以下内容。（1）将目前社会保障分摊金缴纳的工资比例制改为收入比例制，把工资以外的股票、利息、房地产收入、部分资本收益以及保险福利收入都纳入缴纳社会分摊金的计算基数。（2）新开征社会保障债务分摊金，所有的社会成员按总收入的0.5%缴纳，预计每年可征收250亿法郎，连续征收13年，专门用于偿还社会保障基金的债务；同时作为一项临时措施，在药品生产经营行业增缴25亿法郎的医疗保障分摊金，用于偿还医疗保障基金的债务。（3）将近几年为弥补社会保障基金不足而新征收的社会保障普遍分摊金，作为一种长期的强制性缴纳金从法律上固定下来，缴纳比率仍为工资收入的2.4%。（4）统一退休养老制度，取消公务员以及交通运输、电力煤气、邮政通信

① 法国计划总署：《2000年的法国》，给法国总理的报告，Odile Jacob出版社1994年版，第118～122页。

等国家机关和垄断部门人员的退休优惠条件，逐步延长工作年限，养老金领取者要增加医疗保障分摊金的缴纳比例。（5）家庭保障和福利补助短期内不再随家庭人口的增加而提高，失业保障金领取者也要从失业金中支付一定的医疗保障分摊金。[①] 此项广泛触及现有社会保障利益格局的改革方案一公布，立刻导致在本文开头提到的法国全国性大规模罢工和示威游行，在全社会造成轩然大波，并进一步加剧社会保障领域近若干年来已经酝酿的在理论上和意识形态上的危机。

三　福利体制在理论和意识形态上面临的挑战

法国社会保障的财政危机以及由此引发的问题说明，西方的福利体制已陷入一种难以解脱的怪圈：经济增长与社会保障支出增长的剪刀差使现在的福利体制面临严重的财政危机，但由于福利水平易上难下的利益刚性特征，历届政府都不愿冒丧失选民的危险，因而不得不转而采取扩大征收社会保障税的办法，但这样一来必然给经济造成更大的负担，而经济的不景气则会进一步加剧福利体制的危机。对于这种情况，有些西方学者认为这意味着一种深刻的福利体制的危机，还有的认为这只是意味着社会结构的深刻变化，但不管怎样，一致的看法是，现实的挑战要求理论和制度上的创新，而这需要对社会公正、社会契约、平等与效率、理想社会模式等观念的重新考察。

按照经典的经济学观点，社会保障机制是一种不同于市场机制的旨在消除不平等的再分配机制，而市场机制是一种最有经济效率，但会产生不平等的机制，追求社会平等目标的政府要建立转移支付的再分配体系，消除或减弱市场竞争的不利社会后果，不过任何转移支付都会产生经济的无效率。当然，这里所说的不平等是根据大多数经济学家所认同的洛伦兹的定义，即指可以测量的分配结果的不平等，当一种分配体制通过转移的过程使收入和财富从最富有阶层向最贫穷阶层流动时，它就是较其他体制更为平等的；而这里所说的效率概念，也是经济学界几乎一直认同的帕累托

① 参见法国 1995 年 11 月 16 日《世界报》和《费加罗报》。另请参阅国家劳动部社会保险事业管理局代表团赴法国考察后的专题文章。孟昭喜：《法国大罢工与社会保险改革》，《中国社会保险》1996 年第 2 期，第 34 ~ 36 页。

的效率概念，它不是生产的最大化，也不是国民生产总值的增长率，而是资源（包括人力资源）的使用和配置效率，即在不损害至少一人的利益就无法改善其他人的利益时，这种情况就是有效率的，换句话说，如果还有可能进行资源配置的变化从而使所有的人都受益时，这种情况就是无效率的，但在现实中，更经常发生的情况是，一些人的获益要以另一些人的利益受损为代价。

为了解释和说明现实中存在的问题，以便为市场经济体制寻找一种具有合理性的道德基础，很多学者一直在试图解决平等与效率的矛盾。首先是部分哲学家提出了公平（justice）与平等（equality）的区别，认为社会的价值目标是社会公平而不是绝对的社会平等，社会公平是指一种权利，强调的是机会的平等，这是一种“前置的”社会公正，而社会平等是指一种待遇，强调的是结果的平等，这是一种“后置的”社会公正。前者是承认天赋差别和资源有限的社会公平，是与效率原则相容的。然而，另一些学者认为，对社会公平的看法属于价值判断领域，不同的公平观会导致不同的资源配置结果：如所有的孩子都享受免费教育是一种公平，只有困难家庭的孩子才享受免费教育是另一种公平；重点学校根据高分录取是一种公平，取消重点学校又是另一种公平。

美国哈佛大学的教授罗尔斯（Rawls）为了协调和统一社会体系与经济体系的运行规则，提出了著名的两个基本公平原则，第一个是“最大的平等自由”原则，这是指权利和机会的平等，即“那些有相同水平的天赋和能力，并有相同的运用这些天赋和能力的愿望的人，不管他们在社会制度中的初始地位如何，即不管他们出身于那个收入等级，都应该有相同的成功背景”；第二个是“基本物品分配差别”原则，这是说机会的平等并不等于分配结果的平等，具有不同天赋和能力的人，在市场体系中获得的基本物品分配是有差别的，但这是符合平等原则的。罗尔斯关于公平的第二原则尤其受到经济学家的关注和重视，因为经济学家经常受到“没有社会良心”的谴责，这次他们从第二原则中找到真正的辩护词，第二原则从此也被称之为“罗尔斯标准”。法国当代著名哲学家里科（P. Ricoeur）认为，罗尔斯只不过是继承了古希腊的哲学传统，亚里士多德在他的《伦理学》中就区分了事物平等和比例平等，比例平等是一种关系平等，如多劳多得，也就是罗尔斯所说的公平的差别原则，但罗尔斯把“市场平等”纳入社会公平的范畴，这使很多人担心会以“差别原则”的旗号使实质性的不平等合理化。①

实际上，罗尔斯继承的仍是从康德到哈贝马斯（J. Habermas）的普遍主义和形式主义理论传统，追求能够超越具体经验的和普遍适用的正义法则，就像在经济领域建立市场化的契约一样，他试图在社会领域建立公平的统一标准。罗尔斯的公正标准受到另一位研究公平理论的哲学家瓦尔则（M. Walzer）激烈抨击，瓦尔则尖锐地批评了罗尔斯理论构造的抽象色彩，认为它只具有启发性意义，但绝没有普遍价值。瓦尔则指出，人类最重要的共同特点就是特殊主义，公正在现实的不同领域中有不同的维度，社会中不同的共同生活形式（如市场、学校、教会、家庭），都具有不同的公正标准，不能以一个领域的公正的名义去谴责或取代另一个领域的公正，市场的不平等与男女不平等或收入不平等的原因是不同的，不能以市场的公平标准去管理整个社会，要使那些弱小的生活组织形式也有充分表达自己利益的权利和机会。

法国的社会学家波尔坦斯基（L. Boltanski）和经济学家特纳诺（L. Thevenot）将关于公平理论的讨论推进到一个新的阶段。他们认为，过去关于社会公正的理论始终围绕着如何建立社会契约的问题，这实际上是在两种趋向之间寻找一条出路：一种是共同体趋向，是强调在共同的社会生活中遵守共同的历史所形成的共同价值标准；另一种是自由趋向，是强调个人对社会公正的独立自主地追求和选择，因此，要建立普遍的社会契约，以便消除这两种趋向所形成的社会冲突。他们宣布，必须与这种传统的公正观念分道扬镳，因为在复杂的社会中，实际上不同的社会行动系统存在不同的价值认同和价值追求，如经济领域是利润，宗教领域是信仰，家庭领域是情感，社会舆论领域是声望，公民社会领域是普遍利益，艺术领域是灵感和创造力等等；所谓正义、公平，就是不排斥任何一种价值，不是以一种价值压倒其他价值，而是不同领域之间进行交往和沟通的结果，是在各种不同的价值之间寻求整合和协调，寻求从一种行动系统的价值标准过渡到另一种行动系统的价值标准的有效途径。

---

① P. Ricoeur：《公正原则的统一性和多样性》，载 J. Affichard 等著《社会公正和不平等》，法国 Esprit 出版社 1992 年版，第 177 ~ 180 页。

波尔坦斯基和特纳诺想通过社会学家与经济学家的协作，从目前普遍主义与特殊主义关于公平问题的争论所陷入的僵局中解脱出来，以便回答福利国家的财政危机所提出的理论问题。但他们的理论一经提出，立刻又受到来自两方面的批评：普遍主义理论家批评他们放弃了理论的彻底性和责任感，是一种新相对主义；特殊主义的理论家则认为这不过是一种改头换面的新契约论，因为不同领域的利益实际上是由不同的社会群体来代表的，而所谓社会交往和沟通的结果，实际上仍然是要通过压制弱小群体的权利来建立一项普遍的社会契约。

西方福利体制的财政危机使这一体制不仅在理论上而且在意识形态上受到新的挑战。福利国家体制的建立，曾经在相当长一个时期内使绝大多数西方人认为，他们终于建立起一种在政治上符合民主和共和原则、在经济上与市场竞争体系相协调的社会体制，通过社会保障体制的转移支付，一方面减弱了市场竞争的不良后果，另一方面保证了市场体系的正常运转。

在经济增长较快的乐观时期，西方的经济学家们普遍认为，社会保障制度之所以有效，是因为它没有破坏市场体系，而且是以市场体系为基础的；市场分配是不均等的，因为对不同的劳动贡献和资本投入是给予不同的回报，但这符合市场的公正原则，根据这一原则，公平不是生活条件的绝对均等，而是在税务、生产和消费上的价格平等，就像法律上和政治上的权利平等。在这些经济学家看来，福利体制不过是社会的一个消费系统，它所建立和维护的公平不过是市场的公平原则在社会消费领域的延伸。

西方的许多社会学家和政治学家则认为，那种认为社会不平等会促进经济效率的“经济学观念”是完全错误的，因为经济效率要求要素的合理流动和最佳配置，当要素处于一个合作系统中时，某些不平等可能会成为要素合理流动的障碍，而不是对更佳配置的激励。他们以大量的经验事实证明，经济效率并不仅仅出自个人对利益的理性选择，也来自社会行动者之间的合作和组织的凝聚力，社会不平等和社会排斥往往会成为经济无效率的重要动因。

然而在今天，当西方经济处于低增长、高消费、高失业率的情况时，讨论问题的角度和出发点都发生了很大变化。讨论的焦点已远远超出财政问题和公平与效率的问题，福利制度的财政危机已使意识形态上发生动荡，很多学者甚至直截了当地提出疑问：这种福利体制是否是西方民主所追求的理想体制；它是实现了还是背离了选择这一体制时的初始目标；目前这种福利体制是否还能继续下去，还能维持多久？一种意见认为，发生危机的不是福利体制，而是西方的经济体制，相反，社会保障制度为维护社会公正和社会稳定起到了关键性作用；如果没有这一制度，失业率达到5%社会就难以承受了，今天西方失业率已达到10%以上，社会之所以还能稳定运行，恰恰是社会保障制度的作用；社会保障制度是一百多年来社会进步的成果，是西方民主体制的基石。另一种意见认为，目前的福利体制已经背离了它建立时的初衷，不仅没有起到消除社会不平等的作用，而且形成养懒机制，破坏了经济效率，并使经济背上沉重负担，其开支的增长远远超过经济的增长，因此必须改革福利体制，缩小社会保障范围，控制福利水平的增长，取消某些福利项目，同时降低企业税负，以便启动经济。还有一种意见认为，西方面临的不是体制危机，而是深刻的社会变动，即从工业社会向后工业社会的转变，增长的要素改变了，产业结构不同了，因此要适应这种变动，制定新的产业政策和福利政策，特别是要把医疗、教育、社会保险、再就业培训等与福利制度有关的部门作为新型的产业纳入产业发展计划，从而使社会保障成为产业发展的一部分，而不再是经济的负担。

四　对中国社会保障体制改革的若干启示

法国的情况所兆示的西方福利体制面临的财政危机，以及西方学者们对此所展示的讨论，对于正在进行社会保障体制改革的中国来说，有许多可以借鉴的经验和教训。至少，可以给我们一些重要的启示。

1. 社会保障水平必须与经济发展水平相适应

中国在一个较长时期是一个低收入的发展中国家，从某种道德理想出发一味地强调扩大保障覆盖面和提高保障水准，是非常不现实的。在提供新的福利项目时一定要注意起点要低，因为福利水平具有刚性增长的法则，往往是只能升不能降。在目前我国经济高增长时期，社会保险福利费用的增长已远远超过经济的增长，随着经济总量基数的增大，经济增长的速度会有所下降，所以从现在起就要严格控制福利费用的增长，一定要做到量入为出，而不要寅吃卯粮，给将来造成困境。

2. 社会保障的基本制度要有统一性

社会保障制度的基本目标和功能，就是通过转移支付，调整初次分配的收入不平等，它所赖以建立的基础，就是人们在同一社会保障体制下具有享受社会保障的同样权利，如果在行业、地区和部门之间各自为政，那就起不到社会转移支付的作用，反而会使再分配中的不平等制度化，从而背离建立社会保障制度的初衷，并为以后的改革制造障碍。这一原则也适用于社会保障税的征收，也就是说它是带有强制性的，对所有人和所有的企业都应实行统一的征收标准。

3. 社会保障费用要财政独立、严格监督

社会保障费用的征收、管理和支出都要做到财政独立、专款专用，不能政出多门，随意挪用。要建立多方面的严格监督机制，防止将保障费用挪用于基础建设、生产投资、行政开支等。要特别防止社会保障中的各种漏洞和舞弊行为，经验证明这是很容易发生的。

4. 要配合体制转轨，变单位保障为社会保障

要通过对所有社会成员（至少在城市）的社会保障税的强制性征收，逐步把目前中国企业和单位承担的社会保障功能分离出来，交给统一的社会保障机构。目前城市社会保障费用主要由国有企业承担的做法，不但严重影响了企业效率，掩盖和模糊了企业的真实运营情况，而且也难以维持下去。

5. 要配合产业结构调整，拯救老工业基地

在产业结构调整的过程中，国家对“夕阳工业”集中的老工业基地实行大规模转产的救援计划和职工再就业的培训计划是通常的必要措施，如当年英国的曼彻斯特、法国的格林地区、德国的汉堡等，都是如此。中国在进行社会保障体制改革时，也应注意到配合传统的纺织、林业、军工、煤炭采掘业集中的地区进行产业结构调整。

6. 要使社会保障成为效率的激励机制

建立和完善社会保障制度必须与提高资源配置效率和工作效率结合起来，如果不干工作的人比干工作的人或出工不出力的人生活得更好，这样的保障体制就是失败的。目前中国国有部门的保障体制仍然有“养懒”的弊病，克服这一弊病的关键是在建立普遍的失业保障制度的同时，在国有部门建立严格的过失辞退制度和解聘制度以及劳聘争议的仲裁制度。

7. 社会保障改革要注意社会稳定

社会保障制度的改革触及千家万户和方方面面的利益调整，而且这种

调整会触及现有利益格局的刚性部分，因此必须谨慎和稳妥。国际经验也表明，社会保障和税负方面的体制变动往往最容易引起社会的动荡。如果社会的基本群体形成一种普遍的感觉，他们在改革中不是获得利益或保持利益而丧失利益，那么这样的改革是很难进行下去的。

主要参考文献

Affichard J. , De Foucauld J-B. (sous la direction de), *Justice Social et I négalité*, Paris: Esprit , 1992.

Bertrand D. , *La Protection Sociale*. Paris: PUF, 1987.

Bichot J. , *Economie de la Protection Sociale*. Paris: A. Colin, 1992.

Boltanski L. , Thévenot L. , *De la Justification: Les Economies des Grandeurs*. Paris: Gallimard, 1991.

Castel R. , *Métamorphose de la Question Sociale. Paris*: Fayard, 1995.

Dumont J – P. , *La Securité Sociale en Chantier*, Paris: Ourières, 1981.

Ewald F. , *L'Etat-providence*. Paris: Grasset, 1986.

Kaus M. , *The End of Equality*, New York: Basic Books, 1992.

Nash, Pugach and Tomason (ed.), *Social Security: The First Half-Century*, New Mexico: The University of New Mexico Press, 1988.

O'Conno r J. , *The Fiscal Crisis of The State*. New York: Basic Books, 1973.

Phelps E. S. , *Structural Slumps: The Modern Equilibrium Theory of Unemployment, Interest and Assets*. Cambridge (Mass.): Havard University Press, 1994.

Philipps K. , *Boiling Point: Republicans, Democrats and The Decline of Middleclass Prosperity*. New York: Random House, 1993.

Rawls J. , *A Theory of Justice*. Cambridge (Mass.): Harvard University Press, 1971.

Ré flex ions sur la grève de Décembre 1995, Paris: Fay ard, 1996.

Rosanvallon P. , *La Crise de l'Etat-providence*, Paris: Seuil, 1981. *La Nouvelle Question Sociale*. Paris: Seuil. 1995.

Solow R. M. , *The Labor Market as a Social Institution*. Cambridge: Basic Blackw ell, 1990.

Touraine, Dubet, Lapeyronnie, Khosrokhavar, Wievio rka, *Le Grand Refus*:

Walzer M. , "*Socializ ing the Walfare S tate.*" in Gutmann A. , *Democracy and the Walfare State*. Princeton: PRinceton University Press. 1988.